2016

国际统计年鉴

INTERNATIONAL STATISTICAL YEARBOOK

中华人民共和国国家统计局 编
Compiled by National Bureau of Statistics of China

中国统计出版社
China Statistics Press

图书在版编目 (CIP) 数据

国际统计年鉴 = International Statistical Yearbook. 2016. 2016 : 汉英对照 / 中华人民共和国国家统计局编 . -- 北京 : 中国统计出版社 , 2016.12
ISBN 978-7-5037-8089-9

Ⅰ . ①国 … Ⅱ . ①中 … Ⅲ . ①统计资料－世界－2016－年鉴－汉、英 Ⅳ . ① C831-54

中国版本图书馆 CIP 数据核字 (2016) 第 306194 号

国际统计年鉴—2016

作　　者／ 中华人民共和国国家统计局
责任编辑／ 郭　栋
封面设计／ 张　冰　李雪燕
出版发行／ 中国统计出版社
通信地址／ 北京市丰台区西三环南路甲 6 号　邮政编码 ／100073
电　　话／ 邮购（010）63376909　书店（010）68783171
网　　址／ http://www.zgtjcbs.com/
印　　刷／ 鑫宏源印刷包装有限责任公司
经　　销／ 新华书店
开　　本／ 880 × 1230 毫米　1/16
字　　数／ 800 千字
印　　张／ 26.25
版　　别／ 2016 年 12 月第 1 版
版　　次／ 2016 年 12 月第 1 次印刷
定　　价／ 498.00 元　Price: 498.00 yuan (RMB)

本书附同版本 CD-ROM 一张，光盘内容以书面文字为准。
中国统计版图书，如有印装错误，本社发行部负责调换。

《国际统计年鉴－2016》

编委会和编辑出版人员

International Statistical Yearbook - **2016**

EDITORIAL BOARD AND EDITORIAL STAFF

编者说明

一、《国际统计年鉴-2016》是一部综合性的国际经济社会统计资料年刊，收录了世界200多个国家和地区的统计数据，并对其中40多个主要国家和地区的经济社会发展指标及国际组织发布的主要综合评价指标进行了更为详细的收集。

二、本年鉴包括17个部分：1. 中国在世界的地位；2. 自然资源和环境；3. 国民经济核算；4. 人口；5. 就业人员和劳动报酬；6. 投资环境；7. 能源；8. 财政和金融；9. 价格指数；10. 居民收支和贫困；11. 农业；12. 工业和建筑业；13. 运输和通讯；14. 对外贸易和旅游；15. 国际收支和外债；16. 教育、科技、文化和卫生；17. 经济社会综合评价指标。

三、国外的大部分数据经过联合国等国际组织的调整，口径基本可比。

四、许多国家的最新数据是初步数或预计数。

五、中国数据除国土面积外，均未包括中国台湾地区、香港特别行政区和澳门特别行政区。

六、数据取自有关国际组织的数据库、光盘、年报、月报。每张表前均附有资料来源。

七、个别数据的合计项或相对数，因受进位的影响，不一定等于分项累计数。

八、本年鉴所跨年度内，一些国家的名称和疆域有所改变，除非特别注明，本年鉴中所列国家均为现国家名称及其疆域范围。

九、本年鉴中使用的符号含义如下："…"表示数据不够本表最小单位数；"空格"表示无该项数据或该项统计数据不详；"#"表示其中的主要项；"|"表示因统计口径调整，前后数据不可比。

Editorial Note

I. *International Statistical Yearbook 2016* is an annual comprehensive reference publication on international economic and social statistics. It contains data from as much as 200 countries, regions and territories over the world. More detailed information on the economic and social development of over 40 countries and main comprehensive evaluation indexes of international organizations are also included in the Yearbook.

II. The Yearbook contains the following 17 chapters: China in the World; Geography, Natural Resources and Environmental; National Accounts; Population; Employment and Earnings; Investment Environment; Energy; Government Finance and Banking; Price Index; Household Income and Expenditure and Poverty; Agriculture; Industry and Construction; Transportation and Communication; External Trade and Tourism; Balance of Payments and External Debts; Education, Science and Technology, Culture and Health; Main Comprehensive evaluation indicators.

III. Data for most of the foreign countries or territories have been adjusted by international organizations such as the United Nations, and the scope and coverage is therefore comparable.

IV. The latest data for many countries are preliminary or estimated statistics.

V. All data of China do not cover Taiwan Province, Hong Kong SAR and Macao SAR except data for the surface area.

VI. The data are from the databases, CD-ROMs, yearbooks and monthly publications of international organizations. The sources of data are given at the top of each table in the Yearbook.

VII. Several aggregations or rates may not add up to the sum of the series because of rounding.

VIII. Unless otherwise indicated, the countries included in the Yearbook are the countries under their present names with the present territories, although the names or the boundaries may have changed during the period covered by the Yearbook.

IX. The meanings of the symbols used in the Yearbook are as following,

"..." indicates that the figure is not large enough to be measured with the smallest unit in the table;

"(blank)" indicates that data are not available;

"#" indicates the major items of the total;

"|" indicates that the data to the left are not comparable with those to the right because of the adjustment of scope and coverage.

目　录

CONTENTS

一、中国在世界的地位
China in the World

二、自然资源和环境
Natural Resource and Environment

三、国民经济核算
National Accounts

四、人口
Population

五、就业人员和劳动报酬
Employment and Earnings

六、投资环境
Investment Environment

七、能源
Energy

八、财政和金融
Government Finance and Banking

九、价格指数
Price Indices

十、居民收支和贫困
Household Income and Expenditure and Poverty

十一、农业
Agriculture

十二、工业和建筑业
Industry and Construction

十三、运输和通讯
Transportation and Communication

十四、对外贸易和旅游
External Trade and Tourism

十五、国际收支和外债
Balance of Payments and External Debts

十六、教育、科技、文化和卫生
Education, Science and Technology, Culture and Health

十七、经济社会综合评价指标
Comprehensive Evaluation Indicators

附 录
Appendix

中国在世界的地位

China in the Word

1－1　中国主要指标居世界的位次
Ranking of China in the World in Terms of Main Indicators

资料来源：联合国贸发会议数据库、世界贸易组织数据库、世界银行WDI数据库、国际货币基金组织数据库。
Source: UNCTAD Database;WTO Database;World Bank WDI Database;IMF Database.

指　　标	Indicator	1978	1980	1990	2000	2010	2014	2015
国土面积	Country Area	4	4	4	4	4	4	4
人　口	Population	1	1	1	1	1	1	1
国内生产总值	Gross Domestic Product	11	12	11	6	2	2	2
人均国民总收入①	GNI per capita ①	175(188)	177(188)	178(200)	141(207)	120(215)	100(214)	96(217)
货物进出口贸易总额	Foreign Trade Total	29	26	16	8	2	1	1
出口额	Exports	31	30	15	7	1	1	1
进口额	Imports	29	22	18	8	2	2	2
外商直接投资	Foreign Direct Investment Inflows	128	55	13	9	2	1	3
外汇储备	Foreign Exchange Reserves	38	36	9	2	1	1	1

注：①括号中所列为参加排序的国家和地区数。
Note: ① The number in the parentheses indicates the number of countries or territories the order based on.

1－2　中国主要指标占世界的比重
Major Indicators as Percentage of the World for China

资料来源：联合国贸发会议数据库、世界贸易组织数据库、世界银行WDI数据库、国际货币基金组织数据库、联合国FAO数据库。
Source: UNCTAD Database,WTO Database,World Bank WDI Database,IMF Database,FAO Database.

单位：%　　(%)

指　　标	Indicator	1978	1980	1990	2000	2010	2014	2015
国土面积	Country Area	7.1	7.1	7.1	7.1	7.1	7.1	7.1
人　口	Population	22.3	22.1	21.5	20.7	19.4	18.9	18.7
国内生产总值	Gross Domestic Product	1.7	1.7	1.6	3.6	9.2	13.3	14.8
货物进出口贸易总额	Foreign Trade Total	0.8	0.9	1.6	3.6	9.7	11.3	11.9
出口额	Exports	0.8	0.9	1.8	3.9	10.3	12.4	13.8
进口额	Imports	0.8	1.0	1.5	3.3	9.0	10.3	10.0
外商直接投资	Foreign Direct Investment Inflows		0.1	1.7	3.0	8.6	10.5	7.7
外汇储备	Foreign Exchange Reserves				8.6	30.7	33.2	30.6
稻谷产量	Rice Production	36.7	36.2	37.1	31.8	28.0	28.1	
小麦产量	Wheat Production	12.1	12.5	16.6	17.0	17.7	17.3	
玉米产量	Maize Production	14.2	15.8	20.1	17.9	20.9	20.8	
大豆产量	Soybeans Production	10.1	9.8	10.1	9.6	5.7	4.0	

1-3 中国农业主要产品产量居世界的位次
Ranking of China in the World in Terms of Major Agricultural Products

资料来源：联合国FAO数据库。
Source: UN FAO Database.

项 目	Item	1978	1980	1990	2000	2005	2010	2013	2014
谷物	Cereals	2	1	1	1	1	1	1	1
肉类①	Meat①	3	3	2	1	1	1	1	1
籽棉	Seed Cotton	2	2	1	1	1	1	1	2
大豆	Soybeans	3	3	3	4	4	4	4	4
花生	Groundnuts in Shell	2	2	2	1	1	1	1	1
油菜籽	Rapeseed	2	2	1	1	1	1	2	2
甘蔗	Sugar Cane	7	5	4	3	3	3	3	3
茶叶	Tea	2	2	2	2	1	1	1	
水果②	Fruit②	9	8	4	1	1	1	1	1

注：①1990年以前为猪、牛、羊肉产量的位次。②不包括瓜类。
Note: ①Data refer to pork,beef and mutton prior to 1990.②Excluding melons.

1-4 中国工业主要产品产量居世界位次
Ranking of China in the World in Terms of Major Industrial Products

资料来源：联合国统计月报数据库、联合国FAO数据库。
Source: UN Monthly Bulletin of Statistics Database,FAO Database.

项 目	Item	1978	1980	1990	2000	2005	2010	2014	2015
粗 钢	Crude Steel	5	5	4	1	1	1	1	1
煤	Coal	3	3	1	1	1	1	1	1
原 油	Crude Petroleum	8	6	5	5	5	4	4	4
发电量	Electricity	7	6	3	2	2	1	1	
水 泥	Cement	4	4	1	1	1	1	1	1
化 肥	Fertilizer	3	3	3	1	1	1	1	
棉 布	Woven Cotton Fabrics	1	1	1	2	2	1	1	1

自然资源和环境

Natural Resource and Environment

2-1 国土面积与人口密度
Country Area and Population Density

资料来源：世界银行WDI数据库。
Source: World Bank WDI Database.

国家或地区	Country or Area	国土面积（万平方公里） Surface Area(10 000 sq.km)	人口密度（人/平方公里） Population Density(persons/sq.km)		
		2015	2005	2010	2015
世　界	**World**	**13432.5**	**50.2**	**53.4**	**56.6**
中　国	China	960.0	138.9	142.5	146.1
中国香港	Hong Kong, China	0.1	6488.8	6689.7	6957.8
中国澳门	Macao, China	…	16719.6	18000.9	19392.9
孟加拉国	Bangladesh	14.9	1098.0	1164.8	1236.8
文　莱	Brunei Darussalam	0.6	68.7	74.6	80.3
柬埔寨	Cambodia	18.1	75.5	81.4	88.3
印　度	India	328.7	384.9	414.0	441.0
印度尼西亚	Indonesia	191.1	124.9	133.4	142.2
伊　朗	Iran	174.5	43.1	45.6	48.6
以色列	Israel	2.2	320.3	352.3	387.3
日　本	Japan	37.8	350.5	351.3	348.3
哈萨克斯坦	Kazakhstan	272.5	5.6	6.1	6.5
韩　国	Korea, Rep.	10.0	497.0	508.2	519.3
老　挝	Laos	23.7	24.9	27.1	29.5
马来西亚	Malaysia	33.1	78.5	85.6	92.3
蒙　古	Mongolia	156.4	1.6	1.8	1.9
缅　甸	Myanmar	67.7	76.5	79.2	82.5
巴基斯坦	Pakistan	79.6	198.9	220.6	245.1
菲律宾	Philippines	30.0	288.9	312.0	337.7
新加坡	Singapore	0.1	6191.2	7231.8	7828.9
斯里兰卡	Sri Lanka	6.6	308.9	320.8	334.3
泰　国	Thailand	51.3	128.9	130.5	133.0
越　南	Viet Nam	33.1	265.7	280.4	295.8
埃　及	Egypt	100.2	75.3	82.4	91.9
尼日利亚	Nigeria	92.4	153.3	175.0	200.1
南　非	South Africa	121.9	39.0	41.9	45.3
加拿大	Canada	998.5	3.6	3.7	3.9
墨西哥	Mexico	196.4	56.5	61.0	65.3
美　国	United States	983.2	32.3	33.8	35.1
阿根廷	Argentina	278.0	14.3	15.1	15.9
巴　西	Brazil	851.6	22.6	23.8	24.9
委内瑞拉	Venezuela	91.2	30.4	32.9	35.3
捷　克	Czech Rep.	7.9	132.2	135.6	136.6
法　国	France	54.9	115.4	118.8	122.0
德　国	Germany	35.7	236.5	234.6	233.6
意大利	Italy	30.1	197.1	201.5	206.7
荷　兰	Netherlands	4.2	483.4	492.6	503.0
波　兰	Poland	31.3	124.6	124.2	124.1
俄罗斯	Russia	1709.8	8.8	8.7	8.8
西班牙	Spain	50.6	87.5	93.2	92.8
土耳其	Turkey	78.4	88.2	94.0	102.2
乌克兰	Ukraine	60.4	81.3	79.2	78.0
英　国	United Kingdom	24.4	249.7	259.4	269.2
澳大利亚	Australia	774.1	2.7	2.9	3.1
新西兰	New Zealand	26.8	15.7	16.5	17.5

2-2 土地利用(2014年)
Land Utilization(2014)

资料来源：世界银行WDI数据库。
Source: World Bank WDI Database.
单位：万公顷 (10 000 hectares)

国家或地区	Country or Area	陆地面积 Land Area	耕地面积① Arable Area①	多年生作物面积① Permanent Crop Area①	森林面积① Forest Area①
世　界	**World**	**1297364**	**140784**	**16528**	**400244**
中　国	China	93882	10572	1600	20678
孟加拉国	Bangladesh	1302	768	83	143
文　莱	Brunei Darussalam	53	1	1	38
柬埔寨	Cambodia	1765	415	15	958
印　度	India	29732	15700	1300	7050
印度尼西亚	Indonesia	18116	2350	2250	9169
伊　朗	Iran	16286	1488	181	1069
以色列	Israel	216	29	9	16
日　本	Japan	3646	424	30	2496
哈萨克斯坦	Kazakhstan	26997	2939	13	331
韩　国	Korea, Rep.	975	150	22	619
老　挝	Laos	2308	149	17	1857
马来西亚	Malaysia	3286	95	660	2218
蒙　古	Mongolia	15536	57		1265
缅　甸	Myanmar	6531	1077	151	2959
巴基斯坦	Pakistan	7709	3047	81	152
菲律宾	Philippines	2982	559	535	780
新加坡	Singapore	7	…	…	2
斯里兰卡	Sri Lanka	627	130	100	208
泰　国	Thailand	5109	1681	450	1637
越　南	Viet Nam	3101	641	382	1464
埃　及	Egypt	9955	274	102	7
尼日利亚	Nigeria	9108	3400	650	740
南　非	South Africa	12131	1250	41	924
加拿大	Canada	90935	4592	474	34712
墨西哥	Mexico	19440	2298	269	6613
美　国	United States	91474	15184	260	30982
阿根廷	Argentina	27367	3970	100	2741
巴　西	Brazil	83581	7601	680	49452
委内瑞拉	Venezuela	8821	270	70	4685
捷　克	Czech Rep.	772	315	8	267
法　国	France	5476	1831	100	1688
德　国	Germany	3485	1188	20	1142
意大利	Italy	2941	683	226	924
荷　兰	Netherlands	337	104	4	38
波　兰	Poland	3062	1079	41	941
俄罗斯	Russia	163769	12224	160	81497
西班牙	Spain	5002	1257	497	1838
土耳其	Turkey	7696	2057	323	1161
乌克兰	Ukraine	5793	3253	89	964
英　国	United Kingdom	2419	627	4	313
澳大利亚	Australia	76823	4622	39	12444
新西兰	New Zealand	2633	55	7	1015

注：①2013年数据。
Note:①Data refer to 2013.

2-3 淡水资源(2014年)
Freshwater(2014)

资料来源：世界银行WDI数据库。
Source: World Bank WDI Database.

国家或地区	Country or Area	可再生淡水资源(亿立方米) Total Renewable Internal Freshwater Resources (100 milliom cu.m.)	淡水抽取量 Freshwater Withdrawals			
			占水资源总量的比重(%) % of Internal Resources	农业用水 % for Agriculture	工业用水 % for Industry	生活用水 % for Domestic
世　界	**World**	**428007.6**	**9.1**	**70.2**	**18.3**	**11.5**
高收入国家	**High Income**	**100185.8**	**9.7**	**42.5**	**42.0**	**15.5**
中等收入国家	**Middle Income**	**296139.5**	**9.5**	**79.1**	**10.7**	**10.2**
低收入国家	**Low Income**	**28762.2**	**3.2**	**90.2**	**3.1**	**6.7**
中　国	China	28130.0	19.7	64.6	23.2	12.2
孟加拉国	Bangladesh	1050.0	34.2	87.8	2.2	10.0
文　莱	Brunei Darussalam	85.0	1.1	5.8		
柬 埔 寨	Cambodia	1206.0	1.8	94.0	1.5	4.5
印　度	India	14460.0	52.6	90.4	2.2	7.4
印度尼西亚	Indonesia	20190.0	5.6	81.9	6.5	11.6
伊　朗	Iran	1285.0	72.6	92.2	1.2	6.7
以 色 列	Israel	7.5	260.5	57.8	5.8	36.4
日　本	Japan	4300.0	18.9	66.8	14.3	18.9
哈萨克斯坦	Kazakhstan	643.5	32.9	66.2	29.6	4.2
韩　国	Korea, Rep.	648.5	45.0	54.7	15.3	23.7
老　挝	Laos	1904.0	1.8	91.4	4.9	3.7
马来西亚	Malaysia	5800.0	1.9	22.4	42.8	34.8
蒙　古	Mongolia	348.0	1.6	43.9	43.2	12.9
缅　甸	Myanmar	10030.0	3.3	89.0	1.0	10.0
巴基斯坦	Pakistan	550.0	333.6	94.0	0.8	5.3
菲 律 宾	Philippines	4790.0	17.0	82.2	10.1	7.7
斯里兰卡	Sri Lanka	528.0	24.5	87.3	6.4	6.2
泰　国	Thailand	2245.0	25.5	90.4	4.9	4.8
越　南	Viet Nam	3594.0	22.8	94.8	3.8	1.5
埃　及	Egypt	18.0	3794.4	86.4	5.9	7.8
尼日利亚	Nigeria	2210.0	5.9	53.8	15.0	31.3
南　非	South Africa	448.0	27.9	62.7	6.1	31.2
加 拿 大	Canada	28500.0	1.4	12.2	80.2	14.2
墨 西 哥	Mexico	4090.0	19.6	76.7	9.1	14.3
美　国	United States	28180.0	17.0	40.2	46.1	13.7
阿 根 廷	Argentina	2920.0	12.9	73.9	10.6	15.5
巴　西	Brazil	56610.0	1.3	60.0	17.0	23.0
委内瑞拉	Venezuela	8050.0	2.8	73.8	3.5	22.6
捷　克	Czech Rep.	131.5	14.0	2.3	63.1	34.6
法　国	France	2000.0	16.6	9.5	73.9	16.6
德　国	Germany	1070.0	30.9	0.6	84.0	15.4
意 大 利	Italy	1825.0	29.5	44.1	35.9	16.9
荷　兰	Netherlands	110.0	97.0	1.1	87.4	11.4
波　兰	Poland	536.0	21.4	9.6	72.7	17.7
俄 罗 斯	Russia	43130.0	1.5	19.9	59.8	20.2
西 班 牙	Spain	1112.0	30.2	63.5	20.6	16.0
土 耳 其	Turkey	2270.0	17.7	73.8	10.7	15.5
乌 克 兰	Ukraine	551.0	27.0	30.0	48.0	22.0
英　国	United Kingdom	1450.0	7.5	9.2	32.4	58.5
澳大利亚	Australia	4920.0	4.0	65.7	12.8	21.6
新 西 兰	New Zealand	3270.0	1.6	61.7	22.8	15.6

2-4 人均可再生淡水资源
Renewable Internal Freshwater Resources per Capita

资料来源：世界银行WDI数据库。
Source: World Bank WDI Database.
单位：立方米 (cubic meters)

国家或地区	Country or Area	2011	2012	2013	2014
世　界	**World**	**6122.6**	**6068.3**	**6055.2**	**5924.6**
高收入国家	**High Income**	**8195.3**	**8837.4**	**11404.4**	**8731.5**
中等收入国家	**Middle Income**	**5819.3**	**5599.0**	**4769.7**	**5471.4**
低收入国家	**Low Income**	**5125.4**	**4888.9**	**4972.0**	**4629.2**
中　国	China	2092.8	2082.6	2072.4	2061.9
孟加拉国	Bangladesh	686.9	676.3	670.5	660.1
文　莱	Brunei Darussalam	20909.6	20961.2	20345.4	20364.5
柬埔寨	Cambodia	8257.0	8130.9	7968.2	7867.9
印　度	India	1184.1	1144.4	1154.8	1116.4
印度尼西亚	Indonesia	8281.3	8139.9	8080.3	7934.6
伊　朗	Iran	1703.7	1687.3	1659.2	1644.4
以色列	Israel	96.6	94.8	93.1	91.3
日　本	Japan	3364.2	3370.9	3376.8	3382.3
哈萨克斯坦	Kazakhstan	3886.2	3832.3	3777.5	3722.0
韩　国	Korea, Rep.	1302.8	1296.9	1291.3	1286.1
老　挝	Laos	29196.6	29414.3	28125.2	28463.4
马来西亚	Malaysia	20167.6	19984.9	19517.5	19396.7
蒙　古	Mongolia	12635.2	12391.7	12257.5	11959.3
缅　甸	Myanmar	19159.2	19088.8	18832.5	18769.7
巴基斯坦	Pakistan	312.2	310.0	302.0	297.2
菲律宾	Philippines	5039.3	4988.7	4868.2	4831.6
新加坡	Singapore	115.7	112.9	111.1	109.7
斯里兰卡	Sri Lanka	2530.1	2585.2	2577.7	2542.0
泰　国	Thailand	3372.1	3342.6	3350.2	3314.8
越　南	Viet Nam	4091.5	4046.9	4006.3	3961.3
埃　及	Egypt	22.7	21.0	21.9	20.1
尼日利亚	Nigeria	1346.0	1313.6	1272.9	1245.2
南　非	South Africa	885.6	855.7	842.8	828.7
加拿大	Canada	82647.1	82010.9	81061.9	80183.1
墨西哥	Mexico	3426.6	3350.5	3343.4	3261.9
美　国	United States	9044.0	8971.6	8903.7	8836.4
阿根廷	Argentina	6776.5	6936.7	7045.3	6793.9
巴　西	Brazil	27511.6	27969.1	28253.9	27470.2
委内瑞拉	Venezuela	24487.6	26964.3	26475.7	26226.8
捷　克	Czech Rep.	1252.8	1251.1	1250.7	1249.4
法　国	France	3059.4	3046.0	3034.0	3007.7
德　国	Germany	1308.1	1330.4	1326.8	1321.3
意大利	Italy	3005.4	3065.2	3029.9	3002.2
荷　兰	Netherlands	659.0	656.5	654.6	652.2
波　兰	Poland	1391.0	1408.2	1409.0	1410.1
俄罗斯	Russia	30169.3	30118.4	30054.3	29989.0
西班牙	Spain	2408.3	2377.4	2385.2	2392.4
土耳其	Turkey	3107.1	3032.8	3029.4	2928.1
乌克兰	Ukraine	1161.8	1208.5	1167.3	1214.6
英　国	United Kingdom	2310.7	2276.3	2261.9	2244.1
澳大利亚	Australia	22039.2	21647.1	21274.9	20968.2
新西兰	New Zealand	74230.5	74181.6	73613.8	72510.4

2-5 森林资源
Forestation

资料来源：世界银行WDI数据库。
Source: World Bank WDI Database.

单位：% (%)

国家或地区	Country or Area	森林平均消失率① Average Annual Deforestation Rate①		森林覆盖率 Forest Area as Percentage of Land Area	
		1990-2000	2000-2015	2010	2015
世　界	**World**	**0.18**	**0.09**	**31.0**	**30.8**
高收入国家	**High Income**	**-0.08**	**-0.03**	**28.7**	**28.9**
中等收入国家	**Middle Income**	**0.33**	**0.13**	**33.1**	**32.8**
低收入国家	**Low Income**	**0.64**	**0.44**	**28.1**	**27.4**
中　国	China	-1.20	-1.18	21.4	22.2
孟加拉国	Bangladesh	0.18	0.18	11.1	11.0
文　莱	Brunei Darussalam	0.39	0.29	72.1	72.1
柬埔寨	Cambodia	1.14	1.21	57.2	53.6
印　度	India	-0.22	-0.54	23.5	23.8
印度尼西亚	Indonesia	1.75	0.56	52.1	50.2
伊　朗	Iran		-0.98	6.6	6.6
以色列	Israel	-1.49	-0.52	7.1	7.6
日　本	Japan	0.03	-0.02	68.5	68.5
哈萨克斯坦	Kazakhstan	0.17	0.11	1.2	1.2
韩　国	Korea, Rep.	0.13	0.11	64.0	63.4
老　挝	Laos	0.46	-0.90	77.2	81.3
马来西亚	Malaysia	0.36	-0.19	67.3	67.6
蒙　古	Mongolia	0.67	-0.48	8.4	8.1
缅　甸	Myanmar	1.17	1.11	48.6	44.5
巴基斯坦	Pakistan	1.76	2.03	2.2	1.9
菲律宾	Philippines	-0.80	-0.96	22.9	27.0
新加坡	Singapore			23.3	23.1
斯里兰卡	Sri Lanka	1.20	0.37	33.5	33.0
泰　国	Thailand	0.28	0.24	31.8	32.1
越　南	Viet Nam	-2.28	-1.73	45.6	47.6
埃　及	Egypt	-2.98	-1.58	0.1	0.1
尼日利亚	Nigeria	2.68	3.12	9.9	7.7
南　非	South Africa			7.6	7.6
加拿大	Canada		0.01	38.2	38.2
墨西哥	Mexico	0.52	0.18	34.2	34.0
美　国	United States	-0.13	-0.14	33.7	33.9
阿根廷	Argentina	0.88	0.99	10.4	9.9
巴　西	Brazil	0.51	0.35	59.6	59.0
委内瑞拉	Venezuela	0.57	0.33	53.9	52.9
捷　克	Czech Rep.	-0.03	-0.18	34.4	34.5
法　国	France	-0.55	-0.74	30.0	31.0
德　国	Germany	-0.31	-0.04	32.7	32.8
意大利	Italy	-0.98	-0.74	30.7	31.6
荷　兰	Netherlands	-0.43	-0.30	11.1	11.2
波　兰	Poland	-0.20	-0.28	30.5	30.8
俄罗斯	Russia		-0.05	49.8	49.8
西班牙	Spain	-2.09	-0.57	36.5	36.8
土耳其	Turkey	-0.47	-1.00	14.6	15.2
乌克兰	Ukraine	-0.25	-0.10	16.5	16.7
英　国	United Kingdom	-0.68	-0.43	12.6	13.0
澳大利亚	Australia	-0.03	0.21	16.0	16.2
新西兰	New Zealand	-0.69	-0.01	38.6	38.6

注：①负值表示森林面积的增长。
Note: ①The negative represents the forest area increased.

2-6 温室气体排放量
Total Greenhouse Gas Emissions

资料来源：世界银行WDI数据库。
Source: World Bank WDI Database.
单位：百万吨二氧化碳当量 (million metric tons of CO2 equivalent)

国家或地区	Country or Area	2000	2005	2009	2010	2011	2012
世　界	**World**	**39653.4**	**46199.7**	**47018.8**	**49708.6**	**52049.9**	**52763.4**
中　国	China	5082.3	7803.5	10617.3	11183.8	12064.3	12454.7
中国香港	Hong Kong, China	45.3	46.4	52.0	55.0	56.9	58.6
中国澳门	Macao, China	1.3	1.4	1.5	1.6	1.6	1.7
孟加拉国	Bangladesh	136.0	151.1	169.9	177.5	180.5	183.3
文　莱	Brunei Darussalam	9.6	11.0	13.5	14.1	14.5	14.8
柬埔寨	Cambodia	42.1	101.3	87.7	126.3	126.8	127.4
印　度	India	1885.2	2117.5	2594.6	2771.5	2828.8	3002.9
印度尼西亚	Indonesia	622.5	1171.0	1148.3	744.8	763.6	780.6
伊　朗	Iran	448.1	576.7	522.8	529.8	545.1	551.1
以色列	Israel	65.6	71.4	75.0	79.1	81.7	84.0
日　本	Japan	1406.2	1439.9	1290.2	1350.4	1396.8	1478.9
哈萨克斯坦	Kazakhstan	207.4	291.6	287.8	347.4	350.5	366.5
韩　国	Korea, Rep.	512.8	561.4	594.5	628.8	650.1	669.0
老　挝	Laos	24.7	53.4	24.5	38.0	161.5	161.7
马来西亚	Malaysia	171.4	246.7	278.0	263.7	271.8	279.1
蒙　古	Mongolia	51.8	27.7	50.2	24.9	25.4	25.9
缅　甸	Myanmar	185.1	223.0	266.0	325.4	526.9	528.4
巴基斯坦	Pakistan	247.3	299.1	343.2	354.5	362.5	369.7
菲律宾	Philippines	150.1	146.4	223.8	159.9	163.8	167.3
新加坡	Singapore	48.1	47.6	49.8	52.7	54.4	55.9
斯里兰卡	Sri Lanka	23.3	27.2	27.8	29.1	29.8	30.5
泰　国	Thailand	283.9	364.3	363.8	421.2	431.3	440.4
越　南	Viet Nam	155.8	232.5	266.1	279.0	285.1	310.7
埃　及	Egypt	184.5	243.8	266.3	280.3	288.3	295.5
尼日利亚	Nigeria	315.0	374.4	273.2	292.2	296.8	301.0
南　非	South Africa	420.5	498.3	468.4	456.5	451.5	450.6
加拿大	Canada	760.6	849.8	749.9	764.1	1033.5	1027.1
墨西哥	Mexico	576.5	641.3	648.9	643.4	652.9	663.4
美　国	United States	6969.1	7182.8	6604.1	6713.3	6571.7	6343.8
阿根廷	Argentina	331.5	358.4	373.4	364.7	372.9	380.3
巴　西	Brazil	1222.6	2386.4	1212.0	2902.2	2953.0	2989.4
委内瑞拉	Venezuela	251.6	255.2	265.8	268.7	275.7	281.9
捷　克	Czech Rep.	162.0	147.6	137.9	145.7	144.6	139.0
法　国	France	559.9	557.1	527.5	532.1	502.7	499.1
德　国	Germany	1016.3	981.3	950.5	948.0	929.5	951.7
意大利	Italy	547.3	564.1	480.7	489.5	482.6	482.6
荷　兰	Netherlands	220.3	217.1	201.9	212.4	200.1	195.9
波　兰	Poland	392.6	411.8	405.4	426.5	422.8	414.6
俄罗斯	Russia	2771.2	2527.2	2562.9	2603.3	2777.7	2803.4
西班牙	Spain	381.0	437.0	372.8	354.6	353.9	348.3
土耳其	Turkey	316.5	347.6	404.6	422.7	434.8	445.6
乌克兰	Ukraine	470.1	434.7	367.3	393.1	410.1	404.9
英　国	United Kingdom	673.9	659.1	584.9	609.6	568.1	585.8
澳大利亚	Australia	1081.2	909.3	1105.2	782.1	785.8	761.7
新西兰	New Zealand	74.4	82.1	76.1	76.1	75.9	78.1

2-7 空气中直径不足2.5微米的颗粒物含量
Particulate Matter Content (Diameter Less Than 2.5 Microns) in the Air

资料来源：世界银行WDI数据库。
Source: World Bank WDI Database.

单位：微克/立方米 (micrograms per cubic meter)

国家或地区	Country or Area	2000	2005	2010	2011	2013
世　界	**World**	**26.6**	**29.2**	**30.6**	**30.8**	**31.5**
中　国	China	44.2	51.0	54.2	54.1	54.4
孟加拉国	Bangladesh	34.7	40.2	45.6	46.5	48.4
文　莱	Brunei Darussalam	6.7	9.0	9.2	9.1	9.5
柬埔寨	Cambodia	10.9	14.6	17.3	18.1	19.7
印　度	India	33.7	38.7	43.4	44.4	46.7
印度尼西亚	Indonesia	12.1	11.9	12.1	12.9	14.8
伊　朗	Iran	29.4	30.0	31.9	31.8	31.9
以色列	Israel	26.9	26.9	26.3	26.1	25.8
日　本	Japan	18.0	17.6	16.8	16.5	16.0
哈萨克斯坦	Kazakhstan	13.4	14.9	14.9	14.7	14.2
韩　国	Korea, Rep.	29.4	30.0	29.3	29.2	29.1
老　挝	Laos	15.3	18.5	20.6	22.2	27.5
马来西亚	Malaysia	12.1	12.6	12.5	12.9	14.4
蒙　古	Mongolia	9.7	9.7	9.9	9.3	8.3
缅　甸	Myanmar	15.2	19.8	25.2	26.4	28.9
巴基斯坦	Pakistan	39.7	41.7	43.3	44.2	46.2
菲律宾	Philippines	9.3	9.5	8.9	8.7	8.6
新加坡	Singapore	13.7	10.2	12.5	13.7	16.7
斯里兰卡	Sri Lanka	12.8	14.6	16.1	16.4	17.1
泰　国	Thailand	16.9	19.0	20.4	21.0	22.4
越　南	Viet Nam	21.3	23.2	25.1	25.1	25.5
埃　及	Egypt	37.6	37.1	35.0	35.4	36.4
尼日利亚	Nigeria	30.4	30.7	28.4	28.7	29.5
南　非	South Africa	12.8	13.4	14.3	14.3	14.3
加拿大	Canada	10.7	11.8	11.9	11.9	12.1
墨西哥	Mexico	16.4	15.4	13.0	12.6	11.9
美　国	United States	14.7	13.7	11.8	11.4	10.7
阿根廷	Argentina	9.1	9.4	9.5	9.3	9.0
巴　西	Brazil	9.1	11.2	14.2	14.9	16.5
委内瑞拉	Venezuela	10.2	11.0	12.3	12.6	13.4
捷　克	Czech Rep.	18.6	18.4	16.6	16.6	16.6
法　国	France	17.8	16.7	15.0	14.7	14.0
德　国	Germany	17.9	17.4	16.0	15.7	15.3
意大利	Italy	23.5	21.9	20.1	19.4	18.3
荷　兰	Netherlands	19.8	18.6	17.3	17.2	16.8
波　兰	Poland	19.1	19.0	18.2	17.7	17.0
俄罗斯	Russia	14.0	15.2	14.3	14.2	14.2
西班牙	Spain	16.9	15.2	12.8	12.4	11.7
土耳其	Turkey	17.4	17.8	18.2	17.8	17.2
乌克兰	Ukraine	17.2	17.0	15.9	15.6	15.1
英　国	United Kingdom	14.6	12.7	11.4	11.2	10.8
澳大利亚	Australia	8.2	7.6	6.7	6.5	5.9
新西兰	New Zealand	8.5	8.5	8.6	8.6	8.6

2-8 国家保护区面积和濒危物种(2015年)
National Protected Areas and Threatened Species(2015)

资料来源：世界银行WDI数据库。
Source: World Bank WDI Database.
单位：% (%)

国家或地区	Country or Area	国家保护区① National Protected ① 陆地保护区面积占陆地面积比重 Terrestrial protected areas (% of total land area)	海洋保护区面积占领海面积比重 Marine protected areas (% of territorial waters)	濒危物种(种) Threatened Species(number) 哺乳动物 Mammals	鸟类 Birds	鱼类 Fish	高植株植物① Higher Plants①
中　国	China	17.0	2.3	74	89	131	501
中国香港	Hong Kong, China	41.8		2	20	13	6
中国澳门	Macao, China				4	5	
孟加拉国	Bangladesh	4.6	2.5	33	33	21	17
文　莱	Brunei Darussalam	44.1	1.5	34	24	8	104
柬埔寨	Cambodia	26.0	0.5	36	27	44	32
印　度	India	5.4	2.1	93	84	216	332
印度尼西亚	Indonesia	14.7	5.8	185	131	150	408
伊　朗	Iran	7.3	2.2	16	26	39	3
以色列	Israel	19.9	0.3	14	17	42	
日　本	Japan	19.4	5.1	27	42	74	20
哈萨克斯坦	Kazakhstan	3.3		15	26	14	15
韩　国	Korea, Rep.	7.6	4.3	10	30	24	7
老　挝	Laos	16.7		45	24	55	32
马来西亚	Malaysia	18.4	2.3	70	50	75	706
蒙　古	Mongolia	17.2		10	24	2	
缅　甸	Myanmar	7.2	0.2	46	48	43	47
巴基斯坦	Pakistan	10.8	5.6	24	32	36	5
菲律宾	Philippines	11.0	2.5	39	89	77	232
新加坡	Singapore	5.8	1.5	12	17	26	58
斯里兰卡	Sri Lanka	23.2	1.3	30	16	46	287
泰　国	Thailand	18.8	5.2	54	51	99	133
越　南	Viet Nam	6.5	1.8	54	46	76	177
埃　及	Egypt	11.2	13.2	17	14	47	2
尼日利亚	Nigeria	14.2	0.2	29	21	71	169
南　非	South Africa	8.9	13.4	25	46	103	101
加拿大	Canada	9.4	1.4	11	15	42	5
墨西哥	Mexico	12.9	19.0	101	61	179	371
美　国	United States	13.9	31.7	35	77	247	277
阿根廷	Argentina	6.8	8.9	40	50	39	70
巴　西	Brazil	28.4	20.5	82	165	85	509
委内瑞拉	Venezuela	53.9	16.8	34	44	42	77
捷　克	Czech Rep.	21.1		2	10	2	10
法　国	France	25.3	62.9	8	13	52	32
德　国	Germany	37.4	64.8	4	11	24	17
意大利	Italy	21.5	20.1	7	14	51	66
荷　兰	Netherlands	11.6	57.7	3	8	15	
波　兰	Poland	30.0	52.7	4	11	8	10
俄罗斯	Russia	11.4	11.5	29	54	40	54
西班牙	Spain	28.0	7.5	16	15	77	214
土耳其	Turkey	0.2	0.4	16	20	131	103
乌克兰	Ukraine	4.0	10.7	9	18	24	16
英　国	United Kingdom	28.4	17.2	5	8	47	15
澳大利亚	Australia	14.6	48.5	56	50	111	90
新西兰	New Zealand	32.5	12.5	9	67	35	18

注：①2014年数据。
Note:①Data refer to 2014.

主要统计指标解释

国土面积 是一个国家包括陆地面积和内陆水域在内的总面积，不包括离岸的领海面积。

陆地面积 是一个国家扣除内陆水域面积、国家宣称拥有的大陆架和专属经济区之后的总面积，内陆水域一般包括主要的河流和湖泊。

人口密度 是特定年份每一平方公里国土面积上的人口数量。

耕地面积 是指种植短期作物的土地（种植两季作物的土地面积只计算一次），割草或放牧的短期性草场，供应市场和自用菜园，以及暂时休耕地，不包括因轮垦而抛荒的土地面积。

多年生作物面积 是几年内不需要再重新种植的长期生长作物的土地面积，如可可和咖啡。它包括花卉型的树木和灌木（如玫瑰和茉莉）及苗圃，但不包括归入森林类的树木和多年生草场和牧场。

林业面积 是指天然的或人工种植林木的面积，与林木是否有生产价值无关。

可再生淡水资源 指国内可再生的淡水资源流量，包括国内江河水流量、降水补给的地下水量。

年度淡水抽取量 指水源总抽取量，不计水库的水蒸发量。在淡化水是水资源的重要来源的国家，水资源抽取量还包括来自淡化水厂的水量。抽取量占可再生资源比重可超过百分之百，更多的抽取量来自一次性的含水层或海水淡化厂或此地有较强的水资源再使用能力。工农业的抽取量指用于灌溉、畜牧生产以及工业直接使用的总抽取量(包括热电厂冷却用水抽取量)。民用抽取量包括饮用水、市政用水或供水、公共设施用水、商业机构用水和家庭用水。

森林消失面积 是指林区永久转换作其他用途，包括农业，畜牧，定居点和基础设施。但不包括为重新种植而砍伐的林区或为薪材、酸雨和森林火灾而减少的林区。

国家级保护区 指总面积或部分面积不少于 1000 公顷的全部或部分被保护区域：限制公众进入的科学保护地、国家公园、自然遗址、自然保护区、野生动植物栖息地、受保护的陆地景观及为可持续使用的管理的区域。不包括海洋保护地区、未分类地区、海滨地区和地方或省法律法规保护地。

濒危物种 是国际自然与自然资源保护联合会划分的有灭绝危险的、脆弱的、稀少的、不确定的、脱离危险的或未充分认知的物种。

高植株植物 形态上有根、茎、叶分化，又称茎叶体植物（仅指开花植物）。

Explanatory Notes on Main Statistical Indicators

Surface Area is a country total area including land area and inland water bodies, but excluding offshore territorial waters.

Land Area is a country's total area, excluding area under inland water bodies, national claims to continental shelf, and exclusive economic zones. In most cases the definition of inland water bodies includes major rivers and lakes.

Population Density is number of persons in the total population for a given year per square kilometre of total surface area.

Arable Area includes land defined by the FAO as land under temporary crops (double-cropped areas are counted once), temporary meadows for mowing or for pasture, land under market or kitchen gardens, and land temporarily fallow. Land abandoned as a result of shifting cultivation is excluded. Data for "Arable land" are not meant to indicate the amount of land that is potentially cultivable.

Permanent Crop Area is the land cultivated with long-term crops which do not have to be replanted for several years (such as cocoa and coffee); land under trees and shrubs producing flowers, such as roses and jasmine; and nurseries (except those for forest trees, which should be classified under "forest"). Permanent meadows and pastures are excluded from land under permanent crops.

Forest Area is land under natural or planted stands of trees, whether productive or not.

Renewable Internal Freshwater Resources Flows refer to internal renewable resources (internal river flows and groundwater from rainfall) in the country.

Annual Freshwater Withdrawals refer to total water withdrawals, not counting evaporation losses from storage basins. Withdrawals also include water from desalination plants in countries where they are a significant source. Withdrawals can exceed 100 percent of total renewable resources where extraction from nonrenewable aquifers or desalination plants is considerable or where there is significant water reuse. Withdrawals for agriculture and industry are total withdrawals for irrigation and livestock production and for direct industrial use (including withdrawals for cooling thermoelectric plants). Withdrawals for domestic uses include drinking water, municipal use or supply, and use for public services, commercial establishments, and homes.

Deforested Area is the permanent conversion of natural forest area to other uses, including agriculture, ranching, settlements, and infrastructure. Deforested areas do not include areas logged but intended for regeneration or areas degraded by fuel-wood gathering, acid precipitation, or forest fires.

National Protected Areas are totally or partially protected areas of at least 1,000 hectares that are designated as scientific reserves with limited public access, national parks, natural monuments, nature reserves or wildlife sanctuaries, protected landscapes, and areas managed mainly for sustainable use. Marine areas, unclassified areas, and littoral (intertidal) areas are excluded. The data also do not include sites protected under local or provincial law.

Threatened Species are the number of species classified by the IUCN as endangered, vulnerable, rare, indeterminate, out of danger, or insufficiently known.

Higher Plants are native vascular plant species (flowering plants only).

国民经济核算

National Accounts

3-1 国内生产总值
Gross Domestic Product

资料来源：世界银行WDI数据库。
Source: World Bank WDI Database.
单位：亿美元 (100 million USD)

国家或地区	Country or Area	1990	2000	2005	2010	2014	2015
世　界	**World**	**225631**	**333213**	**471426**	**656478**	**781063**	**734336**
高收入国家	**High Income**	**188761**	**273524**	**373259**	**450046**	**499742**	**469852**
经合组织高收入国家	**OECD Countries**	**182625**	**261511**	**356089**	**424986**	**466738**	
非经合组织高收入国家	**High Income: nonOECD**	**13277**	**18586**	**28356**	**49061**	**62598**	
中等收入国家	**Middle Income**	**34403**	**58388**	**96165**	**203246**	**277353**	**261521**
中等偏下收入国家	**Lower Middle Income**	**9185**	**13373**	**21793**	**46015**	**58643**	**58204**
中等偏上收入国家	**Upper Middle Income**	**25217**	**45026**	**74384**	**157262**	**218619**	**203192**
中低收入国家	**Low and Middle Income**	**35310**	**59489**	**97745**	**206141**	**281420**	**265451**
东亚和太平洋	**East Asia and Pacific**	**6707**	**17348**	**30984**	**78200**	**126135**	**130674**
欧洲和中亚	**Europe and Central Asia**	**9292**	**6919**	**16626**	**30536**	**38551**	**28878**
拉丁美洲和加勒比	**Latin America and Caribbean**	**9384**	**20710**	**25794**	**49263**	**57520**	**48550**
中东和北非国家	**Middle East and North Africa**	**5381**	**4518**	**6915**	**13629**	**15599**	
南　亚	**South Asia**	**4120**	**6292**	**10539**	**20937**	**25836**	**26661**
撒哈拉以南非洲	**Sub-Saharan Africa**	**3065**	**3671**	**6841**	**13544**	**17531**	**15714**
低收入国家	**Low Income**	**963**	**1133**	**1599**	**2892**	**4065**	**3929**
最不发达地区	**Least Developed Countries**	**1633**	**2156**	**3467**	**6783**	**9247**	**9112**
重债穷国	**Heavily Indebted Poor Countries**	**1295**	**1551**	**2421**	**4630**	**6316**	**6176**
中　国	China	3590	12053	22686	60397	103511	108664
中国香港	Hong Kong, China	769	1717	1816	2286	2912	3099
中国澳门	Macao, China	30	61	121	281	555	462
阿富汗	Afghanistan			63	159	201	192
阿尔巴尼亚	Albania	21	36	82	119	133	115
阿尔及利亚	Algeria	620	548	1032	1612	2135	1668
安道尔	Andorra	10	14	32	33		
安哥拉	Angola	100	91	282	825	1268	1026
安提瓜和巴布达	Antigua and Barbuda	4	8	10	11	12	13
阿根廷	Argentina	1414	2842	1995	4259	5297	5832
亚美尼亚	Armenia	23	19	49	93	116	106
阿鲁巴岛	Aruba		19	23	25		
澳大利亚	Australia	3110	4150	6931	11423	14547	13395
奥地利	Austria	1661	1964	3146	3902	4369	3741
阿塞拜疆	Azerbaijan	89	53	132	529	752	530
巴哈马	Bahamas	32	63	77	79	85	89
巴　林	Bahrain	42	91	160	257	339	322
孟加拉国	Bangladesh	316	534	694	1153	1729	1951
巴巴多斯	Barbados	20	31	39	44	44	45
白俄罗斯	Belarus	174	127	302	552	761	546
比利时	Belgium	2064	2379	3874	4836	5312	4540
伯利兹	Belize	4	8	11	14	17	18
贝　宁	Benin	20	26	48	70	96	85
百慕大	Bermuda	16	35	49	57		
不　丹	Bhutan	3	4	8	16	20	20
玻利维亚	Bolivia	49	84	95	196	330	332
波　黑	Bosnia and Herzegovinian		55	112	172	185	160
博茨瓦纳	Botswana	38	58	99	128	159	144
巴　西	Brazil	4620	6554	8916	22089	24170	17747
文　莱	Brunei Darussalam	35	60	95	124	171	155
保加利亚	Bulgaria	207	131	298	499	567	490
布基纳法索	Burkina Faso	31	26	55	90	125	111
布隆迪	Burundi	11	9	11	20	31	31
柬埔寨	Cambodia		37	63	112	168	180
喀麦隆	Cameroon	112	93	166	236	321	292
加拿大	Canada	5939	7423	11694	16134	17838	15505
佛得角	Cape Verde	3	5	10	17		
中　非	Central African Rep.	14	9	14	20	17	15

3-1 续表 1 continued

单位：亿美元 (100 million USD)

国家或地区	Country or Area	1990	2000	2005	2010	2014	2015
乍　得	Chad	17	14	66	107	139	109
海峡群岛	Channel Islands		64	88			
智　利	Chile	316	793	1244	2175	2587	2402
哥伦比亚	Colombia	403	999	1466	2870	3784	2921
科摩罗	Comoros	3	2	4	5	6	
刚果(金)	Congo, Dem. Rep.		191	120	205	328	352
刚果(布)	Congo, Rep.	28	32	61	120	142	86
哥斯达黎加	Costa Rica	74	159	200	363	496	511
科特迪瓦	Cote D'Ivoire	108	107	171	249	343	318
克罗地亚	Croatia	248	218	454	597	571	487
古　巴	Cuba	286	306	426	643		
塞浦路斯	Cyprus	56	99	183	252	232	193
捷　克	Czech Rep.	403	615	1360	2070	2053	1818
丹　麦	Denmark	1381	1642	2646	3198	3461	2952
吉布提	Djibouti	5	6	7	11	16	
多米尼克	Dominica	2	3	4	5	5	5
多米尼加	Dominican Rep.	71	240	340	539	640	671
厄瓜多尔	Ecuador	152	183	415	696	1009	1009
埃　及	Egypt	431	998	897	2189	3015	3308
萨尔瓦多	El Salvador	48	131	171	214	251	259
赤道几内亚	Equatorial Guinea	1	10	82	127	155	94
厄立特里亚	Eritrea		7	11	21	39	
爱沙尼亚	Estonia	50	57	140	195	265	227
埃塞俄比亚	Ethiopia	122	82	124	299	556	615
法罗群岛	Faeroe Islands		11	17	23		
斐　济	Fiji	13	17	30	31	45	44
芬　兰	Finland	1415	1255	2044	2478	2723	2298
法　国	France	12753	13684	22037	26470	28292	24217
法属波立尼西亚	French Polynesia	32	34				
加　蓬	Gabon	60	51	95	144	182	143
冈比亚	Gambia	3	8	6	10	9	
格鲁吉亚	Georgia	78	31	64	116	165	140
德　国	Germany	17650	19500	28614	34173	38683	33558
加　纳	Ghana	59	50	107	322	386	379
希　腊	Greece	979	1301	2478	2994	2356	1952
格陵兰	Greenland	10	11	17	23	24	
危地马拉	Guatemala	77	193	272	413	587	638
几内亚	Guinea	27	30	29	47	66	67
几内亚比绍	Guinea-Bissau	2	4	6	8	11	11
圭亚那	Guyana	4	7	8	23	31	32
海　地	Haiti	29	40	43	66	88	89
洪都拉斯	Honduras	30	71	97	158	194	202
匈牙利	Hungary	331	472	1125	1301	1383	1207
冰　岛	Iceland	65	89	167	132	170	166
印　度	India	3266	4766	8342	17085	20424	20735
印度尼西亚	Indonesia	1144	1650	2859	7551	8905	8619
伊　朗	Iran	1248	1096	2198	4678	4253	
伊拉克	Iraq	1799	259	500	1385	2235	1686
爱尔兰	Ireland	494	998	2114	2201	2508	2380
马恩岛	Isle of Man		16	30	54		
以色列	Israel	525	1324	1428	2343	3057	2961
意大利	Italy	11773	11418	18527	21252	21385	18148
牙买加	Jamaica	46	89	112	132	139	140
日　本	Japan	31037	47312	45719	54987	45962	41233

3-1 续表 2 continued

单位：亿美元 (100 million USD)

国家或地区	Country or Area	1990	2000	2005	2010	2014	2015
约　旦	Jordan	42	85	126	264	358	375
哈萨克斯坦	Kazakhstan	269	183	571	1480	2274	1844
肯 尼 亚	Kenya	86	127	187	400	614	634
基里巴斯	Kiribati		1	1	2	2	1
韩　国	Korea, Rep.	2848	5616	8981	10945	14113	13779
科 威 特	Kuwait	184	377	808	1154	1636	1128
吉尔吉斯斯坦	Kyrgyzstan	27	14	25	48	75	66
老　挝	Laos	9	17	27	72	117	123
拉脱维亚	Latvia	74	79	169	237	313	270
黎 巴 嫩	Lebanon	28	173	213	380	457	471
莱 索 托	Lesotho	5	8	14	22	22	
利比里亚	Liberia	4	5	6	13	20	21
利 比 亚	Libya	289	383	473	748	411	292
列支敦士登	Liechtenstein	14	25	37	51		
立 陶 宛	Lithuania	105	115	261	371	484	412
卢 森 堡	Luxemburg	134	214	370	524	649	578
马 其 顿	Macedonia	45	38	63	94	113	101
马达加斯加	Madagascar	31	39	50	87	110	100
马 拉 维	Malawi	19	17	37	70	60	66
马来西亚	Malaysia	440	938	1435	2550	3381	2962
马尔代夫	Maldives	2	6	11	23	31	31
马　里	Mali	27	30	62	107	144	131
马 耳 他	Malta	25	40	60	82		
马绍尔群岛	Marshall Islands	1	1	1	2	2	
毛里塔尼亚	Mauritania	10	13	22	43	54	
毛里求斯	Mauritius	27	46	63	97	126	115
墨 西 哥	Mexico	2627	6836	8663	10511	12978	11443
密克罗尼西亚	Micronesia, Fed.	1	2	2	3	3	
摩尔多瓦	Moldova	36	13	30	58	80	66
摩 纳 哥	Monaco	25	26	43	54		
蒙　古	Mongolia	26	11	25	72	122	118
黑　山	Montenegro		10	23	41	46	40
摩 洛 哥	Morocco	302	389	623	932	1100	1004
莫桑比克	Mozambique	25	50	77	102	169	147
缅　甸	Myanmar					643	649
纳米比亚	Namibia	28	39	73	113	128	115
瑙　鲁	Nauru						
尼 泊 尔	Nepal	36	55	81	160	198	209
荷　兰	Netherlands	3143	4128	6785	8364	8793	7525
新喀里多尼亚	New Caledonia	25	27				
新 西 兰	New Zealand	455	526	1147	1466	2001	1738
尼加拉瓜	Nicaragua	10	51	63	87	118	127
尼 日 尔	Niger	25	18	34	57	82	71
尼日利亚	Nigeria	308	464	1122	3691	5685	4811
挪　威	Norway	1198	1713	3087	4285	5005	3883
阿　曼	Oman	117	195	311	586	818	703
巴基斯坦	Pakistan	400	740	1095	1774	2434	2700
帕　劳	Palau	1	1	2	2	3	3
巴 拿 马	Panama	56	123	164	289	492	521
巴布亚新几内亚	Papua New Guinea	32	35	49	97	169	
巴 拉 圭	Paraguay	57	82	87	200	309	276
秘　鲁	Peru	257	510	749	1485	2029	1921
菲 律 宾	Philippines	443	810	1031	1996	2848	2920
波　兰	Poland	647	1719	3044	4792	5450	4748
葡 萄 牙	Portugal	787	1184	1973	2383	2301	1989

3-1 续表 3 continued

单位：亿美元 (100 million USD)

国家或地区	Country or Area	1990	2000	2005	2010	2014	2015
波多黎各	Puerto Rico	306	617	839	984		
卡 塔 尔	Qatar	74	178	445	1251	2101	1669
罗马尼亚	Romania	383	374	997	1680	1993	1780
俄 罗 斯	Russia	5168	2597	7640	15249	20310	13260
卢 旺 达	Rwanda	26	17	26	57	79	81
圣基茨和尼维斯	Saint Kitts and Nevis	2	4	5	7	9	9
圣卢西亚	Saint Lucia	4	8	9	12	14	14
圣文森特和格林纳丁斯	Saint Vincent and the Grenadines	2	4	6	7	7	8
萨 摩 亚	Samoa	1	3	5	7	8	8
圣马力诺	San Marino		8	14			
圣多美和普林西比	Sao Tome and Principe		1	1	2	3	
沙特阿拉伯	Saudi Arabia	1168	1884	3285	5268	7538	6460
塞内加尔	Senegal	57	47	87	129	157	138
塞尔维亚	Serbia		65	263	395	442	365
塞 舌 尔	Seychelles	4	6	9	10	14	14
塞拉利昂	Sierra Leone	6	6	16	26	50	45
新 加 坡	Singapore	362	958	1274	2364	3063	2927
斯洛伐克	Slovakia	127	291	625	893	1003	866
斯洛文尼亚	Slovenia	174	203	363	480	495	427
所罗门群岛	Solomon Islands	3	4	4	7	12	12
南 非	South Africa	1120	1364	2578	3753	3499	3128
西 班 牙	Spain	5351	5954	11573	14317	13813	11991
斯里兰卡	Sri Lanka	80	163	244	567	800	823
苏 丹	Sudan	124	123	265	656	738	841
苏 里 南	Suriname	4	9	18	44	52	49
斯威士兰	Swaziland	11	15	26	35	44	41
瑞 典	Sweden	2582	2598	3890	4884	5711	4926
瑞 士	Switzerland	2574	2717	4075	5812	7010	6647
叙 利 亚	Syrian Arab Republic	123	193	289	591		
塔吉克斯坦	Tajikistan	26	9	23	56	92	79
坦桑尼亚	Tanzania	43	102	169	314	480	449
泰 国	Thailand	853	1264	1893	3409	4043	3953
东 帝 汶	Timor-Leste		4	5	9	14	14
多 哥	Togo	16	13	21	32	45	40
汤 加	Tonga	1	2	3	4	4	
特立尼达和多巴哥	Trinidad And Tobago	51	82	160	210	289	278
突 尼 斯	Tunisia	123	215	323	441	476	430
土 耳 其	Turkey	1507	2666	4830	7312	7988	7182
土库曼斯坦	Turkmenistan	32	29	81	226	435	373
乌 干 达	Uganda	43	62	90	202	270	264
乌 克 兰	Ukraine	815	313	861	1364	1318	906
阿 联 酋	United Arab Emirates	507	1043	1806	2860	3995	3703
英 国	United Kingdom	10932	15548	24189	24035	29902	28488
美 国	United States	59796	102848	130937	149644	173481	179470
乌 拉 圭	Uruguay	93	228	174	403	572	534
乌兹别克斯坦	Uzbekistan	134	138	143	393	631	667
瓦努阿图	Vanuatu	2	3	4	7	8	
委内瑞拉	Venezuela	470	1171	1455	3938	5100	
越 南	Viet Nam	65	336	576	1159	1862	1936
约旦河西岸和加沙	West Bank and Gaza		43	48	89	127	127
也 门	Yemen	56	96	168	309		
赞 比 亚	Zambia	33	36	83	203	271	212
津巴布韦	Zimbabwe	88	67	58	94	142	139

3-2 人均国内生产总值
GDP per Capita

资料来源：世界银行WDI数据库。
Source: World Bank WDI Database.
单位：美元 (USD)

国家或地区	Country or Area	1990	2000	2005	2010	2014	2015
世　界	**World**	**4271**	**5449**	**7237**	**9482**	**10757**	**9996**
高收入国家	**High Income**	**18839**	**25447**	**33559**	**38983**	**42330**	**39577**
经合组织高收入国家	**OECD Countries**	**19701**	**26457**	**34952**	**40462**	**43697**	
非经合组织高收入国家	**High Income: nonOECD**	**4815**	**6280**	**9354**	**15447**	**18618**	
中等收入国家	**Middle Income**	**876**	**1213**	**1931**	**3848**	**5024**	**4668**
中等偏下收入国家	**Lower Middle Income**	**482**	**578**	**867**	**1692**	**2033**	**1988**
中等偏上收入国家	**Upper Middle Income**	**1248**	**1860**	**3065**	**6240**	**8430**	**7737**
中低收入国家	**Low and Middle Income**	**831**	**1132**	**1786**	**3525**	**4574**	**4245**
东亚和太平洋	**East Asia and Pacific**	**418**	**956**	**1635**	**3982**	**6242**	**6421**
欧洲和中亚	**Europe and Central Asia**	**2410**	**1762**	**4230**	**7651**	**9426**	**7020**
拉丁美洲和加勒比	**Latin America and Caribbean**	**2398**	**3850**	**4780**	**8480**	**9399**	**7582**
中东和北非国家	**Middle East and North Africa**	**2118**	**1622**	**2278**	**4106**	**4379**	
南　亚	**South Asia**	**364**	**454**	**698**	**1286**	**1501**	**1529**
撒哈拉以南非洲	**Sub-Saharan Africa**	**603**	**550**	**897**	**1550**	**1799**	**1570**
低收入国家	**Low Income**	**299**	**268**	**329**	**519**	**654**	**616**
最不发达地区	**Least Developed Countries**	**320**	**325**	**461**	**801**	**992**	**955**
重债穷国	**Heavily Indebted Poor Countries**	**365**	**327**	**443**	**737**	**900**	**856**
中　国	China	316	955	1740	4515	7587	7925
中国香港	Hong Kong, China	13486	25757	26650	32550	40216	42423
中国澳门	Macao, China	8312	14128	25830	52604	96075	78586
阿富汗	Afghanistan			257	570	634	590
阿尔巴尼亚	Albania	640	1176	2709	4094	4589	3965
阿尔及利亚	Algeria	2394	1757	3102	4474	5484	4206
安道尔	Andorra	18877	21433	39990	39639		
安哥拉	Angola	901	606	1576	3887	5233	4102
安提瓜和巴布达	Antigua and Barbuda	6325	10095	12080	13017	13432	14129
阿根廷	Argentina	4319	7669	5641	11199	12751	
亚美尼亚	Armenia	637	621	1625	3125	3874	3500
澳大利亚	Australia	18222	21665	33983	51846	61996	56328
奥地利	Austria	21629	24517	38242	46660	51148	43439
阿塞拜疆	Azerbaijan	1237	655	1578	5843	7887	5496
巴哈马	Bahamas	12351	21241	23406	21921	22218	22897
巴　林	Bahrain	8529	13591	18418	20386	24855	23396
孟加拉国	Bangladesh	298	407	486	760	1087	1212
巴巴多斯	Barbados	7728	11568	14224	15901	15366	15661
白俄罗斯	Belarus	1705	1273	3126	5819	8025	5741
比利时	Belgium	20711	23207	36967	44383	47300	40231
伯利兹	Belize	2202	3365	3933	4344	4884	4907
贝　宁	Benin	392	370	587	733	904	779
百慕大	Bermuda	26842	56284	75882	88207		
不　丹	Bhutan	560	778	1258	2201	2561	2533
玻利维亚	Bolivia	710	1007	1046	1981	3124	3095
波　黑	Bosnia and Herzegovinian		1452	2928	4475	4852	4198
博茨瓦纳	Botswana	2747	3333	5328	6244	7153	6361
巴　西	Brazil	3072	3729	4731	11121	11729	8539
文　莱	Brunei Darussalam	13702	18155	26338	31453	40980	36608
保加利亚	Bulgaria	2377	1609	3853	6753	7851	6820
布基纳法索	Burkina Faso	352	227	407	575	714	613
布隆迪	Burundi	202	129	141	214	286	276
柬埔寨	Cambodia		300	472	783	1095	1159
喀麦隆	Cameroon	924	583	915	1147	1407	1251
加拿大	Canada	21371	24124	36190	47446	50186	43249
佛得角	Cape Verde	872	1219	2031	3403		
中　非	Central African Rep.	490	245	333	447	352	307
乍　得	Chad	292	166	660	896	1025	776
海峡群岛	Channel Islands		43299	57209			

3-2 续表 1 continued

单位：美元 (USD)

国家或地区	Country or Area	1990	2000	2005	2010	2014	2015
智　　利	Chile	2402	5229	7729	12785	14566	13384
哥伦比亚	Colombia	1175	2472	3386	6251	7918	6056
科 摩 罗	Comoros	602	372	615	740	810	
刚果(金)	Congo, Dem. Rep.	268	397	213	311	438	456
刚果(布)	Congo, Rep.	1173	1036	1738	2953	3147	1851
哥斯达黎加	Costa Rica	2391	4062	4700	7986	10416	10630
科特迪瓦	Cote D'Ivoire	887	649	942	1236	1546	1399
克罗地亚	Croatia	5185	4920	10224	13509	13481	11536
古　　巴	Cuba	2707	2750	3787	5689		
塞浦路斯	Cyprus	9642	14307	24738	30439	27246	22957
捷　　克	Czech Rep.	3902	5995	13318	19764	19502	17231
丹　　麦	Denmark	26862	30744	48817	57648	61331	52002
吉 布 提	Djibouti	769	763	910	1359	1814	
多米尼克	Dominica	2345	4820	5250	6937	7252	7399
多米尼加	Dominican Rep.	985	2802	3681	5442	6147	6374
厄瓜多尔	Ecuador	1491	1451	3022	4657	6346	6248
埃　　及	Egypt	765	1461	1197	2668	3366	3615
萨尔瓦多	El Salvador	914	2260	2874	3547	4102	4219
赤道几内亚	Equatorial Guinea	297	1970	13130	17441	18918	11121
厄立特里亚	Eritrea		200	262	451	590	
爱沙尼亚	Estonia	3193	4070	10338	14641	20148	17295
埃塞俄比亚	Ethiopia	253	124	162	342	574	619
斐　　济	Fiji	1835	2076	3659	3652	5112	4916
芬　　兰	Finland	28381	24253	38969	46205	49865	41921
法　　国	France	21795	22466	34880	40706	42547	36248
法属波立尼西亚	French Polynesia	16037	14530				
加　　蓬	Gabon	6251	4115	6865	9312	10772	8312
冈 比 亚	Gambia	346	637	433	563	441	
格鲁吉亚	Georgia	1615	692	1530	2965	4430	3796
德　　国	Germany	22220	23719	34697	41788	47767	41219
加　　纳	Ghana	403	265	502	1323	1442	1381
希　　腊	Greece	9600	12043	22552	26919	21627	18036
格 陵 兰	Greenland	18327	19004	28985	40194	43365	
格林纳达	Grenada	2296	5118	6754	7366	8574	9157
危地马拉	Guatemala	835	1650	2064	2806	3667	3904
几 内 亚	Guinea	442	340	304	430	540	531
几内亚比绍	Guinea-Bissau	231	281	401	519	616	573
圭 亚 那	Guyana	551	960	1111	2999	4028	4127
洪都拉斯	Honduras	622	1138	1406	2111	2434	2496
匈 牙 利	Hungary	3186	4620	11156	13009	14022	12259
冰　　岛	Iceland	25592	31738	56446	41620	52037	50173
印　　度	India	375	452	729	1388	1577	1582
印度尼西亚	Indonesia	631	780	1264	3125	3500	3347
伊　　朗	Iran	2222	1664	3135	6300	5443	
伊 拉 克	Iraq	10292	1086	1849	4487	6337	4629
爱 尔 兰	Ireland	14047	26236	50816	48261	54321	51290
马 恩 岛	Isle of Man		20359	36980	64277		
以 色 列	Israel	11264	21052	20611	30736	37206	35330
意 大 利	Italy	20757	20051	31959	35852	35180	29847
牙 买 加	Jamaica	1921	3448	4238	4902	5119	5138
日　　本	Japan	25124	37300	35781	42935	36153	32477
约　　旦	Jordan	1239	1774	2361	4054	4831	4940
哈萨克斯坦	Kazakhstan	1648	1229	3771	9071	13155	10508
肯 尼 亚	Kenya	366	409	530	992	1369	1377
基里巴斯	Kiribati	392	800	1150	1466	1510	1292

3-2 续表 2 continued

单位：美元 (USD)

国家或地区	Country or Area	1990	2000	2005	2010	2014	2015
韩 国	Korea, Rep.	6643	11948	18658	22151	27989	27222
科威特	Kuwait	8951	19545	35694	37725	43594	28985
吉尔吉斯斯坦	Kyrgyzstan	609	280	477	880	1280	1103
老 挝	Laos	204	324	476	1147	1751	1812
拉脱维亚	Latvia	2796	3352	7550	11320	15692	13665
黎巴嫩	Lebanon	1050	5335	5339	8764	8149	8051
莱索托	Lesotho	341	416	711	1088	1034	
利比里亚	Liberia	183	183	168	327	458	456
利比亚	Libya	6572	7170	8159	11934	6573	4643
列支敦士登	Liechtenstein	49452	74632	104996	140102		
立陶宛	Lithuania	2841	3297	7863	11989	16490	14172
卢森堡	Luxemburg	34991	48992	79494	103267	116613	101450
马其顿	Macedonia, FYR	2240	1875	3064	4561	5453	4853
马达加斯加	Madagascar	267	246	276	414	467	412
马拉维	Malawi	200	156	287	471	362	381
马来西亚	Malaysia	2417	4005	5564	9069	11307	9766
马尔代夫	Maldives	987	2183	3489	6331	7641	7681
马 里	Mali	316	267	485	704	842	744
马耳他	Malta	7192	10377	14834	19694		
马绍尔群岛	Marshall Islands	1659	2127	2646	3124	3530	
毛里塔尼亚	Mauritania	504	477	693	1208	1371	
毛里求斯	Mauritius	2506	3861	5116	7772	10003	9117
墨西哥	Mexico	3069	6650	7894	8862	10351	9009
密克罗尼西亚	Micronesia, Fed.	1528	2171	2353	2838	3057	
摩尔多瓦	Moldova	972	354	831	1632	2245	1843
摩纳哥	Monaco	84290	82537	126599	145221		
蒙 古	Mongolia	1172	474	999	2650	4202	3973
黑 山	Montenegro		1627	3675	6682	7378	6415
摩洛哥	Morocco	1199	1328	2023	2858	3190	2872
莫桑比克	Mozambique	188	275	366	418	623	525
缅 甸	Myanmar					1204	1204
纳米比亚	Namibia	1981	2059	3582	5143	5343	4696
尼泊尔	Nepal	194	231	319	595	702	732
荷 兰	Netherlands	21019	25921	41577	50341	52139	44433
新喀里多尼亚	New Caledonia	14800	12580				
新西兰	New Zealand	13663	13641	27751	33692	44380	37808
尼加拉瓜	Nicaragua	244	1016	1175	1524	1961	2087
尼日尔	Niger	314	160	253	351	431	359
尼日利亚	Nigeria	322	378	804	2315	3203	2640
挪 威	Norway	28243	38147	66775	87646	97430	74735
阿 曼	Oman	6448	8711	12399	19921	19310	15645
巴基斯坦	Pakistan	372	535	714	1043	1315	1429
帕 劳	Palau	5096	7787	9710	8979	11893	13499
巴拿马	Panama	2277	4062	4933	7987	12712	13268
巴布亚新几内亚	Papua New Guinea	774	655	799	1419	2268	
巴拉圭	Paraguay	1352	1546	1507	3226	4713	4161
秘 鲁	Peru	1178	1967	2715	5056	6549	6122
菲律宾	Philippines	715	1040	1197	2145	2873	2899
波 兰	Poland	1698	4493	7976	12598	14337	12495
葡萄牙	Portugal	7885	11502	18785	22540	22124	19223
波多黎各	Puerto Rico	8653	16192	21959	26436		
卡塔尔	Qatar	15448	29926	53207	70870	96733	74667
罗马尼亚	Romania	1651	1668	4676	8298	10012	8973
俄罗斯	Russia	3485	1772	5324	10675	13902	9057
卢旺达	Rwanda	351	216	287	554	698	697
圣基茨和尼维斯	Saint Kitts and Nevis	5112	9224	11054	13227	15739	16589

3-2 续表 3 continued

单位：美元 (USD)

国家或地区	Country or Area	1990	2000	2005	2010	2014	2015
圣卢西亚	Saint Lucia	2875	4976	5723	7044	7648	7764
圣文森特和格林纳丁斯	Saint Vincent and the Grenadines	2236	3673	5064	6232	6673	6864
萨 摩 亚	Samoa	772	1541	2588	3531	4172	3939
圣马力诺	San Marino		28224	47036			
圣多美和普林西比	Sao Tome and Principe		550	824	1142	1811	
沙特阿拉伯	Saudi Arabia	7137	8809	13274	18754	24407	20482
塞内加尔	Senegal	761	475	773	998	1067	911
塞尔维亚	Serbia		870	3528	5412	6200	5144
塞 舌 尔	Seychelles	5266	7579	11087	10805	15564	15476
塞拉利昂	Sierra Leone	165	157	321	453	793	693
新 加 坡	Singapore	11865	23793	29870	46570	56007	52889
斯洛伐克	Slovakia	2396	5403	11631	16555	18501	15963
斯洛文尼亚	Slovenia	8699	10228	18169	23439	24002	20713
所罗门群岛	Solomon Islands	970	1055	882	1276	2024	1982
南 非	South Africa	3182	3099	5453	7393	6472	5692
西 班 牙	Spain	13773	14788	26511	30738	29719	25832
斯里兰卡	Sri Lanka	470	875	1260	2820	3853	3926
苏 丹	Sudan	482	353	662	1422	1876	2089
苏 里 南	Suriname	951	1856	3646	8431	9680	8984
斯威士兰	Swaziland	1292	1433	2339	2957	3477	3155
瑞 典	Sweden	30162	29283	43085	52076	58900	50273
瑞 士	Switzerland	38332	37813	54798	74277	85611	80215
叙 利 亚	Syrian Arab Republic	989	1182	1592	2747		
塔吉克斯坦	Tajikistan	496	139	340	744	1113	926
坦桑尼亚	Tanzania	172	308	446	709	955	865
泰 国	Thailand	1508	2016	2874	5112	5970	5816
东 帝 汶	Timor-Leste		434	501	876	1131	1134
多 哥	Togo	430	266	379	497	630	548
汤 加	Tonga	1194	1927	2565	3558	4114	
特立尼达和多巴哥	Trinidad And Tobago	4148	6431	12323	15840	21317	20444
突 尼 斯	Tunisia	1507	2248	3218	4177	4329	3873
土 耳 其	Turkey	2791	4215	7117	10112	10304	9130
土库曼斯坦	Turkmenistan	870	645	1707	4479	8194	6948
图 瓦 卢	Tuvalu	980	1459	2253	3238	3827	
乌 干 达	Uganda	248	261	321	609	715	676
乌 克 兰	Ukraine	1570	636	1829	2974	3065	2115
阿 联 酋	United Arab Emirates	27989	34208	40299	34342	43963	40438
英 国	United Kingdom	19096	26401	40048	38293	46279	43734
美 国	United States	23955	36450	44308	48374	54399	55837
乌 拉 圭	Uruguay	2990	6872	5221	11938	16738	15574
乌兹别克斯坦	Uzbekistan	651	558	547	1377	2053	2132
瓦努阿图	Vanuatu	1080	1470	1886	2966	3148	
委内瑞拉	Venezuela	2368	4785	5436	13581	16530	
越 南	Viet Nam	98	433	700	1334	2052	2111
约旦河西岸和加沙	West Bank and Gaza		1476	1455	2339	2961	2867
也 门	Yemen	472	542	817	1310		
赞 比 亚	Zambia	404	340	692	1456	1726	1308
津巴布韦	Zimbabwe	838	535	443	674	931	890

3-3 人均国民总收入
GNI per Capita

资料来源：世界银行WDI数据库。
Source: World Bank WDI Database.

单位：美元 (USD)

国家或地区	Country or Area	1990	2000	2005	2010	2014	2015
世　界	**World**	**4192**	**5441**	**7308**	**9363**	**10799**	**10437**
高收入国家	**High Income**	**18619**	**25619**	**34473**	**39538**	**42705**	**41366**
经合组织高收入国家	**OECD Countries**	**19434**	**26658**	**35970**	**41073**	**44290**	
非经合组织高收入国家	**High Income: nonOECD**	**8502**	**6073**	**8650**	**14835**	**19236**	
中等收入国家	**Middle Income**	**834**	**1166**	**1824**	**3571**	**4997**	**4866**
中等偏下收入国家	**Lower Middle Income**	**490**	**554**	**858**	**1531**	**2042**	**2035**
中等偏上收入国家	**Upper Middle Income**	**1146**	**1789**	**2853**	**5833**	**8363**	**8113**
中低收入国家	**Low and Middle Income**	**792**	**1086**	**1686**	**3273**	**4547**	**4423**
东亚和太平洋	**East Asia and Pacific**	**425**	**912**	**1641**	**3757**	**6157**	**6407**
欧洲和中亚	**Europe and Central Asia**	**1535**	**1767**	**3680**	**7326**	**9607**	**8226**
拉丁美洲和加勒比	**Latin America and Caribbean**	**2177**	**3625**	**4329**	**7669**	**9286**	**8331**
中东和北非国家	**Middle East and North Africa**	**1296**	**1581**	**2166**	**3963**	**4598**	
南　亚	**South Asia**	**383**	**451**	**701**	**1191**	**1496**	**1533**
撒哈拉以南非洲	**Sub-Saharan Africa**	**598**	**504**	**802**	**1280**	**1727**	**1627**
低收入国家	**Low Income**	**293**	**230**	**306**	**502**	**629**	**620**
最不发达地区	**Least Developed Countries**	**317**	**295**	**427**	**761**	**967**	**964**
重债穷国	**Heavily Indebted Poor Countries**	**363**	**298**	**414**	**704**	**864**	**857**
中　国	China	330	930	1750	4300	7400	7820
中国香港	Hong Kong, China	12660	26930	28890	33620	40320	41000
中国澳门	Macao, China	8530	14640	24760	45890	76300	
阿富汗	Afghanistan			250	520	670	630
阿尔巴尼亚	Albania	680	1170	2670	4360	4450	4290
阿尔及利亚	Algeria	2360	1590	2710	4470	5490	4870
安道尔	Andorra	16880	19930	40040	41670		
安哥拉	Angola	550	390	1170	3570	4800	4180
安提瓜和巴布达	Antigua and Barbuda	5740	8620	11920	12620	13320	13390
阿根廷	Argentina	3170	7440	4940	10490	13640	
亚美尼亚	Armenia		660	1520	3370	4020	3880
澳大利亚	Australia	17220	21110	30310	46530	64620	60070
奥地利	Austria	20560	26690	38500	49350	49570	47120
阿塞拜疆	Azerbaijan		610	1270	5370	7600	6560
巴哈马	Bahamas	14040	20330	23510	21660	21310	21310
巴　林	Bahrain	7220	10900	16970	18660	20860	20350
孟加拉国	Bangladesh	310	420	540	780	1080	1190
巴巴多斯	Barbados	7660	11070	13620	15860	14860	14800
白俄罗斯	Belarus		1380	2820	5990	7340	6460
比利时	Belgium	19400	26040	37850	47810	46990	44360
伯利兹	Belize	2230	3150	3680	3970	4430	4420
贝　宁	Benin	360	390	590	760	890	860
不　丹	Bhutan	580	780	1220	1990	2370	2370
玻利维亚	Bolivia	720	990	1030	1810	2870	3080
波　黑	Bosnia and Herzegovinian		1470	3070	4780	4820	4680
博茨瓦纳	Botswana	2540	3000	4760	5480	7030	6510
巴　西	Brazil	2710	3840	3910	9650	11790	9850
文　莱	Brunei Darussalam	12550	14800	23290			
保加利亚	Bulgaria	2260	1660	3760	6840	7610	7220
布基纳法索	Burkina Faso	330	250	410	610	690	660
布隆迪	Burundi	210	130	130	200	270	260
柬埔寨	Cambodia		300	460	750	1020	1070
喀麦隆	Cameroon	920	600	900	1170	1350	1330
加拿大	Canada	20420	22520	33960	44400	51770	47500
佛得角	Cape Verde	870	1330	2050	3340		
中　非	Central African Rep.	460	250	340	470	310	320
乍　得	Chad	270	180	470	910	980	880
海峡群岛	Channel Islands		42430	55320			

3-3 续表 1 continued

单位：美元 (USD)

国家或地区	Country or Area	1990	2000	2005	2010	2014	2015
智 利	Chile	2260	5020	6340	10800	14980	14060
哥伦比亚	Colombia	1220	2320	2920	5540	7970	7130
科 摩 罗	Comoros	560	420	620	760	790	
刚果(金)	Congo, Dem. Rep.	240	130	200	300	400	410
刚果(布)	Congo, Rep.	920	570	980	2230	2720	2540
哥斯达黎加	Costa Rica	2320	3710	4890	7100	10120	10210
科特迪瓦	Cote D'Ivoire	760	640	940	1210	1450	1410
克罗地亚	Croatia		5290	9870	13750	13000	12690
古 巴	Cuba	2660	2620	3960	5570		
塞浦路斯	Cyprus	9510	14070	23580	30910	26510	25930
捷 克	Czech Rep.		6320	12380	19210	18690	18050
丹 麦	Denmark	24530	32660	49620	60820	61950	58590
吉 布 提	Djibouti		760	1030			
多米尼克	Dominica	2300	3600	5140	6700	6960	6760
多米尼加	Dominican Rep.	870	2630	2910	5280	6020	6130
厄瓜多尔	Ecuador	1370	1540	2900	4410	6090	6010
埃 及	Egypt	750	1420	1240	2390	3210	3340
萨尔瓦多	El Salvador	900	2160	2870	3450	3890	3940
赤道几内亚	Equatorial Guinea	290	880	4660	7880	10210	7790
厄立特里亚	Eritrea		200	260	380	530	
爱沙尼亚	Estonia	3190	4150	9710	14580	18980	18480
埃塞俄比亚	Ethiopia	260	120	160	380	550	590
斐 济	Fiji	1790	2230	3590	3650	4870	4800
芬 兰	Finland	26000	26420	40100	49330	48830	46360
法 国	France	20660	25150	36000	43790	42820	40580
法属波立尼西亚	French Polynesia	15390	15990				
加 蓬	Gabon	4810	3090	5580	8250	10410	9210
冈 比 亚	Gambia	320	670	400	590	460	
格鲁吉亚	Georgia		750	1410	3000	4490	4160
德 国	Germany	21340	26210	35880	44790	47500	45790
加 纳	Ghana	400	340	470	1260	1590	1480
希 腊	Greece	8960	13310	22730	27680	22040	20290
格 陵 兰	Greenland	15690	20290	29970			
格林纳达	Grenada	2250	3860	6760	7050	8080	8430
危地马拉	Guatemala	930	1660	1990	2680	3440	3590
几 内 亚	Guinea	430	380	340	390	470	470
几内亚比绍	Guinea-Bissau	210	190	390	540	590	590
圭 亚 那	Guyana	390	880	1060	2900	4030	4090
海 地	Haiti	350	470	420	650	820	820
洪都拉斯	Honduras	690	920	1390	1920	2270	2270
匈 牙 利	Hungary	2880	4660	10430	13090	13340	12990
冰 岛	Iceland	24680	31540	50730	36670	47720	49730
印 度	India	390	450	730	1260	1560	1590
印度尼西亚	Indonesia	610	560	1220	2530	3630	3440
伊 朗	Iran	2560	1760	2910	6020	6550	
爱 尔 兰	Ireland	12560	24200	44500	44740	46450	46680
马 恩 岛	Isle of Man		21920	38690	72040		
以 色 列	Israel	10860	18800	21220	29640	35340	35440
意 大 利	Italy	18610	21820	32390	37700	34540	32790
牙 买 加	Jamaica	1790	3290	3920	4570	5200	5010
日 本	Japan	27560	34980	39140	41980	41900	36680
约 旦	Jordan	1350	1800	2530	3820	4590	4680
哈萨克斯坦	Kazakhstan		1260	2950	7440	12490	11580
肯 尼 亚	Kenya	380	420	530	1000	1300	1340
基里巴斯	Kiribati	720	1390	1760	1990	3110	3230
韩 国	Korea, Rep.	6480	10750	17800	21320	26970	27440

3-3 续表 2 continued

单位：美元 (USD)

国家或地区	Country or Area	1990	2000	2005	2010	2014	2015
科 威 特	Kuwait		19050	34600	41220	49300	40930
吉尔吉斯斯坦	Kyrgyzstan		280	450	850	1260	1170
老 挝	Laos	190	280	460	1000	1640	1730
拉脱维亚	Latvia	2790	3310	7360	12600	15350	14900
黎 巴 嫩	Lebanon	1360	5470	5740	8450	8120	7930
莱 索 托	Lesotho	550	580	910	1160	1330	
利比里亚	Liberia		150	120	250	370	380
利 比 亚	Libya			6860	12250	7820	6030
列支敦士登	Liechtenstein	45550	78630	92360			
立 陶 宛	Lithuania		3220	7580	12430	15930	15000
卢 森 堡	Luxemburg	28580	42250	66390	79520	80560	77000
马 其 顿	Macedonia		1860	3010	4720	5190	5140
马达加斯加	Madagascar	240	250	290	420	450	420
马 拉 维	Malawi	180	160	300	440	360	350
马来西亚	Malaysia	2370	3420	5250	8280	11120	10570
马尔代夫	Maldives		2140	3560	5360	6470	6670
马 里	Mali	290	280	450	730	820	790
马 耳 他	Malta	7600	10510	14390	20090		
马绍尔群岛	Marshall Islands		2850	3570	3720	4390	
毛里塔尼亚	Mauritania	490	510	690	1140	1370	
毛里求斯	Mauritius	2440	3870	5420	7970	9720	9610
墨 西 哥	Mexico	2750	5750	7720	8840	10080	9710
密克罗尼西亚	Micronesia, Fed.		2210	2550	2870	3200	
摩尔多瓦	Moldova		370	890	1820	2560	2220
摩 纳 哥	Monaco	79560	90840	128380			
蒙 古	Mongolia	1430	470	900	2000	4260	3830
黑 山	Montenegro			3660	6890	7320	7240
摩 洛 哥	Morocco	1150	1380	2070	2950	3080	3040
莫桑比克	Mozambique	180	280	350	460	620	580
缅 甸	Myanmar					1280	
纳米比亚	Namibia	2020	2110	3390	4360	5670	5210
尼 泊 尔	Nepal	210	230	310	540	730	730
荷 兰	Netherlands	20060	28560	42390	53530	51250	48940
新喀里多尼亚	New Caledonia	14760	14020				
新 西 兰	New Zealand	13640	14070	25520	29340	41370	40080
尼加拉瓜	Nicaragua	310	970	1180	1480	1870	1940
尼 日 尔	Niger	300	170	250	360	420	390
尼日利亚	Nigeria	290	270	660	1460	2970	2820
挪 威	Norway	26510	36560	63790	88430	105810	93820
阿 曼	Oman	5710	7160	10640	18770	18340	16920
巴基斯坦	Pakistan	420	490	740	1080	1400	1440
帕 劳	Palau		5890	9250	8910	10650	12180
巴 拿 马	Panama	2310	3880	4880	7010	11430	12050
巴布亚新几内亚	Papua New Guinea	820	620	700	1270	2240	
巴 拉 圭	Paraguay	1190	1360	1230	2930	4390	4220
秘 鲁	Peru	880	1970	2540	4380	6370	6200
菲 律 宾	Philippines	720	1220	1520	2750	3500	3540
波 兰	Poland		4690	7320	12710	13690	13370
葡 萄 牙	Portugal	7140	12140	18550	22960	21290	20530
波多黎各	Puerto Rico	6150	10310	14750	16640		
卡 塔 尔	Qatar			39560	66890	92320	85430
罗马尼亚	Romania	1710	1720	3930	8590	9590	9500
俄 罗 斯	Russia		1710	4450	9980	14330	11400
卢 旺 达	Rwanda	350	240	270	550	690	700
圣基茨和尼维斯	Saint Kitts and Nevis	4940	8300	10970	12650	14960	15560
圣卢西亚	Saint Lucia	2730	4410	5360	6600	7260	7390

3-3 续表 3 continued

单位：美元 (USD)

国家或地区	Country or Area	1990	2000	2005	2010	2014	2015
圣文森特和格林纳丁斯	Saint Vincent and the Grenadines	2110	3470	4950	6030	6610	6670
萨摩亚	Samoa	1050	1600	2370	3230	4050	3930
圣多美和普林西比	Sao Tome and Principe			780	1190	1670	
沙特阿拉伯	Saudi Arabia	7230	7860	12460	18470	25500	23550
塞内加尔	Senegal	710	510	770	1040	1040	1000
塞尔维亚	Serbia		1530	3630	5850	5840	5500
塞舌尔	Seychelles	5000	7290	11140	10190	14090	14760
塞拉利昂	Sierra Leone	200	160	320	470	770	630
新加坡	Singapore	11450	23670	28370	44790	55330	52090
斯洛伐克	Slovakia	2060	5520	11280	17590	17950	17310
斯洛文尼亚	Slovenia		11350	18440	24540	23560	22610
所罗门群岛	Solomon Islands	710	1010	900	910	1830	1940
南非	South Africa	3390	3140	5050	6250	6790	6050
西班牙	Spain	12220	15900	25930	32130	29380	28520
斯里兰卡	Sri Lanka	470	880	1220	2430	3650	3800
苏丹	Sudan	530	320	560	1200	1710	1840
苏里南	Suriname	1430	1870	3240	7780	9590	9300
斯威士兰	Swaziland	1230	1520	2390	2600	3550	3230
瑞典	Sweden	27760	31220	45350	53900	60590	57810
瑞士	Switzerland	36900	43490	61550	77360	86000	84180
叙利亚	Syrian Arab Republic	910	970	1530	2610		
塔吉克斯坦	Tajikistan		170	320	730	1350	1240
坦桑尼亚	Tanzania	200	300	410	700	920	910
泰国	Thailand	1490	1990	2770	4610	5780	5620
东帝汶	Timor-Leste			910	2770	2670	1920
多哥	Togo	400	300	360	450	550	540
汤加	Tonga	1220	2030	2500	3550	4260	
特立尼达和多巴哥	Trinidad And Tobago	3710	5420	11210	15770	18380	18600
突尼斯	Tunisia	1430	2310	3190	4170	4160	3970
土耳其	Turkey	2300	4200	6510	9960	10630	9950
土库曼斯坦	Turkmenistan	830	600	1600	4110	7530	7510
图瓦卢	Tuvalu			3740	4720	5720	
乌干达	Uganda	320	270	300	550	670	670
乌克兰	Ukraine	1610	700	1540	2990	3530	2620
阿联酋	United Arab Emirates	20720	20630	38390	34140	44640	43170
英国	United Kingdom	17270	27400	41150	40480	43350	43340
美国	United States	24150	36070	46340	48950	54400	54960
乌拉圭	Uruguay	2840	7050	4720	10390	16210	15720
乌兹别克斯坦	Uzbekistan		630	530	1300	2070	2150
瓦努阿图	Vanuatu	1200	1430	1780	2690	3160	
委内瑞拉	Venezuela	2560	4070	4920	11530	12820	
越南	Viet Nam	130	400	680	1270	1900	1980
约旦河西岸和加沙	West Bank and Gaza		1580	1660	2310	3090	
也门	Yemen		420	690	1250		
赞比亚	Zambia	430	330	550	1310	1740	1500
津巴布韦	Zimbabwe	860	490	430	500	840	850

3-4 按购买力平价法计算的国民经济核算主要指标(2015年)
Main Economic Indicators of National Accounts Based on PPP(2015)

资料来源：世界银行WDI数据库。
Source: World Bank WDI Database.

国家或地区	Country or Area	国内生产总值(现价亿国际元) GDP (100 million international $)	人均国内生产总值(现价国际元) GDP per Capita (current price international $)	国民总收入(现价亿国际元) GNI (100 million international $)	人均国民总收入(现价国际元) GNI per capita (current price iternational $)
世　界	**World**	**1136125**	**15465**	**1132502**	**15415**
高收入国家	**High Income**	**530626**	**44696**	**534132**	**44991**
经合组织高收入国家①	**High Income: OECD①**	**456985**	**42708**	**462845**	**43255**
非经合组织高收入国家①	**High Income: nonOECD①**	**110839**	**33995**	**109216**	**33498**
中等收入国家	**Middle Income**	**597424**	**10821**	**590513**	**10695**
中等偏下收入国家	**Lower Middle Income**	**188036**	**6423**	**187355**	**6400**
中等偏上收入国家	**Upper Middle Income**	**410650**	**15832**	**404447**	**15593**
中低收入国家	**Low and Middle Income**	**607841**	**9868**	**600721**	**9753**
东亚和太平洋	**East Asia and Pacific**	**259882**	**12770**	**258081**	**12681**
欧洲和中亚	**Europe and Central Asia**	**74292**	**18061**	**72492**	**17623**
拉丁美洲和加勒比	**Latin America and Caribbean**	**92094**	**15213**	**90325**	**14921**
中东和北非国家①	**Middle East and North Africa①**	**43368**	**12173**	**42928**	**12049**
南　亚	**South Asia**	**98621**	**5654**	**98594**	**5653**
撒哈拉以南非洲	**Sub-Saharan Africa**	**36959**	**3693**	**35632**	**3560**
低收入国家	**Low Income**	**10498**	**1645**	**10285**	**1611**
重债穷国	**Heavily Indebted Poor Countries**	**15725**	**2181**	**15332**	**2126**
最不发达地区	**Least Developed Countries**	**23810**	**2495**	**23466**	**2459**
中　国	China	195243	14239	194180	14160
中国香港	Hong Kong, China	4144	56719	4212	57650
中国澳门	Macao, China	654	111270	699①	120890①
孟加拉国	Bangladesh	5366	3333	5714	3550
文　莱	Brunei Darussalam	300	70817	293②	72230②
柬埔寨	Cambodia	543	3483	513	3290
印　度	India	79825	6089	78900	6020
印度尼西亚	Indonesia	28422	11035	27498	10680
伊　朗①	Iran①	13570	17366	13600	17400
以色列	Israel	2969	35432	2928	34940
日　本	Japan	47383	37322	49344	38870
哈萨克斯坦	Kazakhstan	4540	25877	4256	24260
韩　国	Korea, Rep.	17488	34549	17563	34700
老　挝	Laos	386	5675	366	5380
马来西亚	Malaysia	8156	26891	7929	26140
蒙　古	Mongolia	361	12189	328	11070
巴基斯坦	Pakistan	9525	5042	10109	5350
菲律宾	Philippines	7410	7359	8959	8900
新加坡	Singapore	4716	85209	4494	81190
斯里兰卡	Sri Lanka	2461	11739	2406	11480
泰　国	Thailand	11081	16305	10339	15210
越　南	Viet Nam	5523	6023	5216	5690
埃　及	Egypt	9966	10891	9783	10690
尼日利亚	Nigeria	10917	5992	10563	5800
南　非	South Africa	7235	13165	7053	12830
加拿大	Canada	15886	44310	15765	43970
墨西哥	Mexico	21944	17277	21780	17150
美　国	United States	179470	55837	181383	56430
巴　西	Brazil	31924	15359	31227	15020
委内瑞拉①	Venezuela①	5389	17469	5288	17140
捷　克	Czech Rep.	3394	32167	3209	30420
法　国	France	26508	39678	27038	40470
德　国	Germany	38483	47268	39293	48260
意大利	Italy	21826	35896	21799	35850
荷　兰	Netherlands	8207	48459	8198	48400
波　兰	Poland	9931	26135	9650	25400
俄罗斯	Russia	35798	24451	34825	23790
西班牙	Spain	16027	34527	16012	34490
土耳其	Turkey	15433	19618	15228	19360
乌克兰	Ukraine	3392	7916	3347	7810
英　国	United Kingdom	26918	41325	26417	40550
澳大利亚	Australia	10824	45514	10600	44570
新西兰	New Zealand	1700	36982	1640	35680

注：①2014年数据。②2012年数据。
Note:①Data refer to 2014.②Data refer to 2012.

3–5 国内生产总值增长率
Growth Rate of GDP

资料来源：世界银行WDI数据库。
Source: World Bank WDI Database.
单位：%　　(%)

国家或地区	Country or Area	1990	2000	2005	2010	2014	2015
世　界	**World**	**2.9**	**4.3**	**3.8**	**4.3**	**2.6**	**2.5**
高收入国家	**High Income**	**3.2**	**4.0**	**2.7**	**3.0**	**1.8**	**1.9**
经合组织高收入国家	**OECD Countries**	**3.0**	**3.9**	**2.6**	**2.8**	**1.7**	
非经合组织高收入国家	**High Income: nonOECD**	**1.4**	**6.3**	**6.6**	**5.7**	**1.9**	
中等收入国家	**Middle Income**	**2.3**	**5.8**	**7.1**	**7.5**	**4.3**	**3.6**
中等偏下收入国家	**Lower Middle Income**	**4.2**	**4.4**	**6.6**	**7.4**	**5.6**	**5.5**
中等偏上收入国家	**Upper Middle Income**	**1.7**	**6.2**	**7.2**	**7.5**	**4.0**	**3.0**
中低收入国家	**Low and Middle Income**	**2.3**	**5.8**	**7.0**	**7.5**	**4.3**	**3.6**
东亚和太平洋	**East Asia and Pacific**	**5.8**	**7.4**	**9.6**	**9.8**	**6.7**	**6.5**
欧洲和中亚	**Europe and Central Asia**	**-1.5**	**8.1**	**7.0**	**5.4**	**1.6**	**-0.7**
拉丁美洲和加勒比	**Latin America and Caribbean**	**0.6**	**4.3**	**4.2**	**5.6**	**1.0**	**-1.1**
中东和北非国家	**Middle East and North Africa**	**12.9**	**4.2**	**5.0**	**5.4**	**1.6**	
南　亚	**South Asia**	**5.4**	**4.1**	**8.8**	**9.1**	**6.9**	**7.2**
撒哈拉以南非洲	**Sub-Saharan Africa**	**2.4**	**3.6**	**5.5**	**5.5**	**4.6**	**3.0**
低收入国家	**Low Income**	**0.4**	**1.8**	**6.2**	**6.7**	**6.0**	**4.7**
最不发达地区	**Least Developed Countries**	**0.4**	**4.0**	**8.3**	**5.4**	**5.5**	**4.4**
重债穷国	**Heavily Indebted Poor Countries**	**-1.1**	**2.9**	**6.2**	**5.8**	**5.6**	**4.8**
中　国	China	3.9	8.4	11.4	10.6	7.3	6.9
中国香港	Hong Kong, China	3.8	7.7	7.4	6.8	2.6	2.4
中国澳门	Macao, China	8.0	5.7	8.1	25.3	-0.9	-20.3
阿富汗	Afghanistan			11.2	8.4	1.3	1.5
阿尔巴尼亚	Albania	-9.6	6.7	5.7	3.7	2.0	2.6
阿尔及利亚	Algeria	0.8	3.8	5.9	3.6	3.8	3.9
安道尔	Andorra	3.8	1.2	7.8	-5.3		
安哥拉	Angola	-0.3	3.0	18.3	3.4	4.8	3.0
安提瓜和巴布达	Antigua and Barbuda	2.5	5.0	6.1	-7.1	4.8	3.7
阿根廷	Argentina	-2.4	-0.8	9.2	9.5	0.5	
亚美尼亚	Armenia		5.9	13.9	2.2	3.5	3.0
澳大利亚	Australia	3.5	3.9	3.2	2.0	2.5	2.3
奥地利	Austria	4.3	3.4	2.1	1.9	0.4	0.9
阿塞拜疆	Azerbaijan	-11.7	11.1	26.4	4.9	2.0	1.1
巴哈马	Bahamas	-1.6	4.1	3.4	1.5	1.0	1.2
巴　林	Bahrain	4.4	5.3	6.8	4.3	4.5	2.9
孟加拉国	Bangladesh	5.6	5.3	6.5	5.6	6.1	6.6
巴巴多斯	Barbados	-3.3	4.5	4.0	0.3	0.2	1.0
白俄罗斯	Belarus		5.8	9.4	7.7	1.7	-3.9
比利时	Belgium	3.1	3.6	2.1	2.7	1.3	1.4
伯利兹	Belize	10.6	13.0	2.6	3.3	4.1	1.9
贝　宁	Benin	9.0	5.9	1.7	2.1	6.5	5.2
百慕大	Bermuda		9.3	1.7	-2.1		
不　丹	Bhutan	10.9	6.9	7.1	11.7	5.5	3.3
玻利维亚	Bolivia	4.6	2.5	4.4	4.1	5.5	4.0
波　黑	Bosnia and Herzegovinian		5.5	8.8	0.8	1.1	3.2
博茨瓦纳	Botswana	6.8	2.0	4.6	8.6	3.2	-0.3
巴　西	Brazil	-3.1	4.1	3.2	7.5	0.1	-3.8
文　莱	Brunei Darussalam	1.1	2.8	0.4	2.6	-2.3	-0.5
保加利亚	Bulgaria	-9.1	5.0	7.2	0.1	1.6	3.0
布基纳法索	Burkina Faso	-0.6	1.8	8.7	8.4	4.0	4.0
布隆迪	Burundi	3.5	-0.9	0.9	3.8	4.7	-2.5
柬埔寨	Cambodia		8.8	13.3	6.0	7.1	7.0
喀麦隆	Cameroon	-6.1	4.2	2.3	3.3	5.9	6.2
加拿大	Canada	0.2	5.2	3.2	3.1	2.5	1.1
佛得角	Cape Verde	0.7	7.3	6.5	5.2		
中　非	Central African Rep.	-2.1	-2.5	0.9	3.0	-1.3	5.5
乍　得	Chad	-4.2	-0.9	17.3	13.6	6.9	1.8
海峡群岛	Channel Islands		5.8	1.4			

3-5 续表 1 continued

单位：% (%)

国家或地区	Country or Area	1990	2000	2005	2010	2014	2015
智　　利	Chile	3.7	4.5	5.6	5.8	1.9	2.1
哥伦比亚	Colombia	6.0	4.4	4.7	4.0	4.4	3.1
科 摩 罗	Comoros	5.1	10.8	2.8	2.2	2.1	
刚果(金)	Congo, Dem. Rep.	-6.6	-6.9	6.1	7.1	9.0	6.9
刚果(布)	Congo, Rep.	1.0	7.6	7.8	8.8	6.8	2.6
哥斯达黎加	Costa Rica	3.9	1.8	5.9	5.0	3.5	2.8
科特迪瓦	Cote D'Ivoire	-1.1	-2.1	1.7	2.0	8.5	8.4
克罗地亚	Croatia		3.8	4.2	-1.7	-0.4	1.6
古　　巴	Cuba	-2.9	5.9	11.2	2.4		
塞浦路斯	Cyprus	7.4	5.7	3.9	1.4	-2.5	1.6
捷　　克	Czech Rep.		4.3	6.4	2.3	2.0	4.2
丹　　麦	Denmark	1.6	3.7	2.4	1.6	1.3	1.2
吉 布 提	Djibouti		0.4	3.2	3.5	6.0	
多米尼克	Dominica	5.3	0.4	-0.1	0.7	3.9	2.8
多米尼加	Dominican Rep.	-5.5	5.7	9.3	8.3	7.3	7.0
厄瓜多尔	Ecuador	3.7	1.1	5.3	3.5	3.7	0.3
埃　　及	Egypt	5.7	5.4	4.5	5.1	2.2	4.2
萨尔瓦多	El Salvador	4.8	2.2	3.6	1.4	1.4	2.5
赤道几内亚	Equatorial Guinea	-1.8	18.2	16.7	-3.8	-0.3	-12.2
厄立特里亚	Eritrea		-3.1	2.6	2.2	1.7	
爱沙尼亚	Estonia	-7.1	10.6	9.4	2.5	2.9	1.1
埃塞俄比亚	Ethiopia	2.7	6.1	11.8	12.6	10.3	9.6
斐　　济	Fiji	5.8	-1.7	0.7	3.0	6.9	3.4
芬　　兰	Finland	0.7	5.6	2.8	3.0	-0.7	0.5
法　　国	France	2.9	3.9	1.6	2.0	0.3	1.2
法属波立尼西亚	French Polynesia	2.2	4.0				
加　　蓬	Gabon	5.2	-1.9	3.9	7.1	4.3	3.9
冈 比 亚	Gambia	3.6	5.5	-0.9	6.5	0.9	
格鲁吉亚	Georgia	-14.8	1.8	9.6	6.3	4.6	2.8
德　　国	Germany	5.3	3.0	0.7	4.1	1.6	1.7
加　　纳	Ghana	3.3	3.7	5.9	7.9	4.0	3.9
希　　腊	Greece		3.9	0.6	-5.5	0.7	-0.2
格 陵 兰	Greenland	-11.7	7.1	2.0			
格林纳达	Grenada	5.2	1.9	13.3	-0.5	5.7	3.4
危地马拉	Guatemala	3.1	3.6	3.3	2.9	4.2	4.1
几 内 亚	Guinea	4.3	2.5	3.0	1.9	0.4	0.1
几内亚比绍	Guinea-Bissau	6.1	5.4	4.3	4.4	2.5	4.8
圭 亚 那	Guyana	-3.0	-1.4	-2.0	4.4	3.8	3.0
海　　地	Haiti		0.9	1.8	-5.5	2.8	1.7
洪都拉斯	Honduras	0.1	5.7	6.1	3.7	3.1	3.6
匈 牙 利	Hungary	-3.5	4.2	4.4	0.7	3.7	2.9
冰　　岛	Iceland	1.2	4.7	6.0	-3.6	1.8	4.0
印　　度	India	5.5	3.8	9.3	10.3	7.2	7.6
印度尼西亚	Indonesia	9.0	4.9	5.7	6.2	5.0	4.8
伊　　朗	Iran	13.6	5.8	4.2	6.6	4.3	
爱 尔 兰	Ireland	8.5	10.2	6.3	0.4	5.2	7.8
马 恩 岛	Isle of Man	4.2	5.3	5.9	9.4		
以 色 列	Israel	6.8	8.9	4.4	5.5	2.6	2.5
意 大 利	Italy	2.0	3.7	1.0	1.7	-0.3	0.8
牙 买 加	Jamaica	4.2	0.9	0.9	-1.5	0.7	0.9
日　　本	Japan	5.6	2.3	1.3	4.7		0.5
约　　旦	Jordan	1.0	4.2	8.2	2.3	3.1	2.4
哈萨克斯坦	Kazakhstan		9.8	9.7	7.3	4.1	1.2
肯 尼 亚	Kenya	4.2	0.6	5.9	8.4	5.3	5.6
基里巴斯	Kiribati	2.1	9.5	-0.2	-0.5	3.7	3.1
韩　　国	Korea, Rep.	9.3	8.8	3.9	6.5	3.3	2.6

3-5 续表 2 continued

单位：% (%)

国家或地区	Country or Area	1990	2000	2005	2010	2014	2015
科 威 特	Kuwait		4.7	10.1	-2.4	-1.6	-0.4
吉尔吉斯斯坦	Kyrgyzstan	5.7	5.4	-0.2	-0.5	4.0	3.5
老 挝	Laos	6.7	5.8	7.1	8.5	7.5	7.0
拉脱维亚	Latvia	-7.9	5.4	10.7	-3.8	2.4	1.9
黎 巴 嫩	Lebanon	26.5	1.3	2.7	8.0	1.8	1.5
莱 索 托	Lesotho	5.6	5.1	2.7	7.9	3.6	
利比里亚	Liberia	-51.0	28.6	5.3	6.1	0.7	0.3
利 比 亚	Libya		3.7	11.9	5.0	-24.0	-10.2
列支敦士登	Liechtenstein	2.3	3.2	4.8			
立 陶 宛	Lithuania		3.8	7.7	1.6	3.0	1.6
卢 森 堡	Luxemburg	5.3	8.4	3.2	5.7	4.1	4.8
马 其 顿	Macedonia		4.5	4.7	3.4	3.5	3.7
马达加斯加	Madagascar	3.1	4.8	4.6	0.3	3.1	3.0
马 拉 维	Malawi	5.7	1.6	3.3	6.9	5.7	3.0
马来西亚	Malaysia	9.0	8.9	5.3	7.4	6.0	5.0
马尔代夫	Maldives		4.8	-8.6	6.0	6.5	1.5
马 里	Mali	-2.5	-0.1	10.4	10.9	7.8	7.6
马 耳 他	Malta	6.3	6.8	3.7	4.3		
马绍尔群岛	Marshall Islands	2.7	5.9	2.8	4.1	-1.0	
毛里塔尼亚	Mauritania	-1.8	-0.4	9.0	4.8	4.2	
毛里求斯	Mauritius	7.2	9.0	1.2	4.1	3.6	3.5
墨 西 哥	Mexico	5.1	5.3	3.0	5.1	2.3	2.5
密克罗尼西亚	Micronesia, Fed.	3.7	4.6	2.2	2.5	-3.4	
摩尔多瓦	Moldova	-2.4	2.1	7.5	7.1	4.8	-0.5
摩 纳 哥	Monaco	2.6	3.9	1.9			
蒙 古	Mongolia	-3.2	1.1	7.3	6.4	7.9	2.3
黑 山	Montenegro		3.1	4.2	2.5	1.8	3.4
摩 洛 哥	Morocco	3.4	1.9	3.3	3.8	2.4	4.4
莫桑比克	Mozambique	1.0	1.7	8.7	6.7	7.4	6.3
缅 甸	Myanmar	2.8	13.7	13.5	10.4	8.5	7.0
纳米比亚	Namibia	2.0	3.5	2.5	6.0	6.3	5.7
尼 泊 尔	Nepal	4.6	6.2	3.5	4.8	5.4	3.4
荷 兰	Netherlands	4.2	4.2	2.2	1.4	1.0	2.0
新喀里多尼亚	New Caledonia	3.6	2.1				
新 西 兰	New Zealand	0.1	2.8	3.4	1.4	3.2	3.4
尼加拉瓜	Nicaragua	-0.1	4.1	4.3	3.2	4.6	4.9
尼 日 尔	Niger	-1.3	-1.4	4.5	8.4	7.1	3.6
尼日利亚	Nigeria	12.8	5.3	3.4	7.8	6.3	2.7
挪 威	Norway	1.9	3.2	2.6	0.6	2.2	1.6
阿 曼	Oman	-0.1	5.4	2.5	4.8	2.9	3.5
巴基斯坦	Pakistan	4.5	4.3	7.7	1.6	4.7	5.5
帕 劳	Palau		-1.3	1.3	3.3	4.3	9.4
巴 拿 马	Panama	8.1	2.7	7.2	5.8	6.1	5.8
巴布亚新几内亚	Papua New Guinea	-3.0	-2.5	6.3	7.7	8.5	
巴 拉 圭	Paraguay	4.1	-2.3	2.1	13.1	4.7	3.0
秘 鲁	Peru	-5.0	2.7	6.3	8.5	2.4	3.3
菲 律 宾	Philippines	3.0	4.4	4.8	7.6	6.1	5.8
波 兰	Poland		4.3	3.5	3.7	3.3	3.7
葡 萄 牙	Portugal	4.0	3.8	0.8	1.9	0.9	1.5
波多黎各	Puerto Rico	2.5	1.5	0.6	-2.6		
卡 塔 尔	Qatar			7.5	19.6	4.2	3.6
罗马尼亚	Romania	-5.6	2.4	4.2	-0.8	3.0	3.7
俄 罗 斯	Russia	-3.0	10.0	6.4	4.5	0.7	-3.7
卢 旺 达	Rwanda	-2.4	8.3	6.9	7.3	7.0	6.9
圣基茨和尼维斯	Saint Kitts and Nevis	4.9	5.0	9.3	-3.2	6.9	4.6
圣卢西亚	Saint Lucia	23.5	4.4	-0.8	-1.7	0.5	1.8

3-5 续表 3 continued

单位：% (%)

国家或地区	Country or Area	1990	2000	2005	2010	2014	2015
圣文森特和格林纳丁斯	Saint Vincent and the Grenadines	4.2	1.6	2.5	-3.4	0.7	1.5
萨 摩 亚	Samoa	-4.4	6.9	4.2	0.5	1.2	1.6
圣马力诺	San Marino	2.1	2.2	2.3			
圣多美和普林西比	Sao Tome and Principe			7.1	4.5	4.5	
沙特阿拉伯	Saudi Arabia	8.3	4.9	7.3	4.8	3.6	3.5
塞内加尔	Senegal	-0.7	3.2	5.6	4.2	4.3	6.5
塞尔维亚	Serbia	-8.0	7.8	5.5	0.6	-1.8	0.7
塞 舌 尔	Seychelles	7.0	1.5	9.0	6.0	3.3	3.5
塞拉利昂	Sierra Leone	3.4	6.7	4.3	5.4	4.6	-20.3
新 加 坡	Singapore	10.0	8.9	7.5	15.2	3.3	2.0
斯洛伐克	Slovakia	-2.7	1.2	6.4	5.1	2.5	3.6
斯洛文尼亚	Slovenia		4.2	4.0	1.2	3.0	2.9
所罗门群岛	Solomon Islands		-14.3	5.4	6.9	1.5	3.3
南 非	South Africa	-0.3	4.2	5.3	3.0	1.5	1.3
西 班 牙	Spain	3.8	5.3	3.7		1.4	3.2
斯里兰卡	Sri Lanka	6.4	6.0	6.2	8.0	4.9	4.8
苏 丹	Sudan	-5.5	6.3	7.5	3.5	3.1	3.4
苏 里 南	Suriname	-0.5	-0.1	4.6	5.2	1.8	1.5
斯威士兰	Swaziland	21.0	1.8	2.5	1.7	2.5	1.7
瑞 典	Sweden	0.8	4.7	2.8	6.0	2.3	4.1
瑞 士	Switzerland	3.7	3.9	3.0	3.0	1.9	0.9
叙 利 亚	Syrian Arab Republic	7.6	2.7	6.2	3.2		
塔吉克斯坦	Tajikistan	-0.6	8.3	6.7	6.5	6.7	4.2
坦桑尼亚	Tanzania	7.0	4.9	8.2	6.4	7.0	7.0
泰 国	Thailand	11.2	4.5	4.2	7.5	0.8	2.8
东 帝 汶	Timor-Leste		17.5	6.2	9.4	5.5	4.3
多 哥	Togo	-0.2	-0.8	1.2	4.0	5.9	5.5
汤 加	Tonga	-2.0	3.4	1.6	4.2	2.1	
特立尼达和多巴哥	Trinidad And Tobago	1.5	7.6	6.2	-0.1	0.8	1.0
突 尼 斯	Tunisia	8.0	4.7	3.5	3.5	2.3	0.8
土 耳 其	Turkey	9.3	6.8	8.4	9.2	3.0	4.0
土库曼斯坦	Turkmenistan	35.4	5.5	13.0	9.2	10.3	6.5
图 瓦 卢	Tuvalu		-1.0	-3.8	-2.7	2.0	
乌 干 达	Uganda	6.5	3.1	6.3	5.2	4.8	5.0
乌 克 兰	Ukraine	-6.3	5.9	2.7	4.2	-6.6	-9.9
阿 联 酋	United Arab Emirates	18.3	10.9	4.9	1.6	4.6	3.2
英 国	United Kingdom	0.6	3.8	3.0	1.5	2.9	2.3
美 国	United States	1.9	4.1	3.3	2.5	2.4	2.4
乌 拉 圭	Uruguay	0.3	-1.9	7.5	7.8	3.2	1.0
乌兹别克斯坦	Uzbekistan	1.6	3.8	7.0	8.5	8.1	8.0
瓦努阿图	Vanuatu	11.7	5.9	5.3	1.6	2.3	
委内瑞拉	Venezuela	6.5	3.7	10.3	-1.5	-3.9	-5.7
越 南	Viet Nam	5.1	6.8	7.5	6.4	6.0	6.7
约旦河西岸和加沙	West Bank and Gaza		-9.9	10.9	2.3	-1.1	12.4
也 门	Yemen		6.2	5.6	3.3		
赞 比 亚	Zambia	-0.5	3.9	7.2	10.3	5.0	3.2
津巴布韦	Zimbabwe	7.0	-3.1	-5.7	11.4	3.8	1.1

3-6 人均国内生产总值增长率
Growth Rate of GDP per Capita

资料来源：世界银行WDI数据库。
Source: World Bank WDI Database.
单位：%　　(%)

国家或地区	Country or Area	1990	2000	2005	2010	2014	2015
世　界	**World**	**1.2**	**3.0**	**2.5**	**3.1**	**1.4**	**1.3**
高收入国家	**High Income**	**2.4**	**3.3**	**2.0**	**2.3**	**1.3**	**1.3**
经合组织高收入国家	**OECD Countries**	**2.3**	**3.3**	**2.0**	**2.3**	**1.2**	
非经合组织高收入国家	**High Income: nonOECD**	**0.4**	**5.8**	**5.9**	**4.8**	**1.2**	
中等收入国家	**Middle Income**	**0.4**	**4.4**	**5.8**	**6.3**	**3.1**	**2.4**
中等偏下收入国家	**Lower Middle Income**	**1.9**	**2.5**	**4.9**	**5.8**	**4.0**	**4.0**
中等偏上收入国家	**Upper Middle Income**	**0.2**	**5.2**	**6.4**	**6.7**	**3.1**	**2.2**
中低收入国家	**Low and Middle Income**	**0.3**	**4.2**	**5.6**	**6.1**	**3.0**	**2.2**
东亚和太平洋	**East Asia and Pacific**	**4.1**	**6.4**	**8.8**	**9.0**	**6.0**	**5.7**
欧洲和中亚	**Europe and Central Asia**	**-2.1**	**8.0**	**6.8**	**4.8**	**0.9**	**-1.2**
拉丁美洲和加勒比	**Latin America and Caribbean**	**-1.3**	**2.7**	**2.8**	**4.3**	**-0.2**	**-2.2**
中东和北非国家	**Middle East and North Africa**	**9.0**	**2.3**	**3.2**	**3.5**	**-0.2**	
南　亚	**South Asia**	**3.1**	**2.2**	**7.0**	**7.5**	**5.4**	**5.8**
撒哈拉以南非洲	**Sub-Saharan Africa**	**-0.4**	**0.9**	**2.8**	**2.7**	**1.8**	**0.2**
低收入国家	**Low Income**	**-2.3**	**-0.9**	**3.3**	**3.9**	**3.2**	**1.9**
最不发达地区	**Least Developed Countries**	**-2.3**	**1.4**	**5.6**	**2.9**	**3.0**	**2.0**
重债穷国	**Heavily Indebted Poor Countries**	**-3.9**	**0.1**	**3.3**	**2.9**	**2.7**	**2.0**
中　国	China	2.4	7.6	10.7	10.1	6.7	6.4
中国香港	Hong Kong, China	3.5	6.7	6.9	6.0	1.8	1.5
中国澳门	Macao, China	4.6	4.1	5.9	22.2	-2.5	-21.7
阿富汗	Afghanistan			7.1	5.5	-1.7	-1.3
阿尔巴尼亚	Albania	-11.2	7.3	6.3	4.2	2.1	2.7
阿尔及利亚	Algeria	-1.7	2.4	4.5	1.8	1.8	2.0
安道尔	Andorra	-0.1	-0.7	4.0	-4.2		
安哥拉	Angola	-3.0	-0.1	14.2		1.4	-0.3
安提瓜和巴布达	Antigua and Barbuda	2.6	2.9	5.0	-8.1	3.8	2.6
阿根廷	Argentina	-3.8	-1.9	8.0	8.3	-0.6	
亚美尼亚	Armenia		6.5	14.3	2.3	3.0	2.6
澳大利亚	Australia	2.0	2.6	1.9	0.4	1.0	0.9
奥地利	Austria	3.6	3.1	1.4	1.7	-0.4	
阿塞拜疆	Azerbaijan	-12.6	10.2	25.1	3.6	0.7	-0.1
巴哈马	Bahamas	-3.3	2.6	1.3	-0.2	-0.4	-0.1
巴　林	Bahrain	1.3	1.2	-0.5	-1.0	3.5	1.8
孟加拉国	Bangladesh	3.0	3.3	5.0	4.4	4.8	5.3
巴巴多斯	Barbados	-3.6	4.2	3.7	-0.1	-0.1	0.7
白俄罗斯	Belarus		6.1	10.2	7.9	1.5	-4.2
比利时	Belgium	2.8	3.4	1.5	1.8	0.9	0.9
伯利兹	Belize	8.2	9.3		0.9	1.9	-0.2
贝　宁	Benin	5.4	2.7	-1.5	-0.8	3.8	2.5
百慕大	Bermuda	-0.8	8.3	1.0	-1.3		
不　丹	Bhutan	9.6	3.9	4.3	9.8	4.0	1.9
玻利维亚	Bolivia	2.6	0.6	2.6	2.5	3.8	2.4
波　黑	Bosnia and Herzegovinian		5.3	8.5	0.8	1.2	3.4
博茨瓦纳	Botswana	3.7	0.3	3.0	6.4	1.2	-2.1
巴　西	Brazil	-4.8	2.6	1.9	6.5	-0.8	-4.7
文　莱	Brunei Darussalam	-1.7	0.8	-1.3	1.0	-3.7	-1.9
保加利亚	Bulgaria	-7.5	5.5	7.8	0.7	2.1	3.6
布基纳法索	Burkina Faso	-3.2	-1.0	5.5	5.2	1.1	1.0
布隆迪	Burundi	0.6	-3.0	-2.6	0.2	1.3	-5.7
柬埔寨	Cambodia		6.4	11.5	4.3	5.3	5.3
喀麦隆	Cameroon	-8.9	1.5	-0.3	0.7	3.3	3.6
加拿大	Canada	-1.3	4.3	2.2	1.9	1.4	0.2
佛得角	Cape Verde	-0.9	5.3	5.1	4.8		
中　非	Central African Rep.	-4.4	-4.4	-0.8	1.1	-3.2	3.4
乍　得	Chad	-7.2	-4.5	13.2	9.9	3.4	-1.5
海峡群岛	Channel Islands		5.1	0.6			

3-6 续表 1 continued

单位：% (%)

国家或地区	Country or Area	1990	2000	2005	2010	2014	2015
智　　利	Chile	2.0	3.2	4.4	4.6	0.8	1.0
哥伦比亚	Colombia	4.0	2.9	3.3	2.8	3.4	2.1
科 摩 罗	Comoros	2.0	8.1	0.4	-0.3	-0.4	
刚果(金)	Congo, Dem. Rep.	-9.8	-9.4	2.8	3.7	5.6	3.6
刚果(布)	Congo, Rep.	-1.6	4.9	5.0	5.7	4.2	0.1
哥斯达黎加	Costa Rica	1.3	-0.2	4.4	3.6	2.4	1.7
科特迪瓦	Cote D'Ivoire	-4.5	-4.3	-0.1	-0.2	5.9	5.8
克罗地亚	Croatia		6.8	4.1	-1.4		2.0
古　　巴	Cuba	-3.8	5.6	11.0	2.3		
塞浦路斯	Cyprus	5.1	4.6	2.4	-1.3	-1.4	2.9
捷　　克	Czech Rep.		4.6	6.3	2.0	1.9	3.9
丹　　麦	Denmark	1.4	3.4	2.2	1.2	0.8	0.6
吉 布 提	Djibouti		-1.2	1.7	2.2	4.6	
多米尼克	Dominica	5.7	0.7	-0.4	0.4	3.4	2.3
多米尼加	Dominican Rep.	-7.3	4.0	7.7	6.9	6.1	5.7
厄瓜多尔	Ecuador	1.2	-0.7	3.6	1.8	2.1	-1.2
埃　　及	Egypt	3.2	3.5	2.6	3.1		2.0
萨尔瓦多	El Salvador	3.5	1.5	3.2	1.1	1.1	2.1
赤道几内亚	Equatorial Guinea	-4.9	14.3	13.1	-6.7	-3.2	-14.7
厄立特里亚	Eritrea		-6.0	-0.5	0.1	-1.5	
爱沙尼亚	Estonia	-7.1	9.3	10.0	2.7	3.2	1.3
埃塞俄比亚	Ethiopia	-0.7	3.1	8.8	9.6	7.5	6.9
斐　　济	Fiji	5.2	-2.3	0.3	2.0	6.2	2.8
芬　　兰	Finland	0.2	5.4	2.4	2.5	-1.1	0.2
法　　国	France	2.3	3.2	0.8	1.5	-0.5	0.7
法属波立尼西亚	French Polynesia	0.1	2.1				
加　　蓬	Gabon	2.4	-4.2	1.6	4.7	2.0	1.6
冈 比 亚	Gambia	-0.5	2.4	-4.1	3.1	-2.3	
格鲁吉亚	Georgia	-14.8	2.6	11.0	7.7	6.0	4.1
德　　国	Germany	4.4	2.8	0.8	4.2	3.0	1.2
加　　纳	Ghana	0.5	1.3	3.2	5.2	1.6	1.5
希　　腊	Greece	-1.1	3.5	0.3	-5.6	1.3	0.4
格 陵 兰	Greenland	-12.2	6.9	1.9			
格林纳达	Grenada	5.8	1.7	13.0	-0.9	5.2	3.0
危地马拉	Guatemala	0.6	1.1	0.9	0.7	2.1	2.1
几 内 亚	Guinea	-0.3	0.7	0.8	-0.8	-2.3	-2.5
几内亚比绍	Guinea-Bissau	3.7	3.2	2.1	2.0	0.1	2.3
圭 亚 那	Guyana	-2.2	-1.6	-2.0	4.0	3.5	2.6
海　　地	Haiti	-2.1	-0.8	0.2	-6.9	1.4	0.3
洪都拉斯	Honduras	-2.7	3.6	4.1	2.1	1.6	2.2
匈 牙 利	Hungary	-2.5	4.5	4.6	1.0	4.0	3.2
冰　　岛	Iceland	0.4	3.3	4.3	-3.4	0.7	2.9
印　　度	India	3.4	2.0	7.6	8.8	5.9	6.3
印度尼西亚	Indonesia	7.1	3.5	4.3	4.8	3.7	3.5
伊　　朗	Iran	10.7	4.1	3.0	5.3	3.0	
爱 尔 兰	Ireland	8.4	8.8	4.0	-0.1	4.8	7.3
马 恩 岛	Isle of Man	2.6	4.1	5.0	8.4		
以 色 列	Israel	3.6	6.1	2.6	3.6	0.6	0.5
意 大 利	Italy	1.9	3.7	0.5	1.4	-1.3	0.7
牙 买 加	Jamaica	3.5	0.3	0.5	-1.8	0.5	0.7
日　　本	Japan	5.2	2.1	1.3	4.7	0.1	0.6
约　　旦	Jordan	-3.5	2.6	4.9	-1.6	0.3	
哈萨克斯坦	Kazakhstan		10.1	8.7	5.8	2.6	-0.3
肯 尼 亚	Kenya	0.7	-1.9	3.2	5.6	2.6	2.9
基里巴斯	Kiribati		7.6	-2.1	-2.5	1.9	1.4
韩　　国	Korea, Rep.	8.2	7.9	3.7	6.0	2.9	2.2

3-6 续表 2 continued

单位：% (%)

国家或地区	Country or Area	1990	2000	2005	2010	2014	2015
科威特	Kuwait		0.6	5.3	-8.1	-5.8	-4.0
吉尔吉斯斯坦	Kyrgyzstan	3.7	4.2	-1.3	-1.7	2.0	1.4
老挝	Laos	3.7	4.1	5.5	6.7	5.8	5.2
拉脱维亚	Latvia	-7.8	6.4	11.9	-1.8	3.3	2.7
黎巴嫩	Lebanon	25.3	-1.1	-0.5	4.1	-4.1	-2.6
莱索托	Lesotho	3.8	4.2	2.0	6.8	2.4	
利比里亚	Liberia	-50.2	21.9	2.5	2.4	-1.7	-2.1
利比亚	Libya		1.9	10.0	4.1	-23.9	-10.5
列支敦士登	Liechtenstein	1.0	1.9	4.0			
立陶宛	Lithuania		4.6	9.5	3.8	3.9	2.4
卢森堡	Luxemburg	4.0	7.0	1.6	3.8	1.6	2.4
马其顿	Macedonia		3.9	4.5	3.2	3.4	3.5
马达加斯加	Madagascar	0.1	1.6	1.6	-2.5	0.3	0.2
马拉维	Malawi	1.9	-1.2	0.5	3.7	2.5	-0.2
马来西亚	Malaysia	6.0	6.4	3.4	5.7	4.4	3.5
马尔代夫	Maldives		3.0	-11.2	3.9	4.4	-0.5
马里	Mali	-4.3	-2.9	6.9	7.4	4.7	4.5
马耳他	Malta	5.3	6.2	3.0	3.8		
马绍尔群岛	Marshall Islands	-0.6	5.7	2.8	3.9	-1.2	
毛里塔尼亚	Mauritania	-4.4	-3.4	5.9	2.2	1.7	
毛里求斯	Mauritius	6.4	8.0	0.6	3.9	3.4	3.4
墨西哥	Mexico	3.0	3.7	1.6	3.5	0.9	1.2
密克罗尼西亚	Micronesia, Fed.	1.3	4.9	2.5	2.9	-3.7	
摩尔多瓦	Moldova	-2.8	2.3	7.7	7.2	4.9	-0.4
摩纳哥	Monaco	2.2	3.0	0.5			
蒙古	Mongolia	-5.1	0.2	6.0	4.7	6.0	0.6
黑山	Montenegro		3.3	4.0	2.3	1.7	3.3
摩洛哥	Morocco	1.5	0.7	2.2	2.5	1.0	3.0
莫桑比克	Mozambique	-0.4	-1.1	5.6	3.7	4.5	3.4
缅甸	Myanmar	1.3	12.4	12.9	9.6	7.6	6.1
纳米比亚	Namibia	-1.9	1.3	1.3	4.0	3.8	3.3
尼泊尔	Nepal	2.1	4.3	2.2	3.7	4.1	2.1
荷兰	Netherlands	3.5	3.5	1.9	0.9	0.6	1.6
新喀里多尼亚	New Caledonia	1.2	0.2				
新西兰	New Zealand	-0.8	2.2	2.2	0.3	1.6	1.5
尼加拉瓜	Nicaragua	-2.2	2.5	2.9	1.9	3.4	3.8
尼日尔	Niger	-4.3	-4.9	0.7	4.2	2.8	-0.5
尼日利亚	Nigeria	9.9	2.7	0.8	5.0	3.5	
挪威	Norway	1.6	2.5	1.9	-0.6	1.1	0.5
阿曼	Oman	-4.0	4.7	0.1	-1.7	-5.1	-2.4
巴基斯坦	Pakistan	1.5	1.9	5.5	-0.5	2.6	3.4
帕劳	Palau		-2.8	0.7	2.7	3.4	8.4
巴拿马	Panama	5.9	0.7	5.3	4.0	4.4	4.1
巴布亚新几内亚	Papua New Guinea	-5.4	-5.0	3.8	5.3	6.3	
巴拉圭	Paraguay	1.4	-4.3	0.5	11.6	3.3	1.7
秘鲁	Peru	-7.0	1.3	5.0	7.1	1.0	1.9
菲律宾	Philippines	0.4	2.2	2.9	6.0	4.5	4.2
波兰	Poland		5.4	3.6	4.0	3.4	3.7
葡萄牙	Portugal	4.2	3.1	0.6	1.9	1.5	2.0
波多黎各	Puerto Rico	1.6	1.2	0.7	-2.1		
卡塔尔	Qatar			-6.0	7.8	0.8	0.7
罗马尼亚	Romania	-5.8	2.5	4.8	-0.2	3.3	4.1
俄罗斯	Russia	-3.4	10.5	6.8	4.5	-1.1	-3.9
卢旺达	Rwanda	-2.7	2.4	4.8	4.5	4.5	4.4
圣基茨和尼维斯	Saint Kitts and Nevis	4.9	3.6	7.7	-4.4	5.7	3.4
圣卢西亚	Saint Lucia	21.6	3.2	-2.0	-2.9	-0.3	1.0

3-6 续表 3 continued

单位：% (%)

国家或地区	Country or Area	1990	2000	2005	2010	2014	2015
圣文森特和格林纳丁斯	Saint Vincent and the Grenadines	3.7	1.6	2.3	-3.4	0.6	1.4
萨 摩 亚	Samoa	-4.9	6.4	3.5	-0.2	0.4	0.9
圣马力诺	San Marino	0.8	1.0	1.1			
圣多美和普林西比	Sao Tome and Principe			4.7	2.2	2.3	
沙特阿拉伯	Saudi Arabia	4.7	2.1	4.3	2.2	1.3	1.3
塞内加尔	Senegal	-3.7	0.6	2.8	1.2	1.1	3.3
塞尔维亚	Serbia	-8.1	8.1	5.9	1.0	-1.4	1.2
塞 舌 尔	Seychelles	6.1	0.6	8.5	3.0	1.6	1.8
塞拉利昂	Sierra Leone	2.0	3.7	0.2	3.0	2.3	-22.0
新 加 坡	Singapore	5.8	7.0	5.0	13.2	1.9	0.8
斯洛伐克	Slovakia	-3.1	1.3	6.4	5.0	2.4	3.5
斯洛文尼亚	Slovenia		3.8	3.8	0.8	2.9	2.8
所罗门群岛	Solomon Islands	-1.0	-16.6	2.8	4.6	-0.5	1.2
索 马 里	Somalia	-2.0					
南 非	South Africa	-2.3	1.7	3.9	1.5	-0.1	-0.4
西 班 牙	Spain	3.6	4.4	2.0	-0.4	1.7	3.4
斯里兰卡	Sri Lanka	4.9	5.3	5.4	7.2	3.9	3.8
苏 丹	Sudan	-8.1	3.4	4.5	0.7	0.9	1.2
苏 里 南	Suriname	-2.5	-1.1	4.0	4.0	0.9	0.6
斯威士兰	Swaziland	17.0	0.3	1.5		1.0	0.2
瑞 典	Sweden		4.6	2.4	5.1	1.3	3.0
瑞 士	Switzerland	2.6	3.4	2.4	1.9	0.7	-0.3
叙 利 亚	Syrian Arab Republic	4.5	0.3	3.5	0.8		
塔吉克斯坦	Tajikistan	-3.2	6.7	4.5	4.2	4.3	1.9
坦桑尼亚	Tanzania	3.7	2.3	5.0	3.0	3.6	3.7
泰 国	Thailand	9.7	3.3	3.5	7.3	0.4	2.5
东 帝 汶	Timor-Leste		16.7	4.4	7.5	2.7	1.5
多 哥	Togo	-2.9	-3.4	-1.5	1.2	3.2	2.7
汤 加	Tonga	-2.3	2.8	0.9	3.6	1.7	
特立尼达和多巴哥	Trinidad And Tobago	0.8	7.3	5.7	-0.6	0.4	0.6
突 尼 斯	Tunisia	5.4	3.7	2.5	2.5	1.3	-0.2
土 耳 其	Turkey	7.4	5.2	7.0	7.6	1.3	2.5
土库曼斯坦	Turkmenistan	31.8	4.3	11.8	7.8	8.9	5.2
图 瓦 卢	Tuvalu		-1.4	-4.3	-2.9	1.8	
乌 干 达	Uganda	2.9		2.8	1.7	1.5	1.7
乌 克 兰	Ukraine	-6.6	7.0	3.5	4.6	-1.2	-9.6
阿 联 酋	United Arab Emirates	11.8	4.8	-7.0	-6.0	4.0	2.4
英 国	United Kingdom	0.3	3.4	2.3	0.7	2.1	1.5
美 国	United States	0.8	2.9	2.4	1.7	1.6	1.6
乌 拉 圭	Uruguay	-0.4	-2.3	7.4	7.4	2.9	0.6
乌兹别克斯坦	Uzbekistan	-0.7	2.4	5.8	5.5	6.3	6.1
瓦努阿图	Vanuatu	8.8	3.8	2.7	-0.7		
委内瑞拉	Venezuela	3.9	1.7	8.4	-3.0	-5.2	-7.0
越 南	Viet Nam	3.1	5.4	6.3	5.3	4.9	5.5
约旦河西岸和加沙	West Bank and Gaza		-12.2	8.1	-0.6	-4.0	9.2
也 门	Yemen		3.3	2.6	0.5		
赞 比 亚	Zambia	-3.2	1.2	4.4	7.1	1.9	0.1
津巴布韦	Zimbabwe	3.9	-4.0	-6.6	9.4	1.5	-1.2

3-7 资本形成率
Capital Formation Rate

资料来源：世界银行WDI数据库。
Source: World Bank WDI Database.

单位：% (%)

国家或地区	Country or Area	1990	2000	2005	2010	2014	2015
世 界	**World**	**25.5**	**24.1**	**24.6**	**23.9**	**23.9**	**21.1**
高收入国家	**High Income**	**24.6**	**23.7**	**22.8**	**20.5**	**20.9**	**21.0**
中等收入国家	**Middle Income**	**27.6**	**25.3**	**28.9**	**32.0**	**31.4**	
中等偏下收入国家	**Lower Middle Income**	**23.8**	**21.4**	**26.5**	**29.4**	**27.9**	
中等偏上收入国家	**Upper Middle Income**	**28.7**	**26.3**	**29.6**	**32.7**	**32.4**	
中低收入国家	**Low and Middle Income**	**27.5**	**25.1**	**28.8**	**31.8**	**31.3**	
东亚和太平洋	**East Asia and Pacific**	**34.7**	**32.2**	**38.5**	**43.3**	**42.4**	
欧洲和中亚	**Europe and Central Asia**	**28.4**	**19.6**	**21.8**	**22.6**	**21.3**	**20.7**
拉丁美洲和加勒比	**Latin America and Caribbean**	**19.3**	**19.7**	**19.3**	**21.6**	**21.6**	**20.1**
中东和北非国家	**Middle East and North Africa**	**28.5**	**26.8**	**27.4**	**30.8**	**30.1**	
南 亚	**South Asia**	**23.7**	**23.6**	**32.0**	**33.7**	**31.8**	
撒哈拉以南非洲	**Sub-Saharan Africa**	**15.7**	**15.4**	**17.6**	**19.9**	**21.4**	**21.6**
低收入国家	**Low Income**	**14.8**	**16.0**	**17.3**	**20.7**	**27.3**	**26.3**
最不发达地区	**Least Developed Countries**	**13.7**	**19.2**	**23.9**	**22.2**	**25.6**	**24.2**
重债穷国	**Heavily Indebted Poor Countries**	**14.2**	**18.3**	**20.4**	**21.0**	**25.6**	**25.3**
中 国	China	35.9	34.9	41.9	47.3	46.2	
中国香港	Hong Kong, China	27.2	27.6	21.1	23.9	24.0	21.8
中国澳门	Macao, China	25.0	11.6	25.7	13.3	19.7	24.2
孟加拉国	Bangladesh	16.5	23.8	25.8	26.2	28.6	28.9
文 莱	Brunei Darussalam	18.7	13.1	11.4	15.9	27.3	
柬 埔 寨	Cambodia		17.5	18.5	17.4	22.0	22.2
印 度	India	24.9	24.1	34.3	36.5	34.1	
印度尼西亚	Indonesia	30.7	22.2	25.1	32.9	34.6	34.6
伊 朗	Iran	33.0	35.1	36.3	37.1	33.4	
以 色 列	Israel	25.1	22.6	20.4	18.2	19.9	19.5
日 本	Japan	32.5	25.1	22.5	19.8	21.8	22.0
哈萨克斯坦	Kazakhstan		18.1	31.0	25.4	24.1	
韩 国	Korea, Rep.	34.8	32.9	32.2	32.0	29.3	28.5
老 挝	Laos		13.9	23.1	24.3	30.1	32.9
马来西亚	Malaysia	32.4	26.9	22.4	23.4	25.0	25.1
蒙 古	Mongolia	29.1	29.0	37.5	42.1	35.2	26.2
缅 甸	Myanmar	13.4	12.4				
巴基斯坦	Pakistan	18.9	17.2	19.1	15.8	15.0	15.1
菲 律 宾	Philippines	24.2	18.4	21.6	20.5	20.9	20.9
新 加 坡	Singapore	35.6	34.9	21.4	27.9	28.9	26.3
斯里兰卡	Sri Lanka	22.2	28.0	26.8	30.4	32.0	30.1
泰 国	Thailand	41.4	22.3	30.4	25.4	24.1	
越 南	Viet Nam	12.6	27.4	33.8	35.7	26.8	27.7
埃 及	Egypt	28.8	19.6	18.0	19.5	13.8	14.4
尼日利亚	Nigeria	14.4	7.0	5.5	17.3	15.8	
南 非	South Africa	17.7	16.4	18.3	19.5	20.4	19.5
加 拿 大	Canada	21.4	20.7	22.7	23.5	24.2	23.6
墨 西 哥	Mexico	23.1	22.5	22.3	22.1	21.5	22.7
美 国	United States	21.5	23.6	23.2	18.4	19.9	20.2
阿 根 廷	Argentina	14.0	16.2	18.9	18.3	18.6	16.9
巴 西	Brazil	20.2	18.9	17.2	21.8	20.9	17.7
委内瑞拉	Venezuela	10.2	24.2	23.0	22.0		
捷 克	Czech Rep.	24.3	31.5	29.2	27.2	25.3	26.7
法 国	France	24.3	22.4	22.4	21.9	22.6	22.3
德 国	Germany	24.7	23.9	18.8	19.6	19.3	18.8
意 大 利	Italy	22.3	20.7	21.1	20.5	16.3	16.8
荷 兰	Netherlands	24.4	23.0	20.9	20.4	18.1	19.0
波 兰	Poland	24.1	24.6	19.6	21.3	20.4	20.5
俄 罗 斯	Russia	30.1	18.7	20.1	22.6	21.1	20.7
西 班 牙	Spain	26.7	26.6	30.0	23.5	19.8	20.7
土 耳 其	Turkey	24.5	20.8	20.0	19.5	20.0	18.5
乌 克 兰	Ukraine	27.5	19.6	22.6	19.6	14.1	15.3
英 国	United Kingdom	22.0	19.9	18.4	16.4	17.5	17.5
澳大利亚	Australia	29.0	26.3	27.5	27.6	27.2	26.6
新 西 兰	New Zealand	20.5	22.0	25.4	20.1	22.6	

3-8 居民消费率
Household Final Consumption Rate

资料来源：世界银行WDI数据库。
Source: World Bank WDI Database.

单位：% (%)

国家或地区	Country or Area	1990	2000	2005	2010	2014	2015
中 国	China	47.8	47.4	39.4	35.9	37.4	
中国香港	Hong Kong, China	57.5	58.6	57.5	61.4	66.4	66.2
中国澳门	Macao, China	39.2	40.2	31.9	23.4	19.9	25.7
孟加拉国	Bangladesh	86.6	75.9	74.6	74.4	72.6	73.1
文 莱	Brunei Darussalam	34.8	29.6	27.3	13.1	15.8	
柬 埔 寨	Cambodia		89.2	86.1	81.7	76.9	79.0
印 度	India	64.6	64.2	57.6	56.4	58.0	
印度尼西亚	Indonesia	58.9	60.7	62.7	56.2	56.8	55.4
伊 朗	Iran	66.7	50.3	44.6	46.1	50.6	
以 色 列	Israel	55.6	53.4	55.7	57.2	55.9	55.3
日 本	Japan	53.3	56.5	57.8	59.2	60.7	58.6
哈萨克斯坦	Kazakhstan		62.3	49.2	49.5	52.1	
韩 国	Korea, Rep.	55.3	53.6	52.1	50.3	50.3	49.3
老 挝	Laos		93.5	81.2	68.6	65.3	62.3
马来西亚	Malaysia	51.8	43.8	44.2	48.1	52.4	54.1
蒙 古	Mongolia	68.7	69.6	55.2	55.2	56.6	59.0
巴基斯坦	Pakistan	73.8	75.4	76.9	79.7	80.7	79.2
菲 律 宾	Philippines	71.5	72.2	75.0	71.6	72.4	73.1
新 加 坡	Singapore	44.8	42.1	38.6	35.5	36.8	36.4
斯里兰卡	Sri Lanka	75.9	72.1	69.0	68.5	67.7	68.6
泰 国	Thailand	56.8	55.8	57.0	53.2	52.1	
越 南	Viet Nam	84.3	69.9	64.1	66.5	63.6	65.2
埃 及	Egypt	72.6	75.9	71.6	74.6	82.7	82.2
尼日利亚	Nigeria	63.0	52.5	75.2	66.1	70.8	
南 非	South Africa	57.1	62.4	62.5	59.0	61.2	61.2
加 拿 大	Canada	55.7	54.5	54.3	56.9	56.1	57.5
墨 西 哥	Mexico	69.6	66.8	68.5	67.5	67.3	67.1
美 国	United States	64.0	66.0	67.2	68.2	68.4	68.4
阿 根 廷	Argentina	77.1	70.7	63.1	63.7	64.2	65.7
巴 西	Brazil	59.3	64.6	60.5	60.2	62.4	63.4
委内瑞拉	Venezuela	62.1	51.7	46.8	55.9		
捷 克	Czech Rep.	51.8	50.9	48.1	49.2	48.6	47.7
法 国	France	55.6	54.4	55.2	56.1	55.2	55.1
德 国	Germany	56.6	57.1	57.7	56.1	54.6	54.0
意 大 利	Italy	57.8	60.6	59.4	61.0	61.4	61.1
荷 兰	Netherlands	49.0	50.0	48.1	44.7	44.7	44.4
波 兰	Poland	47.6	63.6	62.9	61.6	60.0	58.7
俄 罗 斯	Russian Fed.	48.9	46.2	49.4	50.6	53.6	51.9
西 班 牙	Spain	61.1	59.7	57.7	57.2	58.3	57.6
土 耳 其	Turkey	68.7	70.5	71.7	71.7	68.9	68.7
乌 克 兰	Ukraine	57.1	54.4	57.9	62.9	71.4	67.6
英 国	United Kingdom	61.6	64.6	64.1	64.7	64.7	65.1
澳大利亚	Australia	55.9	58.1	57.9	55.4	55.4	56.9
新 西 兰	New Zealand	60.2	58.0	58.2	58.1	58.0	

3-9 国内生产总值产业构成
Composition of Gross Domestic Product by Industry

资料来源：世界银行WDI数据库。
Source: World Bank WDI Database.

单位：% (%)

国家或地区	Country or Area	农业增加值占国内生产总值比重 Primary Industry as Percentage of GDP		工业增加值占国内生产总值比重 Secondary Industry as Percentage of GDP		服务业增加值占国内生产总值比重 Tertiary Industry as Percentage of GDP	
		2000	2015	2000	2015	2000	2015
世　界	**World**	**5.2**	**3.9①**	**30.5**	**27.6①**	**64.3**	**68.5①**
高收入国家	**High Income**	**1.9**	**1.5①**	**27.6**	**24.7①**	**70.5**	**73.9①**
经合组织高收入国家	**OECD Countries**	**1.8**	**1.5②**	**27.0**	**23.6②**	**71.2**	**74.8②**
非经合组织高收入国家	**High Income: nonOECD**	**3.9**	**2.5②**	**37.2**	**39.1②**	**58.4**	**61.0①**
中等收入国家	**Middle Income**	**12.7**	**8.4**	**37.3**	**33.6**	**50.0**	**57.6**
中等偏下收入国家	**Lower Middle Income**	**21.7**	**16.3①**	**32.0**	**31.2①**	**46.3**	**51.8①**
中等偏上收入国家	**Upper Middle Income**	**10.1**	**7.1**	**38.8**	**34.1**	**51.1**	**58.6**
中低收入国家	**Low and Middle Income**	**12.9**	**8.8**	**37.1**	**33.4**	**50.0**	**57.5**
东亚和太平洋	**East Asia and Pacific**	**14.9**	**9.6**	**44.3**	**39.9**	**40.8**	**49.8**
欧洲和中亚	**Europe and Central Asia**	**10.1**	**6.7**	**35.1**	**30.3**	**54.8**	**63.0**
拉丁美洲和加勒比	**Latin America and Caribbean**	**5.7**	**5.3**	**31.1**	**27.1**	**63.3**	**67.6**
中东和北非国家	**Middle East and North Africa**	**11.6**	**10.0①**	**39.5**	**37.4①**	**48.9**	**52.6①**
南　亚	**South Asia**	**23.4**	**18.0①**	**25.6**	**28.8①**	**51.0**	**53.2①**
撒哈拉以南非洲	**Sub-Saharan Africa**	**19.9**	**17.2**	**36.0**	**24.7**	**44.2**	**58.0**
低收入国家	**Low Income**	**34.5**	**30.5**	**19.6**	**21.3**	**45.4**	**47.9**
最不发达地区	**Least Developed Countries**	**29.9**	**26.7①**	**28.3**	**23.2①**	**41.9**	**50.0①**
重债穷国	**Heavily Indebted Poor Countries**	**31.5**	**27.4**	**23.9**	**23.2**	**44.6**	**49.2**
中　国	China	14.7	9.0	45.4	40.5	39.8	50.5
中国香港	Hong Kong, China	0.1	0.1①	12.4	7.3①	87.5	92.7①
中国澳门	Macao, China		0.0③	14.7	6.2③	85.3	93.8③
孟加拉国	Bangladesh	23.8	15.5	23.3	28.1	52.9	56.3
文　莱	Brunei Darussalam	1.0	0.7②	63.7	68.2②	35.3	31.0②
柬埔寨	Cambodia	37.8	28.2	23.0	29.4	39.1	42.3
印　度	India	23.0	17.4①	26.0	30.0①	51.0	52.6①
印度尼西亚	Indonesia	15.6	13.5	45.9	40.0	38.5	43.3
伊　朗	Iran	9.1	9.3①	40.6	38.2①	50.3	52.4①
日　本	Japan	1.6	1.2①	31.1	26.9①	67.3	72.0①
哈萨克斯坦	Kazakhstan	8.7	5.0	40.5	33.2	50.8	61.8
韩　国	Korea, Rep.	4.4	2.3	38.1	38.0	57.5	59.7
老　挝	Laos	45.2	27.2	16.6	30.9	38.2	41.9
马来西亚	Malaysia	8.6	8.4	48.3	39.1	43.1	44.3
蒙　古	Mongolia	30.9	14.9	25.0	34.1	44.1	51.1
缅　甸	Myanmar	57.2		9.7		33.1	
巴基斯坦	Pakistan	25.9	25.5	23.3	19.0	50.7	55.5
菲律宾	Philippines	14.0	10.3	34.5	30.9	51.6	58.8
新加坡	Singapore	0.1	0.0①	34.8	24.9①	65.1	75.0①
斯里兰卡	Sri Lanka	19.9	8.7	27.3	30.7	52.8	60.6
泰　国	Thailand	8.5	10.5①	36.8	36.9①	54.7	52.7①
越　南	Viet Nam	22.7	17.0	34.2	33.3	43.1	39.7
埃　及	Egypt	16.7	11.2	33.1	36.3	50.1	52.5
尼日利亚	Nigeria	26.0	20.9	52.2	20.4	21.8	58.8
南　非	South Africa	3.3	2.3	31.9	28.7	64.8	68.9
加拿大	Canada	2.3	1.8③	32.5	28.9③	64.5	69.4③
墨西哥	Mexico	3.5	3.7	34.9	32.7	61.6	63.6
美　国	United States	1.2	1.3①	23.2	20.7①	75.7	78.0①
阿根廷	Argentina	5.1	6.0	28.1	27.8	66.9	66.2
巴　西	Brazil	5.5	5.2	26.7	22.7	67.7	72.0
委内瑞拉	Venezuela	4.2	5.5③	49.7	49.3③	46.1	
捷　克	Czech Rep.	3.4	2.4	37.2	38.1	59.4	59.5
法　国	France	2.3	1.7	23.3	19.5	74.3	78.8
德　国	Germany	1.1	0.5	30.9	30.4	68.0	69.0
意大利	Italy	2.8	2.3	27.1	23.7	70.0	74.0
荷　兰	Netherlands	2.5	1.7	24.7	20.6	72.8	77.8
波　兰	Poland	3.3	2.8	32.8	33.5	63.9	63.7
俄罗斯	Russia	6.4	4.6	37.9	32.6	55.6	62.8
西班牙	Spain	4.1	2.5	30.7	22.6	65.1	74.9
土耳其	Turkey	11.3	8.6	31.3	26.5	57.4	64.9
乌克兰	Ukraine	17.1	14.0	36.3	25.9	46.6	60.1
英　国	United Kingdom	0.9	0.7	27.1	20.2	72.0	79.2
澳大利亚	Australia	3.4	2.4	26.8	27.1	69.8	70.5
新西兰	New Zealand	8.3	6.1③	25.3	23.0③	66.4	70.9③

注：①2014年数据。②2013年数据。③2012年数据。
Note:①Data refer to 2014.②Data refer to 2013.③Data refer to 2012.

3−10 生产法国内生产总值
Gross Domestic Product by Production Approach

资料来源：联合国NAOCD数据库。
Source: UN NAOCD Database.

单位：亿美元 (100 million USD)

国家或地区	Country or Area	2000	2005	2010	2013	2014
中　国	**China**					
按当年价格计算	at Current Prices					
增加值总额	Total Value Added	12053	22686	60397	94907	103526
农业、狩猎业、林业和渔业	Agriculture, Hunting, Forestry, Fishing	1805	2735	5985	9194	9792
采掘、制造、电、煤气和水供应业	Mining, Manufacturing, Utilities	4824	9401	23984	35067	37111
制造业	Manufacturing		7337	19250	27790	29285
建筑业	Construction	667	1265	4014	6586	7291
批发、零售贸易、旅馆和饭店业	Wholesale, Retail Trade, Restaurants and Hotels	1245	2216	6442	10735	11950
运输、仓储和通讯业	Transport, Storage and Communication	744	1302	2773	4202	4680
其他服务业	Other Activities	2768	5767	17198	29122	32702
按2005年价格计算	at Constant Prices of 2005					
增加值总额	Total Value Added	14672	22686	39527	50213	53889
农业、狩猎业、林业和渔业	Agriculture, Hunting, Forestry, Fishing	2256	2735	3411	3865	4028
采掘、制造、电、煤气和水供应业	Mining, Manufacturing, Utilities	5608	9401	16419	21126	22589
制造业	Manufacturing		7337	13730	17616	18818
建筑业	Construction	775	1265	2538	3355	3661
批发、零售贸易、旅馆和饭店业	Wholesale, Retail Trade, Restaurants and Hotels	1386	2216	4437	5919	6444
运输、仓储和通讯业	Transport, Storage and Communication	827	1302	1964	2436	2608
其他服务业	Other Activities	3726	5767	10927	13816	14900
中国香港	**Hong Kong, China**					
按当年价格计算	at Current Prices					
增加值总额	Total Value Added	1647	1772	2236	2704	2857
农业、狩猎业、林业和渔业	Agriculture, Hunting, Forestry, Fishing	1	1	1	1	1
采掘、制造、电、煤气和水供应业	Mining, Manufacturing, Utilities	127	104	84	84	88
制造业	Manufacturing	79	51	39	39	40
建筑业	Construction	80	50	73	107	120
批发、零售贸易、旅馆和饭店业	Wholesale, Retail Trade, Restaurants and Hotels	404	511	605	772	804
运输、仓储和通讯业	Transport, Storage and Communication	180	207	248	260	280
其他服务业	Other Activities	853	899	1226	1479	1564
按2005年价格计算	at Constant Prices of 2005					
增加值总额	Total Value Added	1473	1772	2127	2344	2405
农业、狩猎业、林业和渔业	Agriculture, Hunting, Forestry, Fishing	1	1	1	1	1
采掘、制造、电、煤气和水供应业	Mining, Manufacturing, Utilities	114	104	100	100	101
制造业	Manufacturing	67	51	45	45	45
建筑业	Construction	65	50	52	70	76
批发、零售贸易、旅馆和饭店业	Wholesale, Retail Trade, Restaurants and Hotels	353	511	655	751	760
运输、仓储和通讯业	Transport, Storage and Communication	158	207	239	267	279
其他服务业	Other Activities	770	899	1078	1155	1187

3-10 续表 1 continued

单位：亿美元 (100 million USD)

国家或地区	Country or Area	2000	2005	2010	2013	2014
中国澳门	**Macao, China**					
按当年价格计算	at Current Prices					
增加值总额	Total Value Added	52	87	185	333	356
农业、狩猎业、林业和渔业	Agriculture, Hunting, Forestry, Fishing					
采掘、制造、电、煤气和水供应业	Mining, Manufacturing, Utilities	6	5	3	4	5
制造业	Manufacturing	5	4	2	2	2
建筑业	Construction	1	8	10	15	17
批发、零售贸易、旅馆和饭店业	Wholesale, Retail Trade, Restaurants and Hotels	5	9	27	50	54
运输、仓储和通讯业	Transport, Storage and Communication	4	4	7	9	11
其他服务业	Other Activities	36	60	137	255	269
按2005年价格计算	at Constant Prices of 2005					
增加值总额	Total Value Added	53	87	136	199	195
农业、狩猎业、林业和渔业	Agriculture, Hunting, Forestry, Fishing					
采掘、制造、电、煤气和水供应业	Mining, Manufacturing, Utilities	6	5	4	6	6
制造业	Manufacturing	5	4	2	4	4
建筑业	Construction	1	8	7	9	9
批发、零售贸易、旅馆和饭店业	Wholesale, Retail Trade, Restaurants and Hotels	5	9	18	28	26
运输、仓储和通讯业	Transport, Storage and Communication	4	4	4	6	6
其他服务业	Other Activities	38	60	98	144	142
孟加拉国	**Bangladesh**					
按当年价格计算	at Current Prices					
增加值总额	Total Value Added	439	553	1093	1461	1649
农业、狩猎业、林业和渔业	Agriculture, Hunting, Forestry, Fishing	112	111	195	238	266
采掘、制造、电、煤气和水供应业	Mining, Manufacturing, Utilities	77	105	215	298	338
制造业	Manufacturing	67	91	185	252	288
建筑业	Construction	34	45	71	106	117
批发、零售贸易、旅馆和饭店业	Wholesale, Retail Trade, Restaurants and Hotels	59	82	163	212	239
运输、仓储和通讯业	Transport, Storage and Communication	38	60	116	159	173
其他服务业	Other Activities	119	149	334	448	516
按2005年价格计算	at Constant Prices of 2005					
增加值总额	Total Value Added	427	553	748	904	960
农业、狩猎业、林业和渔业	Agriculture, Hunting, Forestry, Fishing	98	111	143	158	165
采掘、制造、电、煤气和水供应业	Mining, Manufacturing, Utilities	75	105	157	208	225
制造业	Manufacturing	66	91	137	182	198
建筑业	Construction	30	45	63	79	86
批发、零售贸易、旅馆和饭店业	Wholesale, Retail Trade, Restaurants and Hotels	60	82	114	138	147
运输、仓储和通讯业	Transport, Storage and Communication	42	60	88	111	118
其他服务业	Other Activities	119	149	187	217	228

3-10 续表 2 continued

单位：亿美元 (100 million USD)

国家或地区	Country or Area	2000	2005	2010	2013	2014
文 莱	**Brunei Darussalam**					
按当年价格计算	at Current Prices					
增加值总额	Total Value Added	68	108	140	184	174
农业、狩猎业、林业和渔业	Agriculture, Hunting, Forestry, Fishing	1	1	1	1	1
采掘、制造、电、煤气和水供应业	Mining, Manufacturing, Utilities	43	76	92	122	113
制造业	Manufacturing	13	16	20	30	28
建筑业	Construction	1	2	2	4	3
批发、零售贸易、旅馆和饭店业	Wholesale, Retail Trade, Restaurants and Hotels	3	4	7	9	9
运输、仓储和通讯业	Transport, Storage and Communication	2	3	4	5	5
其他服务业	Other Activities	18	23	34	42	42
按2005年价格计算	at Constant Prices of 2005					
增加值总额	Total Value Added	100	108	105	107	105
农业、狩猎业、林业和渔业	Agriculture, Hunting, Forestry, Fishing	1	1	1	1	1
采掘、制造、电、煤气和水供应业	Mining, Manufacturing, Utilities	73	76	66	63	60
制造业	Manufacturing	15	16	15	15	14
建筑业	Construction	1	2	2	3	2
批发、零售贸易、旅馆和饭店业	Wholesale, Retail Trade, Restaurants and Hotels	3	4	5	6	6
运输、仓储和通讯业	Transport, Storage and Communication	2	3	4	4	4
其他服务业	Other Activities	19	23	28	32	33
柬 埔 寨	**Cambodia**					
按当年价格计算	at Current Prices					
增加值总额	Total Value Added	35	60	106	144	158
农业、狩猎业、林业和渔业	Agriculture, Hunting, Forestry, Fishing	13	19	38	48	48
采掘、制造、电、煤气和水供应业	Mining, Manufacturing, Utilities	6	12	18	26	29
制造业	Manufacturing	6	11	17	24	26
建筑业	Construction	2	4	7	11	14
批发、零售贸易、旅馆和饭店业	Wholesale, Retail Trade, Restaurants and Hotels	5	9	15	21	24
运输、仓储和通讯业	Transport, Storage and Communication	2	5	9	12	13
其他服务业	Other Activities	6	11	19	25	30
按2005年价格计算	at Constant Prices of 2005					
增加值总额	Total Value Added	38	60	81	100	107
农业、狩猎业、林业和渔业	Agriculture, Hunting, Forestry, Fishing	15	19	25	27	27
采掘、制造、电、煤气和水供应业	Mining, Manufacturing, Utilities	6	12	17	24	25
制造业	Manufacturing	6	11	16	22	24
建筑业	Construction	2	4	4	6	7
批发、零售贸易、旅馆和饭店业	Wholesale, Retail Trade, Restaurants and Hotels	6	9	13	16	17
运输、仓储和通讯业	Transport, Storage and Communication	3	5	6	7	8
其他服务业	Other Activities	6	11	16	19	21

3-10 续表 3 continued

单位：亿美元 (100 million USD)

国家或地区	Country or Area	2000	2005	2010	2013	2014
印　度	**India**					
按当年价格计算	at Current Prices					
增加值总额	Total Value Added	4207	7523	15484	17880	18926
农业、狩猎业、林业和渔业	Agriculture,Hunting,Forestry,Fishing	1005	1454	2899	3210	3219
采掘、制造、电、煤气和水供应业	Mining, Manufacturing, Utilities	1065	1894	3717	4012	4160
制造业	Manufacturing	799	1421	2814	3086	3251
建筑业	Construction	278	683	1403	1483	1521
批发、零售贸易、旅馆和饭店业	Wholesale, Retail Trade, Restaurants and Hotels	377	777	1655	2146	2290
运输、仓储和通讯业	Transport, Storage and Communication	284	545	998	1175	1324
其他服务业	Other Activities	1198	2172	4812	5853	6412
按2005年价格计算	at Constant Prices of 2005					
增加值总额	Total Value Added	5482	7523	11160	13340	14297
农业、狩猎业、林业和渔业	Agriculture, Hunting, Forestry, Fishing	1273	1454	1757	1936	1940
采掘、制造、电、煤气和水供应业	Mining, Manufacturing, Utilities	1389	1894	2875	3384	3608
制造业	Manufacturing	1010	1421	2256	2708	2901
建筑业	Construction	414	683	993	1078	1130
批发、零售贸易、旅馆和饭店业	Wholesale, Retail Trade, Restaurants and Hotels	499	777	1216	1540	1678
运输、仓储和通讯业	Transport, Storage and Communication	295	545	987	1258	1430
其他服务业	Other Activities	1549	2172	3463	4351	4780
印度尼西亚	**Indonesia**					
按当年价格计算	at Current Prices					
增加值总额	Total Value Added	1726	3008	7352	8877	8663
农业、狩猎业、林业和渔业	Agriculture, Hunting, Forestry, Fishing	250	364	1052	1219	1189
采掘、制造、电、煤气和水供应业	Mining, Manufacturing, Utilities	650	1106	2540	3009	2843
制造业	Manufacturing	434	743	1664	1911	1867
建筑业	Construction	86	191	690	866	878
批发、零售贸易、旅馆和饭店业	Wholesale, Retail Trade, Restaurants and Hotels	340	567	1237	1485	1468
运输、仓储和通讯业	Transport, Storage and Communication	93	224	552	678	691
其他服务业	Other Activities	307	556	1282	1621	1595
按2005年价格计算	at Constant Prices of 2005					
增加值总额	Total Value Added	2408	3008	3931	4678	4913
农业、狩猎业、林业和渔业	Agriculture, Hunting, Forestry, Fishing	311	364	437	495	516
采掘、制造、电、煤气和水供应业	Mining, Manufacturing, Utilities	949	1106	1319	1516	1569
制造业	Manufacturing	583	743	900	1056	1105
建筑业	Construction	141	191	276	340	364
批发、零售贸易、旅馆和饭店业	Wholesale, Retail Trade, Restaurants and Hotels	434	567	774	938	985
运输、仓储和通讯业	Transport, Storage and Communication	133	224	445	583	636
其他服务业	Other Activities	416	556	743	907	959

3-10 续表 4 continued

单位：亿美元 (100 million USD)

国家或地区	Country or Area	2000	2005	2010	2013	2014
伊　朗	**Iran**					
按当年价格计算	at Current Prices					
增加值总额	Total Value Added	1105	2283	4759	5174	4326
农业、狩猎业、林业和渔业	Agriculture, Hunting, Forestry, Fishing	99	147	317	458	321
采掘、制造、电、煤气和水供应业	Mining, Manufacturing, Utilities	382	917	1564	1570	1423
制造业	Manufacturing	182	301	554	592	497
建筑业	Construction	60	126	352	469	378
批发、零售贸易、旅馆和饭店业	Wholesale, Retail Trade, Restaurants and Hotels	172	297	626	739	614
运输、仓储和通讯业	Transport, Storage and Communication	82	169	444	430	357
其他服务业	Other Activities	309	626	1456	1508	1233
按2005年价格计算	at Constant Prices of 2005					
增加值总额	Total Value Added	1701	2283	2844	2702	2827
农业、狩猎业、林业和渔业	Agriculture, Hunting, Forestry, Fishing	113	147	142	154	149
采掘、制造、电、煤气和水供应业	Mining, Manufacturing, Utilities	727	917	1079	829	939
制造业	Manufacturing	185	301	407	378	403
建筑业	Construction	92	126	166	159	166
批发、零售贸易、旅馆和饭店业	Wholesale, Retail Trade, Restaurants and Hotels	186	297	362	328	352
运输、仓储和通讯业	Transport, Storage and Communication	103	169	323	375	368
其他服务业	Other Activities	488	626	764	827	829
以色列	**Israel**					
按当年价格计算	at Current Prices					
增加值总额	Total Value Added	1184	1274	2087	2609	2713
农业、狩猎业、林业和渔业	Agriculture, Hunting, Forestry, Fishing	17	22	35	35	36
采掘、制造、电、煤气和水供应业	Mining, Manufacturing, Utilities	233	233	369	438	451
制造业	Manufacturing	213	207	324	376	383
建筑业	Construction	58	58	103	147	148
批发、零售贸易、旅馆和饭店业	Wholesale, Retail Trade, Restaurants and Hotels	106	119	191	261	271
运输、仓储和通讯业	Transport, Storage and Communication	155	169	270	303	323
其他服务业	Other Activities	616	673	1119	1424	1485
按2005年价格计算	at Constant Prices of 2005					
增加值总额	Total Value Added	1151	1274	1559	1738	1785
农业、狩猎业、林业和渔业	Agriculture, Hunting, Forestry, Fishing	17	22	22	24	23
采掘、制造、电、煤气和水供应业	Mining, Manufacturing, Utilities	230	233	320	321	327
制造业	Manufacturing	206	207	273	275	280
建筑业	Construction	65	58	73	94	92
批发、零售贸易、旅馆和饭店业	Wholesale, Retail Trade, Restaurants and Hotels	102	119	144	157	166
运输、仓储和通讯业	Transport, Storage and Communication	148	169	216	240	248
其他服务业	Other Activities	593	673	791	904	931

3-10 续表 5 continued

单位：亿美元 (100 million USD)

国家或地区	Country or Area	2000	2005	2010	2013	2014
日　本	**Japan**					
按当年价格计算	at Current Prices					
增加值总额	Total Value Added	47138	45420	54543	48819	44674
农业、狩猎业、林业和渔业	Agriculture, Hunting, Forestry, Fishing	749	554	644	590	546
采掘、制造、电、煤气和水供应业	Mining, Manufacturing, Utilities	11272	10145	12035	9937	9332
制造业	Manufacturing	9979	9046	10747	9046	8499
建筑业	Construction	3371	2633	2984	2860	2618
批发、零售贸易、旅馆和饭店业	Wholesale, Retail Trade, Restaurants and Hotels	6403	6788	7517	7080	6585
运输、仓储和通讯业	Transport, Storage and Communication	4530	4595	5633	5113	4783
其他服务业	Other Activities	20812	20705	25730	23240	20809
按2005年价格计算	at Constant Prices of 2005					
增加值总额	Total Value Added	43147	45420	45717	46766	46889
农业、狩猎业、林业和渔业	Agriculture, Hunting, Forestry, Fishing	685	554	557	587	584
采掘、制造、电、煤气和水供应业	Mining, Manufacturing, Utilities	9247	10144	10978	10656	10792
制造业	Manufacturing	8254	9046	9961	9942	10013
建筑业	Construction	3161	2633	2321	2468	2434
批发、零售贸易、旅馆和饭店业	Wholesale, Retail Trade, Restaurants and Hotels	6030	6788	5916	6202	6195
运输、仓储和通讯业	Transport, Storage and Communication	4105	4595	4699	4879	4871
其他服务业	Other Activities	19919	20705	21245	21974	22013
哈萨克斯坦	**Kazakhstan**					
按当年价格计算	at Current Prices					
增加值总额	Total Value Added	172	548	1440	2162	2026
农业、狩猎业、林业和渔业	Agriculture, Hunting, Forestry, Fishing	15	36	67	107	91
采掘、制造、电、煤气和水供应业	Mining, Manufacturing, Utilities	60	170	487	656	601
制造业	Manufacturing	30	69	168	252	222
建筑业	Construction	9	45	114	141	131
批发、零售贸易、旅馆和饭店业	Wholesale, Retail Trade, Restaurants and Hotels	24	73	205	376	371
运输、仓储和通讯业	Transport, Storage and Communication	21	67	171	242	225
其他服务业	Other Activities	44	157	395	639	607
按2005年价格计算	at Constant Prices of 2005					
增加值总额	Total Value Added	332	548	744	861	895
农业、狩猎业、林业和渔业	Agriculture, Hunting, Forestry, Fishing	28	36	39	44	45
采掘、制造、电、煤气和水供应业	Mining, Manufacturing, Utilities	106	170	218	236	237
制造业	Manufacturing	44	69	86	97	97
建筑业	Construction	17	45	75	81	84
批发、零售贸易、旅馆和饭店业	Wholesale, Retail Trade, Restaurants and Hotels	43	73	93	132	144
运输、仓储和通讯业	Transport, Storage and Communication	41	67	99	124	134
其他服务业	Other Activities	95	157	227	251	260

3-10 续表 6 continued

单位：亿美元 (100 million USD)

国家或地区	Country or Area	2000	2005	2010	2013	2014
韩　国	**Korea, Rep.**					
按当年价格计算	at Current Prices					
增加值总额	Total Value Added	5042	8105	9905	11903	12862
农业、狩猎业、林业和渔业	Agriculture, Hunting, Forestry, Fishing	221	255	245	278	301
采掘、制造、电、煤气和水供应业	Mining, Manufacturing, Utilities	1618	2520	3284	3986	4282
制造业	Manufacturing	1461	2292	3043	3687	3896
建筑业	Construction	303	520	507	587	636
批发、零售贸易、旅馆和饭店业	Wholesale, Retail Trade, Restaurants and Hotels	635	890	1128	1372	1476
运输、仓储和通讯业	Transport, Storage and Communication	444	731	778	889	940
其他服务业	Other Activities	1821	3189	3965	4791	5227
按2005年价格计算	at Constant Prices of 2005					
增加值总额	Total Value Added	6442	8105	9992	10909	11265
农业、狩猎业、林业和渔业	Agriculture, Hunting, Forestry, Fishing	245	255	281	282	289
采掘、制造、电、煤气和水供应业	Mining, Manufacturing, Utilities	1842	2520	3411	3830	3977
制造业	Manufacturing	1666	2292	3140	3548	3689
建筑业	Construction	441	520	520	497	500
批发、零售贸易、旅馆和饭店业	Wholesale, Retail Trade, Restaurants and Hotels	818	890	1053	1177	1210
运输、仓储和通讯业	Transport, Storage and Communication	529	731	879	981	1005
其他服务业	Other Activities	2553	3189	3855	4151	4292
老　挝	**Laos**					
按当年价格计算	at Current Prices					
增加值总额	Total Value Added	16	26	65	105	114
农业、狩猎业、林业和渔业	Agriculture, Hunting, Forestry, Fishing	7	9	19	25	27
采掘、制造、电、煤气和水供应业	Mining, Manufacturing, Utilities	2	5	15	28	30
制造业	Manufacturing	1	2	7	8	9
建筑业	Construction	1	1	3	7	8
批发、零售贸易、旅馆和饭店业	Wholesale, Retail Trade, Restaurants and Hotels	3	5	13	20	22
运输、仓储和通讯业	Transport, Storage and Communication	1	1	3	4	4
其他服务业	Other Activities	2	4	11	20	22
按2005年价格计算	at Constant Prices of 2005					
增加值总额	Total Value Added	19	26	38	49	52
农业、狩猎业、林业和渔业	Agriculture, Hunting, Forestry, Fishing	8	9	11	13	13
采掘、制造、电、煤气和水供应业	Mining, Manufacturing, Utilities	3	5	9	12	12
制造业	Manufacturing	1	2	3	5	5
建筑业	Construction	1	1	2	4	4
批发、零售贸易、旅馆和饭店业	Wholesale, Retail Trade, Restaurants and Hotels	3	5	8	10	11
运输、仓储和通讯业	Transport, Storage and Communication	1	1	2	2	3
其他服务业	Other Activities	3	4	7	9	10

3-10 续表 7 continued

单位：亿美元 (100 million USD)

国家或地区	Country or Area	2000	2005	2010	2013	2014
马来西亚	**Malaysia**					
按当年价格计算	at Current Prices					
增加值总额	Total Value Added	977	1419	2452	3097	3233
农业、狩猎业、林业和渔业	Agriculture, Hunting, Forestry, Fishing	83	119	256	291	296
采掘、制造、电、煤气和水供应业	Mining, Manufacturing, Utilities	403	623	935	1138	1182
制造业	Manufacturing	280	395	607	749	783
建筑业	Construction	38	43	84	131	143
批发、零售贸易、旅馆和饭店业	Wholesale, Retail Trade, Restaurants and Hotels	142	197	398	529	575
运输、仓储和通讯业	Transport, Storage and Communication	66	96	159	205	214
其他服务业	Other Activities	246	341	619	803	822
按2005年价格计算	at Constant Prices of 2005					
增加值总额	Total Value Added	1139	1419	1767	2052	2174
农业、狩猎业、林业和渔业	Agriculture, Hunting, Forestry, Fishing	101	119	135	148	152
采掘、制造、电、煤气和水供应业	Mining, Manufacturing, Utilities	513	623	671	730	769
制造业	Manufacturing	315	395	450	510	542
建筑业	Construction	40	43	57	78	87
批发、零售贸易、旅馆和饭店业	Wholesale, Retail Trade, Restaurants and Hotels	154	197	295	351	381
运输、仓储和通讯业	Transport, Storage and Communication	73	96	130	160	172
其他服务业	Other Activities	258	341	479	584	613
蒙　古	**Mongolia**					
按当年价格计算	at Current Prices					
增加值总额	Total Value Added	12	27	65	112	109
农业、狩猎业、林业和渔业	Agriculture, Hunting, Forestry, Fishing	3	5	8	17	17
采掘、制造、电、煤气和水供应业	Mining, Manufacturing, Utilities	3	8	22	32	33
制造业	Manufacturing	1	2	5	11	11
建筑业	Construction	1	2	2	6	6
批发、零售贸易、旅馆和饭店业	Wholesale, Retail Trade, Restaurants and Hotels	2	3	9	16	14
运输、仓储和通讯业	Transport, Storage and Communication	1	3	7	8	8
其他服务业	Other Activities	2	5	16	32	30
按2005年价格计算	at Constant Prices of 2005					
增加值总额	Total Value Added	20	27	34	48	53
农业、狩猎业、林业和渔业	Agriculture, Hunting, Forestry, Fishing	5	5	5	8	9
采掘、制造、电、煤气和水供应业	Mining, Manufacturing, Utilities	6	8	10	14	16
制造业	Manufacturing	1	2	3	3	3
建筑业	Construction	1	2	1	3	3
批发、零售贸易、旅馆和饭店业	Wholesale, Retail Trade, Restaurants and Hotels	2	3	6	10	9
运输、仓储和通讯业	Transport, Storage and Communication	2	3	6	7	9
其他服务业	Other Activities	4	5	7	8	9

3-10 续表 8 continued

单位：亿美元 (100 million USD)

国家或地区	Country or Area	2000	2005	2010	2013	2014
缅　甸	**Myanmar**					
按当年价格计算	at Current Prices					
增加值总额	Total Value Added	73	119	414	621	665
农业、狩猎业、林业和渔业	Agriculture, Hunting, Forestry, Fishing	42	56	153	184	185
采掘、制造、电、煤气和水供应业	Mining, Manufacturing, Utilities	6	16	91	168	191
制造业	Manufacturing	5	15	82	124	133
建筑业	Construction	1	4	19	33	38
批发、零售贸易、旅馆和饭店业	Wholesale, Retail Trade, Restaurants and Hotels	17	26	83	119	124
运输、仓储和通讯业	Transport, Storage and Communication	4	14	51	84	89
其他服务业	Other Activities	2	3	18	33	38
按2005年价格计算	at Constant Prices of 2005					
增加值总额	Total Value Added	64	119	203	249	271
农业、狩猎业、林业和渔业	Agriculture, Hunting, Forestry, Fishing	35	56	77	81	83
采掘、制造、电、煤气和水供应业	Mining, Manufacturing, Utilities	6	16	40	52	58
制造业	Manufacturing	5	15	38	50	55
建筑业	Construction	1	4	9	13	15
批发、零售贸易、旅馆和饭店业	Wholesale, Retail Trade, Restaurants and Hotels	15	26	43	50	53
运输、仓储和通讯业	Transport, Storage and Communication	5	14	28	44	51
其他服务业	Other Activities	2	3	5	7	8
巴基斯坦	**Pakistan**					
按当年价格计算	at Current Prices					
增加值总额	Total Value Added	723	1105	1672	2126	2382
农业、狩猎业、林业和渔业	Agriculture, Hunting, Forestry, Fishing	210	269	406	534	599
采掘、制造、电、煤气和水供应业	Mining, Manufacturing, Utilities	112	206	309	408	458
制造业	Manufacturing	76	148	228	298	335
建筑业	Construction	17	27	36	41	49
批发、零售贸易、旅馆和饭店业	Wholesale, Retail Trade, Restaurants and Hotels	140	222	331	430	482
运输、仓储和通讯业	Transport, Storage and Communication	79	135	215	225	239
其他服务业	Other Activities	166	247	375	489	556
按2005年价格计算	at Constant Prices of 2005					
增加值总额	Total Value Added	864	1105	1337	1492	1553
农业、狩猎业、林业和渔业	Agriculture, Hunting, Forestry, Fishing	242	269	312	340	347
采掘、制造、电、煤气和水供应业	Mining, Manufacturing, Utilities	137	206	243	269	283
制造业	Manufacturing	92	148	181	198	209
建筑业	Construction	24	27	37	35	39
批发、零售贸易、旅馆和饭店业	Wholesale, Retail Trade, Restaurants and Hotels	161	222	239	257	270
运输、仓储和通讯业	Transport, Storage and Communication	113	135	171	188	194
其他服务业	Other Activities	189	247	336	406	424

3-10 续表 9 continued

单位：亿美元 (100 million USD)

国家或地区	Country or Area	2000	2005	2010	2013	2014
菲律宾	**Philippines**					
按当年价格计算	at Current Prices					
增加值总额	Total Value Added	810	1030	1995	2720	2847
农业、狩猎业、林业和渔业	Agriculture, Hunting, Forestry, Fishing	113	131	246	306	322
采掘、制造、电、煤气和水供应业	Mining, Manufacturing, Utilities	233	300	528	676	705
制造业	Manufacturing	198	248	428	555	584
建筑业	Construction	46	49	122	170	183
批发、零售贸易、旅馆和饭店业	Wholesale, Retail Trade, Restaurants and Hotels	141	185	379	529	552
运输、仓储和通讯业	Transport, Storage and Communication	50	81	130	172	178
其他服务业	Other Activities	227	285	590	866	907
按2005年价格计算	at Constant Prices of 2005					
增加值总额	Total Value Added	822	1030	1318	1567	1662
农业、狩猎业、林业和渔业	Agriculture, Hunting, Forestry, Fishing	109	131	145	155	158
采掘、制造、电、煤气和水供应业	Mining, Manufacturing, Utilities	244	300	363	435	467
制造业	Manufacturing	204	248	295	359	388
建筑业	Construction	50	49	80	94	102
批发、零售贸易、旅馆和饭店业	Wholesale, Retail Trade, Restaurants and Hotels	141	185	245	292	308
运输、仓储和通讯业	Transport, Storage and Communication	49	81	95	114	121
其他服务业	Other Activities	229	285	391	481	511
新加坡	**Singapore**					
按当年价格计算	at Current Prices					
增加值总额	Total Value Added	888	1217	2233	2846	2909
农业、狩猎业、林业和渔业	Agriculture, Hunting, Forestry, Fishing	1	1	1	1	1
采掘、制造、电、煤气和水供应业	Mining, Manufacturing, Utilities	263	358	513	565	576
制造业	Manufacturing	247	338	477	524	535
建筑业	Construction	49	36	104	141	150
批发、零售贸易、旅馆和饭店业	Wholesale, Retail Trade, Restaurants and Hotels	140	233	472	593	573
运输、仓储和通讯业	Transport, Storage and Communication	121	172	268	310	318
其他服务业	Other Activities	313	418	875	1236	1291
按2005年价格计算	at Constant Prices of 2005					
增加值总额	Total Value Added	952	1217	1692	1962	2022
农业、狩猎业、林业和渔业	Agriculture, Hunting, Forestry, Fishing	1	1	1	1	1
采掘、制造、电、煤气和水供应业	Mining, Manufacturing, Utilities	290	358	500	548	563
制造业	Manufacturing	275	338	477	525	539
建筑业	Construction	48	36	75	94	96
批发、零售贸易、旅馆和饭店业	Wholesale, Retail Trade, Restaurants and Hotels	159	233	316	367	373
运输、仓储和通讯业	Transport, Storage and Communication	131	172	208	245	250
其他服务业	Other Activities	326	418	591	697	727

3-10 续表 10 continued

单位：亿美元 (100 million USD)

国家或地区	Country or Area	2000	2005	2010	2013	2014
斯里兰卡	**Sri Lanka**					
按当年价格计算	at Current Prices					
增加值总额	Total Value Added	149	244	496	672	749
农业、狩猎业、林业和渔业	Agriculture, Hunting, Forestry, Fishing	26	29	63	72	74
采掘、制造、电、煤气和水供应业	Mining, Manufacturing, Utilities	34	57	108	149	165
制造业	Manufacturing	29	48	89	119	132
建筑业	Construction	11	17	37	69	88
批发、零售贸易、旅馆和饭店业	Wholesale, Retail Trade, Restaurants and Hotels	32	58	100	134	147
运输、仓储和通讯业	Transport, Storage and Communication	18	29	63	90	101
其他服务业	Other Activities	29	55	124	157	174
按2005年价格计算	at Constant Prices of 2005					
增加值总额	Total Value Added	201	244	333	411	441
农业、狩猎业、林业和渔业	Agriculture, Hunting, Forestry, Fishing	28	29	38	42	42
采掘、制造、电、煤气和水供应业	Mining, Manufacturing, Utilities	48	57	78	98	106
制造业	Manufacturing	42	48	62	76	82
建筑业	Construction	14	17	25	39	47
批发、零售贸易、旅馆和饭店业	Wholesale, Retail Trade, Restaurants and Hotels	48	58	74	91	98
运输、仓储和通讯业	Transport, Storage and Communication	20	29	46	59	63
其他服务业	Other Activities	43	55	73	83	86
泰　国	**Thailand**					
按当年价格计算	at Current Prices					
增加值总额	Total Value Added	1261	1893	3409	4202	4048
农业、狩猎业、林业和渔业	Agriculture, Hunting, Forestry, Fishing	107	174	359	475	424
采掘、制造、电、煤气和水供应业	Mining, Manufacturing, Utilities	428	675	1269	1441	1388
制造业	Manufacturing	361	564	1060	1165	1122
建筑业	Construction	38	56	96	113	103
批发、零售贸易、旅馆和饭店业	Wholesale, Retail Trade, Restaurants and Hotels	266	340	593	745	712
运输、仓储和通讯业	Transport, Storage and Communication	104	145	242	293	286
其他服务业	Other Activities	318	503	850	1135	1134
按2005年价格计算	at Constant Prices of 2005					
增加值总额	Total Value Added	1449	1893	2274	2535	2558
农业、狩猎业、林业和渔业	Agriculture, Hunting, Forestry, Fishing	152	174	188	208	208
采掘、制造、电、煤气和水供应业	Mining, Manufacturing, Utilities	493	675	846	884	881
制造业	Manufacturing	412	564	704	729	726
建筑业	Construction	43	56	63	65	62
批发、零售贸易、旅馆和饭店业	Wholesale, Retail Trade, Restaurants and Hotels	290	340	412	468	468
运输、仓储和通讯业	Transport, Storage and Communication	104	145	184	219	227
其他服务业	Other Activities	368	503	577	685	706

3-10 续表 11 continued

单位：亿美元 (100 million USD)

国家或地区	Country or Area	2000	2005	2010	2013	2014
越　南	**Viet Nam**					
按当年价格计算	at Current Prices					
增加值总额	Total Value Added	312	529	1159	1712	1862
农业、狩猎业、林业和渔业	Agriculture, Hunting, Forestry, Fishing	76	111	219	315	337
采掘、制造、电、煤气和水供应业	Mining, Manufacturing, Utilities	98	186	368	564	618
制造业	Manufacturing	58	108	208	300	325
建筑业	Construction	17	34	75	92	99
批发、零售贸易、旅馆和饭店业	Wholesale, Retail Trade, Restaurants and Hotels	54	89	196	296	325
运输、仓储和通讯业	Transport, Storage and Communication	12	24	47	64	70
其他服务业	Other Activities	54	86	254	381	413
按2005年价格计算	at Constant Prices of 2005					
增加值总额	Total Value Added	383	529	719	848	898
农业、狩猎业、林业和渔业	Agriculture, Hunting, Forestry, Fishing	92	111	132	145	150
采掘、制造、电、煤气和水供应业	Mining, Manufacturing, Utilities	125	186	248	301	322
制造业	Manufacturing	63	108	169	213	231
建筑业	Construction	20	34	51	55	59
批发、零售贸易、旅馆和饭店业	Wholesale, Retail Trade, Restaurants and Hotels	61	89	132	163	173
运输、仓储和通讯业	Transport, Storage and Communication	17	24	38	47	50
其他服务业	Other Activities	65	86	119	141	149
埃　及	**Egypt**					
按当年价格计算	at Current Prices					
增加值总额	Total Value Added	898	898	2047	2441	2700
农业、狩猎业、林业和渔业	Agriculture, Hunting, Forestry, Fishing	124	129	286	354	391
采掘、制造、电、煤气和水供应业	Mining, Manufacturing, Utilities	257	294	674	845	953
制造业	Manufacturing	161	155	346	382	444
建筑业	Construction	42	37	94	112	126
批发、零售贸易、旅馆和饭店业	Wholesale, Retail Trade, Restaurants and Hotels	155	127	309	344	355
运输、仓储和通讯业	Transport, Storage and Communication	76	103	196	210	229
其他服务业	Other Activities	244	208	487	577	646
按2005年价格计算	at Constant Prices of 2005					
增加值总额	Total Value Added	758	898	1193	1265	1291
农业、狩猎业、林业和渔业	Agriculture, Hunting, Forestry, Fishing	107	129	152	166	171
采掘、制造、电、煤气和水供应业	Mining, Manufacturing, Utilities	250	294	402	405	410
制造业	Manufacturing	132	155	208	212	229
建筑业	Construction	34	37	71	81	85
批发、零售贸易、旅馆和饭店业	Wholesale, Retail Trade, Restaurants and Hotels	125	127	177	186	180
运输、仓储和通讯业	Transport, Storage and Communication	74	103	155	175	182
其他服务业	Other Activities	165	208	252	275	288

3-10 续表 12 continued

单位：亿美元 (100 million USD)

国家或地区	Country or Area	2000	2005	2010	2013	2014
尼日利亚	**Nigeria**					
按当年价格计算	at Current Prices					
增加值总额	Total Value Added	695	1799	3634	5091	5616
农业、狩猎业、林业和渔业	Agriculture, Hunting, Forestry, Fishing	148	460	868	1069	1136
采掘、制造、电、煤气和水供应业	Mining, Manufacturing, Utilities	185	379	815	1156	1200
制造业	Manufacturing	54	111	238	460	548
建筑业	Construction	23	47	105	170	201
批发、零售贸易、旅馆和饭店业	Wholesale, Retail Trade, Restaurants and Hotels	114	307	615	912	1042
运输、仓储和通讯业	Transport, Storage and Communication	79	214	442	598	680
其他服务业	Other Activities	146	392	788	1186	1356
按2005年价格计算	at Constant Prices of 2005					
增加值总额	Total Value Added	1138	1799	2556	2959	3143
农业、狩猎业、林业和渔业	Agriculture, Hunting, Forestry, Fishing	234	460	631	713	743
采掘、制造、电、煤气和水供应业	Mining, Manufacturing, Utilities	283	379	394	431	455
制造业	Manufacturing	73	111	169	274	315
建筑业	Construction	36	47	86	124	140
批发、零售贸易、旅馆和饭店业	Wholesale, Retail Trade, Restaurants and Hotels	169	307	575	688	733
运输、仓储和通讯业	Transport, Storage and Communication	74	214	516	584	623
其他服务业	Other Activities	289	392	542	651	697
南　非	**South Africa**					
按当年价格计算	at Current Prices					
增加值总额	Total Value Added	1243	2310	3408	3286	3137
农业、狩猎业、林业和渔业	Agriculture, Hunting, Forestry, Fishing	41	62	90	76	78
采掘、制造、电、煤气和水供应业	Mining, Manufacturing, Utilities	362	633	897	852	796
制造业	Manufacturing	238	419	490	435	417
建筑业	Construction	34	67	130	131	128
批发、零售贸易、旅馆和饭店业	Wholesale, Retail Trade, Restaurants and Hotels	183	327	506	488	465
运输、仓储和通讯业	Transport, Storage and Communication	126	251	313	329	313
其他服务业	Other Activities	497	971	1471	1411	1356
按2005年价格计算	at Constant Prices of 2005					
增加值总额	Total Value Added	1928	2310	2684	2890	2936
农业、狩猎业、林业和渔业	Agriculture, Hunting, Forestry, Fishing	57	62	70	72	77
采掘、制造、电、煤气和水供应业	Mining, Manufacturing, Utilities	563	633	647	668	664
制造业	Manufacturing	360	419	455	481	481
建筑业	Construction	46	67	102	108	111
批发、零售贸易、旅馆和饭店业	Wholesale, Retail Trade, Restaurants and Hotels	271	327	385	421	427
运输、仓储和通讯业	Transport, Storage and Communication	185	251	298	321	328
其他服务业	Other Activities	799	971	1192	1315	1347

3-10 续表 13 continued

单位：亿美元 (100 million USD)

国家或地区	Country or Area	2000	2005	2010	2013	2014
加 拿 大	**Canada**					
按当年价格计算	at Current Prices					
增加值总额	Total Value Added	6880	10868	15183	17220	16693
农业、狩猎业、林业和渔业	Agriculture, Hunting, Forestry, Fishing	157	200	231	287	286
采掘、制造、电、煤气和水供应业	Mining, Manufacturing, Utilities	1943	2873	3104	3569	3475
制造业	Manufacturing	1323	1625	1621	1840	1784
建筑业	Construction	342	644	1099	1291	1265
批发、零售贸易、旅馆和饭店业	Wholesale, Retail Trade, Restaurants and Hotels	916	1509	2012	2174	2073
运输、仓储和通讯业	Transport, Storage and Communication	483	779	1034	1235	1217
其他服务业	Other Activities	3040	4863	7703	8665	8376
按2005年价格计算	at Constant Prices of 2005					
增加值总额	Total Value Added	9582	10868	11460	12313	12629
农业、狩猎业、林业和渔业	Agriculture, Hunting, Forestry, Fishing	187	200	199	213	218
采掘、制造、电、煤气和水供应业	Mining, Manufacturing, Utilities	2787	2873	2547	2774	2857
制造业	Manufacturing	1647	1625	1366	1463	1499
建筑业	Construction	503	644	760	823	847
批发、零售贸易、旅馆和饭店业	Wholesale, Retail Trade, Restaurants and Hotels	1238	1509	1614	1741	1788
运输、仓储和通讯业	Transport, Storage and Communication	662	779	813	878	903
其他服务业	Other Activities	4222	4863	5473	5831	5964
墨 西 哥	**Mexico**					
按当年价格计算	at Current Prices					
增加值总额	Total Value Added	6191	8285	10069	12091	12268
农业、狩猎业、林业和渔业	Agriculture, Hunting, Forestry, Fishing	234	264	337	396	405
采掘、制造、电、煤气和水供应业	Mining, Manufacturing, Utilities	1944	2541	3035	3661	3696
制造业	Manufacturing	1267	1431	1741	2125	2168
建筑业	Construction	480	670	824	913	925
批发、零售贸易、旅馆和饭店业	Wholesale, Retail Trade, Restaurants and Hotels	1121	1462	1721	2211	2286
运输、仓储和通讯业	Transport, Storage and Communication	563	720	911	1064	1073
其他服务业	Other Activities	1848	2629	3243	3846	3883
按2005年价格计算	at Constant Prices of 2005					
增加值总额	Total Value Added	7497	8285	9120	9998	10214
农业、狩猎业、林业和渔业	Agriculture, Hunting, Forestry, Fishing	249	264	294	306	318
采掘、制造、电、煤气和水供应业	Mining, Manufacturing, Utilities	2421	2541	2571	2775	2841
制造业	Manufacturing	1426	1431	1487	1637	1702
建筑业	Construction	607	670	749	760	776
批发、零售贸易、旅馆和饭店业	Wholesale, Retail Trade, Restaurants and Hotels	1307	1462	1570	1829	1885
运输、仓储和通讯业	Transport, Storage and Communication	575	720	874	1018	1040
其他服务业	Other Activities	2316	2629	3098	3359	3402

3-10 续表 14 continued

单位：亿美元 (100 million USD)

国家或地区	Country or Area	2000	2005	2010	2013	2014
美　国	**United States**					
按当年价格计算	at Current Prices					
增加值总额	Total Value Added	102848	130937	149644	166631	173483
农业、狩猎业、林业和渔业	Agriculture, Hunting, Forestry, Fishing	985	1286	1602	2254	2154
采掘、制造、电、煤气和水供应业	Mining, Manufacturing, Utilities	18722	21661	24748	27771	28753
制造业	Manufacturing	15553	17042	18306	20247	20977
建筑业	Construction	4623	6541	5416	6199	6640
批发、零售贸易、旅馆和饭店业	Wholesale, Retail Trade, Restaurants and Hotels	16074	19671	21335	24312	25303
运输、仓储和通讯业	Transport, Storage and Communication	9546	12145	14028	15546	16281
其他服务业	Other Activities	52897	69633	82515	90549	94352
按2005年价格计算	at Constant Prices of 2005					
增加值总额	Total Value Added	117063	130937	134583	140932	143989
农业、狩猎业、林业和渔业	Agriculture, Hunting, Forestry, Fishing	1069	1286	1417	1474	1512
采掘、制造、电、煤气和水供应业	Mining, Manufacturing, Utilities	20460	21661	22916	23824	24229
制造业	Manufacturing	15378	17042	17440	17804	18091
建筑业	Construction	6508	6541	4669	4944	4991
批发、零售贸易、旅馆和饭店业	Wholesale, Retail Trade, Restaurants and Hotels	16849	19671	18509	19843	20372
运输、仓储和通讯业	Transport, Storage and Communication	9885	12145	13646	14716	15232
其他服务业	Other Activities	62247	69632	73748	76468	78007
阿 根 廷	**Argentina**					
按当年价格计算	at Current Prices					
增加值总额	Total Value Added	3117	1964	4027	5317	4579
农业、狩猎业、林业和渔业	Agriculture, Hunting, Forestry, Fishing	131	166	329	393	375
采掘、制造、电、煤气和水供应业	Mining, Manufacturing, Utilities	662	579	1018	1237	1045
制造业	Manufacturing	502	430	734	844	666
建筑业	Construction	168	102	226	293	275
批发、零售贸易、旅馆和饭店业	Wholesale, Retail Trade, Restaurants and Hotels	579	320	602	730	599
运输、仓储和通讯业	Transport, Storage and Communication	231	151	287	343	297
其他服务业	Other Activities	1345	645	1564	2321	1988
按2005年价格计算	at Constant Prices of 2005					
增加值总额	Total Value Added	1796	1964	2583	2903	2915
农业、狩猎业、林业和渔业	Agriculture, Hunting, Forestry, Fishing	143	166	177	173	180
采掘、制造、电、煤气和水供应业	Mining, Manufacturing, Utilities	509	579	748	809	802
制造业	Manufacturing	368	430	578	636	628
建筑业	Construction	85	102	134	146	145
批发、零售贸易、旅馆和饭店业	Wholesale, Retail Trade, Restaurants and Hotels	302	320	474	569	553
运输、仓储和通讯业	Transport, Storage and Communication	124	151	220	248	251
其他服务业	Other Activities	635	645	831	964	988

3-10 续表 15 continued

单位：亿美元 (100 million USD)

国家或地区	Country or Area	2000	2005	2010	2013	2014
巴 西	**Brazil**					
按当年价格计算	at Current Prices					
增加值总额	Total Value Added	5591	7575	18780	20347	20055
农业、狩猎业、林业和渔业	Agriculture, Hunting, Forestry, Fishing	305	414	911	1145	1115
采掘、制造、电、煤气和水供应业	Mining, Manufacturing, Utilities	1199	1815	3963	3675	3472
制造业	Manufacturing	904	1321	2810	2347	2188
建筑业	Construction	302	353	1174	1286	1223
批发、零售贸易、旅馆和饭店业	Wholesale, Retail Trade, Restaurants and Hotels	632	908	2661	3058	3086
运输、仓储和通讯业	Transport, Storage and Communication	345	486	1262	1540	1583
其他服务业	Other Activities	2807	3599	8808	9644	9576
按2005年价格计算	at Constant Prices of 2005					
增加值总额	Total Value Added	6562	7575	9290	10026	10045
农业、狩猎业、林业和渔业	Agriculture, Hunting, Forestry, Fishing	337	414	486	540	542
采掘、制造、电、煤气和水供应业	Mining, Manufacturing, Utilities	1549	1815	2076	2219	2161
制造业	Manufacturing	1130	1321	1462	1511	1454
建筑业	Construction	350	353	486	568	571
批发、零售贸易、旅馆和饭店业	Wholesale, Retail Trade, Restaurants and Hotels	804	908	1169	1246	1256
运输、仓储和通讯业	Transport, Storage and Communication	412	486	597	644	651
其他服务业	Other Activities	3095	3599	4448	4772	4821
委内瑞拉	**Venezuela**					
按当年价格计算	at Current Prices					
增加值总额	Total Value Added	1122	1358	3739	3535	4846
农业、狩猎业、林业和渔业	Agriculture, Hunting, Forestry, Fishing	46	54	212	182	254
采掘、制造、电、煤气和水供应业	Mining, Manufacturing, Utilities	453	679	1587	1355	1947
制造业	Manufacturing	217	219	509	457	641
建筑业	Construction	90	94	319	306	408
批发、零售贸易、旅馆和饭店业	Wholesale, Retail Trade, Restaurants and Hotels	107	151	580	641	818
运输、仓储和通讯业	Transport, Storage and Communication	78	78	213	178	256
其他服务业	Other Activities	348	302	828	874	1164
按2005年价格计算	at Constant Prices of 2005					
增加值总额	Total Value Added	1181	1358	1620	1856	1759
农业、狩猎业、林业和渔业	Agriculture, Hunting, Forestry, Fishing	47	54	59	58	58
采掘、制造、电、煤气和水供应业	Mining, Manufacturing, Utilities	649	679	664	694	680
制造业	Manufacturing	209	219	225	239	233
建筑业	Construction	99	94	152	181	172
批发、零售贸易、旅馆和饭店业	Wholesale, Retail Trade, Restaurants and Hotels	118	151	184	219	205
运输、仓储和通讯业	Transport, Storage and Communication	61	78	133	157	148
其他服务业	Other Activities	238	302	381	467	430

3-10 续表 16 continued

单位：亿美元 (100 million USD)

国家或地区	Country or Area	2000	2005	2010	2013	2014
白俄罗斯	**Belarus**					
按当年价格计算	at Current Prices					
增加值总额	Total Value Added	91	263	499	657	688
农业、狩猎业、林业和渔业	Agriculture, Hunting, Forestry, Fishing	13	26	51	52	59
采掘、制造、电、煤气和水供应业	Mining, Manufacturing, Utilities	31	94	151	195	205
制造业	Manufacturing	25	77	133	169	176
建筑业	Construction	7	20	53	75	80
批发、零售贸易、旅馆和饭店业	Wholesale, Retail Trade, Restaurants and Hotels	12	32	72	101	99
运输、仓储和通讯业	Transport, Storage and Communication	9	24	42	61	60
其他服务业	Other Activities	19	67	131	174	186
按2005年价格计算	at Constant Prices of 2005					
增加值总额	Total Value Added	194	263	378	419	427
农业、狩猎业、林业和渔业	Agriculture, Hunting, Forestry, Fishing	20	26	32	35	36
采掘、制造、电、煤气和水供应业	Mining, Manufacturing, Utilities	60	94	136	147	151
制造业	Manufacturing	44	77	117	129	130
建筑业	Construction	13	20	48	49	47
批发、零售贸易、旅馆和饭店业	Wholesale, Retail Trade, Restaurants and Hotels	18	32	51	63	68
运输、仓储和通讯业	Transport, Storage and Communication	19	24	32	38	39
其他服务业	Other Activities	60	67	83	90	90
捷　　克	**Czech Rep.**					
按当年价格计算	at Current Prices					
增加值总额	Total Value Added	562	1231	1876	1868	1857
农业、狩猎业、林业和渔业	Agriculture, Hunting, Forestry, Fishing	19	30	32	50	50
采掘、制造、电、煤气和水供应业	Mining, Manufacturing, Utilities	173	382	561	581	601
制造业	Manufacturing	146	314	440	466	494
建筑业	Construction	36	82	129	108	104
批发、零售贸易、旅馆和饭店业	Wholesale, Retail Trade, Restaurants and Hotels	82	166	234	229	228
运输、仓储和通讯业	Transport, Storage and Communication	63	139	212	201	197
其他服务业	Other Activities	188	432	708	699	677
按2005年价格计算	at Constant Prices of 2005					
增加值总额	Total Value Added	1056	1231	1373	1382	1419
农业、狩猎业、林业和渔业	Agriculture, Hunting, Forestry, Fishing	25	30	23	23	25
采掘、制造、电、煤气和水供应业	Mining, Manufacturing, Utilities	298	382	469	467	490
制造业	Manufacturing	228	314	428	444	469
建筑业	Construction	71	82	86	79	82
批发、零售贸易、旅馆和饭店业	Wholesale, Retail Trade, Restaurants and Hotels	129	166	187	196	202
运输、仓储和通讯业	Transport, Storage and Communication	121	139	151	144	147
其他服务业	Other Activities	402	432	465	480	485

3-10 续表 17 continued

单位：亿美元 (100 million USD)

国家或地区	Country or Area	2000	2005	2010	2013	2014
法　国	**France**					
按当年价格计算	at Current Prices					
增加值总额	Total Value Added	12282	19800	23853	25218	25350
农业、狩猎业、林业和渔业	Agriculture, Hunting, Forestry, Fishing	288	371	425	403	425
采掘、制造、电、煤气和水供应业	Mining, Manufacturing, Utilities	2264	3173	3229	3494	3489
制造业	Manufacturing	1932	2635	2684	2853	2837
建筑业	Construction	603	1085	1447	1486	1437
批发、零售贸易、旅馆和饭店业	Wholesale, Retail Trade, Restaurants and Hotels	1668	2692	3135	3319	3292
运输、仓储和通讯业	Transport, Storage and Communication	1188	1976	2367	2405	2419
其他服务业	Other Activities	6271	10503	13250	14112	14288
按2005年价格计算	at Constant Prices of 2005					
增加值总额	Total Value Added	18336	19800	20638	21319	21394
农业、狩猎业、林业和渔业	Agriculture, Hunting, Forestry, Fishing	374	371	395	368	399
采掘、制造、电、煤气和水供应业	Mining, Manufacturing, Utilities	2939	3173	3027	3147	3119
制造业	Manufacturing	2445	2635	2581	2684	2667
建筑业	Construction	1007	1085	1049	975	940
批发、零售贸易、旅馆和饭店业	Wholesale, Retail Trade, Restaurants and Hotels	2543	2692	2749	2879	2875
运输、仓储和通讯业	Transport, Storage and Communication	1665	1976	2224	2396	2422
其他服务业	Other Activities	9796	10503	11194	11584	11674
德　国	**Germany**					
按当年价格计算	at Current Prices					
增加值总额	Total Value Added	17590	25893	30749	33683	34801
农业、狩猎业、林业和渔业	Agriculture, Hunting, Forestry, Fishing	186	196	221	266	238
采掘、制造、电、煤气和水供应业	Mining, Manufacturing, Utilities	4537	6613	7952	8704	8953
制造业	Manufacturing	4042	5813	6823	7603	7875
建筑业	Construction	899	998	1322	1505	1602
批发、零售贸易、旅馆和饭店业	Wholesale, Retail Trade, Restaurants and Hotels	2077	3095	3479	3666	3763
运输、仓储和通讯业	Transport, Storage and Communication	1542	2364	2797	3227	3330
其他服务业	Other Activities	8349	12625	14978	16316	16916
按2005年价格计算	at Constant Prices of 2005					
增加值总额	Total Value Added	25143	25893	27435	28624	29053
农业、狩猎业、林业和渔业	Agriculture, Hunting, Forestry, Fishing	210	196	204	202	217
采掘、制造、电、煤气和水供应业	Mining, Manufacturing, Utilities	6289	6613	7031	7466	7586
制造业	Manufacturing	5504	5813	6163	6642	6796
建筑业	Construction	1252	998	1030	1044	1071
批发、零售贸易、旅馆和饭店业	Wholesale, Retail Trade, Restaurants and Hotels	2770	3095	3074	3174	3224
运输、仓储和通讯业	Transport, Storage and Communication	2067	2364	2852	3237	3286
其他服务业	Other Activities	12488	12625	13294	13592	13758

3-10 续表 18 continued

单位：亿美元 (100 million USD)

国家或地区	Country or Area	2000	2005	2010	2013	2014
意 大 利	**Italy**					
按当年价格计算	at Current Prices					
增加值总额	Total Value Added	10233	16718	19130	19205	19228
农业、狩猎业、林业和渔业	Agriculture, Hunting, Forestry, Fishing	291	376	376	446	419
采掘、制造、电、煤气和水供应业	Mining, Manufacturing, Utilities	2283	3336	3584	3551	3568
制造业	Manufacturing	1999	2879	3023	2941	2966
建筑业	Construction	493	980	1076	985	947
批发、零售贸易、旅馆和饭店业	Wholesale, Retail Trade, Restaurants and Hotels	1689	2577	2812	2817	2820
运输、仓储和通讯业	Transport, Storage and Communication	964	1636	1856	1768	1761
其他服务业	Other Activities	4512	7813	9426	9638	9714
按2005年价格计算	at Constant Prices of 2005					
增加值总额	Total Value Added	15980	16718	16471	15931	15870
农业、狩猎业、林业和渔业	Agriculture, Hunting, Forestry, Fishing	395	376	374	377	370
采掘、制造、电、煤气和水供应业	Mining, Manufacturing, Utilities	3328	3336	3108	2994	2957
制造业	Manufacturing	2892	2879	2689	2595	2574
建筑业	Construction	838	980	864	718	695
批发、零售贸易、旅馆和饭店业	Wholesale, Retail Trade, Restaurants and Hotels	2539	2577	2501	2446	2461
运输、仓储和通讯业	Transport, Storage and Communication	1413	1636	1690	1585	1572
其他服务业	Other Activities	7475	7813	7939	7820	7824
荷 兰	**Netherlands**					
按当年价格计算	at Current Prices					
增加值总额	Total Value Added	3704	6049	7520	7790	7916
农业、狩猎业、林业和渔业	Agriculture, Hunting, Forestry, Fishing	92	121	143	150	145
采掘、制造、电、煤气和水供应业	Mining, Manufacturing, Utilities	714	1117	1260	1356	1322
制造业	Manufacturing	565	852	888	918	957
建筑业	Construction	201	332	404	352	356
批发、零售贸易、旅馆和饭店业	Wholesale, Retail Trade, Restaurants and Hotels	584	909	1106	1153	1205
运输、仓储和通讯业	Transport, Storage and Communication	360	618	726	740	766
其他服务业	Other Activities	1753	2951	3880	4039	4121
按2005年价格计算	at Constant Prices of 2005					
增加值总额	Total Value Added	5675	6049	6521	6584	6660
农业、狩猎业、林业和渔业	Agriculture, Hunting, Forestry, Fishing	118	121	133	131	135
采掘、制造、电、煤气和水供应业	Mining, Manufacturing, Utilities	1048	1117	1129	1134	1116
制造业	Manufacturing	791	852	843	855	871
建筑业	Construction	343	332	323	285	294
批发、零售贸易、旅馆和饭店业	Wholesale, Retail Trade, Restaurants and Hotels	874	909	965	988	1014
运输、仓储和通讯业	Transport, Storage and Communication	518	618	683	700	722
其他服务业	Other Activities	2767	2951	3288	3349	3381

3-10 续表 19 continued

单位：亿美元 (100 million USD)

国家或地区	Country or Area	2000	2005	2010	2013	2014
波　兰	**Poland**					
按当年价格计算	at Current Prices					
增加值总额	Total Value Added	1507	2673	4224	4654	4835
农业、狩猎业、林业和渔业	Agriculture, Hunting, Forestry, Fishing	53	88	123	151	142
采掘、制造、电、煤气和水供应业	Mining, Manufacturing, Utilities	368	674	1049	1158	1210
制造业	Manufacturing	277	491	746	834	900
建筑业	Construction	125	183	358	343	360
批发、零售贸易、旅馆和饭店业	Wholesale, Retail Trade, Restaurants and Hotels	315	544	862	948	948
运输、仓储和通讯业	Transport, Storage and Communication	134	264	387	460	499
其他服务业	Other Activities	511	919	1446	1593	1677
按2005年价格计算	at Constant Prices of 2005					
增加值总额	Total Value Added	2348	2673	3334	3534	3618
农业、狩猎业、林业和渔业	Agriculture, Hunting, Forestry, Fishing	75	88	89	89	90
采掘、制造、电、煤气和水供应业	Mining, Manufacturing, Utilities	591	674	909	1009	1049
制造业	Manufacturing	380	491	780	872	940
建筑业	Construction	210	183	262	271	285
批发、零售贸易、旅馆和饭店业	Wholesale, Retail Trade, Restaurants and Hotels	467	544	683	698	698
运输、仓储和通讯业	Transport, Storage and Communication	208	264	302	376	396
其他服务业	Other Activities	793	919	1098	1105	1117
俄 罗 斯	**Russia**					
按当年价格计算	at Current Prices					
增加值总额	Total Value Added	2277	6547	13185	17871	15813
农业、狩猎业、林业和渔业	Agriculture, Hunting, Forestry, Fishing	145	325	510	719	650
采掘、制造、电、煤气和水供应业	Mining, Manufacturing, Utilities	753	2143	3723	5170	4654
制造业	Manufacturing	512	1198	1954	2698	2400
建筑业	Construction	150	350	852	1255	1163
批发、零售贸易、旅馆和饭店业	Wholesale, Retail Trade, Restaurants and Hotels	546	1336	2774	3293	3047
运输、仓储和通讯业	Transport, Storage and Communication	208	671	1206	1602	1394
其他服务业	Other Activities	477	1722	4120	5833	4906
按2005年价格计算	at Constant Prices of 2005					
增加值总额	Total Value Added	4981	6547	7773	8509	8539
农业、狩猎业、林业和渔业	Agriculture, Hunting, Forestry, Fishing	287	325	320	368	372
采掘、制造、电、煤气和水供应业	Mining, Manufacturing, Utilities	1603	2143	2191	2364	2396
制造业	Manufacturing	896	1198	1246	1415	1403
建筑业	Construction	227	350	441	481	494
批发、零售贸易、旅馆和饭店业	Wholesale, Retail Trade, Restaurants and Hotels	877	1336	1853	1992	2014
运输、仓储和通讯业	Transport, Storage and Communication	500	671	783	894	888
其他服务业	Other Activities	1472	1722	2218	2449	2414

3-10 续表 20 continued

单位：亿美元 (100 million USD)

国家或地区	Country or Area	2000	2005	2010	2013	2014
西 班 牙	**Spain**					
按当年价格计算	at Current Prices					
增加值总额	Total Value Added	5402	10375	13111	12726	12582
农业、狩猎业、林业和渔业	Agriculture, Hunting, Forestry, Fishing	223	314	334	353	317
采掘、制造、电、煤气和水供应业	Mining, Manufacturing, Utilities	1115	1956	2251	2239	2138
制造业	Manufacturing	964	1632	1741	1680	1629
建筑业	Construction	545	1202	1159	731	682
批发、零售贸易、旅馆和饭店业	Wholesale, Retail Trade, Restaurants and Hotels	1029	1911	2371	2423	2423
运输、仓储和通讯业	Transport, Storage and Communication	496	916	1152	1135	1147
其他服务业	Other Activities	1994	4076	5842	5846	5875
按2005年价格计算	at Constant Prices of 2005					
增加值总额	Total Value Added	8847	10375	11056	10663	10686
农业、狩猎业、林业和渔业	Agriculture, Hunting, Forestry, Fishing	355	314	341	369	356
采掘、制造、电、煤气和水供应业	Mining, Manufacturing, Utilities	1742	1956	1894	1762	1724
制造业	Manufacturing	1488	1632	1490	1373	1340
建筑业	Construction	1042	1202	975	657	643
批发、零售贸易、旅馆和饭店业	Wholesale, Retail Trade, Restaurants and Hotels	1670	1911	1989	1982	2039
运输、仓储和通讯业	Transport, Storage and Communication	797	916	1006	1052	1058
其他服务业	Other Activities	3258	4076	4847	4844	4867
土 耳 其	**Turkey**					
按当年价格计算	at Current Prices					
增加值总额	Total Value Added	2496	4255	6525	7291	7104
农业、狩猎业、林业和渔业	Agriculture, Hunting, Forestry, Fishing	269	452	617	608	569
采掘、制造、电、煤气和水供应业	Mining, Manufacturing, Utilities	611	978	1418	1575	1562
制造业	Manufacturing	529	827	1136	1262	1264
建筑业	Construction	134	214	304	365	364
批发、零售贸易、旅馆和饭店业	Wholesale, Retail Trade, Restaurants and Hotels	400	700	968	1197	1161
运输、仓储和通讯业	Transport, Storage and Communication	326	664	973	1145	1104
其他服务业	Other Activities	756	1247	2245	2402	2343
按2005年价格计算	at Constant Prices of 2005					
增加值总额	Total Value Added	3409	4255	5107	5967	6166
农业、狩猎业、林业和渔业	Agriculture, Hunting, Forestry, Fishing	418	452	472	534	523
采掘、制造、电、煤气和水供应业	Mining, Manufacturing, Utilities	787	978	1183	1366	1419
制造业	Manufacturing	663	827	999	1159	1202
建筑业	Construction	169	214	244	294	300
批发、零售贸易、旅馆和饭店业	Wholesale, Retail Trade, Restaurants and Hotels	574	700	784	923	941
运输、仓储和通讯业	Transport, Storage and Communication	458	664	792	933	960
其他服务业	Other Activities	999	1247	1649	1941	2053

3-10 续表 21 continued

单位：亿美元 (100 million USD)

国家或地区	Country or Area	2000	2005	2010	2013	2014
乌克兰	**Ukraine**					
按当年价格计算	at Current Prices					
增加值总额	Total Value Added	276	789	1250	1650	1141
农业、狩猎业、林业和渔业	Agriculture, Hunting, Forestry, Fishing	45	79	105	165	108
采掘、制造、电、煤气和水供应业	Mining, Manufacturing, Utilities	91	235	316	380	278
制造业	Manufacturing	56	165	185	211	154
建筑业	Construction	11	35	46	48	37
批发、零售贸易、旅馆和饭店业	Wholesale, Retail Trade, Restaurants and Hotels	29	114	217	296	204
运输、仓储和通讯业	Transport, Storage and Communication	38	100	152	195	138
其他服务业	Other Activities	62	227	414	566	376
按2005年价格计算	at Constant Prices of 2005					
增加值总额	Total Value Added	525	789	826	903	820
农业、狩猎业、林业和渔业	Agriculture, Hunting, Forestry, Fishing	66	79	87	101	94
采掘、制造、电、煤气和水供应业	Mining, Manufacturing, Utilities	164	235	227	239	221
制造业	Manufacturing	101	165	153	159	147
建筑业	Construction	24	35	19	19	17
批发、零售贸易、旅馆和饭店业	Wholesale, Retail Trade, Restaurants and Hotels	59	114	144	160	145
运输、仓储和通讯业	Transport, Storage and Communication	65	100	120	130	120
其他服务业	Other Activities	150	227	242	270	238
英国	**United Kingdom**					
按当年价格计算	at Current Prices					
增加值总额	Total Value Added	13845	21687	21598	24183	26629
农业、狩猎业、林业和渔业	Agriculture, Hunting, Forestry, Fishing	127	144	159	168	182
采掘、制造、电、煤气和水供应业	Mining, Manufacturing, Utilities	2864	3530	3199	3724	3925
制造业	Manufacturing	2169	2562	2227	2601	2827
建筑业	Construction	882	1521	1288	1423	1655
批发、零售贸易、旅馆和饭店业	Wholesale, Retail Trade, Restaurants and Hotels	2389	3717	3525	3927	4339
运输、仓储和通讯业	Transport, Storage and Communication	1274	1828	1744	1943	2147
其他服务业	Other Activities	6309	10948	11682	13000	14381
按2005年价格计算	at Constant Prices of 2005					
增加值总额	Total Value Added	19058	21687	22101	23215	23881
农业、狩猎业、林业和渔业	Agriculture, Hunting, Forestry, Fishing	134	144	130	134	152
采掘、制造、电、煤气和水供应业	Mining, Manufacturing, Utilities	3672	3530	3272	3137	3167
制造业	Manufacturing	2638	2562	2425	2416	2472
建筑业	Construction	1313	1521	1438	1380	1487
批发、零售贸易、旅馆和饭店业	Wholesale, Retail Trade, Restaurants and Hotels	3101	3717	3746	4010	4153
运输、仓储和通讯业	Transport, Storage and Communication	1654	1828	1853	1984	2055
其他服务业	Other Activities	9140	10948	11679	12610	12915

3-10 续表 22 continued

单位：亿美元 (100 million USD)

国家或地区	Country or Area	2000	2005	2010	2013	2014
澳大利亚	**Australia**					
按当年价格计算	at Current Prices					
增加值总额	Total Value Added	3736	7017	12046	14302	13769
农业、狩猎业、林业和渔业	Agriculture, Hunting, Forestry, Fishing	143	209	297	360	337
采掘、制造、电、煤气和水供应业	Mining, Manufacturing, Utilities	759	1444	2479	2663	2632
制造业	Manufacturing	451	755	960	976	986
建筑业	Construction	211	513	953	1207	1145
批发、零售贸易、旅馆和饭店业	Wholesale, Retail Trade, Restaurants and Hotels	492	887	1421	1640	1600
运输、仓储和通讯业	Transport, Storage and Communication	338	609	978	1136	1111
其他服务业	Other Activities	1793	3356	5918	7296	6944
按2005年价格计算	at Constant Prices of 2005					
增加值总额	Total Value Added	5943	7017	8037	8760	8992
农业、狩猎业、林业和渔业	Agriculture, Hunting, Forestry, Fishing	191	209	229	228	238
采掘、制造、电、煤气和水供应业	Mining, Manufacturing, Utilities	1365	1444	1616	1737	1799
制造业	Manufacturing	709	755	761	739	791
建筑业	Construction	323	513	622	733	742
批发、零售贸易、旅馆和饭店业	Wholesale, Retail Trade, Restaurants and Hotels	726	887	972	1043	1086
运输、仓储和通讯业	Transport, Storage and Communication	492	609	716	757	783
其他服务业	Other Activities	2855	3356	3876	4248	4333
新 西 兰	**New Zealand**					
按当年价格计算	at Current Prices					
增加值总额	Total Value Added	507	1064	1351	1739	1820
农业、狩猎业、林业和渔业	Agriculture, Hunting, Forestry, Fishing	42	52	97	116	119
采掘、制造、电、煤气和水供应业	Mining, Manufacturing, Utilities	105	213	235	301	315
制造业	Manufacturing	84	167	159	206	216
建筑业	Construction	23	61	76	98	103
批发、零售贸易、旅馆和饭店业	Wholesale, Retail Trade, Restaurants and Hotels	65	136	161	208	218
运输、仓储和通讯业	Transport, Storage and Communication	46	95	105	137	144
其他服务业	Other Activities	226	506	677	877	921
按2005年价格计算	at Constant Prices of 2005					
增加值总额	Total Value Added	881	1064	1112	1190	1227
农业、狩猎业、林业和渔业	Agriculture, Hunting, Forestry, Fishing	47	52	46	53	54
采掘、制造、电、煤气和水供应业	Mining, Manufacturing, Utilities	190	213	206	205	210
制造业	Manufacturing	142	167	144	147	151
建筑业	Construction	42	61	60	77	85
批发、零售贸易、旅馆和饭店业	Wholesale, Retail Trade, Restaurants and Hotels	113	136	140	153	160
运输、仓储和通讯业	Transport, Storage and Communication	77	95	108	115	117
其他服务业	Other Activities	410	506	557	590	605

3-11 支出法国内生产总值
Gross Domestic Product by Expenditure Approach

资料来源：世界银行WDI数据库。
Source: World Bank WDI Database.

单位：亿美元 (100 million USD)

国家或地区	Country or Area	2000	2005	2010	2014	2015
中　国	**China**					
按当年价格计算	at current price					
居民消费支出	Household Final Consumption Expenditure	5539	8904	20791	39543	
政府消费支出	General Government Final Consumption Expenditure	1892	3222	7881	14084	
资本形成总额	Gross Capital Formation	4209	9501	28596	47821	
货物和服务出口	Exports of Goods and Services	2493	7645	16025	24757	24313
货物和服务进口	Imports of Goods and Services	2251	6623	13801	21914	20458
国内生产总值	Gross Domestic Product	12053	22686	60397	103511	108664
按2010年价格计算	at constant price of 2010					
居民消费支出	Household Final Consumption Expenditure	9858	13495	20791	29357	
政府消费支出	General Government Final Consumption Expenditure	3367	4883	7881	10456	
资本形成总额	Gross Capital Formation	8009	14795	28596	39516	39575
货物和服务出口	Exports of Goods and Services	3198	7645	16025		
货物和服务进口	Imports of Goods and Services	2789	6623	13801		
国内生产总值	Gross Domestic Product	22237	35428	60397	82301	87980
中国香港	**Hong Kong, China**					
按当年价格计算	at current price					
居民消费支出	Household Final Consumption Expenditure	1007	1044	1403	1938	2052
政府消费支出	General Government Final Consumption Expenditure	161	168	203	276	298
资本形成总额	Gross Capital Formation	474	382	546	698	675
货物和服务出口	Exports of Goods and Services	2434	3534	5017	6391	6235
货物和服务进口	Imports of Goods and Services	2358	3312	4882	6387	6161
国内生产总值	Gross Domestic Product	1717	1816	2286	2912	3099
按2010年价格计算	at constant price of 2010					
居民消费支出	Household Final Consumption Expenditure	1026	1124	1403	1711	1793
政府消费支出	General Government Final Consumption Expenditure	163	180	203	228	235
资本形成总额	Gross Capital Formation	415	417	546	604	559
货物和服务出口	Exports of Goods and Services	2555	3927	5017	5575	5606
货物和服务进口	Imports of Goods and Services	2601	3754	4882	5658	5558
国内生产总值	Gross Domestic Product	1534	1886	2286	2578	2639
中国澳门	**Macao, China**					
按当年价格计算	at current price					
居民消费支出	Household Final Consumption Expenditure	25	39	66	111	119
政府消费支出	General Government Final Consumption Expenditure	8	12	23	39	44
资本形成总额	Gross Capital Formation	7	31	37	109	112
货物和服务出口	Exports of Goods and Services	61	103	247	470	359
货物和服务进口	Imports of Goods and Services	39	63	92	174	171
国内生产总值	Gross Domestic Product	61	121	281	555	462
按2010年价格计算	at constant price of 2010					
居民消费支出	Household Final Consumption Expenditure	38	49	66	90	99
政府消费支出	General Government Final Consumption Expenditure	12	16	23	29	32
资本形成总额	Gross Capital Formation	12	43	37	77	85
货物和服务出口	Exports of Goods and Services	72	129	247	371	277
货物和服务进口	Imports of Goods and Services	51	73	92	158	157
国内生产总值	Gross Domestic Product	86	165	281	412	328

3-11 续表 1 continued

单位：亿美元 (100 million USD)

国家或地区	Country or Area	2000	2005	2010	2014	2015
孟加拉国	**Bangladesh**					
按当年价格计算	at current price					
居民消费支出	Household Final Consumption Expenditure	400	512	854	1255	1413
政府消费支出	General Government Final Consumption Expenditure	27	36	59	92	105
资本形成总额	Gross Capital Formation	127	179	303	494	564
货物和服务出口	Exports of Goods and Services	66	100	185	328	338
货物和服务进口	Imports of Goods and Services	91	139	251	441	483
国内生产总值	Gross Domestic Product	534	694	1153	1729	1951
按2010年价格计算	at constant price of 2010					
居民消费支出	Household Final Consumption Expenditure	539	668	854	1036	1096
政府消费支出	General Government Final Consumption Expenditure	30	45	59	73	80
资本形成总额	Gross Capital Formation	135	201	303	424	454
货物和服务出口	Exports of Goods and Services	40	121	185	284	276
货物和服务进口	Imports of Goods and Services	64	190	251	367	379
国内生产总值	Gross Domestic Product	670	859	1153	1470	1566
文　莱	**Brunei Darussalam**					
按当年价格计算	at current price					
居民消费支出	Household Final Consumption Expenditure	15	21	29	27	
政府消费支出	General Government Final Consumption Expenditure	15	18	28	37	
资本形成总额	Gross Capital Formation	8	11	20	47	
货物和服务出口	Exports of Goods and Services	40	67	101	121	
货物和服务进口	Imports of Goods and Services	21	26	41	61	49
国内生产总值	Gross Domestic Product	60	95	124	171	155
按2010年价格计算	at constant price of 2010					
居民消费支出	Household Final Consumption Expenditure	18	25	29		
政府消费支出	General Government Final Consumption Expenditure	18	20	28		
资本形成总额	Gross Capital Formation	11	14	20		
货物和服务出口	Exports of Goods and Services	122	131	101		
货物和服务进口	Imports of Goods and Services	27	31	41		
国内生产总值	Gross Domestic Product	108	120	124	124	123
柬埔寨	**Cambodia**					
按当年价格计算	at current price					
居民消费支出	Household Final Consumption Expenditure	32	54	91	130	142
政府消费支出	General Government Final Consumption Expenditure	2	3	7	9	10
资本形成总额	Gross Capital Formation	6	12	20	37	40
货物和服务出口	Exports of Goods and Services	18	40	61	105	122
货物和服务进口	Imports of Goods and Services	23	46	67	112	134
国内生产总值	Gross Domestic Product	37	63	112	168	180
按2010年价格计算	at constant price of 2010					
居民消费支出	Household Final Consumption Expenditure	45	67	91	117	126
政府消费支出	General Government Final Consumption Expenditure	2	3	7	9	9
资本形成总额	Gross Capital Formation	7	12	20	31	32
货物和服务出口	Exports of Goods and Services	17	37	61	105	126
货物和服务进口	Imports of Goods and Services	20	40	67	115	134
国内生产总值	Gross Domestic Product	52	81	112	149	159

3-11 续表 2 continued

单位：亿美元 (100 million USD)

国家或地区	Country or Area	2000	2005	2010	2014	2015
印　度	**India**					
按当年价格计算	at current price					
居民消费支出	Household Final Consumption Expenditure	3079	4862	9570	11764	
政府消费支出	General Government Final Consumption Expenditure	598	907	1954	2233	
资本形成总额	Gross Capital Formation	1149	2860	6241	6963	
货物和服务出口	Exports of Goods and Services	609	1608	3754	4679	
货物和服务进口	Imports of Goods and Services	651	1837	4500	5288	
国内生产总值	Gross Domestic Product	4766	8342	17085	20424	20735
按2010年价格计算	at constant price of 2010					
居民消费支出	Household Final Consumption Expenditure	5067	6684	9570	12486	
政府消费支出	General Government Final Consumption Expenditure	1108	1317	1954	2377	
资本形成总额	Gross Capital Formation	1835	3586	6241	7286	
货物和服务出口	Exports of Goods and Services	1015	2253	3754	5076	
货物和服务进口	Imports of Goods and Services	1138	2421	4500	5345	
国内生产总值	Gross Domestic Product	8370	11586	17085	22006	23672
印度尼西亚	**Indonesia**					
按当年价格计算	at current price					
居民消费支出	Household Final Consumption Expenditure	1017	1840	4245	5090	4917
政府消费支出	General Government Final Consumption Expenditure	108	232	680	840	841
资本形成总额	Gross Capital Formation	367	717	2483	3078	2979
货物和服务出口	Exports of Goods and Services	676	974	1835	2105	1818
货物和服务进口	Imports of Goods and Services	503	855	1692	2175	1797
国内生产总值	Gross Domestic Product	1650	2859	7551	8905	8619
按2010年价格计算	at constant price of 2010					
居民消费支出	Household Final Consumption Expenditure	2780	3387	4245	5226	5479
政府消费支出	General Government Final Consumption Expenditure	314	466	680	810	854
资本形成总额	Gross Capital Formation	1389	1918	2483	3226	3333
货物和服务出口	Exports of Goods and Services	972	1355	1835	2251	2207
货物和服务进口	Imports of Goods and Services	861	1302	1692	2188	2060
国内生产总值	Gross Domestic Product	4534	5712	7551	9423	9875
以 色 列	**Israel**					
按当年价格计算	at current price					
居民消费支出	Household Final Consumption Expenditure	706	796	1341	1708	1637
政府消费支出	General Government Final Consumption Expenditure	318	340	523	689	660
资本形成总额	Gross Capital Formation	299	292	427	609	577
货物和服务出口	Exports of Goods and Services	472	582	820	987	922
货物和服务进口	Imports of Goods and Services	471	581	768	937	837
国内生产总值	Gross Domestic Product	1324	1428	2343	3057	2961
按2010年价格计算	at constant price of 2010					
居民消费支出	Household Final Consumption Expenditure	953	1099	1341	1529	1602
政府消费支出	General Government Final Consumption Expenditure	429	457	523	597	615
资本形成总额	Gross Capital Formation	374	351	427	534	544
货物和服务出口	Exports of Goods and Services	574	661	820	919	890
货物和服务进口	Imports of Goods and Services	615	661	768	898	904
国内生产总值	Gross Domestic Product	1704	1895	2343	2684	2751

3-11 续表 3 continued

单位：亿美元 (100 million USD)

国家或地区	Country or Area	2000	2005	2010	2014	2015
日　本	**Japan**					
按当年价格计算	at current price					
居民消费支出	Household Final Consumption Expenditure	26740	26414	32566	27882	24158
政府消费支出	General Government Final Consumption Expenditure	8009	8390	10837	9481	8412
资本形成总额	Gross Capital Formation	11878	10271	10894	10028	9076
货物和服务出口	Exports of Goods and Services	5146	6544	8370	8155	7381
货物和服务进口	Imports of Goods and Services	4461	5900	7680	9584	7783
国内生产总值	Gross Domestic Product	47312	45719	54987	45962	41233
按2010年价格计算	at constant price of 2010					
居民消费支出	Household Final Consumption Expenditure	29740	31558	32566	33646	33241
政府消费支出	General Government Final Consumption Expenditure	9240	10295	10837	11374	11507
资本形成总额	Gross Capital Formation	13301	12681	10894	11846	11852
货物和服务出口	Exports of Goods and Services	5485	7299	8370	9121	9376
货物和服务进口	Imports of Goods and Services	6457	7644	7680	9460	9489
国内生产总值	Gross Domestic Product	50932	54050	54987	56429	56696
哈萨克斯坦	**Kazakhstan**					
按当年价格计算	at current price					
居民消费支出	Household Final Consumption Expenditure	113	285	672	1116	
政府消费支出	General Government Final Consumption Expenditure	22	64	160	235	
资本形成总额	Gross Capital Formation	33	177	376	547	
货物和服务出口	Exports of Goods and Services	104	304	655	873	528
货物和服务进口	Imports of Goods and Services	90	255	443	566	455
国内生产总值	Gross Domestic Product	183	571	1480	2274	1844
按2010年价格计算	at constant price of 2010					
居民消费支出	Household Final Consumption Expenditure	286	450	672	912	
政府消费支出	General Government Final Consumption Expenditure	84	123	160	226	
资本形成总额	Gross Capital Formation	101	254	376	516	
货物和服务出口	Exports of Goods and Services	443	613	655	677	
货物和服务进口	Imports of Goods and Services	335	406	443	575	
国内生产总值	Gross Domestic Product	669	1095	1480	1828	1850
韩　国	**Korea, Rep.**					
按当年价格计算	at current price					
居民消费支出	Household Final Consumption Expenditure	3019	4689	5508	7106	6818
政府消费支出	General Government Final Consumption Expenditure	637	1193	1584	2134	2096
资本形成总额	Gross Capital Formation	1850	2889	3505	4132	3925
货物和服务出口	Exports of Goods and Services	1966	3306	5409	7096	6325
货物和服务进口	Imports of Goods and Services	1850	3087	5060	6354	5366
国内生产总值	Gross Domestic Product	5616	8981	10945	14113	13779
按2010年价格计算	at constant price of 2010					
居民消费支出	Household Final Consumption Expenditure	3945	4728	5508	5988	6117
政府消费支出	General Government Final Consumption Expenditure	952	1211	1584	1781	1841
资本形成总额	Gross Capital Formation	2506	3045	3505	3725	3977
货物和服务出口	Exports of Goods and Services	2168	3548	5409	6962	7016
货物和服务进口	Imports of Goods and Services	2409	3576	5060	6115	6312
国内生产总值	Gross Domestic Product	7100	8947	10945	12343	12666

3-11 续表 4 continued

单位：亿美元 (100 million USD)

国家或地区	Country or Area	2000	2005	2010	2014	2015
老　挝	**Laos**					
按当年价格计算	at current price					
居民消费支出	Household Final Consumption Expenditure	16	22	49	77	77
政府消费支出	General Government Final Consumption Expenditure	1	2	7	16	17
资本形成总额	Gross Capital Formation	2	6	17	35	41
货物和服务出口	Exports of Goods and Services	5	9	26	47	43
货物和服务进口	Imports of Goods and Services	8	13	27	58	54
国内生产总值	Gross Domestic Product	17	27	72	117	123
按2010年价格计算	at constant price of 2010					
居民消费支出	Household Final Consumption Expenditure			49		
政府消费支出	General Government Final Consumption Expenditure			7		
资本形成总额	Gross Capital Formation			17		
货物和服务出口	Exports of Goods and Services			26		
货物和服务进口	Imports of Goods and Services			27		
国内生产总值	Gross Domestic Product	36	49	72	98	105
马来西亚	**Malaysia**					
按当年价格计算	at current price					
居民消费支出	Household Final Consumption Expenditure	410	634	1227	1772	1603
政府消费支出	General Government Final Consumption Expenditure	95	165	321	451	390
资本形成总额	Gross Capital Formation	252	321	596	846	743
货物和服务出口	Exports of Goods and Services	1124	1620	2217	2497	2103
货物和服务进口	Imports of Goods and Services	944	1306	1811	2184	1877
国内生产总值	Gross Domestic Product	938	1435	2550	3381	2962
按2010年价格计算	at constant price of 2010					
居民消费支出	Household Final Consumption Expenditure	643	892	1227	1630	1727
政府消费支出	General Government Final Consumption Expenditure	153	246	321	427	445
资本形成总额	Gross Capital Formation	434	436	596	794	845
货物和服务出口	Exports of Goods and Services	1534	1991	2217	2392	2408
货物和服务进口	Imports of Goods and Services	1153	1530	1811	2099	2126
国内生产总值	Gross Domestic Product	1625	2049	2550	3143	3299
蒙　古	**Mongolia**					
按当年价格计算	at current price					
居民消费支出	Household Final Consumption Expenditure	9	14	40	69	69
政府消费支出	General Government Final Consumption Expenditure	2	3	9	16	14
资本形成总额	Gross Capital Formation	3	9	30	43	31
货物和服务出口	Exports of Goods and Services	6	15	34	64	53
货物和服务进口	Imports of Goods and Services	8	16	41	70	49
国内生产总值	Gross Domestic Product	11	25	72	122	118
按2010年价格计算	at constant price of 2010					
居民消费支出	Household Final Consumption Expenditure		23	40	64	69
政府消费支出	General Government Final Consumption Expenditure		7	9	16	15
资本形成总额	Gross Capital Formation		20	30	41	30
货物和服务出口	Exports of Goods and Services		21	34	74	71
货物和服务进口	Imports of Goods and Services		21	41	81	67
国内生产总值	Gross Domestic Product	38	53	72	114	117

3-11 续表 5 continued

单位：亿美元 (100 million USD)

国家或地区	Country or Area	2000	2005	2010	2014	2015
巴基斯坦	**Pakistan**					
按当年价格计算	at current price					
居民消费支出	Household Final Consumption Expenditure	557	843	1414	1963	2138
政府消费支出	General Government Final Consumption Expenditure	64	86	183	263	320
资本形成总额	Gross Capital Formation	127	209	280	365	408
货物和服务出口	Exports of Goods and Services	99	172	240	299	296
货物和服务进口	Imports of Goods and Services	109	214	343	456	462
国内生产总值	Gross Domestic Product	740	1095	1774	2434	2700
按2010年价格计算	at constant price of 2010					
居民消费支出	Household Final Consumption Expenditure	1001	1262	1414	1672	1732
政府消费支出	General Government Final Consumption Expenditure	94	112	183	220	255
资本形成总额	Gross Capital Formation	209	247	280	287	310
货物和服务出口	Exports of Goods and Services	118	201	240	233	227
货物和服务进口	Imports of Goods and Services	216	325	343	339	335
国内生产总值	Gross Domestic Product	1176	1500	1774	2062	2177
菲 律 宾	**Philippines**					
按当年价格计算	at current price					
居民消费支出	Household Final Consumption Expenditure	585	773	1428	2062	2153
政府消费支出	General Government Final Consumption Expenditure	93	93	194	296	320
资本形成总额	Gross Capital Formation	149	222	410	596	609
货物和服务出口	Exports of Goods and Services	416	476	695	816	816
货物和服务进口	Imports of Goods and Services	432	533	731	922	959
国内生产总值	Gross Domestic Product	810	1031	1996	2848	2920
按2010年价格计算	at constant price of 2010					
居民消费支出	Household Final Consumption Expenditure	936	1195	1428	1790	1901
政府消费支出	General Government Final Consumption Expenditure	139	142	194	244	267
资本形成总额	Gross Capital Formation	228	327	410	543	617
货物和服务出口	Exports of Goods and Services	443	533	695	810	854
货物和服务进口	Imports of Goods and Services	484	607	731	870	974
国内生产总值	Gross Domestic Product	1253	1569	1996	2508	2653
新 加 坡	**Singapore**					
按当年价格计算	at current price					
居民消费支出	Household Final Consumption Expenditure	398	499	840	1123	1073
政府消费支出	General Government Final Consumption Expenditure	103	130	241	302	304
资本形成总额	Gross Capital Formation	334	272	659	886	770
货物和服务出口	Exports of Goods and Services	1813	2881	4711	5885	5167
货物和服务进口	Imports of Goods and Services	1695	2501	4086	5136	4380
国内生产总值	Gross Domestic Product	958	1274	2364	3063	2927
按2010年价格计算	at constant price of 2010					
居民消费支出	Household Final Consumption Expenditure	578	707	840	958	
政府消费支出	General Government Final Consumption Expenditure	151	178	241	261	
资本形成总额	Gross Capital Formation	458	358	659	765	
货物和服务出口	Exports of Goods and Services	2165	3434	4711	5412	
货物和服务进口	Imports of Goods and Services	2014	2985	4086	4641	
国内生产总值	Gross Domestic Product	1345	1707	2364	2814	2870

3-11 续表 6 continued

单位：亿美元 (100 million USD)

国家或地区	Country or Area	2000	2005	2010	2014	2015
斯里兰卡	**Sri Lanka**					
按当年价格计算	at current price					
居民消费支出	Household Final Consumption Expenditure	117	168	388	542	564
政府消费支出	General Government Final Consumption Expenditure	17	32	48	67	73
资本形成总额	Gross Capital Formation	46	65	172	256	247
货物和服务出口	Exports of Goods and Services	64	79	111	167	169
货物和服务进口	Imports of Goods and Services	81	101	152	231	230
国内生产总值	Gross Domestic Product	163	244	567	800	823
按2010年价格计算	at constant price of 2010					
居民消费支出	Household Final Consumption Expenditure	239	296	388	497	529
政府消费支出	General Government Final Consumption Expenditure	28	32	48	53	58
资本形成总额	Gross Capital Formation	90	111	172	246	258
货物和服务出口	Exports of Goods and Services	87	104	111	136	142
货物和服务进口	Imports of Goods and Services	103	129	152	204	225
国内生产总值	Gross Domestic Product	343	416	567	728	763
泰　国	**Thailand**					
按当年价格计算	at current price					
居民消费支出	Household Final Consumption Expenditure	684	1057	1777	2118	
政府消费支出	General Government Final Consumption Expenditure	172	258	540	693	
资本形成总额	Gross Capital Formation	282	576	865	976	
货物和服务出口	Exports of Goods and Services	820	1295	2255	2801	
货物和服务进口	Imports of Goods and Services	714	1315	2066	2534	2284
国内生产总值	Gross Domestic Product	1264	1893	3409	4043	3953
按2010年价格计算	at constant price of 2010					
居民消费支出	Household Final Consumption Expenditure	1185	1602	1777	1951	
政府消费支出	General Government Final Consumption Expenditure	307	385	540	639	
资本形成总额	Gross Capital Formation	494	849	865	898	
货物和服务出口	Exports of Goods and Services	1235	1762	2255	2660	
货物和服务进口	Imports of Goods and Services	1064	1781	2066	2361	
国内生产总值	Gross Domestic Product	2177	2838	3409	3817	3924
越　南	**Viet Nam**					
按当年价格计算	at current price					
居民消费支出	Household Final Consumption Expenditure	207	377	772	1225	1316
政府消费支出	General Government Final Consumption Expenditure	20	31	69	117	123
资本形成总额	Gross Capital Formation	92	195	414	500	536
货物和服务出口	Exports of Goods and Services	168	367	835	1609	1738
货物和服务进口	Imports of Goods and Services	179	386	930	1548	1723
国内生产总值	Gross Domestic Product	336	576	1159	1862	1936
按2010年价格计算	at constant price of 2010					
居民消费支出	Household Final Consumption Expenditure	394	549	772	940	1028
政府消费支出	General Government Final Consumption Expenditure	32	45	69	92	98
资本形成总额	Gross Capital Formation	139	238	414	453	494
货物和服务出口	Exports of Goods and Services	248	570	835	1401	1578
货物和服务进口	Imports of Goods and Services	245	564	930	1398	1651
国内生产总值	Gross Domestic Product	611	854	1159	1448	1545

3-11 续表 7 continued

单位：亿美元 (100 million USD)

国家或地区	Country or Area	2000	2005	2010	2014	2015
埃　及	**Egypt**					
按当年价格计算	at current price					
居民消费支出	Household Final Consumption Expenditure	757	642	1632	2494	2720
政府消费支出	General Government Final Consumption Expenditure	112	114	244	362	391
资本形成总额	Gross Capital Formation	195	161	427	417	475
货物和服务出口	Exports of Goods and Services	162	272	467	435	437
货物和服务进口	Imports of Goods and Services	228	292	582	693	716
国内生产总值	Gross Domestic Product	998	897	2189	3015	3308
按2010年价格计算	at constant price of 2010					
居民消费支出	Household Final Consumption Expenditure	1062	1236	1632	1962	2018
政府消费支出	General Government Final Consumption Expenditure	181	210	244	290	310
资本形成总额	Gross Capital Formation	249	267	427	410	445
货物和服务出口	Exports of Goods and Services	156	293	467	426	424
货物和服务进口	Imports of Goods and Services	246	371	582	701	705
国内生产总值	Gross Domestic Product	1364	1622	2189	2377	2477
南　非	**South Africa**					
按当年价格计算	at current price					
居民消费支出	Household Final Consumption Expenditure	861	1597	2215	2119	1904
政府消费支出	General Government Final Consumption Expenditure	250	502	759	711	636
资本形成总额	Gross Capital Formation	223	472	732	712	610
货物和服务出口	Exports of Goods and Services	370	682	1074	1093	966
货物和服务进口	Imports of Goods and Services	331	688	1027	1159	998
国内生产总值	Gross Domestic Product	1364	2578	3753	3499	3128
按2010年价格计算	at constant price of 2010					
居民消费支出	Household Final Consumption Expenditure	1507	1866	2215	2505	2545
政府消费支出	General Government Final Consumption Expenditure	484	610	759	841	843
资本形成总额	Gross Capital Formation	391	596	732	850	837
货物和服务出口	Exports of Goods and Services	884	1021	1074	1204	1312
货物和服务进口	Imports of Goods and Services	579	847	1027	1220	1289
国内生产总值	Gross Domestic Product	2670	3223	3753	4110	4163
加 拿 大	**Canada**					
按当年价格计算	at current price					
居民消费支出	Household Final Consumption Expenditure	4041	6343	9186	10005	8912
政府消费支出	General Government Final Consumption Expenditure	1423	2238	3473	3674	3282
资本形成总额	Gross Capital Formation	1535	2655	3798	4324	3664
货物和服务出口	Exports of Goods and Services	3284	4303	4690	5647	4890
货物和服务进口	Imports of Goods and Services	2867	3849	5000	5815	5248
国内生产总值	Gross Domestic Product	7423	11694	16134	17838	15505
按2010年价格计算	at constant price of 2010					
居民消费支出	Household Final Consumption Expenditure	6756	7920	9186	10054	10244
政府消费支出	General Government Final Consumption Expenditure	2705	3030	3473	3565	3625
资本形成总额	Gross Capital Formation	2706	3544	3798	4294	4063
货物和服务出口	Exports of Goods and Services	4989	5192	4690	5461	5648
货物和服务进口	Imports of Goods and Services	3804	4469	5000	5647	5664
国内生产总值	Gross Domestic Product	13427	15245	16134	17735	17926

3-11 续表 8 continued

单位：亿美元 (100 million USD)

国家或地区	Country or Area	2000	2005	2010	2014	2015
墨西哥	**Mexico**					
按当年价格计算	at current price					
居民消费支出	Household Final Consumption Expenditure	4841	5860	7043	8825	7932
政府消费支出	General Government Final Consumption Expenditure	769	926	1225	1580	1402
资本形成总额	Gross Capital Formation	1539	1929	2318	2796	2600
货物和服务出口	Exports of Goods and Services	1796	2302	3140	4194	4044
货物和服务进口	Imports of Goods and Services	1836	2427	3266	4333	4287
国内生产总值	Gross Domestic Product	6836	8663	10511	12978	11443
按2010年价格计算	at constant price of 2010					
居民消费支出	Household Final Consumption Expenditure	5581	6432	7043	8057	8311
政府消费支出	General Government Final Consumption Expenditure	1075	1080	1225	1344	1375
资本形成总额	Gross Capital Formation	1889	2092	2318	2612	2697
货物和服务出口	Exports of Goods and Services	2337	2682	3140	3937	4291
货物和服务进口	Imports of Goods and Services	2185	2700	3266	4047	4250
国内生产总值	Gross Domestic Product	8809	9555	10511	11788	12089
美国	**United States**					
按当年价格计算	at current price					
居民消费支出	Household Final Consumption Expenditure	67924	87941	102022	118659	122719
政府消费支出	General Government Final Consumption Expenditure	14442	19800	25222	25563	25720
资本形成总额	Gross Capital Formation	24240	30407	27526	34559	36321
货物和服务出口	Exports of Goods and Services	10968	13089	18523	23419	22534
货物和服务进口	Imports of Goods and Services	14726	20301	23650	28719	27823
国内生产总值	Gross Domestic Product	102848	130937	149644	173481	179470
按2010年价格计算	at constant price of 2010					
居民消费支出	Household Final Consumption Expenditure	83057	96893	102022	110555	113986
政府消费支出	General Government Final Consumption Expenditure	20617	23103	25222	23624	23710
资本形成总额	Gross Capital Formation	28688	32487	27526	32414	33867
货物和服务出口	Exports of Goods and Services	13121	14408	18523	21753	22000
货物和服务进口	Imports of Goods and Services	18369	22897	23650	26755	28074
国内生产总值	Gross Domestic Product	127131	144081	149644	161566	165486
阿根廷	**Argentina**					
按当年价格计算	at current price					
居民消费支出	Household Final Consumption Expenditure	1970	1260	2713	3401	3829
政府消费支出	General Government Final Consumption Expenditure	392	241	642	892	1067
资本形成总额	Gross Capital Formation	460	376	781	983	983
货物和服务出口	Exports of Goods and Services	312	462	802	758	645
货物和服务进口	Imports of Goods and Services	331	344	679	737	692
国内生产总值	Gross Domestic Product	2842	1995	4259	5297	5832
按2010年价格计算	at constant price of 2010					
居民消费支出	Household Final Consumption Expenditure	1930	1991	2713	2927	3075
政府消费支出	General Government Final Consumption Expenditure	461	491	642	750	801
资本形成总额	Gross Capital Formation	482	544	781	833	809
货物和服务出口	Exports of Goods and Services	493	675	802	719	716
货物和服务进口	Imports of Goods and Services	426	408	679	726	767
国内生产总值	Gross Domestic Product	3040	3346	4259	4459	4565

3-11 续表 9 continued

单位：亿美元 (100 million USD)

国家或地区	Country or Area	2000	2005	2010	2014	2015
巴　西	**Brazil**					
按当年价格计算	at current price					
居民消费支出	Household Final Consumption Expenditure	4234	5395	13302	15076	11247
政府消费支出	General Government Final Consumption Expenditure	1230	1684	4201	4712	3584
资本形成总额	Gross Capital Formation	1239	1534	4816	5043	3143
货物和服务出口	Exports of Goods and Services	668	1359	2372	2704	2315
货物和服务进口	Imports of Goods and Services	816	1056	2602	3365	2542
国内生产总值	Gross Domestic Product	6554	8916	22089	24170	17747
按2010年价格计算	at constant price of 2010					
居民消费支出	Household Final Consumption Expenditure	9124	10054	13302	15120	14515
政府消费支出	General Government Final Consumption Expenditure	3130	3570	4201	4511	4464
资本形成总额	Gross Capital Formation	3021	3114	4816	5233	4495
货物和服务出口	Exports of Goods and Services	1292	2093	2372	2525	2679
货物和服务进口	Imports of Goods and Services	1209	1279	2602	3043	2607
国内生产总值	Gross Domestic Product	15346	17748	22089	24122	23194
委内瑞拉	**Venezuela**					
按当年价格计算	at current price					
居民消费支出	Household Final Consumption Expenditure	606	680	2201		
政府消费支出	General Government Final Consumption Expenditure	146	161	441		
资本形成总额	Gross Capital Formation	283	335	865		
货物和服务出口	Exports of Goods and Services	348	577	1124		
货物和服务进口	Imports of Goods and Services	212	298	693	644	508
国内生产总值	Gross Domestic Product	1171	1455	3938	5100	
按2010年价格计算	at constant price of 2010					
居民消费支出	Household Final Consumption Expenditure	1279	1610	2201	2480	
政府消费支出	General Government Final Consumption Expenditure	234	326	441	517	
资本形成总额	Gross Capital Formation	491	593	865	820	
货物和服务出口	Exports of Goods and Services	1718	1683	1124	1069	
货物和服务进口	Imports of Goods and Services	340	489	693	732	
国内生产总值	Gross Domestic Product	2894	3283	3938	4220	3980
捷　克	**Czech Rep.**					
按当年价格计算	at current price					
居民消费支出	Household Final Consumption Expenditure	313	654	1020	997	866
政府消费支出	General Government Final Consumption Expenditure	120	277	424	399	350
资本形成总额	Gross Capital Formation	194	397	563	518	485
货物和服务出口	Exports of Goods and Services	297	847	1370	1721	1536
货物和服务进口	Imports of Goods and Services	308	815	1306	1583	1419
国内生产总值	Gross Domestic Product	615	1360	2070	2053	1818
按2010年价格计算	at constant price of 2010					
居民消费支出	Household Final Consumption Expenditure	771	914	1020	1029	1058
政府消费支出	General Government Final Consumption Expenditure	342	402	424	421	433
资本形成总额	Gross Capital Formation	422	516	563	545	599
货物和服务出口	Exports of Goods and Services	543	1000	1370	1701	1820
货物和服务进口	Imports of Goods and Services	546	984	1306	1572	1696
国内生产总值	Gross Domestic Product	1514	1836	2070	2122	2211

3-11 续表 10 continued

单位：亿美元 (100 million USD)

国家或地区	Country or Area	2000	2005	2010	2014	2015
法　国	**France**					
按当年价格计算	at current price					
居民消费支出	Household Final Consumption Expenditure	7450	12157	14861	15724	13325
政府消费支出	General Government Final Consumption Expenditure	3022	5040	6307	6841	5787
资本形成总额	Gross Capital Formation	3063	4931	5800	6391	5409
货物和服务出口	Exports of Goods and Services	3855	5811	6894	8219	7263
货物和服务进口	Imports of Goods and Services	3707	5902	7392	8783	7596
国内生产总值	Gross Domestic Product	13684	22037	26470	28292	24217
按2010年价格计算	at constant price of 2010					
居民消费支出	Household Final Consumption Expenditure	12456	13839	14861	15077	15311
政府消费支出	General Government Final Consumption Expenditure	5366	5827	6307	6646	6739
资本形成总额	Gross Capital Formation	5426	5895	5800	6191	6287
货物和服务出口	Exports of Goods and Services	5791	6537	6894	7956	8445
货物和服务进口	Imports of Goods and Services	5575	6627	7392	8459	9020
国内生产总值	Gross Domestic Product	23466	25473	26470	27296	27612
德　国	**Germany**					
按当年价格计算	at current price					
居民消费支出	Household Final Consumption Expenditure	11143	16522	19156	21124	18130
政府消费支出	General Government Final Consumption Expenditure	3639	5260	6534	7483	6507
资本形成总额	Gross Capital Formation	4665	5384	6707	7470	6300
货物和服务出口	Exports of Goods and Services	6012	10799	14438	17688	15745
货物和服务进口	Imports of Goods and Services	5959	9351	12662	15082	13125
国内生产总值	Gross Domestic Product	19500	28614	34173	38683	33558
按2010年价格计算	at constant price of 2010					
居民消费支出	Household Final Consumption Expenditure	18275	18664	19156	19911	20315
政府消费支出	General Government Final Consumption Expenditure	5798	5912	6534	6845	7017
资本形成总额	Gross Capital Formation	7179	6127	6707	6965	6930
货物和服务出口	Exports of Goods and Services	8804	11753	14438	16978	17893
货物和服务进口	Imports of Goods and Services	8667	10282	12662	14437	15279
国内生产总值	Gross Domestic Product	31241	32140	34173	36244	36856
意 大 利	**Italy**					
按当年价格计算	at current price					
居民消费支出	Household Final Consumption Expenditure	6914	11011	12966	13128	11082
政府消费支出	General Government Final Consumption Expenditure	2042	3627	4340	4147	3441
资本形成总额	Gross Capital Formation	2365	3910	4365	3489	3043
货物和服务出口	Exports of Goods and Services	2930	4567	5353	6317	5488
货物和服务进口	Imports of Goods and Services	2833	4588	5771	5695	4906
国内生产总值	Gross Domestic Product	11418	18527	21252	21385	18148
按2010年价格计算	at constant price of 2010					
居民消费支出	Household Final Consumption Expenditure	12350	12821	12966	12223	12330
政府消费支出	General Government Final Consumption Expenditure	3922	4259	4340	4146	4118
资本形成总额	Gross Capital Formation	4288	4687	4365	3348	3486
货物和服务出口	Exports of Goods and Services	4854	5247	5353	5981	6238
货物和服务进口	Imports of Goods and Services	4785	5386	5771	5374	5694
国内生产总值	Gross Domestic Product	20603	21589	21252	20339	20493

3-11 续表 11 continued

单位：亿美元 (100 million USD)

国家或地区	Country or Area	2000	2005	2010	2014	2015
荷　兰	**Netherlands**					
按当年价格计算	at current price					
居民消费支出	Household Final Consumption Expenditure	2064	3264	3742	3928	3345
政府消费支出	General Government Final Consumption Expenditure	844	1514	2215	2271	1903
资本形成总额	Gross Capital Formation	951	1419	1708	1591	1433
货物和服务出口	Exports of Goods and Services	2745	4520	6019	7289	6228
货物和服务进口	Imports of Goods and Services	2475	3931	5319	6286	5384
国内生产总值	Gross Domestic Product	4128	6785	8364	8793	7525
按2010年价格计算	at constant price of 2010					
居民消费支出	Household Final Consumption Expenditure	3569	3729	3742	3654	3709
政府消费支出	General Government Final Consumption Expenditure	1583	1799	2215	2189	2196
资本形成总额	Gross Capital Formation	1677	1655	1708	1612	1739
货物和服务出口	Exports of Goods and Services	4356	5192	6019	6932	7298
货物和服务进口	Imports of Goods and Services	3857	4535	5319	5935	6314
国内生产总值	Gross Domestic Product	7347	7852	8364	8457	8625
波　兰	**Poland**					
按当年价格计算	at current price					
居民消费支出	Household Final Consumption Expenditure	1091	1916	2952	3271	2785
政府消费支出	General Government Final Consumption Expenditure	312	559	916	998	857
资本形成总额	Gross Capital Formation	423	598	1022	1110	973
货物和服务出口	Exports of Goods and Services	468	1063	1919	2586	2344
货物和服务进口	Imports of Goods and Services	577	1092	2016	2516	2211
国内生产总值	Gross Domestic Product	1719	3044	4792	5450	4748
按2010年价格计算	at constant price of 2010					
居民消费支出	Household Final Consumption Expenditure	2052	2353	2952	3150	3245
政府消费支出	General Government Final Consumption Expenditure	647	749	916	958	990
资本形成总额	Gross Capital Formation	728	721	1022	1177	1230
货物和服务出口	Exports of Goods and Services	937	1330	1919	2443	2610
货物和服务进口	Imports of Goods and Services	1101	1349	2016	2379	2531
国内生产总值	Gross Domestic Product	3288	3806	4792	5346	5541
俄罗斯	**Russia**					
按当年价格计算	at current price					
居民消费支出	Household Final Consumption Expenditure	1200	3816	7851	10917	7165
政府消费支出	General Government Final Consumption Expenditure	392	1289	2855	3801	2528
资本形成总额	Gross Capital Formation	485	1534	3449	4283	2751
货物和服务出口	Exports of Goods and Services	1144	2690	4455	5593	3916
货物和服务进口	Imports of Goods and Services	624	1643	3224	4246	2812
国内生产总值	Gross Domestic Product	2597	7640	15249	20310	13260
按2010年价格计算	at constant price of 2010					
居民消费支出	Household Final Consumption Expenditure	3481	5551	7851	9523	8615
政府消费支出	General Government Final Consumption Expenditure	2488	2685	2855	3016	2962
资本形成总额	Gross Capital Formation	1796	2867	3449	3701	3010
货物和服务出口	Exports of Goods and Services	2471	3808	4455	4765	4936
货物和服务进口	Imports of Goods and Services	913	2095	3224	4074	3028
国内生产总值	Gross Domestic Product	9516	12813	15249	16787	16161

3-11 续表 12 continued

单位：亿美元 (100 million USD)

国家或地区	Country or Area	2000	2005	2010	2014	2015
西 班 牙	**Spain**					
按当年价格计算	at current price					
居民消费支出	Household Final Consumption Expenditure	3554	6674	8195	8051	6901
政府消费支出	General Government Final Consumption Expenditure	996	2003	2937	2686	2314
资本形成总额	Gross Capital Formation	1583	3474	3372	2732	2477
货物和服务出口	Exports of Goods and Services	1704	2855	3654	4496	3975
货物和服务进口	Imports of Goods and Services	1883	3433	3840	4151	3676
国内生产总值	Gross Domestic Product	5954	11573	14317	13813	11991
按2010年价格计算	at constant price of 2010					
居民消费支出	Household Final Consumption Expenditure	6730	7965	8195	7571	7806
政府消费支出	General Government Final Consumption Expenditure	1851	2353	2937	2717	2789
资本形成总额	Gross Capital Formation	2973	3895	3372	2901	3103
货物和服务出口	Exports of Goods and Services	2889	3332	3654	4347	4582
货物和服务进口	Imports of Goods and Services	2966	3967	3840	3789	4073
国内生产总值	Gross Domestic Product	11496	13581	14317	13756	14198
土 耳 其	**Turkey**					
按当年价格计算	at current price					
居民消费支出	Household Final Consumption Expenditure	1879	3464	5242	5503	4931
政府消费支出	General Government Final Consumption Expenditure	313	569	1048	1225	1127
资本形成总额	Gross Capital Formation	554	965	1427	1598	1329
货物和服务出口	Exports of Goods and Services	536	1056	1551	2227	2008
货物和服务进口	Imports of Goods and Services	616	1224	1957	2566	2214
国内生产总值	Gross Domestic Product	2666	4830	7312	7988	7182
按2010年价格计算	at constant price of 2010					
居民消费支出	Household Final Consumption Expenditure	3542	4569	5242	5991	6260
政府消费支出	General Government Final Consumption Expenditure	732	811	1048	1299	1386
资本形成总额	Gross Capital Formation	903	1181	1427	1667	1706
货物和服务出口	Exports of Goods and Services	944	1344	1551	2086	2069
货物和服务进口	Imports of Goods and Services	1095	1668	1957	2345	2351
国内生产总值	Gross Domestic Product	5002	6249	7312	8718	9066
乌 克 兰	**Ukraine**					
按当年价格计算	at current price					
居民消费支出	Household Final Consumption Expenditure	170	477	874	932	607
政府消费支出	General Government Final Consumption Expenditure	65	161	277	245	172
资本形成总额	Gross Capital Formation	61	195	267	186	139
货物和服务出口	Exports of Goods and Services	195	443	692	648	478
货物和服务进口	Imports of Goods and Services	179	436	731	702	496
国内生产总值	Gross Domestic Product	313	861	1364	1318	906
按2010年价格计算	at constant price of 2010					
居民消费支出	Household Final Consumption Expenditure	349	625	874	1171	1059
政府消费支出	General Government Final Consumption Expenditure	225	259	277	263	222
资本形成总额	Gross Capital Formation	255	356	267	194	155
货物和服务出口	Exports of Goods and Services	635	825	692	524	436
货物和服务进口	Imports of Goods and Services	557	718	731	642	501
国内生产总值	Gross Domestic Product	897	1297	1364	1343	1210

3-11 续表 13 continued

单位：亿美元 (100 million USD)

国家或地区	Country or Area	2000	2005	2010	2014	2015
英 国	**United Kingdom**					
按当年价格计算	at current price					
居民消费支出	Household Final Consumption Expenditure	10048	15503	15539	19337	18476
政府消费支出	General Government Final Consumption Expenditure	2713	4888	5228	5899	5526
资本形成总额	Gross Capital Formation	3092	4460	3933	5228	4989
货物和服务出口	Exports of Goods and Services	4083	6206	6866	8448	7815
货物和服务进口	Imports of Goods and Services	4388	6867	7531	9014	8376
国内生产总值	Gross Domestic Product	15548	24189	24035	29902	28488
按2010年价格计算	at constant price of 2010					
居民消费支出	Household Final Consumption Expenditure	12909	15399	15539	16536	16984
政府消费支出	General Government Final Consumption Expenditure	4106	4885	5228	5487	5567
资本形成总额	Gross Capital Formation	3769	4049	3933	4754	4923
货物和服务出口	Exports of Goods and Services	5209	6352	6866	7497	7877
货物和服务进口	Imports of Goods and Services	5549	7165	7531	8202	8720
国内生产总值	Gross Domestic Product	20515	23569	24035	26056	26663
澳大利亚	**Australia**					
按当年价格计算	at current price					
居民消费支出	Household Final Consumption Expenditure	2410	4011	6333	8063	7621
政府消费支出	General Government Final Consumption Expenditure	733	1206	2051	2595	2406
资本形成总额	Gross Capital Formation	1092	1903	3149	3960	3560
货物和服务出口	Exports of Goods and Services	807	1253	2221	3041	2651
货物和服务进口	Imports of Goods and Services	891	1441	2332	3113	2840
国内生产总值	Gross Domestic Product	4150	6931	11423	14547	13395
按2010年价格计算	at constant price of 2010					
居民消费支出	Household Final Consumption Expenditure	4470	5454	6333	7030	7218
政府消费支出	General Government Final Consumption Expenditure	1516	1759	2051	2252	2281
资本形成总额	Gross Capital Formation	1867	2478	3149	3666	3635
货物和服务出口	Exports of Goods and Services	1672	1882	2221	2630	2801
货物和服务进口	Imports of Goods and Services	1156	1670	2332	2837	2837
国内生产总值	Gross Domestic Product	8461	9923	11423	12725	13013
新 西 兰	**New Zealand**					
按当年价格计算	at current price					
居民消费支出	Household Final Consumption Expenditure	305	667	851	1147	
政府消费支出	General Government Final Consumption Expenditure	90	205	287	373	
资本形成总额	Gross Capital Formation	116	292	294	453	
货物和服务出口	Exports of Goods and Services	188	324	444	560	
货物和服务进口	Imports of Goods and Services	172	341	410	546	
国内生产总值	Gross Domestic Product	526	1147	1466	2001	1738
按2010年价格计算	at constant price of 2010					
居民消费支出	Household Final Consumption Expenditure	612	772	851	952	
政府消费支出	General Government Final Consumption Expenditure	201	250	287	305	
资本形成总额	Gross Capital Formation	219	328	294	389	
货物和服务出口	Exports of Goods and Services	338	396	444	487	
货物和服务进口	Imports of Goods and Services	256	385	410	514	
国内生产总值	Gross Domestic Product	1142	1391	1466	1621	1676

3-12 收入法国内生产总值
Gross Domestic Product by Income Approach

资料来源：经合组织OLIS数据库。
Source: OECD OLIS Database.
单位：亿美元 (100 million USD)

国家或地区	Country or Area	2000	2005	2010	2013	2014	2015
以色列	**Israel**						
劳动者报酬	Compensation of Employees	637	653	1056	1307	1370	
营业盈余和混合收入	Gross Operating Surplus and Gross Mixed Income	499	561	948	1208	1245	
税减产品补贴	Taxes Less Subsidies on Production and Imports	188	214	339	409	441	
收入法国内生产总值	Gross Domestic Product	1324	1428	2343	2924	3057	
日本	**Japan**						
劳动者报酬	Compensation of Employees	24955	23032	27737	25352	23732	
营业盈余和混合收入	Gross Operating Surplus and Gross Mixed Income	18673	19012	22875	19815	18411	
税减产品补贴	Taxes Less Subsidies on Production and Imports	3580	3548	4187	3921	3865	
统计误差	Statistical Discrepancy	105	126	188		-46	
收入法国内生产总值	Gross Domestic Product	47312	45719	54987	49089	45962	
韩国	**Korea, Rep.**						
劳动者报酬	Compensation of Employees	2304	3920	4639	5749	6281	
营业盈余和混合收入	Gross Operating Surplus and Gross Mixed Income	2687	4111	5148	6012	6427	
税减产品补贴	Taxes Less Subsidies on Production and Imports	625	950	1158	1296	1405	1408
收入法国内生产总值	Gross Domestic Product	5616	8981	10945	13056	14113	13779
南非	**South Africa**						
劳动者报酬	Compensation of Employees	644	1114	1686	1668	1597	
营业盈余和混合收入	Gross Operating Surplus and Gross Mixed Income	573	1152	1673	1560	1482	
税减产品补贴	Taxes Less Subsidies on Production and Imports	147	312	394	433	420	
收入法国内生产总值	Gross Domestic Product	1364	2578	3753	3661	3498	
加拿大	**Canada**						
劳动者报酬	Compensation of Employees	3717	5723	8132	9343	9028	8008
营业盈余和混合收入	Gross Operating Surplus and Gross Mixed Income	2840	4676	6253	7069	6919	5804
税减产品补贴	Taxes Less Subsidies on Production and Imports	873	1299	1737	1949	1894	1698
统计误差	Statistical Discrepancy	-7	-4	13	14	-4	-5
收入法国内生产总值	Gross Domestic Product	7423	11694	16135	18374	17838	15505
墨西哥	**Mexico**						
劳动者报酬	Compensation of Employees	1926	2468	2896	3456	3515	
营业盈余和混合收入	Gross Operating Surplus and Gross Mixed Income	4203	5767	7107	8557	8668	
税减产品补贴	Taxes Less Subsidies on Production and Imports	367	412	496	575	764	
收入法国内生产总值	Gross Domestic Product	6485	8648	10499	12588	12947	
美国	**United States**						
统计误差	Statistical Discrepancy	-995	-355	492	-2119		
劳动者报酬	Compensation of Employees	58631	70979	79695	88519	92637	97041
营业盈余和混合收入	Gross Operating Surplus and Gross Mixed Income	38584	51577	59444	68620	72339	74052
税减产品补贴	Taxes Less Subsidies on Production and Imports	6627	8736	10012	11156	11535	11810
统计误差	Statistical Discrepancy	-995	-355	492	-1379	-2579	-2537
收入法国内生产总值	Gross Domestic Product	102848	130937	149644	166915	173931	180366
捷克	**Czech Rep.**						
劳动者报酬	Compensation of Employees	237	542	832	856	836	738
营业盈余和混合收入	Gross Operating Surplus and Gross Mixed Income	329	698	1060	1032	1059	938
税减产品补贴	Taxes Less Subsidies on Production and Imports	49	119	178	205	184	176
收入法国内生产总值	Gross Domestic Product	615	1360	2070	2094	2078	1852

3-12 续表 1 continued

单位：亿美元 (100 million USD)

国家或地区	Country or Area	2000	2005	2010	2013	2014	2015
法 国	**France**						
劳动者报酬	Compensation of Employees	6924	11232	13777	14707	14890	12608
营业盈余和混合收入	Gross Operating Surplus and Gross Mixed Income	4925	7848	9383	9583	9748	8406
税减产品补贴	Taxes Less Subsidies on Production and Imports	1835	2956	3308	3795	3754	3176
收入法国内生产总值	Gross Domestic Product	13684	22036	26468	28085	28392	24189
德 国	**Germany**						
劳动者报酬	Compensation of Employees	10324	14250	16979	18954	19673	17046
营业盈余和混合收入	Gross Operating Surplus and Gross Mixed Income	7415	11761	13928	14869	15298	13255
税减产品补贴	Taxes Less Subsidies on Production and Imports	1761	2603	3264	3702	3822	3335
收入法国内生产总值	Gross Domestic Product	19500	28613	34171	37525	38793	33636
意 大 利	**Italy**						
劳动者报酬	Compensation of Employees	4220	7080	8507	8460	8474	7207
营业盈余和混合收入	Gross Operating Surplus and Gross Mixed Income	5737	9126	10124	10071	10179	8574
税减产品补贴	Taxes Less Subsidies on Production and Imports	1461	2321	2619	2774	2845	2435
收入法国内生产总值	Gross Domestic Product	11418	18526	21251	21305	21498	18216
荷 兰	**Netherlands**						
劳动者报酬	Compensation of Employees	2080	3293	4112	4310	4351	3680
营业盈余和混合收入	Gross Operating Surplus and Gross Mixed Income	1635	2770	3430	3505	3534	3046
税减产品补贴	Taxes Less Subsidies on Production and Imports	413	722	822	852	911	778
收入法国内生产总值	Gross Domestic Product	4128	6785	8364	8667	8796	7503
波 兰	**Poland**						
劳动者报酬	Compensation of Employees	709	1119	1816	1958	2038	
营业盈余和混合收入	Gross Operating Surplus and Gross Mixed Income	801	1540	2395	2692	2794	
税减产品补贴	Taxes Less Subsidies on Production and Imports	209	385	581	590	618	
收入法国内生产总值	Gross Domestic Product	1719	3044	4792	5241	5450	
俄 罗 斯	**Russia**						
劳动者报酬	Compensation of Employees	1044	3350	7572	10764	9672	
营业盈余和混合收入	Gross Operating Surplus and Gross Mixed Income	1106	2789	4970	6856	6026	
税减产品补贴	Taxes Less Subsidies on Production and Imports	444	1502	2707	3170	2908	
收入法国内生产总值	Gross Domestic Product	2594	7640	15249	20790	18606	
西 班 牙	**Spain**						
劳动者报酬	Compensation of Employees	2886	5522	7171	6461	6512	5655
营业盈余和混合收入	Gross Operating Surplus and Gross Mixed Income	2495	4811	5905	5905	5922	5103
税减产品补贴	Taxes Less Subsidies on Production and Imports	573	1239	1239	1327	1379	1233
收入法国内生产总值	Gross Domestic Product	5954	11572	14316	13693	13813	11991
英 国	**United Kingdom**						
劳动者报酬	Compensation of Employees	8136	12543	12665	13743	14798	14196
营业盈余和混合收入	Gross Operating Surplus and Gross Mixed Income	6270	9778	8842	10145	11533	10897
税减产品补贴	Taxes Less Subsidies on Production and Imports	1948	2760	2790	3308	3656	3477
统计误差	Statistical Discrepancy						-8
收入法国内生产总值	Gross Domestic Product	16354	25081	24297	27195	29988	28563
澳大利亚	**Australia**						
劳动者报酬	Compensation of Employees	2009	3643	6118	7375	7049	
营业盈余和混合收入	Gross Operating Surplus and Gross Mixed Income	1612	3154	5564	6391	6025	
税减产品补贴	Taxes Less Subsidies on Production and Imports	468	822	1249	1531	1449	
统计误差	Statistical Discrepancy					-10	
收入法国内生产总值	Gross Domestic Product	4089	7618	12932	15297	14513	
新 西 兰	**New Zealand**						
劳动者报酬	Compensation of Employees	219	491	640	640		
营业盈余和混合收入	Gross Operating Surplus and Gross Mixed Income	261	517	647	851	875	
税减产品补贴	Taxes Less Subsidies on Production and Imports	65	139	179	244	260	
收入法国内生产总值	Gross Domestic Product	544	1147	1466	1453		

3-13 三次产业对国内生产总值的贡献率
Share of the Contributions of the Three Strata of Industry to the Increase of GDP

资料来源：世界银行WDI数据库。
Source: World Bank WDI Database.

单位：% (%)

国家或地区	Country or Area	第一产业 Primary Industry		第二产业 Secondary Industry		第三产业 Tertiary Industry	
		2000	2015	2000	2015	2000	2015
中　国	China	4.3	4.7	50.3	41.2	45.5	54.1
中国香港①	Hong Kong, China①		-0.1		15.7		84.4
孟加拉国	Bangladesh	26.2	8.4	24.0	43.7	49.8	47.9
文　莱	Brunei Darussalam	2.3	4.6②	66.5	168.0②	31.2	-72.6②
柬埔寨	Cambodia	-1.7	0.7	64.2	55.9	37.4	43.4
印　度	India	-0.1	-0.6①	47.0	26.2①	53.1	74.4①
印度尼西亚	Indonesia	6.6	13.3	57.2	27.7	36.3	59.0
伊　朗	Iran	5.5	8.4①	50.5	59.3①	44.0	32.3①
日　本	Japan	3.1	-29.3①	57.6	420.4①	39.3	-291.1①
哈萨克斯坦	Kazakhstan	-3.1	14.0	56.7	-6.6	46.5	92.5
韩　国	Korea, Rep.	0.6	-1.4	49.9	28.1	49.5	73.3
老　挝	Laos	38.5	2.3	26.1	54.9	35.5	42.8
马来西亚	Malaysia	20.3	1.6	50.1	35.6	29.5	62.8
蒙　古	Mongolia	224.0	27.2	-29.2	63.0	-94.8	9.8
巴基斯坦	Pakistan	38.5	14.3	6.0	17.4	55.5	68.2
菲律宾	Philippines	10.8	0.4	50.1	34.4	39.1	65.2
新加坡	Singapore	-0.1	...①	36.1	18.1①	63.9	81.9①
斯里兰卡	Sri Lanka	9.0	10.2	31.4	18.8	59.6	71.0
泰　国	Thailand	8.3	2.0①	27.7	-24.7①	64.0	122.7①
越　南	Viet Nam	17.4	6.7	50.6	53.1	32.0	40.3
埃　及	Egypt	11.0	10.8	42.5	12.5	46.5	76.7
尼日利亚	Nigeria	11.9	30.6	68.6	-20.1	19.5	89.5
南　非	South Africa	3.7	-17.7	34.9	24.5	61.4	93.2
加拿大	Canada	-0.7	5.5	47.8	-62.2	52.9	156.7
墨西哥	Mexico	1.1	3.9	34.7	13.3	64.2	82.8
美　国	United States	1.6	1.4①	21.0	16.2①	77.4	82.3①
阿根廷	Argentina	4.1	24.1	43.9	14.4	52.0	61.5
巴　西	Brazil	4.1	-3.4	37.6	45.9	58.3	57.5
委内瑞拉	Venezuela	9.6	-4.9②	50.2	-9.9②	40.2	114.8②
捷　克	Czech Rep.	2.5	0.4	9.3	50.0	88.2	49.7
法　国	France		-7.1	21.9	15.4	78.1	91.7
德　国	Germany	-0.5	-1.7	49.8	33.8	50.7	67.9
意大利	Italy	-1.3	12.8	27.3	34.8	74.0	52.5
荷　兰	Netherlands	0.6	-1.4	23.4	11.6	75.9	89.9
波　兰	Poland	0.2	-1.2	31.5	55.4	68.3	45.8
俄罗斯	Russia	5.0	-3.3	37.2	34.2	57.8	69.1
西班牙	Spain	-0.3	1.6	30.7	26.6	69.5	71.8
土耳其	Turkey	13.5	14.5	31.4	23.7	55.1	61.8
乌克兰	Ukraine	22.7	8.7	49.0	44.2	28.3	47.1
英　国	United Kingdom	1.7	0.2	21.0	12.7	77.3	87.2
澳大利亚	Australia	4.1	1.5	26.9	23.7	69.0	74.8
新西兰	New Zealand	30.0	18.5①	18.7	28.7①	51.4	52.9①

注：①2014年数据。②2013年数据。
Note:①Data refer to 2014.②Data refer to 2013.

3-14 资本形成总额、最终消费支出及净出口对国内生产总值增长的贡献率

Share of the Contributions of Gross Capital Formation,Final Consumption Expenditure and External Balance on Goods and Services to the Increase of GDP

资料来源：世界银行WDI数据库。
Source: World Bank WDI Database.

单位：% (%)

国家或地区	Country or Area	资本形成总额 Gross Capital Formation		最终消费支出 Final Consumption Expenditure		净出口 External Balance on Goods and Services	
		2000	2015	2000	2015	2000	2015
中　国	China	24.5	60.9	70.8	41.7	4.7	-2.6
中国香港①	Hong Kong, China①		22.4		111.0		-33.4
中国澳门	Macao, China	-266.1	13.9①	-109.3	24.9①	475.4	61.2①
孟加拉国①	Bangladesh①		28.6		66.1		5.3
文　莱	Brunei Darussalam	-122.5	-11.3②	-0.5	-45.9②	223.0	157.2②
印度尼西亚	Indonesia	67.3	18.7①	21.3	68.2①	11.5	13.1①
伊　朗	Iran	36.9		63.4		-0.3	
日　本①	Japan①		-30.4		-140.9		271.3
哈萨克斯坦	Kazakhstan	41.4	43.4②	46.4	82.6②	12.1	-26.0②
韩　国①	Korea, Rep.①		-1.2		47.5		53.7
马来西亚	Malaysia	45.0	26.3①	62.3	91.9①	-7.3	-18.3①
菲律宾①	Philippines①		79.0		69.3		-48.2
新加坡	Singapore	72.2	-5.3①	77.7	59.5①	-49.9	45.8①
泰　国	Thailand	27.2	21.9①	74.0	43.7①	-1.3	34.4①
越　南①	Viet Nam①		29.9		68.6		1.5
埃　及②	Egypt②		16.1		115.3		-31.4
尼日利亚①	Nigeria①		-88.7		-867.5		1056.1
南　非	South Africa	10.7	9.4①	58.6	69.3①	30.6	21.3①
加拿大	Canada	29.6	21.7①	64.4	65.9①	6.0	12.3①
墨西哥	Mexico	42.7	-39.5①	96.8	134.4①	-39.5	5.0①
委内瑞拉	Venezuela	49.8		84.1		-33.9	
捷　克	Czech Rep.	30.1	268.0①	68.7	-164.0①	1.3	-4.0①
法　国	France	37.2	7.2①	66.1	79.5①	-3.3	13.3①
德　国①	Germany①		87.9		157.1		-145.0
意大利	Italy	27.2	56.2①	69.9	88.0①	3.0	-44.3①
荷　兰	Netherlands	18.7	154.4①	70.0	86.2①	11.3	-140.5①
波　兰①	Poland①		-227.6		90.2		237.3
俄罗斯	Russia	25.4	-6.9①	75.4	1.8①	-0.7	105.1①
西班牙①	Spain①		42.1		126.7		-68.8
澳大利亚	Australia	22.6	76.2②	68.3	57.0②	9.1	-33.2②
新西兰	New Zealand	8.3	85.5①	78.9	116.1①	12.9	-101.6①

注：①2013年数据。②2012年数据。
Note:①Data refer to 2013.②Data refer to 2012.

主要统计指标解释

国内生产总值 指生产活动总成果，等于所有常住单位创造的增加值的总和(包括产出价值中未包括的产品税，不包括各项产品补贴，不包括未计入产值的产品)。等于按购买者价格计算的货物和服务最终使用价值（不包括中间消费）减去进口的货物和服务价值，或等于常住生产单位初次收入分配的总和。计算国内生产总值不扣除折旧折的资产或自然资源的枯竭和退化。

按当年价格计算的国内生产总值 是按报告期价格计算的国内生产总值，即名义国内生产总值。

不变价格国内生产总值 指国内生产总值的物量水平。不变价格国内生产总值估计值等于按基期价格衡量的价值。理论上，价格和数量是价值量的两个组成部分，价格量中的基期价格可用当期价格替代。

按市场价格计算的国内生产总值 是按市场价格计算的所有居民生产者的增加值总和加上税减产品补贴。

支出法国内生产总值 指按购买者价格计算的总支出，包括最终消费支出，总固定资本形成，库存变动，耐用品及以离岸价计算的货物和服务出口，减去货物和服务的进口。

收入法国内生产总值 指雇员报酬加上生产税减补贴，加上混合收入和营业盈余。

生产法国内生产总值 是按基本价格计算的常住居民生产者增加值合计加上各种税减产品补贴。各行业增加值分类依据国际标准产业分类。

人均国内生产总值 指国内生产总值除以年中人口。数据用现价美元表示。

国民总收入 指国内生产总值减去生产税和进口税净额，减去支付给国外的雇员报酬和财产收入，加来自国外的雇员报酬和财产收入（即国内生产总值减去支付给非常住单位的初次收入，加上收到的非常住单位的初次收入）。按市场价格计算国民总收入的另一种方法是各部门所有初次收入的总和（国民总收入即国民生产总值，后者是以往国民核算中使用的概念）。为便于比较，用本币计算的国民总收入通常用官方汇率转换成以美元为单位，尽管官方汇率作为转换比率时被认为大大偏离国际交易实际采用比率。为平抑价格和汇率的波动，世界银行采用了特别的图表集法转换。图表集法用给定年份和其前两年的平均汇率作为转换因子，该转换因子根据该国及几个主要国家的通货膨胀率差异加以调整。到 2000 年为止，这些国家指法国、德国、日本、英国和美国等 5 个国家，2001 年开始，这些国家为欧元区、日本、英国和美国。

人均国民总收入 是用世界银行图表集法转换成美元计量的国民总收入除以年中人口，即原人均国民生产总值。

按购买力平价计算的人均国民总收入 指根据购买力平价计算的人均国民总收入。购买力平价国民总收入是用购买力平价比率转换成国际元计量的国民总收入。国民总收入中一国际元的购买力等于美国一美元购买力。

增加值总额 等于总产出减去中间消耗。用于衡量单个生产者、行业或部门生产活动对国内生产总值的贡献；增加值总额是国民核算账户（SNA）中初次收入形成的来源，因此被（从生产账户）结转到初次收入分配账户中进行反映。

按基本价格计算的增加值总额 等于按基本价格计算的总产出减去按购买者价格计算的中间消耗。基本价格等于生产者出售一个单位的货物和服务得到的收入，减去由此应付的税金，加上应收的补贴。基本价格作为生产或销售的价格单位，不包括生产者开具发票时单列的运输费用。

按要素成本计算的增加值总额 等于按市场价格计算的增加值总额减间接税与产品补贴。

按生产者价格计算的增加值总额 等于按生产者价格计算的总产出减去按购买者价格计算的中间消耗。

三次产业 根据《国际标准产业分类》(ISIC) 第三版划分。

第一产业，即农业，指《国际标准产业分类》第三版中第 1 类至第 5 类，包括林业、狩猎业、渔业、种植业和畜牧业。

第二产业，指《国际标准产业分类》第三版中第 10 类至第 45 类，包括制造业（第 15–37 类）。第二产业包括采掘业，制造业，电力、煤气和水的供应业以及建筑业。

第三产业，即服务业，指《国际标准产业分类》第三版中第 50 类至第 99 类。包括批发零售贸易业（包括旅馆和饭店业）、交通运输业以及政府、金融、专业服务和个人服务，例如教育、卫生、房地产服务；还包括估算的银行服务费、进口税和加工或调整数据时的统计误差。

资本形成总额 是固定资产形成总额、存货变动和贵重物品获得减处置的价值合计。

资本形成率 即投资率，指资本形成总额占国内生产总值的比重。

居民消费率 居民最终消费支出占国内生产总值的比重。居民最终消费支出是居民购买的所有商品和服务的市场价值。包括耐用商品（如汽车、洗衣机和家用计算机）；不包括购买住房支出，但包括自有住房的估算租金；还包括支付给政府的获得许可权的费用。居民消费支出包括服务于居民的非盈利机构的支出。

消费支出 是居民消费支出、政府消费支出之和。它包括资源利用与供给之间的统计误差。

政府消费支出 包括政府购买商品和服务的经常性支出（包括雇员报酬），主要包括国家防卫和安全支出，但是不包括政府军队支出中属于政府资本形成部分。

营业盈余 指核算企业为借入或租赁金融资产或有形非生产性资产而支付利息、租金或类似支出以及企业拥有的金融资产或有形非生产性资产获得的利息、租金或类似收入前，企业生产方面的盈亏（居民拥有的非公司性企业营业盈余称为混合收入）。

Explanatory Notes on Main Statistical Indicators

Gross Domestic Product An aggregate measure of production equal to the sum of the gross values added of all resident institutional units engaged in production (plus any taxes, and minus any subsidies, on products not included in the value of their outputs). The sum of the final uses of goods and services (all uses except intermediate consumption) measured in purchasers' prices, less the value of imports of goods and services, or the sum of primary incomes distributed by resident producer units. It is calculated without making deductions for depreciation of fabricated assets or for depletion and degradation of natural resources.

Gross Domestic Product at Current Price is GDP at prices of the current reporting period. Also known as nominal GDP

Gross Domestic Product at Constant Price refers to the volume level of GDP. Constant price estimates of GDP are obtained by expressing values in terms of a base period. In theory, the price and quantity components of a value are identified and the price in the base period is substituted for that in the current period. Two main methods are adopted in practice.

Expenditure-based GDP is total final expenditure at purchasers' prices (including final consumption expenditure, gross fixed capital formation, changes in inventories, valuables and f.o.b. value of exports of goods and services), less the f.o.b. value of imports of goods and services.

Income-based GDP is compensation of employees, plus taxes less subsidies on production and imports, plus gross mixed income, plus gross operating surplus.

Output-based GDP is the sum of the gross values added of all resident producers at basic prices, plus all taxes less subsidies on products. Describes the generation of gross value added by industrial classification of economic activities according to the International Standard Industrial Classification.

GDP at Market Prices is the sum of the gross values added of all resident producers at market prices, plus taxes less subsidies on imports.

GDP per capita is gross domestic product divided by midyear population. Data are in current U.S. dollars.

Gross National Income is GDP less net taxes on production and imports, less compensation of employees and property income payable to the rest of the world plus the corresponding items receivable from the rest of the world (in other words, GDP less primary incomes payable to non- resident units plus primary incomes receivable from non-resident units). An alternative approach to measuring GNI at market prices is as the aggregate value of the balances of gross primary incomes for all sectors (note that gross national income is identical to gross national product (GNP) as previously used in national accounts generally). GNI, calculated in national currency, is usually converted to U.S. dollars at official exchange rates for comparisons across economies, although an alternative rate is used when the official exchange rate is judged to diverge by an exceptionally large margin from the rate actually applied in international transactions. To smooth fluctuations in prices and exchange rates, a special Atlas method of conversion is used by the World Bank. This applies a conversion factor that averages the exchange rate for a given year and the two preceding years, adjusted for differences in rates of inflation between the country, and through 2000, the G-5 countries (France, Germany, Japan, the United Kingdom, and the United States). From 2001, these countries include the Euro area, Japan, the United Kingdom, and the United States.

GNI per Capita in PPP GNI per capita based on purchasing power parity (PPP). PPP GNI is gross national income (GNI) converted to international dollars using purchasing power parity rates. An international dollar has the same purchasing power over GNI as a U.S. dollar has in the United States.

Gross Value Added is the value of output less the value of intermediate consumption; it is a measure of the contribution to GDP made by an individual producer, industry or sector; gross value added is the source from which the primary incomes of the SNA are generated and is therefore carried forward into the primary distribution of income account.

Gross Value Added at Basic Prices Output valued at basic prices less intermediate consumption valued at purchasers prices. The basic price is the amount receivable by the producer from the purchaser for a unit of a good or service produced as output minus any tax payable, and plus any subsidy receivable, on that unit as a consequence of its production or sale; it excludes any transport charges invoiced separately by the producer.

Gross Value Added at Factor Cost is GVA at market prices less any indirect taxes plus any subsidies.

Gross Value Added at Producer Prices is output valued at producer prices less intermediate consumption valued at purchasers of prices.

Three Strata of Industry The origin is determined by the International Standard Industrial Classification (ISIC), revision 3.

Primary Industry named as agriculture, corresponds to ISIC divisions 1-5 and includes forestry, hunting, and fishing, as well as cultivation of crops and livestock production.

Secondary Industry corresponds to ISIC divisions 10-45 and includes manufacturing (ISIC divisions 15-37). It comprises value added in mining, manufacturing (also reported as a separate subgroup), electricity, gas and water supply, construction.

Tertiary Industry named as services, corresponds to ISIC divisions 50-99. They include value added in wholesale and retail trade (including hotels and restaurants), transport, and government, financial, professional, and personal services such as education, health care, and real estate services. Also included are imputed bank service charges, import duties, and any statistical discrepancies noted by national compilers as well as discrepancies arising from rescaling.

Gross Capital Formation is the total value of the gross fixed capital formation, changes in inventories and acquisitions less disposals of valuables.

Capital Formation Rate namely investment rate, refers to gross capital formation as percentage of gross domestic product.

Household Final Consumption Rate refers to household final consumption expenditure as percentage of gross domestic of product.

Household Final Consumption Expenditure is the market value of all goods and services, including durable products (such as cars, washing machines, and home computers), purchased by households. It excludes purchases of dwellings but includes imputed rent for owner-occupied dwellings. It also includes payments and fees to governments to obtain permits and licenses. Here, household consumption expenditure includes the expenditures of nonprofit institutions serving households, even when reported separately by the country.

Consumption Expenditure is the sum of household final consumption expenditure and general government final consumption expenditure. This estimate includes any statistical discrepancy in the use of resources relative to the supply of resources.

General Government Final Consumption Expenditure includes all government current expenditures for purchases of goods and services (including compensation of employees). It also includes most expenditure on national defense and security, but excludes government military expenditures that are part of government capital formation.

Operating Surplus measures the surplus or deficit accruing from production before taking account of any interest, rent or similar charges payable on financial or tangible non-produced assets borrowed or rented by the enterprise, or any interest, rent or similar receipts receivable on financial or tangible non-produced assets owned by the enterprise (for unincorporated enterprises owned by households, this component is called mixed income).

人　口

Population

4-1 年中人口
Mid-year Population

资料来源：世界银行WDI数据库。
Source: World Bank WDI Database.

国家或地区	Country or Area	年中人口（万人） Mid-year Population (10 000 persons)				增长率(%) Growth Rate (%)
		2000	2005	2010	2015	2015
世　界	**World**	**610195.7**	**651396.0**	**692368.4**	**734663.3**	**1.2**
高收入国家	**High Income**	**128229.8**	**111223.5**	**115447.7**	**118719.0**	**0.6**
中等收入国家	**Middle Income**	**439465.6**	**487646.6**	**517105.8**	**547774.0**	**1.1**
中低收入国家	**Low and Middle Income**	**481966.0**	**536257.9**	**572798.4**	**611602.6**	**1.3**
低收入国家	**Low Income**	**42500.4**	**48611.3**	**55692.6**	**63828.6**	**2.7**
中　国	China	126264.5	130372.0	133770.5	137122.0	0.5
中国香港	Hong Kong, China	666.5	681.3	702.4	730.6	0.9
中国澳门	Macao, China	43.2	46.8	53.5	58.8	1.7
阿富汗	Afghanistan	2059.5	2440.0	2796.2	3252.7	2.8
阿尔巴尼亚	Albania	308.9	301.1	291.3	288.9	-0.2
阿尔及利亚	Algeria	3171.9	3326.8	3603.6	3966.7	1.9
美属萨摩亚	American Samoa	5.8	5.9	5.6	5.6	0.2
安道尔	Andorra	6.5	8.1	8.4	7.0	-3.2
安哥拉	Angola	1392.5	1791.3	2122.0	2502.2	3.2
安提瓜和巴布达	Antigua and Barbuda	7.8	8.3	8.7	9.2	1.0
阿根廷	Argentina	3690.3	3914.5	4122.3	4341.7	1.0
亚美尼亚	Armenia	307.6	301.5	296.3	301.8	0.4
阿鲁巴岛	Aruba	9.1	10.0	10.2	10.4	0.4
澳大利亚	Australia	1915.3	2039.5	2203.2	2378.1	1.3
奥地利	Austria	801.2	822.8	836.3	861.1	0.8
阿塞拜疆	Azerbaijan	804.9	839.2	905.4	965.1	1.2
巴哈马	Bahamas	29.8	32.9	36.1	38.8	1.3
巴　林	Bahrain	66.8	86.7	126.1	137.7	1.1
孟加拉国	Bangladesh	13238.3	14293.0	15161.7	16099.6	1.2
巴巴多斯	Barbados	26.7	27.4	28.0	28.4	0.3
白俄罗斯	Belarus	1000.5	966.3	949.0	951.3	0.3
比利时	Belgium	1025.1	1047.9	1089.6	1128.6	0.5
伯利兹	Belize	23.9	28.3	32.2	35.9	2.1
贝　宁	Benin	694.9	818.2	951.0	1088.0	2.6
百慕大	Bermuda	6.2	6.4	6.5	6.5	0.1
不　丹	Bhutan	56.4	65.1	72.0	77.5	1.3
玻利维亚	Bolivia	849.5	912.5	991.8	1072.5	1.5
波　黑	Bosnia and Herzegovinian	383.4	383.3	383.5	381.0	-0.2
博茨瓦纳	Botswana	175.5	186.4	204.8	226.2	1.9
巴　西	Brazil	17450.5	18847.9	19861.4	20784.8	0.9
文　莱	Brunei Darussalam	33.2	36.2	39.3	42.3	1.4
保加利亚	Bulgaria	817.0	774.0	739.6	717.8	-0.6
布基纳法索	Burkina Faso	1160.8	1342.2	1563.2	1810.6	2.9
布隆迪	Burundi	667.4	793.4	946.1	1117.9	3.3
柬埔寨	Cambodia	1222.3	1332.0	1436.4	1557.8	1.6
喀麦隆	Cameroon	1592.8	1812.7	2059.1	2334.4	2.5
加拿大	Canada	3077.0	3231.2	3400.5	3585.2	0.9
佛得角	Cape Verde	44.2	47.9	48.8		
开曼群岛	Cayman Islands	4.2	4.9	5.6	6.0	1.3
中　非	Central African Rep.	363.8	405.6	444.5	490.0	2.0
乍　得	Chad	830.1	1006.8	1189.6	1403.7	3.3
海峡群岛	Channel Islands	14.9	15.4	16.0	16.4	0.5
智　利	Chile	1545.4	1609.7	1701.5	1794.8	1.0
哥伦比亚	Colombia	3989.8	4328.6	4591.8	4822.9	0.9
科摩罗	Comoros	52.8	61.9	69.9	78.8	2.4
刚果(金)	Congo, Dem. Rep.	4694.9	5609.0	6593.9	7726.7	3.1
刚果(布)	Congo, Rep.	312.6	350.3	406.6	462.0	2.5
哥斯达黎加	Costa Rica	393.0	424.8	454.5	480.8	1.1
科特迪瓦	Cote D'Ivoire	1613.1	1813.3	2013.2	2270.2	2.4
克罗地亚	Croatia	442.6	444.2	441.8	422.4	-0.3

4-1 续表 1 continued

国家或地区	Country or Area	年中人口（万人） Mid-year Population (10 000 persons)				增长率(%) Growth Rate (%)
		2000	2005	2010	2015	2015
古　巴	Cuba	1113.8	1126.1	1130.8	1139.0	0.1
塞浦路斯	Cyprus	94.3	103.3	110.4	116.5	1.0
捷　克	Czech Rep.	1025.5	1021.1	1047.4	1055.1	0.2
丹　麦	Denmark	534.0	541.9	554.8	567.6	0.6
吉布提	Djibouti	72.3	77.8	83.1	88.8	1.3
多米尼克	Dominica	7.0	7.1	7.1	7.3	0.5
多米尼加	Dominican Rep.	866.3	923.8	989.8	1052.8	1.2
厄瓜多尔	Ecuador	1253.3	1373.5	1493.5	1614.4	1.5
埃　及	Egypt	6613.7	7494.2	8204.1	9150.8	2.1
萨尔瓦多	El Salvador	595.9	594.7	603.8	612.7	0.3
赤道几内亚	Equatorial Guinea	51.8	62.6	72.9	84.5	2.9
厄立特里亚	Eritrea	393.9	419.1	469.0		
爱沙尼亚	Estonia	139.7	135.5	133.1	131.2	-0.2
埃塞俄比亚	Ethiopia	6602.4	7660.8	8756.2	9939.1	2.5
法罗群岛	Faeroe Islands	4.6	4.8	4.9	4.8	…
斐　济	Fiji	81.2	82.2	86.0	89.2	0.6
芬　兰	Finland	517.6	524.6	536.3	548.2	0.4
法　国	France	6091.1	6317.9	6502.8	6680.8	0.5
法属波立尼西亚	French Polynesia	23.7	25.5	26.8	28.3	1.1
加　蓬	Gabon	122.6	137.8	154.2	172.5	2.2
冈比亚	Gambia	122.9	144.1	169.3	199.1	3.2
格鲁吉亚	Georgia	441.8	419.0	392.6	367.9	-1.3
德　国	Germany	8221.2	8246.9	8177.7	8141.3	0.5
加　纳	Ghana	1882.5	2139.0	2431.8	2741.0	2.3
直布罗陀	Gibraltar	2.7	2.9	3.1	3.2	0.7
希　腊	Greece	1091.7	1098.7	1112.1	1082.4	-0.6
格陵兰	Greenland	5.6	5.7	5.7	5.6	-0.3
格林纳达	Grenada	10.2	10.3	10.5	10.7	0.4
关　岛	Guam	15.5	15.8	15.9	17.0	1.4
危地马拉	Guatemala	1120.4	1318.4	1473.2	1634.3	2.0
几内亚	Guinea	874.6	966.9	1101.2	1260.9	2.7
几内亚比绍	Guinea-Bissau	127.3	146.3	163.4	184.4	2.4
圭亚那	Guyana	74.4	74.2	75.3	76.7	0.4
海　地	Haiti	857.8	926.3	1000.0	1071.1	1.3
洪都拉斯	Honduras	623.6	688.0	750.4	807.5	1.4
匈牙利	Hungary	1021.1	1008.7	1000.0	984.5	-0.2
冰　岛	Iceland	28.1	29.7	31.8	33.1	1.0
印　度	India	104226.2	114432.6	123098.5	131105.1	1.2
印度尼西亚	Indonesia	20893.9	22625.5	24161.3	25756.4	1.2
伊　朗	Iran	6591.1	7012.2	7425.3	7910.9	1.2
伊拉克	Iraq	2380.1	2701.8	3086.8	3642.3	3.2
爱尔兰	Ireland	380.5	416.0	456.0	464.1	0.5
马恩岛	Isle of Man	7.7	8.0	8.4	8.8	0.7
以色列	Israel	628.9	693.0	762.4	838.0	2.0
意大利	Italy	5694.2	5796.9	5927.7	6080.2	
牙买加	Jamaica	258.9	264.4	269.1	272.6	0.2
日　本	Japan	12684.3	12777.3	12807.0	12695.8	-0.1
约　旦	Jordan	479.7	533.3	651.8	759.5	2.4
哈萨克斯坦	Kazakhstan	1488.4	1514.7	1632.2	1754.4	1.5
肯尼亚	Kenya	3128.5	3534.9	4032.8	4605.0	2.6
基里巴斯	Kiribati	8.3	9.2	10.3	11.2	1.8
朝　鲜	Korea, Dem.	2284.0	2381.3	2450.1		
韩　国	Korea, Rep.	4700.8	4813.8	4941.0	5061.7	0.4
科威特	Kuwait	190.6	226.4	305.9	389.2	3.6
吉尔吉斯斯坦	Kyrgyzstan	489.8	516.3	544.8	595.7	2.1

4-1 续表 2 continued

国家或地区	Country or Area	年中人口（万人） Mid-year Population (10 000 persons)				增长率(%) Growth Rate (%)
		2000	2005	2010	2015	2015
老 挝	Laos	538.8	574.5	626.1	680.2	1.7
拉脱维亚	Latvia	236.8	223.9	209.8	197.8	-0.8
黎 巴 嫩	Lebanon	323.5	398.7	433.7	585.1	4.2
莱 索 托	Lesotho	185.6	192.6	201.1	213.5	1.2
利比里亚	Liberia	289.2	327.0	395.8	450.3	2.4
利 比 亚	Libya	517.6	580.2	626.6	627.8	0.3
列支敦士登	Liechtenstein	3.3	3.5	3.6	3.8	0.7
立 陶 宛	Lithuania	350.0	332.3	309.7	291.0	-0.8
卢 森 堡	Luxemburg	43.6	46.5	50.7	57.0	2.4
前南马其顿	Macedonia, FYR	205.2	204.3	206.2	207.8	0.1
马达加斯加	Madagascar	1574.5	1829.0	2108.0	2423.5	2.8
马 拉 维	Malawi	1132.1	1274.8	1477.0	1721.5	3.1
马来西亚	Malaysia	2342.1	2579.6	2812.0	3033.1	1.4
马尔代夫	Maldives	27.3	32.1	36.7	40.9	2.0
马 里	Mali	1026.1	1288.1	1516.7	1760.0	3.0
马 耳 他	Malta	38.1	40.4	41.5	43.1	0.9
马绍尔群岛	Marshall Islands	5.2	5.2	5.2	5.3	0.2
毛里塔尼亚	Mauritania	270.8	315.4	359.1	406.8	2.4
毛里求斯	Mauritius	118.7	122.8	125.0	126.3	0.1
马约特岛	Mayotte	14.9	17.5	20.4		
墨 西 哥	Mexico	10387.4	10974.8	11861.8	12701.7	1.3
密克罗尼西亚	Micronesia, Fed.	10.7	10.6	10.4	10.4	0.4
摩尔多瓦	Moldova	364.0	359.5	356.2	355.4	-0.1
摩 纳 哥	Monaco	3.2	3.4	3.7	3.8	0.3
蒙 古	Mongolia	239.7	252.6	271.3	295.9	1.7
黑 山	Montenegro	60.5	61.4	61.9	62.2	0.1
摩 洛 哥	Morocco	2871.0	3038.5	3210.8	3437.8	1.3
莫桑比克	Mozambique	1827.6	2112.7	2432.1	2797.8	2.8
缅 甸	Myanmar	4845.3	4998.5	5173.3	5389.7	0.9
纳米比亚	Namibia	189.8	202.7	219.4	245.9	2.3
尼 泊 尔	Nepal	2318.4	2550.7	2687.6	2851.4	1.2
荷 兰	Netherlands	1592.6	1632.0	1661.5	1693.7	0.4
荷属安的列斯	Netherlands Antilles	18.1	18.6			
新喀里多尼亚	New Caledonia	21.3	23.1	25.0	27.3	1.8
新 西 兰	New Zealand	385.8	413.4	435.1	459.6	1.9
尼加拉瓜	Nicaragua	510.1	537.9	573.8	608.2	1.1
尼 日 尔	Niger	1099.0	1348.5	1629.2	1989.9	4.0
尼日利亚	Nigeria	12287.7	13961.1	15942.5	18220.2	2.6
北马里亚纳群岛	Northern Mariana Islands	6.8	6.4	5.4	5.5	1.0
挪 威	Norway	449.1	462.3	488.9	519.6	1.1
阿 曼	Oman	219.3	250.7	294.4	449.1	5.8
巴基斯坦	Pakistan	14383.2	15335.6	17004.4	18892.5	2.1
帕 劳	Palau	1.9	2.0	2.0	2.1	0.9
巴 拿 马	Panama	305.5	331.9	362.1	392.9	1.6
巴布亚新几内亚	Papua New Guinea	537.9	608.7	684.8	761.9	2.1
巴 拉 圭	Paraguay	535.0	579.5	621.0	663.9	1.3
秘 鲁	Peru	2600.0	2761.0	2937.4	3137.7	1.3
菲 律 宾	Philippines	7765.2	8614.1	9303.9	10069.9	1.6
波 兰	Poland	3825.9	3816.5	3804.3	3799.9	
葡 萄 牙	Portugal	1029.0	1050.3	1057.3	1034.9	-0.5
波多黎各	Puerto Rico	381.1	382.1	372.2	347.4	-1.7
卡 塔 尔	Qatar	59.4	83.7	176.6	223.5	2.9
罗马尼亚	Romania	2244.3	2132.0	2024.7	1983.2	-0.4
俄 罗 斯	Russia	14659.7	14351.9	14284.9	14409.7	0.2
卢 旺 达	Rwanda	839.6	900.8	1029.4	1161.0	2.3

4-1 续表 3 continued

国家或地区	Country or Area	年中人口（万人）Mid-year Population (10 000 persons)				增长率(%) Growth Rate (%)
		2000	2005	2010	2015	2015
圣基茨和尼维斯	Saint Kitts and Nevis	4.6	4.9	5.2	5.6	1.1
圣卢西亚	Saint Lucia	15.7	16.5	17.7	18.5	0.7
圣文森特和格林纳丁斯	Saint Vincent and the Grenadines	10.8	10.9	10.9	10.9	0.1
萨 摩 亚	Samoa	17.5	18.0	18.6	19.3	0.7
圣马力诺	San Marino	2.7	2.9	3.1	3.2	0.6
圣多美和普林西比	Sao Tome and Principe	13.9	15.3	17.1	19.0	2.1
沙特阿拉伯	Saudi Arabia	2014.5	2474.5	2809.1	3154.0	2.1
塞内加尔	Senegal	986.2	1126.9	1295.7	1512.9	3.1
塞尔维亚	Serbia	751.6	744.1	729.1	709.8	-0.5
塞 舌 尔	Seychelles	8.1	8.3	9.0	9.3	1.6
塞拉利昂	Sierra Leone	414.0	507.1	577.6	645.3	2.2
新 加 坡	Singapore	402.8	426.6	507.7	553.5	1.2
斯洛伐克	Slovakia	538.9	537.3	539.1	542.4	0.1
斯洛文尼亚	Slovenia	198.9	200.0	204.9	206.4	0.1
所罗门群岛	Solomon Islands	41.2	46.9	52.6	58.4	2.0
索 马 里	Somalia	738.5	846.7	958.2	1078.7	2.5
南　非	South Africa	4400.0	4727.0	5077.2	5495.7	1.6
西 班 牙	Spain	4026.3	4365.3	4657.7	4641.8	-0.1
斯里兰卡	Sri Lanka	1910.2	1937.3	2011.8	2096.6	0.9
苏　丹	Sudan	2773.0	3199.0	3611.5	4023.5	2.2
苏 里 南	Suriname	46.7	49.2	51.8	54.3	0.9
斯威士兰	Swaziland	106.4	110.5	119.3	128.7	1.4
瑞　典	Sweden	887.2	903.0	937.8	979.9	1.1
瑞　士	Switzerland	718.4	743.7	782.5	828.7	1.2
叙 利 亚	Syrian Arab Republic	1637.1	1813.3	2072.1	1850.2	-1.4
塔吉克斯坦	Tajikistan	618.6	680.6	758.2	848.2	2.2
坦桑尼亚	Tanzania	3402.1	3906.6	4564.9	5347.0	3.1
泰　国	Thailand	6234.3	6586.4	6669.2	6795.9	0.3
东 帝 汶	Timor-Leste	85.4	97.9	106.6	124.5	2.7
多　哥	Togo	486.5	557.8	639.1	730.5	2.6
汤　加	Tonga	9.8	10.1	10.4	10.6	0.6
特立尼达和多巴哥	Trinidad And Tobago	126.8	129.7	132.8	136.0	0.4
突 尼 斯	Tunisia	955.3	1002.9	1054.7	1110.8	1.0
土 耳 其	Turkey	6317.4	6786.1	7231.0	7866.6	1.5
土库曼斯坦	Turkmenistan	450.1	474.8	504.2	537.4	1.2
特克斯和凯科斯群岛	Turks and Caicos Islands	1.9	2.6	3.1	3.4	1.8
图 瓦 卢	Tuvalu	0.9	1.0	1.0	1.0	0.2
乌 干 达	Uganda	2427.6	2804.2	3314.9	3903.2	3.3
乌 克 兰	Ukraine	4917.6	4710.5	4587.1	4519.8	-0.4
阿 联 酋	United Arab Emirates	302.6	448.2	832.9	915.7	0.8
英　国	United Kingdom	5889.3	6040.1	6276.6	6513.8	0.8
美　国	United States	28216.2	29551.7	30934.7	32141.9	0.8
美属维尔京群岛	Virgin Islands(US)	10.9	10.8	10.6	10.4	-0.6
乌 拉 圭	Uruguay	332.1	332.6	337.4	343.2	0.4
乌兹别克斯坦	Uzbekistan	2465.0	2616.7	2856.2	3130.0	1.7
瓦努阿图	Vanuatu	18.5	20.9	23.6	26.5	2.2
委内瑞拉	Venezuela	2440.8	2676.9	2899.6	3110.8	1.3
越　南	Viet Nam	7763.1	8239.2	8693.3	9170.4	1.1
约旦河西岸和加沙	West Bank and Gaza	292.2	332.0	381.1	442.2	2.9
也　门	Yemen	1752.3	2050.4	2359.2	2683.2	2.4
赞 比 亚	Zambia	1010.1	1204.4	1391.7	1621.2	3.1
津巴布韦	Zimbabwe	1250.4	1298.4	1397.4	1560.3	2.3

4-2 女性人口比重
Female Population as Percentage of Total

资料来源：世界银行WDI数据库。
Source: World Bank WDI Database.
单位：%　(%)

国家或地区	Country or Area	2000	2005	2010	2013	2014	2015
世　界	**World**	**49.6**	**49.6**	**49.6**	**49.6**	**49.6**	**49.5**
中　国	China	48.3	48.6	48.5	48.5	48.5	48.5
中国香港	Hong Kong, China	51.4	52.2	53.1	53.1	53.1	53.1
中国澳门	Macao, China	51.7	52.1	52.0	51.9	51.9	51.8
孟加拉国	Bangladesh	48.4	49.1	49.4	49.5	49.5	49.5
文　莱	Brunei Darussalam	49.2	48.7	48.4	48.4	48.4	48.5
柬埔寨	Cambodia	51.4	51.5	51.3	51.2	51.2	51.2
印　度	India	48.2	48.2	48.1	48.2	48.2	48.2
印度尼西亚	Indonesia	50.0	49.8	49.6	49.6	49.6	49.6
伊　朗	Iran	49.2	49.0	49.4	49.6	49.6	49.6
以色列	Israel	50.7	50.7	50.6	50.5	50.5	50.4
日　本	Japan	51.1	51.2	51.3	51.3	51.4	51.4
哈萨克斯坦	Kazakhstan	52.0	52.0	51.8	51.7	51.7	51.7
韩　国	Korea, Rep.	49.8	50.0	50.3	50.3	50.3	50.3
老　挝	Laos	50.1	50.6	50.4	50.3	50.3	50.2
马来西亚	Malaysia	49.2	48.7	48.5	48.4	48.4	48.4
蒙　古	Mongolia	50.1	50.2	50.4	50.5	50.5	50.5
缅　甸	Myanmar	51.0	51.1	51.2	51.2	51.1	51.1
巴基斯坦	Pakistan	48.4	48.5	48.6	48.6	48.6	48.6
菲律宾	Philippines	49.6	49.7	49.4	49.5	49.5	49.5
新加坡	Singapore	50.0	50.4	50.7	50.7	50.7	50.7
斯里兰卡	Sri Lanka	50.1	50.7	51.3	51.7	51.8	51.8
泰　国	Thailand	50.9	50.6	50.6	50.7	50.7	50.7
越　南	Viet Nam	50.8	50.8	50.6	50.6	50.5	50.5
埃　及	Egypt	49.7	49.6	49.5	49.5	49.5	49.5
尼日利亚	Nigeria	49.4	49.3	49.2	49.1	49.1	49.1
南　非	South Africa	51.0	50.9	50.9	50.9	50.9	50.8
加拿大	Canada	50.5	50.4	50.4	50.4	50.4	50.4
墨西哥	Mexico	51.6	50.3	50.3	50.3	50.3	50.3
美　国	United States	50.9	50.6	50.5	50.5	50.4	50.4
阿根廷	Argentina	51.0	51.1	51.1	51.1	51.1	51.1
巴　西	Brazil	50.6	50.7	50.7	50.8	50.8	50.8
委内瑞拉	Venezuela	49.7	49.9	50.1	50.2	50.2	50.2
捷　克	Czech Rep.	51.3	51.3	50.9	50.9	50.9	50.9
法　国	France	51.6	51.2	51.3	51.3	51.3	51.3
德　国	Germany	51.2	51.0	51.0	50.9	50.9	50.9
意大利	Italy	51.6	51.4	51.4	51.4	51.4	51.4
荷　兰	Netherlands	50.5	50.5	50.5	50.4	50.4	50.4
波　兰	Poland	51.5	51.5	51.6	51.6	51.6	51.6
俄罗斯	Russia	53.3	53.5	53.6	53.6	53.6	53.5
西班牙	Spain	51.0	50.7	50.6	50.8	50.9	50.9
土耳其	Turkey	50.8	50.8	50.9	50.9	50.8	50.8
乌克兰	Ukraine	53.6	53.6	53.8	53.7	53.7	53.7
英　国	United Kingdom	51.3	51.0	50.9	50.8	50.7	50.7
澳大利亚	Australia	50.4	50.1	50.0	50.0	50.0	50.0
新西兰	New Zealand	50.9	51.0	50.9	51.0	51.1	51.1

4-3 人口年龄构成和抚养比(2015年)
Age Composition and Dependency Ratio of Population(2015)

资料来源：世界银行WDI数据库。
Source: World Bank WDI Database.

单位：% (%)

国家或地区	Country or Area	年龄构成 Age Composition			抚养比 Age Dependency Ratio
		0-14岁人口占比 Persons ages 14 and below	15-64岁人口占比 Persons ages 15 to 64	65岁以上人口占比 Persons ages 65 and above	
世　界	**World**	**26.1**	**65.6**	**8.3**	**53.9**
中　国	China	17.2	73.2	9.6	36.6
中国香港	Hong Kong, China	12.0	73.0	15.1	37.0
中国澳门	Macao, China	13.0	78.0	9.0	28.2
孟加拉国	Bangladesh	29.5	65.6	5.0	52.5
文　莱	Brunei Darussalam	23.1	72.5	4.4	38.0
柬埔寨	Cambodia	31.6	64.3	4.1	55.6
印　度	India	28.8	65.6	5.6	52.5
印度尼西亚	Indonesia	27.7	67.1	5.2	49.0
伊　朗	Iran	23.6	71.3	5.1	40.2
以色列	Israel	27.8	60.9	11.2	64.1
日　本	Japan	12.9	60.8	26.3	64.5
哈萨克斯坦	Kazakhstan	26.7	66.6	6.7	50.3
韩　国	Korea, Rep.	14.0	72.9	13.1	37.2
老　挝	Laos	34.8	61.4	3.8	62.8
马来西亚	Malaysia	25.0	69.1	5.9	44.7
蒙　古	Mongolia	28.2	67.7	4.0	47.7
缅　甸	Myanmar	27.6	67.1	5.4	49.1
巴基斯坦	Pakistan	35.0	60.5	4.5	65.3
菲律宾	Philippines	32.0	63.5	4.6	57.6
新加坡	Singapore	15.5	72.8	11.7	37.4
斯里兰卡	Sri Lanka	24.6	66.1	9.3	51.2
泰　国	Thailand	17.7	71.8	10.5	39.2
越　南	Viet Nam	23.1	70.2	6.7	42.5
埃　及	Egypt	33.2	61.6	5.2	62.3
尼日利亚	Nigeria	44.0	53.3	2.7	87.7
南　非	South Africa	29.2	65.7	5.0	52.1
加拿大	Canada	16.0	67.9	16.1	47.3
墨西哥	Mexico	27.6	65.9	6.5	51.7
美　国	United States	19.0	66.3	14.8	50.9
阿根廷	Argentina	25.2	63.9	10.9	56.6
巴　西	Brazil	23.0	69.1	7.9	44.7
委内瑞拉	Venezuela	28.1	65.6	6.3	52.4
捷　克	Czech Rep.	15.0	66.9	18.1	49.5
法　国	France	18.5	62.4	19.1	60.3
德　国	Germany	12.9	65.9	21.2	51.8
意大利	Italy	13.7	63.9	22.4	56.5
荷　兰	Netherlands	16.5	65.3	18.2	53.3
波　兰	Poland	15.0	69.5	15.5	43.8
俄罗斯	Russia	16.8	69.9	13.4	43.1
西班牙	Spain	14.9	66.3	18.8	50.8
土耳其	Turkey	25.7	66.8	7.5	49.7
乌克兰	Ukraine	14.9	69.8	15.3	43.3
英　国	United Kingdom	17.8	64.5	17.8	55.1
澳大利亚	Australia	18.7	66.3	15.1	50.9
新西兰	New Zealand	20.2	64.9	14.9	54.0

4-4 人口粗出生率和死亡率
Crude Birth Rate and Crude Death Rate

资料来源：世界银行WDI数据库。
Source: World Bank WDI Database.
单位：‰ (‰)

国家或地区	Country or Area	粗出生率 Crude Birth Rate			粗死亡率 Crude Death Rate		
		2000	2010	2014	2000	2010	2014
世 界	**World**	**21.4**	**19.9**	**19.3**	**8.6**	**7.9**	**7.7**
中 国	China	14.0	11.9	12.4	6.5	7.1	7.2
中国香港	Hong Kong, China	8.1	12.6	8.6	5.1	6.0	6.2
中国澳门	Macao, China	9.1	10.0	11.5	4.9	4.8	4.8
孟加拉国	Bangladesh	27.0	21.3	19.8	7.2	5.7	5.4
文 莱	Brunei Darussalam	22.8	17.5	16.0	2.8	3.0	3.0
柬 埔 寨	Cambodia	27.5	25.5	24.1	8.5	6.5	6.1
印 度	India	25.6	21.6	20.0	8.9	7.6	7.3
印度尼西亚	Indonesia	21.5	21.0	20.0	6.8	7.2	7.2
伊 朗	Iran	18.7	18.3	17.5	5.3	4.9	4.6
以 色 列	Israel	21.7	21.8	21.3	6.0	5.2	5.2
日 本	Japan	9.4	8.5	8.0	7.7	9.5	10.0
哈萨克斯坦	Kazakhstan	14.7	22.5	23.1	10.1	9.0	7.6
韩 国	Korea, Rep.	13.3	9.4	8.6	5.2	5.1	5.3
老 挝	Laos	30.9	28.1	26.7	8.4	7.4	6.8
马来西亚	Malaysia	22.7	16.8	16.8	4.4	4.7	4.9
蒙 古	Mongolia	19.3	23.9	23.9	7.7	6.5	6.1
缅 甸	Myanmar	20.9	19.6	17.8	8.8	8.4	8.3
巴基斯坦	Pakistan	31.2	30.2	29.2	8.0	7.8	7.4
菲 律 宾	Philippines	29.6	24.6	23.6	6.1	6.4	6.7
新 加 坡	Singapore	11.8	9.3	9.8	3.9	4.4	4.7
斯里兰卡	Sri Lanka	18.5	17.5	15.9	7.0	6.5	6.8
泰 国	Thailand	14.6	11.7	10.8	6.8	7.4	7.9
越 南	Viet Nam	17.3	17.5	17.2	5.4	5.7	5.8
埃 及	Egypt	24.8	27.1	27.8	6.9	6.3	6.1
尼日利亚	Nigeria	42.9	41.1	39.6	17.6	14.0	12.9
南 非	South Africa	24.1	21.5	20.7	11.7	13.6	12.5
加 拿 大	Canada	10.9	11.1	10.9	7.1	7.1	7.4
墨 西 哥	Mexico	24.1	20.0	18.8	4.6	4.7	4.8
美 国	United States	14.4	13.0	12.5	8.7	8.0	8.1
阿 根 廷	Argentina	18.8	18.2	17.5	7.8	7.6	7.6
巴 西	Brazil	20.9	15.6	14.7	6.4	6.0	6.1
委内瑞拉	Venezuela	23.6	20.7	19.6	5.0	5.3	5.5
捷 克	Czech Rep.	8.9	11.2	10.4	10.6	10.2	10.0
法 国	France	13.3	12.9	12.4	8.9	8.5	8.4
德 国	Germany	9.3	8.3	8.6	10.2	10.5	10.8
意 大 利	Italy	9.5	9.5	8.3	9.8	9.9	9.8
荷 兰	Netherlands	13.0	11.1	10.4	8.8	8.2	8.3
波 兰	Poland	9.9	10.9	9.9	9.6	9.9	9.9
俄 罗 斯	Russia	8.7	12.5	13.3	15.3	14.2	13.1
西 班 牙	Spain	9.9	10.4	9.2	9.0	8.2	8.5
土 耳 其	Turkey	21.5	17.9	16.8	6.4	5.8	5.7
乌 克 兰	Ukraine	7.8	10.8	10.8	15.3	15.2	14.7
英 国	United Kingdom	11.5	12.9	12.0	10.3	8.9	8.8
澳大利亚	Australia	13.0	13.7	12.9	6.7	6.5	6.5
新 西 兰	New Zealand	14.7	14.7	12.7	6.9	6.5	6.9

4-5 生殖健康(2014年)
Reproductive Health(2014)

资料来源：世界银行WDI数据库。
Source: World Bank WDI Database.

国家或地区	Country or Area	总和生育率 Total Fertility Rate	少女生育率(‰) Adolescent Fertility Rate(‰)	15-49岁妇女避孕普及率(%) Contraceptive Prevalence (% of women ages 15-49)	产妇死亡率(1/10 0000) Maternal Mortality Ratio(1/10 0000)
世　界	**World**	**2.5**	**44.8**	**63.3①**	**221.0**
中　国	China	1.6	7.3	87.9①	28.0
中国香港	Hong Kong, China	1.2	3.3		
中国澳门	Macao, China	1.2	3.5		
孟加拉国	Bangladesh	2.2	83.5	62.4	188.0
文　莱	Brunei Darussalam	1.9	21.1		23.0
柬埔寨	Cambodia	2.6	51.1	56.3	167.0
印　度	India	2.4	25.7		181.0
印度尼西亚	Indonesia	2.5	50.0	62.5②	133.0
伊　朗	Iran	1.7	27.1	77.4③	26.0
以色列	Israel	3.1	10.1		5.0
日　本	Japan	1.4	4.2		6.0
哈萨克斯坦	Kazakhstan	2.7	28.6	51.0③	12.0
韩　国	Korea, Rep.	1.2	1.7		12.0
老　挝	Laos	3.0	64.5	49.8①	213.0
马来西亚	Malaysia	1.9	13.4		41.0
蒙　古	Mongolia	2.7	16.3	54.6	46.0
缅　甸	Myanmar	2.2	16.7		184.0
巴基斯坦	Pakistan	3.6	39.2	35.4②	184.0
菲律宾	Philippines	3.0	60.8	55.1②	117.0
新加坡	Singapore	1.3	3.8		10.0
斯里兰卡	Sri Lanka	2.1	15.4		31.0
泰　国	Thailand	1.5	44.6	79.3①	21.0
越　南	Viet Nam	2.0	38.1	75.7	54.0
埃　及	Egypt	3.3	52.4	58.5	34.0
尼日利亚	Nigeria	5.7	111.9	15.1②	820.0
南　非	South Africa	2.4	46.6		140.0
加拿大	Canada	1.6	10.1		7.0
墨西哥	Mexico	2.2	63.5		39.0
美　国	United States	1.9	24.1		14.0
阿根廷	Argentina	2.3	63.9	76.6②	54.0
巴　西	Brazil	1.8	67.3		46.0
委内瑞拉	Venezuela	2.4	79.7		97.0
捷　克	Czech Rep.	1.5	10.1		4.0
法　国	France	2.0	9.0		9.0
德　国	Germany	1.4	7.0		6.0
意大利	Italy	1.4	6.1		4.0
荷　兰	Netherlands	1.7	4.1		7.0
波　兰	Poland	1.3	13.7		3.0
俄罗斯	Russia	1.7	24.1	68.0③	25.0
西班牙	Spain	1.3	8.5		5.0
土耳其	Turkey	2.1	28.4	73.5②	17.0
乌克兰	Ukraine	1.5	24.9	65.4①	24.0
英　国	United Kingdom	1.8	15.3		9.0
澳大利亚	Australia	1.9	14.4		6.0
新西兰	New Zealand	1.9	23.9		11.0

注：①2012年数据。②2013年数据。③2011年数据。
Note:①Data refer to 2012.②Data refer to 2013.③Data refer to 2011.

4-6　婴儿死亡率和出生时预期寿命
Infant Mortality Rate and Life Expectancy at Birth

资料来源：世界银行WDI数据库。
Source: World Bank WDI Database.

国家或地区	Country or Area	婴儿死亡率(‰) Infant Mortality Rate (‰)			出生时预期寿命(岁) Life Expectancy at Birth (years)		
		2000	2010	2014	2000	2010	2014
世　界	**World**	**53.0**	**37.5**	**32.6**	**67.7**	**70.5**	**71.5**
中　国	China	30.2	13.5	9.8	72.1	75.0	75.8
中国香港	Hong Kong, China				80.9	83.0	84.0
中国澳门	Macao, China				77.6	79.7	80.6
孟加拉国	Bangladesh	64.4	39.2	32.1	65.3	70.1	71.6
文　莱	Brunei Darussalam	7.7	7.7	8.5	76.0	77.6	78.8
柬埔寨	Cambodia	81.7	36.7	26.3	61.9	66.4	68.2
印　度	India	66.5	46.3	39.3	62.2	66.5	68.0
印度尼西亚	Indonesia	41.0	27.4	23.6	67.3	68.2	68.9
伊　朗	Iran	28.6	16.4	13.9	69.6	74.0	75.4
以色列	Israel	5.6	3.7	3.3	79.0	81.6	82.2
日　本	Japan	3.3	2.4	2.1	81.1	82.8	83.6
哈萨克斯坦	Kazakhstan	37.5	19.3	13.5	65.5	68.3	71.6
韩　国	Korea, Rep.	5.2	3.5	3.0	75.8	80.6	82.2
老　挝	Laos	83.0	59.0	52.3	61.6	64.3	66.1
马来西亚	Malaysia	8.7	6.8	6.2	72.9	74.2	74.7
蒙　古	Mongolia	49.4	25.0	19.9	62.9	67.6	69.5
缅　甸	Myanmar	58.9	45.8	40.7	62.0	64.9	65.9
巴基斯坦	Pakistan	87.9	73.5	67.4	63.9	65.2	66.2
菲律宾	Philippines	30.1	24.9	22.8	66.8	67.8	68.3
新加坡	Singapore	3.1	2.2	2.2	78.0	81.5	82.7
斯里兰卡	Sri Lanka	14.0	9.4	8.6	71.2	74.3	74.8
泰　国	Thailand	19.1	12.5	10.9	70.9	73.7	74.4
越　南	Viet Nam	27.0	19.8	17.8	73.6	75.0	75.6
埃　及	Egypt	35.9	24.3	21.0	68.6	70.3	71.1
尼日利亚	Nigeria	112.5	81.5	71.5	46.6	51.3	52.8
南　非	South Africa	51.7	38.2	34.4	55.8	54.4	57.2
加拿大	Canada	5.2	4.9	4.4	79.2	81.4	82.0
墨西哥	Mexico	21.6	14.4	11.9	74.3	76.0	76.7
美　国	United States	7.1	6.3	5.7	76.6	78.5	78.9
阿根廷	Argentina	18.0	13.0	11.5	73.8	75.5	76.2
巴　西	Brazil	28.9	14.8	14.4	70.3	73.3	74.4
委内瑞拉	Venezuela	18.2	14.3	13.2	72.4	73.7	74.2
捷　克	Czech Rep.	5.6	3.4	2.9	75.0	77.4	78.3
法　国	France	4.4	3.5	3.6	79.1	81.7	82.4
德　国	Germany	4.4	3.5	3.2	77.9	80.0	80.8
意大利	Italy	4.7	3.4	3.0	79.8	82.0	82.7
荷　兰	Netherlands	5.1	3.7	3.3	78.0	80.7	81.3
波　兰	Poland	8.1	5.0	4.5	73.8	76.3	77.3
俄罗斯	Russia	19.7	10.3	8.5	65.3	68.9	70.4
西班牙	Spain	5.4	3.9	3.6	79.0	81.6	83.1
土耳其	Turkey	33.7	16.4	12.3	70.0	74.1	75.2
乌克兰	Ukraine	15.8	10.1	8.1	67.9	70.3	71.2
英　国	United Kingdom	5.6	4.4	3.7	77.7	80.4	81.1
澳大利亚	Australia	5.1	4.1	3.2	79.2	81.7	82.3
新西兰	New Zealand	6.1	5.1	4.8	78.6	80.7	81.4

4–7 结婚率与离婚率
Marriage Rate and Divorce Rate

资料来源：联合国人口统计数据库。
Source: UN Demographic Statistics Database.
单位：‰ (‰)

国家或地区	Country or Area	结婚率 Marriage Rate			离婚率 Divorce Rate		
		2005	2010	2014	2005	2010	2014
中　国	China	6.3	9.3	9.6①	1.4	2.0	1.8①
中国香港	Hong Kong, China	6.3	7.5	7.8			
中国澳门	Macao, China	3.7	5.8	7.1	1.2	1.7	2.3
伊　朗	Iran	11.2	12.0	10.0②	1.2	1.8	2.0②
日　本	Japan	5.6	5.5	5.1	2.0	2.0	1.7
哈萨克斯坦	Kazakhstan	8.1	9.0	9.9②	2.1	2.5	3.0②
韩　国	Korea, Rep.	6.5	6.6	6.1	2.7	2.4	2.3
蒙　古	Mongolia	5.8	3.4	6.0	0.6	1.1	1.3
新 加 坡	Singapore	5.4	4.8	5.2	1.5	1.4	1.3
埃　及	Egypt	7.0	10.5	10.6	0.9	1.8	2.0
墨 西 哥	Mexico	5.4	4.8	4.7②	0.6	0.7	0.9②
美　国	United States	7.6	6.8		2.9	2.8	
阿 根 廷	Argentina	3.4	3.0	2.8			
委内瑞拉	Venezuela	3.2	3.3	3.1			
白俄罗斯	Belarus	7.6	8.1	9.2②	3.2	3.9	3.8②
保加利亚	Bulgaria	4.3	3.3	3.0②	1.9	1.5	1.5②
捷　克	Czech Rep.	5.1	4.5	4.3	3.1	2.9	2.5
法　国	France	4.4	3.8	3.5	2.4	2.0	1.8②
德　国	Germany	4.7	4.7	4.8	2.4	2.3	2.1
意 大 利	Italy	4.3	3.7	3.1	0.8	0.9	0.9
荷　兰	Netherlands	4.4	4.5	3.8②	2.0	2.0	2.0②
波　兰	Poland	5.4	6.0	4.7②	1.8	1.6	1.7②
罗马尼亚	Romania	6.7	5.7	5.9	1.6	1.6	1.4
俄 罗 斯	Russia	7.4	8.5	8.5①	4.2	4.5	4.5①
西 班 牙	Spain	4.7	3.6	3.2②	1.7	2.2	2.0②
土 耳 其	Turkey	9.4	8.1	7.7	1.4	1.6	1.7
乌 克 兰	Ukraine	7.1	6.7	6.7②	3.9	2.7	3.6②
英　国	United Kingdom	4.7	4.5		2.6	2.1	2.0①
澳大利亚	Australia	5.4	5.5	5.1②	2.6	2.3	2.1②
新 西 兰	New Zealand	5.0	4.8	4.5	2.4	2.0	1.8

注：①2012年数据。②2013年数据。
Note:①Data refer to 2012.②Data refer to 2013.

4-8 农村和城市人口比重

Rural and Urban Population as Percentage of Total

资料来源：世界银行WDI数据库。
Source: World Bank WDI Database.
单位：%　　(%)

国家或地区	Country or Area	农村人口 Rural population			城市人口 Urban population		
		2005	2010	2015	2005	2010	2015
世　界	**World**	**51.0**	**48.5**	**46.1**	**49.0**	**51.5**	**53.9**
中　国	China	57.5	50.8	44.4	42.5	49.2	55.6
中国香港	Hong Kong, China				100.0	100.0	100.0
中国澳门	Macao, China				100.0	100.0	100.0
孟加拉国	Bangladesh	73.2	69.5	65.7	26.8	30.5	34.3
文　莱	Brunei Darussalam	26.5	24.5	22.8	73.5	75.5	77.2
柬埔寨	Cambodia	80.8	80.2	79.3	19.2	19.8	20.7
印　度	India	70.8	69.1	67.3	29.2	30.9	32.7
印度尼西亚	Indonesia	54.1	50.1	46.3	45.9	49.9	53.7
伊　朗	Iran	32.4	29.4	26.6	67.6	70.6	73.4
以色列	Israel	8.5	8.2	7.9	91.5	91.8	92.1
日　本	Japan	14.0	9.5	6.5	86.0	90.5	93.5
哈萨克斯坦	Kazakhstan	45.3	46.3	46.8	54.7	53.7	53.2
韩　国	Korea, Rep.	18.7	18.1	17.5	81.3	81.9	82.5
老　挝	Laos	72.6	66.9	61.4	27.4	33.1	38.6
马来西亚	Malaysia	33.4	29.1	25.3	66.6	70.9	74.7
蒙　古	Mongolia	37.5	32.4	28.0	62.5	67.6	72.0
缅　甸	Myanmar	71.1	68.6	65.9	28.9	31.4	34.1
巴基斯坦	Pakistan	65.3	63.4	61.2	34.7	36.6	38.8
菲律宾	Philippines	53.4	54.7	55.6	46.6	45.3	44.4
新加坡	Singapore				100.0	100.0	100.0
斯里兰卡	Sri Lanka	81.6	81.7	81.6	18.4	18.3	18.4
泰　国	Thailand	62.5	55.9	49.6	37.5	44.1	50.4
越　南	Viet Nam	72.7	69.6	66.4	27.3	30.4	33.6
埃　及	Egypt	57.0	57.0	56.9	43.0	43.0	43.1
尼日利亚	Nigeria	60.9	56.5	52.2	39.1	43.5	47.8
南　非	South Africa	40.5	37.8	35.2	59.5	62.2	64.8
加拿大	Canada	19.9	19.1	18.2	80.1	80.9	81.8
墨西哥	Mexico	23.7	22.2	20.8	76.3	77.8	79.2
美　国	United States	20.1	19.2	18.4	79.9	80.8	81.6
阿根廷	Argentina	9.9	9.0	8.2	90.1	91.0	91.8
巴　西	Brazil	17.2	15.7	14.3	82.8	84.3	85.7
委内瑞拉	Venezuela	11.4	11.2	11.0	88.6	88.8	89.0
捷　克	Czech Rep.	26.4	26.7	27.0	73.6	73.3	73.0
法　国	France	22.9	21.7	20.5	77.1	78.3	79.5
德　国	Germany	26.6	25.7	24.7	73.4	74.3	75.3
意大利	Italy	32.3	31.7	31.0	67.7	68.3	69.0
荷　兰	Netherlands	17.4	12.9	9.5	82.6	87.1	90.5
波　兰	Poland	38.5	39.1	39.5	61.5	60.9	60.5
俄罗斯	Russia	26.5	26.3	26.0	73.5	73.7	74.0
西班牙	Spain	22.7	21.6	20.4	77.3	78.4	79.6
土耳其	Turkey	32.2	29.3	26.6	67.8	70.7	73.4
乌克兰	Ukraine	32.2	31.3	30.3	67.8	68.7	69.7
英　国	United Kingdom	20.1	18.7	17.4	79.9	81.3	82.6
澳大利亚	Australia	12.0	11.3	10.6	88.0	88.7	89.4
新西兰	New Zealand	13.9	13.8	13.7	86.1	86.2	86.3

主要统计指标解释

人口 指实际具有的所有人口，无论其法律地位或公民身份均包括在内，不包括非永久居住在庇护地的难民，难民通常被认为是来源国的人口。人口用年中的估计值表示。

抚养比 指 0－14 岁和 65 岁及以上被抚养人口与 15－64 岁劳动年龄人口之比。

（粗）出生率 指一年内活产数量与年中人口数之比。粗出生率减去粗死亡率为自然增长率，等于没有人口迁移情况下的自然增长率。

（粗）死亡率 指一年内死亡数量与年中人口数之比。粗出生率减去粗死亡率为自然增长率，等于没有人口迁移情况下的自然增长率。

总和生育率 是一个妇女活到育龄期结束，并按当前的特定年龄生育率生育孩子的话，她可能生育的孩子数量。

少女生育率 指每千名 15－19 岁妇女中生育的妇女人数。

避孕普及率 指采取了某种避孕措施的 15－49 岁已婚妇女或其性伙伴所占的百分比。

产妇死亡率 是每年每 10 万例活产中怀孕和分娩期间死亡的妇女人数。

婴儿死亡率 指某年里每千名活产婴儿生存至一周岁前死亡的比率。

出生时预期寿命 指一名新生儿如果其出生时各年龄组的死亡率在其终生保持不变的话，他可能存活的年数。

结婚率 指在一定时期（通常为一个日历年）、给定地域、给定年份内平均每千名年中人口中的结婚次数。

离婚率 指在一定时期（通常为一个日历年）、给定地域、给定年份内平均每千名年中人口中的离婚次数。

城市人口 指向联合国报告的各国定义为城市的区域内的年中人口。

Explanatory Notes on Main Statistical Indicators

Total population is based on the de facto definition of population, which counts all residents regardless of legal status or citizenship--except for refugees not permanently settled in the country of asylum, who are generally considered part of the population of their country of origin. The values shown are midyear estimates.

Age Dependency Ratio is the ratio of dependents--people younger than 15 or older than 64--to the working-age population--those ages 15-64.

Crude Birth Rate is the number of live births occurring during the year, per 1,000 population estimated at midyear. Subtracting the crude death rate from the crude birth rate provides the rate of natural increase, which is equal to the population growth rate in the absence of migration.

Crude Death Rate is the number of deaths occurring during the year, per 1,000 population estimated at midyear. Subtracting the crude death rate from the crude birth rate provides the rate of natural increase, which is equal to the population growth rate in the absence of migration.

Total Fertility Rate is the number of children that would be born to a woman if she were to live to the end of her childbearing years and bear children in accordance with current age-specific fertility rates.

Adolescent Fertility Rate is the number of births per 1,000 women ages 15-19.

Contraceptive Prevalence Rate is the percentage of women who are practicing, or whose sexual partners are practicing, any form of contraception. It is usually measured for married women ages 15-49 only.

Maternal Mortality Ratio is the number of women who die during pregnancy and childbirth, per 100,000 live births.

Infant Mortality Rate is the number of infants dying before reaching one year of age, per 1000 live births in a given year.

Life Expectancy at Birth is the number of years a newborn infant would live if prevailing patterns of mortality at the time of its birth were to stay the same throughout its life.

Crude Marriage Rate is the number of marriages occurring in a population during a given period of time, usually a calendar year, i.e., the number of marriages occurring among the population of a given geographical area during a given year per 1000 mid-year total population of the given geographical area during the same year.

Crude Divorce Rate is the number of divorces occurring in a population during a given period of time, usually a calendar year, i.e., the number of divorces occurring among the population of a given geographical area during a given year per 1000 mid-year total population of the given geographical area during the same year.

Urban Population is the midyear population of areas defined as urban in each country and reported to the United Nations.

就业人员和劳动报酬

Employment and Earnings

5-1 劳动参与率
Labor Force Participation Rate

资料来源：世界银行WDI数据库。
Source: World Bank WDI Database.

国家或地区	Country or Area	劳动力人口(万人) Total Labor Force (10 000 persons)		劳动参与率(%) Labor Force Participation Rate(%)		女性劳动参与率(%) Female Labor Force Participation Rate(%)	
		2000	2014	2000	2014	2000	2014
世　界	**World**	**277318**	**338419**	**65.3**	**63.5**	**52.0**	**50.3**
高收入国家	**High Income**	**51444**	**57861**	**60.4**	**60.2**	**50.7**	**52.1**
欧元区	**Euro Area**	**14793**	**16329**	**55.1**	**56.9**	**45.5**	**50.2**
中等收入国家	**Middle Income**	**208178**	**253686**	**65.8**	**63.1**	**50.9**	**48.0**
中等偏上收入国家	**Upper Middle Income**	**117380**	**136363**	**69.8**	**66.9**	**59.6**	**56.7**
中等偏下收入国家	**Lower Middle Income**	**90798**	**117323**	**61.2**	**59.2**	**40.9**	**38.8**
中低收入国家	**Low and Middle Income**	**225874**	**280558**	**66.5**	**64.2**	**52.3**	**49.9**
东亚和太平洋	**East Asia and Pacific**	**99598**	**114523**	**75.3**	**71.2**	**67.3**	**62.7**
欧洲和中亚	**Europe and Central Asia**	**17681**	**19408**	**58.7**	**59.7**	**49.6**	**50.2**
拉丁美洲和加勒比	**Latin America and Caribbean**	**21863**	**29319**	**64.4**	**66.5**	**48.6**	**54.0**
中东和北非国家	**Middle East and North Africa**	**8106**	**11492**	**46.1**	**46.8**	**18.1**	**20.3**
南　亚	**South Asia**	**53124**	**67439**	**59.7**	**56.2**	**34.8**	**30.5**
撒哈拉以南非洲	**Sub-Saharan Africa**	**25502**	**38377**	**69.4**	**70.1**	**61.8**	**63.8**
低收入国家	**Low Income**	**17696**	**26872**	**76.8**	**77.5**	**70.3**	**71.8**
中　国	China	72949	80650	77.1	71.4	70.7	64.0
中国香港	Hong Kong, China	335	375	60.7	58.7	49.1	51.1
中国澳门	Macao, China	22	36	65.0	71.6	55.7	66.0
孟加拉国	Bangladesh	5841	7898	70.7	70.9	54.2	57.6
文　莱	Brunei Darussalam	16	20	67.7	63.7	55.5	52.2
柬埔寨	Cambodia	559	862	78.5	82.5	76.0	78.7
印　度	India	40636	49696	59.1	54.2	33.9	27.0
印度尼西亚	Indonesia	9883	12406	67.4	67.7	50.3	51.4
伊　朗	Iran	1894	2713	44.2	45.4	13.9	16.7
以色列	Israel	245	374	54.2	63.0	48.2	57.7
日　本	Japan	6758	6530	62.4	59.0	49.3	48.7
哈萨克斯坦	Kazakhstan	755	929	70.1	72.7	64.8	67.9
韩　国	Korea, Rep.	2267	2636	61.0	61.0	48.9	50.1
老　挝	Laos	242	338	79.9	77.8	78.8	76.3
马来西亚	Malaysia	970	1330	62.8	59.6	44.6	44.5
蒙　古	Mongolia	95	133	60.7	63.3	55.8	57.0
缅　甸	Myanmar	2489	3022	76.7	78.6	73.4	75.1
巴基斯坦	Pakistan	4153	6536	51.0	54.5	16.0	24.8
菲律宾	Philippines	3125	4381	65.2	65.2	48.7	51.1
新加坡	Singapore	207	311	65.4	67.6	52.6	58.6
斯里兰卡	Sri Lanka	778	858	56.9	54.9	37.3	35.1
泰　国	Thailand	3470	4006	72.8	72.1	65.4	64.2
越　南	Viet Nam	4128	5421	77.8	77.7	73.1	73.2
埃　及	Egypt	2006	2960	46.1	49.3	19.3	23.8
尼日利亚	Nigeria	3888	5578	56.0	56.2	44.8	48.3
南　非	South Africa	1628	2000	56.8	52.5	49.6	44.7
加拿大	Canada	1624	1973	65.3	66.1	58.7	61.4
墨西哥	Mexico	4026	5556	59.6	61.6	39.1	45.1
美　国	United States	14731	16107	66.3	62.4	59.0	56.3
阿根廷	Argentina	1543	1954	57.8	60.9	42.5	47.6
巴　西	Brazil	8430	10984	68.2	69.7	54.9	59.4
委内瑞拉	Venezuela	1058	1431	65.6	65.1	48.9	51.2
捷　克	Czech Rep.	518	534	60.5	59.6	51.7	51.3
法　国	France	2736	3018	55.3	55.7	48.4	50.6
德　国	Germany	4042	4221	58.1	59.9	49.2	53.7
意大利	Italy	2327	2579	47.7	49.2	35.4	39.7
荷　兰	Netherlands	817	902	62.9	64.2	53.3	58.3
波　兰	Poland	1725	1828	56.0	56.5	49.2	48.9
俄罗斯	Russia	7275	7675	60.7	63.8	54.1	57.1
西班牙	Spain	1819	2335	53.0	59.0	40.7	52.5
土耳其	Turkey	2138	2836	48.8	49.4	26.3	29.3
乌克兰	Ukraine	2369	2309	58.0	59.6	52.2	53.5
英　国	United Kingdom	2951	3302	61.9	62.1	54.1	55.8
澳大利亚	Australia	961	1242	63.4	65.1	54.7	58.7
新西兰	New Zealand	193	243	64.8	67.7	56.8	61.9

5-2 就业人数
Employment

资料来源：联合国ILO数据库。
Source: ILO Database.

单位：万人 (10 000 persons)

国家或地区	Country or Area	2000	2005	2010	2012	2013	2014
中　国	China	72085	74647	76105	76704	76977	77253
中国香港	Hong Kong, China	321	334	347	366	373	375
中国澳门	Macao, China	20	24	32	34	36	39
孟加拉国	Bangladesh	5176	4736	5408			
柬埔寨	Cambodia	528		767	771		
印　度	India	33020	37199	37429	39267		
印度尼西亚	Indonesia	8984	9536	10959	11301	11276	11463
伊　朗	Iran		2062	2066	2116	2134	2130
以色列	Israel	222	249	294	336	345	356
日　本	Japan	6446	6356	6298	6270	6311	6351
哈萨克斯坦	Kazakhstan		726	811	851	857	865
韩　国	Korea, Rep.	2116	2286	2383	2468	2507	2560
马来西亚	Malaysia	932	1005	1178	1272	1321	1353
蒙　古	Mongolia	81	97	103	106	110	111
巴基斯坦	Pakistan	3685	4282				5538
菲律宾	Philippines	2745	3231	3604	3760	3792	3865
新加坡	Singapore	209	165	306	204	206	210
斯里兰卡	Sri Lanka	631	752	771	813	842	842
泰　国	Thailand	3300	3630	3804	3958	3911	3842
越　南	Viet Nam	3837			5167	5221	5274
埃　及	Egypt	1720	1934	2383	2360	2397	2430
南　非	South Africa	1224	1230	1379	1352	1487	1532
加拿大	Canada	1476	1612	1696	1744	1769	1780
墨西哥	Mexico	3373	4079	4612	4900	4928	4737
美　国	United States	13689	14173	13906	14247	14393	14631
阿根廷	Argentina	826	964	1516	1570	1094	1569
巴　西	Brazil	6563	1955	2202	9471	9666	9945
委内瑞拉	Venezuela	896	1073	1207	1257	1295	1319
捷　克	Czech Rep.	468	476	489	489	494	497
法　国	France	2312	2498	2573	2580	2578	2640
德　国	Germany	3632	3636	3799	3913	3953	3987
意大利	Italy	2093	2241	2253	2257	2219	2228
荷　兰	Netherlands	786	811	837	835	829	824
波　兰	Poland	1452	1412	1547	1559	1557	1586
俄罗斯	Russia	6507	6817	6980	7155	7139	7154
西班牙	Spain	1544	1921	1872	1763	1714	1734
土耳其	Turkey	2158	2205	2259	2482	2552	2593
乌克兰	Ukraine	2018	2068	2027	2035	2040	1807
英　国	United Kingdom	2726	2874	2912	2960	2995	3067
澳大利亚	Australia	886	985	1099	1132	1143	1154
新西兰	New Zealand	178	208	218	222	226	231

5-3 按产业类型划分的就业构成
Composition of Employment by Industry

资料来源：世界银行WDI数据库。
Source: World Bank WDI Database.

单位：% (%)

国家或地区	Country or Area	第一产业 Primary Industry		第二产业 Secondary Industry		第三产业 Tertiary Industry	
		2000	2014	2000	2014	2000	2014
中　国	China	46.3	29.5	17.3	29.9	12.7	40.6
中国香港	Hong Kong, China	0.3		20.3	11.7	79.4	79.9
中国澳门	Macao, China	0.2		28.2	15.7	71.5	84.3
孟加拉国	Bangladesh	62.1		10.3		23.5	
文　莱	Brunei Darussalam		0.6		18.7		80.8
柬埔寨	Cambodia	73.7	51.0①	8.4	18.6①	17.9	30.4①
印　度	India	59.9	49.7②	16.0	21.5②	24.0	28.7②
印度尼西亚	Indonesia	45.3	34.3	17.4	21.0	37.3	44.8
伊　朗	Iran		17.9		33.8		48.3
以色列	Israel	2.2	1.1	23.7	17.6	73.0	79.7
日　本	Japan	5.1	3.7②	31.2	25.8②	63.1	69.1②
哈萨克斯坦③	Kazakhstan③		24.2		19.8		56.0
韩　国	Korea, Rep.	10.6	6.1②	28.1	24.4②	61.2	69.5②
马来西亚	Malaysia	18.4	12.2	32.2	27.4	49.5	60.3
蒙　古	Mongolia	48.6	35.0①	14.1	18.2①	37.2	46.8①
巴基斯坦	Pakistan	48.4	43.5	18.0	22.5	33.5	34.0
菲律宾	Philippines	37.1	30.4	16.2	15.9	46.7	53.6
新加坡	Singapore			33.8	28.3	65.5	70.6
斯里兰卡	Sri Lanka		30.4		25.5		43.4
泰　国	Thailand	48.5	41.9②	17.9	20.3②	33.6	37.5②
越　南	Viet Nam	65.3	46.8②	12.4	21.2②	22.3	32.0②
埃　及	Egypt	29.6	28.0②	21.3	24.1②	49.1	47.9②
南　非	South Africa	15.0	4.6	23.7	23.5	60.7	71.9
加拿大	Canada	3.3	2.1	23.1	19.8	73.6	78.2
墨西哥	Mexico	18.0	13.4②	26.8	23.6②	55.2	62.4②
美　国	United States	2.6		23.2		74.3	
阿根廷	Argentina	0.7	0.5	22.7	24.0	76.2	74.7
巴　西	Brazil	18.5	14.5②	21.2	22.9	59.1	76.6
委内瑞拉	Venezuela	10.6	7.4②	22.8	21.3②	66.5	71.1②
捷　克	Czech Rep.	5.2	2.7	40.1	38.3	54.6	58.9
法　国	France	4.0	2.8	26.3	20.5	69.6	75.8
德　国	Germany	2.5	1.3	33.6	28.3	63.9	70.4
意大利	Italy	5.0	3.5	32.0	27.1	63.0	69.5
荷　兰	Netherlands	3.0	2.0	20.3	15.1	70.4	75.3
波　兰	Poland	17.4	11.2	31.7	30.8	50.9	57.9
俄罗斯	Russia	14.5	6.7	28.4	27.5	57.1	65.8
西班牙	Spain	6.6	4.2	31.0	19.5	62.5	76.3
土耳其	Turkey	36.0	19.7	24.0	28.4	40.0	51.9
乌克兰	Ukraine	23.4	14.8	20.8	26.1	13.3	59.1
英　国	United Kingdom	1.4	1.1	25.3	18.9	73.0	79.1
澳大利亚	Australia	4.9	2.6②	22.2	20.8②	66.9	69.5②
新西兰	New Zealand	8.7	6.4②	23.2	20.2②	67.7	73.0②

注：①2012年数据。②2013年数据。
Note:①Data refer to 2012.②Data refer to 2013.

5-4 按行业分类的就业人口
Employment by Economic Activity

资料来源：联合国ILO数据库。
Source: ILO Database.
单位：万人 (10 000 persons)

国家或地区	Country or Area	2000	2005	2010	2012	2013	2014
中国香港	**Hong Kong, China**						
按第四版ISIC分类	ISIC-Rev.4						
总 计	Total	320.7	333.7	347.4	366.1	372.8	374.9
制造业	Manufacturing	33.4	22.4	13.3	13.4	12.6	13.0
建筑业	Construction	30.2	26.4	26.5	29.1	30.9	30.7
批发和零售贸易；机动车辆和摩托车的修理	Wholesale and Retail Trade; Repair of Motor Vehicles and Motorcycles			84.7	88.7	84.8	84.7
运输和储存	Transportation and Storage			31.7	31.4	32.3	32.2
信息和通讯业	Information and Communication			10.5	11.9	12.2	12.4
金融和保险业	Financial and Insurance Activities			20.6	22.5	23.2	23.8
房地产业	Real Estate Activities			14.6	14.9	15.1	15.4
企业管理和商务服务业	Administrative and Support Service Activities	75.5	87.0	61.3	63.5	66.6	66.0
教育	Education			18.5	19.7	20.0	20.6
艺术、娱乐和文娱活动	Arts, Entertainment and Recreation			5.2	5.4	5.7	5.6
印度尼西亚	**Indonesia**						
按第三版ISIC分类	ISIC-Rev.3						
总 计	Total	8983.8	9535.6	10959.0	11301.2	11276.1	11462.8
农业、狩猎业、林业和渔业	Agriculture, Hunting, Forestry; Fishing	4054.6	771.3				
农业、狩猎业和林业	Agriculture, Hunting, Forestry	3901.2	3976.6	3962.0			
渔业	Fishing	166.5	154.4	187.5			
采掘业	Mining and Quarrying	45.2	94.8	128.1	160.6	142.6	143.6
制造业	Manufacturing	1164.2	1138.1	1347.4	1561.8	1496.0	1525.5
电、煤气和水供应业	Electricity, Gas and Water Supply	7.1	19.5	23.4			
建筑业	Construction	349.7	455.5	548.5	687.0	634.9	728.0
批发、零售贸易；机动车及个人、家庭用品修理业	Wholesale, Retail Trade, Repair of Motor Vehicles, Motorcycles and Personal and Household Goods	1522.5	1674.8	1839.0			
旅馆和饭店业	Hotels and Restaurants	326.4	116.1	410.2			
运输、仓储和通讯	Transport, Storage and Communications	455.4	569.8	548.7	506.7	509.7	511.3
金融中介	Financial Intermediation	46.9	110.2	166.4	269.4	149.7	303.1
房地产、租赁及商业活动	Real Estate, Renting and Business Activities	41.3	58.6	75.0		140.1	
公共管理和国防；社会基本保障	Public Administration and Defence; Compulsory Social Security	284.1	258.7	341.2			
教育	Education	241.3	287.2	473.3		499.3	
卫生和社会工作	Health and Social Work	43.8	65.1	108.9			
其他团体、社会和个人服务活动	Other Community, Social and Personal Services Activities	181.7	145.0	426.7		537.0	
雇人的私人住户	Private Households with Employed Persons	206.5	270.3	240.6			
境外组织和机构	Extra-Territorial Organizations and Bodies		0.4	0.1			
未分类经济活动	Not Classifiable by Economic Activity		6.1	4.9			
非农部门	Non-Agriculture	2411.7					

5-4 续表 1 continued

单位：万人　　　　(10 000 persons)

国家或地区	Country or Area	2000	2005	2010	2012	2013	2014
伊　朗	**Iran**						
按第三版ISIC分类	ISIC-Rev.3						
总　计	Total		2061.9	2065.7	2116.1	2133.7	2130.4
农业、狩猎业和林业	Agriculture, Hunting, Forestry		503.1	390.6			
渔业	Fishing		6.9	6.4			
采掘业	Mining and Quarrying		12.7	11.2			15.9
制造业	Manufacturing		378.9	352.2			358.7
电、煤气和水供应业	Electricity, Gas and Water Supply		19.8	19.8			
建筑业	Construction		214.3	282.0			320.2
批发、零售贸易；机动车及个人、家庭用品修理业	Wholesale, Retail Trade, Repair of Motor Vehicles, Motorcycles and Personal and Household Goods		295.9	323.3			
旅馆和饭店业	Hotels and Restaurants		18.2	24.7			
运输、仓储和通讯	Transport, Storage and Communications		181.7	212.6			
金融中介	Financial Intermediation		26.0	24.3			
房地产、租赁及商业活动	Real Estate, Renting and Business Activities		41.8	66.4			
公共管理和国防；社会基本保障	Public Administration and Defence; Compulsory Social Security		131.7	125.4			
教育	Education		136.9	123.3			128.4
卫生和社会工作	Health and Social Work		46.4	49.2			
其他团体、社会和个人服务活动	Other Community, Social and Personal Services Activities		43.3	51.0			
雇人的私人住户	Private Households with Employed Persons		2.8	3.1			
境外组织和机构	Extra-Territorial Organizations and Bodies			0.1			
未分类经济活动	Not Classifiable by Economic Activity		0.4	0.1			
以 色 列	**Israel**						
按第三版ISIC分类	ISIC-Rev.3						
总　计	Total	222.1	249.4	293.8	335.9	345.0	355.6
农业、狩猎业、林业和渔业	Agriculture, Hunting, Forestry; Fishing	4.8	5.0				
农业、狩猎业和林业	Agriculture, Hunting, Forestry	4.8	5.0	4.6			
采掘业	Mining and Quarrying	0.5	0.4	0.2	0.5	0.3	0.3
制造业	Manufacturing	38.5	38.1	40.7	41.1	40.8	41.7
电、煤气和水供应业	Electricity, Gas and Water Supply	1.9	2.1	2.0			
建筑业	Construction	11.6	12.7	15.7	15.0	16.5	17.2
批发、零售贸易；机动车及个人、家庭用品修理业	Wholesale, Retail Trade, Repair of Motor Vehicles, Motorcycles and Personal and Household Goods	29.6	33.7	38.9			
旅馆和饭店业	Hotels and Restaurants	10.2	11.5	13.5			
运输、仓储和通讯	Transport, Storage and Communications	14.5	16.3	19.1	20.8		
金融中介	Financial Intermediation	7.3	8.2	11.6	11.6		
房地产、租赁及商业活动	Real Estate, Renting and Business Activities	25.9	33.5	42.9	45.1		
公共管理和国防；社会基本保障	Public Administration and Defence; Compulsory Social Security	12.0	11.6	13.5			
教育	Education	27.2	31.4	36.8	41.7	41.3	43.4
卫生和社会工作	Health and Social Work	21.4	26.6	30.4			
其他团体、社会和个人服务活动	Other Community, Social and Personal Services Activities	10.6	11.7	14.7	16.1		
雇人的私人住户	Private Households with Employed Persons	3.5	4.0	5.5			
境外组织和机构	Extra-Territorial Organizations and Bodies		0.2	0.2			
未分类经济活动	Not Classifiable by Economic Activity	2.5	2.3	3.3			

5-4 续表 2 continued

单位：万人 (10 000 persons)

国家或地区	Country or Area	2000	2005	2010	2012	2013	2014
日　　本	**Japan**						
按第三版ISIC分类	ISIC-Rev.3						
总　计	Total	6446.0	6356.0	6298.0	6270.0	6311.0	6351.0
农业、狩猎业、林业和渔业	Agriculture, Hunting, Forestry; Fishing	326.0					
农业、狩猎业和林业	Agriculture, Hunting, Forestry		259.0				
渔业	Fishing		23.0				
采掘业	Mining and Quarrying	5.0	3.0	3.0	3.0	3.0	
制造业	Manufacturing	1321.0	1142.0	1060.0	1059.0	1066.0	1040.0
电、煤气和水供应业	Electricity, Gas and Water Supply		35.0				
建筑业	Construction	653.0	568.0	504.0	503.0	499.0	505.0
批发、零售贸易；机动车及个人、家庭用品修理业	Wholesale, Retail Trade, Repair of Motor Vehicles, Motorcycles and Personal and Household Goods		1186.0				
旅馆和饭店业	Hotels and Restaurants		343.0				
运输、仓储和通讯	Transport, Storage and Communications	414.0	385.0				
金融中介	Financial Intermediation		157.0				
房地产、租赁及商业活动	Real Estate, Renting and Business Activities		729.0				
公共管理和国防；社会基本保障	Public Administration and Defence; Compulsory Social Security		229.0				
教育	Education		281.0	289.0	295.0	299.0	
卫生和社会工作	Health and Social Work		553.0				
其他团体、社会和个人服务活动	Other Community, Social and Personal Services Activities		355.0				
未分类经济活动	Not Classifiable by Economic Activity		74.0	61.0			
哈萨克斯坦	**Kazakhstan**						
按第四版ISIC分类	ISIC-Rev.4						
总　计	Total		726.1	811.4	850.7	857.1	865.2
农业、林业和渔业	Agriculture, Forestry and Fishing			229.5	217.3	207.4	
采掘业	Mining and Quarrying		18.4	19.4	22.5	24.9	
制造业	Manufacturing		54.1	56.6	54.4	54.8	
供水；污水处理、废物管理和补救活动	Water Supply; Sewerage, Waste Management and Remediation Activities			5.7	7.7	8.0	
建筑业	Construction		41.6	57.0	64.5	66.0	
批发和零售贸易；机动车辆和摩托车的修理	Wholesale and Retail Trade; Repair of Motor Vehicles and Motorcycles			122.4	120.1	125.7	
运输和储存	Transportation and Storage			51.2	57.1	56.9	
住宿和餐饮业	Accommodation and Food Service Activities		8.7				
信息和通讯业	Information and Communication			10.9	13.4	13.3	
金融和保险业	Financial and Insurance Activities			10.5	13.9	13.8	
房地产业	Real Estate Activities			13.9	11.2	10.5	
企业管理和商务服务业	Administrative and Support Service Activities		158.8	179.0	204.4	210.0	
教育	Education		69.0	81.6	89.2	92.3	
卫生和社会福利业	Human Health and Social Work Activities		32.8				
艺术、娱乐和文娱活动	Arts, Entertainment and Recreation			9.0	11.2	10.7	
家庭作为雇主的活动；家庭自用、未加区分的生产货物及服务的活动	Activities of Households as Employers; Undifferentiated Goods- and Services-Producing Activities of Households for Own Use			2.3	1.9	1.5	

5-4 续表 3 continued

单位：万人 (10 000 persons)

国家或地区	Country or Area	2000	2005	2010	2012	2013	2014
韩 国	**Korea, Rep.**						
按第三版ISIC分类	ISIC-Rev.3						
总 计	Total	2115.6	2285.6	2382.9	2468.1	2506.6	2559.9
农业、狩猎业和林业	Agriculture, Hunting, Forestry	216.2	174.7				
渔业	Fishing	8.1	6.8				
采掘业	Mining and Quarrying	1.7	1.7	2.1	1.5	1.6	1.3
制造业	Manufacturing	429.3	423.4	402.8	410.5	418.4	433.0
电、煤气和水供应业	Electricity, Gas and Water Supply	6.4	7.1				
建筑业	Construction	158.0	181.4	175.3	177.3	175.4	179.6
批发、零售贸易；机动车及个人、家庭用品修理业	Wholesale, Retail Trade, Repair of Motor Vehicles, Motorcycles and Personal and Household Goods	383.3	374.8				
旅馆和饭店业	Hotels and Restaurants	191.9	205.8				
运输、仓储和通讯	Transport, Storage and Communications	126.0	142.9				
金融中介	Financial Intermediation	75.2	74.6				
房地产、租赁及商业活动	Real Estate, Renting and Business Activities	136.1	203.7				
公共管理和国防；社会基本保障	Public Administration and Defence; Compulsory Social Security	75.8	79.1				
教育	Education	119.1	156.8	179.9	174.4	174.8	180.7
卫生和社会工作	Health and Social Work	42.8	64.6				
其他团体、社会和个人服务活动	Other Community, Social and Personal Services Activities	125.1	172.7				
雇人的私人住户	Private Households with Employed Persons	18.6	13.0				
境外组织和机构	Extra-Territorial Organizations and Bodies	1.9	2.4				
未分类经济活动	Not Classifiable by Economic Activity	0.2					
马来西亚	**Malaysia**						
按第三版ISIC分类	ISIC-Rev.3						
总 计	Total	932.2	1004.5	1177.7	1272.3	1321.0	1353.2
农业、狩猎业、林业和渔业	Agriculture, Hunting, Forestry; Fishing	171.2					
农业、狩猎业和林业	Agriculture, Hunting, Forestry		135.5				
渔业	Fishing		11.5				
采掘业	Mining and Quarrying	2.7	3.6	5.7	8.1	8.7	8.4
制造业	Manufacturing	212.6	198.9	197.2	222.8	221.5	226.6
电、煤气和水供应业	Electricity, Gas and Water Supply		5.7				
建筑业	Construction	79.9	90.4	112.1	116.4	124.4	122.6
批发、零售贸易；机动车及个人、家庭用品修理业	Wholesale, Retail Trade, Repair of Motor Vehicles, Motorcycles and Personal and Household Goods		162.0				
旅馆和饭店业	Hotels and Restaurants		67.2				
运输、仓储和通讯	Transport, Storage and Communications	42.3	54.5				
金融中介	Financial Intermediation		24.7				
房地产、租赁及商业活动	Real Estate, Renting and Business Activities		45.9				
公共管理和国防；社会基本保障	Public Administration and Defence; Compulsory Social Security		72.9				
教育	Education		60.7	77.3	78.6	81.7	87.4
卫生和社会工作	Health and Social Work		21.3				
其他团体、社会和个人服务活动	Other Community, Social and Personal Services Activities		23.5				
雇人的私人住户	Private Households with Employed Persons		26.1				
境外组织和机构	Extra-Territorial Organizations and Bodies		0.2				

5-4 续表 4 continued

单位：万人 (10 000 persons)

国家或地区	Country or Area	2000	2005	2010	2012	2013	2014
蒙　古	**Mongolia**						
按第三版ISIC分类	ISIC-Rev.3						
总　计	Total	80.9	96.8	103.4	105.6	110.4	111.1
农业、狩猎业、林业和渔业	Agriculture, Hunting, Forestry; Fishing	39.4	38.6				
采掘业	Mining and Quarrying	1.9	4.0	3.4	4.7		4.1
制造业	Manufacturing	5.5	4.6	6.5	6.5		8.5
电、煤气和水供应业	Electricity, Gas and Water Supply	1.8	2.9				
建筑业	Construction	2.3	4.9	4.9	5.9		8.1
批发、零售贸易；机动车及个人、家庭用品修理业	Wholesale, Retail Trade, Repair of Motor Vehicles, Motorcycles and Personal and Household Goods	8.4	14.2				
旅馆和饭店业	Hotels and Restaurants	1.3	3.0				
运输、仓储和通讯	Transport, Storage and Communications	3.4	4.2				
金融中介	Financial Intermediation	0.7	1.6				
房地产、租赁及商业活动	Real Estate, Renting and Business Activities	0.7	0.9				
公共管理和国防；社会基本保障	Public Administration and Defence; Compulsory Social Security	3.5	4.7				
教育	Education	5.4	5.9	8.5	8.6		9.0
卫生和社会工作	Health and Social Work	3.4	4.0				
其他团体、社会和个人服务活动	Other Community, Social and Personal Services Activities	2.9	2.7				
雇人的私人住户	Private Households with Employed Persons	0.4	0.9				
巴基斯坦	**Pakistan**						
按第三版ISIC分类	ISIC-Rev.3						
总　计	Total	3684.7	4281.6				5537.9
农业、狩猎业、林业和渔业	Agriculture, Hunting, Forestry; Fishing	1784.1	1843.1				
采掘业	Mining and Quarrying	2.5	2.9				
制造业	Manufacturing	423.0	588.1				
建筑业	Construction	213.0	249.6				
运输、仓储和通讯	Transport, Storage and Communications	185.3	245.5				
菲律宾	**Philippines**						
按第三版ISIC分类	ISIC-Rev.3						
总　计	Total	2745.2	3231.3	3603.5	3760.0	3791.7	3865.1
农业、狩猎业、林业和渔业	Agriculture, Hunting, Forestry; Fishing	1018.1					
农业、狩猎业和林业	Agriculture, Hunting, Forestry		1023.4	1048.8			
渔业	Fishing		139.4	146.9			
采掘业	Mining and Quarrying	10.8	12.3	19.9	25.0	25.0	23.9
制造业	Manufacturing	274.5	307.7	303.3	311.2	315.0	321.2
电、煤气和水供应业	Electricity, Gas and Water Supply		11.7	15.0			
建筑业	Construction	147.9	170.8	201.6	223.2	236.4	257.8
批发、零售贸易；机动车及个人、家庭用品修理业	Wholesale, Retail Trade, Repair of Motor Vehicles, Motorcycles and Personal and Household Goods		614.7	703.4			
旅馆和饭店业	Hotels and Restaurants		86.1	106.2			
运输、仓储和通讯	Transport, Storage and Communications	198.6	245.1	272.3			
金融中介	Financial Intermediation		34.1	40.0			
房地产、租赁及商业活动	Real Estate, Renting and Business Activities		73.4	114.6			
公共管理和国防；社会基本保障	Public Administration and Defence; Compulsory Social Security		148.1	184.7			
教育	Education		97.8	117.6	120.0	122.0	125.4
卫生和社会工作	Health and Social Work		37.5	45.1			

5-4 续表 5 continued

单位：万人 (10 000 persons)

国家或地区	Country or Area	2000	2005	2010	2012	2013	2014
菲 律 宾(续)	**Philippines(continued)**						
其他团体、社会和个人服务活动	Other Community, Social and Personal Services Activities		77.5	91.3			
雇人的私人住户	Private Households with Employed Persons		151.7	192.6			
境外组织和机构	Extra-Territorial Organizations and Bodies			0.2			
新 加 坡	**Singapore**						
按第三版ISIC分类	ISIC-Rev.3						
总　计	Total	209.5	164.7	306.3	204.1	205.6	210.4
农业、狩猎业和林业	Agriculture, Hunting, Forestry		1.8				
制造业	Manufacturing	43.4	27.5	54.2	28.8	28.0	24.9
建筑业	Construction	27.4	8.2	38.8	10.5	10.2	9.8
批发、零售贸易；机动车及个人、家庭用品修理业	Wholesale, Retail Trade, Repair of Motor Vehicles, Motorcycles and Personal and Household Goods	28.7	30.4				
旅馆和饭店业	Hotels and Restaurants	11.4	10.3				
运输、仓储和通讯	Transport, Storage and Communications	23.3	22.8				
金融中介	Financial Intermediation	9.6	10.2				
房地产、租赁及商业活动	Real Estate, Renting and Business Activities	19.6	20.7				
公共管理和国防；社会基本保障	Public Administration and Defence; Compulsory Social Security		32.9				
未分类经济活动	Not Classifiable by Economic Activity	1.5			2.7		
斯里兰卡	**Sri Lanka**						
按第三版ISIC分类	ISIC-Rev.3						
总　计	Total	631.0	751.8	770.7	812.9	841.8	842.4
农业、狩猎业、林业和渔业	Agriculture, Hunting, Forestry; Fishing		230.6				
农业、狩猎业和林业	Agriculture, Hunting, Forestry	29.4	230.6	242.6			
渔业	Fishing			9.4			
采掘业	Mining and Quarrying	0.3	54.3	6.9		10.0	7.9
制造业	Manufacturing	40.2	138.5	131.8	143.7	151.4	153.5
电、煤气和水供应业	Electricity, Gas and Water Supply	1.7	1.8	1.4			
建筑业	Construction	1.5	2.3	46.5	56.9	56.4	58.3
批发、零售贸易；机动车及个人、家庭用品修理业	Wholesale, Retail Trade, Repair of Motor Vehicles, Motorcycles and Personal and Household Goods	7.3	90.4	105.1			
旅馆和饭店业	Hotels and Restaurants		13.9	14.6			
运输、仓储和通讯	Transport, Storage and Communications	7.5	48.5	48.4			
金融中介；房地产、租赁及商务活动	Financial Intermediation; Real Estate, Renting and Business Activities		23.4				
金融中介	Financial Intermediation	6.0	23.4	12.5			
房地产、租赁及商业活动	Real Estate, Renting and Business Activities			13.9			
公共管理和国防；社会基本保障	Public Administration and Defence; Compulsory Social Security		51.3	53.7			
教育	Education		29.7	30.2		33.0	34.1
卫生和社会工作	Health and Social Work	9.0	12.9	11.6			
其他团体、社会和个人服务活动	Other Community, Social and Personal Services Activities		13.4	11.9			
其他团体、社会和个人服务活动；雇人的私人住户；境外组织和团体	Other Community, Social and Personal Services Activities;Private Households with Employed Persons; Extra-Territorial Organizations and Bodies		11.3				
雇人的私人住户	Private Households with Employed Persons		5.3	8.4			
境外组织和机构	Extra-Territorial Organizations and Bodies			1.1			
未分类经济活动	Not Classifiable by Economic Activity		39.6	20.7			

5-4 续表 6 continued

单位：万人 (10 000 persons)

国家或地区	Country or Area	2000	2005	2010	2012	2013	2014
泰　国	**Thailand**						
按第三版ISIC分类	ISIC-Rev.3						
总　计	Total	3300.1	3630.2	3803.7	3957.8	3911.2	3842.1
农业、狩猎业、林业和渔业	Agriculture, Hunting, Forestry; Fishing	1609.6	1544.9				
农业、狩猎业和林业	Agriculture, Hunting, Forestry		1500.8				
渔业	Fishing		44.1				
采掘业	Mining and Quarrying	3.9	4.0	4.1	6.3	6.1	6.1
制造业	Manufacturing	478.5	535.0	535.0	528.4	541.4	632.7
电、煤气和水供应业	Electricity, Gas and Water Supply		10.7				
建筑业	Construction	128.0	185.3	235.6	234.0	226.5	211.5
批发、零售贸易；机动车及个人、家庭用品修理业	Wholesale, Retail Trade, Repair of Motor Vehicles, Motorcycles and Personal and Household Goods		529.7				
旅馆和饭店业	Hotels and Restaurants		230.0				
运输、仓储和通讯	Transport, Storage and Communications	95.1	107.6	110.8			
金融中介	Financial Intermediation		34.0	36.7			
房地产、租赁及商业活动	Real Estate, Renting and Business Activities		65.2	76.5			
公共管理和国防；社会基本保障	Public Administration and Defence; Compulsory Social Security		109.6				
教育	Education		112.2	124.6	117.7	113.0	112.1
卫生和社会工作	Health and Social Work		61.1				
其他团体、社会和个人服务活动	Other Community, Social and Personal Services Activities		71.9	81.0			
雇人的私人住户	Private Households with Employed Persons		24.2				
境外组织和机构	Extra-Territorial Organizations and Bodies		0.2				
未分类经济活动	Not Classifiable by Economic Activity		4.8				
越　南	**Viet Nam**						
按第三版ISIC分类	ISIC-Rev.3						
总　计	Total	3836.8	4252.7		5166.9	5220.8	5274.5
农业、狩猎业和林业	Agriculture, Hunting, Forestry	2430.8					
渔业	Fishing	72.9					
采掘业	Mining and Quarrying	19.2				26.7	24.3
制造业	Manufacturing	353.6				728.4	761.7
电、煤气和水供应业	Electricity, Gas and Water Supply	7.7					
建筑业	Construction	96.7				325.8	318.5
批发、零售贸易；机动车及个人、家庭用品修理业	Wholesale, Retail Trade, Repair of Motor Vehicles, Motorcycles and Personal and Household Goods	411.6					
旅馆和饭店业	Hotels and Restaurants	50.6					
运输、仓储和通讯	Transport, Storage and Communications	112.6					
金融中介	Financial Intermediation	10.5					
房地产、租赁及商业活动	Real Estate, Renting and Business Activities	10.6					
公共管理和国防；社会基本保障	Public Administration and Defence; Compulsory Social Security	59.5					
教育	Education	91.8				180.8	186.1
卫生和社会工作	Health and Social Work	26.9					
其他团体、社会和个人服务活动	Other Community, Social and Personal Services Activities	72.4					
雇人的私人住户	Private Households with Employed Persons	9.2					
境外组织和机构	Extra-Territorial Organizations and Bodies	0.3					

5-4 续表 7 continued

单位：万人 (10 000 persons)

国家或地区	Country or Area	2000	2005	2010	2012	2013	2014
埃　及	**Egypt**						
按第三版ISIC分类	ISIC-Rev.3						
总　计	Total	1720.3	1934.2	2382.9	2359.6	2397.4	2429.9
农业、狩猎业和林业	Agriculture, Hunting, Forestry	500.1	581.6				
渔业	Fishing	9.7	15.8				
采掘业	Mining and Quarrying	4.7	2.9	4.7	4.0	4.1	4.8
制造业	Manufacturing	204.8	223.0	288.2	261.9	257.1	270.7
电、煤气和水供应业	Electricity, Gas and Water Supply	20.9	24.5				
建筑业	Construction	135.9	165.0	269.4	279.5	272.8	274.2
批发、零售贸易；机动车及个人、家庭用品修理业	Wholesale, Retail Trade, Repair of Motor Vehicles, Motorcycles and Personal and Household Goods	200.7	214.1				
旅馆和饭店业	Hotels and Restaurants	26.9	36.6				
运输、仓储和通讯	Transport, Storage and Communications	112.6	132.3				
金融中介	Financial Intermediation	18.6	16.9				
房地产、租赁及商业活动	Real Estate, Renting and Business Activities	31.3	40.1				
公共管理和国防；社会基本保障	Public Administration and Defence; Compulsory Social Security	182.5	185.0				
教育	Education	179.0	190.8	208.0	223.7	229.9	229.3
卫生和社会工作	Health and Social Work	53.2	50.3				
其他团体、社会和个人服务活动	Other Community, Social and Personal Services Activities	34.3	46.5				
雇人的私人住户	Private Households with Employed Persons	4.9	5.3				
境外组织和机构	Extra-Territorial Organizations and Bodies		0.3				
未分类经济活动	Not Classifiable by Economic Activity	0.2	3.4				
南　非	**South Africa**						
按第三版ISIC分类	ISIC-Rev.3						
总　计	Total	1223.8	1230.1	1378.8	1352.3	1486.6	1531.7
农业、狩猎业、林业和渔业	Agriculture, Hunting, Forestry; Fishing	191.4	92.5				
农业、狩猎业和林业	Agriculture, Hunting, Forestry	191.4	92.5				
采掘业	Mining and Quarrying	60.3	41.1	32.7	35.0		42.8
制造业	Manufacturing	157.8	170.6	183.9	171.4	181.0	178.1
电、煤气和水供应业	Electricity, Gas and Water Supply	9.4	10.0				
建筑业	Construction	68.3	93.5	110.9	102.6	114.5	125.9
批发、零售贸易；机动车及个人、家庭用品修理业	Wholesale, Retail Trade, Repair of Motor Vehicles, Motorcycles and Personal and Household Goods	247.6	302.4				
运输、仓储和通讯	Transport, Storage and Communications	58.2	61.6	81.6			
金融中介；房地产、租赁及商务活动	Financial Intermediation; Real Estate, Renting and Business Activities	97.6	129.6				
金融中介	Financial Intermediation	97.6	129.6	174.8			
公共管理和国防；社会基本保障	Public Administration and Defence; Compulsory Social Security	208.4	219.2				
教育	Education				87.3		97.0
雇人的私人住户	Private Households with Employed Persons	114.6	106.7				
未分类经济活动	Not Classifiable by Economic Activity	10.3	2.9				

5-4 续表 8 continued

单位：万人 (10 000 persons)

国家或地区	Country or Area	2000	2005	2010	2012	2013	2014
加 拿 大	**Canada**						
按第三版ISIC分类	ISIC-Rev.3						
总　计	Total	1476.0	1612.4	1696.4	1743.8	1769.1	1780.2
农业、狩猎业和林业	Agriculture, Hunting, Forestry	45.4	40.9	34.9			
渔业	Fishing	3.3	3.1	2.4			
采掘业	Mining and Quarrying	16.0	21.1	25.8	29.9		
制造业	Manufacturing	224.2	220.3	171.1	174.7	172.3	171.1
电、煤气和水供应业	Electricity, Gas and Water Supply	11.5	12.5	14.8			
建筑业	Construction	80.7	102.2	124.2	132.3	137.0	137.2
批发、零售贸易；机动车及个人、家庭用品修理业	Wholesale, Retail Trade, Repair of Motor Vehicles, Motorcycles and Personal and Household Goods	254.9	284.0	293.7			
旅馆和饭店业	Hotels and Restaurants	93.8	100.5	105.8			
运输、仓储和通讯	Transport, Storage and Communications	112.3	115.4	102.9	109.9		
金融中介	Financial Intermediation	60.8	70.7	78.6	78.5		
房地产、租赁及商业活动	Real Estate, Renting and Business Activities	173.1	199.2	223.5	227.4		
公共管理和国防；社会基本保障	Public Administration and Defence; Compulsory Social Security	77.0	83.1	95.4			
教育	Education	97.4	110.6	121.8	128.8		
卫生和社会工作	Health and Social Work	151.4	173.5	203.1			
其他团体、社会和个人服务活动	Other Community, Social and Personal Services Activities	66.0	74.2	90.2	93.1		
雇人的私人住户	Private Households with Employed Persons	7.9	6.2	7.4			
境外组织和机构	Extra-Territorial Organizations and Bodies	0.3	0.3	0.3			
墨 西 哥	**Mexico**						
按第三版ISIC分类	ISIC-Rev.3						
总　计	Total	3373.0	4079.2	4612.2	4900.3	4927.5	4737.3
农业、狩猎业和林业	Agriculture, Hunting, Forestry	654.0	589.8				
渔业	Fishing	15.5	16.2				
采掘业	Mining and Quarrying	15.0	19.4		20.6	22.7	24.4
制造业	Manufacturing	648.1	691.1	708.6	738.3	764.4	782.7
电、煤气和水供应业	Electricity, Gas and Water Supply	18.8	18.6				
建筑业	Construction	266.4	318.1	360.4	364.9	357.6	371.3
批发、零售贸易；机动车及个人、家庭用品修理业	Wholesale, Retail Trade, Repair of Motor Vehicles, Motorcycles and Personal and Household Goods	834.2	933.3				
旅馆和饭店业	Hotels and Restaurants	180.1	243.8				
运输、仓储和通讯	Transport, Storage and Communications	158.4	184.7				
金融中介	Financial Intermediation	28.4	30.7				
房地产、租赁及商业活动	Real Estate, Renting and Business Activities	128.8	182.9				
公共管理和国防；社会基本保障	Public Administration and Defence; Compulsory Social Security	174.3	191.7				
教育	Education	185.5	218.1		261.2	273.0	260.1
卫生和社会工作	Health and Social Work	106.5	113.6				
其他团体、社会和个人服务活动	Other Community, Social and Personal Services Activities	82.5	132.8				
雇人的私人住户	Private Households with Employed Persons	170.0	169.4				
境外组织和机构	Extra-Territorial Organizations and Bodies	0.2	0.4				
未分类经济活动	Not Classifiable by Economic Activity	15	25				

5-4 续表 9 continued

单位：万人 (10 000 persons)

国家或地区	Country or Area	2000	2005	2010	2012	2013	2014
美　国	**United States**						
按第三版ISIC分类	ISIC-Rev.3						
总　计	Total	13689.1	14173.0	13906.4	14246.9	14392.9	14630.5
农业、狩猎业、林业和渔业	Agriculture, Hunting, Forestry; Fishing	345.7	219.7				
农业、狩猎业和林业	Agriculture, Hunting, Forestry		219.7				
采掘业	Mining and Quarrying	52.1	62.4				
制造业	Manufacturing	1964.4	1625.3	1408.1	1468.6	1486.9	1510.0
电、煤气和水供应业	Electricity, Gas and Water Supply	60.1	117.6				
建筑业	Construction	993.1	1119.7	907.7	896.4	927.1	981.3
批发、零售贸易；机动车及个人、家庭用品修理业	Wholesale, Retail Trade, Repair of Motor Vehicles, Motorcycles and Personal and Household Goods	2240.7	2140.4				
旅馆和饭店业	Hotels and Restaurants	1007.4	930.6				
运输、仓储和通讯	Transport, Storage and Communications	829.4	618.4				
金融中介	Financial Intermediation	567.6	703.5				
房地产、租赁及商业活动	Real Estate, Renting and Business Activities	1883.8	1746.1				
公共管理和国防；社会基本保障	Public Administration and Defence; Compulsory Social Security	1058.6	653.0				
教育	Education	1171.5	1226.4				
卫生和社会工作	Health and Social Work	1271.8	1691.0				
其他团体、社会和个人服务活动	Other Community, Social and Personal Services Activities	687.9	1318.7				
阿 根 廷	**Argentina**						
按第三版ISIC分类	ISIC-Rev.3						
总　计	Total	826.2	963.9	1516.2	1570.2	1094.3	1568.6
农业、狩猎业和林业	Agriculture, Hunting, Forestry	5.0	10.0				
渔业	Fishing	0.6	0.7				
采掘业	Mining and Quarrying	1.5	3.1	7.7	7.8	4.7	8.1
制造业	Manufacturing	115.5	136.0	203.0	202.7	144.6	199.9
电、煤气和水供应业	Electricity, Gas and Water Supply	4.8	4.9				
建筑业	Construction	65.4	82.3	140.6	149.8	98.2	160.4
批发、零售贸易；机动车及个人、家庭用品修理业	Wholesale, Retail Trade, Repair of Motor Vehicles, Motorcycles and Personal and Household Goods	168.3	195.2				
旅馆和饭店业	Hotels and Restaurants	25.5	31.6				
运输、仓储和通讯	Transport, Storage and Communications	67.4	64.9	72.2			
金融中介	Financial Intermediation	20.7	16.3	22.0			
房地产、租赁及商业活动	Real Estate, Renting and Business Activities	60.0	74.3	89.6			
公共管理和国防；社会基本保障	Public Administration and Defence; Compulsory Social Security	63.3	72.9				
教育	Education	62.6	73.6	120.8	124.3	86.5	127.6
卫生和社会工作	Health and Social Work	47.4	62.8				
其他团体、社会和个人服务活动	Other Community, Social and Personal Services Activities	48.5	58.1	59.2			
雇人的私人住户	Private Households with Employed Persons	65.5	74.1				
境外组织和机构	Extra-Territorial Organizations and Bodies	0.3	0.3				
未分类经济活动	Not Classifiable by Economic Activity	3.7	2.8				

5-4 续表 10 continued

单位：万人 (10 000 persons)

国家或地区	Country or Area	2000	2005	2010	2012	2013	2014
巴　西	**Brazil**						
按第三版ISIC分类	ISIC-Rev.3						
总　计	Total	6563.0	1955.4	2201.9	9471.3	9665.9	9944.8
农业、狩猎业和林业	Agriculture, Hunting, Forestry	1177.1	1738.7				
渔业	Fishing	34.8	44.4				
采掘业	Mining and Quarrying	23.5	345.2	365.1	368.6	365.3	355.2
制造业	Manufacturing	875.7	1233.6		1249.3	1222.3	1223.0
电、煤气和水供应业	Electricity, Gas and Water Supply	32.9	35.9				
建筑业	Construction	456.8	141.7	165.8	180.2	177.7	174.2
批发、零售贸易；机动车及个人、家庭用品修理业	Wholesale, Retail Trade, Repair of Motor Vehicles, Motorcycles and Personal and Household Goods	1089.9	1550.3				
旅馆和饭店业	Hotels and Restaurants	307.2	318.7				
运输、仓储和通讯	Transport, Storage and Communications	331.9	396.7		526.6	540.6	545.3
金融中介	Financial Intermediation	82.4	271.8	339.3	370.9	374.3	379.2
房地产、租赁及商业活动	Real Estate, Renting and Business Activities	376.4	493.7		707.3	684.6	729.9
公共管理和国防；社会基本保障	Public Administration and Defence; Compulsory Social Security	352.3	426.7				
教育	Education	382.2	468.4		524.5	574.9	589.9
卫生和社会工作	Health and Social Work	215.2	297.7				
其他团体、社会和个人服务活动	Other Community, Social and Personal Services Activities	239.2	330.1		376.1	378.5	419.2
雇人的私人住户	Private Households with Employed Persons	501.6	666.6				
境外组织和机构	Extra-Territorial Organizations and Bodies	0.3	0.7				
未分类经济活动	Not Classifiable by Economic Activity	83.6	19.8				
委内瑞拉	**Venezuela**						
按第二版ISIC分类	ISIC-Rev.2						
总　计	Total	896.1	1073.4	1207.1	1257.1	1294.8	1319.0
农业、狩猎业、林业和渔业	Agriculture, Hunting, Forestry and Fishing	95.0	103.9			96.2	
采掘业	Mining and Quarrying	5.3	7.1	11.5	13.0	16.8	
制造业	Manufacturing	119.1	124.5	139.4	135.5	146.2	
电、煤气和水	Electricity, Gas and Water	5.8	5.7				
建筑业	Construction	74.1	85.8	108.0	108.6	106.9	
批发、零售业、旅馆和饭店业	Wholesale and Retail Trade and Restaurants and Hotels	231.2	262.0				
运输、仓储和通讯	Transport, Storage and Communication	60.8	87.0				
金融保险、房地产和商务服务	Financing, Insurance, Real Estate and Business Services	44.0	51.7				
社会和个人服务	Community, Social and Personal Services	259.8	336.5			407.1	
行业不明确	Activities not Adequately Defined	1.0	9.2				

5-4 续表 11 continued

单位：万人 (10 000 persons)

国家或地区	Country or Area	2000	2005	2010	2012	2013	2014
捷　克	**Czech Rep.**						
按第四版ISIC分类	ISIC-Rev.4						
总　计	Total	467.5	476.4	488.5	489.0	493.7	497.4
农业、林业和渔业	Agriculture, Forestry and Fishing			15.1	14.9	15.0	13.7
采掘业	Mining and Quarrying	7.2	4.9	4.8	4.3	4.1	3.6
制造业	Manufacturing	128.0	129.6	123.6	129.9	128.5	133.0
供水；污水处理、废物管理和补救活动	Water Supply; Sewerage, Waste Management and Remediation Activities			5.0	4.6	5.1	5.5
建筑业	Construction	43.7	45.9	46.5	42.5	42.0	41.4
批发和零售贸易；机动车辆和摩托车的修理	Wholesale and Retail Trade; Repair of Motor Vehicles and Motorcycles			59.4	60.2	60.5	59.0
运输和储存	Transportation and Storage			32.8	30.9	30.2	29.6
住宿和餐饮业	Accommodation and Food Service Activities	15.9	18.2				
信息和通讯业	Information and Communication			13.7	12.5	14.0	14.9
金融和保险业	Financial and Insurance Activities			11.5	13.7	13.7	12.2
房地产业	Real Estate Activities			4.0	4.6	4.9	4.6
企业管理和商务服务业	Administrative and Support Service Activities	106.6	115.2	115.9	115.2	117.4	119.5
教育	Education	29.8	29.7	29.6	31.9	32.3	32.6
卫生和社会福利业	Human Health and Social Work Activities	28.6	32.8				
艺术、娱乐和文娱活动	Arts, Entertainment and Recreation			8.3	8.1	8.0	8.1
家庭作为雇主的活动；家庭自用、未加区分的生产货物及服务的活动	Activities of Households as Employers; Undifferentiated Goods- and Services-Producing Activities of Activities of Households for Own Use			1.6	2.0	2.2	2.7
境外组织和机构的活动	Activities of Extraterritorial Organizations and Bodies	0.2	0.1				
未分类经济活动	Not Classifiable by Economic Activity	0.2	0.2				
法　国	**France**						
按第四版ISIC分类	ISIC-Rev.4						
总　计	Total	2312.3	2498.4	2573.1	2580.4	2577.9	2639.6
农业、林业和渔业	Agriculture, Forestry and Fishing			74.5	75.0	78.6	74.4
采掘业	Mining and Quarrying	4.6	4.2	2.5	2.8	2.8	2.9
制造业	Manufacturing	433.6	401.5	337.3	330.4	321.7	321.1
供水；污水处理、废物管理和补救活动	Water Supply; Sewerage, Waste Management and Remediation Activities			18.5	19.0	18.9	18.8
建筑业	Construction	150.3	164.3	190.0	186.5	178.1	174.8
批发和零售贸易；机动车辆和摩托车的修理	Wholesale and Retail Trade; Repair of Motor Vehicles and Motorcycles			336.0	326.6	325.5	339.6
运输和储存	Transportation and Storage			134.5	134.4	139.9	143.0
住宿和餐饮业	Accommodation and Food Service Activities	78.3	85.2				
信息和通讯业	Information and Communication			73.6	74.5	70.0	72.0
金融和保险业	Financial and Insurance Activities			86.1	84.1	84.9	86.3
房地产业	Real Estate Activities			30.3	31.1	37.3	42.4
企业管理和商务服务业	Administrative and Support Service Activities	785.8	899.1	938.7	947.0	942.2	974.9
教育	Education	174.3	179.6	175.1	184.8	184.2	196.7
卫生和社会福利业	Human Health and Social Work Activities	241.4	303.8				
艺术、娱乐和文娱活动	Arts, Entertainment and Recreation			34.4	36.6	41.1	42.4
家庭作为雇主的活动；家庭自用、未加区分的生产货物及服务的活动	Activities of Households as Employers; Undifferentiated Goods- and Services-Producing Activities of Activities of Households for Own Use			60.3	60.6	47.1	36.8
境外组织和机构的活动	Activities of Extraterritorial Organizations and Bodies	2.0	1.6				
未分类经济活动	Not Classifiable by Economic Activity		29.1				

5-4 续表 12 continued

单位：万人 (10 000 persons)

国家或地区	Country or Area	2000	2005	2010	2012	2013	2014
德　国	**Germany**						
按第四版ISIC分类	ISIC-Rev.4						
总　计	Total	3632.4	3636.2	3799.3	3912.6	3953.1	3987.1
农业、林业和渔业	Agriculture, Forestry and Fishing			62.6	61.1	57.2	57.0
采掘业	Mining and Quarrying	14.6	12.2	9.3	9.3	8.3	8.8
制造业	Manufacturing	863.0	801.7	758.0	771.8	764.8	780.8
供水；污水处理、废物管理和补救活动	Water Supply; Sewerage, Waste Management and Remediation Activities			20.7	22.0	21.0	22.1
建筑业	Construction	309.8	239.6	253.0	262.4	268.5	273.2
批发和零售贸易；机动车辆和摩托车的修理	Wholesale and Retail Trade; Repair of Motor Vehicles and Motorcycles			516.2	521.5	568.0	561.3
运输和储存	Transportation and Storage			178.1	187.0	191.3	192.4
住宿和餐饮业	Accommodation and Food Service Activities	121.0	129.3				
信息和通讯业	Information and Communication			121.2	128.0	115.3	116.4
金融和保险业	Financial and Insurance Activities			130.6	129.1	127.9	127.4
房地产业	Real Estate Activities			26.2	27.1	22.2	19.5
企业管理和商务服务业	Administrative and Support Service Activities	1058.6	1132.9	1159.5	1199.9	1215.5	1229.8
教育	Education	191.2	209.2	233.5	247.3	254.7	259.5
卫生和社会福利业	Human Health and Social Work Activities	360.6	405.9				
艺术、娱乐和文娱活动	Arts, Entertainment and Recreation			53.7	55.1	53.3	53.7
家庭作为雇主的活动；家庭自用、未加区分的生产货物及服务的活动	Activities of Households as Employers; Undifferentiated Goods- and Services-Producing Activities of Households for Own Use			20.4	21.7	23.6	23.1
境外组织和机构的活动	Activities of Extraterritorial Organizations and Bodies	3.4	3.3				
意 大 利	**Italy**						
按第四版ISIC分类	ISIC-Rev.4						
总　计	Total	2093.0	2240.7	2252.7	2256.6	2219.1	2227.9
农业、林业和渔业	Agriculture, Forestry and Fishing			84.9	83.3	79.9	81.2
采掘业	Mining and Quarrying	6.6	3.9	3.5	3.5	3.8	3.9
制造业	Manufacturing	482.5	478.5	419.6	413.1	406.3	413.4
供水；污水处理、废物管理和补救活动	Water Supply; Sewerage, Waste Management and Remediation Activities			21.1	22.1	22.5	22.8
建筑业	Construction	159.6	188.9	188.9	170.0	155.3	148.4
批发和零售贸易；机动车辆和摩托车的修理	Wholesale and Retail Trade; Repair of Motor Vehicles and Motorcycles			330.5	333.1	328.8	322.7
运输和储存	Transportation and Storage			105.7	104.5	103.4	103.9
住宿和餐饮业	Accommodation and Food Service Activities	77.3	104.9				
信息和通讯业	Information and Communication			52.3	55.5	54.9	55.1
金融和保险业	Financial and Insurance Activities			65.6	64.0	62.7	61.2
房地产业	Real Estate Activities			13.8	14.1	14.6	12.6
企业管理和商务服务业	Administrative and Support Service Activities	573.7	593.4	613.9	633.8	626.2	633.9
教育	Education	151.1	153.7	153.7	149.5	149.0	151.3
卫生和社会福利业	Human Health and Social Work Activities	127.7	154.8				
艺术、娱乐和文娱活动	Arts, Entertainment and Recreation			26.2	28.3	29.3	29.8
家庭作为雇主的活动；家庭自用、未加区分的生产货物及服务的活动	Activities of Households as Employers; Undifferentiated Goods- and Services-Producing Activities of Households for Own Use			52.2	69.0	70.8	77.6
境外组织和机构的活动	Activities of Extraterritorial Organizations and Bodies	1.9	1.7				

5-4 续表 13 continued

单位：万人 (10 000 persons)

国家或地区	Country or Area	2000	2005	2010	2012	2013	2014
荷　兰	**Netherlands**						
按第四版ISIC分类	ISIC-Rev.4						
总　计	Total	786.0	811.1	837.0	834.5	828.5	823.6
农业、林业和渔业	Agriculture, Forestry and Fishing			23.3	20.5	15.9	17.4
采掘业	Mining and Quarrying	1.2	0.8	0.9	1.0	1.1	1.0
制造业	Manufacturing	109.5	105.6	80.1	76.7	76.4	76.5
供水；污水处理、废物管理和补救活动	Water Supply; Sewerage, Waste Management and Remediation Activities			3.5	3.5	3.5	3.3
建筑业	Construction	45.0	47.8	45.6	44.1	41.3	39.8
批发和零售贸易；机动车辆和摩托车的修理	Wholesale and Retail Trade; Repair of Motor Vehicles and Motorcycles			109.5	112.6	121.6	123.5
运输和储存	Transportation and Storage			39.2	39.0	36.7	35.8
住宿和餐饮业	Accommodation and Food Service Activities	28.7	32.0				
信息和通讯业	Information and Communication			29.4	28.3	25.4	24.5
金融和保险业	Financial and Insurance Activities			21.7	22.0	27.4	28.0
房地产业	Real Estate Activities			6.3	6.4	6.3	6.4
企业管理和商务服务业	Administrative and Support Service Activities	239.4	267.6	282.7	278.7	273.3	268.9
教育	Education	47.2	54.7	57.1	55.8	54.8	54.4
卫生和社会福利业	Human Health and Social Work Activities	106.4	124.0				
艺术、娱乐和文娱活动	Arts, Entertainment and Recreation			17.2	16.9	15.9	15.9
家庭作为雇主的活动；家庭自用、未加区分的生产货物及服务的活动	Activities of Households as Employers; Undifferentiated Goods- and Services-Producing Activities of Households for Own Use			0.4	0.3	0.7	0.9
境外组织和机构的活动	Activities of Extraterritorial Organizations and Bodies	0.1	0.1				
未分类经济活动	Not Classifiable by Economic Activity	35.9	39.0				
波　兰	**Poland**						
按第四版ISIC分类	ISIC-Rev.4						
总　计	Total	1451.8	1411.6	1547.3	1559.1	1556.8	1586.1
农业、林业和渔业	Agriculture, Forestry and Fishing			201.8	196.0	186.7	181.9
采掘业	Mining and Quarrying	30.2	22.5	22.4	25.2	26.8	26.7
制造业	Manufacturing	287.0	283.1	287.6	290.6	296.9	303.6
供水；污水处理、废物管理和补救活动	Water Supply; Sewerage, Waste Management and Remediation Activities			15.1	16.5	16.4	17.0
建筑业	Construction	107.9	84.3	125.7	125.3	118.4	118.7
批发和零售贸易；机动车辆和摩托车的修理	Wholesale and Retail Trade; Repair of Motor Vehicles and Motorcycles			228.6	227.0	222.6	229.6
运输和储存	Transportation and Storage			86.4	89.8	92.3	92.7
住宿和餐饮业	Accommodation and Food Service Activities	24.4	24.7				
信息和通讯业	Information and Communication			30.3	31.6	33.1	35.6
金融和保险业	Financial and Insurance Activities			35.4	39.4	37.9	37.6
房地产业	Real Estate Activities			16.8	14.7	13.9	15.8
企业管理和商务服务业	Administrative and Support Service Activities	323.7	328.6	357.1	357.3	367.2	372.2
教育	Education	99.9	110.3	120.6	117.5	121.2	124.9
卫生和社会福利业	Human Health and Social Work Activities	93.7	81.9				
艺术、娱乐和文娱活动	Arts, Entertainment and Recreation			19.3	18.9	19.6	20.8
家庭作为雇主的活动；家庭自用、未加区分的生产货物及服务的活动	Activities of Households as Employers; Undifferentiated Goods- and Services-Producing Activities of Households for Own Use			2.3	2.9	2.9	2.6
未分类经济活动	Not Classifiable by Economic Activity		0.5	1.1			

5-4 续表 14 continued

单位：万人 (10 000 persons)

国家或地区	Country or Area	2000	2005	2010	2012	2013	2014
俄 罗 斯	**Russia**						
按第三版ISIC分类	ISIC-Rev.3						
总　计	Total	6507.0	6816.9	6980.4	7154.5	7139.1	7153.9
农业、狩猎业和林业	Agriculture, Hunting, Forestry	924.3	676.9	541.0			
渔业	Fishing	18.8	16.6	11.8			
采掘业	Mining and Quarrying	129.4	123.6	142.2	145.1	154.1	152.6
制造业	Manufacturing	1217.8	1253.4	1058.2	1071.8	1056.2	1038.2
电、煤气和水供应业	Electricity, Gas and Water Supply	168.6	195.9	228.8			
建筑业	Construction	332.9	457.5	503.4	532.0	539.2	541.9
批发、零售贸易；机动车及个人、家庭用品修理业	Wholesale, Retail Trade, Repair of Motor Vehicles, Motorcycles and Personal and Household Goods	788.7	1038.3	1087.5			
旅馆和饭店业	Hotels and Restaurants	92.4	129.7	136.7			
运输、仓储和通讯	Transport, Storage and Communications	548.4	624.9	650.0	671.1	676.7	677.5
金融中介	Financial Intermediation	84.3	96.2	130.9	146.3	640.8	159.2
房地产、租赁及商业活动	Real Estate, Renting and Business Activities	202.8	403.9	445.0	472.6	577.5	503.2
公共管理和国防；社会基本保障	Public Administration and Defence; Compulsory Social Security	482.4	481.5	572.2			
教育	Education	591.1	620.4	656.5	661.7	653.4	657.7
卫生和社会工作	Health and Social Work	439.2	470.1	548.5			
其他团体、社会和个人服务活动	Other Community, Social and Personal Services Activities	483.6	224.7	265.2	273.8	290.4	301.9
雇人的私人住户	Private Households with Employed Persons	2.1	2.6	2.3			
境外组织和机构	Extra-Territorial Organizations and Bodies	0.4	0.4	0.1			
西 班 牙	**Spain**						
按第四版ISIC分类	ISIC-Rev.4						
总　计	Total	1544.0	1920.7	1872.4	1763.3	1713.9	1734.4
农业、林业和渔业	Agriculture, Forestry and Fishing			78.6	74.3	73.7	73.6
采掘业	Mining and Quarrying	6.8	6.1	4.6	3.7	3.0	3.1
制造业	Manufacturing	289.4	314.2	240.5	222.4	211.9	214.1
供水；污水处理、废物管理和补救活动	Water Supply; Sewerage, Waste Management and Remediation Activities			11.9	13.8	12.8	11.3
建筑业	Construction	170.1	236.9	165.1	116.1	102.9	99.4
批发和零售贸易；机动车辆和摩托车的修理	Wholesale and Retail Trade; Repair of Motor Vehicles and Motorcycles			293.7	286.0	284.7	286.7
运输和储存	Transportation and Storage			92.6	85.2	83.2	85.3
住宿和餐饮业	Accommodation and Food Service Activities	101.9	130.1				
信息和通讯业	Information and Communication			52.8	53.5	52.3	51.6
金融和保险业	Financial and Insurance Activities			47.7	43.6	45.4	45.3
房地产业	Real Estate Activities			8.4	9.7	9.2	10.0
企业管理和商务服务业	Administrative and Support Service Activities	366.2	499.2	551.7	537.4	521.8	529.3
教育	Education	85.0	111.1	121.1	120.8	116.4	115.2
卫生和社会福利业	Human Health and Social Work Activities	81.5	115.7				
艺术、娱乐和文娱活动	Arts, Entertainment and Recreation			34.1	31.6	31.6	35.0
家庭作为雇主的活动；家庭自用、未加区分的生产货物及服务的活动	Activities of Households as Employers; Undifferentiated Goods- and Services-Producing Activities of Households for Own Use			73.5	65.3	67.0	65.7
境外组织和机构的活动	Activities of Extraterritorial Organizations and Bodies	0.1	0.6				

5-4 续表 15 continued

单位：万人 (10 000 persons)

国家或地区	Country or Area	2000	2005	2010	2012	2013	2014
土 耳 其	**Turkey**						
按第四版ISIC分类	ISIC-Rev.4						
总　计	Total	2158.1	2204.6	2259.3	2481.9	2552.0	2593.1
农业、林业和渔业	Agriculture, Forestry and Fishing			535.5	584.6	585.0	546.8
采掘业	Mining and Quarrying	8.2	12.0	11.4	11.3	10.5	13.3
制造业	Manufacturing	363.8	408.4	421.3	441.9	463.2	493.5
供水；污水处理、废物管理和补救活动	Water Supply; Sewerage, Waste Management and Remediation Activities			9.2	12.1	12.2	15.4
建筑业	Construction	136.4	117.3	143.2	170.9	178.0	191.1
批发和零售贸易；机动车辆和摩托车的修理	Wholesale and Retail Trade; Repair of Motor Vehicles and Motorcycles			332.6	350.1	351.8	358.6
运输和储存	Transportation and Storage			101.0	109.4	115.1	111.9
住宿和餐饮业	Accommodation and Food Service Activities	77.6	94.9				
信息和通讯业	Information and Communication			20.4	23.8	25.4	22.8
金融和保险业	Financial and Insurance Activities			27.3	26.5	28.8	30.1
房地产业	Real Estate Activities			6.0	18.4	18.6	20.5
企业管理和商务服务业	Administrative and Support Service Activities	304.3	352.7	415.9	459.5	465.8	461.2
教育	Education	75.0	90.6	101.9	122.5	124.8	132.1
卫生和社会福利业	Human Health and Social Work Activities	47.9	53.0				
艺术、娱乐和文娱活动	Arts, Entertainment and Recreation			10.2	10.8	12.1	13.1
家庭作为雇主的活动；家庭自用、未加区分的生产货物及服务的活动	Activities of Households as Employers; Undifferentiated Goods- and Services-Producing Activities of Households for Own Use			57.2	40.3	32.6	16.0
境外组织和机构的活动	Activities of Extraterritorial Organizations and Bodies	0.4		0.4			
乌 克 兰	**Ukraine**						
按第三版ISIC分类	ISIC-Rev.3						
总　计	Total	2017.5	2068.0	2026.6	2035.4	2040.4	1807.3
农业、狩猎业、林业和渔业	Agriculture, Hunting, Forestry; Fishing	497.7	400.6				
农业、狩猎业和林业	Agriculture, Hunting, Forestry		400.6	406.8			
渔业	Fishing			2.2			
采掘业	Mining and Quarrying	61.8		61.4	67.9	63.8	69.5
制造业	Manufacturing	291.4	407.2	268.8	268.1	257.2	234.9
电、煤气和水供应业	Electricity, Gas and Water Supply			55.9			
建筑业	Construction	89.5	94.2	130.4	128.3	124.0	113.6
批发、零售贸易；机动车及个人、家庭用品修理业	Wholesale, Retail Trade, Repair of Motor Vehicles, Motorcycles and Personal and Household Goods		417.5	330.1			
旅馆和饭店业	Hotels and Restaurants			32.9			
运输、仓储和通讯	Transport, Storage and Communications	122.8	140.1	147.0	139.0		
金融中介	Financial Intermediation		24.8	33.6	33.7		
房地产、租赁及商业活动	Real Estate, Renting and Business Activities		96.7	69.7	76.4		
公共管理和国防；社会基本保障	Public Administration and Defence; Compulsory Social Security		102.9	110.7			
教育	Education		166.8	168.4	164.7	168.0	176.8
卫生和社会工作	Health and Social Work		135.7	133.8			
其他团体、社会和个人服务活动	Other Community, Social and Personal Services Activities		81.7	56.1	54.7		
其他团体、社会和个人服务活动；雇人的私人住户；境外组织和团体	Other Community, Social and Personal Services Activities;Private Households with Employed Persons;Extra-Territorial Organizations and Bodies		81.7				
雇人的私人住户	Private Households with Employed Persons			4.0			
未分类经济活动	Not Classifiable by Economic Activity			14.9			

5-4 续表 16 continued

单位：万人 (10 000 persons)

国家或地区	Country or Area	2000	2005	2010	2012	2013	2014
英　国	**United Kingdom**						
按第四版ISIC分类	ISIC-Rev.4						
总　计	Total	2726.4	2873.9	2912.5	2959.6	2995.4	3067.2
农业、林业和渔业	Agriculture, Forestry and Fishing			35.2	34.8	31.4	38.2
采掘业	Mining and Quarrying	9.9	10.9	10.3	12.5	13.1	13.2
制造业	Manufacturing	461.9	379.2	286.5	290.0	292.1	300.7
供水；污水处理、废物管理和补救活动	Water Supply; Sewerage, Waste Management and Remediation Activities			19.5	23.0	21.1	21.0
建筑业	Construction	193.1	228.9	221.6	215.7	215.7	223.6
批发和零售贸易；机动车辆和摩托车的修理	Wholesale and Retail Trade; Repair of Motor Vehicles and Motorcycles			401.0	406.4	402.1	402.0
运输和储存	Transportation and Storage			145.4	144.2	149.9	147.5
住宿和餐饮业	Accommodation and Food Service Activities	112.7	121.2				
信息和通讯业	Information and Communication			101.2	111.7	116.9	120.1
金融和保险业	Financial and Insurance Activities			117.9	120.2	115.7	117.9
房地产业	Real Estate Activities			28.1	33.4	33.8	35.1
企业管理和商务服务业	Administrative and Support Service Activities	853.6	983.6	1043.0	1041.9	1060.7	1085.5
教育	Education	219.2	257.1	310.0	307.4	309.0	318.2
卫生和社会福利业	Human Health and Social Work Activities	297.9	352.1				
艺术、娱乐和文娱活动	Arts, Entertainment and Recreation			75.7	77.4	73.8	79.4
家庭作为雇主的活动；家庭自用、未加区分的生产货物及服务的活动	Activities of Households as Employers; Undifferentiated Goods- and Services-Producing Activities of Households for Own Use			6.4	6.2	6.4	8.4
境外组织和机构的活动	Activities of Extraterritorial Organizations and Bodies	2.3	1.2				
未分类经济活动	Not Classifiable by Economic Activity	7.4	6.5				
澳大利亚	**Australia**						
按第三版ISIC分类	ISIC-Rev.3						
总　计	Total	886.1	985.3	1099.1	1131.5	1142.5	1153.5
农业、狩猎业和林业	Agriculture, Hunting, Forestry	42.6	34.2	36.1			
渔业	Fishing	1.8	1.3	1.1			
采掘业	Mining and Quarrying	6.7	10.6	16.9			
制造业	Manufacturing	107.1	102.1	97.9	94.8	92.0	92.2
电、煤气和水供应业	Electricity, Gas and Water Supply	6.5	8.2	11.3			
建筑业	Construction	68.5	84.3	99.9	98.2	100.8	103.3
批发、零售贸易；机动车及个人、家庭用品修理业	Wholesale, Retail Trade, Repair of Motor Vehicles, Motorcycles and Personal and Household Goods	175.9	176.5	186.7			

5-4 续表 17 continued

单位：万人 (10 000 persons)

国家或地区	Country or Area	2000	2005	2010	2012	2013	2014
澳大利亚(续)	**Australia(Continued)**						
旅馆和饭店业	Hotels and Restaurants	45.5	69.2	75.6			
运输、仓储和通讯	Transport, Storage and Communications	58.8	63.4	70.9			
金融中介	Financial Intermediation	33.3	37.5	39.9			
房地产、租赁及商业活动	Real Estate, Renting and Business Activities	106.2	121.3	141.2			
公共管理和国防；社会基本保障	Public Administration and Defence; Compulsory Social Security	45.7	61.2	69.8			
教育	Education	61.3	72.0	85.4			
卫生和社会工作	Health and Social Work	85.0	101.6	127.4			
其他团体、社会和个人服务活动	Other Community, Social and Personal Services Activities	43.6	46.0	52.1			
雇人的私人住户	Private Households with Employed Persons	0.7		0.4			
境外组织和机构	Extra-Territorial Organizations and Bodies	0.1	0.1				
未分类经济活动	Not Classifiable by Economic Activity	0.2	2.4				
新 西 兰	**New Zealand**						
按第三版ISIC分类	ISIC-Rev.3						
总 计	Total	177.9	208.5	218.0	221.6	226.2	230.5
农业、狩猎业和林业	Agriculture, Hunting, Forestry	15.0	14.6				
渔业	Fishing	0.4	0.3				
采掘业	Mining and Quarrying	0.4	0.4	0.7	0.7	0.7	0.7
制造业	Manufacturing	28.2	28.7	25.2	25.2	25.5	25.1
电、煤气和水供应业	Electricity, Gas and Water Supply	0.9	0.8				
建筑业	Construction	11.8	16.3	17.9	17.1	17.8	19.9
批发、零售贸易；机动车及个人、家庭用品修理业	Wholesale, Retail Trade, Repair of Motor Vehicles, Motorcycles and Personal and Household Goods	31.1	36.2				
旅馆和饭店业	Hotels and Restaurants	9.3	10.0				
运输、仓储和通讯	Transport, Storage and Communications	11.1	12.1				
金融中介	Financial Intermediation	5.5	6.5				
房地产、租赁及商业活动	Real Estate, Renting and Business Activities	17.6	23.4				
公共管理和国防；社会基本保障	Public Administration and Defence; Compulsory Social Security	9.1	12.9				
教育	Education	13.0	16.6	19.0	19.4	19.5	19.7
卫生和社会工作	Health and Social Work	14.2	18.9				
其他团体、社会和个人服务活动	Other Community, Social and Personal Services Activities	8.6	10.2				
雇人的私人住户	Private Households with Employed Persons	0.9	0.3				
境外组织和机构	Extra-Territorial Organizations and Bodies	0.1					
未分类经济活动	Not Classifiable by Economic Activity	0.8	0.5	0.8			

5-5 失业人数
Unemployment

资料来源：联合国ILO数据库。
Source: ILO Database.

单位：万人 (10 000 persons)

国家或地区	Country or Area	2000	2005	2010	2012	2013	2014
中　国①	China①	595.0	839.0	908.0	917.0	926.0	952.0
中国香港	Hong Kong, China	16.7	19.8	15.7	12.5	13.1	12.7
中国澳门	Macao, China	1.4	1.0	0.9	0.7	0.7	0.7
孟加拉国	Bangladesh	175.0	210.4	256.6		258.7	
文　莱	Brunei Darussalam	0.7		0.5	0.2		
柬埔寨	Cambodia	13.4		2.7	1.2	2.4	1.5
印　度	India	1663.4	3934.8	1373.4	1458.6		
印度尼西亚	Indonesia	581.3	1189.9	832.0	724.5	741.1	724.5
伊　朗	Iran	159.8	264.3	321.8	294.4	248.8	251.4
以色列	Israel	21.4	24.6	20.9	24.7	22.8	22.3
日　本	Japan	319.0	294.0	334.0	285.0	265.0	236.0
哈萨克斯坦	Kazakhstan	90.6	64.1	49.7	47.5	47.1	46.1
韩　国	Korea, Rep.	97.9	88.7	92.0	82.0	80.7	93.7
老　挝	Laos		3.8				
马来西亚	Malaysia	28.7	36.8	39.6	39.6	42.5	40.0
蒙　古	Mongolia	3.9	3.6	11.3	9.5	9.5	9.6
缅　甸	Myanmar	38.2	19.0				
巴基斯坦	Pakistan	312.7	356.6				
菲律宾	Philippines	345.9	274.8	285.9	282.6	290.5	272.8
新加坡	Singapore	0.4	4.4	6.5	6.0	6.0	6.1
斯里兰卡	Sri Lanka	51.7	62.3	40.1	33.6	39.1	38.7
泰　国	Thailand	81.3	49.6	40.2	23.1	30.6	32.7
越　南	Viet Nam	88.6		134.4	92.6	103.8	100.4
埃　及	Egypt	169.8	245.0	235.1	342.5	364.9	363.7
尼日利亚	Nigeria			1394.7			
南　非	South Africa	374.2	399.7	433.2	454.1	488.6	507.6
加拿大	Canada	108.2	116.9	148.6	137.2	134.7	132.2
墨西哥	Mexico	99.9	148.3	257.2	247.4	259.9	262.3
美　国	United States	569.2	759.1	1482.5	1250.6	1146.0	961.7
阿根廷	Argentina	146.1	114.2	121.0	124.2	114.0	118.6
巴　西	Brazil	1183.8	213.9	159.1	710.0	696.9	673.2
委内瑞拉	Venezuela	136.6	137.4	113.2	102.8	107.6	
白俄罗斯	Belarus	9.6	6.8	3.3	2.5	2.1	2.4
捷　克	Czech Rep.	45.7	51.0	53.0	50.6	56.7	55.9
法　国	France	244.7	256.4	290.0	298.3	325.6	340.7
德　国	Germany	389.0	486.1	324.4	289.7	295.0	289.9
意大利	Italy	254.5	188.9	210.2	274.4	311.3	
荷　兰	Netherlands	18.8	48.3	42.4	50.7	65.6	
波　兰	Poland	270.3	277.3	191.8	204.7	217.5	197.0
俄罗斯	Russia	103.7	183.0	187.5	413.1	413.7	388.9
西班牙	Spain	196.4	207.0	406.1	472.0	485.4	457.6
土耳其	Turkey	73.1	88.1	163.6	211.3	234.9	242.1
乌克兰	Ukraine	115.5	88.2	45.3	46.9	48.7	46.0
英　国	United Kingdom	110.2	87.4	150.3	251.9	246.2	
澳大利亚	Australia	59.7	52.4	60.6	62.5	68.7	74.6
新西兰	New Zealand	22.7	8.6	12.9	21.1	24.6	14.1

注：①城镇登记失业人数。
Note:①Urban Registered Unemployed Persons.

5-6 失业率
Unemployment Rate

资料来源：联合国ILO数据库。
Source: ILO Database.
单位：%　　(%)

国家或地区	Country or Area	2000	2005	2010	2012	2013	2014
中　　国①	China①	3.1	4.2	4.1	4.1	4.1	4.1
中国香港	Hong Kong, China	4.9	5.6	4.3	3.3	3.4	3.3
中国澳门	Macao, China	6.8	4.1	2.8	2.0	1.8	1.7
中国台湾	Taiwan, China,	3.0	4.1	5.2	4.2	4.2	
阿尔巴尼亚	Albania	16.8	14.1	14.2	13.4	15.6	17.5
阿尔及利亚	Algeria	29.8	15.3	10.0	11.0	9.8	10.6
美属萨摩亚	American Samoa	5.1	10.0	9.2			
阿 根 廷	Argentina	15.0	10.6	7.4	7.3	6.6	7.0
亚美尼亚	Armenia	11.7	8.2	19.0	17.3	16.2	17.6
澳大利亚	Australia	6.3	5.0	5.2	5.2	5.7	6.1
奥 地 利	Austria	5.8	7.3	4.4	4.3	4.9	
阿塞拜疆	Azerbaijan	1.2	7.6	5.6	5.2	5.0	4.9
巴 哈 马	Bahamas		10.2		14.7	16.2	
孟加拉国	Bangladesh	3.3	4.3	4.5		4.3	
巴巴多斯	Barbados	9.4	9.1	10.7	11.6	11.6	12.3
白俄罗斯	Belarus	2.1	1.5	0.7	0.5	0.5	0.5
比 利 时	Belgium	10.9	8.4	8.3	7.5	8.4	
百 慕 大	Bermuda	3.0		6.5	8.4	6.7	9.0
不　　丹	Bhutan		3.1	3.3	2.1	2.9	2.6
玻利维亚	Bolivia	4.8	5.4	6.0		2.8	3.5
波　　黑	Bosnia and Herzegovinian			27.2	28.0	27.5	27.5
巴　　西	Brazil	15.3	9.9	6.7	7.4	7.1	6.8
保加利亚	Bulgaria	17.9	10.7	10.2	12.3	12.9	
柬 埔 寨	Cambodia	2.5		0.4	0.2	0.3	0.1
加 拿 大	Canada	6.8	6.8	8.1	7.3	7.1	6.9
开曼群岛	Cayman Islands		3.5	6.7	6.2	6.3	4.7
智　　利	Chile	8.3	6.9	7.1	6.1	5.7	6.0
哥伦比亚	Colombia	20.5	11.6	11.8	10.4	8.9	9.1
哥斯达黎加	Costa Rica	5.1	6.6	8.9	10.2	9.4	9.6
克罗地亚	Croatia	16.1	17.9	11.8	15.8	17.3	
古　　巴	Cuba	5.4	1.9	2.5	3.5	3.3	2.7
塞浦路斯	Cyprus	3.4	3.7	6.3	11.8	15.9	
捷　　克	Czech Rep.	8.8	8.9	7.3	7.0	7.0	
丹　　麦	Denmark	4.5	5.1	7.5	7.5	7.0	
多米尼加	Dominican Rep.	13.9	17.9	14.3	14.7	15.0	5.8
厄瓜多尔	Ecuador	9.0	7.9	5.0	4.1	4.2	3.8
埃　　及	Egypt	9.0	11.2	9.0	12.7	13.2	13.0
萨尔瓦多	El Salvador	7.0	7.2	7.1	6.1	5.9	
爱沙尼亚	Estonia	5.3	3.9	16.7	10.0	8.6	
埃塞俄比亚	Ethiopia		5.0	18.9	17.6	4.5	17.4

5-6 续表 1 continued

单位：% (%)

国家或地区	Country or Area	2000	2005	2010	2012	2013	2014
芬　兰	Finland	12.5	8.4	8.4	7.6	8.2	
法　国	France	8.6	9.0	9.3	9.8	9.9	
法属圭亚那	French Guiana	25.8	26.5	21.0	22.3	21.3	
加　蓬	Gabon		16.9	20.4			
格鲁吉亚	Georgia	10.8	13.8	16.3	15.0	14.6	12.4
德　国	Germany	10.7	13.0	7.1	5.5	5.3	
希　腊	Greece	11.1	9.8	12.5	24.2	27.3	
格陵兰	Greenland	11.0	9.3			10.1	10.3
瓜德罗普	Guadeloupe	25.7	26.0	23.8	22.9	26.2	
关　岛	Guam	15.3	7.0	8.2	11.9	11.5	
危地马拉	Guatemala	1.4		3.5	2.9	3.0	2.8
洪都拉斯	Honduras		4.1	4.0		3.9	
匈牙利	Hungary	6.4	7.2	11.2	10.9	10.2	
冰　岛	Iceland	1.9	2.6	7.6	6.0	5.4	
印　度	India	4.3	4.4	2.1	2.5	4.5	4.9
印度尼西亚	Indonesia	6.1	11.2	7.1	6.1	6.2	5.9
伊　朗	Iran		11.5	13.5	12.2	10.4	10.6
爱尔兰	Ireland	4.1	4.2	13.9	14.7	13.0	
马恩岛	Isle of Man	0.6	1.4			2.6	2.0
以色列	Israel	8.8	9.0	6.6	6.9	6.2	5.9
意大利	Italy	10.8	7.7	8.4	10.7	12.2	
牙买加	Jamaica	15.5	10.9	12.4	13.9	15.3	13.7
日　本	Japan	4.7	4.4	5.1	4.4	4.0	3.6
泽西岛	Jersey			3.0		5.7	4.6
约　旦	Jordan	13.7	14.8	12.5	12.2	12.6	11.9
哈萨克斯坦	Kazakhstan	12.8	8.1	5.8	5.3	5.2	5.1
基里巴斯	Kiribati		14.7	30.6			
韩　国	Korea, Rep.	4.4	3.7	3.7	3.2	3.2	3.5
科威特	Kuwait	0.8	2.0	1.8			
吉尔吉斯斯坦	Kyrgyzstan	7.5	8.1	8.6	8.4	8.3	8.1
拉脱维亚	Latvia	7.8	7.4	19.5	15.0	11.9	
列支敦士登	Liechtenstein	1.3	2.7	2.6	2.5	2.6	
立陶宛	Lithuania	12.6	5.4	17.8	13.4	11.8	
卢森堡	Luxemburg	2.7	4.7	4.4	5.1	5.8	
马其顿	Macedonia	53.7	37.3	32.0	31.0	29.0	
马达加斯加	Madagascar	5.8	2.3	3.8	1.3		
马来西亚	Malaysia	3.0	3.5	3.3	3.0	3.1	2.9
马耳他	Malta	4.5	5.1	6.8	6.3	6.4	
马提尼克	Martinique	26.3	17.8	21.0	21.0	22.8	
毛里求斯	Mauritius	8.8	9.6	7.7	8.1	8.0	
墨西哥	Mexico	2.6	3.5	5.3	4.8	5.0	5.3
摩尔多瓦	Moldova	8.5	7.3	7.5	5.6	5.1	3.9
蒙　古	Mongolia	4.6	3.3	9.9	8.2	7.9	7.9
黑　山	Montenegro		30.3	19.7	19.7	19.5	
摩洛哥	Morocco	13.6	11.0	9.1	9.0	9.2	9.9
纳米比亚	Namibia	20.3		22.1	27.4	29.7	

5-6 续表 2 continued

单位：% (%)

国家或地区	Country or Area	2000	2005	2010	2012	2013	2014
荷　兰	Netherlands	2.6	6.5	5.4	6.4	8.3	
荷属安的列斯	Netherlands Antilles	14.2	18.2			13.0	
新西兰	New Zealand	6.1	3.8	6.5	6.9	6.2	5.8
尼加拉瓜	Nicaragua	9.8	5.6	9.7		5.3	
挪　威	Norway	2.7	3.5	3.6	3.2	3.5	
巴基斯坦	Pakistan	7.8	7.7	5.6		6.2	6.0
巴拿马	Panama	13.5	10.3	6.5	4.1	4.1	4.8
巴拉圭	Paraguay	7.6	5.8	5.7	4.9	5.0	6.1
秘　鲁	Peru	7.4	7.5	4.1	3.7	4.0	
菲律宾	Philippines	11.2	7.7	7.4	7.0	7.1	6.6
波　兰	Poland	15.1	17.6	9.6	10.1	10.3	
葡萄牙	Portugal	3.9	7.6	10.8	15.5	16.2	
波多黎各	Puerto Rico	10.2	11.4	16.1	14.5		13.9
卡塔尔	Qatar			0.5	0.5	0.3	0.2
留尼汪	Reunion	36.5	30.1	28.9	28.5		
罗马尼亚	Romania	10.5	5.9	7.3	7.0	7.3	
俄罗斯	Russia	1.4	2.5	7.5	5.5	5.5	5.2
圣卢西亚	Saint Lucia	16.4	18.7	20.6	19.1	22.2	
圣马力诺	San Marino	2.8	2.1	4.4	6.1	6.0	
沙特阿拉伯	Saudi Arabia	4.6	6.1	5.6	5.5	5.6	5.7
塞尔维亚	Serbia		20.8	19.2	23.9	22.1	18.9
新加坡	Singapore	3.7	4.1	3.1	2.8	2.8	2.7
斯洛伐克	Slovakia	18.2	11.6	14.4	13.9	14.2	
斯洛文尼亚	Slovenia	12.2	10.1	7.2	8.8	10.1	
南　非	South Africa	23.3	23.8	24.9	25.1	24.7	24.9
西班牙	Spain	10.9	9.9	19.9	24.8	26.1	
斯里兰卡	Sri Lanka	7.6	7.7	5.0	4.0	4.4	4.4
瑞　典	Sweden	5.3	5.3	8.6	8.0	8.0	
瑞　士	Switzerland	1.8	3.8	4.5	4.2	4.4	4.5
叙利亚	Syrian Arab Republic	2.3		8.6			
泰　国	Thailand	2.4	1.4	1.0	0.6	0.8	0.8
特立尼达和多巴哥	Trinidad And Tobago	12.2	8.0	5.9	5.0	3.6	3.3
突尼斯	Tunisia	15.7	12.9	13.1	17.6	15.9	
土耳其	Turkey	6.5	10.3	10.7	8.2	8.7	9.9
乌干达	Uganda		1.9	12.6		1.9	
乌克兰	Ukraine	5.5	4.3	8.1	7.5	7.2	9.3
阿联酋	United Arab Emirates	2.3	3.1				
英　国	United Kingdom	3.8	2.8	7.8	7.9	7.7	
美　国	United States	4.0	5.1	9.6	8.1	7.4	6.2
乌拉圭	Uruguay	13.6	12.2	6.8	6.4	6.5	6.6
委内瑞拉	Venezuela	13.2	11.4	8.5	7.5	7.8	
越　南	Viet Nam	2.3	5.3	2.6	1.8	2.0	1.9
约旦河西岸和加沙	West Bank and Gaza	14.1	23.5	23.7	23.0	24.2	
也　门	Yemen		16.1	17.8			
赞比亚	Zambia	12.9	15.9	13.2	7.9		
津巴布韦	Zimbabwe				5.4		11.3

注：①城镇登记失业率。
Note:①Urban Registered Unemployment Rate.

5-7 雇员每月平均工资
Mean Nominal Monthly Earnings of Employees

资料来源：联合国ILO数据库。
Source: ILO Database.
单位：本币 (local currency units)

国家或地区	Country or Area	2000	2005	2009	2010	2011	2012	2013
中　国	China	778	1517	2687	3045	3483	3897	4290
中国香港	Hong Kong, China		10532	11107	11578	12690	13258	13807
中国澳门	Macao, China	5116	5635	9900	10095	10725	11335	12145
柬 埔 寨	Cambodia			314665	359611	392048	487583	
印　度	India	3490	4247	5675	6273		7477	
伊　朗	Iran	201	109	217	252			
以 色 列	Israel	6662	7054	7947	8100	8325	9149	9030
日　本	Japan	330000	330800	318100	323000	323800	325600	324000
哈萨克斯坦	Kazakhstan	14374	34060	67333	77611	90028	101263	
韩　国	Korea, Rep.	1667542	2404385	2636260	2816188	2843545	2995471	3110992
马来西亚	Malaysia	1454	1858	2079	2199	2358	2487	2674
蒙　古	Mongolia	62300	101225	300450	341450	424150	557550	813
缅　甸	Myanmar	3270	5744					
巴基斯坦	Pakistan	3157		7635	8623	9715		12118
菲 律 宾	Philippines		6400	7583	7995	8280	8707	9107
新 加 坡	Singapore	3063	3444	3872	4089	4334	4433	4622
斯里兰卡	Sri Lanka	5326	9716	13690	15163			
泰　国	Thailand		7389	8694	9262	9935	11101	12003
越　南	Viet Nam			2395000	2519000	3105000	3757000	4120470
埃　及	Egypt	702	897	1569	1902	1573	1712	3044
南　非	South Africa			10237	11715	12631	13748	14530
加 拿 大	Canada	2841	3193	3565	3692	3782	3877	3947
墨 西 哥	Mexico	127	4997	5866	5954	5980	6193	6391
阿 根 廷	Argentina	589	819	1958	2527	2500	3000	
巴　西	Brazil	767	969	1330	1452	1588	1744	1884
委内瑞拉	Venezuela			1478	1881	2346	3050	
捷　克	Czech Rep.	12831	21674	26677	26881	25625	26149	26444
法　国	France	2093	2385	2542	2553	2659	2738	2905
德　国	Germany	2114	2230	2333	2387	2466	2538	2594
意 大 利	Italy	1687	1928	2075	2122	2142	2147	2175
荷　兰	Netherlands	5220	2836	2229	2245	2266	2302	
波　兰	Poland	1894	2361	3102	3224	3404	3530	
俄 罗 斯	Russia	2223	8555	18638	20952	23369	26629	29960
西 班 牙	Spain	1335	1572	1858	1875	1895	1884	1884
土 耳 其	Turkey		61	86	100	116	134	153
乌 克 兰	Ukraine	230	806	1906	2239	2633	3026	3265
英　国	United Kingdom	1536	1832	2084	2113	2111	2129	2176
澳大利亚	Australia	2767	3434	4060	4275	4439	4625	4808
新 西 兰	New Zealand	2526	3103	3653	3796	3891	3995	4169

5-8 每个就业者创造的国内生产总值(购买力平价法，2011年不变价美元)
GDP per Person Employed (constant 2011 PPP $)

资料来源：世界银行WDI数据库。
Source: World Bank WDI Database.

单位：美元 (USD)

国家或地区	Country or Area	2000	2005	2010	2012	2013	2014
世　界	**World**	**23615**	**26093**	**29548**	**30856**	**31377**	**31934**
高收入国家	**High Income**	**77226**	**83115**	**85989**	**87824**	**88435**	**89108**
中等收入国家	**Middle Income**	**12204**	**14831**	**19293**	**20855**	**21504**	**22144**
中等偏上收入国家	**Upper Middle Income**	**14596**	**18136**	**24000**	**26151**	**27074**	**27981**
中等偏下收入国家	**Lower Middle Income**	**9138**	**10795**	**13709**	**14604**	**14997**	**15404**
中低收入国家	**Low and Middle Income**	**11445**	**13820**	**17837**	**19233**	**19801**	**20362**
东亚和太平洋	**East Asia and Pacific**	**7650**	**10666**	**15967**	**18083**	**19177**	**20295**
欧洲和中亚	**Europe and Central Asia**	**23923**	**30834**	**35705**	**37686**	**38488**	**38814**
拉丁美洲和加勒比	**Latin America and Caribbean**	**26428**	**26524**	**28965**	**29620**	**29872**	**29870**
中东和北非国家	**Middle East and North Africa**	**41461**	**42979**	**48779**	**49342**	**48112**	**47465**
南　亚	**South Asia**	**6938**	**8244**	**11407**	**12449**	**12840**	**13299**
撒哈拉以南非洲	**Sub-Saharan Africa**	**6475**	**7519**	**8609**	**8821**	**8917**	**9117**
低收入国家	**Low Income**	**2503**	**2666**	**3087**	**3290**	**3370**	**3468**
中　国	China	6501	9872	16368	18928	20247	21630
中国香港	Hong Kong, China	69459	82027	95835	99715	102130	104616
中国澳门	Macao, China	85720	122820	163404	204292	223994	231317
孟加拉国	Bangladesh	3211	3752	4626	5035	5229	5433
文　莱	Brunei Darussalam	164739	162979	153776	156311	151173	156738
柬 埔 寨	Cambodia	3017	3842	4488	4929	5200	5476
印　度	India	6984	8450	12420	13716	14140	14681
印度尼西亚	Indonesia	12643	15479	18163	19666	20490	21183
伊　朗	Iran	42065	42530	53875	54598	50387	50217
以 色 列	Israel	74973	74120	77497	73709	75368	76834
日　本	Japan	64017	68473	69834	71429	71898	72523
哈萨克斯坦	Kazakhstan	22411	32605	39727	43534	45618	46769
韩　国	Korea, Rep.	46038	54526	63789	65262	66295	68416
老　挝	Laos	5253	6348	8066	8902	9367	9804
马来西亚	Malaysia	38632	43788	49386	51899	53075	54169
蒙　古	Mongolia	10510	12745	15477	19207	21011	22450
缅　甸	Myanmar	1078	1812	2451	2704	2884	3089
巴基斯坦	Pakistan	12151	12954	12765	12898	13309	13513
菲 律 宾	Philippines	11912	12760	14458	15119	15851	16456
新 加 坡	Singapore	107074	116335	133354	135274	137389	138815
斯里兰卡	Sri Lanka	13048	15208	19226	21587	23072	24561
泰　国	Thailand	16595	19373	22174	23447	23716	23853
越　南	Viet Nam	4890	6145	7670	8214	8562	8914
埃　及	Egypt	28815	29919	35089	36352	36529	36557
尼日利亚	Nigeria	9704	14428	17766	18344	18780	19511
南　非	South Africa	33480	36768	42416	43924	43792	44047
加 拿 大	Canada	75935	78739	79267	80512	81359	82524
墨 西 哥	Mexico	38393	38309	38136	39262	38908	39053
美　国	United States	91076	100622	106149	108350	109211	109314
阿 根 廷	Argentina	26720	24371	30011	31835	32311	31735
巴　西	Brazil	25349	25680	29244	28952	29374	29170
委内瑞拉	Venezuela	38340	37024	39552	41498	40952	39440
捷　克	Czech Rep.	42330	51246	56925	56458	55176	55940
法　国	France	87198	88288	88319	89691	90139	89701
德　国	Germany	77949	81509	81869	82990	83146	84050
意 大 利	Italy	94926	91003	89103	87602	87157	87013
荷　兰	Netherlands	78957	81594	84332	83839	84433	85121
波　兰	Poland	37607	44283	48874	51702	52662	53737
俄 罗 斯	Russian Fed.	29666	37048	43401	45941	46710	46903
西 班 牙	Spain	77507	74612	79927	82754	83442	82548
土 耳 其	Turkey	41365	51753	53508	54624	55588	56666
乌 克 兰	Ukraine	11405	15824	16877	17771	18137	17157
英　国	United Kingdom	66294	73407	74638	74650	75164	76161
澳大利亚	Australia	74432	78520	80649	83412	85137	86972
新 西 兰	New Zealand	58381	61022	62083	63715	64163	65440

5-9 制造业每小时人工成本
Hourly Compensation Costs of all Employees in Manufacturing

资料来源：联合国ILO数据库。
Source: ILO Database.
单位：美元 (USD)

国家或地区	Country or Area	2000	2005	2009	2010	2011	2012	2013
以色列	Israel	12.3	13.3	17.6	19.2	21.1	20.1	22.3
日本	Japan	25.0	25.2	30.1	31.8	35.7	35.4	29.1
韩国	Korea, Rep.	9.8	15.1	14.5	16.6	19.3	20.7	
菲律宾	Philippines	1.0	1.2	1.7	1.9	2.0	2.1	2.1
新加坡	Singapore	11.7	13.2	17.5	19.4	23.1	24.2	24.0
加拿大	Canada	18.3	26.3	29.4	34.4	36.3	36.6	36.3
墨西哥	Mexico	4.7	5.6	5.7	6.1	6.5	6.4	6.8
美国	United States	25.0	30.1	34.2	34.8	35.5	35.6	36.3
阿根廷	Argentina	8.2	5.5	10.2	12.8	16.0	19.0	20.0
巴西	Brazil	4.3	5.0	8.1	10.0	11.6	10.8	10.7
捷克	Czech Rep.	3.4	7.3	11.4	11.4	12.7	11.9	12.2
法国	France	21.3	32.7	39.7	39.0	42.8	40.7	42.9
德国	Germany	25.4	38.2	45.8	44.3	47.6	45.9	49.0
意大利	Italy	16.6	27.7	34.4	33.8	36.5	34.7	36.9
荷兰	Netherlands	21.0	33.3	41.2	39.5	42.0	39.5	42.3
波兰	Poland	3.5	5.7	8.0	8.5	9.1	8.7	9.3
西班牙	Spain	12.4	20.7	27.8	26.6	28.4	26.9	28.1
英国	United Kingdom	20.6	29.7	29.3	29.0	30.5	30.9	31.0
澳大利亚	Australia	16.4	28.6	32.9	39.6	46.4	47.7	47.1
新西兰	New Zealand	9.0	16.3	17.2	20.4	23.3	24.9	25.9

5-10 劳动力人口教育程度构成
Educational Composition of Labor Force

资料来源：世界银行WDI数据库。
Source: World Bank WDI Database.
单位：% (%)

国家或地区	Country or Area	初等教育 Primary Education		中等教育 Secondary Education		高等教育 Tertiary Education	
		2000	2013	2000	2013	2000	2013
中　国	China			17.3		12.1	
中国香港	Hong Kong, China		24.4		48.5		26.5
中国澳门	Macao, China	60.7	38.2	16.3	28.4	12.2	30.1
柬埔寨①	Cambodia①		28.0		20.5		2.8
印　度	India	11.6	31.6②	28.3	18.4②	6.1	9.8②
印度尼西亚	Indonesia	53.2	60.3	19.4	26.6	4.6	8.5
以色列	Israel	16.5		41.4		40.9	
日　本	Japan	17.2		47.7		35.0	
哈萨克斯坦	Kazakhstan		26.4		43.6		30.0
韩　国	Korea, Rep.	32.5		43.5		24.0	
马来西亚	Malaysia		33.3		43.2		20.6
蒙　古	Mongolia		38.1		24.3		28.3
菲律宾①	Philippines①				73.3		25.0
新加坡	Singapore	25.0	19.8	25.3	30.3	36.6	49.9
斯里兰卡	Sri Lanka	67.4	49.2	16.6	16.0	12.4	17.7
泰　国	Thailand		41.6		19.5		12.8
埃　及	Egypt		4.9		37.5		18.7
南　非	South Africa		41.2		31.3		17.1
加拿大	Canada	18.0	10.7	42.6	38.3	39.4	51.0
墨西哥	Mexico	20.2	26.8③	29.1	45.0③	25.4	23.3③
美　国	United States	13.7	2.1	51.5	58.5	34.8	33.2
阿根廷	Argentina		34.3		40.2		21.2
巴　西	Brazil		17.6		36.0		13.4
委内瑞拉①	Venezuela①		41.4		25.5		30.3
捷　克	Czech Rep.	10.3	5.2	77.8	73.4	11.8	21.4
法　国	France	31.8	19.4	44.1	44.6	24	35.1
德　国	Germany	17.2	13.4	54.5	57.8	23.5	28.5
意大利	Italy	45.2	33.3	42.1	47.1	11.4	18.8
荷　兰	Netherlands	30.7	22.7	44.6	42.2	24.1	32.7
波　兰	Poland	15.8	7.1	71.9	63.3	12.3	29.6
俄罗斯	Russia		4.1		39.5		56.3
西班牙	Spain	54.0	40.0	19.3	23.4	26.7	36.3
土耳其	Turkey	71.4	52.0	18.9	20.4	9.7	19.0
英　国	United Kingdom	12.7	6.7	52.3	52.8	26.0	39.1
澳大利亚	Australia	29.4		43.0		27.6	
新西兰	New Zealand	0.6		43.1		33.2	

注：①2012年数据。②2010年数据。③2011年数据。
Note:①Data refer to 2012.②Data refer to 2010.③Data refer to 2011.

5-11 失业人口教育程度构成
Educational Composition of Unemployment

资料来源：世界银行WDI数据库。
Source: World Bank WDI Database.
单位：% (%)

国家或地区	Country or Area	初等教育 Primary Education		中等教育 Secondary Education		高等教育 Tertiary Education	
		2000	2013	2000	2013	2000	2013
中国香港	Hong Kong, China	47.9	29.8	41.9	48.5	8.4	21.0
中国澳门	Macao, China	65.5	47.1	11.3	22.1	6.3	22.1
孟加拉国	Bangladesh	54.3		22.7		8.4	
印　度	India	29.5	29.9①	40.4	24.1①	30.1	23.1①
印度尼西亚	Indonesia	44.5	47.6	43.8	43.6	7.9	7.7
伊　朗	Iran	36.3	40.4②	40.7	31.0②	17.2	25.5②
以色列	Israel	26.9	22.1②	46.9	48.0②	24.3	28.1②
日　本	Japan	23.8	66.8②	52.0		24.2	33.2②
哈萨克斯坦	Kazakhstan		33.7		45.0		21.4
韩　国	Korea, Rep.	24.9	15.3②	62.5	63.7②	12.6	21.1②
马来西亚	Malaysia	15.3	22.5	66.0	50.4	15.2	23.7
蒙　古	Mongolia	30.6	41.2	48.4	25.3	18.1	25.9
巴基斯坦	Pakistan	15.1	14.7②	13.0	10.1②	20.6	28.0②
菲律宾	Philippines	21.8	13.1③	42.3	45.1③	32.9	41.3③
新加坡	Singapore		17.9		33.3		49.0
斯里兰卡	Sri Lanka	49.7	35.2		19.5	49.9	40.8
泰　国	Thailand	70.6	30.5	7.2	32.5	19.2	31.0
埃　及	Egypt		4.1		47.1		31.1
南　非	South Africa	53.8	51.7	35.3	33.3	5.6	6.8
加拿大	Canada	33.0	22.1	42.3	41.9	24.6	35.9
墨西哥	Mexico	55.2	20.4④	22.5	52.4④	18.3	24.8④
美　国	United States	21.8	15.5	36.3	67.1	41.9	17.4
阿根廷	Argentina	51.5	39.3	32.4	46.7	14.8	9.7
巴　西	Brazil		25.4		41.6		6.6
委内瑞拉③	Venezuela③		36.0		26.2		35.6
捷　克	Czech Rep.	26.7	19.4	69.3	72.2	4.0	8.5
法　国	France	47.7	32.0	39.3	45.5	13.0	21.1
德　国	Germany	27.3	30.2	54.3	56.2	12.7	12.8
意大利	Italy	50.3	43.1	41.3	44.6	6.4	11.1
荷　兰	Netherlands	49.9	34.7	33.0	42.3	15.1	19.0
波　兰	Poland	20.8	13.9	75.1	69.9	4.1	16.2
俄罗斯	Russia	16.6	10.4	43.7	52.7	39.6	36.9
西班牙	Spain	59.6	53.8	19.4	23.3	21.0	22.2
土耳其	Turkey	54.7	49.2	28.4	23.8	9.6	20.2
乌克兰	Ukraine	8.6	4.5	58.0	48.3	33.3	47.1
英　国	United Kingdom	23.4	14.7	53.8	62.9	11.5	20.5
澳大利亚	Australia	44.4	47.4②	40.8	33.6②	14.9	19.0②
新西兰	New Zealand	0.9	30.6②	49.3	39.2②	11.9	25.7②

注：①2010年数据。②2008年数据。③2012年数据。④2011年数据。
Note:①Data refer to 2010.②Data refer to 2008.③Data refer to 2012.④Data refer to 2011.

主要统计指标解释

劳动力人口 即国际劳工组织定义的 15 岁及以上的经济活动人口。指在报告期内能提供商品生产和服务的人员。包括就业和失业人员。在不同国家，对军人、季节性就业和兼职就业者处理方法不同。通常，劳动力人口包括军人，失业人员和首次寻找工作者，不包括家务劳动者、和其他无偿护理者和在非正规部门的工作者。

就业人员 为一定年龄以上，在特定时期内（一星期或一天），属于下列类型的所有人：

（1）有酬从业人员，包括两类：① 正在工作的人，指在报告期内做某些工作以得到现金或实物形式工资或薪金的人员；②有工作岗位但目前不工作的人，指现在有工作，却在短期内暂时不上班，但同时与工作单位有正式联系的人。这种正式联系，可以按照如下的一项或多项标准，根据各国的不同情况予以判断：1）持续领到工资或薪金；2）保证在暂时的不上班状态终止后返回该岗位，或对返回的时间有协议；3）在不工作的这段时间里，该从业者能得到补偿而无须接受其他工作。

（2）自营就业者，包括两类：①正在工作，指在短期时间内以利润或家庭收入为目的，从事某些工作得到现金或实物的人；②拥有企业而不工作的人，指自己拥有企业（如商业企业，农场，服务性企业），在一定时期内因特殊原因暂不工作的人。

失业人员 在报告期内，适龄劳动人口中的失业者分为：

(1)没有工作，即没有得到有报酬的工作，又没有自营就业的人；

(2)目前有工作能力，即在报告期内可从事有酬工作和自营就业的人；

(3)正在寻找工作，在最近特定时期已采取具体步骤寻求有酬工作或自营就业的人。这些具体步骤包括：在公共或私人职业介绍所登记；向雇主提出就业申请；在工地、农场、工厂大门外、市场或其他聚集地寻找工作；通过报纸刊登广告或应聘；寻求亲友帮助就业；寻找土地、厂房、机器或设备自己创业；筹集资金；申请许可证和执照等。

失业率 反映了失业的严重程度。失业率是参考期内（一般是特定的一天或一周）特定分组的失业人数和同一时间该组就业、失业人数之和相比得出的。

收入 定期以现金或以实物形式支付给雇员的报酬，包括对雇员工作时间、完成的工作量和未工作的有酬时间（如年休假，法定假日）支付的劳动报酬。收入不包括雇主为雇员支付的社会保险、养老金缴款以及雇员因此得到的收益，也不包括解雇和辞职时加发的工资。

劳动成本 指雇主在雇用劳动力过程中发生的成本。包括向雇员支付的工作报酬，为雇员未从事工作的时间支付的报酬，奖金和赏金，食品、饮料和其他实物费用，雇主负担的雇员住房费用、社会保障费、职业培训费、福利费及其他各项支出，如工人交通费、工作服费用、招工费和被作为人工成本的税金。

Explanatory Notes on Main Statistical Indicators

Total Labor Force comprises people ages 15 and older who meet the International Labour Organization definition of the economically active population: all people who supply labor for the production of goods and services during a specified period. It includes both the employed and the unemployed. While national practices vary in the treatment of such groups as the armed forces and seasonal or part-time workers, in general the labor force includes the armed forces, the unemployed, and first-time job-seekers, but excludes homemakers and other unpaid caregivers and workers in the informal sector.

Employment comprise all persons above a specific age who during a specified brief period, either one week or one day, were in the following categories:

(1)paid employment: ① at work: persons who during the reference period performed some work for wage or salary, in cash or in kind; ② with a job but not at work: persons who, having already worked in their present job, were temporarily not at work during the reference period and had a formal attachment to their job. This formal job attachment should be determined in the light of national circumstance, according to one or more of the following criteria: 1) the continued receipt of wage or salary; 2) an assurance of return to work following the end of the contingency, or an agreement as to the data of return; 3) the elapsed duration of absence from the job which, wherever relevant, may be that duration for which workers can receive compensation benefits without obligations to accept other jobs.

(2)self-employment: ① at work: person who during the reference period performed some work for profit or family gain, in cash or in kind; ② with an enterprise but not at work: persons with an enterprise, which may be a business enterprise, a farm or a service undertaking ,who were temporarily not at work during the reference period for any specific reason.

Unemployment comprises all persons above a specified age who during the reference period were: (1) Without works were not in paid employment or self-employment; (2) Currently available for work were available for paid employment or self-employment during the reference period; (3) Seeking work had taken specific steps in a specified reference period to seek paid employment or self-employment. The specific steps may include registration at a pubic or private employment exchange; application to employers; checking at worksites, farms, factory gates, market or other assembly places; placing or answering newspaper advertisement; seeking assistance of friends or relatives; looking for land, building, machinery or equipment to establish own enterprise; arranging for financial resources; applying for permits and licenses, etc.

Unemployment Rate illustrates the relative severity of unemployment. These rates are calculated by relating the number of persons in the given group who are unemployed during the reference period (usually a particular day or a given week) to the total of employed and unemployed persons in the group at the same date.

Earnings relates to remuneration in cash and in kind paid to employees, as a rule at regular intervals, for time worked or work done together with remuneration for time not worked, such as for annual vacation, other paid leave or holidays. Earnings exclude employers' contribution in respect of their employees paid to social security and pension schemes and also the benefits received by employees under these schemes. Earnings also exclude severance and termination pay.

Labour Cost is the cost incurred by the employer in the employment of labour. The statistical concept of labour cost comprises remuneration for work performed, payments in respect of time paid for but not worked, bonuses and gratuities, the cost of food, drink and other payments in kind, cost of workers' housing borne by employers, employers' social security expenditures, cost to the employer for vocational training, welfare services and miscellaneous items, such as transport of workers, work clothes and recruitment, together with taxes regarded as labour cost.

投资环境

Investment Environment

6-1 企业开业成本
Cost of Business Start-up

资料来源：世界银行《全球营商环境报告》。
Source: World Bank Doing Business.

国家或地区	Country or Area	开办企业所需手续数（个）Starting a Business-Procedures (number)		开办企业所需时间（天）Time Required to Start a Business (days)		开办企业成本占人均收入比重（%）Cost of Business Start-up as Percentage of Income per capita (%)	
		2005	2015	2005	2015	2005	2015
中　国	China	13	11	48	31	13.6	0.7
中国香港	Hong Kong, China	5	2	11	2	3.4	1.2
孟加拉国	Bangladesh	8	9	50	20	56.1	13.9
文　莱	Brunei Darussalam		7		14		1.2
柬埔寨	Cambodia	10	7	87	87	276.1	78.7
印　度	India	11	13	71	29	62.0	13.5
印度尼西亚	Indonesia	12	13	151	48	101.7	19.9
伊　朗	Iran	9	8	30	15	6.3	2.7
以色列	Israel	5	5	19	13	5.3	3.4
日　本	Japan	11	8	31	10	10.7	7.5
哈萨克斯坦	Kazakhstan	8	4	25	5	8.6	0.1
韩　国	Korea, Rep.	10	3	17	4	15.7	14.5
老　挝	Laos	8	6	108	73	17.4	4.9
马来西亚	Malaysia	10	3	37	4	26.6	6.7
蒙　古	Mongolia	7	5	13	6	9.6	1.5
缅　甸	Myanmar		11		13		97.1
巴基斯坦	Pakistan	11	10	24	19	23.9	9.4
菲律宾	Philippines	17	16	47	29	23.9	16.1
新加坡	Singapore	6	3	6	3	0.9	0.6
斯里兰卡	Sri Lanka	9	8	46	10	50.0	18.7
泰　国	Thailand	9	6	33	28	8.1	6.4
越　南	Viet Nam	11	10	42	20	27.6	4.9
埃　及	Egypt	10	7	22	8	104.9	8.4
尼日利亚	Nigeria	9	9	43	31	73.8	31.7
南　非	South Africa	9	6	33	46	8.6	0.3
加拿大	Canada	3	2	4	2	0.9	0.4
墨西哥	Mexico	9	6	58	6	15.6	17.9
美　国	United States	6	6	6	6	0.8	1.1
阿根廷	Argentina	13	14	30	25	12.5	9.7
巴　西	Brazil	17	11	152	83	10.1	3.8
委内瑞拉	Venezuela	16	17	143	144	28.8	88.7
捷　克	Czech Rep.	10	8	40	15	9.5	6.7
法　国	France	5	5	7	4	1.2	0.8
德　国	Germany	9	9	22	11	4.7	1.8
意大利	Italy	9	5	13	6	20.7	13.8
荷　兰	Netherlands	7	4	9	4	13.0	4.6
波　兰	Poland	10	4	46	30	19.9	12.2
俄罗斯	Russia	10	4	31	11	8.2	1.1
西班牙	Spain	10	7	70	14	16.5	5.2
土耳其	Turkey	7	8	7	8	27.4	16.6
乌克兰	Ukraine	15	4	34	7	10.6	0.6
英　国	United Kingdom	6	4	12	5	0.7	0.1
澳大利亚	Australia	3	3	3	3	1.9	0.7
新西兰	New Zealand	2	1	12	1	0.2	0.3

6-2 企业经营环境排名(2015年)
Ease of Doing Businesses Rank(2015)

资料来源：世界银行《全球营商环境报告》。
Source: World Bank Doing Business.

国家或地区	Country or Area	企业经营环境排名 Ease of Doing Business Rank	开办企业排名 Starting a Business Rank	申请建筑许可 Dealing with Construction Permits			注册财产 Registering Property			信贷融资便利度排名 Getting Credit Rank	缴纳税款排名 Paying Taxes Rank
				排名 Rank	手续(个) Procedures (number)	时间(天) Time (days)	排名 Rank	手续(个) Procedures (number)	时间(天) Time (days)		
新加坡	Singapore	1	10	1	10	26	17	4	5	19	5
新西兰	New Zealand	2	1	3	10	93	1	2	1	1	22
丹麦	Denmark	3	29	5	7	64	9	3	4	28	12
韩国	Korea, Rep.	4	23	28	10	28	40	7	7	42	29
中国香港	Hong Kong, China	5	4	7	11	72	59	5	28	19	4
英国	United Kingdom	6	17	23	9	105	45	6	22	19	15
美国	United States	7	49	33	16	81	34	4	15	2	53
瑞典	Sweden	8	16	19	7	116	11	1	14	70	37
挪威	Norway	9	24	26	11	111	13	1	3	70	14
芬兰	Finland	10	33	27	15	64	20	3	32	42	17
中国台湾	Taiwan, China	11	22	6	10	93	18	3	4	59	39
马其顿	Macedonia	12	2	10	10	74	50	7	30	42	7
澳大利亚	Australia	13	11	4	10	112	47	5	5	5	42
加拿大	Canada	14	3	53	12	249	42	6	17	7	9
德国	Germany	15	107	13	8	96	62	5	39	28	72
爱沙尼亚	Estonia	16	15	16	10	102	4	3	18	28	30
爱尔兰	Ireland	17	25	43	10	150	39	5	32	28	6
马来西亚	Malaysia	18	14	15	15	79	38	8	13	28	31
冰岛	Iceland	19	40	45	17	84	15	3	4	59	36
立陶宛	Lithuania	20	8	18	12	103	2	3	3	28	49
奥地利	Austria	21	106	47	11	223	26	3	21	59	74
拉脱维亚	Latvia	22	27	30	12	165	23	4	17	19	27
葡萄牙	Portugal	23	13	36	14	113	27	1	1	97	65
格鲁吉亚	Georgia	24	6	11	7	48	3	1	1	7	40
波兰	Poland	25	85	52	16	156	41	6	33	19	58
瑞士	Switzerland	26	69	56	13	156	16	4	16	59	19
法国	France	27	32	40	9	183	85	8	49	79	87
荷兰	Netherlands	28	28	85	13	161	30	5	3	79	26
斯洛伐克	Slovakia	29	68	84	10	286	5	3	17	42	73
斯洛文尼亚	Slovenia	29	18	71	12	225	36	5	50	126	35
阿联酋	United Arab Emirate	31	60	2	8	44	10	2	2	97	1
毛里求斯	Mauritius	32	37	35	15	156	99	4	14	42	13
西班牙	Spain	33	82	101	13	205	49	5	13	59	60
日本	Japan	34	81	68	12	197	48	6	13	79	121
亚美尼亚	Armenia	35	5	62	18	84	14	3	7	42	41
捷克	Czech Rep.	36	93	127	21	247	37	4	31	28	122
罗马尼亚	Romania	37	45	105	15	257	64	8	19	7	55
保加利亚	Bulgaria	38	52	51	16	110	63	8	11	28	88
墨西哥	Mexico	38	65	67	11	86	106	7	64	5	92
克罗地亚	Croatia	40	83	129	19	128	60	5	62	70	38
哈萨克斯坦	Kazakhstan	41	21	92	24	154	19	3	5	70	18
匈牙利	Hungary	42	55	88	23	179	29	4	17	19	95
比利时	Belgium	43	20	54	10	212	132	8	56	97	90
白俄罗斯	Belarus	44	12	34	16	115	7	2	3	109	63
意大利	Italy	45	50	86	10	228	24	4	16	97	137
黑山	Montenegro	46	59	91	9	154	79	6	69	7	64
塞浦路斯	Cyprus	47	64	145	8	617	92	7	9	42	44

6-2 续表 1 continued

国家或地区	Country or Area	中小投资者保护 Protecting Minority Investors			跨境贸易排名 Trading Across Borders Rank	合同执行 Enforcing Contracts			解决破产 Resolving Insolvency		
		排名 Rank	披露指数 disclosure index	中小投资者保护指数 Strength of minority investor protection index		排名 Rank	手续数(个) Procedures (number)	时间(天) Time (days)	排名 Rank	时间(年) Time (years)	收回率(美分/美元) Recovery rate (cents/dollar)
新加坡	Singapore	1	10	8.3	41	1	21	150	27	0.8	89.7
新西兰	New Zealand	1	10	8.3	55	15	30	216	31	1.3	83.3
丹麦	Denmark	20	7	6.8	1	37	35	410	9	1.0	87.8
韩国	Korea, Rep.	8	7	7.3	31	2	32	230	4	1.5	83.6
中国香港	Hong Kong, China	1	10	8.3	47	22	26	360	26	0.8	87.2
英国	United Kingdom	4	10	7.8	38	33	29	437	13	1.0	88.6
美国	United States	35	7	6.5	34	21	34	420	5	1.5	80.4
瑞典	Sweden	14	8	7.2	17	24	31	321	19	2.0	76.6
挪威	Norway	14	7	7.2	45	8	34	280	6	0.9	92.5
芬兰	Finland	66	6	5.7	32	30	33	375	1	0.9	90.1
中国台湾	Taiwan, China	25	9	6.7	65	16	45	510	21	1.9	81.8
马其顿	Macedonia	14	8	7.2	26	26	38	604	37	1.8	44.6
澳大利亚	Australia	66	8	5.7	89	4	28	395	14	1.0	82.1
加拿大	Canada	6	8	7.7	44	49	36	570	16	0.8	87.3
德国	Germany	49	5	6.0	35	12	31	429	3	1.2	83.7
爱沙尼亚	Estonia	81	8	5.5	24	11	35	425	40	3.0	40.0
爱尔兰	Ireland	8	9	7.3	48	93	21	650	20	0.4	87.7
马来西亚	Malaysia	4	10	7.8	49	44	29	425	45	1.0	81.3
冰岛	Iceland	20	7	6.8	64	35	27	417	15	1.0	84.9
立陶宛	Lithuania	47	7	6.2	19	3	31	300	70	2.3	42.8
奥地利	Austria	36	5	6.3	1	6	25	397	18	1.1	82.7
拉脱维亚	Latvia	49	5	6.0	22	25	27	469	43	1.5	48.1
葡萄牙	Portugal	66	6	5.7	1	20	34	547	8	2.0	73.4
格鲁吉亚	Georgia	20	9	6.8	78	13	33	285	101	2.0	39.9
波兰	Poland	49	7	6.0	1	55	33	685	32	3.0	58.3
瑞士	Switzerland	105		5.0	40	46	32	390	44	3.0	46.6
法国	France	29	9	6.5	1	14	29	395	24	1.9	77.5
荷兰	Netherlands	66	4	5.7	1	91	26	514	11	1.1	88.9
斯洛伐克	Slovakia	88	3	5.3	1	63	33	705	33	4.0	54.7
斯洛文尼亚	Slovenia	7	5	7.5	1	117	32	1160	12	0.8	88.2
阿联酋	United Arab Emirates	49	10	6.0	101	18	49	495	91	3.2	29.0
毛里求斯	Mauritius	29	6	6.5	66	27	34	519	39	1.7	67.4
西班牙	Spain	29	5	6.5	1	39	40	510	25	1.5	71.2
日本	Japan	36	7	6.3	52	51	32	360	2	0.6	92.9
亚美尼亚	Armenia	49	5	6.0	29	28	49	570	71	1.9	36.9
捷克	Czech Rep.	57	2	5.8	1	72	27	611	22	2.1	66.0
罗马尼亚	Romania	57	9	5.8	1	34	34	512	46	3.3	32.7
保加利亚	Bulgaria	14	10	7.2	20	52	38	564	48	3.3	34.0
墨西哥	Mexico	57	8	5.8	59	41	37	389	28	1.8	68.9
克罗地亚	Croatia	29	3	6.5	1	10	38	572	59	3.1	30.5
哈萨克斯坦	Kazakhstan	25	9	6.7	122	9	36	370	47	1.5	42.8
匈牙利	Hungary	81	2	5.5	1	23	34	395	65	2.0	41.7
比利时	Belgium	57	8	5.8	1	53	26	505	10	0.9	89.3
白俄罗斯	Belarus	57	7	5.8	25	29	29	275	69	3.0	37.6
意大利	Italy	36	7	6.3	1	111	37	1120	23	1.8	63.1
黑山	Montenegro	36	5	6.3	42	43	49	545	36	1.4	48.3
塞浦路斯	Cyprus	25	8	6.7	43	143	43	1100	17	1.5	71.4

6-2 续表 2 continued

国家或地区	Country or Area	企业经营环境排名 Ease of Doing Business Rank	开办企业排名 Starting a Business Rank	申请建筑许可 Dealing with Construction Permits			注册财产 Registering Property			信贷融资便利度排名 Getting Credit Rank	缴纳税款排名 Paying Taxes Rank
				排名 Rank	手续(个) Procedures (number)	时间(天) Time (days)	排名 Rank	手续(个) Procedures (number)	时间(天) Time (days)		
智　利	Chile	48	62	24	13	152	56	6	29	79	33
泰　国	Thailand	49	96	39	17	103	57	3	3	97	70
秘　鲁	Peru	50	97	48	14	174	35	4	7	15	50
俄罗斯	Russia	51	41	119	19	264	8	3	15	42	47
摩尔多瓦	Moldova	52	26	170	27	276	21	5	6	28	78
以色列	Israel	53	56	96	15	209	127	6	81	42	103
哥伦比亚	Colombia	54	84	38	10	73	54	6	16	2	136
土耳其	Turkey	55	94	98	18	103	52	7	7	79	61
蒙　古	Mongolia	56	36	25	17	137	44	5	11	59	91
波多黎各	Puerto Rico	57	51	135	20	165	164	8	194	7	134
哥斯达黎加	Costa Rica	58	121	49	15	118	53	5	19	7	80
塞尔维亚	Serbia	59	65	139	18	272	73	6	54	59	143
希　腊	Greece	60	54	60	18	124	144	10	20	79	66
卢森堡	Luxemburg	61	80	14	11	157	89	7	27	167	21
卢旺达	Rwanda	62	111	37	11	77	12	3	32	2	48
阿塞拜疆	Azerbaijan	63	7	114	18	203	22	3	9	109	34
牙买加	Jamaica	64	9	72	17	130	122	8	18	7	146
巴　林	Bahrain	65	140	9	8	145	25	2	31	109	8
科索沃	Kosovo	66	47	136	15	152	32	6	27	28	67
吉尔吉斯斯坦	Kyrgyzstan	67	35	20	11	142	6	3	4	28	138
卡塔尔	Qatar	68	109	8	15	57	28	7	13	133	1
巴拿马	Panama	69	44	70	16	98	84	7	23	19	166
阿　曼	Oman	70	149	46	12	157	33	2	16	126	10
不　丹	Bhutan	71	91	79	21	151	51	3	77	79	28
博茨瓦纳	Botswana	72	143	97	19	110	70	4	12	70	71
南　非	South Africa	73	120	90	19	141	101	7	23	59	20
突尼斯	Tunisia	74	103	57	17	93	86	4	39	126	81
摩洛哥	Morocco	75	43	29	13	91	76	5	30	109	62
圣马力诺	San Marino	76	113	64	14	146	80	9	43	181	32
圣卢西亚	Saint Lucia	77	67	50	14	116	104	9	17	152	83
汤　加	Tonga	78	53	22	11	62	154	4	112	42	82
波　黑	Bosnia and Herzegovinian	79	175	171	15	179	97	7	24	42	154
马耳他	Malta	80	132	83	15	167	96	7	15	174	25
危地马拉	Guatemala	81	101	106	11	158	75	6	24	15	50
沙特阿拉伯	Saudi Arabia	82	130	17	13	106	31	3	6	79	3
乌克兰	Ukraine	83	30	140	10	67	61	7	23	19	107
文　莱	Brunei Darussalam	84	74	21	14	119	148	7	298	79	16
中　国	China	84	136	176	22	244	43	4	20	79	132
萨尔瓦多	El Salvador	86	125	156	25	108	71	5	31	15	162
乌兹别克斯坦	Uzbekistan	87	42	151	23	176	87	9	46	42	115
斐　济	Fiji	88	167	111	15	141	55	4	69	79	108
特立尼达和多巴哥	Trinidad and Tobago	88	72	144	16	253	151	9	77	42	114
越　南	Viet Nam	90	119	12	10	166	58	5	58	28	168
多米尼克	Dominica	91	63	115	10	175	165	5	42	133	98
乌拉圭	Uruguay	92	61	160	21	251	110	8	66	59	130
多米尼加	Dominican Rep.	93	110	44	13	184	82	6	45	97	77
瓦努阿图	Vanuatu	94	147	143	12	55	81	4	58	28	54

6-2 续表 3 continued

国家或地区	Country or Area	中小投资者保护 Protecting Minority Investors			跨境贸易排名 Trading Across Borders Rank	合同执行 Enforcing Contracts			解决破产 Resolving Insolvency		
		排名 Rank	披露指数 disclosure index	中小投资者保护指数 Strength of minority investor protection index		排名 Rank	手续数（个） Procedures (number)	时间（天） Time (days)	排名 Rank	时间（年） Time (years)	收回率（美分/美元） Recovery rate (cents/dollar)
智　利	Chile	36	8	6.3	63	56	36	480	58	3.2	31.0
泰　国	Thailand	36	10	6.3	56	57	36	440	49	2.7	42.5
秘　鲁	Peru	49	9	6.0	88	69	41	426	74	3.1	30.3
俄罗斯	Russia	66	6	5.7	170	5	35	307	51	2.0	41.7
摩尔多瓦	Moldova	36	7	6.3	33	67	31	585	60	2.8	30.4
以色列	Israel	8	7	7.3	58	77	35	975	29	2.0	62.1
哥伦比亚	Colombia	14	9	7.2	110	180	33	1288	30	1.7	70.0
土耳其	Turkey	20	9	6.8	62	36	35	580	124	4.5	18.7
蒙　古	Mongolia	8	6	7.3	74	80	32	374	89	4.0	17.4
波多黎各	Puerto Rico	88	7	5.3	93	100	39	620	7	2.5	70.5
哥斯达黎加	Costa Rica	166	2	3.5	67	124	40	852	87	3.0	26.7
塞尔维亚	Serbia	81	4	5.5	23	73	36	635	50	2.0	30.3
希　腊	Greece	47	7	6.2	27	132	38	1580	54	3.5	34.9
卢森堡	Luxemburg	122	6	4.5	1	17	26	321	80	2.0	43.8
卢旺达	Rwanda	88	7	5.3	156	127	23	230	72	2.5	19.2
阿塞拜疆	Azerbaijan	36	10	6.3	94	40	40	277	84	1.5	39.5
牙买加	Jamaica	57	4	5.8	146	107	35	655	35	1.1	64.5
巴　林	Bahrain	111	8	4.8	85	101	48	635	85	2.5	41.6
科索沃	Kosovo	57	6	5.8	71	48	53	330	163	2.0	37.7
吉尔吉斯斯坦	Kyrgyzstan	36	7	6.3	83	137	38	410	126	1.5	38.3
卡塔尔	Qatar	122	5	4.5	119	112	43	570	51	2.8	56.2
巴拿马	Panama	66	4	5.7	54	148	32	686	132	2.5	27.6
阿　曼	Oman	134	8	4.3	69	70	51	598	105	4.0	38.1
不　丹	Bhutan	115	4	4.7	21	50	47	225	189		
博茨瓦纳	Botswana	81	7	5.5	51	128	28	625	56	1.7	63.8
南　非	South Africa	14	8	7.2	130	119	29	600	41	2.0	35.3
突尼斯	Tunisia	105	4	5.0	91	81	39	565	57	1.3	52.0
摩洛哥	Morocco	105	6	5.0	102	59	40	510	130	3.5	28.1
圣马力诺	San Marino	122	3	4.5	18	82	34	575	106	2.3	46.6
圣卢西亚	Saint Lucia	66	4	5.7	72	67	46	635	109	2.0	42.9
汤　加	Tonga	115	3	4.7	87	97	37	350	131	2.7	27.6
波　黑	Bosnia and Herzegovinian	66	3	5.7	28	66	37	595	38	3.3	36.3
马耳他	Malta	36	3	6.3	39	61	40	505	83	3.0	39.6
危地马拉	Guatemala	174	3	3.3	78	173	31	1402	153	3.0	27.5
沙特阿拉伯	Saudi Arabia	99	8	5.2	150	86	40	575	189	2.8	
乌克兰	Ukraine	88	4	5.3	109	98	30	378	141	2.9	8.3
文　莱	Brunei Darussalam	134	4	4.3	121	113	47	540	98	2.5	47.2
中　国	China	134	10	4.3	96	7	37	453	55	1.7	36.2
萨尔瓦多	El Salvador	155	3	3.8	46	109	35	786	79	3.5	33.0
乌兹别克斯坦	Uzbekistan	88	7	5.3	159	32	41	225	75	2.0	41.3
斐　济	Fiji	111	2	4.8	73	88	34	397	89	1.8	46.5
特立尼达和多巴哥	Trinidad and Tobago	36	4	6.3	114	167	42	1340	67	2.5	27.1
越　南	Viet Nam	122	7	4.5	99	74	36	400	123	5.0	20.1
多米尼克	Dominica	66	4	5.7	61	83	46	681	129	4.0	28.4
乌拉圭	Uruguay	122	3	4.5	153	104	40	725	64	1.8	42.1
多米尼加	Dominican Rep.	81	5	5.5	57	115	34	460	159	3.5	9.2
瓦努阿图	Vanuatu	134	5	4.3	134	139	30	430	110	2.6	42.7

6-2 续表 4 continued

国家或地区	Country or Area	企业经营环境排名 Ease of Doing Business Rank	开办企业排名 Starting a Business Rank	申请建筑许可 Dealing with Construction Permits			注册财产 Registering Property			信贷融资便利度排名 Getting Credit Rank	缴纳税款排名 Paying Taxes Rank
				排名 Rank	手续(个) Procedures (number)	时间(天) Time (days)	排名 Rank	手续(个) Procedures (number)	时间(天) Time (days)		
塞舌尔	Seychelles	95	131	123	17	151	67	4	33	109	43
萨摩亚	Samoa	96	39	93	18	62	65	5	15	152	100
阿尔巴尼亚	Albania	97	58	189	19	228	107	6	22	42	142
赞比亚	Zambia	97	78	110	10	208	157	5	45	19	46
尼泊尔	Nepal	99	105	78	10	86	72	3	5	133	124
巴拉圭	Paraguay	100	135	55	12	120	78	6	46	79	111
科威特	Kuwait	101	148	133	22	216	68	8	49	109	11
纳米比亚	Namibia	101	164	66	10	137	174	8	52	59	93
菲律宾	Philippines	103	165	99	24	98	112	9	35	109	126
安提瓜和巴布达	Antigua and Barbuda	104	107	95	16	110	118	7	39	152	161
斯威士兰	Swaziland	105	156	80	13	96	113	9	21	70	79
巴哈马	Bahamas	106	118	94	16	180	183	7	122	133	24
斯里兰卡	Sri Lanka	107	98	77	12	116	153	9	51	97	158
肯尼亚	Kenya	108	151	149	15	146	115	9	61	28	101
印度尼西亚	Indonesia	109	173	107	17	210	131	5	27	70	148
洪都拉斯	Honduras	110	150	87	15	82	88	6	22	7	155
圣文森特和格林纳丁斯	Saint Vincent and the Grenadines	111	77	59	14	92	160	7	38	152	97
所罗门群岛	Solomon Islands	112	95	58	13	98	158	10	87	79	68
约旦	Jordan	113	88	103	16	63	98	7	21	185	52
加纳	Ghana	114	102	132	15	216	77	5	46	42	106
莱索托	Lesotho	114	112	172	11	179	108	4	43	152	109
巴西	Brazil	116	174	169	18	426	130	14	32	97	178
厄瓜多尔	Ecuador	117	166	74	15	114	69	7	38	97	139
伊朗	Iran	118	87	69	15	97	91	7	12	97	123
巴巴多斯	Barbados	119	100	158	9	442	134	6	118	126	99
伯利兹	Belize	120	159	81	15	109	128	9	60	162	69
阿根廷	Argentina	121	157	173	21	341	116	7	52	79	170
佛得角	Cape Verde	122	78	114	16	140	62	6	22	104	91
乌干达	Uganda	122	168	161	18	159	120	10	42	42	105
黎巴嫩	Lebanon	123	114	130	18	244	103	8	34	109	45
圣基茨和尼维斯	Saint Kitts and Nevis	124	90	32	10	104	170	6	82	152	147
尼加拉瓜	Nicaragua	125	123	168	16	207	147	9	58	97	165
柬埔寨	Cambodia	127	180	181	20	652	121	7	56	15	95
马尔代夫	Maldives	128	48	41	10	140	171	6	57	126	128
约旦河西岸和加沙	West Bank and Gaza	129	170	162	17	108	95	7	49	109	56
印度	India	130	155	183	34	192	138	7	47	42	157
埃及	Egypt	131	73	113	20	179	111	8	63	79	151
塔吉克斯坦	Tajikistan	132	57	152	27	242	102	6	37	109	172
莫桑比克	Mozambique	133	124	31	10	111	105	6	40	152	120
老挝	Laos	134	153	42	11	83	66	4	53	70	127
格林纳达	Grenada	135	76	100	13	128	139	8	32	133	132
帕劳	Palau	136	116	101	19	72	46	5	14	79	131
圭亚那	Guyana	137	92	138	7	195	125	6	75	167	117
巴基斯坦	Pakistan	138	122	61	10	250	137	6	50	133	171
坦桑尼亚	Tanzania	139	129	126	18	205	133	8	67	152	150
马绍尔群岛	Marshall Islands	140	71	63	7	38	189			79	125
马拉维	Malawi	141	161	65	13	153	93	6	69	152	102

6-2 续表 5 continued

国家或地区	Country or Area	中小投资者保护 Protecting Minority Investors			跨境贸易排名 Trading Across Borders Rank	合同执行 Enforcing Contracts			解决破产 Resolving Insolvency		
		排名 Rank	披露指数 disclosure index	中小投资者保护指数 Strength of minority investor protection index		排名 Rank	手续数（个）Procedures (number)	时间（天）Time (days)	排名 Rank	时间（年）Time (years)	收回率（美分/美元）Recovery rate (cents/dollar)
塞舌尔	Seychelles	105	4	5.0	86	138	36	915	63	2.0	39.3
萨摩亚	Samoa	57	5	5.8	151	79	44	455	133	2.0	18.2
阿尔巴尼亚	Albania	8	9	7.3	37	96	39	525	42	2.0	42.3
赞比亚	Zambia	88	4	5.3	152	134	35	611	107	2.4	37.5
尼泊尔	Nepal	57	6	5.8	60	152	39	910	86	2.0	41.5
巴拉圭	Paraguay	144	6	4.2	135	75	38	591	102	3.9	19.5
科威特	Kuwait	66	4	5.7	149	58	50	566	122	4.2	32.0
纳米比亚	Namibia	66	5	5.7	118	103	33	460	97	2.5	34.9
菲律宾	Philippines	155	2	3.8	95	140	37	842	53	2.7	21.4
安提瓜和巴布达	Antigua and Barbuda	66	4	5.7	114	19	44	351	125	3.0	36.0
斯威士兰	Swaziland	134	2	4.3	30	175	40	956	96	2.0	38.6
巴哈马	Bahamas	111	2	4.8	97	60	49	427	61	3.0	63.5
斯里兰卡	Sri Lanka	49	6	6.0	90	161	40	1318	78	1.7	45.6
肯尼亚	Kenya	115	3	4.7	131	102	44	465	144	4.5	27.9
印度尼西亚	Indonesia	88	10	5.3	105	170	40	471	77	1.9	31.2
洪都拉斯	Honduras	134	3	4.3	136	150	47	920	139	3.8	18.2
圣文森特和格林纳丁斯	Saint Vincent and the Grenadines	66	4	5.7	68	31	44	394	189		
所罗门群岛	Solomon Islands	105	3	5.0	141	160	37	455	137	1.0	24.3
约旦	Jordan	163	4	3.7	50	126	39	689	146	3.0	27.0
加纳	Ghana	66	7	5.7	171	116	38	710	161	1.9	23.2
莱索托	Lesotho	99	3	5.2	36	85	41	615	117	2.6	28.8
巴西	Brazil	29	5	6.5	145	45	44	731	62	4.0	22.4
厄瓜多尔	Ecuador	115	2	4.7	120	99	39	588	148	5.3	17.9
伊朗	Iran	150	7	4.0	167	62	40	505	140	4.5	18.0
巴巴多斯	Barbados	166	2	3.5	127	164	38	1340	34	1.8	65.4
伯利兹	Belize	122	3	4.5	117	133	51	892	81	2.0	55.0
阿根廷	Argentina	49	7	6.0	143	38	36	590	95	2.8	24.5
佛得角	Cape Verde	170	1	3.5	101	39	37	425	189		
乌干达	Uganda	99	3	5.2	128	78	38	490	104	2.2	39.1
黎巴嫩	Lebanon	134	9	4.3	147	135	37	721	134	3.0	32.4
圣基茨和尼维斯	Saint Kitts and Nevis	88	4	5.3	70	42	46	578	189		
尼加拉瓜	Nicaragua	150	1	4.0	81	94	37	519	103	2.2	33.9
柬埔寨	Cambodia	111	5	4.8	98	174	44	483	82	6.0	8.3
马尔代夫	Maldives	134		4.3	137	95	41	665	135	1.5	49.7
约旦河西岸和加沙	West Bank and Gaza	144	6	4.2	84	90	44	540	189		
印度	India	8	7	7.3	133	178	46	1420	136	4.3	25.7
埃及	Egypt	122	8	4.5	157	155	42	1010	119	2.5	26.9
塔吉克斯坦	Tajikistan	29	8	6.5	132	54	35	430	147	1.7	36.5
莫桑比克	Mozambique	99	5	5.2	129	184	30	950	66	1.5	34.1
老挝	Laos	178	6	3.2	108	92	42	443	189		
格林纳达	Grenada	122	4	4.5	138	89	46	688	189		
帕劳	Palau	182		2.8	155	130	37	810	166	2.0	30.3
圭亚那	Guyana	99	5	5.2	139	87	36	581	156	3.0	18.4
巴基斯坦	Pakistan	25	6	6.7	169	151	46	993	94	2.7	39.2
坦桑尼亚	Tanzania	122	2	4.5	180	64	38	515	99	3.0	21.0
马绍尔群岛	Marshall Islands	178	2	3.2	75	65	36	476	167	2.0	17.1
马拉维	Malawi	115	4	4.7	123	147	42	432	164	2.6	12.4

6-2 续表 6 continued

国家或地区	Country or Area	企业经营环境排名 Ease of Doing Business Rank	开办企业排名 Starting a Business Rank	申请建筑许可 Dealing with Construction Permits			注册财产 Registering Property			信贷融资便利度排名 Getting Credit Rank	缴纳税款排名 Paying Taxes Rank
				排名 Rank	手续(个) Procedures (number)	时间(天) Time (days)	排名 Rank	手续(个) Procedures (number)	时间(天) Time (days)		
科特迪瓦	Cote D'Ivoire	142	46	180	23	347	109	6	30	133	176
马　　里	Mali	143	172	152	13	124	140	5	29	133	149
布基纳法索	Burkina Faso	143	78	76	12	129	149	4	67	133	153
巴布亚新几内亚	Papua New Guinea	145	138	127	17	217	119	4	72	167	110
埃塞俄比亚	Ethiopia	146	176	73	10	129	141	7	52	167	113
塞拉利昂	Sierra Leone	147	99	142	16	166	159	7	56	152	129
密克罗尼西亚	Micronesia, Fed.	148	162	141	14	86	189			70	116
基里巴斯	Kiribati	149	142	137	14	149	142	5	513	162	23
多　　哥	Togo	150	133	179	12	165	182	5	288	133	163
冈 比 亚	Gambia	151	169	117	12	144	124	5	66	162	177
布 隆 迪	Burundi	152	19	165	14	99	94	5	23	174	111
塞内加尔	Senegal	153	85	148	13	200	152	5	71	133	183
科 摩 罗	Comoros	154	163	116	10	108	123	4	30	109	167
津巴布韦	Zimbabwe	155	182	184	10	448	114	5	36	79	145
苏 里 南	Suriname	156	183	109	10	223	176	6	106	174	75
玻利维亚	Bolivia	157	178	150	12	275	143	7	91	126	189
贝　　宁	Benin	158	115	82	13	88	172	4	120	133	179
苏　　丹	Sudan	159	146	146	15	270	89	6	9	167	140
尼 日 尔	Niger	160	134	178	15	112	126	4	35	133	156
伊 拉 克	Iraq	161	154	147	12	249	117	5	51	181	59
加　　蓬	Gabon	162	144	164	12	329	173	6	103	109	158
阿尔及利亚	Algeria	163	145	122	17	204	163	10	55	174	169
马达加斯加	Madagascar	164	128	182	15	185	161	6	100	167	76
几 内 亚	Guinea	165	126	166	27	173	146	6	44	133	184
圣多美和普林西比	Sao Tome and Principe	166	31	121	15	105	162	7	62	185	164
缅　　甸	Myanmar	167	160	74	14	95	145	6	85	174	84
毛里塔尼亚	Mauritania	168	70	112	13	104	100	4	49	162	187
尼日利亚	Nigeria	169	139	175	16	106	181	12	70	59	181
也　　门	Yemen	170	152	89	11	184	83	6	19	185	135
吉 布 提	Djibouti	171	171	124	17	111	168	6	39	181	85
喀 麦 隆	Cameroon	172	137	159	15	150	175	5	86	126	180
东 帝 汶	Timor-Leste	173	104	154	16	207	189			162	57
孟加拉国	Bangladesh	174	117	118	13	269	185	8	244	133	86
叙 利 亚	Syrian Arab Republic	175	127	189			136	4	19	167	119
刚果(布)	Congo, Rep.	176	177	120	12	164	166	6	55	109	182
阿 富 汗	Afghanistan	177	34	185	11	353	184	9	250	97	89
几内亚比绍	Guinea-Bissau	178	179	163	11	116	150	8	51	133	152
利比里亚	Liberia	179	37	174	22	74	178	10	44	109	118
赤道几内亚	Equatorial Guinea	180	187	157	13	144	156	6	23	109	175
安 哥 拉	Angola	181	141	108	10	203	169	7	190	181	141
海　　地	Haiti	182	188	167	12	80	179	5	312	174	143
乍　　得	Chad	183	185	133	13	221	155	6	44	133	186
刚果(金)	Congo, Dem. Rep.	184	89	131	10	150	135	7	44	133	173
中　　非	Central African Rep.	185	189	155	15	200	167	5	75	133	185
委内瑞拉	Venezuela	186	186	125	9	381	129	9	52	109	188
南 苏 丹	South Sudan	187	181	177	23	124	180	9	50	174	104
利 比 亚	Libya	188	158	189			189			185	160
厄立特里亚	Eritrea	189	184	189			177	11	78	185	174

6-2 续表 7 continued

国家或地区	Country or Area	中小投资者保护 Protecting Minority Investors			跨境贸易排名 Trading Across Borders Rank	合同执行 Enforcing Contracts			解决破产 Resolving Insolvency		
		排名 Rank	披露指数 disclosure index	中小投资者保护指数 Strength of minority investor protection index		排名 Rank	手续数(个) Procedures (number)	时间(天) Time (days)	排名 Rank	时间(年) Time (years)	收回率(美分/美元) Recovery rate (cents/dollar)
科特迪瓦	Cote D'Ivoire	155	7	3.8	142	120	32	525	76	2.2	35.1
马　　里	Mali	166	7	3.5	82	149	36	620	100	3.6	22.7
布基纳法索	Burkina Faso	144	7	4.2	103	163	37	446	112	4.0	18.5
巴布亚新几内亚	Papua New Guinea	99	4	5.2	163	169	42	591	138	3.0	24.2
埃塞俄比亚	Ethiopia	166	3	3.5	166	84	38	530	114	3.0	29.6
塞拉利昂	Sierra Leone	88	6	5.3	164	105	39	515	142	2.3	10.8
密克罗尼西亚	Micronesia, Fed.	185		2.5	53	181	34	885	116	5.3	3.2
基里巴斯	Kiribati	122	6	4.5	112	114	32	660	189		
多　　哥	Togo	155	7	3.8	126	125	40	488	93	3.0	27.9
冈 比 亚	Gambia	163	2	3.7	104	110	33	407	111	2.0	27.6
布 隆 迪	Burundi	115	8	4.7	154	146	44	832	145	5.0	7.2
塞内加尔	Senegal	155	7	3.8	113	145	43	740	88	3.0	29.2
科 摩 罗	Comoros	144	7	4.2	80	179	43	506	189		
津巴布韦	Zimbabwe	81	8	5.5	100	166	38	410	152	3.3	16.1
苏 里 南	Suriname	166	1	3.5	77	186	44	1715	128	5.0	8.4
玻利维亚	Bolivia	144	1	4.2	124	136	40	591	92	1.8	39.8
贝　　宁	Benin	150	7	4.0	116	168	41	750	112	4.0	18.5
苏　　丹	Sudan	166		3.5	184	142	53	810	154	2.0	31.7
尼 日 尔	Niger	166	7	3.5	158	154	39	545	121	5.0	14.7
伊 拉 克	Iraq	115	4	4.7	178	122	51	520	189		
加　　蓬	Gabon	155	7	3.8	165	171	38	1070	120	5.0	15.2
阿尔及利亚	Algeria	174	4	3.3	176	106	45	630	73	1.3	50.8
马达加斯加	Madagascar	105	7	5.0	125	153	38	871	127	3.0	11.4
几 内 亚	Guinea	166	7	3.5	161	118	49	311	108	3.8	19.9
圣多美和普林西比	Sao Tome and Principe	185	3	2.5	111	182	43	1065	158	6.2	9.3
缅　　甸	Myanmar	184	3	2.7	140	187	45	1160	162	5.0	14.7
毛里塔尼亚	Mauritania	134	6	4.3	160	71	46	370	189		
尼日利亚	Nigeria	20	7	6.8	182	143	40	510	143	2.0	28.0
也　　门	Yemen	122	6	4.5	189	129	36	645	151	3.0	23.1
吉 布 提	Djibouti	174	4	3.3	162	183	40	1225	68	2.3	38.1
喀 麦 隆	Cameroon	134	7	4.3	185	159	42	800	118	2.8	15.5
东 帝 汶	Timor-Leste	81	5	5.5	92	189	51	1285	189		
孟加拉国	Bangladesh	88	6	5.3	172	188	41	1442	155	4.0	25.8
叙 利 亚	Syrian Arab Republic	88	7	5.3	173	157	55	872	157	4.1	17.7
刚果(布)	Congo, Rep.	150	7	4.0	177	158	44	560	115	3.3	17.9
阿 富 汗	Afghanistan	189	1	1.0	174	172	46	1642	160	2.0	26.5
几内亚比绍	Guinea-Bissau	155	7	3.8	148	162	40	1715	189		
利比里亚	Liberia	182	4	2.8	183	176	40	1280	168	3.0	8.4
赤道几内亚	Equatorial Guinea	144	7	4.2	175	108	40	475	189		
安 哥 拉	Angola	66	4	5.7	181	185	46	1296	189		
海　　地	Haiti	187	2	2.0	76	123	35	530	189		
乍　　得	Chad	155	7	3.8	168	156	41	743	149	4.0	
刚果(金)	Congo, Dem. Rep.	174	7	3.3	187	165	43	610	189		
中　　非	Central African Rep.	150	7	4.0	144	177	43	660	149	4.8	
委内瑞拉	Venezuela	178	3	3.2	186	141	30	610	165	4.0	6.4
南 苏 丹	South Sudan	181	2	3.0	179	76	48	228	189		
利 比 亚	Libya	188	1	1.7	107	131	43	690	189		
厄立特里亚	Eritrea	122	4	4.5	189	121	39	490	189		

6-3 新注册企业数
New Businesses Registered

资料来源：世界银行WDI数据库。
Source: World Bank WDI Database.
单位：个 (number)

国家或地区	Country or Area	2000	2005	2009	2010	2011	2012	2014
中国香港	Hong Kong, China	38086	73359	109424	139530	148329	150165	167280
孟加拉国	Bangladesh		5157	8007	8755	9884	9193	
柬 埔 寨	Cambodia		1509	2003				
印　度	India		38129	46000	64900	70450	99587	98029
印度尼西亚	Indonesia		23348	28998	38122	43775	47549	
以 色 列	Israel		14364	15211	16898	16383	14504	15680
日　本	Japan		112201	85673	87688	89373	91751	11886
哈萨克斯坦	Kazakhstan		20431	16734	16875	18563	19568	
韩　国	Korea, Rep.		31879	56337	60593	65973	73972	84676
老　挝	Laos			286	265	398		
马来西亚	Malaysia	33149	37672	41638	44202	45455	45441	49203
巴基斯坦	Pakistan	1051	3917	2719	3109	3593	4162	4830
菲 律 宾	Philippines	12802	13523	11435	11714	12590	16143	
新 加 坡	Singapore		18701	24235	27483	29781	31532	38306
斯里兰卡	Sri Lanka	2567	4754	4062	6110	7662	6975	
泰　国	Thailand	18481	32243	27587	31806	33940	41210	43589
埃　及	Egypt		3867	6308				
尼日利亚	Nigeria		28988	65089	65074	72396	81144	71941
南　非	South Africa		227624	253217	199754	165323	217624	
加 拿 大	Canada	97000	20868	20191	24661	25985	25723	30904
墨 西 哥	Mexico		40398	60358	67648	65016	68666	76447
美　国	United States		676830					
阿 根 廷	Argentina	14500	14219	12118	13133	13799	12385	11672
巴　西	Brazil	460602	246722	51717	66512	64476	53876	73614
捷　克	Czech Rep.		14062	21717	22456	21173	21571	24366
法　国	France	90787	117284	128906	132696	132293	121538	94927
德　国	Germany		66923	74055	73966	71190	69332	
意 大 利	Italy	60132	84125	83042	87415	80028	75645	91853
荷　兰	Netherlands		46514	48660	46366	46578	49425	58900
波　兰	Poland		13018	14434				
俄 罗 斯	Russia	225317	380973	401471	399818	458930	442165	427388
西 班 牙	Spain	115870	131054	74333	75885	81027	84399	91544
土 耳 其	Turkey	66236	45775	42237	50414	53383	38823	57760
乌 克 兰	Ukraine	29777	27659	21120	31433	34135	29650	
英　国	United Kingdom	225600	333700	330100	365600	400600	537658	
澳大利亚	Australia		121994	147258	160615	168170	185009	231920
新 西 兰	New Zealand		64818	48358	44898	42447	44169	49156

6-4 新注册企业密度
New Business Density

资料来源：世界银行WDI数据库。
Source: World Bank WDI Database.

单位：个/万人 (unit per 10000 persons)

国家或地区	Country or Area	2005	2009	2010	2011	2012	2014
世　界	**World**	**34.2**	**23.9**	**35.8**	**36.4**	**37.1**	**40.1**
高收入国家	**High Income**	**89.1**	**64.1**	**68.8**	**72.3**	**71.3**	**66.5**
经合组织国家	**OECD Countries**	**46.3**	**43.1**	**43.0**	**45.6**	**52.5**	
欧 元 区	**Euro Area**	**44.7**	**46.9**	**51.5**	**58.3**	**56.9**	**64.5**
非经合组织国家	**High Income: nonOECD**	**91.1**	**100.7**	**123.4**	**118.4**	**113.5**	
中等收入国家	**Middle Income**	**20.5**	**20.9**	**20.0**	**21.6**	**21.9**	**24.6**
中等偏上收入国家	**Upper Middle Income**	**32.4**	**30.8**	**29.1**	**32.2**	**30.9**	**28.2**
中等偏下收入国家	**Lower Middle Income**	**6.8**	**9.8**	**9.3**	**8.5**	**9.5**	**18.2**
中低收入国家	**Low and Middle Income**	**17.5**	**17.8**	**17.6**	**18.7**	**18.5**	**21.9**
东亚和太平洋	**East Asia and Pacific**	**13.9**	**17.1**	**16.7**	**11.9**	**13.4**	**35.5**
欧洲和中亚	**Europe and Central Asia**	**18.6**	**19.2**	**19.4**	**25.6**	**21.7**	**32.7**
拉丁美洲和加勒比	**Latin America and Caribbean**	**30.9**	**26.3**	**26.0**	**27.1**	**23.8**	**13.9**
中东和北非国家	**Middle East and North Africa**	**4.3**	**5.9**	**5.9**	**5.9**	**5.5**	**10.4**
南　亚	**South Asia**	**6.7**	**7.3**	**2.4**	**2.7**	**2.5**	**2.3**
撒哈拉以南非洲	**Sub-Saharan Africa**	**15.8**	**18.0**	**18.0**	**16.5**	**20.6**	**22.8**
低收入国家	**Low Income**	**1.6**	**2.7**	**2.6**	**3.1**	**3.5**	**5.2**
中国香港	Hong Kong, China	146.2	209.5	265.0	280.1	281.2	313.0
孟加拉国	Bangladesh	0.6	0.9	0.9	1.0	0.9	
柬 埔 寨	Cambodia	1.8	2.2				
印　度	India	0.5	0.6	0.8	0.9	1.2	1.2
印度尼西亚	Indonesia	1.6	1.9	2.4	2.8	2.9	
以 色 列	Israel	33.4	32.6	35.6	33.9	29.6	31.1
日　本	Japan	13.3	10.4	10.8	11.1	11.5	1.5
哈萨克斯坦	Kazakhstan	19.9	15.2	15.1	16.4	17.1	
韩　国	Korea, Rep.	9.3	15.8	16.9	18.2	20.3	23.0
老　挝	Laos		0.8	0.7	1.0		
马来西亚	Malaysia	22.3	22.3	23.2	23.3	22.8	23.7
巴基斯坦	Pakistan	0.4	0.3	0.3	0.3	0.4	0.4
菲 律 宾	Philippines	2.7	2.1	2.1	2.2	2.7	
新 加 坡	Singapore	60.4	66.1	73.5	77.9	80.5	95.1
斯里兰卡	Sri Lanka	3.4	3.0	4.4	5.5	5.1	
泰　国	Thailand	7.0	5.8	6.7	7.1	8.6	9.0
埃　及	Egypt	0.9	1.3				
尼日利亚	Nigeria	3.9	7.9	7.7	8.3	9.1	7.6
南　非	South Africa	74.4	78.9	61.4	18.2	65.4	
加 拿 大	Canada	9.3	8.6	10.4	10.9	10.7	12.8
墨 西 哥	Mexico	5.9	8.2	9.0	8.5	8.8	9.4
阿 根 廷	Argentina	5.8	4.7	5.0	5.2	4.7	4.3
巴　西	Brazil	20.0	21.9	27.7	26.3	21.7	28.8
捷　克	Czech Rep.	19.3	29.2	30.3	28.9	29.6	34.2
法　国	France	28.5	30.7	31.5	31.3	28.8	22.6
德　国	Germany	12.2	13.7	13.8	13.2	12.9	
意 大 利	Italy	21.7	21.0	22.0	20.1	19.1	23.2
荷　兰	Netherlands	42.2	43.8	41.6	41.8	44.4	53.4
波　兰	Poland	4.9	5.3				
俄 罗 斯	Russia	37.5	39.3	39.0	44.7	43.0	42.0
西 班 牙	Spain	43.9	23.7	24.2	25.9	27.1	29.7
土 耳 其	Turkey	10.4	9.0	10.6	11.0	7.9	11.3
乌 克 兰	Ukraine	8.5	6.5	9.7	10.6	9.2	
英　国	United Kingdom	83.8	80.9	89.2	97.3	129.0	
澳大利亚	Australia	88.9	99.9	107.7	111.8	121.6	149.1
新 西 兰	New Zealand	236.0	168.2	154.6	145.3	150.7	166.3

注：新注册企业密度是指1万个15－64岁劳动人口中新注册企业数量。
Note: New registrations per 10,000 people ages 15-64.

6–5 私人部门贷款占国内生产总值比重
Domestic Credit to Private Sector as Percentage of GDP

资料来源：世界银行WDI数据库。
Source: World Bank WDI Database.
单位：% (%)

国家或地区	Country or Area	2000	2005	2010	2013	2014	2015
世界	**World**	**131.9**	**126.9**	**123.2**	**122.3**	**124.5**	**130.4**
高收入国家	**High Income**	**155.7**	**146.4**	**148.9**	**147.1**	**146.9**	**148.4**
中等收入国家	**Middle Income**	**48.3**	**53.0**	**70.3**	**80.8**	**86.9**	**99.4**
中等偏上收入国家	**Upper Middle Income**	**54.2**	**58.7**	**79.0**	**91.0**	**98.9**	**113.5**
中等偏下收入国家	**Lower Middle Income**	**27.9**	**33.4**	**39.9**	**41.1**	**41.7**	**45.6**
中低收入国家	**Low and Middle Income**	**47.6**	**52.4**	**69.8**	**80.1**	**86.1**	**98.5**
东亚和太平洋	**East Asia and Pacific**	**97.8**	**98.8**	**113.4**	**123.6**	**130.0**	**142.7**
欧洲和中亚	**Europe and Central Asia**	**15.0**	**25.0**	**45.1**	**52.1**	**55.4**	**58.1**
拉丁美洲和加勒比	**Latin America and Caribbean**	**23.6**	**23.2**	**37.7**	**45.7**	**48.4**	**46.7**
中东和北非国家	**Middle East and North Africa**	**34.9**	**33.0**	**39.4**	**36.1**	**38.5**	**35.0**
南亚	**South Asia**	**26.7**	**37.4**	**45.8**	**47.1**	**47.0**	**47.6**
撒哈拉以南非洲	**Sub-Saharan Africa**	**57.1**	**61.4**	**55.1**	**47.3**	**46.1**	
低收入国家	**Low Income**	**11.4**	**12.6**	**16.5**	**17.1**	**18.2**	**19.6**
中国	China	111.7	112.7	127.6	135.4	141.9	155.3
中国香港	Hong Kong, China	150.4	143.1	185.6	218.1	233.4	207.6
中国澳门	Macao, China	79.9	44.1	57.1	62.5	76.5	105.6
孟加拉国	Bangladesh	21.8	29.3	41.0	41.8	43.5	43.9
文莱	Brunei Darussalam	50.3	40.3	40.9	35.0	33.2	34.6
柬埔寨	Cambodia	6.4	9.0	27.6	44.7	54.1	63.1
印度	India	27.9	39.4	49.6	52.2	51.8	52.7
印度尼西亚	Indonesia	19.9	26.4	27.3	36.1	36.4	39.1
伊朗	Iran	26.3	39.5	54.6	50.3	54.4	
以色列	Israel	72.4	77.0	68.5	66.0	66.9	67.4
日本	Japan	219.3	196.8	179.9	189.3	190.5	194.3
哈萨克斯坦	Kazakhstan	11.2	35.7	39.3	33.8	32.6	37.7
韩国	Korea, Rep.	73.6	114.8	135.9	134.9	138.4	140.6
老挝	Laos	8.9	7.4	20.8			
马来西亚	Malaysia	135.0	106.5	107.1	119.9	120.6	125.2
蒙古	Mongolia	6.9	27.6	34.2	61.6	59.7	54.8
缅甸	Myanmar	9.5			13.6	16.0	17.4
巴基斯坦	Pakistan	22.3	28.6	21.4	16.1	16.0	15.4
菲律宾	Philippines	36.8	29.1	29.6	35.8	39.2	41.9
新加坡	Singapore	96.3	89.5	96.2	127.1	132.1	129.8
斯里兰卡	Sri Lanka	28.8	33.1	25.5	34.8	35.6	40.7
泰国	Thailand	105.1	93.8	115.8	142.5	147.0	151.3
越南	Viet Nam	32.7	60.5	114.7	96.8	100.3	111.9
埃及	Egypt	52.0	51.2	33.1	26.5	25.9	26.5
尼日利亚	Nigeria	12.4	13.2	15.4	12.6	14.5	
南非	South Africa	130.3	138.2	149.0	149.5	151.5	150.0
加拿大	Canada	93.4	172.7				
墨西哥	Mexico	15.6	16.2	24.3	30.6	31.0	32.7
美国	United States	162.1	187.8	187.4	192.7	195.4	190.4
阿根廷	Argentina	23.9	10.6	12.6	15.7	13.7	14.7
巴西	Brazil	31.1	31.8	52.8	64.4	67.1	67.9
委内瑞拉	Venezuela	12.5	13.1	18.8	29.9		
捷克	Czech Rep.	45.2	29.5	46.8	51.4	50.4	51.2
法国	France	85.1	79.9	95.7	96.1	94.9	95.7
德国	Germany	119.4	104.9	88.0	81.8	79.6	78.1
意大利	Italy	75.5	71.0	93.4	91.3	89.5	88.4
荷兰	Netherlands	134.2	117.5	115.1	115.5	116.0	111.2
波兰	Poland	26.5	27.3	48.8	51.1	52.2	53.9
俄罗斯	Russia	13.6	25.9	42.8	49.4	54.3	56.4
西班牙	Spain	97.8	135.5	170.7	145.0	129.5	118.9
土耳其	Turkey	17.8	22.2	47.1	70.1	74.6	80.0
乌克兰	Ukraine	11.2	32.2	78.4	74.3	76.2	57.0
英国	United Kingdom	122.9	150.5	190.9	153.6	138.9	134.5
澳大利亚	Australia	87.8	108.8	125.9	125.8	129.6	137.6
新西兰	New Zealand	107.9	120.6	142.3			

主要统计指标解释

企业开业所要办理的手续数 是开办一个企业所要求办理的手续数量，包括为获得许可证和执照，完成所有的登记、证明和开业通知书所进行的往来手续。数据是关于企业的所有权性质，规模和产品类型。

企业办理开业手续所需时间 为开办一个企业办理法律手续需要的日历天数。如果缴纳额外成本之后能加快手续办理速度，则选择办理速度最快的手续。

企业经营环境排名 是所有经济体按其企业经营环境的宽松程度排名，排名越高说明该国的政策法规环境越有利于企业经营。该指数是一国在开办企业、申请建筑许可、获得电力、注册财产、信贷融资便利程度、投资者保护、缴纳税款、跨境贸易、合同执行和解决破产这 10 类指标的百分等级的简单平均。每类指标由若干指标组成，每类指标的数值也是由其构成要素的百分等级的简单平均所得。

开办企业 反映了一个企业家在建立和登记新企业需要克服的行政和法规障碍。它调查了开办一家拥有 50 名员工、法定资本金相当于 10 倍人均国民收入的工商业企业所涉及的程序、时间和成本。

新注册企业数 是日历年度内登记注册的有限责任公司数量。

新注册企业密度 是日历年度内每万人新登记注册企业数。

申请建筑许可 以建造一幢库房为例，所需的步骤以及相应的时间和成本，包括获取必要的许可、完成所需的公示和检查以及接通公用设施。

注册财产 假定在一个标准化案例中，一名企业家想在最大的商业城市中购买土地和一幢建筑物（该物产已被登记在册并且不存在所有权争议），他在登记房地产物权时所涉及的步骤、时间和成本。

信贷融资便利程度 包含了两方面问题，信贷信息登记系统以及担保和破产法在促进信贷方面的效能。

缴纳税款 反映了一家中型企业在给定年份所需缴付的税负，以及纳税的行政成本。

跨境贸易 研究了有关进口和出口一个标准化集装箱所需的成本和程序。每一步正规程序都计算在内－－从两方达成合同协议到交接货物－－同时统计了完成整个过程所需的时间。

投资者权益保护 针对经理人滥用企业财产为己谋私方面，测量了对保护股东权益监测的力度。

执行合同 通过追踪一件付款纠纷的进展、查询从原告提起诉讼到最终获得赔偿的时间、成本和所需步骤数，研究合同强制执行的效率。

解决破产 研究现有破产法规的缺陷以及破产程序存在的主要程序上和行政上的障碍。

对私人部门的国内贷款 是提供给私营部门的应偿还的金融资源，例如，贷款、购买非股本证券、贸易信贷和其他应收账款。部分国家包括对国有企业的借贷。

Explanatory Notes on Main Statistical Indicators

Number of Procedures for Starting a Business is the number of procedures required to start a business, including interactions to obtain necessary permits and licenses and to complete all inscriptions, verifications, and notifications to start operations. Data are for businesses with specific characteristics of ownership, size, and type of production.

Time Required for Starting a Business is the number of calendar days to complete the procedures for legally operating a business. If a procedure can be expedited at additional cost, the fastest procedure, independent of cost, is chosen.

Ease of Doing Business Rank Economies are ranked on their ease of doing business, with first place being the best. A high ranking means that the regulatory environment is conducive to business operation. The index ranks the simple average of the country's percentile rankings on 10 topics (Starting a business,Dealing with construction permits, Getting electricity, Registering property, Getting credit, Protecting investors, Paying taxes, Trading across borders, Enforcing contracts, Resolving Insolvency). The ranking on each topic is the simple average of the percentile rankings on its component indicators.

Starting a Business identifies the bureaucratic and legal hurdles an entrepreneur must overcome to incorporate and register a new firm. It examines the procedures, time, and cost involved in launching a commercial or industrial firm with up to 50 employees and start-up capital of 10 times the economy's per-capita gross national income (GNI).

New Businesses Registered are the number of limited liability firms registered in the calendar year.

New Businesses Density are the number of new limited liability corporations registered per 10 thousand people in the calendar year.

Dealing with Construction Permits tracks the procedures, time, and costs to build a warehouse, including obtaining necessary licenses and permits, completing required notifications and inspections, and obtaining utility connections.

Registering Property examines the steps, time, and cost involved in registering property, assuming a standardized case of an entrepreneur who wants to purchase land and a building that is already registered and free of title dispute.

Getting Credit explores two sets of issues-credit information registries and the effectiveness of collateral and bankruptcy laws in facilitating lending.

Paying Taxes addresses the taxes and mandatory contributions that a medium-size company must pay or withhold in a given year, as well as measures of administrative burden in paying taxes.

Trading Across Borders looks at the procedural requirements for exporting and importing a standardized cargo of goods. Every official procedure is counted—from the contractual agreement between the 2 parties to the delivery of goods—along with the time necessary for completion.

Protecting Investors measures the strength of minority shareholder protections against misuse of corporate assets by directors for their personal gain.

Enforcing Contracts looks at the efficiency of contract enforcement by following the evolution of a sale of goods dispute and tracking the time, cost, and number of procedures involved from the moment the plaintiff files the lawsuit until actual payment.

Resolving Insolvency identifies weaknesses in existing bankruptcy law and the main procedural and administrative bottlenecks in the bankruptcy process.

Domestic Credit to Private Sector is financial resources provided to the private sector—such as through loans, purchases of non-equity securities, and trade credits and other accounts receivable-that establish a claim for repayment. For some countries these claims include credit to public enterprises.

能　源

Energy

7-1　石油主要指标(2015年)
Main Oil Indicators(2015)

资料来源：美国能源信息署。
Source:U.S. Energy Information Administration .

国家或地区	Country or Area	原油探明储量(亿桶) Crude Oil Proved Reserves (100 million Barrels)	国家或地区	Country or Area	石油存量(万桶)① Total Petroleum Stocks (10 000 Barrels)①
世　界	**World**	**16628**	**世　界**	**World**	**349339**
委内瑞拉	Venezuela	2980	美　国	United States	176100
沙特阿拉伯	Saudi Arabia	2680	日　本	Japan	58000
加 拿 大	Canada	1730	德　国	Germany	29000
伊　朗	Iran	1580	韩　国	Korea, Rep.	18500
伊 拉 克	Iraq	1440	加 拿 大	Canada	17000
科 威 特	Kuwait	1040	法　国	France	16700
阿 联 酋	United Arab Emirates	980	意 大 利	Italy	12500
俄 罗 斯	Russia	800	荷　兰	Netherlands	11600
利 比 亚	Libya	480	西 班 牙	Spain	11200
美　国	United States	400	英　国	United Kingdom	7800
尼日利亚	Nigeria	370	波　兰	Poland	6300
哈萨克斯坦	Kazakhstan	300	土 耳 其	Turkey	6200
卡 塔 尔	Qatar	250	墨 西 哥	Mexico	4900
中　国	China	250	比 利 时	Belgium	4100
巴　西	Brazil	160	芬　兰	Finland	3900
阿尔及利亚	Algeria	120	瑞　士	Switzerland	3800
墨 西 哥	Mexico	98	澳大利亚	Australia	3700
安 哥 拉	Angola	90	挪　威	Norway	2900
厄瓜多尔	Ecuador	88	瑞　典	Sweden	2800
阿塞拜疆	Azerbaijan	70	希　腊	Greece	2600
印　度	India	57	葡 萄 牙	Portugal	2500
挪　威	Norway	55	丹　麦	Denmark	2400
阿　曼	Oman	52	奥 地 利	Austria	2200
埃　及	Egypt	44	捷　克	Czech Rep.	2100
越　南	Viet Nam	44	匈 牙 利	Hungary	1800
马来西亚	Malaysia	38	斯洛伐克	Slovakia	1100
印度尼西亚	Indonesia	37	爱 尔 兰	Ireland	1000
英　国	United Kingdom	30	智　利	Chile	980
也　门	Yemen	30	新 西 兰	New Zealand	840
叙 利 亚	Syrian Arab Republic	25	斯洛文尼亚	Slovenia	470
乌 干 达	Uganda	25	爱沙尼亚	Estonia	160
阿 根 廷	Argentina	24	卢 森 堡	Luxemburg	70
哥伦比亚	Colombia	24			

7-1 续表 continued

单位：万桶/天 (10 000 Barrels per Day)

国家或地区	Country or Area	石油供应量 Total Oil Supply	国家或地区	Country or Area	石油消费量② Total Petroleum Consumption②
世　界	**World**	**9575**	**世　界**	**World**	**9304**
美　国	United States	1504	美　国	United States	1911
沙特阿拉伯	Saudi Arabia	1195	中　国	China	1112
俄 罗 斯	Russia	1103	日　本	Japan	427
中　国	China	472	印　度	India	374
加 拿 大	Canada	451	俄 罗 斯	Russia	369
伊 拉 克	Iraq	405	巴　西	Brazil	314
阿 联 酋	United Arab Emirates	347	沙特阿拉伯	Saudi Arabia	314
伊　朗	Iran	345	加 拿 大	Canada	241
巴　西	Brazil	318	德　国	Germany	237
科 威 特	Kuwait	271	韩　国	Korea, Rep.	235
委内瑞拉	Venezuela	269	墨 西 哥	Mexico	204
墨 西 哥	Mexico	263	伊　朗	Iran	195
尼日利亚	Nigeria	232	印度尼西亚	Indonesia	169
卡 塔 尔	Qatar	205	法　国	France	169
挪　威	Norway	196	英　国	United Kingdom	152
安 哥 拉	Angola	186	新 加 坡	Singapore	129
哈萨克斯坦	Kazakhstan	175	意 大 利	Italy	127
阿尔及利亚	Algeria	167	泰　国	Thailand	122
哥伦比亚	Colombia	103	西 班 牙	Spain	120
印　度	India	101	澳大利亚	Australia	111
英　国	United Kingdom	101	荷　兰	Netherlands	99
阿　曼	Oman	99	中国台湾	Taiwan, China	94
印度尼西亚	Indonesia	89	伊 拉 克	Iraq	81
阿塞拜疆	Azerbaijan	86	埃　及	Egypt	80
马来西亚	Malaysia	74	委内瑞拉	Venezuela	78
埃　及	Egypt	71	土 耳 其	Turkey	77
阿 根 廷	Argentina	71	阿 根 廷	Argentina	75
厄瓜多尔	Ecuador	54	马来西亚	Malaysia	75
泰　国	Thailand	52	阿 联 酋	United Arab Emirates	74
利 比 亚	Libya	46	南　非	South Africa	66
澳大利亚	Australia	42	比 利 时	Belgium	62
越　南	Viet Nam	35	波　兰	Poland	51
			巴基斯坦	Pakistan	45

注：①2013年数据。②2014年数据。
Note:①Data refer to 2013.②Data refer to 2014.

7-2 能源平衡表(2013年)
Energy Balance Sheet(2013)

资料来源：国际能源机构。
Source: International Energy Agency.

单位：万吨标准油 (10 000 TOE)

国家或地区	Country or Area	能源生产量 Energy Production				能源进口 Imports			
		总计 Total	煤和煤制品 Coal and coal products	原油,天然气凝析液和给料 Crude,NGL and feedstocks	天然气 Natural gas	总计 Total	煤和煤制品 Coal and coal products	原油,天然气凝析液和给料 Crude,NGL and feedstocks	天然气 Natural gas
世 界	**World**	**1359411**	**394943**	**421564**	**290864**	**520289**	**83057**	**224609**	**87304**
中 国	China	256567	189468	21010	10111	55190	17410	28174	4166
中国香港	Hong Kong, China	10				2934	799		216
孟加拉国	Bangladesh	2873	43	25	1896	564	51	119	
文 莱	Brunei Darussalam	1699		678	1020	31		1	
柬埔寨	Cambodia	409				195	5		
印 度	India	52334	23807	4304	2903	32711	10099	19340	1544
印度尼西亚	Indonesia	45999	28106	4218	6294	5554	7	2336	
伊 朗	Iran	29893	74	16147	13349	787	71	143	484
以色列	Israel	644		1	526	2806	765	1409	48
日 本	Japan	2796		55	273	45481	12218	18183	10371
哈萨克斯坦	Kazakhstan	16907	5244	8521	3069	1534	60	764	432
韩 国	Korea, Rep.	4360	81	60	42	29098	7738	12552	4765
马来西亚	Malaysia	9463	182	2972	5816	5104	1391	917	855
蒙 古	Mongolia	1634	1548	71		136			
缅 甸	Myanmar	2319	34	87	1040	221	3		
巴基斯坦	Pakistan	6516	129	379	2576	2206	256	782	
菲律宾	Philippines	2449	374	75	291	2385	850	736	
新加坡	Singapore	64				15834	27	4567	888
斯里兰卡	Sri Lanka	543				532	79	180	
泰 国	Thailand	7807	510	1936	2838	7074	1182	4527	946
越 南	Viet Nam	6928	2298	1778	842	1106	82		
埃 及	Egypt	8282		3482	4511	1342	44	303	
尼日利亚	Nigeria	25566	3	11596	3035	875			
南 非	South Africa	16572	14504	21	103	3513	68	2255	307
加拿大	Canada	43507	3504	19525	13031	7812	535	3708	2229
墨西哥	Mexico	21651	757	15006	4047	5480	411	41	2139
美 国	United States	188103	47719	47595	56685	58249	506	43854	6671
阿根廷	Argentina	7143	5	3024	3239	1674	75		960
巴 西	Brazil	25292	327	11014	1795	7485	1335	2037	1413
委内瑞拉	Venezuela	19214	69	16394	1958	384			161
白俄罗斯	Belarus	399		165	19	3947	41	2137	1682
捷 克	Czech Rep.	3016	1777	26	21	2006	197	667	697
法 国	France	13625	19	101	29	15318	1176	5600	4251
德 国	Germany	12038	4505	337	886	25453	3745	9249	8192
意大利	Italy	3676	5	575	633	14868	1319	6645	5074
荷 兰	Netherlands	6940		194	6175	19814	2806	5739	1934
波 兰	Poland	7092	5714	98	382	4593	645	2381	1026
俄罗斯	Russia	134021	18391	52420	56312	2736	1753	86	673
西班牙	Spain	3450	176	38	5	11941	808	6475	3087
土耳其	Turkey	3235	1567	237	44	9557	1783	1849	3726
乌克兰	Ukraine	8593	4056	317	1602	3979	908	85	2259
英 国	United Kingdom	11008	749	4221	3286	16520	3115	6059	4140
澳大利亚	Australia	34390	26382	2009	5211	5088	3	2524	560
新西兰	New Zealand	1620	274	186	402	792	27	548	

7-2 续表 1 continued

单位：万吨标准油 (10 000 TOE)

国家或地区	Country or Area	能源进口 Imports		能源出口 Exports					
		电力 Electricity	石油产品 Oil products	总计 Total	煤和煤制品 Coal and coal products	原油，天然气凝析液和给料 Crude, NGL and feedstocks	天然气 Natural gas	电力 Electricity	石油产品 Oil products
世　界	**World**	**5994**	**117725**	**-524857**	**-86314**	**-218150**	**-89512**	**-5694**	**-123791**
中　国	China	64	5376	-4800	-927	-162	-230	-161	-3321
中国香港	Hong Kong, China	92	1825	-87				-14	-73
孟加拉国	Bangladesh		394	-11					-11
文　莱	Brunei Darussalam		30	-1409		-636	-772		-1
柬埔寨	Cambodia	18	173						
印　度	India	48	1680	-7241	-97				-7144
印度尼西亚	Indonesia	26	3185	-30130	-24961	-1594	-3022		-428
伊　朗	Iran	36	53	-6365	-23	-4289	-814	-101	-1138
以色列	Israel		584	-882				-40	-842
日　本	Japan		4709	-1780	-85				-1695
哈萨克斯坦	Kazakhstan	18	260	-10079	-1483	-7080	-856	-26	-635
韩　国	Korea, Rep.		4042	-5687		-29			-5658
马来西亚	Malaysia	2	1939	-5193	-33	-1083	-2858		-1198
蒙　古	Mongolia	10	125	-1314	-1241	-72			
缅　甸	Myanmar		218	-871		-14	-856		
巴基斯坦	Pakistan	3	1165	-81					-81
菲律宾	Philippines		781	-310	-180	-68			-63
新加坡	Singapore		10350	-8483		-57			-8426
斯里兰卡	Sri Lanka		273	-14					-14
泰　国	Thailand	108	297	-1392	-1	-156		-11	-1218
越　南	Viet Nam	24	999	-1729	-727	-856		-11	-135
埃　及	Egypt	1	994	-1737	-6	-989	-517	-4	-219
尼日利亚	Nigeria		875	-13038		-11072	-1855		-110
南　非	South Africa	81	802	-5493	-4990			-120	-355
加拿大	Canada	147	1086	-26267	-2342	-13912	-6884	-577	-2472
墨西哥	Mexico	10	2878	-7652		-6727	-9	-11	-904
美　国	United States	605	6613	-27418	-6808	-3012	-3598	-98	-13902
阿根廷	Argentina	126	513	-473	-5	-53	-7	-3	-296
巴　西	Brazil	347	2346	-2915		-2051		-4	-705
委内瑞拉	Venezuela	6	216	-12466	-48	-10478			-1940
白俄罗斯	Belarus	81	7	-1589		-163		-26	-1395
捷　克	Czech Rep.	91	331	-831	-388	-3	-1	-236	-173
法　国	France	101	4145	-2918	-13	-13	-451	-517	-1902
德　国	Germany	337	3817	-4722	-118	-3	-1840	-614	-2005
意大利	Italy	381	1151	-2548	-17	-145	-19	-19	-2344
荷　兰	Netherlands	286	8975	-17351	-1900	-169	-4819	-129	-10186
波　兰	Poland	67	457	-2007	-1186	-41	-8	-106	-652
俄罗斯	Russia	40	183	-62030	-9105	-23779	-17406	-158	-11580
西班牙	Spain	85	1409	-2954	-51	-379	-507	-143	-1803
土耳其	Turkey	64	2101	-890	-1	-21	-56	-11	-801
乌克兰	Ukraine		726	-812	-619	-4		-85	-96
英　国	United Kingdom	151	2868	-7067	-50	-3462	-848	-27	-2662
澳大利亚	Australia		2001	-26058	-21706	-1323	-2799		-229
新西兰	New Zealand		217	-330	-150	-153			-27

7-2 续表 2 continued

单位：万吨标准油 (10 000 TOE)

国家或地区	Country or Area	国际运输燃料 International Bunkers		能源库存变化 Stock changes				
		海运 Marine	空运 Aviation	总计 Total	煤和煤制品 Coal and coal products	原油，天然气凝析液和给料 Crude,NGL and feedstocks	天然气 Natural gas	石油产品 Oil products
世　界	**World**			**-714**	**-1729**	**-68**	**1537**	**-303**
中　国	China	-771	-700	-4539	-3515	-333		-691
中国香港	Hong Kong, China	-859	-586	-18				-18
孟加拉国	Bangladesh	-9	-34	4	5	12	-1	-12
文　莱	Brunei Darussalam	-8	-9			4	-3	-1
柬埔寨	Cambodia		-6					
印　度	India	-125	-410	276	329	-72		18
印度尼西亚	Indonesia	-21	-81	44		14		34
伊　朗	Iran	-171	-131	-1174		-1045		-129
以色列	Israel	-24	-84	-65	-65			
日　本	Japan	-408	-655	33	-7	-9	-18	67
哈萨克斯坦	Kazakhstan		-17	-191	-73	7	-105	-20
韩　国	Korea, Rep.	-833	-428	-128	-31	104	-46	-155
马来西亚	Malaysia	-35	-300	-141	-11	53		-172
蒙　古	Mongolia		-4	71	70	2		
缅　甸	Myanmar		-4	-8		-2		-6
巴基斯坦	Pakistan	-10	-20	-7			1	-8
菲律宾	Philippines	-16	-110	63	45	-5		22
新加坡	Singapore	-4089	-717	-1		-37		37
斯里兰卡	Sri Lanka	-32	-37	11	-26	-8		44
泰　国	Thailand	-77	-389	383	32	398		-44
越　南	Viet Nam	-17	-71	-224	-83	-134		-8
埃　及	Egypt	-179	-91	137				137
尼日利亚	Nigeria	-36	-36	28		-4		32
南　非	South Africa	-341	-85	-39	-39			
加拿大	Canada	-41	-83	391	40	-29	325	55
墨西哥	Mexico	-81	-304	33	83	-44	-27	22
美　国	United States	-1526	-2180	3607	1797	521	1218	73
阿根廷	Argentina	-176	-90	-18	1	-17		-6
巴　西	Brazil	-338	-233	77	-17	-1		117
委内瑞拉	Venezuela	-94	-64	-98				-98
白俄罗斯	Belarus		-10	-18	-2	-11	8	-4
捷　克	Czech Rep.		-28	32	50	-2	-22	6
法　国	France	-212	-558	77	63	-65	71	9
德　国	Germany	-228	-837	61	32	-57	70	17
意大利	Italy	-218	-300	59	47	-152	49	121
荷　兰	Netherlands	-1240	-344	-79	-94	12	15	-2
波　兰	Poland	-14	-53	147	129	30	-28	14
俄罗斯	Russia	-508	-607	-522	-246	-145	-74	-58
西班牙	Spain	-716	-359	310	167	5	31	110
土耳其	Turkey	-89	-104	-60	-98	-8	40	6
乌克兰	Ukraine		-13	-133	-195		83	-24
英　国	United Kingdom	-250	-1070	-46	-82	39	-11	6
澳大利亚	Australia	-69	-337	-100	-113	18		-5
新西兰	New Zealand	-30	-87	-14	6	-7	-4	-8

7-2 续表 3 continued

单位：万吨标准油 (10 000 TOE)

国家或地区	Country or Area	一次能源供应量 Total primary energy supply					
		总计 Total	煤和煤制品 Coal and coal products	原油,天然气凝析液和给料 Crude,NGL and feedstocks	天然气 Natural gas	电力 Electricity	石油产品 Oil products
世　界	**World**	**1354128**	**389957**	**427954**	**290194**	**300**	**-6369**
中　国	China	300947	202437	48689	14047	-97	-108
中国香港	Hong Kong, China	1393	799		216	78	290
孟加拉国	Bangladesh	3387	99	156	1895		328
文　莱	Brunei Darussalam	304		47	246		12
柬埔寨	Cambodia	597	5			18	167
印　度	India	77545	34138	23572	4447	48	-5981
印度尼西亚	Indonesia	21364	3152	4973	3272	26	2687
伊　朗	Iran	22840	121	10956	13018	-65	-1515
以色列	Israel	2394	700	1410	574	-40	-366
日　本	Japan	45465	12126	18228	10626		2017
哈萨克斯坦	Kazakhstan	8154	3748	2212	2541	-7	-412
韩　国	Korea, Rep.	26383	7788	12688	4760		-3031
马来西亚	Malaysia	8898	1530	2858	3813	2	234
蒙　古	Mongolia	522	376			10	121
缅　甸	Myanmar	1657	37	70	184		208
巴基斯坦	Pakistan	8604	385	1161	2576	3	1047
菲律宾	Philippines	4460	1089	738	291		614
新加坡	Singapore	2610	26	4473	888		-2845
斯里兰卡	Sri Lanka	1003	53	172			235
泰　国	Thailand	13406	1724	6705	3784	97	-1430
越　南	Viet Nam	5993	1570	788	842	13	769
埃　及	Egypt	7754	39	2796	3994	-3	642
尼日利亚	Nigeria	13359	3	519	1180		725
南　非	South Africa	14127	9543	2277	409	-39	21
加拿大	Canada	25320	1737	9292	8702	-430	-1454
墨西哥	Mexico	19127	1251	8276	6150		1610
美　国	United States	218836	43213	88957	60976	507	-10919
阿根廷	Argentina	8059	75	2954	4192	124	-55
巴　西	Brazil	29368	1645	11000	3207	343	1187
委内瑞拉	Venezuela	6876	21	5916	2119	6	-1980
白俄罗斯	Belarus	2728	39	2129	1709	55	-1403
捷　克	Czech Rep.	4195	1636	688	694	-145	135
法　国	France	25332	1245	5624	3900	-417	1480
德　国	Germany	31766	8164	9526	7308	-277	764
意大利	Italy	15537	1354	6923	5737	362	-1589
荷　兰	Netherlands	7739	812	5776	3305	157	-2797
波　兰	Poland	9759	5301	2469	1372	-39	-248
俄罗斯	Russia	73089	10792	28581	39505	-118	-12570
西班牙	Spain	11673	1101	6139	2616	-58	-1358
土耳其	Turkey	11649	3251	2057	3755	53	1112
乌克兰	Ukraine	11614	4151	398	3944	-85	593
英　国	United Kingdom	19095	3731	6858	6566	124	-1109
澳大利亚	Australia	12914	4565	3228	2972		1361
新西兰	New Zealand	1951	156	574	398		64

7-2　续表 4　continued

单位：万吨标准油　　(10 000 TOE)

国家或地区	Country or Area	能源最终消费量 Total final consumption					
		总计 Total	煤和煤制品 Coal and coal products	原油,天然气凝析液和给料 Crude,NGL and feedstocks	天然气 Natural gas	电力 Electricity	石油产品 Oil products
世　界	**World**	**930106**	**106847**	**2279**	**140068**	**167715**	**369355**
中　国	China	194349	71850	159	9414	38697	44676
中国香港	Hong Kong, China	865	138		61	367	293
孟加拉国	Bangladesh	2466	65		788	367	363
文　莱	Brunei Darussalam	110			19	27	63
柬埔寨	Cambodia	522				28	151
印　度	India	52834	10347		2661	7654	15002
印度尼西亚	Indonesia	16199	460	362	1727	1620	6625
伊　朗	Iran	16542	29		8509	1826	6129
以色列	Israel	1465			42	431	881
日　本	Japan	31141	2594	34	3395	8172	16536
哈萨克斯坦	Kazakhstan	4291	1473	334	276	570	1025
韩　国	Korea, Rep.	16784	945		2413	4189	8462
马来西亚	Malaysia	5407	154		1201	1095	2760
蒙　古	Mongolia	349	101			41	112
缅　甸	Myanmar	1525	25		77	75	270
巴基斯坦	Pakistan	7224	370		1829	678	1368
菲律宾	Philippines	2582	214		6	529	1224
新加坡	Singapore	1970	13		130	394	1434
斯里兰卡	Sri Lanka	899	6			91	327
泰　国	Thailand	9580	873	26	712	1413	5007
越　南	Viet Nam	5097	967		135	981	1588
埃　及	Egypt	5415	20		1198	1232	2803
尼日利亚	Nigeria	11713	3		314	202	1133
南　非	South Africa	7432	1871		170	1686	2578
加拿大	Canada	19909	313		4718	4173	9452
墨西哥	Mexico	11818	517		1213	2078	7235
美　国	United States	149507	2242	245	33288	32526	72897
阿根廷	Argentina	6045	22		2188	1040	2560
巴　西	Brazil	22843	775		1282	4191	10775
委内瑞拉	Venezuela	4535	21		978	836	2626
白俄罗斯	Belarus	1985	38		485	257	571
捷　克	Czech Rep.	2534	234		576	488	799
法　国	France	15756	279		3332	3790	6840
德　国	Germany	22490	706		5528	4456	9410
意大利	Italy	12117	180		3566	2472	4652
荷　兰	Netherlands	6165	74	436	2168	913	2295
波　兰	Poland	6698	1257		1082	1067	2093
俄罗斯	Russia	43449	1174	11	12644	6399	12162
西班牙	Spain	8146	108	1	1525	1995	3987
土耳其	Turkey	8602	1136		1898	1687	3067
乌克兰	Ukraine	7010	857	1	2493	1183	1186
英　国	United Kingdom	12903	299		4357	2729	5138
澳大利亚	Australia	8079	330	1	1348	1772	4147
新西兰	New Zealand	1323	62		216	326	593

7-3 万美元国内生产总值能耗(2011年不变价,PPP)
Energy Use per Ten Thousand USD of GDP (constant 2011 PPP)

资料来源：世界银行WDI数据库。
Source: World Bank WDI Database.

单位：吨标准油/万美元 (ton of oil equivalent per 10 000 USD)

国家或地区	Country or Area	2000	2005	2010	2011	2012	2013
世　界	**World**	**1.56**	**1.48**	**1.37**	**1.34**	**1.32**	**1.31**
高收入国家	**High Income**	**1.50**	**1.39**	**1.30**	**1.25**	**1.23**	**1.22**
中等收入国家	**Middle Income**	**1.65**	**1.60**	**1.44**	**1.43**	**1.41**	**1.40**
中　国	China	2.50	2.40	1.96	1.94	1.89	1.89
中国香港	Hong Kong, China	0.60	0.46	0.40	0.42	0.40	0.38
孟加拉国	Bangladesh	0.84	0.82	0.82	0.80	0.79	0.76
文　莱	Brunei Darussalam	0.96	0.81	1.15	1.32	1.30	1.05
柬埔寨	Cambodia	2.04	1.31	1.47	1.43	1.39	1.34
印　度	India	1.66	1.41	1.26	1.23	1.22	1.18
印度尼西亚	Indonesia	1.27	1.16	1.02	0.95	0.92	0.88
伊　朗	Iran	1.57	1.68	1.60	1.57	1.74	1.85
以色列	Israel	1.11	1.01	1.03	0.97	0.99	0.95
日　本	Japan	1.27	1.20	1.13	1.05	1.01	1.00
哈萨克斯坦	Kazakhstan	2.47	2.15	2.16	2.25	2.05	2.13
韩　国	Korea, Rep.	1.93	1.71	1.66	1.67	1.65	1.61
马来西亚	Malaysia	1.31	1.40	1.26	1.24	1.20	1.29
蒙　古	Mongolia	2.15	1.96	1.88	1.76	1.71	1.70
巴基斯坦	Pakistan	1.32	1.23	1.16	1.13	1.10	1.06
菲律宾	Philippines	1.21	0.94	0.77	0.74	0.74	0.72
新加坡	Singapore	0.90	0.82	0.69	0.68	0.65	0.62
斯里兰卡	Sri Lanka	0.80	0.71	0.57	0.56	0.55	0.48
泰　国	Thailand	1.25	1.31	1.30	1.29	1.29	1.33
越　南	Viet Nam	1.40	1.44	1.51	1.42	1.37	1.30
埃　及	Egypt	0.79	1.00	0.87	0.90	0.91	0.88
尼日利亚	Nigeria	2.47	1.83	1.47	1.48	1.50	1.42
南　非	South Africa	2.50	2.43	2.31	2.25	2.17	2.13
加拿大	Canada	2.19	2.08	1.81	1.80	1.73	1.71
墨西哥	Mexico	0.95	1.02	0.97	0.97	0.96	0.96
美　国	United States	1.75	1.58	1.45	1.41	1.35	1.35
巴　西	Brazil	0.94	0.94	0.93	0.91	0.93	0.94
委内瑞拉	Venezuela	1.45	1.41	1.51	1.34	1.38	1.28
捷　克	Czech Rep.	1.90	1.72	1.51	1.43	1.43	1.42
法　国	France	1.19	1.18	1.10	1.03	1.03	1.03
德　国	Germany	1.11	1.08	0.98	0.90	0.90	0.92
意大利	Italy	0.84	0.85	0.80	0.78	0.78	0.76
荷　兰	Netherlands	1.09	1.10	1.10	1.00	1.03	1.02
波　兰	Poland	1.58	1.42	1.23	1.18	1.12	1.11
俄罗斯	Russia	3.21	2.51	2.23	2.24	2.22	2.16
西班牙	Spain	0.99	0.97	0.83	0.83	0.85	0.80
土耳其	Turkey	0.92	0.82	0.88	0.86	0.87	0.84
乌克兰	Ukraine	5.66	4.18	3.68	3.34	3.23	3.06
英　国	United Kingdom	1.15	1.00	0.89	0.81	0.82	0.80
澳大利亚	Australia	1.60	1.43	1.37	1.35	1.31	1.30
新西兰	New Zealand	1.58	1.29	1.33	1.29	1.33	1.32

7-4 电力装机容量(2013年)

Net Installed Capacity of Electricity Generating Plants(2013)

资料来源：联合国ESD数据库。
Source: UN ESD Database.
单位：万千瓦 (10 000 kilowatts)

国家或地区	Country or Area	总装机容量 Self-producers and Public Utilities				
		总计 Total	热电 Thermal	水电 Hydro	核电 Nuclear	地热 Geothermal
中国	China	134105	94512	28878	1466	
中国香港	Hong Kong, China	1263	1263			
中国澳门	Macao, China	50	50			
孟加拉国	Bangladesh	854	822	32		
文莱	Brunei Darussalam	83	83			
柬埔寨	Cambodia	116	47	68		
印度	India	29487	22645	4006	478	
印度尼西亚	Indonesia	5572	4876	499		191
以色列	Israel	1502	1458	1		
日本	Japan	30271	19276	4893	4426	51
哈萨克斯坦	Kazakhstan	1874	1652	222		
韩国	Korea, Rep.	9200	6257	645	2072	
老挝	Laos	321	5	298		
马来西亚	Malaysia	3182	2773	393		
蒙古	Mongolia	95	95			
缅甸	Myanmar	415	114	301		
巴基斯坦	Pakistan	2391	1649	654	89	
菲律宾	Philippines	1705	1151	354		185
新加坡	Singapore	1141	1141			
斯里兰卡	Sri Lanka	330	160	162		
泰国	Thailand	4769	4394	342		…
越南	Viet Nam	2824	1770	1050		
埃及	Egypt	3270	2922	280		
尼日利亚	Nigeria	982	789	193		
南非	South Africa	4417	4156	71	180	
加拿大	Canada	13260	3466	7554	1337	
墨西哥	Mexico	6361	4805	1165	140	82
美国	United States	106509	78730	10159	9924	261
阿根廷	Argentina	3956	2827	1007	102	
巴西	Brazil	12674	3653	8602	199	
捷克	Czech Rep.	2108	1221	225	429	
法国	France	13011	2720	2544	6313	…
德国	Germany	18612	9137	1124	1207	2
意大利	Italy	12475	7473	2201		73
荷兰	Netherlands	3053	2652	4	49	
波兰	Poland	3582	3003	236		
俄罗斯	Russia	23942	16393	5010	2530	8
西班牙	Spain	11314	5679	1929	698	
土耳其	Turkey	6401	3861	2229		31
乌克兰	Ukraine	5500	3513	547	1384	
英国	United Kingdom	9152	6319	444	991	
澳大利亚	Australia	6403	4951	804		
新西兰	New Zealand	962	274	526		98

7-4 续表 1 continued

单位：万千瓦 (10 000 kilowatts)

国家或地区	Country or Area	自备电厂装机容量 Self-producers 总计 Total	热电 Thermal	水电 Hydro	风电 Wind	太阳能 Solar
中　国	China	8337	7503	834		
中国澳门	Macao, China	3	3			
孟加拉国	Bangladesh	222	222			
文　莱	Brunei Darussalam	8	8			
印　度	India	3809	3645	6	146	11
印度尼西亚	Indonesia	894	843	50	…	
以 色 列	Israel	93	50	…		42
日　本	Japan	7124	5086	426	256	1353
韩　国	Korea, Rep.	634	584		2	48
老　挝	Laos	18				18
马来西亚	Malaysia	304	304			
蒙　古	Mongolia	7	7			
缅　甸	Myanmar	39	22	17		
巴基斯坦	Pakistan	936	936			
菲 律 宾	Philippines	3	1	2		
新 加 坡	Singapore	50	50			
斯里兰卡	Sri Lanka	1	1			
泰　国	Thailand	1597	1597			
越　南	Viet Nam	271	270	…	1	
埃　及	Egypt	69	69			
尼日利亚	Nigeria	213	209	4		
南　非	South Africa	204	200	4		
加 拿 大	Canada	1055	541	514		
墨 西 哥	Mexico	1011	889	14	101	7
美　国	United States	3732	2925	68	5	642
阿 根 廷	Argentina	406	404	2	…	
巴　西	Brazil	1991	1510	481	…	…
捷　克	Czech Rep.	190	171	19		
法　国	France	954	420	44	100	263
德　国	Germany	962	930	4		
意 大 利	Italy	430	407	12		
荷　兰	Netherlands	659	513		70	72
波　兰	Poland	181	180	…		…
俄 罗 斯	Russia	1963	1918	45		
西 班 牙	Spain	730	700	20	…	1
土 耳 其	Turkey	342	284	54	1	
乌 克 兰	Ukraine	336	335	1		
英　国	United Kingdom	976	463	22	213	278
澳大利亚	Australia	750	425			326
新 西 兰	New Zealand	25	22	…		

7–5　发电量(2013年)
Electricity Generation (2013)

资料来源：联合国ESD数据库。
Source: UN ESD Database.
单位：百万千瓦时　(million kilowatt hours)

国家或地区	Country or Area	总计 Total	热电 Thermal	水电 Hydro	核电 Nuclear	风电 Wind	太阳能电 Solar
中　国	China	5431637	4247009	920291	111613	141197	5564
中国香港	Hong Kong, China	39063	39063				
中国澳门	Macao, China	413	413				
孟加拉国	Bangladesh	53043	52000	894		4	145
文　莱	Brunei Darussalam	4402	4400				2
柬埔寨	Cambodia	1778	759	1016			3
印　度	India	1193480	980599	141637	34228	33583	3433
印度尼西亚	Indonesia	216186	189835	16930		1	6
伊　朗	Iran	262434	242909	14582	4546	376	
以色列	Israel	59941	59418	28		6	489
日　本	Japan	1045293	929027	84886	9303	5201	14280
哈萨克斯坦	Kazakhstan	95368	87631	7731		5	1
韩　国	Korea, Rep.	541996	390858	8394	138784	1149	1605
老　挝	Laos	4471	300	3976			195
马来西亚	Malaysia	138331	127604	10586			141
蒙　古	Mongolia	5020	5020				
缅　甸	Myanmar	12247	3424	8823			
巴基斯坦	Pakistan	97792	61865	31173	4754		
菲律宾	Philippines	75300	55592	10036		66	1
新加坡	Singapore	47964	47964				
斯里兰卡	Sri Lanka	12044	4870	6929		236	10
泰　国	Thailand	165707	158573	5748		305	1080
越　南	Viet Nam	128546	70287	58169		90	
埃　及	Egypt	168050	153252	13352		1332	114
尼日利亚	Nigeria	28961	23635	5326			
南　非	South Africa	256073	237647	4040	14106	37	243
加拿大	Canada	651919	145296	391861	102789	11594	364
墨西哥	Mexico	297079	246916	28002	11800	4185	106
美　国	United States	4306160	2985891	290113	822004	169713	15661
阿根廷	Argentina	140863	100758	33422	6207	461	15
巴　西	Brazil	570836	157810	390992	15450	6579	5
捷　克	Czech Rep.	87065	50167	3639	30745	481	2033
法　国	France	572517	51388	75640	423685	16033	4661
德　国	Germany	633158	422523	28782	97290	51708	31010
意大利	Italy	289807	192237	54672		14897	21589
荷　兰	Netherlands	100875	91604	114	2891	5627	516
波　兰	Poland	164557	155444	2997		6004	1
俄罗斯	Russia	1059092	703481	182654	172508	5	
西班牙	Spain	283566	119169	41071	56731	53903	12692
土耳其	Turkey	240154	171622	59420		7557	
乌克兰	Ukraine	194377	95487	14472	83209	639	570
英　国	United Kingdom	359154	250474	7596	70608	28434	2036
澳大利亚	Australia	249060	219644	18270		7328	3817
新西兰	New Zealand	43256	11734	23044		2020	7

7-6 能源净进口占能源消费比重
Net Energy Imports as Percentage of Energy Use

资料来源：世界银行WDI数据库。
Source: World Bank WDI Database.
单位：%

(%)

国家或地区	Country or Area	2000	2005	2009	2010	2011	2012	2013
世　　界	**World**	**-2.6**	**-3.5**	**-3.5**	**-2.5**	**-3.3**	**-3.2**	**-3.3**
高收入国家	**High Income**	**16.3**	**17.1**	**14.4**	**15.1**	**11.8**	**9.6**	**8.1**
经合组织国家	**OECD Countries**	**29.4**	**32.3**	**28.5**	**29.4**	**28.2**	**26.8**	**25.3**
非经合组织国家	**High Income: nonOECD**	**-108.4**	**-122.6**	**-101.4**	**-98.6**	**-103.4**	**-101.2**	**-105.7**
中等收入国家	**Middle Income**	**-27.0**	**-25.9**	**-19.6**	**-17.9**	**-15.7**	**-13.2**	**-11.9**
中等偏上收入国家	**Upper Middle Income**	**-35.7**	**-33.1**	**-24.9**	**-22.5**	**-18.7**	**-16.4**	**-14.5**
中等偏下收入国家	**Lower Middle Income**	**-5.3**	**-6.2**	**-4.6**	**-4.8**	**-6.9**	**-3.7**	**-3.8**
中低收入国家	**Low and Middle Income**	**-26.1**	**-25.2**	**-19.0**	**-17.4**	**-15.3**	**-13.0**	**-11.7**
东亚和太平洋	**East Asia and Pacific**	**-2.7**	**-1.0**	**2.0**	**3.8**	**3.6**	**5.0**	**5.5**
欧洲和中亚	**Europe and Central Asia**	**-27.1**	**-44.0**	**-49.6**	**-48.7**	**-45.8**	**-45.4**	**-50.9**
拉丁美洲和加勒比	**Latin America and Caribbean**	**-47.4**	**-48.2**	**-34.5**	**-31.0**	**-32.1**	**-27.6**	**-24.9**
中东和北非国家	**Middle East and North Africa**	**-157.4**	**-115.0**	**-93.1**	**-94.2**	**-79.2**	**-71.9**	**-59.4**
南　　亚	**South Asia**	**21.3**	**21.7**	**26.5**	**27.4**	**28.6**	**30.4**	**31.1**
撒哈拉以南非洲	**Sub-Saharan Africa**	**-61.6**	**-61.5**	**-55.6**	**-58.6**	**-54.3**	**-51.4**	**-49.0**
低收入国家	**Low Income**	**6.1**	**4.1**	**4.5**	**4.1**	**1.8**	**-0.4**	**-4.5**
中　　国	China	2.7	4.2	8.6	10.7	11.7	13.2	13.5
中国香港	Hong Kong, China	99.6	99.6	99.6	99.3	99.2	99.3	99.3
孟加拉国	Bangladesh	17.0	15.2	12.5	14.6	17.1	17.9	15.2
文　　莱	Brunei Darussalam	-725.5	-849.6	-522.4	-473.2	-382.7	-383.5	-458.4
柬 埔 寨	Cambodia	20.3	27.4	29.1	31.7	31.6	31.9	31.6
印　　度	India	20.4	22.0	27.5	28.4	29.6	31.8	32.5
印度尼西亚	Indonesia	-52.6	-55.9	-76.1	-81.4	-105.8	-107.8	-115.3
伊　　朗	Iran	-106.2	-79.9	-64.7	-68.6	-66.6	-37.9	-30.9
以 色 列	Israel	96.5	88.7	84.8	83.4	79.7	86.6	73.1
日　　本	Japan	79.6	80.7	80.1	80.1	88.9	93.7	93.9
哈萨克斯坦	Kazakhstan	-120.2	-133.2	-133.2	-127.0	-107.2	-122.9	-107.3
韩　　国	Korea, Rep.	81.7	79.6	80.7	82.0	82.0	82.4	83.5
马来西亚	Malaysia	-58.5	-45.4	-24.9	-22.0	-15.2	-12.3	-6.4
蒙　　古	Mongolia	18.7	-28.5	-131.5	-297.7	-338.3	-251.7	-212.8
缅　　甸	Myanmar	-20.1	-49.8	-54.2	-61.1	-58.5	-46.4	-39.9
巴基斯坦	Pakistan	26.8	20.4	23.5	23.7	23.3	23.0	24.3
菲 律 宾	Philippines	51.1	44.9	38.5	41.7	40.5	41.5	45.1
新 加 坡	Singapore	98.9	98.2	97.9	97.7	97.7	97.6	97.5
斯里兰卡	Sri Lanka	43.0	45.3	43.6	43.1	48.8	47.3	45.9
泰　　国	Thailand	39.2	44.3	40.0	40.1	41.7	40.2	41.8
越　　南	Viet Nam	-38.9	-47.3	-25.2	-12.7	-15.6	-15.2	-15.6
埃　　及	Egypt	-30.8	-26.9	-19.0	-16.5	-9.9	-5.0	-6.8
尼日利亚	Nigeria	-130.0	-121.8	-102.3	-111.8	-104.3	-98.6	-91.4
南　　非	South Africa	-33.5	-23.1	-11.5	-15.6	-14.4	-18.2	-17.3
加 拿 大	Canada	-48.2	-48.9	-55.8	-57.3	-58.8	-65.5	-71.8
墨 西 哥	Mexico	-53.4	-48.1	-25.2	-26.0	-21.3	-16.1	-13.2
美　　国	United States	26.7	29.7	22.1	22.2	18.5	15.6	14.0
阿 根 廷	Argentina	-34.6	-26.4	-7.3	-1.0	3.3	6.3	11.4
巴　　西	Brazil	21.2	9.6	4.1	7.2	7.7	10.6	13.9
委内瑞拉	Venezuela	-321.1	-296.3	-207.3	-173.4	-196.0	-166.1	-179.4
捷　　克	Czech Rep.	25.3	26.7	25.8	28.7	24.8	23.4	28.1
德　　国	Germany	59.8	59.5	59.3	60.7	60.6	60.7	62.1
意 大 利	Italy	83.6	84.9	83.8	82.7	81.3	78.3	76.3
荷　　兰	Netherlands	21.4	20.6	19.3	16.3	16.9	17.6	10.3
波　　兰	Poland	10.7	15.0	28.6	33.2	32.5	27.0	27.3
俄 罗 斯	Russia	-57.9	-84.6	-84.0	-85.5	-79.7	-77.6	-83.4
西 班 牙	Spain	74.1	78.8	76.2	73.1	74.6	73.3	70.4
土 耳 其	Turkey	66.0	71.6	69.0	69.4	71.4	73.9	72.2
乌 克 兰	Ukraine	42.9	43.3	30.6	40.4	32.3	30.3	26.0
英　　国	United Kingdom	-22.2	7.9	19.1	26.7	30.9	39.1	42.4
澳大利亚	Australia	-116.1	-133.7	-132.2	-149.7	-137.8	-149.9	-166.3
新 西 兰	New Zealand	16.4	24.0	12.7	8.1	12.0	16.8	17.0

7-7　世界能源价格
World Energy Price

资料来源：世界银行全球经济监测数据库。
Source: World Bank GEM Database.

年　份 Year	三大市场平均原油价格 (美元/桶) Crude Oil, Avg,Spot ($/bbl)	北海布伦特原油价格 (美元/桶) Crude Oil, Brendt ($/bbl)	迪拜原油价格 (美元/桶) Crude Oil, Dubai ($/bbl)	西德克萨斯原油价格 (美元/桶) Crude Oil, WTI ($/bbl)	澳大利亚煤炭价格 (美元/吨) Coal, Australia ($/mt)	日本液化天然气价格 (美元/百万英制热量单位) Natural Gas LNG,Japan ($/mmbtu)	欧洲天然气价格 (美元/百万英制热量单位) Natural Gas,Europe ($/mmbtu)	美国天然气价格 (美元/百万英制热量单位) Natural Gas,US ($/mmbtu)
1970	1.21		1.21		7.80		0.45	0.17
1971	1.69		1.69		8.68		0.50	0.18
1972	1.82		1.82		9.60		0.54	0.19
1973	2.81		2.81		11.48		0.69	0.21
1974	10.97		10.97		16.89		1.73	0.29
1975	10.43		10.43		26.84		1.68	0.43
1976	11.63		11.63		27.16		1.74	0.58
1977	12.57		12.57		28.68	2.77	1.79	0.79
1978	12.92		12.92		29.06	3.04	2.30	0.91
1979	30.96	32.11	29.82		30.89	3.69	3.26	1.18
1980	36.87	37.89	35.85		40.14	5.70	4.22	1.59
1981	35.48	36.68	34.29		53.62	6.03	4.60	1.98
1982	32.65	33.42	31.76	32.77	54.77	6.05	4.45	2.47
1983	29.66	29.83	28.73	30.41	38.19	5.55	4.05	2.59
1984	28.56	28.80	27.49	29.38	30.96	5.24	3.76	2.66
1985	27.18	27.33	26.46	27.76	33.75	5.23	3.65	2.51
1986	14.35	14.77	13.20	15.08	31.13	4.10	3.65	1.94
1987	18.15	18.34	16.94	19.16	27.50	3.35	2.59	1.66
1988	14.72	14.97	13.22	15.97	34.88	3.34	2.36	1.68
1989	17.84	18.22	15.70	19.60	38.00	3.28	2.09	1.70
1990	22.88	23.68	20.46	24.49	39.67	3.64	2.82	1.70
1991	19.37	20.07	16.56	21.48	39.67	3.99	3.11	1.49
1992	19.02	19.31	17.19	20.56	38.56	3.60	2.56	1.77
1993	16.84	17.02	14.94	18.56	31.33	3.51	2.67	2.12
1994	15.89	15.83	14.67	17.16	32.30	3.18	2.44	1.92
1995	17.18	17.07	16.12	18.37	39.37	3.45	2.73	1.72
1996	20.42	20.65	18.54	22.07	38.07	3.67	2.84	2.73
1997	19.17	19.09	18.10	20.33	35.10	3.91	2.74	2.48
1998	13.06	12.72	12.13	14.35	29.23	3.02	2.42	2.09
1999	18.07	17.81	17.17	19.24	25.89	3.14	2.13	2.27
2000	28.23	28.27	26.08	30.33	26.25	4.71	3.86	4.31
2001	24.35	24.42	22.71	25.92	32.31	4.63	4.06	3.96
2002	24.93	24.97	23.72	26.09	25.31	4.28	3.05	3.36
2003	28.90	28.85	26.74	31.11	26.09	4.73	3.91	5.49
2004	37.73	38.30	33.46	41.44	52.95	5.13	4.28	5.89
2005	53.39	54.43	49.29	56.44	47.62	5.99	6.33	8.92
2006	64.29	65.39	61.43	66.04	49.09	7.08	8.47	6.72
2007	71.12	72.70	68.37	72.28	65.73	7.68	8.56	6.98
2008	96.99	97.64	93.78	99.56	127.10	12.53	13.41	8.86
2009	61.76	61.86	61.75	61.65	71.84	8.94	8.71	3.95
2010	79.04	79.64	78.06	79.43	98.97	10.85	8.29	4.39
2011	104.01	110.94	106.03	95.05	121.45	14.66	10.52	4.00
2012	105.01	111.97	108.90	94.16	96.36	16.55	11.47	2.75
2013	104.08	108.86	105.43	97.94	84.56	15.96	11.79	3.73
2014	96.24	98.94	96.66	93.11	70.13	16.04	10.05	4.37
2015	50.75	52.37	51.18	48.71	57.51	10.40	7.26	2.61

7-8 核能及其他清洁能源消费占能源总消费比重
Alternative and Nuclear Energy as Percentage of Total Energy Use

资料来源：世界银行WDI数据库。
Source: World Bank WDI Database.

单位：% (%)

国家或地区	Country or Area	2000	2005	2010	2011	2012	2013	2014
中　国	China	2.3	3.0	3.9	3.8	4.5	4.8	
孟加拉国	Bangladesh	0.4	0.3	0.2	0.2	0.2	0.3	
柬埔寨	Cambodia		0.1		0.1	0.8	1.5	
印　度	India	2.5	2.8	2.8	3.3	3.0	3.2	
印度尼西亚	Indonesia	5.9	6.8	8.4	8.4	8.2	8.3	
伊　朗	Iran	0.3	0.8	0.4	0.5	0.7	1.2	
以色列	Israel	3.3	3.9	4.9	4.8	4.7	4.8	5.0
日　本	Japan	18.4	17.3	17.2	8.1	3.2	3.0	2.8
哈萨克斯坦	Kazakhstan	1.8	1.3	1.0	0.9	0.9	0.8	
韩　国	Korea, Rep.	15.3	18.4	15.7	15.7	15.1	14.0	15.7
马来西亚	Malaysia	1.2	0.7	0.7	0.8	1.0	1.0	
缅　甸	Myanmar	1.3	1.7	3.1	4.5	4.3	4.6	
巴基斯坦	Pakistan	3.1	4.3	4.3	4.5	4.4	4.6	
菲律宾	Philippines	26.7	23.8	22.8	23.3	22.5	20.5	
斯里兰卡	Sri Lanka	3.3	3.3	5.0	3.9	2.6	6.1	
泰　国	Thailand	0.7	0.5	0.4	0.6	0.6	0.5	
越　南	Viet Nam	4.4	3.5	4.0	6.0	7.6	8.2	
埃　及	Egypt	2.9	1.8	1.7	1.7	1.7	1.6	
尼日利亚	Nigeria	0.6	0.6	0.5	0.4	0.4	0.3	
南　非	South Africa	3.2	2.4	2.4	2.6	2.4	2.8	
加拿大	Canada	19.8	20.4	21.7	22.4	23.2	24.3	23.9
墨西哥	Mexico	7.0	6.9	6.0	6.3	5.6	4.9	6.2
美　国	United States	10.8	10.6	11.7	12.0	12.0	12.0	12.1
阿根廷	Argentina	6.6	7.1	6.0	5.5	5.3	5.4	
巴　西	Brazil	14.8	14.7	14.7	15.4	14.5	13.1	
委内瑞拉	Venezuela	10.5	11.8	9.1	10.7	9.7	10.4	
捷　克	Czech Rep.	9.0	14.9	17.2	18.2	19.6	20.3	20.1
法　国	France	45.3	45.2	45.2	47.9	46.7	46.8	50.1
德　国	Germany	14.0	13.9	13.2	11.6	11.3	11.1	11.7
意大利	Italy	4.7	4.4	6.0	6.5	7.1	8.3	9.3
荷　兰	Netherlands	1.6	1.6	1.7	2.0	1.9	1.7	2.4
波　兰	Poland	0.2	0.2	0.4	0.5	0.6	0.8	0.9
俄罗斯	Russia	7.8	8.4	8.6	8.3	8.3	8.4	
西班牙	Spain	15.7	13.0	19.3	18.1	19.5	21.7	22.6
土耳其	Turkey	4.7	5.7	6.7	6.8	7.3	8.0	5.5
乌克兰	Ukraine	15.8	16.9	18.5	19.5	20.1	19.9	
英　国	United Kingdom	10.2	9.9	8.6	10.6	10.8	11.3	11.5
澳大利亚	Australia	1.4	1.3	1.5	1.9	1.8	2.2	2.5
新西兰	New Zealand	24.0	24.2	32.4	33.6	31.4	33.0	33.5

7-9　易燃的可再生能源及废弃物消费占能源总消费比重
Combustible Renewables and Waste as Percentage of Total Energy Use

资料来源：世界银行WDI数据库。
Source: World Bank WDI Database.

单位：%　　(%)

国家或地区	Country or Area	2000	2005	2010	2011	2012	2013	2014
中　国	China	17.5	11.5	8.6	8.0	7.7	7.1	
中国香港	Hong Kong, China	0.4	0.4	0.7	0.8	0.7	0.7	
孟加拉国	Bangladesh	41.7	36.1	28.5	27.8	26.8	26.6	
柬埔寨	Cambodia	79.7	72.5	68.3	68.3	67.3	66.9	
印　度	India	33.7	31.1	25.6	25.3	24.6	24.3	
印度尼西亚	Indonesia	32.1	28.2	24.9	26.2	25.4	25.7	
伊　朗	Iran	0.1	0.3	0.3	0.2	0.2	0.2	
以色列	Israel			0.1	0.1	0.1	0.1	0.1
日　本	Japan	1.1	1.3	1.9	2.2	2.3	2.5	2.5
哈萨克斯坦	Kazakhstan	0.2		0.1	0.1	0.1	0.1	
韩　国	Korea, Rep.	0.7	1.0	1.4	1.5	1.6	1.8	1.8
马来西亚	Malaysia	5.6	4.6	4.4	4.4	4.4	4.1	
蒙　古	Mongolia	5.5	5.6	4.6	4.2	3.0	2.7	
缅　甸	Myanmar	71.6	68.7	75.5	74.5	68.7	65.3	
巴基斯坦	Pakistan	37.5	34.6	34.2	34.6	34.9	35.3	
菲律宾	Philippines	20.3	18.4	17.1	17.2	18.2	18.3	
新加坡	Singapore	1.1	1.8	2.3	2.3	2.4	2.6	
斯里兰卡	Sri Lanka	53.7	51.4	51.9	47.3	50.0	48.0	
泰　国	Thailand	20.2	17.4	19.2	18.5	18.6	18.4	
越　南	Viet Nam	49.4	35.9	25.0	25.2	25.1	25.3	
埃　及	Egypt	3.2	2.3	2.1	2.1	2.0	2.1	
尼日利亚	Nigeria	81.0	77.7	81.5	80.6	80.7	81.5	
南　非	South Africa	11.6	10.6	10.3	10.4	10.7	10.8	
加拿大	Canada	4.6	5.4	5.4	5.4	4.8	5.2	5.4
墨西哥	Mexico	6.2	5.3	4.7	4.5	4.5	4.7	4.2
美　国	United States	3.2	3.3	4.0	4.2	4.1	4.4	4.4
阿根廷	Argentina	4.8	3.4	3.5	3.8	4.2	4.2	
巴　西	Brazil	24.9	29.4	30.7	28.9	27.7	27.7	
委内瑞拉	Venezuela	1.3	1.3	1.1	1.1	1.0	1.1	
捷　克	Czech Rep.	3.1	3.9	6.0	6.6	7.1	7.9	8.1
法　国	France	4.3	4.5	6.1	5.6	6.1	6.5	6.0
德　国	Germany	2.3	4.3	7.6	8.1	8.7	8.7	9.2
意大利	Italy	1.3	2.2	5.3	6.1	8.4	9.4	9.2
荷　兰	Netherlands	2.4	3.4	4.2	4.6	4.7	4.5	4.8
波　兰	Poland	4.2	4.8	7.2	7.8	8.6	8.5	9.0
俄罗斯	Russia	1.1	1.1	1.0	1.0	1.0	1.0	
西班牙	Spain	3.4	3.6	5.3	5.8	6.3	6.0	5.5
土耳其	Turkey	8.6	6.4	4.3	3.3	3.2	4.2	3.9
乌克兰	Ukraine	0.2	0.2	1.2	1.3	1.4	1.6	
英　国	United Kingdom	0.9	1.7	2.9	3.4	3.4	4.0	4.8
澳大利亚	Australia	4.7	4.5	3.3	3.1	3.9	3.9	4.2
新西兰	New Zealand	6.5	7.6	6.5	6.6	6.2	5.9	5.7

主要统计指标解释

探明储量 是在现有和预期的本地经济条件和现有可用技术下，已探明的可开采的吨数。

能源最终消费量 指各不同经济部门终端能源消费量。

能源生产量 指一定时期内一次能源生产量的总和。

国际运输燃料 指供给国际运输的飞机或轮船的燃料，空运燃料包括航空汽油和喷气发动机燃料，海运燃料，包括硬煤、柴油等。

一次能源供应量 等于"产量+进口－出口－国际运输燃料－库存变化"。

清洁能源 是指在发电时不产生二氧化碳的非碳能源。它包括水电、核电、地热和太阳能等。

易燃的可再生能源和废弃物 包括固态和液态的生物遗体、沼气、工业垃圾和城市垃圾。

Explanatory Notes on Main Statistical Indicators

Proved Reserves are the tonnage of the proved amount in place that can be recovered under present and expected local economic conditions with existing available technology.

Total Final Consumption refers to the sum of consumption by the different end-use sectors.

Energy Production is the production of primary energy.

Bunkers Airs bunkers refer to bunkers of aviation gasoline and jet fuel. Sea bunkers refer to bunkers of hard coal, gas-diesel oil and residual fuel oil.

Total Primary Energy Supply refers to Production +imports-Exports-Bunkers-Changes in stocks.

Clean energy refer to noncarbohydrate energy that does not produce carbon dioxide when generated. It includes hydropower and nuclear, geothermal, and solar power, among others.

Combustible renewables and waste comprise solid biomass, liquid biomass, biogas, industrial waste, and municipal waste.

财政和金融

Government Finance and Banking

8-1 中央政府财政收入占国内生产总值比重
Central Government Revenue as Percentage of GDP

资料来源：世界银行WDI数据库。
Source: World Bank WDI Database.
单位：% (%)

国家或地区	Country or Area	2000	2005	2010	2011	2012	2013	2014
世　界	**World**	**25.9**	**22.6**	**22.2**	**22.3**	**23.7**	**25.3**	
高收入国家	**High Income**	**27.7**	**24.3**	**23.7**	**23.7**	**24.0**	**25.1**	**26.8**
中等收入国家	**Middle Income**	**13.8**	**17.6**	**18.2**	**18.4**			
低收入国家	**Low Income**		**11.5**	**13.6**	**14.5**			
中　国	China	7.1	9.7	11.3	11.3			
中国香港	Hong Kong, China		19.6	22.3	23.8			
中国澳门	Macao, China	19.9	24.6	36.7	40.0	39.1	36.5	
孟加拉国	Bangladesh		9.0	9.7	10.5		13.5	
柬埔寨	Cambodia		9.7	11.5	11.6	12.7	13.6	16.5
印　度	India	11.5	12.1	12.9	11.5	12.6	12.5	
印度尼西亚	Indonesia		17.5	14.5	15.4	15.5		
伊　朗	Iran	21.6	31.9					
以色列	Israel	38.0	36.1	32.0	32.2	31.1	32.2	32.7
日　本	Japan		11.8	11.2	11.3	11.2	12.1	
哈萨克斯坦	Kazakhstan	11.3	21.3	20.9	24.1		21.3	
韩　国	Korea, Rep.	21.2	20.5	21.0	21.6		23.3	
老　挝	Laos			14.4	15.1	16.6	23.3	
马来西亚	Malaysia	17.5	19.6	19.4	20.3	21.4	21.6	
蒙　古	Mongolia	24.4		29.0	28.6	25.6	22.9	
缅　甸	Myanmar	5.3	6.7					
巴基斯坦	Pakistan	13.9	13.0	13.8	12.2	12.7	14.5	
菲律宾	Philippines	14.2	14.4	13.4	14.0	14.5	15.2	
新加坡	Singapore	25.8	18.2	17.0	17.3	17.8	17.4	
斯里兰卡	Sri Lanka	16.8	15.5	12.7	13.0	12.0	13.3	
泰　国	Thailand	15.5	19.7	19.0	19.8	19.0	20.7	19.7
埃　及	Egypt		24.3	24.8	21.9	20.5		
尼日利亚	Nigeria		11.9	5.6	5.6	5.0		
南　非	South Africa	25.7	28.8	28.1	28.2	28.4	29.5	30.5
加拿大	Canada	20.9	18.6	17.1	16.9	17.2	17.2	17.2
墨西哥	Mexico	12.5						
美　国	United States	20.5	17.9	16.5	16.7	16.9	19.0	19.0
巴　西	Brazil	19.6	22.4	25.4	23.7	23.8		
委内瑞拉	Venezuela	21.2	28.3					
捷　克	Czech Rep.	28.1	29.0	27.4	27.8	28.3	26.7	
法　国	France	42.9	42.6	43.2	43.0	44.0	44.9	45.4
德　国	Germany	29.9	27.9	27.9	28.2	28.5	28.4	28.6
意大利	Italy	36.1	34.6	37.4	37.2	38.8	39.0	39.0
荷　兰	Netherlands	38.7	37.3	38.8	38.4	38.9	39.9	39.8
波　兰	Poland	28.6	32.7	30.3	30.8	31.0	30.9	20.4
俄罗斯	Russia	24.6	30.3	26.1	29.4	27.7	27.3	27.5
西班牙	Spain	18.5	17.4	14.7	14.3	14.3	16.2	16.6
土耳其	Turkey			33.5	33.2	34.7	36.1	36.2
乌克兰	Ukraine	26.8	35.1	34.3	36.3	37.5		
英　国	United Kingdom	35.8	35.6	35.3	35.6	34.9	35.7	34.6
澳大利亚	Australia	26.0	27.1	23.4	22.8	23.7	24.6	24.6
新西兰	New Zealand		26.4	34.4	35.7	35.0	32.5	32.5

8-2 中央政府财政收入
Revenue of Central Government

资料来源：国际货币基金组织GFS数据库。
Source: IMF GFS Database.

		柬埔寨 Cambodia 2013 (亿瑞尔) (100 Million Riel)	印度 India 2013 (亿卢比) (100 Million Rupee)	印度尼西亚 Indonesia 2014 (亿卢比) (100 Million Rupiah)	伊朗 Iran 2009 (亿里亚尔) (100 Million Rial)
财政总收入	**Total Revenue**	**107032**	**141789**	**15493796**	**10423200**
税收	Taxes	74076	123587	11452829	3022470
收入、利润和资本所得税	Taxes on Income, Profits, and Capital Gains	15615	66044	5461797	2016650
个人	Payable by Individuals	3774	24092	1103552	340715
公司和其他企业	Payable by Corporations and Other Enterprises	11840	41952	4358245	1675260
工资税	Taxes on Payroll and Workforce				
财产税	Taxes on Property		95	234762	10504
货物和服务税	Taxes on Goods and Services	41745	38709	5276554	366409
增加值、销售和交易税	General Value Added, Sales, or Turnover Taxes	26697	219	4091816	310149
货物税	Excises	13392	19720	1184738	19423
国际贸易税	Taxes on International Trade and Transactions	16669	18731	430352	625544
其他税	Other Taxes	48		49364	3364
社会缴款	Social Contributions		270		1947920
社会保障缴款	Social Security Contributions				1947920
其它社会缴款	Other Social Contributions		270		
捐赠收入	Grants	22740	146	44555	
来自外国政府捐赠收入	From Foreign Governments	21509	146	38236	
来自国际组织捐赠收入	From International Organizations	18			
来自政府机构捐赠收入	From General Government Units	1213		6319	
其它收入	Other Revenue	10216	17787	3996411	5452820

8-2 续表 1 continued

		以色列 Israel 2014 (亿新谢克尔) (100 Million New Sheqalim)	哈萨克斯坦 Kazakhstan 2014 (亿坚戈) (100 Million Tenge)	韩国 Korea,Rep. 2014 (亿韩元) (100 Million Won)	马来西亚 Malaysia 2013 (亿林吉特) (100 Million Ringgit)
财政总收入	**Total Revenue**	**3747**	**78580**	**3979002**	**2134**
税收	Taxes	2569	56314	2069499	1560
收入、利润和资本所得税	Taxes on Income, Profits, and Capital Gains	1083	25617	991388	1110
个人	Payable by Individuals	634		557959	231
公司和其他企业	Payable by Corporations and Other Enterprises	350	25617	433429	879
工资税	Taxes on Payroll and Workforce	130			
财产税	Taxes on Property	1		65101	
货物和服务税	Taxes on Goods and Services	1327	12768	867723	310
增加值、销售和交易税	General Value Added, Sales, or Turnover Taxes	1107	11982	648235	101
货物税	Excises	171	457	219488	122
国际贸易税	Taxes on International Trade and Transactions	28	17929	87045	45
其他税	Other Taxes			58243	95
社会缴款	Social Contributions	633	2255	1025999	
社会保障缴款	Social Security Contributions	561	2255	924855	
其它社会缴款	Other Social Contributions	72		101144	
捐赠收入	Grants	168	1393	73485	
来自外国政府捐赠收入	From Foreign Governments	111			
来自国际组织捐赠收入	From International Organizations		7	4	
来自政府机构捐赠收入	From General Government Units	57	1386	73481	
其它收入	Other Revenue	378	18619	810017	574

8-2 续表 2 continued

		蒙古 Mongolia 2013 (亿图格里克) (100 Million Togrog)	缅甸 Myanmar 2005 (亿缅元) (100 Million Kyat)	巴基斯坦 Pakistan 2013 (亿卢比) (100 Million Rupee)	新加坡 Singapore 2014 (亿新加坡元) (100 Million Dollar)
财政总收入	**Total Revenue**	**53208**	**8195**	**33459**	**719**
税收	Taxes	30163	4770	25036	541
收入、利润和资本所得税	Taxes on Income, Profits, and Capital Gains	6602	2067	9320	239
个人	Payable by Individuals		2067	9140	89
公司和其他企业	Payable by Corporations and Other Enterprises	6602			150
工资税	Taxes on Payroll and Workforce				
财产税	Taxes on Property				43
货物和服务税	Taxes on Goods and Services	19588	2518	12015	170
增加值、销售和交易税	General Value Added, Sales, or Turnover Taxes	14351	2251	10765	102
货物税	Excises	4494	49	1250	25
国际贸易税	Taxes on International Trade and Transactions	3814	185	2475	
其他税	Other Taxes	160		1226	89
社会缴款	Social Contributions	10188			
社会保障缴款	Social Security Contributions	10188			
其它社会缴款	Other Social Contributions				
捐赠收入	Grants	121	3	1120	
来自外国政府捐赠收入	From Foreign Governments		3	1120	
来自国际组织捐赠收入	From International Organizations				
来自政府机构捐赠收入	From General Government Units	121			
其它收入	Other Revenue	12737	3423	7303	178

8-2 续表 3 continued

		泰国 Thailand 2014 (亿泰铢) (100 Million Baht)	南非 South Africa 2014 (亿兰特) (100 Million Rand)	加拿大 Canada 2014 (亿加元) (100 Million Dollar)	墨西哥 Mexico 2000 (亿比索) (100 Million Peso)
财政总收入	**Total Revenue**	**25977**	**11612**	**3406**	**8106**
税收	Taxes	21049	10109	2331	6408
收入、利润和资本所得税	Taxes on Income, Profits, and Capital Gains	8993	5618	1802	2766
个人	Payable by Individuals	2371	3539		
公司和其他企业	Payable by Corporations and Other Enterprises	6622	2079		
工资税	Taxes on Payroll and Workforce		140		
财产税	Taxes on Property		125		
货物和服务税	Taxes on Goods and Services	10855	3823		5036
增加值、销售和交易税	General Value Added, Sales, or Turnover Taxes	4914	2613		1896
货物税	Excises	4252	834		862
国际贸易税	Taxes on International Trade and Transactions	1054	403	44	329
其他税	Other Taxes	147			59
社会缴款	Social Contributions	1402	240	791	849
社会保障缴款	Social Security Contributions	1402	240		849
其它社会缴款	Other Social Contributions				
捐赠收入	Grants	54	35	13	
来自外国政府捐赠收入	From Foreign Governments	54	20		
来自国际组织捐赠收入	From International Organizations				
来自政府机构捐赠收入	From General Government Units		15		
其它收入	Other Revenue	3472	1228	270	849

8-2 续表 4 continued

		美国 United States 2014 (亿美元) (100 Million US Dollar)	阿根廷 Argentina 2004 (亿比索) (100 Million Peso)	委内瑞拉 Venezuela 2005 (亿博利瓦) (100 Million Bolivar)	白俄罗斯 Belarus 2014 (亿卢布) (100 Million Rubel)
财政总收入	**Total Revenue**	**32940**	**814**	**859**	**2327339**
税收	Taxes	18963	636	472	1023173
收入、利润和资本所得税	Taxes on Income, Profits, and Capital Gains	17396	154	185	65842
个人	Payable by Individuals	14186	46	9	
公司和其他企业	Payable by Corporations and Other Enterprises	3210	108	175	65842
工资税	Taxes on Payroll and Workforce		4		
财产税	Taxes on Property	188	8	29	
货物和服务税	Taxes on Goods and Services	1005	303	214	752906
增加值、销售和交易税	General Value Added, Sales, or Turnover Taxes		214	195	481822
货物税	Excises	693	55	17	212309
国际贸易税	Taxes on International Trade and Transactions	373	129	43	194115
其他税	Other Taxes		39	1	10310
社会缴款	Social Contributions	11452	135	19	909092
社会保障缴款	Social Security Contributions	11360	131	19	909092
其它社会缴款	Other Social Contributions	92	4		
捐赠收入	Grants	11	2		77413
来自外国政府捐赠收入	From Foreign Governments	11	0.1		9367.1
来自国际组织捐赠收入	From International Organizations		0.2		
来自政府机构捐赠收入	From General Government Units		2		68046.2
其它收入	Other Revenue	2515	42	368.8	317660.2

8-2 续表 5 continued

		捷克 Czech Rep. 2014 (亿克朗) (100 Million koruna)	法国 France 2014 (亿欧元) (100 Million Euro)	德国 Germany 2014 (亿欧元) (100 Million Euro)	意大利 Italy 2014 (亿欧元) (100 Million Euro)
财政总收入	**Total Revenue**	**13105**	**9683**	**8406**	**6357**
税收	Taxes	5735	4973	3363	3804
收入、利润和资本所得税	Taxes on Income, Profits, and Capital Gains	1876	2456	1383	2012
个人	Payable by Individuals	982	1877	1178	1677
公司和其他企业	Payable by Corporations and Other Enterprises	894	577	170	333
工资税	Taxes on Payroll and Workforce		259		
财产税	Taxes on Property	1	165		55
货物和服务税	Taxes on Goods and Services	3857	2078	1980	1486
增加值、销售和交易税	General Value Added, Sales, or Turnover Taxes	2341	1494	1087	911
货物税	Excises	1413	357	644	456
国际贸易税	Taxes on International Trade and Transactions				
其他税	Other Taxes	1	16		251
社会缴款	Social Contributions	5626	4078	4565	2152
社会保障缴款	Social Security Contributions	5479	3584	4480	2123
其它社会缴款	Other Social Contributions	147	494	85	29
捐赠收入	Grants	1162		60	68
来自外国政府捐赠收入	From Foreign Governments	2			3
来自国际组织捐赠收入	From International Organizations	1157		6	12
来自政府机构捐赠收入	From General Government Units	3	45	54	53
其它收入	Other Revenue	583		418	333

8-2 续表 6 continued

		荷兰 Netherlands 2014 (亿欧元) (100 Million Euro)	波兰 Poland 2014 (亿兹罗提) (100 Million Zloty)	俄罗斯 Russia 2014 (亿卢布) (100 Million Ruble)	西班牙 Spain 2014 (亿欧元) (100 Million Euro)
财政总收入	**Total Revenue**	**2647**		**215335**	
税收	Taxes	1384	2659	104757	1271
收入、利润和资本所得税	Taxes on Income, Profits, and Capital Gains	637	668	4084	520
个人	Payable by Individuals	466	433	93	309
公司和其他企业	Payable by Corporations and Other Enterprises	171	235	4061	210
工资税	Taxes on Payroll and Workforce	10	40		
财产税	Taxes on Property	32		1	1
货物和服务税	Taxes on Goods and Services	670	1943	46606	751
增加值、销售和交易税	General Value Added, Sales, or Turnover Taxes	443	1227	40545	516
货物税	Excises	145	661	6061	182
国际贸易税	Taxes on International Trade and Transactions	1	7	54065	
其他税	Other Taxes	34		2	
社会缴款	Social Contributions	1002	2255	56236	1312
社会保障缴款	Social Security Contributions	984	2099	56236	1200
其它社会缴款	Other Social Contributions	18	156		111
捐赠收入	Grants	9		755	
来自外国政府捐赠收入	From Foreign Governments				
来自国际组织捐赠收入	From International Organizations	0.3		0.1	20
来自政府机构捐赠收入	From General Government Units	9		755	
其它收入	Other Revenue	253		53587	

8-2 续表 7 continued

		乌克兰 Ukraine 2014 (亿格里夫尼亚) (100 Million Hrywnia)	英国 United Kingdom 2014 (亿英磅) (100 Million Pound)	澳大利亚 Australia 2014 (亿澳元) (100 Million Dollar)	新西兰 New Zealand 2014 (亿新西兰元) (100 Million Dollar)
财政总收入	**Total Revenue**	**6180**	**6339**	**3906**	**787**
税收	Taxes	2745	4552	3515	643
收入、利润和资本所得税	Taxes on Income, Profits, and Capital Gains	526	2069	2484	400
个人	Payable by Individuals	127	1628	1703	284
公司和其他企业	Payable by Corporations and Other Enterprises	399	441	767	116
工资税	Taxes on Payroll and Workforce			8	
财产税	Taxes on Property		312		
货物和服务税	Taxes on Goods and Services	2090	2144	929	220
增加值、销售和交易税	General Value Added,Sales,or Turnover Taxes	1390	1383	568	166
货物税	Excises	449	577	264	21
国际贸易税	Taxes on International Trade and Transactions	129		93	22
其他税	Other Taxes		27		1
社会缴款	Social Contributions	1854	1332		26
社会保障缴款	Social Security Contributions	1852	1091		26
其它社会缴款	Other Social Contributions	2	241		
捐赠收入	Grants	834	47	5	2
来自外国政府捐赠收入	From Foreign Governments	1			
来自国际组织捐赠收入	From International Organizations	54	45		
来自政府机构捐赠收入	From General Government Units	21	2	5	2
其它收入	Other Revenue	747	409	385	115

8-3 中央政府财政支出
Expense of Central Government

资料来源：国际货币基金组织GFS数据库。
Source: IMF GFS Database.

		柬埔寨 Cambodia 2013 (亿瑞尔) (100 Million Riel)	印度 India 2013 (亿卢比) (100 Million Rupee)	印度尼西亚 Indonesia 2014 (亿卢比) (100 Million Rupiah)	伊朗 Iran 2009 亿里亚尔) (billion Rial)
财政总支出	**Total Expense**	**72465**	**186911**	**16811503**	**8065990**
雇员报酬	Compensation of Employees	26363	15193	2410188	3210230
工资和薪金	Wages and Salaries	26363	15193	1553513	2835570
社会缴款	Social Contributions			856675	374652
商品和服务的使用	Use of Goods and Services	20753	16339	1669460	865086
固定资本消耗	Consumption of Fixed Capital				
利息	Interest	2043	36424	1331323	58967
补贴	Subsidies	1301	42216	3919625	770769
对国有企业补贴	To Public Corporations			3892026	701753
对私人企业补贴	To Private Enterprises			27600	69016
捐赠	Grants	6823	75743	5746105	31225
对外国政府捐赠	To Foreign Governments			37	1710
对国际组织捐赠	To International Organizations	140	5914	680	2490
对政府机构捐赠	To General Government Units	6683	69829	5745388	27025
社会福利	Social Benefits	8787		1005217	1966020
社会保障福利	Social Security Benefits				1898380
社会救助福利	Social Assistance Benefits			978209	67637
雇主社会福利	Employer Social Benefits			27008	
其它支出	Other Expense	6395	996	105711	1163700
不含利息的财产支出	Property Expense Other Than Interest				
其它杂项支出	Miscellaneous Other Expense				

8-3 续表 1 continued

		以色列 Israel 2014 (亿新谢克尔) (100 Million New Sheqalim)	哈萨克斯坦 Kazakhstan 2014 (亿坚戈) (billion Tenge)	韩国 Korea,Rep. 2014 (亿韩元) (billion Won)	马来西亚 Malaysia 2013 (亿林吉特) (100 Million Ringgit)
财政总支出	**Total Expense**	**4124**	**60739**	**3691465**	**2099**
雇员报酬	Compensation of Employees	933	4269	381443	610
工资和薪金	Wages and Salaries	761	4147	366846	610
社会缴款	Social Contributions	172	124	14597	
商品和服务的使用	Use of Goods and Services	937	11798	492910	339
固定资本消耗	Consumption of Fixed Capital	102		131481	
利息	Interest	393	2016	209424	208
补贴	Subsidies	84	876	200023	433
对国有企业补贴	To Public Corporations	36			433
对私人企业补贴	To Private Enterprises	49	876		
捐赠	Grants	244	22203	1174750	348
对外国政府捐赠	To Foreign Governments	8		5544	
对国际组织捐赠	To International Organizations	3	381	231	
对政府机构捐赠	To General Government Units	233	21823	1168976	348
社会福利	Social Benefits	1134	18131	925923	148
社会保障福利	Social Security Benefits	674	12095	925269	148
社会救助福利	Social Assistance Benefits	247	5947	654	
雇主社会福利	Employer Social Benefits	213	88		
其它支出	Other Expense	298	1447	175511	12
不含利息的财产支出	Property Expense Other Than Interest			1336	
其它杂项支出	Miscellaneous Other Expense				

8-3 续表 2 continued

		蒙　古 Mongolia 2013 (亿图格里克) (100 Million Togrog)	泰　国 Thailand 2014 (亿铢) (100 Million Baht)	巴基斯坦 Pakistan 2013 (亿卢比) ((100 Million Rupee)	加拿大 Canada 2014 (亿加元) ((100 Million Dollar)
财政总支出	**Total Expense**	**44487**	**25547**	**39907**	**3297**
雇员报酬	Compensation of Employees	8314	7231	1550	391
工资和薪金	Wages and Salaries	7681	7019	1550	
社会缴款	Social Contributions	633	213		
商品和服务的使用	Use of Goods and Services	5847	6451	8842	222
固定资本消耗	Consumption of Fixed Capital		951		96
利息	Interest	2697	1463	11417	242
补贴	Subsidies	956	1980	2086	42
对国有企业补贴	To Public Corporations	859	1175		
对私人企业补贴	To Private Enterprises	97	805		
捐赠	Grants	11294	3589	3123	879
对外国政府捐赠	To Foreign Governments		10		
对国际组织捐赠	To International Organizations	36	13		
对政府机构捐赠	To General Government Units	11258	3565		
社会福利	Social Benefits	14501	2841	1441	1278
社会保障福利	Social Security Benefits	9132	630		
社会救助福利	Social Assistance Benefits	5369	104		
雇主社会福利	Employer Social Benefits		2108		
其它支出	Other Expense	878	1041	11447	147
不含利息的财产支出	Property Expense Other Than Interest				
其它杂项支出	Miscellaneous Other Expense				

8-3 续表 3 continued

		美国 United States 2014 (亿美元) (100 Million Us Dollar)	阿根廷 Argentina 2004 (亿比索) (100 Million Peso)	委内瑞拉 Venezuela 2005 (亿博利瓦) (100 Million Bolivar)	白俄罗斯 Belarus 2014 (亿卢布) (100 Million Rubel)
财政总支出	**Total Expense**	**39847**	**819**	**762**	**2208710**
雇员报酬	Compensation of Employees	3954	94	121	264461
工资和薪金	Wages and Salaries			116	221483
社会缴款	Social Contributions			6	42978
商品和服务的使用	Use of Goods and Services	3090	38	46	276541
固定资本消耗	Consumption of Fixed Capital	2613			
利息	Interest	4401	215	89	72520
补贴	Subsidies	574	27		126976
对国有企业补贴	To Public Corporations		6		12931
对私人企业补贴	To Private Enterprises		21		114045
捐赠	Grants	6136	109	400	392909
对外国政府捐赠	To Foreign Governments	528		1	816
对国际组织捐赠	To International Organizations		3		5768
对政府机构捐赠	To General Government Units	5608	106	399	386325
社会福利	Social Benefits	18968	275	85	1039872
社会保障福利	Social Security Benefits	15106	215		978940
社会救助福利	Social Assistance Benefits	3862	58		60932
雇主社会福利	Employer Social Benefits		1		
其它支出	Other Expense	111	61	21	35432
不含利息的财产支出	Property Expense Other Than Interest				
其它杂项支出	Miscellaneous Other Expense			21	

8-3 续表 4 continued

		捷 克 Czech Rep. 2014 (亿克朗) (100 Million koruna)	法 国 France 2014 (亿欧元) (100 Million Erro)	德 国 Germany 2014 (亿欧元) (100 Million Erro)	意大利 Italy 2014 (亿欧元) (100 Million Euro)
财政总支出	**Total Expense**	**14575**	**10489**	**8287**	**6920**
雇员报酬	Compensation of Employees	1039	2004	493	965
工资和薪金	Wages and Salaries	778			634
社会缴款	Social Contributions	261			331
商品和服务的使用	Use of Goods and Services	541	582	399	212
固定资本消耗	Consumption of Fixed Capital		345	188	216
利息	Interest	480	440	306	744
补贴	Subsidies	1654	333	85	187
对国有企业补贴	To Public Corporations	848		79	
对私人企业补贴	To Private Enterprises	806		0.3	
捐赠	Grants	1858		846	
对外国政府捐赠	To Foreign Governments			322	28
对国际组织捐赠	To International Organizations	373		29	
对政府机构捐赠	To General Government Units	1485	682	495	911
社会福利	Social Benefits	7281	5332	5786	3265
社会保障福利	Social Security Benefits	7280		5178	
社会救助福利	Social Assistance Benefits			493	
雇主社会福利	Employer Social Benefits	1		115	
其它支出	Other Expense	1124		184	
不含利息的财产支出	Property Expense Other Than Interest				0.1
其它杂项支出	Miscellaneous Other Expense				

8-3 续表 5 continued

		荷 兰 Netherlands 2012 (亿欧元) (100 Million Euro)	波 兰 Poland 2014 (亿兹罗提) (100 Million Zloty)	俄罗斯 Russia 2014 (亿卢布) (100 Million Ruble)	西班牙 Spain 2014 (亿欧元) (100 Million Euro)
财政总支出	**Total Expense**	**2705**		**209127**	
雇员报酬	Compensation of Employees	198	851	34593	241
工资和薪金	Wages and Salaries	139		30968	179
社会缴款	Social Contributions	59		3625	62
商品和服务的使用	Use of Goods and Services	186	406	21886	91
固定资本消耗	Consumption of Fixed Capital	56	239	7338	95
利息	Interest	95	314	4338	319
补贴	Subsidies	55	106	18329	55
对国有企业补贴	To Public Corporations			739	9
对私人企业补贴	To Private Enterprises			17591	46
捐赠	Grants			32364	
对外国政府捐赠	To Foreign Governments			14610	
对国际组织捐赠	To International Organizations	80		845	108
对政府机构捐赠	To General Government Units	666		16909	
社会福利	Social Benefits	1330	2599	87891	1660
社会保障福利	Social Security Benefits	1105		72176	1447
社会救助福利	Social Assistance Benefits	205		9691	78
雇主社会福利	Employer Social Benefits	20		6024	134
其它支出	Other Expense	40		2389	438
不含利息的财产支出	Property Expense Other Than Interest				0.1
其它杂项支出	Miscellaneous Other Expense	40			0.2

8-3 续表 6 continued

		乌克兰 Ukraine 2014 (亿格里夫尼亚) (100 Million Hrywnia)	英 国 United Kingdom 2014 (亿英镑) (100 Million Pound)	澳大利亚 Australia 2014 (亿澳元) (100 Million Dollar)	新西兰 New Zealand 2014 (亿新西兰元) (100 Million Dollar)
财政总支出	**Total Expense**	**6910**	**7240**	**4198**	**786**
雇员报酬	Compensation of Employees	730	1049	443	200
工资和薪金	Wages and Salaries	553	852	366	
社会缴款	Social Contributions	177	197	78	
商品和服务的使用	Use of Goods and Services	661	1283	422	98
固定资本消耗	Consumption of Fixed Capital		179	80	27
利息	Interest	510	484	219	35
补贴	Subsidies	171	83	161	5
对国有企业补贴	To Public Corporations	171	8	4	
对私人企业补贴	To Private Enterprises		75	157	
捐赠	Grants	2066	1457	1024	20
对外国政府捐赠	To Foreign Governments			42	
对国际组织捐赠	To International Organizations	2	93		
对政府机构捐赠	To General Government Units	1306	1364	982	20
社会福利	Social Benefits	2663	2245	1661	334
社会保障福利	Social Security Benefits	2097	962	1248	
社会救助福利	Social Assistance Benefits	566	937	413	
雇主社会福利	Employer Social Benefits		345		
其它支出	Other Expense	108	462	189	67
不含利息的财产支出	Property Expense Other Than Interest				
其它杂项支出	Miscellaneous Other Expense				

8-4 中央政府各项支出比重
Central Government Outlays by Function as Percentage of Total

资料来源：国际货币基金组织GFS数据库。
Source: IMF GFS Database.
单位：%　　(%)

国家或地区	Country or Area	年份 Year	社会保障支出 Social Protection	公共服务支出 General Public Services	教育支出 Education	经济事务支出 Economic Affairs	环境保护支出 Environment Protection
中国	China	2013	1.78	72.18	1.60	12.04	0.14
中国香港	Hong Kong, China	2009	14.19	19.39	18.19	11.52	3.42
中国澳门	Macao, China	2008	18.16		14.00		2.54
孟加拉国	Bangladesh	2013	6.82	21.72	14.62	26.68	0.36
印度	India	2013		56.08	3.31	20.83	
印度尼西亚	Indonesia	2014	0.73	77.21	6.89	5.46	0.52
伊朗	Iran	2009	36.61	9.16	14.17	16.54	0.09
以色列	Israel	2014	27.71	14.35	14.93	6.09	0.24
哈萨克斯坦	Kazakhstan	2014	24.28	28.19	7.12	11.46	0.07
缅甸	Myanmar	2005	0.83		6.81		
巴基斯坦	Pakistan	2007	0.21		1.64		0.03
新加坡	Singapore	2014	10.87	7.45	19.96	11.73	
泰国	Thailand	2014	15.85	15.45	19.55	23.70	0.11
埃及	Egypt	2012	34.17	29.09	10.92	5.22	0.28
南非	South Africa	2014	12.36	48.96	7.62	9.01	0.80
加拿大	Canada	2007	46.94		2.09		1.28
墨西哥	Mexico	2000	20.12	38.36	24.73	8.11	
美国	United States	2014	32.34	13.64	2.67	5.45	
阿根廷	Argentina	2004	39.94	32.65	5.19	7.17	0.29
委内瑞拉	Venezuela	2005	7.64		17.16		
捷克	Czech Rep.	2014	37.71	9.59	9.05	13.71	2.39
意大利	Italy	2012	48.54	25.24	8.17	3.66	0.31
荷兰	Netherlands	2012	36.21	17.34	10.83	8.03	0.35
波兰	Poland	2013	46.70	14.53	10.77	6.06	0.33
俄罗斯	Russia	2014	38.77	20.98	8.64	7.15	0.10
西班牙	Spain	2012	48.03	27.01	0.50	16.12	0.13
土耳其	Turkey	2014	34.41	18.43	11.95	9.53	0.09
乌克兰	Ukraine	2014	54.53	25.78	3.72	4.07	0.34
英国	United Kingdom	2013	35.16	14.21	10.63	6.29	0.88
澳大利亚	Australia	2012	32.14	23.43	10.82	7.93	1.27
新西兰	New Zealand	2014	16.51	26.28	18.73	7.29	0.89

8-4 续表 1 continued

单位：% (%)

国家或地区	Country or Area	年份 Year	卫生保健支出 Health	文化、娱乐和宗教支出 Recreation, Culture, and Religion	国防支出 Defense	住房和社区设施建设支出 Housing and Community Amenities	公共秩序与安全支出 Public Order and Safety
中国	China	2013	0.11	0.32	10.01	0.03	1.80
中国香港	Hong Kong, China	2009	12.81	3.84		6.85	9.79
中国澳门	Macao, China	2008	8.22				
孟加拉国	Bangladesh	2013	6.01	1.19	8.65	7.42	6.53
印度	India	2013	1.88		10.87	7.03	
印度尼西亚	Indonesia	2014	0.61	0.31	4.84	1.47	1.96
伊朗	Iran	2009	6.88	2.50	7.91	1.96	4.20
以色列	Israel	2014	13.74	2.30	15.89	0.58	4.17
哈萨克斯坦	Kazakhstan	2014	9.83	1.63	6.33	4.34	7.32
缅甸	Myanmar	2005	2.18		19.61		
巴基斯坦	Pakistan	2007	0.86		15.62		
新加坡	Singapore	2014	12.11	3.49	21.75	6.20	6.42
泰国	Thailand	2014	10.04	1.01	6.48	2.26	5.56
埃及	Egypt	2012	4.36	3.39	5.08	2.23	5.34
南非	South Africa	2014	3.35	0.63	3.49	5.55	8.22
加拿大	Canada	2007	9.67		6.50		
墨西哥	Mexico	2000	4.95	0.56	3.04	6.92	2.72
美国	United States	2014	27.40	0.13	15.26	1.70	1.40
阿根廷	Argentina	2004	5.30	0.18	3.04	1.83	4.40
委内瑞拉	Venezuela	2005	7.38		4.99		
捷克	Czech Rep.	2014	17.40	1.15	2.26	2.09	4.64
意大利	Italy	2012	4.89	0.95	3.31	0.73	4.21
荷兰	Netherlands	2012	19.27	0.78	2.78	0.22	4.21
波兰	Poland	2013	12.25	0.58	3.82	0.51	4.45
俄罗斯	Russia	2014	19.26	1.62	0.02	3.05	0.42
西班牙	Spain	2012	1.17	0.71	2.87	0.04	3.42
土耳其	Turkey	2014	12.79	1.90	4.47	0.90	5.53
乌克兰	Ukraine	2014	1.56	0.66	3.55	0.01	5.79
英国	United Kingdom	2013	18.14	1.15	5.47	3.96	4.11
澳大利亚	Australia	2012	15.58	0.86	5.95	0.99	1.04
新西兰	New Zealand	2014	20.25	1.15	2.39	0.45	6.07

8-5 社会缴款占财政收入比重
Social Contributions as Percentage of Revenue

资料来源：世界银行WDI数据库。
Source: World Bank WDI Database.
单位：%　(%)

国家或地区	Country or Area	2000	2005	2010	2011	2012	2013	2014
中国香港	Hong Kong, China		0.01					
中国澳门	Macao, China	0.85	0.50	0.19	0.26	0.13		
印　度	India	0.05	0.18	0.26	0.26	0.24		
伊　朗	Iran	11.48	10.44					
以色列	Israel	14.73	16.40	17.60	17.57	17.47	17.08	16.89
日　本	Japan		0.97	0.83	0.98	1.00	0.90	
韩　国	Korea, Rep.	13.31	16.17	16.11	16.07			
蒙　古	Mongolia	17.79		13.14	14.41	17.62		
斯里兰卡	Sri Lanka	1.67	1.19	1.33	1.33	1.10		
泰　国	Thailand	3.43	4.89	6.44	4.39	4.41	4.03	5.40
南　非	South Africa	2.07	2.04	2.10	2.02	2.25	2.11	2.07
加拿大	Canada	18.86	21.43	22.84	22.66	23.16	23.43	23.24
墨西哥	Mexico	10.48						
美　国	United States	31.26	36.50	39.32	34.81	34.46	34.48	34.77
巴　西	Brazil	24.76	23.25	22.70	25.04	25.31		
委内瑞拉	Venezuela	3.50	2.20					
捷　克	Czech Rep.	46.51	45.61	44.24	44.79	43.10		
法　国	France	40.38	41.32	41.79	42.41	42.09	41.90	42.11
德　国	Germany	56.94	58.35	55.47	54.27	54.37	54.43	54.31
意大利	Italy	32.14	34.76	34.91	34.92	34.02	33.87	33.85
荷　兰	Netherlands	38.14	33.70	34.36	36.40	38.36	38.08	37.84
波　兰	Poland	30.33	39.30	37.44	37.74	40.45	42.01	64.37
俄罗斯	Russia	28.80	17.72	20.29	19.50	21.01	25.19	26.12
西班牙	Spain	64.92	70.04	81.85	77.93	75.11	76.27	71.10
土耳其	Turkey			27.63	27.36	27.23	27.95	28.82
乌克兰	Ukraine	30.42	35.41	36.06	33.55	34.40		
英　国	United Kingdom	19.43	21.33	21.64	21.33	21.16	20.83	21.01
新西兰	New Zealand		0.18	2.77	2.83	2.88	3.41	3.33

8-6 商品和服务税占财政收入比重
Goods and Services Tax as Percentage of Revenue

资料来源：世界银行WDI数据库。
Source: World Bank WDI Database.
单位：% (%)

国家或地区	Country or Area	2000	2005	2010	2011	2012	2013	2014
世　界	**World**	**32.62**	**33.50**	**32.93**	**34.61**	**34.96**		
中　国	China	65.10	77.34	62.23	61.36			
中国香港	Hong Kong, China		16.55	8.54	8.08			
中国澳门	Macao, China	66.81	76.44	88.65	89.22	88.96		
孟加拉国	Bangladesh		27.50	29.74	30.95			
柬埔寨	Cambodia		36.90	35.29	39.28	35.36	38.05	42.04
印　度	India	28.92	30.75	21.66	21.66	25.99		
印度尼西亚	Indonesia		14.99	29.83	29.31	32.33		
伊　朗	Iran	6.59	2.39					
以色列	Israel	27.57	30.46	34.98	34.66	34.28	34.69	35.41
日　本	Japan		33.29	36.30	37.28	37.69	36.14	
哈萨克斯坦	Kazakhstan	40.03	21.00	31.21	28.40			
韩　国	Korea, Rep.	28.24	28.32	26.73	24.89			
老　挝	Laos			41.88	41.84	40.72		
马来西亚	Malaysia	24.80	20.30	16.74	15.39	14.65		
蒙　古	Mongolia	36.02		28.54	36.73	36.29		
缅　甸	Myanmar	32.84	30.73					
巴基斯坦	Pakistan	30.30	34.07	30.95	34.68	38.41	35.91	
菲律宾	Philippines	27.46	23.46	28.58	26.85	28.08		
新加坡	Singapore	18.04	23.41	26.20	25.27	23.72		
斯里兰卡	Sri Lanka	56.75	55.28	42.60	42.92	46.15		
泰　国	Thailand	42.05	40.13	40.22	39.45	39.10	43.04	41.79
埃　及	Egypt		23.65	22.12	25.19	24.25		
尼日利亚	Nigeria		1.52	2.63	2.63	2.82		
南　非	South Africa	34.53	35.19	35.15	33.10	34.09	33.16	32.92
加拿大	Canada	15.51	17.09	14.86	14.43	14.13	14.06	
墨西哥	Mexico	62.13						
美　国	United States	3.18	3.17	2.76	2.96	2.99	2.85	3.05
巴　西	Brazil	33.60	35.52	24.82	26.85	25.14		
委内瑞拉	Venezuela	24.92	24.94					
捷　克	Czech Rep.	34.32	26.73	28.12	28.62	28.01		
法　国	France	25.35	23.99	21.66	21.85	21.61	21.38	21.46
德　国	Germany	21.57	22.81	24.62	24.80	24.29	23.87	23.55
意大利	Italy	23.87	23.12	22.13	22.71	22.85	22.51	23.38
荷　兰	Netherlands	27.12	29.33	26.72	25.75	25.01	24.88	25.33
波　兰	Poland	37.53	36.37	38.35	38.11	35.62	35.75	55.46
俄罗斯	Russia	30.94	23.62	21.12	19.52	20.92	21.09	21.64
西班牙	Spain	41.57	43.59	44.87	41.86	41.18	40.97	40.68
土耳其	Turkey			38.77	39.15	37.02	40.53	37.67
乌克兰	Ukraine	32.67	27.96	31.38	35.30	34.36		
英　国	United Kingdom	33.37	31.11	31.28	32.86	32.56	32.69	33.83
澳大利亚	Australia	17.91	24.11	24.32	23.85	22.46	23.35	23.80
新西兰	New Zealand		27.26	22.05	23.55	24.74	28.88	27.98

8-7 所得税占财政收入比重
Income Tax as Percentage of Revenue

资料来源：世界银行WDI数据库。
Source: World Bank WDI Database.
单位：%　　(%)

国家或地区	Country or Area	2000	2005	2010	2011	2012	2013	2014
世　界	**World**	**19.69**	**20.23**	**21.09**	**22.09**	**21.39**		
中　国	China	8.08	23.80	23.11	24.90			
中国香港	Hong Kong, China		39.87	35.77	38.74			
中国澳门	Macao, China	8.58	4.42	3.89	3.20	3.29		
孟加拉国	Bangladesh		12.34	20.06	22.36			
柬埔寨	Cambodia		7.10	10.30	12.19	12.16	14.23	15.22
印　度	India	27.01	35.93	43.39	43.39	44.84		
印度尼西亚	Indonesia		48.84	35.88	35.62	34.76		
伊　朗	Iran	13.45	12.72					
以色列	Israel	34.30	30.46	27.40	28.21	28.30	29.40	28.91
日　本	Japan		49.58	39.87	42.90	45.96	47.63	
哈萨克斯坦	Kazakhstan	23.59	51.27	23.56				
韩　国	Korea, Rep.	26.28	28.88	28.12	30.33			
老　挝	Laos			13.36	15.83	17.60		
马来西亚	Malaysia	43.37	46.66	45.59	51.15	52.04		
蒙　古	Mongolia	11.82		27.12	15.34	11.56		
缅　甸	Myanmar	19.47	25.22					
巴基斯坦	Pakistan	19.03	20.49	24.59	27.41	28.85	27.86	
菲律宾	Philippines	39.72	39.64	40.50	42.07	42.08		
新加坡	Singapore	29.03	30.17	33.99	34.37	34.72		
斯里兰卡	Sri Lanka	12.69	12.74	16.26	16.56	16.18		
泰　国	Thailand	29.85	32.82	33.22	38.02	36.86	35.87	34.62
埃　及	Egypt		23.75	25.26	29.67	26.16		
尼日利亚	Nigeria		22.57	38.11	29.72	28.32		
南　非	South Africa	51.71	48.76	49.09	49.88	49.24	48.46	48.38
加拿大	Canada	54.32	52.97	52.94	53.41	52.91	52.43	52.92
墨西哥	Mexico	34.12						
美　国	United States	57.46	54.25	47.66	52.75	53.54	51.07	52.81
巴　西	Brazil	25.15	28.36	24.40	28.47	26.51		
委内瑞拉	Venezuela	26.67	21.46					
捷　克	Czech Rep.	13.02	19.97	14.88	14.55	14.50		
法　国	France	25.31	24.24	23.20	24.51	25.44	25.90	25.36
德　国	Germany	17.08	14.77	14.95	15.39	16.05	16.42	16.45
意大利	Italy	34.07	32.00	31.84	31.35	32.15	32.37	31.64
荷　兰	Netherlands	24.86	25.81	25.83	24.93	23.37	22.70	24.05
波　兰	Poland	18.78	12.24	12.83	12.66	13.02	12.38	19.08
俄罗斯	Russia	11.52	5.73	2.16	1.70	1.90	1.72	1.90
西班牙	Spain	42.16	43.71	38.38	34.01	35.22	33.28	28.17
土耳其	Turkey			17.41	17.66	17.55	16.33	17.38
乌克兰	Ukraine	12.34	15.39	10.56	12.81	11.81		
英　国	United Kingdom	37.85	36.92	35.85	35.36	33.18	32.59	32.63
澳大利亚	Australia	66.72	65.16	61.55	63.65	65.33	64.29	63.61
新西兰	New Zealand		54.93	37.34	34.70	36.31	50.31	50.85

8-8 中央政府财政盈余占GDP比重
Surplus of Central Government Revenue as Percentage of GDP

资料来源：世界银行WDI数据库。
Source: World Bank WDI Database.

单位：% (%)

国家或地区	Country or Area	2000	2005	2010	2011	2012	2013	2014
世　界	**World**	**0.52**	**-2.46**	**-5.75**	**-4.80**	**-4.47**	**-3.39**	
中　国	China		-1.39					
中国香港	Hong Kong, China		0.66	4.14	3.78			
中国澳门	Macao, China	1.64	8.36	19.49	24.76	24.07		
孟加拉国	Bangladesh		-0.97	-0.81	-0.81			
柬埔寨	Cambodia		0.04	-3.53	-4.56	-1.16	-2.69	-1.38
印　度	India	-3.74	-3.18	-3.41	-3.04	-3.82		
印度尼西亚	Indonesia		-0.13	-0.68	-1.07	-1.76		
伊　朗	Iran	1.66	5.23					
以色列	Israel	-3.89	-4.73	-4.43	-3.84	-5.18	-4.21	-3.45
日　本	Japan		-3.88	-6.74	-8.20	-7.77	-7.19	
哈萨克斯坦	Kazakhstan	0.09	2.58	4.44	7.81			
韩　国	Korea, Rep.	4.15	0.86	1.53	1.69			
老　挝	Laos			-0.84	-0.95	-0.81		
马来西亚	Malaysia	-4.12	-3.76	-5.00	-4.62	-4.39		
蒙　古	Mongolia	0.18		2.63	-2.65	-7.09		
缅　甸	Myanmar		-1.49					
巴基斯坦	Pakistan	-4.09	-3.20	-4.99	-6.40	-8.01	-5.23	
菲律宾	Philippines	-3.66	-2.84	-3.46	-1.76	-1.95		
新加坡	Singapore	11.06	6.39	7.57	9.21	8.63		
斯里兰卡	Sri Lanka	-8.40	-6.98	-6.31	-5.81	-5.31		
泰　国	Thailand	-1.81	1.87	-0.58	-1.06	-1.17	0.08	0.33
埃　及	Egypt		-6.45	-7.73	-10.08	-10.11		
尼日利亚	Nigeria		-1.10	-1.99	-1.82	-1.34		
南　非	South Africa	-1.91	-0.45	-3.96	-4.56	-5.11	-5.79	-3.31
加拿大	Canada	2.21	0.84	-1.77	-1.12	-0.21	0.15	0.55
墨西哥	Mexico	-0.99						
美　国	United States	2.23	-4.42	-10.08	-9.00	-7.39	-4.19	-5.37
巴　西	Brazil	-1.80	-3.55	-1.62	-2.45	-1.80		
委内瑞拉	Venezuela	-1.24	2.18					
捷　克	Czech Rep.	-3.31	-3.41	-4.55	-4.23	-2.33		
法　国	France	-3.03	-4.55	-6.64	-4.93	-4.48	-3.63	-3.78
德　国	Germany	0.61	-2.85	-3.06	-0.47	0.08	-0.05	0.41
意大利	Italy	-2.36	-4.64	-3.82	-3.31	-3.17	-2.91	-3.49
荷　兰	Netherlands	0.48	-1.46	-3.95	-3.64	-3.45	-2.04	-1.99
波　兰	Poland	-3.01	-5.07	-6.57	-4.08	-3.48	-3.80	-1.62
俄罗斯	Russia	2.47	9.88	-1.86	3.09	2.35	0.89	0.80
西班牙	Spain	-2.03	-0.34	-4.79	-3.44	-7.92	-4.77	-3.86
土耳其	Turkey			-3.14	-1.06	-0.49	0.29	1.51
乌克兰	Ukraine	-0.59	-1.36	-6.52	-2.32	-4.07		
英　国	United Kingdom	0.61	-3.99	-9.54	-7.42	-7.87	-5.49	-4.96
澳大利亚	Australia	1.70	0.76	-4.03	-3.67	-3.03	-1.47	-1.85
新西兰	New Zealand		3.11	-2.03	-7.70	-0.44	-0.55	0.04

8-9 中央政府公共债务占GDP比重
Central Government Debt as Percentage of GDP

资料来源：世界银行WDI数据库。
Source: World Bank WDI Database.

单位：% (%)

国家或地区	Country or Area	2000	2005	2009	2010	2011	2012	2013
中国香港	Hong Kong, China		31.58	33.22	35.56	39.18		
印　度	India	54.06	61.20	54.31	50.60	45.09	50.50	
印度尼西亚	Indonesia		47.34	28.37	26.17	24.87	25.03	
日　本	Japan		144.31	166.81	174.65	189.42	195.47	201.57
哈萨克斯坦	Kazakhstan	21.62	7.05	9.51	10.19	9.94		
马来西亚	Malaysia		42.07	50.84	49.56	50.03	51.65	
蒙　古	Mongolia	78.42		59.51	44.98	46.87		
菲律宾	Philippines	49.58					51.48	
新加坡	Singapore	84.05	95.26	107.34	102.90	106.36	110.00	
斯里兰卡	Sri Lanka	96.90	90.61		71.58	71.11	68.71	
泰　国	Thailand	21.97	25.46	26.79	26.92	28.15	28.46	29.25
埃　及	Egypt			79.26				
尼日利亚	Nigeria		28.65	15.13	9.45	10.23	10.42	
南　非	South Africa	44.11						
加拿大	Canada	58.89	45.92	51.29	51.31	51.89	52.35	48.88
墨西哥	Mexico	19.75						
美　国	United States	33.16	56.29	76.32	85.60	90.16	94.38	96.76
巴　西	Brazil			60.00	52.21	52.79		
捷　克	Czech Rep.	12.65	21.07	29.59	33.56	36.36	40.82	
法　国	France	59.60	70.71	82.69	76.28	79.48	88.92	88.58
德　国	Germany	38.28	43.30	46.04	53.85	53.38	55.23	52.33
意大利	Italy	114.70	108.71	117.12	114.68	108.35	127.04	134.86
荷　兰	Netherlands	49.27	48.26	55.13	58.63	62.42	68.54	68.27
波　兰	Poland	36.27	46.84	47.43	50.98	51.58	55.16	55.59
俄罗斯	Russia	62.15	16.66	8.70	9.09	8.69	8.69	12.68
西班牙	Spain	53.44	37.96	46.08	53.61	61.83	83.45	96.47
土耳其	Turkey			52.94	50.08	45.52	43.53	38.01
乌克兰	Ukraine	45.29		24.88	29.88	27.48	33.70	
英　国	United Kingdom	45.20	46.32	71.42	84.20	97.51	101.95	98.26
澳大利亚	Australia	29.61	22.55	24.00	29.24	30.51	40.41	38.34
新西兰	New Zealand		44.17	47.19	49.21	62.57	66.99	59.32

8-10 广义货币
Broad Money

资料来源：世界银行WDI数据库。
Source: World Bank WDI Database.
单位：亿本币

(100 million local currency units)

国家或地区	Country or Area	2000	2005	2012	2013	2014	2015
中　国	China	135960	283012	974149	1106525	1228375	1392278
中国香港	Hong Kong, China	30012	35545	68459	74962	81663	87029
孟加拉国	Bangladesh	8204	20252	64096	73614	85107	97783
文　莱	Brunei Darussalam	89	92	140	142	146	144
柬埔寨	Cambodia	18305	49625	283637	329009	426526	490971
印　度	India	116934	238079	764826	878261	971246	1074373
印度尼西亚	Indonesia	7488453	12027622	33075076	37301971	41733266	45488004
伊　朗	Iran	2333600	8430385	33240685	44283242	62680216	
以色列	Israel	4389	6241	15443	16753	18757	9770
日　本	Japan	12265221	10415473	11441310	11841811	12196900	12573433
哈萨克斯坦	Kazakhstan	3970	20653	105228	115981	128166	172075
韩　国	Korea, Rep.	4130489	10214486	18356416	19207950	20772340	22473750
老　挝	Laos	22556	55603				
马来西亚	Malaysia	4373	6793	13287	14270	15170	15631
蒙　古	Mongolia	2588	11402	76173	94610	106358	100502
缅　甸	Myanmar	8034	26504	161025	215054	258044	337140
巴基斯坦	Pakistan	14767	31825	103066	116766	130282	146374
菲律宾	Philippines	20652	28622	62277	80542	90559	98887
新加坡	Singapore	1709	2198	4754	4959	5124	5202
斯里兰卡	Sri Lanka	4834	10223	36897	42885	49106	57471
泰　国	Thailand	56381	79280	149676	160633	168104	175528
越　南	Viet Nam	1969944	6485737	34552214	41946205	50226393	57714365
埃　及	Egypt	2610	5231	11675	13881	16069	19059
尼日利亚	Nigeria	10361	26129	153912	173074	181738	
南　非	South Africa	4988	10978	23734	25139	26969	29753
加拿大	Canada	7865	21117				
墨西哥	Mexico	14986	33823	72852	78957	89106	96485
美　国	United States	70234	94471	142897	149132	156712	162105
阿根廷	Argentina	905	1670	7147	9081	11792	16459
巴　西	Brazil	5574	13114	41405	44532	50704	56182
委内瑞拉	Venezuela	158	720	7479	11880		
白俄罗斯	Belarus	16137	125706	1612938	1933068	2394427	3269388
捷　克	Czech Rep.	14456	18147	29718	31445	33307	35955
波　兰	Poland	3022	4271	9214	9789	10590	11554
俄罗斯	Russia	15686	72211	322264	372719	430321	515230
土耳其	Turkey	575	2631	7855	9517	10581	12329
乌克兰	Ukraine	316	1941	7732	9090	9567	9941
澳大利亚	Australia	4474	7242	15187	16211	17351	18390
新西兰	New Zealand	945	1283				
津巴布韦	Zimbabwe	18	26				

8-11 广义货币占国内生产总值比重
Broad Money (M2) as Percentage of GDP

资料来源：世界银行WDI数据库。
Source: World Bank WDI Database.
单位：%　　(%)

国家或地区	Country or Area	2000	2005	2010	2012	2013	2014	2015
中　国	China	136.3	152.2	177.5	182.4	188.2	193.2	205.7
中国香港	Hong Kong, China	224.4	251.7	325.4	336.1	350.5	361.6	362.2
中国澳门	Macao, China	173.4	140.0	108.0	109.1	107.2	109.9	128.2
孟加拉国	Bangladesh	30.6	47.4	58.7	60.7	61.4	63.3	64.5
文　莱	Brunei Darussalam	85.7	57.8	74.5	65.9	70.3	67.5	67.4
柬埔寨	Cambodia	13.0	19.3	41.6	50.1	52.9	63.0	66.9
印　度	India	53.7	64.5	76.2	76.9	77.9	77.8	79.2
印度尼西亚	Indonesia	53.9	43.4	36.0	38.4	39.1	39.5	39.4
伊　朗	Iran	37.2	42.8	56.8	48.9	48.7	52.8	
以色列	Israel	81.3	97.4	148.5	154.3	158.7	171.5	84.9
日　本	Japan	240.6	206.6	225.9	241.2	248.3	251.5	
哈萨克斯坦	Kazakhstan	15.3	27.2	38.9	32.7	31.3	31.4	42.1
韩　国	Korea, Rep.	65.0	111.1	131.2	133.3	134.4	139.8	144.2
老　挝	Laos	16.5	19.1	35.9				
马来西亚	Malaysia	122.7	125.0	129.6	136.8	140.1	137.1	135.1
蒙　古	Mongolia	21.1	37.5	48.0	45.6	49.3	47.9	43.4
缅　甸	Myanmar	31.5			33.7	39.3		
巴基斯坦	Pakistan	38.6	49.0	52.5	51.4	52.2	52.0	53.5
菲律宾	Philippines	57.7	50.4	61.4	59.0	69.8	71.6	74.4
新加坡	Singapore	103.4	103.6	125.0	131.5	132.0	132.0	129.3
斯里兰卡	Sri Lanka	38.4	41.7	32.7	33.6	35.6	37.1	40.8
泰　国	Thailand	111.2	104.1	109.1	121.2	124.5	128.0	129.7
越　南	Viet Nam	41.3	71.0	114.9	106.5	117.0	127.5	137.6
埃　及	Egypt	76.7	97.1	80.7	70.5	75.3	76.5	78.4
尼日利亚	Nigeria	22.0	17.7	21.0	21.2	21.4	20.2	
南　非	South Africa	52.7	67.0	75.8	72.7	71.1	71.0	74.6
加拿大	Canada	71.3	149.0					
墨西哥	Mexico	23.2	35.8	44.9	46.6	49.0	51.7	53.2
美　国	United States	68.3	72.2	85.0	88.2	89.3	90.2	90.3
阿根廷	Argentina	31.8	25.8	23.2	25.8	26.7	26.6	
巴　西	Brazil	46.5	60.4	79.2	86.2	83.8	89.2	95.2
委内瑞拉	Venezuela	19.8	23.7	32.2	45.7	52.9		
捷　克	Czech Rep.	60.9	55.7	69.8	73.5	77.1	78.2	80.4
法　国	France	101.0	76.1	89.9	90.5	87.7	89.8	
德　国	Germany	169.6	73.8	84.0	88.0	89.2	90.0	
意大利	Italy	81.5	64.6	84.2	87.0	87.6	89.6	
荷　兰	Netherlands	138.2	100.6	108.4	110.0	107.3	117.4	
波　兰	Poland	40.5	43.4	54.2	56.6	59.1	61.6	64.6
俄罗斯	Russia	21.5	33.4	51.4	48.2	52.5	55.2	63.8
西班牙	Spain	97.8	94.0	107.2	109.0	104.6	108.4	
土耳其	Turkey	34.5	40.5	56.2	55.4	60.7	60.5	63.1
乌克兰	Ukraine	18.6	44.0	55.2	55.0	62.7	61.1	50.2
英　国	United Kingdom	100.8	122.2	169.0	152.1	149.0	138.7	137.8
澳大利亚	Australia	67.7	78.6	101.0	101.9	106.3	109.5	114.4
新西兰	New Zealand	78.9	78.7	92.7				

8-12 广义货币增长率
Growth Rate of Broad Money

资料来源：世界银行WDI数据库。
Source: World Bank WDI Database.
单位：%

(%)

国家或地区	Country or Area	2000	2005	2010	2012	2013	2014	2015
中　国	China	12.3	16.7	18.9	14.4	13.6	11.0	13.3
中国香港	Hong Kong, China	9.3	3.5	7.4	7.8	9.5	8.9	6.6
中国澳门	Macao, China	-1.4	12.2	14.5	25.8	17.7	10.4	-3.0
孟加拉国	Bangladesh	19.3	15.8	21.1	17.0	14.9	15.6	14.9
文　莱	Brunei Darussalam	47.7	-4.5	4.8	0.9	1.5	3.2	-1.8
柬埔寨	Cambodia	26.9	15.8	21.3	39.4	16.0	29.6	15.1
印　度	India	15.2	15.6	17.8	11.0	14.8	10.6	10.6
印度尼西亚	Indonesia	16.6	16.3	15.4	15.0	12.8	11.9	9.0
伊　朗	Iran	35.4	32.8	24.6	1.5	33.2	28.4	
以色列	Israel	8.0	10.0	3.0	6.5	8.5	12.0	-47.9
日　本	Japan	1.3	0.5	2.0	2.2	3.8	3.0	
哈萨克斯坦	Kazakhstan	45.0	25.2	13.3	7.9	10.2	10.5	34.3
韩　国	Korea, Rep.	25.4	7.0	6.0	4.8	4.6	8.1	8.2
老　挝	Laos	46.0	7.9	39.1				
马来西亚	Malaysia	10.0	8.8	7.3	8.8	7.4	6.3	3.0
蒙　古	Mongolia	17.6	34.6	62.5	18.8	24.2	12.4	-5.5
缅　甸	Myanmar	42.4	27.3	42.5	31.7	33.6		
巴基斯坦	Pakistan	12.1	16.5	14.6	17.2	13.3	11.6	12.4
菲律宾	Philippines	8.1	6.4	10.9	7.0	29.3	12.4	9.2
新加坡	Singapore	-2.0	6.2	8.6	7.2	4.3	3.3	1.5
斯里兰卡	Sri Lanka	12.9	19.0	15.8	17.5	16.7	13.4	17.8
泰　国	Thailand	4.9	6.1	10.9	10.4	7.3	4.7	4.4
越　南	Viet Nam	35.4	30.9	29.7	24.5	21.4	19.7	14.9
埃　及	Egypt	11.6	11.5	12.4	12.3	18.9	15.8	18.6
尼日利亚	Nigeria	48.1	22.6	6.8	16.8	12.5	5.0	
南　非	South Africa	7.2	20.7	6.9	5.2	5.9	7.3	10.3
加拿大	Canada	6.6	9.6					
墨西哥	Mexico	-4.5	11.2	10.1	9.9	8.4	12.9	8.3
美　国	United States	8.1	8.1	-2.7	5.0	4.4	5.2	3.5
阿根廷	Argentina	1.5	21.5	33.1	34.8	27.1	29.9	39.6
巴　西	Brazil	19.7	18.7	16.9	15.4	7.6	13.9	10.8
委内瑞拉	Venezuela	33.7	47.4	23.5	53.3	58.8		
捷　克	Czech Rep.	16.0	11.0	1.9	4.8	5.8	5.9	8.0
法　国	France	3.4	8.5	4.9	2.2	-1.7	3.2	
德　国	Germany	3.6	6.3	3.7	6.0	3.5	4.3	
意大利	Italy	6.3	5.3	-2.8	3.8	0.4	2.7	
荷　兰	Netherlands	11.5	13.9	2.3	-0.5	-2.1	11.5	
波　兰	Poland	11.6	15.0	8.8	4.5	6.2	8.2	9.1
俄罗斯	Russia	57.9	36.3	24.6	12.1	15.7	15.5	19.7
西班牙	Spain	10.0	13.6	-4.4	2.1	-4.6	4.6	
土耳其	Turkey	40.7	36.0	18.5	10.4	21.2	11.2	16.5
乌克兰	Ukraine	44.5	54.4	22.7	12.8	17.6	5.3	3.9
英　国	United Kingdom	11.1	13.9	4.0	0.8	2.1	-2.5	1.9
澳大利亚	Australia	3.7	8.5	10.1	7.3	6.7	7.0	6.2
新西兰	New Zealand	1.5	9.5	8.4				

8-13 年平均存款利率和贷款利率
Annual Average Deposit Rate and Lending Rate

资料来源：世界银行WDI数据库。
Source: World Bank WDI Database.
单位：% (%)

国家或地区	Country or Area	存款利率 Deposit Interest Rate				贷款利率 Lending Interest Rate			
		2000	2005	2014	2015	2000	2005	2014	2015
中　国	China	2.25	2.25	2.75	1.50	5.85	5.58	5.60	4.35
中国香港	Hong Kong, China	4.80	1.26	0.01	0.01	9.50	7.75	5.00	5.00
中国澳门	Macao, China	5.33	1.58	0.05	0.04	9.89	7.05	5.25	5.25
孟加拉国	Bangladesh	8.69	5.53	9.80	8.24	12.76	10.62	12.95	11.71
文　莱	Brunei Darussalam		1.01	0.30	0.34	5.50	5.50	5.50	5.50
柬埔寨	Cambodia	6.83	1.92	1.42	1.42	17.34	17.33		
印　度	India					12.29	10.75	10.25	10.01
印度尼西亚	Indonesia	12.50	8.08	8.75	8.34	18.45	14.05	12.61	12.66
伊　朗	Iran		11.78	16.94			16.00	14.00	
以色列	Israel	8.63	3.24	0.80		12.85	6.77	3.91	
日　本	Japan	0.07	0.27	0.42	0.41	2.07	1.68	1.22	
韩　国	Korea, Rep.	7.94	3.72	2.54	1.81	8.55	5.59	4.26	3.53
老　挝	Laos	12.00	4.75			32.00	26.83		
马来西亚	Malaysia	3.36	3.00	3.05	3.13	7.67	5.95	4.59	4.59
蒙　古	Mongolia	16.80	13.00	12.32	12.98	36.95	30.57	19.02	19.56
缅　甸	Myanmar	9.75	9.50	8.00	8.00	15.25	15.00	13.00	13.00
巴基斯坦	Pakistan		2.60	7.27	5.97		9.07	11.73	
菲律宾	Philippines	8.31	5.56	1.23	1.59	10.91	10.19	5.53	5.58
新加坡	Singapore	1.71	0.44	0.14	0.17	5.83	5.30	5.35	5.35
斯里兰卡	Sri Lanka	9.17	5.64	7.50	5.99	16.16	10.76	7.84	6.96
泰　国	Thailand	3.29	1.88	1.96	1.42	7.83	5.79	6.77	6.56
越　南	Viet Nam	3.65	7.15	5.76	4.75	10.55	11.03	8.66	7.12
埃　及	Egypt	9.46	7.23	6.92	6.91	13.22	13.14	11.71	11.63
尼日利亚	Nigeria	11.69	10.53	9.34	9.15	21.27	17.95	16.55	16.85
南　非	South Africa	9.20	6.04	5.80	6.15	14.50	10.63	9.13	9.42
加拿大	Canada	3.48	0.79	0.55	0.08	7.27	4.42	3.00	2.78
墨西哥	Mexico	8.26	3.46	0.84	0.59	16.93	9.70	3.55	3.42
美　国	United States					9.23	6.19	3.25	3.26
阿根廷	Argentina	8.34	3.76	20.42	21.17	11.09	6.16	24.01	24.92
巴　西	Brazil	17.20	17.63	10.02	12.62	56.83	55.38	32.01	43.96
委内瑞拉	Venezuela	16.30	11.63	14.68	14.89	25.20	16.81	17.21	19.40
捷　克	Czech Rep.	3.42	1.17	0.70	0.53	7.16	5.78	4.64	4.28
法　国	France	2.63	2.15	1.15	0.90	6.70			
德　国	Germany	3.40				9.63			
意大利	Italy	1.84				7.02	5.31	4.87	4.13
荷　兰	Netherlands	2.89	2.34			4.79	2.77		
波　兰	Poland	14.17	2.79			20.01	6.83		
俄罗斯	Russia	6.51	3.99	6.04	9.20	24.43	10.68	11.14	15.72
西班牙	Spain	2.95				5.18			
土耳其	Turkey	47.16	20.40	16.77	14.92				
乌克兰	Ukraine	13.72	8.57	12.10	13.01	41.53	16.17	17.72	21.82
英　国	United Kingdom					5.96	4.65	0.50	
澳大利亚	Australia	5.07	3.89	2.90	2.30	9.27	9.06	5.95	5.58
新西兰	New Zealand	6.36	6.68	4.01	3.73	7.82	7.76	5.80	5.76

8−14 银行不良贷款占全部贷款比重
Bank Non-performing Loans as Percentage of Total

资料来源：世界银行WDI数据库。
Source: World Bank WDI Database.
单位：%

(%)

国家或地区	Country or Area	2000	2005	2010	2012	2013	2014	2015
世　界	**World**	**9.7**	**3.9**	**4.0**	**3.7**	**4.1**	**4.1**	**4.3**
中　国	China	22.4	8.6	1.1	1.0	1.0	1.1	1.5
中国香港	Hong Kong, China	7.3	1.4	0.8	0.6	0.5	0.5	0.7
中国澳门	Macao, China			0.4	0.2	0.1	0.1	0.1
孟加拉国	Bangladesh	34.9	13.2		9.7	8.6	9.4	9.3
文　莱	Brunei Darussalam			6.9	5.4	4.5	3.9	0.4
柬 埔 寨	Cambodia			3.1	2.2	2.3	1.6	1.6
印　度	India	12.8	5.2	2.4	3.4	4.0	4.4	5.9
印度尼西亚	Indonesia	34.4	7.3	2.5	1.8	1.7	2.1	2.4
以 色 列	Israel	6.9	2.3	3.1	3.5	2.9	2.2	1.9
日　本	Japan	5.3	1.8	2.5	2.4	2.3	1.9	1.6
哈萨克斯坦	Kazakhstan		3.3	20.9	19.4	19.5	12.4	8.0
韩　国	Korea, Rep.	8.9	1.2	0.6	0.6	0.6	0.6	
马来西亚	Malaysia	15.4	9.4	3.4	2.0	1.9	1.7	1.6
巴基斯坦	Pakistan	19.5	9.0	14.8	14.5	13.0	12.3	11.4
菲 律 宾	Philippines	24.0	10.0	3.4	2.2	2.4	2.0	1.9
新 加 坡	Singapore	3.4	3.8	1.4	1.0	0.9	0.8	0.9
斯里兰卡	Sri Lanka	15.0	9.6		3.6	5.6	4.2	3.2
泰　国	Thailand	17.7	9.1	3.9	2.4	2.3	2.3	2.7
越　南	Viet Nam			2.1	3.4	3.1	2.9	
埃　及	Egypt	13.6	26.5	13.6	9.8	9.3	8.5	7.2
尼日利亚	Nigeria	22.6	18.1	20.1	3.7	3.4	3.0	5.3
南　非	South Africa	4.3	1.8	5.8	4.0	3.6	3.3	3.1
加 拿 大	Canada	1.3	0.5	1.2	0.7	0.6	0.5	0.5
墨 西 哥	Mexico	5.8	1.5	2.0	2.4	3.2	3.0	2.5
美　国	United States	1.1	0.7	4.4	3.3	2.5	1.9	1.5
阿 根 廷	Argentina	16.0	7.6	2.1	1.7	1.7	2.0	1.7
巴　西	Brazil	8.3	3.5	3.1	3.5	2.9	2.9	3.3
委内瑞拉	Venezuela	6.6	1.1	3.4	0.9	0.7	0.8	
捷　克	Czech Rep.	29.3	3.9	5.4	5.2	5.2	5.6	5.6
法　国	France	5.0	3.5	3.8	4.3	4.5	4.2	4.0
德　国	Germany	4.7	4.1	3.2	2.9	2.7	2.3	
意 大 利	Italy	7.8	7.0	10.0	13.8	16.5	18.0	18.0
荷　兰	Netherlands	1.8	1.2	2.8	3.1	3.2	3.0	2.7
波　兰	Poland	15.5	11.0	4.9	5.2	5.0	4.8	4.3
俄 罗 斯	Russia	7.7	2.6	8.2	6.0	6.0	6.7	8.4
西 班 牙	Spain	1.2	0.8	4.7	7.5	9.4	8.5	6.3
土 耳 其	Turkey	9.2	4.3	3.5	2.7	2.6	2.7	3.0
乌 克 兰	Ukraine	29.6	58.0	15.3	16.5	12.9	19.0	28.0
英　国	United Kingdom	2.5	1.0	4.0	3.6	3.1	1.8	1.4
澳大利亚	Australia	0.5	0.6	2.1	1.8	1.5	1.1	1.0
新 西 兰	New Zealand			2.1	1.4	1.0	0.8	0.6

8-15 标准普尔全球股票指数(年变化率)
S&P Global Equity Indices (Annual Change)

资料来源：世界银行WDI数据库。
Source: World Bank WDI Database.
单位：% (%)

国家或地区	Country or Area	2000	2005	2010	2011	2012	2013	2014	2015
中　国	China	-9.8	13.3	6.9	-21.7	17.2	7.3	3.0	-6.0
中国香港	Hong Kong, China	-12.6	8.1	21.3	-20.2	22.6	7.6	0.1	-5.4
孟加拉国	Bangladesh	28.5	-27.8	37.6	-42.3	-14.3	-1.4	18.5	-5.4
印　度	India	-31.1	33.6	18.7	-38.1	23.3	-6.3	31.6	-3.9
印度尼西亚	Indonesia	-61.0	9.1	37.9	1.1	2.8	-24.2	20.5	-23.1
以色列	Israel	8.6	23.3	7.4	-29.7	3.1	13.6	8.8	4.8
日　本	Japan	-34.9	22.5	9.6	-12.2	22.9	56.7	7.1	9.1
哈萨克斯坦	Kazakhstan			-1.0	-36.4	-12.7	-22.5	-16.0	-47.6
韩　国	Korea, Rep.	-57.1	58.8	25.3	-10.9	18.9	3.2	-10.0	-5.0
马来西亚	Malaysia	-23.3	-2.9	35.1	-1.1	11.4	4.4	-11.7	-20.6
巴基斯坦	Pakistan	-16.7	58.5	15.3	-18.8	26.2	30.9	18.1	-11.5
菲律宾	Philippines	-43.6	21.3	56.7	0.2	44.4	-7.9	21.7	-10.6
新加坡	Singapore	-25.9	10.0	18.4	-21.2	28.9	-3.0	-1.1	-18.9
斯里兰卡	Sri Lanka	-41.7	29.3	84.6	-23.0	-13.1	3.9	24.2	-19.4
泰　国	Thailand	-54.1	3.8	52.1	-4.7	39.6	-12.9	15.6	-22.8
越　南	Viet Nam			0.5	-26.8	19.9	5.1	7.5	-7.2
埃　及	Egypt	-45.7	158.1	11.5	-49.1	41.2	12.1	26.3	-27.5
尼日利亚	Nigeria		20.7	20.3	-29.5	53.0	30.2	-31.9	-26.8
南　非	South Africa	-17.3	24.8	32.1	-17.4	15.8	-7.5	3.9	-26.6
加拿大	Canada	4.0	26.0	22.0	-14.7	6.0	3.0	-2.1	-26.2
墨西哥	Mexico	-21.5	43.9	26.6	-14.8	26.9	0.2	-9.7	-14.9
美　国	United States	-10.1	3.0	12.8		13.4	29.6	11.4	-0.7
阿根廷	Argentina	-25.1	45.4	55.3	-30.2	-15.9	82.4	7.3	-10.2
巴　西	Brazil	-10.3	47.6	6.5	-24.4	-0.3	-19.1	-18.4	-44.3
委内瑞拉	Venezuela	18.7	-22.0						
捷　克	Czech Rep.	-0.6	43.5	0.2	-15.0	-3.2	-15.7	-10.5	-13.1
法　国	France	-6.9	7.7	-9.9	-19.5	15.2	18.0	-0.5	8.5
德　国	Germany	-13.5	10.3	7.4	-16.6	29.1	25.5	2.7	9.6
意大利	Italy	-2.0	-0.3	-17.4	-27.6	11.0	23.1	-12.0	3.2
荷　兰	Netherlands	-6.7	10.8	1.2	-16.4	17.5	28.3	-3.3	0.5
波　兰	Poland	-3.5	20.8	11.3	-33.4	34.1	3.0	-16.4	-23.4
俄罗斯	Russia	-32.2	64.9	21.7	-23.4	7.7	-1.7	-49.0	0.8
西班牙	Spain	-17.6	3.4	-24.5	-16.8	1.5	31.6	-6.7	-17.4
土耳其	Turkey	-51.2	49.5	21.4	-37.0	60.7	-26.3	14.4	-32.1
乌克兰	Ukraine	75.2	52.8	53.8	-36.3	-4.1	-21.3	-51.5	1.5
英　国	United Kingdom	-16.9	4.7	5.2	-6.1	5.8	14.4	-2.7	-4.9
澳大利亚	Australia	-8.8	11.7	12.5	-15.7	15.0	-1.7	-8.3	-13.0
新西兰	New Zealand	-26.6	-2.7	5.2	-3.9	26.5	12.3	6.6	-4.6

8-16 上市公司数和上市公司总市值占国内生产总值比重
Listed Domestic Companies and Market Capitalization of Listed Companies as Percentage of GDP

资料来源：世界银行WDI数据库。
Source: World Bank WDI Database.

国家或地区	Country or Area	上市公司数（个）Listed Domestic Companies(number)			上市公司总市值占国内生产总值的比重(%) Market Capitalization of Listed Companies as Percentage of GDP(%)		
		2000	2005	2015	2000	2005	2015
世　界	**World**	**40876**	**41882**	**43539**	**104.1**	**93.4**	**98.7**
高收入国家	**High Income**	**25772**	**25522**	**27748**	**112.6**	**104.9**	**118.6**
中等收入国家	**Middle Income**	**14868**	**16121**	**15698**	**35.0**	**41.0**	**62.2**
中低收入国家	**Low and Middle Income**	**14982**	**16260**	**15698**	**34.9**	**40.9**	**62.2**
中　国	China	1086	1377	2827	48.2	17.7	75.4
中国香港	Hong Kong, China	779	1126	1770	363.1	581.0	1027.6
孟加拉国	Bangladesh	364	195	543	4.1	4.8	
印　度	India	5853	4763	5835	31.1	66.3	73.1
印度尼西亚	Indonesia	286	336	521	16.3	28.5	41.0
伊　朗	Iran	285	408	318	24.4	16.6	
以色列	Israel	664	579	440	50.4	85.8	82.4
日　本	Japan	2055	2323	3504	66.7	100.0	118.7
哈萨克斯坦	Kazakhstan	23	62	78	7.3	18.4	18.9
韩　国	Korea, Rep.	1242	1616	1948	30.5	79.9	89.4
马来西亚	Malaysia	787	1015	892	120.7	125.8	129.3
蒙　古	Mongolia	410	392		3.3	1.8	
巴基斯坦	Pakistan	723	639		9.0	41.4	
菲律宾	Philippines	228	235	262	32.1	38.6	81.8
新加坡	Singapore	328	564	483	159.5	202.0	218.6
斯里兰卡	Sri Lanka	239	239	294	6.6	23.4	25.3
泰　国	Thailand	381	504	639	23.1	65.4	88.2
越　南	Viet Nam		33	307		0.8	26.8
埃　及	Egypt	1075	744	250	28.8	88.8	16.7
尼日利亚	Nigeria	195	215	183	9.1	19.8	10.4
南　非	South Africa	604	348	316	149.8	213.1	235.3
加拿大	Canada	1507	3719	3799	103.9	126.8	102.8
墨西哥	Mexico	175	150	136	18.3	27.6	35.2
美　国	United States	6917	5145	4381	146.9	129.8	139.7
阿根廷	Argentina	122	100	93	16.1	21.6	
巴　西	Brazil	457	342	345	34.5	53.2	27.6
委内瑞拉	Venezuela	66	51		6.9	3.5	
捷　克	Czech Rep.	57	23	15	15.9	25.7	
法　国	France	1185	749	490	105.7	79.8	86.2
德　国	Germany	744	648	555	65.1	42.0	51.1
意大利	Italy	297	275		67.3	43.1	
荷　兰	Netherlands	392	237	100	155.2	87.4	96.8
波　兰	Poland	225	234	872	18.2	30.9	29.0
俄罗斯	Russia	21	414	251	15.0	71.8	29.7
西班牙	Spain	1720	3300	3623	84.7	83.0	65.7
土耳其	Turkey	315	257	392	26.2	33.1	26.3
乌克兰	Ukraine	139	221	158	6.0	29.0	
英　国	United Kingdom	2428	2757		165.7	126.4	
澳大利亚	Australia	1333	1643	1989	89.8	116.0	88.6
新西兰	New Zealand	131	153	171	35.4	35.4	42.8

8-17 股票交易额占国内生产总值的比重及股票交易周转率

Stocks Traded Value as Percentage of GDP and Turnover Ratio of Stocks Traded

资料来源：世界银行WDI数据库。
Source: World Bank WDI Database.

单位：%　　(%)

国家或地区	Country or Area	股票交易额占国内生产总值的比重 Stocks Traded Value as Percentage of GDP			股票交易周转率 Stocks Traded Turnover Ratio		
		2000	2005	2015	2000	2005	2015
世　界	**World**	**144.6**	**100.0**	**169.7**	**145.6**	**108.0**	**162.9**
高收入国家	**High Income**	**166.5**	**118.5**	**158.2**	**147.8**	**112.0**	**129.4**
中低收入国家	**Low and Middle Income**	**27.6**	**22.8**	**188.6**	**65.0**	**57.8**	**279.3**
低收入国家	**Low Income**				**2.1**	**3.7**	
中　国	China	62.4	17.3	361.9	158.3	97.6	480.3
中国香港	Hong Kong, China	217.3	232.0	667.5	59.8	39.9	65.0
孟加拉国	Bangladesh	1.8	0.3		42.7	6.2	
印　度	India	4.6	55.6	37.2	306.5	83.9	50.9
印度尼西亚	Indonesia	7.8	9.7	8.7	48.1	34.2	21.2
伊　朗	Iran	4.1	3.3		16.7	19.8	9.4
以色列	Israel	21.7	29.7	19.0	43.0	34.6	23.1
日　本	Japan	52.4	94.9	135.1	78.6	94.9	113.8
哈萨克斯坦	Kazakhstan	0.5	1.8	1.4	4.9	9.9	7.6
韩　国	Korea, Rep.	88.2	133.6	133.8	289.2	167.1	149.8
马来西亚	Malaysia	56.0	31.1	37.6	46.4	24.7	29.1
蒙　古	Mongolia	0.7	0.1		23.2	6.1	
巴基斯坦	Pakistan	41.9	127.3		468.0	307.7	
菲律宾	Philippines	9.1	5.2	13.2	28.4	13.5	16.1
新加坡	Singapore	99.3	91.5	67.7	62.3	45.3	30.9
斯里兰卡	Sri Lanka	0.8	4.4	2.2	12.4	18.9	8.6
泰　国	Thailand	15.3	47.4	68.6	66.2	72.5	77.8
越　南	Viet Nam		0.2	9.6		24.8	36.0
埃　及	Egypt	11.1	28.3	4.5	36.1	43.0	26.7
尼日利亚	Nigeria	0.6	1.7	0.9	7.3	8.8	8.2
南　非	South Africa	51.7	43.2	74.8	34.5	20.3	31.8
加拿大	Canada	84.7	79.7	70.7	81.5	62.9	68.8
墨西哥	Mexico	6.5	6.3	9.1	35.7	22.8	25.8
美　国	United States	289.6	197.0	230.7	197.1	151.7	165.2
阿根廷	Argentina	3.2	2.4		20.0	11.1	4.8
巴　西	Brazil	14.4	19.2	23.7	41.6	36.0	85.6
委内瑞拉	Venezuela	1.9	0.2		26.9	4.5	
捷　克	Czech Rep.	10.8	25.3		68.2	98.4	
法　国	France	78.9	57.7		74.7	72.3	
德　国	Germany	93.7	45.0	43.1	143.9	107.2	84.2
意大利	Italy	86.7	56.9		128.8	132.2	
荷　兰	Netherlands	157.6	87.7		101.6	100.3	
波　兰	Poland	11.9	8.6	11.1	65.4	27.9	38.2
俄罗斯	Russia	7.8	19.4	8.9	36.6	39.0	29.8
西班牙	Spain	266.0	84.8	81.6	314.1	102.2	124.3
土耳其	Turkey	62.3	41.4	48.7	238.1	124.8	185.2
乌克兰	Ukraine	0.9	0.8		19.2	3.6	
英　国	United Kingdom	117.9	71.5		71.1	56.6	
澳大利亚	Australia	51.4	88.4	56.0	57.2	76.2	63.2
新西兰	New Zealand	19.0	4.8	5.2	53.6	13.4	12.2

8-18 银行资本充足率
Bank Capital to Assets Ratio

资料来源：世界银行WDI数据库。
Source: World Bank WDI Database.
单位：% (%)

国家或地区	Country or Area	2000	2005	2010	2012	2013	2014	2015
中　国	China		4.4	6.1	6.5	6.7	7.2	7.0
中国香港	Hong Kong, China	9.0	13.3	12.3	8.8	8.7	9.0	9.5
中国澳门	Macao, China			4.2	4.0	3.7	3.6	4.3
孟加拉国	Bangladesh	3.5	4.7		5.4	6.0	5.9	5.3
文　莱	Brunei Darussalam			10.3	9.1	11.6	11.8	13.0
柬埔寨	Cambodia			20.1	16.2	16.8	14.4	15.0
印　度	India	5.7	6.4	7.1	7.0	6.9	7.1	7.2
印度尼西亚	Indonesia	6.0	8.7	10.7	12.2	12.5	12.8	13.6
以色列	Israel	7.3	8.3	6.7	6.6	7.0	7.1	7.1
日　本	Japan	4.6	4.9	5.3	5.1	5.5	5.5	5.8
哈萨克斯坦	Kazakhstan	13.6	13.0	11.3	14.5	13.2	13.7	10.5
韩　国	Korea, Rep.	4.6	9.3	7.6	8.2	8.3	8.0	
马来西亚	Malaysia	8.5	7.7	9.4	9.4	9.6	10.0	10.5
巴基斯坦	Pakistan	4.9	7.6	9.8	9.0	8.9	10.0	8.4
菲律宾	Philippines	13.6	12.0	10.2	11.7	9.7	9.9	10.0
新加坡	Singapore	10.0	9.6	9.0	8.9	8.2	8.4	9.0
斯里兰卡	Sri Lanka				8.5	8.2	8.2	7.9
泰　国	Thailand	7.5	9.0	8.5	7.8	8.5	9.2	10.0
越　南	Viet Nam			8.9	9.9	9.5	8.8	
埃　及	Egypt	5.6	5.0	6.2	7.2	7.1	6.5	
尼日利亚	Nigeria	7.4	12.4	1.5	10.8	10.4	10.4	11.6
南　非	South Africa	8.7	7.9	7.0	7.8	7.9	7.6	7.0
加拿大	Canada	4.7	4.1	4.7	4.9	5.0	4.9	5.1
墨西哥	Mexico	9.6	8.8	10.4	10.6	10.4	10.8	10.5
美　国	United States	8.5	10.3	12.7	12.0	11.8	11.7	11.8
阿根廷	Argentina		12.1	11.3	11.5	12.1	12.5	12.3
巴　西	Brazil	12.1	10.2	10.3	10.1	9.3	9.0	8.5
委内瑞拉	Venezuela	13.0	11.1	9.8	10.4	10.9	10.5	
捷　克	Czech Rep.	5.4	5.4	6.5	6.9	7.2	7.3	6.9
法　国	France	6.7	4.4	4.9	5.2	5.8	5.3	5.8
德　国	Germany	4.2	4.1	4.3	4.7	5.5	5.6	5.9
意大利	Italy	7.0	4.6	5.0	5.4	5.4	5.9	6.1
荷　兰	Netherlands	5.1	3.1	4.4	4.7	4.8	5.4	5.6
波　兰	Poland	7.1	7.9	8.2	8.7	9.1	8.9	9.4
俄罗斯	Russia	12.1	12.8	12.9	11.8	11.5	8.5	8.9
西班牙	Spain	8.5	6.3	6.1	5.8	6.8	7.2	7.4
土耳其	Turkey	6.1	12.3	12.3	12.1	10.9	11.6	11.0
乌克兰	Ukraine	16.2	11.9	14.6	15.0	15.1	11.2	8.0
英　国	United Kingdom	6.5	6.1	5.4	5.5	6.3	5.6	6.3
澳大利亚	Australia	6.9	6.9	6.3	6.1	6.0	5.9	6.3
新西兰	New Zealand			5.9	7.1	7.3	7.4	7.2

8-19 金融部门国内信贷占国内生产总值比重
Domestic Credit Provided by Financial Sector (% of GDP)

资料来源：世界银行WDI数据库。
Source: World Bank WDI Database.
单位：% (%)

国家或地区	Country or Area	2000	2005	2010	2012	2013	2014	2015
中　国	China	119.00	133.61	143.63	150.82	157.65	169.36	196.94
中国香港	Hong Kong, China	133.99	139.77	195.36	201.11	222.56	236.18	211.51
中国澳门	Macao, China	41.96	2.37	-21.34	-14.90	-12.75	-4.11	14.86
孟加拉国	Bangladesh	30.18	47.66	57.41	60.02	57.92	59.78	59.69
文　莱	Brunei Darussalam	38.59	10.38	25.11	13.51	20.63	25.51	33.37
柬埔寨	Cambodia	6.42	7.22	22.74	33.88	39.71	47.17	53.95
印　度	India	51.19	58.36	71.94	77.12	77.65	75.79	76.75
印度尼西亚	Indonesia	60.68	46.21	34.18	40.77	43.43	43.44	46.72
伊　朗	Iran	36.39	34.94	18.01				
以色列	Israel	72.15	86.34	88.65	85.20	84.30	85.62	83.18
日　本	Japan	304.74	317.88	328.32	347.89	367.33	374.04	
哈萨克斯坦	Kazakhstan	12.35	38.97	45.41	38.77	37.17	35.11	44.86
韩　国	Korea, Rep.	70.94	125.45	151.04	155.85	155.80	162.29	166.55
老　挝	Laos	9.02	8.06	26.49				
马来西亚	Malaysia	138.37	117.66	123.29	129.85	138.33	140.49	144.84
蒙　古	Mongolia	8.95	26.65	25.92	25.78	58.24	66.05	69.34
缅　甸	Myanmar	31.17			24.12	28.30		
巴基斯坦	Pakistan	41.60	46.48	46.19	45.86	49.22	47.86	48.83
菲律宾	Philippines	58.34	47.25	49.23	50.90	51.89	55.82	59.17
新加坡	Singapore	76.65	61.16	80.75	95.14	111.76	126.90	121.05
斯里兰卡	Sri Lanka	43.75	43.63	35.37	42.03	42.90	42.39	50.53
泰　国	Thailand	134.26	111.02	133.46	155.94	159.91	168.77	173.40
越　南	Viet Nam	32.57	65.40	124.66	104.91	108.23	113.77	128.35
埃　及	Egypt	89.01	98.02	69.42	73.86	81.97	88.22	95.82
尼日利亚	Nigeria	10.01	8.60	18.80	20.80	21.85	21.80	
南　非	South Africa	148.57	178.16	185.48	180.70	182.21	185.66	180.05
加拿大	Canada	111.06	196.52					
墨西哥	Mexico	29.00	31.41	44.41	46.65	49.48	50.11	54.16
美　国	United States	190.96	216.33	232.58	234.67	251.14	254.48	241.86
阿根廷	Argentina	34.45	31.45	23.25	29.19	32.62	35.63	
巴　西	Brazil	70.68	76.24	93.39	101.25	100.33	105.11	108.72
委内瑞拉	Venezuela	14.91	12.64	22.51	48.34	61.93		
捷　克	Czech Rep.	45.58	41.66	62.86	68.68	69.67	73.45	70.75
法　国	France	103.51	105.70	143.62	147.81	143.95	147.97	
德　国	Germany	146.49	132.60	164.80	157.12	137.15	140.56	
意大利	Italy	95.84	104.72	160.46	177.39	172.73	173.21	
荷　兰	Netherlands	147.83	166.21	218.27	234.02	209.96	230.47	
波　兰	Poland	34.31	38.64	63.24	64.08	67.25	70.99	73.55
俄罗斯	Russia	24.93	20.81	37.72	39.71	45.39	47.98	54.47
西班牙	Spain	115.25	155.57	241.00	244.85	222.39	210.57	
土耳其	Turkey	37.91	45.63	71.84	74.39	84.18	88.09	92.83
乌克兰	Ukraine	23.82	33.24	93.89	87.87	96.05	109.86	76.10
英　国	United Kingdom	123.66	152.62	209.47	194.49	181.80	168.70	163.18
澳大利亚	Australia	93.42	113.37	154.31	150.74	156.50	165.88	173.87
新西兰	New Zealand	107.98	126.35	150.68				

主要统计指标解释

中央政府 是全国范围内代表中央政府行使领土管辖权的所有单位。

收入 指由于交易导致的净值增加。政府部门有以下四个收入来源：(1) 税收和其他由政府强制实施的转让；(2) 来自所有权资产的财产收入；(3) 商品和服务的销售收入；(4) 来自其他部门的自愿转让。

捐赠 从其他政府和国际组织得到的无报酬的、无须偿还的非强制性的收入。

支出 指由于交易导致的净值减少。政府承担以下两方面的经济责任：(1)以非市场方式把部分商品和服务提供给公众；(2) 通过转移支付手段重新分配收入和财富。

广义货币 由流通中现金；除中央政府以外的常住机构活期存款；除中央政府以外的常住居民的现汇、储蓄与外汇存款；银行和旅行支票；存单和商业票据等其他证券构成。

上市公司总市值 所有上市股价×总股数。

上市公司 是指年末在股票交易所的国内上市公司。不包括投资公司、共同 基金或其它集体投资工具。

股票交易额 是指在一定时期内股票交易总额。

股票交易周转率 是指一定时期内股票交易总额除以该时期上市公司平均市值。

资本充足率 是指银行资本和储备占总资产的比率。资本和储备包括股东投放的资金、未分配利润、一般和特殊储备、准备金、价值调整。资本包括缴款股票和一般股票等一级资本，以及监管资本。总资产包括所有金融资产和非金融资产。

银行部门国内信贷 是指除发放给中央政府外的其他部门的净贷款之和。银行机构包括货币当局、存款货币银行和其他银行业机构。其他银行业机构包括存款和抵押贷款机构、建房信用协会等。

标准普尔全球股票指数 标准普尔全球股票指数是由美国标准普尔公司编制的衡量股市中美元价格变化的股票指数。

Explanatory Notes on Main Statistical Indicators

Central Government includes all units representing the territorial jurisdiction of the central authority throughout a country.

Revenue is an increase in net worth resulting from a transaction. For general government units, there are four main sources of revenue: taxes and other compulsory transfers imposed by government units, property income derived from the ownership of assets, sales of goods and services, and voluntary transfers received from other units.

Grants are defined as unrequited, nonrepayable, noncompulsory receipts from other governments or international organizations.

Expenditure is a decrease in net worth resulting from a transaction. Governments have two broad economic responsibilities: to assume responsibility for the provision of selected goods and services to the community on a nonmarket basis and to redistribute income and wealth by means of transfer payments.

Broad Money is the sum of currency outside banks; demand deposits other than those of the central government; the time, savings, and foreign currency deposits of resident sectors other than the central government; bank and traveler's checks; and other securities such as certificates of deposit and commercial paper.

Market Capitalization is the share price times the number of shares outstanding.

Listed Domestic Companies are the domestically incorporated companies listed on the country's stock exchanges at the end of the year. This indicator does not include investment companies, mutual funds, or other collective investment vehicles.

Stocks Traded refers to the total value of shares traded during the period.

Turnover Ratio is the total value of shares traded during the period divided by the average market capitalization for the period.

Bank capital to assets is the ratio of bank capital and reserves to total assets. Capital and reserves include funds contributed by owners, retained earnings, general and special reserves, provisions, and valuation adjustments. Capital includes tier 1 capital (paid-up shares and common stock), and total regulatory capital. Total assets include all nonfinancial and financial assets.

Domestic credit provided by the banking sector includes all credit to various sectors on a gross basis, with the exception of credit to the central government, which is net. The banking sector includes monetary authorities and deposit money banks, as well as other banking institutions where data are available. Other banking institutions include savings and mortgage loan institutions and building and loan associations.

S&P Global Equity Indices measure the U.S. dollar price change in the stock markets.

价格指数

Price Indices

9-1 国内生产总值缩减指数
Gross Domestic Product Deflator

资料来源：国际货币基金组织IFS数据库。
Source: IMF IFS Database.

2010年=100 (2010=100)

国家或地区	Country or Area	2000	2010	2012	2013	2014	2015
中　　国	China	66.2	100.0	108.1	110.3	103.3	102.8
中国香港	Hong Kong, China	112.2	100.0	107.6	109.5	112.7	116.8
中国澳门	Macao, China	85.6	100.0	114.9	123.8	134.5	140.4
孟加拉国	Bangladesh	52.0	100.0	116.7	125.0	132.1	139.9
文　　莱	Brunei Darussalam	50.6	100.0	120.3	116.5	128.3	
柬 埔 寨	Cambodia	64.2	100.0	104.9	105.7	109.0	
印　　度	India	56.0	100.0	113.4	120.2	124.1	123.9
印度尼西亚	Indonesia	35.9	100.0	111.5	117.0	123.3	128.6
伊　　朗	Iran	22.5	100.0				
以 色 列	Israel	85.5	100.0	105.7	108.0	109.1	114.8
日　　本	Japan	113.3	100.0	97.2	96.7		
韩　　国	Korea, Rep.	77.4	100.0	102.6	103.5	104.1	106.4
老　　挝	Laos	49.0	100.0	112.0	118.0		
马来西亚	Malaysia	68.1	100.0	106.5	106.7	109.3	108.9
蒙　　古	Mongolia	28.6	100.0	131.0	154.8		
巴基斯坦	Pakistan	38.8	100.0	126.8	135.6	145.0	150.1
菲 律 宾	Philippines	63.3	100.0	106.1	108.2	111.7	111.0
新 加 坡	Singapore	90.1	100.0	102.3	102.3	102.5	
斯里兰卡	Sri Lanka	37.1	100.0	117.5	125.4	131.7	
泰　　国	Thailand	74.4	100.0	114.7	116.7	117.8	118.1
越　　南	Viet Nam	39.9	100.0	134.5	140.9	146.1	
埃　　及	Egypt	45.6	100.0	121.1	145.9		
尼日利亚	Nigeria	100.0	100.0	119.7	126.7		
南　　非	South Africa	48.8	100.0	111.2	116.9		
加 拿 大	Canada	80.1	100.0	106.8	108.3	111.2	
墨 西 哥	Mexico	49.4	100.0	108.8	110.5	115.5	
美　　国	United States	80.9	100.0	103.9	104.8	106.6	
阿 根 廷	Argentina	28.7	100.0	136.9	205.3	271.0	
巴　　西	Brazil	44.6	100.0				
委内瑞拉	Venezuela	10.7	100.0	146.2	198.1	278.2	589.6
捷　　克	Czech Rep.	78.9	100.0	101.2	102.6	105.1	105.9
法　　国	France	83.7	100.0	101.9	103.0	103.4	
德　　国	Germany	89.7	100.0	102.7	104.8	106.6	
意 大 利	Italy	79.5	100.0	102.2	103.9	105.0	
荷　　兰	Netherlands	80.8	100.0	101.6	103.0	103.8	
波　　兰	Poland	77.0	100.0	105.4	106.0	108.3	
俄 罗 斯	Russia	25.1	100.0	124.8	131.2	139.9	
西 班 牙	Spain	74.5	100.0	100.3	101.0	100.5	
土 耳 其	Turkey	22.2	100.0	115.9	123.2	133.5	143.4
乌 克 兰	Ukraine		100.0	123.3	128.7		
英　　国	United Kingdom	78.0	100.0	103.8	105.7	107.5	
澳大利亚	Australia	68.2	100.0	104.0	105.2	105.7	
新 西 兰	New Zealand	77.4	100.0	101.5	105.8	106.4	

9-2 生产者价格指数
Producer Price Indices

资料来源：联合国统计月报数据库。
Source: UN Monthly Bulletin of Statistics Database.

2010年=100 (2010=100)

国家或地区	Country or Area	2010	2012	2013	2014	2015
中国香港	**Hong Kong, China**					
工业产品	Industrial Products	100.0	108.4	105.0	103.3	100.4
孟加拉国①	**Bangladesh①**					
按生产阶段分	by Stage of Processing					
中间产品	Intermediate Products		271.9	291.1	328.1	
按最终用途分	by End-Use					
消费品	Consumers' Goods		328.8	350.5	351.4	
投资用品	Capital Goods		291.4	293.2	292.6	
印　度	**India**					
按供给组成分	by Components of Supply					
国内供应	Domestic Supply	100.0	117.7	125.2	130.0	126.4
农业产品	Agricultural Products	100.0	118.3	134.1	142.7	
工业产品	Industrial Products	100.0	113.5	117.2	121.0	119.9
按生产阶段分	by Stage of Processing					
原材料	Raw Materials	100.0	122.2	135.2	141.2	140.9
印度尼西亚	**Indonesia**					
按供给组成分	by Components of Supply					
农业产品	Agricultural Products	100.0	112.6	120.0	128.8	
工业产品	Industrial Products	100.0	111.4	115.7	123.3	134.6
伊　朗⑤	**Iran⑤**					
按供给组成分	by Components of Supply					
国内供应	Domestic Supply		100.0	132.4	178.1	
农业产品	Agricultural Products		100.0	139.3	199.9	
工业产品	Industrial Products		100.0	137.4	185.4	203.8
以色列	**Israel**					
按供给组成分	by Components of Supply					
工业产品	Industrial Products	100.0	112.4	112.9	111.4	104.8
日　本	**Japan**					
按供给组成分	by Components of Supply					
国内供应	Domestic Supply	100.0	102.0	106.2	108.2	102.7
国内生产	Domestic Production	100.0	100.6	101.9	105.1	102.7
农业产品	Agricultural Products	100.0	103.5	107.1	107.1	
工业产品	Industrial Products	100.0	99.7	100.3	103.2	100.9
进口产品	Import Products	100.0	107.2	122.7	127.9	113.6
按生产阶段分	by Stage of Processing					
原材料	Raw Materials	100.0	120.0	135.9	138.3	102.8
中间产品	Intermediate Products	100.0	101.5	105.2	107.9	103.9
按最终用途分	by End-Use					
消费品	Consumers' Goods	100.0	98.4	100.7	101.4	101.4
投资用品	Capital Goods	100.0	97.3	98.5	99.3	100.8

9-2 续表 1 continued

2010年=100 (2010=100)

国家或地区	Country or Area	2010	2012	2013	2014	2015
韩　国	**Korea, Rep.**					
按供给组成分	by Components of Supply					
国内生产	Domestic Production	100.0	108.9	106.2	104.8	98.0
农业产品	Agricultural Products	100.0	108.3	101.9	102.5	
工业产品	Industrial Products	100.0	108.6	105.3	103.1	96.2
按生产阶段分	by Stage of Processing					
原材料	Raw Materials	100.0	129.3	119.8	111.7	79.1
中间产品	Intermediate Products	100.0	107.5	103.7	101.0	94.5
按最终用途分	by End-Use					
消费品	Consumers' Goods	100.0	105.5	103.7	104.3	102.1
投资用品	Capital Goods	100.0	102.9	100.6	99.0	99.8
马来西亚	**Malaysia**					
按供给组成分	by Components of Supply					
国内供应	Domestic Supply	100.0	109.7	107.8	109.3	104.0
国内生产	Domestic Production	100.0	111.8	108.8	110.4	102.2
进口产品	Import Products	100.0	105.3	105.8	106.9	107.7
巴基斯坦	**Pakistan**					
按供给组成分	by Components of Supply					
国内供应	Domestic Supply	100.0	127.3	137.2	143.7	140.1
农业产品	Agricultural Products	100.0	117.8	131.1	138.4	
菲 律 宾	**Philippines**					
按供给组成分	by Components of Supply					
国内供应	Domestic Supply	100.0	109.9	111.6	114.7	110.3
工业产品	Industrial Products	100.0	100.4	92.8	91.8	85.8
新 加 坡	**Singapore**					
按供给组成分	by Components of Supply					
国内供应	Domestic Supply	100.0	108.9	106.0	102.5	86.8
国内生产	Domestic Production	100.0	105.7	102.5	99.0	89.9
进口产品	Import Products	100.0	104.5	101.6	98.7	86.3
泰　国	**Thailand**					
按供给组成分	by Components of Supply					
国内供应	Domestic Supply	100.0	106.6	106.9	107.0	102.6
按生产阶段分	by Stage of Processing					
原材料	Raw Materials	100.0	103.8	102.9	99.5	97.5
按最终用途分	by End-Use					
消费品	Consumers' Goods	100.0	101.3	107.1	109.9	109.5
投资用品	Capital Goods	100.0	102.5	103.2	103.3	101.1

9-2 续表 2 continued

2010年=100 (2010=100)

国家或地区	Country or Area	2010	2012	2013	2014	2015
埃　　及④	**Egypt④**					
按供给组成分	by Components of Supply					
国内生产	Domestic Production		194.1	201.8	208.1	207.6
农业产品	Agricultural Products		260.1	274.6	292.0	
按生产阶段分	by Stage of Processing					
原材料	Raw Materials		237.7	235.8	237.4	180.4
中间产品	Intermediate Products		145.7	155.3	157.9	161.5
按最终用途分	by End-Use					
消费品	Consumers' Goods		116.2	122.9	123.7	124.7
投资用品	Capital Goods		166.2	169.0	170.1	171.9
南　　非②	**South Africa②**					
按供给组成分	by Components of Supply					
农业产品	Agricultural Products		100.0	102.6	108.0	
工业产品	Industrial Products		100.0	106.0	113.9	118.0
按生产阶段分	by Stage of Processing					
中间产品	Intermediate Products		100.0	107.9	116.7	117.6
加 拿 大	**Canada**					
按供给组成分	by Components of Supply					
农业产品	Agricultural Products	100.0	120.7	122.7	124.1	
工业产品	Industrial Products	100.0	108.1	108.6	111.3	110.3
按生产阶段分	by Stage of Processing					
原材料	Raw Materials	100.0	114.7	115.7	117.6	94.2
墨 西 哥	**Mexico**					
按供给组成分	by Components of Supply					
国内供应	Domestic Supply	100.0	110.6	111.9	114.9	119.2
国内生产	Domestic Production	100.0	110.1	111.6	114.6	117.9
农业产品	Agricultural Products	100.0	112.4	114.8	115.2	
工业产品	Industrial Products	100.0	109.5	109.4	111.9	118.6
进口产品	Import Products	100.0	108.4	108.2	108.9	105.3
按生产阶段分	by Stage of Processing					
中间产品	Intermediate Products	100.0	112.8	114.7	118.2	118.1
按最终用途分	**by End-Use**					
消费品	Consumers' Goods	100.0	110.7	113.4	116.5	120.2
投资用品	Capital Goods	100.0	110.5	110.0	113.0	118.0

9-2 续表 3 continued

2010年=100 (2010=100)

国家或地区	Country or Area	2010	2012	2013	2014	2015
美　国	**United States**					
按供给组成分	by Components of Supply					
国内生产	Domestic Production	100.0	109.5	110.1	111.2	103.1
农业产品	Agricultural Products	100.0	127.4	129.3	130.8	
工业产品	Industrial Products	100.0	108.1	108.6	109.3	101.0
按生产阶段分	by Stage of Processing					
原材料	Raw Materials	100.0	113.7	116.2	117.5	89.1
中间产品	Intermediate Products	100.0	109.4	109.5	110.2	102.6
按最终用途分	by End-Use					
消费品	Consumers' Goods	100.0	109.7	111.2	113.5	108.1
投资用品	Capital Goods	100.0	103.5	104.4	105.8	107.1
阿根廷	**Argentina**					
按供给组成分	by Components of Supply					
国内供应	Domestic Supply	100.0	128.1	146.8	186.3	
国内生产	Domestic Production	100.0	128.7	147.6	186.6	
农业产品	Agricultural Products	100.0	125.8	150.1	200.6	
工业产品	Industrial Products	100.0	126.7	144.0	180.3	
进口产品	Import Products	100.0	119.9	135.9	181.1	
白俄罗斯	**Belarus**					
按供给组成分	by Components of Supply					
工业产品	Industrial Products	100.0	296.6	337.2	379.1	444.4
按生产阶段分	by Stage of Processing					
中间产品	Intermediate Products	100.0	312.6	353.1	395.3	478.1
按最终用途分	by End-Use					
消费品	Consumers' Goods	100.0	271.1	314.7	362.5	399.5
投资用品	Capital Goods	100.0	297.1	334.0	356.9	420.6
捷　克	**Czech Rep.**					
按供给组成分	by Components of Supply					
农业产品	Agricultural Products	100.0	125.8	131.9	127.0	
工业产品	Industrial Products	100.0	107.8	108.7	107.8	104.4
进口产品	Import Products	100.0	108.7	108.5	110.5	108.4
按生产阶段分	by Stage of Processing					
中间产品	Intermediate Products	100.0	108.2	108.1	109.6	106.8
按最终用途分	by End-Use					
消费品	Consumers' Goods	100.0	107.8	109.6	110.4	108.3
投资用品	Capital Goods	100.0	100.5	101.4	103.4	103.7

9-2 续表 4 continued

2010年=100 (2010=100)

国家或地区	Country or Area	2010	2012	2013	2014	2015
法 国	**France**					
按供给组成分	by Components of Supply					
国内供应	Domestic Supply				105.6	102.1
农业产品	Agricultural Products	100.0	118.7	121.6	115.6	
工业产品	Industrial Products	100.0	108.2	108.6	107.1	104.8
进口产品	Import Products	100.0	108.5	106.5	103.4	98.4
按生产阶段分	by Stage of Processing					
原材料	Raw Materials	100.0			115.0	98.6
中间产品	Intermediate Products	100.0			102.8	101.1
按最终用途分	by End-Use					
消费品	Consumers' Goods	100.0			105.9	105.6
投资用品	Capital Goods	100.0			101.0	101.4
德 国	**Germany**					
按供给组成分	by Components of Supply					
农业产品	Agricultural Products	100.0	119.4	120.7	111.8	
工业产品	Industrial Products	100.0	107.0	106.9	105.9	103.9
进口产品	Import Products	100.0	108.6	106.9	103.6	100.7
按生产阶段分	by Stage of Processing					
中间产品	Intermediate Products	100.0	105.8	104.7	103.6	102.3
按最终用途分	by End-Use					
消费品	Consumers' Goods	100.0	106.3	108.4	109.0	108.1
投资用品	Capital Goods	100.0	102.2	103.0	103.5	104.2
意 大 利	**Italy**					
按供给组成分	by Components of Supply					
工业产品	Industrial Products	100.0	109.5	108.1	106.2	102.6
按生产阶段分	by Stage of Processing					
中间产品	Intermediate Products	100.0	105.3	104.9	104.3	103.8
按最终用途分	by End-Use					
消费品	Consumers' Goods	100.0	105.3	106.6	107.1	107.2
投资用品	Capital Goods	100.0	102.4	102.8	103.3	104.0
荷 兰	**Netherlands**					
按供给组成分	by Components of Supply					
工业产品	Industrial Products	100.0	114.0	112.4	108.9	100.9
按生产阶段分	by Stage of Processing					
中间产品	Intermediate Products	100.0	116.4	115.1	112.1	103.4
按最终用途分	by End-Use					
消费品	Consumers' Goods	100.0	110.8	111.8	111.5	109.1
投资用品	Capital Goods	100.0	103.2	103.5	103.9	105.1
波 兰	**Poland**					
按供给组成分	by Components of Supply					
工业产品	Industrial Products	100.0	111.5	110.2	108.7	106.1
按生产阶段分	by Stage of Processing					
原材料	Raw Materials	100.0	121.4	116.9	114.4	106.4
中间产品	Intermediate Products	100.0	111.5	110.0	108.7	108.6
按最终用途分	by End-Use					
消费品	Consumers' Goods	100.0	109.3	110.2	109.2	107.0
投资用品	Capital Goods	100.0	100.7	100.3	99.8	101.0
俄 罗 斯	**Russia**					
按供给组成分	by Components of Supply					
农业产品	Agricultural Products	100.0	112.7	120.8	131.5	
工业产品	Industrial Products	100.0	125.7	129.9	137.8	154.8

9-2 续表 5 continued

2010年=100 (2010=100)

国家或地区	Country or Area	2010	2012	2013	2014	2015
西 班 牙	**Spain**					
按供给组成分	by Components of Supply					
工业产品	Industrial Products	100.0	111.3	111.7	110.2	107.9
按生产阶段分	by Stage of Processing					
中间产品	Intermediate Products	100.0	108.6	108.2	106.6	105.8
按最终用途分	by End-Use					
消费品	Consumers' Goods	100.0	104.9	107.5	107.0	108.2
投资用品	Capital Goods	100.0	101.6	101.4	101.7	102.5
土 耳 其	**Turkey**					
按供给组成分	by Components of Supply					
农业产品	Agricultural Products	100.0	107.5	106.1	117.7	
工业产品	Industrial Products	100.0	117.9	123.1	135.8	142.9
乌 克 兰③	**Ukraine③**					
按供给组成分	by Components of Supply					
农业产品	Agricultural Products		268.6	269.3	317.0	
工业产品	Industrial Products		281.8	281.3	329.3	196.4
英 国	**United Kingdom**					
按供给组成分	by Components of Supply					
农业产品	Agricultural Products	100.0	119.3	126.8	114.6	
工业产品	Industrial Products	100.0	107.0	108.4	108.4	106.6
进口产品	Import Products	100.0	108.8	109.5	105.0	98.6
按生产阶段分	by Stage of Processing					
原材料	Raw Materials	100.0	116.0	117.4	109.8	95.6
中间产品	Intermediate Products	100.0	107.5	108.3	107.8	106.3
按最终用途分	by End-Use					
消费品	Consumers' Goods	100.0	106.9	109.5	109.9	108.8
投资用品	Capital Goods	100.0	104.4	106.1	107.4	108.7
澳大利亚	**Australia**					
按供给组成分	by Components of Supply					
国内供应	Domestic Supply	100.0	104.2	105.9	107.8	109.2
国内生产	Domestic Production	100.0	105.2	106.9	108.5	109.3
农业产品	Agricultural Products	100.0	104.4	106.3	114.3	
工业产品	Industrial Products	100.0	102.9	103.9	107.2	107.4
进口产品	Import Products	100.0	96.5	98.5	103.1	110.5
按生产阶段分	by Stage of Processing					
原材料	Raw Materials	100.0	107.8	109.7	111.5	110.6
中间产品	Intermediate Products	100.0	106.8	108.6	110.5	110.7
按最终用途分	by End-Use					
消费品	Consumers' Goods	100.0	106.7	108.4	110.1	110.9
投资用品	Capital Goods	100.0	102.1	103.9	106.0	109.2
新 西 兰	**New Zealand**					
按供给组成分	by Components of Supply					
农业产品	Agricultural Products	100.0	102.0	112.7	114.5	
工业产品	Industrial Products	100.0	103.5	106.7	107.4	103.1
按生产阶段分	by Stage of Processing					
中间产品	Intermediate Products	100.0	105.8	107.4	107.5	105.1

注：①1988年7月1日至1989年6月30日为基期。②以2012年为基期。③以2005年为基期。④2004年7月1日至2005年6月30日为基期。⑤以2011财政年度(2011年3月21日—2012年3月19日)为基期。

Note: ①The base year is from 1 July 1988 to 30 June 1989.②The base year is 2012.③The base year is 2005.④The base year is from 1 July 2004 to 30 June 2005.⑤ The base year is fiscal year 2011 (21 March 2011 - 19 March 2012).

9-3 消费者价格指数
Consumer Price Indices

资料来源：联合国统计月报数据库。
Source: UN Monthly Bulletin of Statistics Database.

2010年=100 (2010=100)

国家或地区	Country or Area	消费者价格指数 Consumer Price Indices			食品消费价格指数 Food Consumer Price Indices		
		2013	2014	2015	2013	2014	2015
中　国①	China①	136.9	139.9	141.9	202.6	208.9	213.8
中国香港	Hong Kong, China	114.3	119.4	123.0	118.2	123.1	127.9
中国澳门	Macao, China	118.4	125.6	131.3	175.4		
孟加拉国	Bangladesh	126.4	135.3	143.7	251.9①	271.8①	
柬埔寨	Cambodia	111.8	116.1	117.5	118.7		
印　度	India	132.0	140.8	147.7	259.6①	276.8①	
印度尼西亚	Indonesia	116.9	124.4	132.3	176.1	119.5	128.0
伊　朗②	Iran②	161.4	188.6	195.0	198.1	225.1	230.2
以色列	Israel	106.8	107.3	106.7	109.4	108.7	108.8
日　本	Japan	100.0	102.8	103.6	99.6	103.3	106.6
韩　国	Korea, Rep.	107.7	109.0	109.8	113.4	113.7	115.6
老　挝	Laos	119.3	124.2	125.8			
马来西亚	Malaysia	107.1	110.5	112.8	111.5	115.2	119.4
缅　甸	Myanmar	112.5	118.6	131.4	108.6	114.9	
巴基斯坦	Pakistan	132.2	141.7	145.3	361.8①		
菲律宾	Philippines	111.2	115.8	117.4	111.1	118.5	121.5
新加坡	Singapore	112.6	113.8	113.2	108.6	111.8	113.9
斯里兰卡	Sri Lanka	122.7	126.7	127.9	122.9	127.5	133.8
泰　国	Thailand	109.3	111.3	110.3	108.4②	112.7②	113.9②
越　南	Viet Nam	138.0	143.6	144.9			
埃　及	Egypt	129.0	142.1	156.8	304.1③	341.7③	
尼日利亚	Nigeria	134.9	145.8	158.9	479.1①	524.5①	
南　非	South Africa	117.3	124.4	130.1	121.3	130.6	137.2
加拿大	Canada	105.5	107.5	108.7	107.6	110.1	114.2
墨西哥	Mexico	111.8	116.2	119.4	119.0	125.0	129.9
美　国	United States	106.8	108.6	108.7	108.4	110.9	112.2
阿根廷	Argentina	205.6	105.5		201.8	105.0	
巴　西	Brazil	119.4	126.9	138.4	130.8	140.7	154.4
委内瑞拉	Venezuela	214.7	348.2	772.0	249.9	466.7	1487.2
捷　克	Czech Rep.	106.8	107.2	107.5	117.4	119.7	118.4
法　国	France	105.0	105.5	105.6	106.4	105.7	106.2
德　国	Germany	105.7	106.6	106.9	110.4	111.5	112.3
意大利	Italy	107.2	107.4	107.5	107.5	107.6	108.8
荷　兰	Netherlands	107.5	108.5	109.3	106.8	106.7	107.4
波　兰	Poland	109.0	109.0	108.1	111.7	110.6	109.1
俄罗斯	Russia	121.6	131.2	151.5	121.5	133.6	161.7
西班牙③	Spain③	118.1	117.9	117.4	119.0	118.5	119.9
土耳其	Turkey	124.6	135.7	146.1	125.7	141.5	157.3
乌克兰	Ukraine	108.3	121.5	180.7	101.9	114.3	166.6
英　国③	United Kingdom③	110.2	111.8	111.9	112.9	112.7	109.8
澳大利亚	Australia	107.7	110.4	112.0	104.0	106.6	107.6
新西兰	New Zealand	106.3	107.6	107.9	105.3	105.9	106.0

注：①2000年=100。②2011年=100。③2005年=100。
Note: ①2000年=100.②2011年=100.③2005年=100.

9-4 能源消费价格指数
Energy Consumption Price Indices

资料来源：联合国ILO数据库。
Source: ILO Database.

2000年=100 (2000=100)

国家或地区	Country or Area	2006	2007	2008	2009	2010	2011
中国	China	137.7	141.8	150.9			
中国香港	Hong Kong, China	109.6	108.8	101.7			
中国澳门	Macao, China	119.9	114.6	96.1			
柬埔寨	Cambodia	123.8	134.1	160.9	119.2		
印度	India	130.7	144.1	154.0			
伊朗	Iran	179.5					
以色列	Israel	145.9	147.7	168.7			
日本	Japan	103.4	104.2	110.5	105.9	105.7	
韩国	Korea, Rep.	107.8	110.5	119.6			
马来西亚	Malaysia	105.7					
缅甸	Myanmar	370.0	491.7	561.9	432.9	448.9	485.0
巴基斯坦	Pakistan	126.9	133.1	155.1	183.0		
菲律宾	Philippines	176.4	182.1	193.9			
新加坡	Singapore	128.3	125.8	157.5	136.0		
斯里兰卡	Sri Lanka	228.3	286.2				
泰国	Thailand	127.1	126.4	106.2	96.6	105.9	109.7
南非	South Africa	141.9	153.3	182.8			
加拿大	Canada	133.4	134.2	143.6	133.4	139.2	144.8
墨西哥	Mexico	173.1	178.2	190.7			
美国	United States	144.2	148.0	163.5	153.2	154.1	157.7
阿根廷	Argentina	115.9					
捷克	Czech Rep.	146.9	151.6	172.7			
法国	France	121.1	123.4	135.2	127.3	135.7	149.7
德国	Germany	143.4	148.6	165.2	161.3	161.9	177.3
意大利	Italy	124.8	126.5	140.3	133.2	130.9	
荷兰	Netherlands	168.2	175.1	180.5	181.9	167.4	177.3
波兰	Poland	138.1	143.2	157.5			
俄罗斯	Russia	329.2	367.2	417.6			
西班牙	Spain	119.2	121.4	134.1	131.6	140.0	161.9
土耳其	Turkey	446.0	479.1	604.0			
英国	United Kingdom	160.7	172.1	204.7	217.4	211.5	234.0
澳大利亚	Australia	129.4	135.4	148.2	165.6	187.7	206.8
新西兰	New Zealand	140.2	149.5	160.2	167.4		

9-5 初级产品市场价格指数和单位价值指数
Indices of Primary Commodities Market Prices and Unit Values

资料来源：国际货币基金组织国际金融统计数据库。
Source: International Monetary Fund IFS Database.

2010年=100 (2010=100)

商品	Concept	原产国	Country of Origion	2012	2013	2014	2015
全部商品	**All Commodities (Fuel and Non Fuel)**	**世界**	**World**	**122.3**	**120.3**	**112.8**	**73.0**
农业原材料	**Agricultural Raw Materials**	**世界**	**World**	**107.1**	**108.9**	**110.9**	**95.9**
饮料	**Beverages**	**世界**	**World**	**95.0**	**83.7**	**101.0**	**97.9**
能源	**Energy**	**世界**	**World**	**132.7**	**130.4**	**120.6**	**66.6**
食品	**Food**	**世界**	**World**	**117.2**	**117.1**	**113.2**	**93.8**
金属	**Metals**	**世界**	**World**	**94.4**	**90.4**	**81.1**	**62.4**
铝	Aluminum	英国	United Kingdom	93.1	85.0	85.9	76.6
香蕉	Bananas	拉丁美洲	Latin America	111.7	105.1	105.7	108.8
大麦	Barley	加拿大	Canada	150.8	130.3	92.2	80.7
牛肉	Beef	澳大利亚	Australia	123.3	120.4	146.9	131.5
澳大利亚煤炭	Coal, Australian Thermal	澳大利亚	Australia	97.4	85.4	70.9	58.1
南非煤矿	Coal, South African Thermal	南非	South Africa	101.4	87.6	79.0	62.3
咖啡	Coffee, Unwash Arabica	巴西	Brazil	118.6	81.6	111.6	85.2
铜	Copper	英国	United Kingdom	105.6	97.3	91.0	73.1
椰肉	Copra	菲律宾	Philippines	98.8	83.6	114.0	98.1
棉	Cotton	英国	United Kingdom	86.2	87.3	80.3	68.0
鱼	Fish	挪威	Norway	77.6	109.9	107.4	86.3
鱼粉	Fishmeal	德国	Germany	93.4	98.3	110.5	101.1
汽油	Gasoline	美国	United States	137.0	131.4	121.1	75.7
金属	Gold	英国	United Kingdom	136.3	115.3	103.3	94.8
花生	Groundnuts	欧洲	Europe	136.2	186.7	173.3	157.0
花生油	Groundnuts (Peanuts) Oil	尼日利亚	Nigeria	173.5	126.3	93.5	95.2
兽皮	Hides	美国	United States	115.6	131.6	153.2	121.7
铁矿石	Iron Ore	中国	China	87.6	92.3	66.0	37.6
黄麻	Jute	孟加拉国	Bangladesh	60.4	69.3	73.5	84.8
羊肉	Lamb	新西兰	New Zealand	69.3	73.2	89.6	74.0
铅	Lead	英国	United Kingdom	96.1	99.6	97.5	83.2
玉米	Maize	美国	United States	160.4	139.2	103.7	91.3

9–5 续表 continued

2010年=100 (2010=100)

商品	Concept	原产国	Country of Origion	2012	2013	2014	2015
天然气	Natural Gas, Indonesia	印度尼西亚	Indonesia	193.4	184.8	181.2	116.8
天然气	Natural Gas, Russia	俄罗斯	Russian	145.7	136.1	127.3	88.8
天然气	Natural Gas, U.S.A.	美国	United States	62.8	84.9	99.6	59.5
镍	Nickel	英国	United Kingdom	80.4	68.9	77.5	54.4
橄榄油	Olive Oil	英国	United Kingdom	98.9	120.4	123.4	155.4
桔子	Oranges	法国	France	84.0	93.6	75.7	65.3
棕榈仁油	Palm Kernel Oil	马来西亚	Malaysia	110.9	95.1	91.2	69.1
棕榈油	Palm Oil	马来西亚	Malaysia	109.3	88.9	86.0	65.7
黑胡椒	Pepper, Black	新加坡	Singapore	163.4	162.7	209.5	239.4
磷矿石	Phosphate Rock	摩洛哥	Morocco	151.1	120.4	89.6	95.5
胶合板	Plywood	菲律宾	Philippines	107.2	98.4	90.9	79.3
钾肥	Potash	加拿大	Canada	138.3	114.2	89.5	91.3
家禽	Poultry	美国	United States	109.8	121.0	128.3	133.6
米	Rice	泰国	Thailand	115.0	110.9	82.7	78.3
橡胶	Rubber	马来西亚	Malaysia	104.0	83.0	61.1	…
橡胶	Rubber	泰国	Thailand	100.7	82.0	60.8	47.3
虾	Shrimp	美国	United States	99.5	138.7	163.9	139.2
银	Silver	美国	United States	154.5	118.3	94.6	78.0
高粱	Sorghum	美国	United States	164.4	147.1	125.3	123.8
大豆	Soybean	美国	United States	139.7	134.4	118.9	90.2
大豆粉	Soybean Meal	美国	United States	142.8	144.1	140.9	106.5
大豆油	Soybean Oil	荷兰	Netherland	124.5	109.3	87.9	72.7
糖	Sugar	菲律宾	Philippines	111.4	193.2	107.1	116.1
糖	Sugar	美国	United States	93.1	68.3	80.1	80.0
糖	Sugar	英国	United Kingdom	102.5	101.2	106.5	98.9
向日葵	Sunflower	欧盟	European Union	125.6	113.1	91.1	86.2
过磷酸盐	Superphosphate	美国	United States	121.0	100.0	101.7	100.8
猪	Swine	美国	United States	111.2	116.3	138.1	91.2
茶	Tea	英国	United Kingdom	110.2	84.0	75.1	107.5
锡	Tin	马来西亚	Malaysia	109.2	114.8	114.1	…
锡	Tin	英国	United Kingdom	103.6	109.4	107.5	78.9
烟草	Tobacco	美国	United States	99.7	106.0	115.7	113.8
尿素	Urea	乌克兰	Ukraine	140.5	117.9	109.6	94.6
小麦	Wheat	美国	United States	142.0	136.6	124.7	95.4
锌	Zinc	英国	United Kingdom	90.3	88.4	100.0	89.4

主要统计指标解释

国内生产总值缩减指数 衡量在一定时期内整体经济中价格年度变化情况的指标。

生产者价格指数 生产者价格指生产者从购买者那里得到的某一单位货物和服务的价值，具体为总产出减去由购买者支付的增加税等可扣减税。它包括生产者发票上单独列支的运费。

消费者价格指数 是反映报告期经济体为消费目的而获取、使用和支付的货物和服务的价格总体水平随时间变化的指标。每个总指数是通过蒋大量要素加总指数加权平均而得到，每个要素加总指数是基于某一地区或其居民从某一指定出处或其他消费源获取指定货物和服务的价格的抽样调查数而进行的估算。

Explanatory Notes on Main Statistical Indicators

Gross Domestic Product Deflator measures the average annual rate of price change in the economy as whole for the periods shown.

Producer Price Indices The Amount receivable by the producer from the purchaser for a unit of a good or service produced as output minus any value-added tax, or similar deductible tax, invoiced to the purchaser. It includes any transport charges invoiced separately by the producer.

Consumer Price Indices measures the period-to-period proportional change in the prices of a fixed set of consumer goods and services of constant quantity and characteristics, acquired, used or paid for by the reference population. Each summary measure is constructed as a weighted average of a large number of elementary aggregate indices. Each of the elementary aggregate indices is estimated using a sample of prices for a defined set of goods and services obtained in, or by residents of, a specific region from a given set of outlets or other sources of consumption goods and services.

居民收支和贫困

Household Income and Expenditure and Poverty

10-1 居民消费支出
Household Consumption Expenditure

资料来源：世界银行WDI数据库。
Source: World Bank WDI Database.

国家或地区	Country or Area	居民最终消费支出(现价，亿美元) Household Final Consumption Expenditure (current 100 million USD)			人均居民最终消费支出(2005年价格，美元) Household Final Consumption Expenditure per capita (constant 2005 US$)		
		2005	2013	2014	2005	2013	2014
世　界	**World**	**279627**	**437414**	**448365**	**4277**	**4602**	**4655**
高收入国家	**High Income**	**223908**	**293495**	**299169**	**17381**	**18335**	**18560**
中等收入国家	**Middle Income**	**52539**	**137273**	**143109**	**1013**	**1426**	**1474**
低收入国家	**Low Income**	**1295**	**2874**	**3011**	**257**	**307**	**311**
中　国	China	8904	34247	39543	683	1307	1420
中国香港	Hong Kong, China	1044	1823	1938	15318	21403	21921
中国澳门	Macao, China	39	99	111	7839	11192	11734
孟加拉国	Bangladesh	512	1093	1255	358	486	499
文　莱	Brunei Darussalam	21	36	27	5916	6716	
柬埔寨	Cambodia	54	120	130	406	597	613
印　度	India	4862	10757	11764	425	691	725
印度尼西亚	Indonesia	1840	5186	5090	813	1073	1115
伊　朗	Iran	933	2547	2153	1331	1506	1533
以色列	Israel	796	1624	1708	11484	13234	13464
日　本	Japan	26414	29950	27882	20673	22296	22149
哈萨克斯坦	Kazakhstan	285	1175	1116	1880	3449	3338
韩　国	Korea, Rep.	4689	6647	7106	9740	11622	11783
老　挝	Laos	22	73	77	386	503	534
马来西亚	Malaysia	634	1675	1772	2459	3677	3875
蒙　古	Mongolia	14	70	69	551	1275	1383
巴基斯坦	Pakistan	843	1868	1963	549	585	603
菲律宾	Philippines	773	1994	2062	898	1126	1169
新加坡	Singapore	499	1106	1123	11690	12213	12355
斯里兰卡	Sri Lanka	168	502	542	857		
泰　国	Thailand	1057	2187	2118	1605	1897	1901
越　南	Viet Nam	377	1121	1225	458	678	712
埃　及	Egypt	642	2305	2494	856	1117	1137
尼日利亚	Nigeria	844	3754	4032	604	620	616
南　非	South Africa	1597	2220	2119	3374	3981	3972
加拿大	Canada	6343	10287	10005	19487	22168	22512
墨西哥	Mexico	5860	8645	8825	5339	5827	5854
美　国	United States	87941	113923	118659	29758	30872	31469
阿根廷	Argentina	1448	4112	3527	3700	5648	5562
巴　西	Brazil	5395	15194	15076	2862	3920	3937
委内瑞拉	Venezuela	680	2417		2541	3581	
捷　克	Czech Rep.	654	1037	997	6403	6908	7000
法　国	France	12157	15609	15724	19242	19927	19966
德　国	Germany	16522	20749	21124	20034	21262	21769
意大利	Italy	11011	13024	13128	19009	17297	17208
荷　兰	Netherlands	3264	3879	3928	20000	19027	18961
波　兰	Poland	1916	3191	3271	5021	6579	6750
俄罗斯	Russia	3816	12038	10917	2659	4539	4516
西班牙	Spain	6674	7945	8051	15289	13454	13651
土耳其	Turkey	3464	5829	5503	5104	5969	5979
乌克兰	Ukraine	477	1306	932	1013	1966	1891
英　国	United Kingdom	15503	17636	19337	25667	25331	25828
澳大利亚	Australia	4011	8575	8063	19665	21790	22027
新西兰	New Zealand	667	1097	1147	16227	17713	17999

10–2 居民收入分配
Personal Income Distribution

资料来源：世界银行WDI数据库。
Source: World Bank WDI Database.

国家或地区	Country or Area	年 份 Year	基尼系数 GINI index	各组占全部收入或消费的比重(%) As Percentage of Total Income or Consumption(%)				
				最低的20% Lowest 20%	第二个20% Second 20%	第三个20% Third 20%	第四个20% Fourth 20%	最高的20% Highest 20%
中　　国	China	2011	0.37					
中国香港	Hong Kong, China	1996	0.43	5.26	9.39	13.85	20.75	50.75
孟加拉国	Bangladesh	2010	0.32	8.89	12.50	16.01	21.24	41.35
柬 埔 寨	Cambodia	2012	0.31	9.05	12.66	16.30	21.78	40.21
印　　度	India	2011	0.34	8.20	11.79	15.24	20.54	44.22
印度尼西亚	Indonesia	2011	0.38	7.27	10.71	14.85	21.18	45.99
伊　　朗	Iran	2013	0.37	6.81	11.07	15.59	21.95	44.59
以 色 列	Israel	2010	0.43	4.61	9.62	15.48	22.89	47.40
日　　本	Japan	2008	0.32	7.37	12.88	17.32	22.72	39.72
哈萨克斯坦	Kazakhstan	2013	0.26	9.95	13.82	17.45	22.40	36.37
韩　　国	Korea, Rep.	1998	0.32	7.91	13.56	17.95	23.13	37.45
老　　挝	Laos	2012	0.38	7.25	11.13	15.00	20.77	45.86
马来西亚	Malaysia	2009	0.46	4.56	8.64	13.67	21.75	51.38
蒙　　古	Mongolia	2012	0.34	7.65	11.95	16.32	22.42	41.66
巴基斯坦	Pakistan	2010	0.30	9.59	13.18	16.47	21.25	39.52
菲 律 宾	Philippines	2012	0.43	5.92	9.45	13.80	21.18	49.64
新 加 坡	Singapore	1998	0.42	5.04	9.42	14.55	22.02	48.97
斯里兰卡	Sri Lanka	2012	0.39	7.27	11.00	14.66	20.57	46.49
泰　　国	Thailand	2012	0.39	6.65	10.44	14.84	21.75	46.32
越　　南	Viet Nam	2012	0.39	6.52	10.76	15.27	21.75	45.70
埃　　及	Egypt	2008	0.31	9.25	13.02	16.37	21.04	40.32
尼日利亚	Nigeria	2011	0.40	5.89	10.46	15.34	22.22	46.09
南　　非	South Africa	2011	0.63	2.47	4.71	7.97	15.90	68.94
加 拿 大	Canada	2010	0.34	7.10	12.39	16.79	22.75	40.97
墨 西 哥	Mexico	2012	0.48	4.86	8.84	12.75	19.45	54.10
美　　国	United States	2013	0.41	5.10	10.29	15.44	22.71	46.44
阿 根 廷	Argentina	2013	0.42	4.75	9.80	15.19	23.03	47.23
巴　　西	Brazil	2013	0.53	3.28	7.62	12.40	19.31	57.39
委内瑞拉	Venezuela	2006	0.47	3.18	9.23	14.54	22.31	50.74
捷　　克	Czech Rep.	2012	0.26	9.55	14.52	17.90	21.92	36.12
法　　国	France	2012	0.33	7.80	12.62	16.52	21.82	41.23
德　　国	Germany	2011	0.30	8.37	13.12	17.23	22.65	38.64
意 大 利	Italy	2012	0.35	6.23	12.28	16.97	22.84	41.68
荷　　兰	Netherlands	2012	0.28	8.87	13.93	17.62	22.50	37.07
波　　兰	Poland	2012	0.32	8.03	12.41	16.59	22.32	40.66
俄 罗 斯	Russia	2012	0.42	5.90	10.08	14.46	21.24	48.33
西 班 牙	Spain	2012	0.36	5.76	11.94	17.03	23.45	41.83
土 耳 其	Turkey	2012	0.40	5.80	10.54	15.08	22.00	46.59
乌 克 兰	Ukraine	2013	0.25	10.27	14.53	17.93	22.21	35.05
英　　国	United Kingdom	2012	0.33	7.51	12.29	17.04	23.10	40.07
澳大利亚	Australia	2010	0.35	7.09	11.83	16.14	22.79	42.16
新 西 兰	New Zealand	1997	0.36	6.45	11.37	15.81	22.61	43.76

10-3 国内贫困率
Domestic Poverty Rate

资料来源：世界银行WDI数据库。
Source: World Bank WDI Database.

单位：% (%)

国家或地区	Country or Area	年 份 Year	全 国 National	农 村 Rural	城 市 Urban
中 国	China	2014		7.2	
阿 富 汗	Afghanistan	2011	35.8	38.3	
阿尔巴尼亚	Albania	2012	14.3	15.3	
阿尔及利亚	Algeria	1995	22.6	30.3	14.7
安 哥 拉	Angola	2008	36.6	58.3	
阿 根 廷	Argentina	2010			9.9
亚美尼亚	Armenia	2014	30.0	29.9	
阿塞拜疆	Azerbaijan	2012	6.0		
孟加拉国	Bangladesh	2010	31.5	35.2	
白俄罗斯	Belarus	2015	5.1		
伯 利 兹	Belize	2002	33.5	44.2	23.7
贝 宁	Benin	2011	36.2	39.7	
不 丹	Bhutan	2012	12.0	16.7	
玻利维亚	Bolivia	2014	39.3	57.6	
波 黑	Bosnia and Herzegovinian	2011	17.9		
博茨瓦纳	Botswana	2009	19.3	24.3	
巴 西	Brazil	2014	7.4		
保加利亚	Bulgaria	2014	22.0		
布基纳法索	Burkina Faso	2014	40.1	47.5	
布 隆 迪	Burundi	2014	64.6	68.8	
柬 埔 寨	Cambodia	2012	17.7	20.8	
喀 麦 隆	Cameroon	2014	37.5	56.8	
佛 得 角	Cape Verde	2007	26.6	44.3	13.2
中 非	Central African Rep.	2008	62.0	69.4	49.6
乍 得	Chad	2011	46.7	52.5	
智 利	Chile	2013	14.4	27.9	
哥伦比亚	Colombia	2015	27.8	40.3	
科 摩 罗	Comoros	2004	44.8	48.7	34.5
刚果(金)	Congo, Dem. Rep.	2012	63.6	64.9	
刚果(布)	Congo, Rep.	2011	46.5	74.8	
哥斯达黎加	Costa Rica	2015	21.7	27.9	
科特迪瓦	Cote D'Ivoire	2015	46.3	56.8	
克罗地亚	Croatia	2013	19.4		
捷 克	Czech Rep.	2013	9.7		
多米尼加	Dominican Rep.	2013	41.1	51.2	
厄瓜多尔	Ecuador	2014	22.5	35.3	
埃 及	Egypt	2011	25.2	32.3	
萨尔瓦多	El Salvador	2014	31.8	37.9	
赤道几内亚	Equatorial Guinea	2006	76.8	79.9	
厄立特里亚	Eritrea	1994	53.0		
爱沙尼亚	Estonia	2013	21.8		
埃塞俄比亚	Ethiopia	2011	29.6	30.4	
斐 济	Fiji	2009	35.2	44.0	18.6
加 蓬	Gabon	2005	32.7	44.6	29.8
冈 比 亚	Gambia	2010	48.4	73.9	
格鲁吉亚	Georgia	2012	14.8	18.8	
加 纳	Ghana	2012	24.2	37.9	
危地马拉	Guatemala	2014	59.3	76.1	
几 内 亚	Guinea	2012	55.2	64.7	
几内亚比绍	Guinea-Bissau	2010	69.3	75.6	
圭 亚 那	Guyana	1998	35.0		
海 地	Haiti	2012	58.5	74.9	
洪都拉斯	Honduras	2014	62.8	65.0	
匈 牙 利	Hungary	2013	15.0		
印 度	India	2012	21.9	25.7	
印度尼西亚	Indonesia	2014	11.3	14.2	
伊 拉 克	Iraq	2012	18.9	30.6	
牙 买 加	Jamaica	2012	19.9		
约 旦	Jordan	2010	14.4	16.8	

10-3 续表 continued

单位：% (%)

国家或地区	Country or Area	年 份 Year	全 国 National	农 村 Rural	城 市 Urban
哈萨克斯坦	Kazakhstan	2014	2.8	4.7	
肯 尼 亚	Kenya	2006	46.6	49.7	34.4
吉尔吉斯斯坦	Kyrgyzstan	2014	30.6	32.6	
老 挝	Laos	2012	23.2	28.6	
拉脱维亚	Latvia	2014	22.5		
黎 巴 嫩	Lebanon	2012	27.0		
莱 索 托	Lesotho	2010	57.1	61.2	
利比里亚	Liberia	2007	63.8	67.7	55.1
立 陶 宛	Lithuania	2013	19.1		
前南马其顿	Macedonia, FYR	2014	22.1		
马达加斯加	Madagascar	2010	75.3	81.5	
马 拉 维	Malawi	2010	50.7	56.6	
马来西亚	Malaysia	2014	0.6	1.6	
马 里	Mali	2010	43.6	50.6	
毛里塔尼亚	Mauritania	2008	42.0	59.4	
毛里求斯	Mauritius	1992	10.6		
墨 西 哥	Mexico	2014	53.2	62.4	
摩尔多瓦	Moldova	2014	11.4		
蒙 古	Mongolia	2014	21.6	26.4	
黑 山	Montenegro	2013	8.6	9.7	
摩 洛 哥	Morocco	2007	8.9	14.4	4.8
莫桑比克	Mozambique	2009	54.7	56.9	
缅 甸	Myanmar	2005	32.0		22.0
纳米比亚	Namibia	2009	28.7	37.4	
尼 泊 尔	Nepal	2011	25.2	27.4	
尼加拉瓜	Nicaragua	2014	29.6	50.1	
尼 日 尔	Niger	2011	48.9	55.2	
尼日利亚	Nigeria	2010	46.0	52.8	
巴基斯坦	Pakistan	2013	29.5	35.6	
巴 拿 马	Panama	2015	23.0		
巴布亚新几内亚	Papua New Guinea	2009	39.9	41.6	
巴 拉 圭	Paraguay	2014	22.6	32.0	
秘 鲁	Peru	2014	22.7	46.0	
菲 律 宾	Philippines	2012	25.2		
波 兰	Poland	2013	17.0		
罗马尼亚	Romania	2013	25.4		
俄 罗 斯	Russia	2015	13.4		
卢 旺 达	Rwanda	2011	44.9	48.7	
圣多美和普林西比	Sao Tome and Principe	2009	61.7	59.4	
塞内加尔	Senegal	2011	46.7	57.1	
塞尔维亚	Serbia	2014	25.4		
塞 舌 尔	Seychelles	2013	39.3		
塞拉利昂	Sierra Leone	2011	52.9	66.1	
斯洛伐克	Slovakia	2013	12.6		
斯洛文尼亚	Slovenia	2013	14.5		
所罗门群岛	Solomon Islands	2006	22.7		
南 非	South Africa	2010	53.8	77.0	
斯里兰卡	Sri Lanka	2013	6.7	7.6	
苏 丹	Sudan	2009	46.5	57.6	
斯威士兰	Swaziland	2009	63.0	73.1	
叙 利 亚	Syrian Arab Republic	2007	35.2	36.9	
塔吉克斯坦	Tajikistan	2014	32.0	36.1	
坦桑尼亚	Tanzania	2012	28.2	33.3	
泰 国	Thailand	2014	10.5		
东 帝 汶	Timor-Leste	2007	49.9	51.5	
多 哥	Togo	2015	55.1	68.7	
特立尼达和多巴哥	Trinidad and Tobago	1992	21.0	20.0	24.0
突 尼 斯	Tunisia	2010	15.5		
土 耳 其	Turkey	2014	1.6		
乌 干 达	Uganda	2012	19.5	22.4	
乌 克 兰	Ukraine	2014	8.6		
乌 拉 圭	Uruguay	2014	9.7	3.0	
乌兹别克斯坦	Uzbekistan	2011	16.0		
委内瑞拉	Venezuela	2013	32.1		
越 南	Viet Nam	2014	13.5	18.6	
约旦河西岸和加沙	West Bank and Gaza	2011	25.8	19.4	
也 门	Yemen	2005	34.8	40.1	20.7
赞 比 亚	Zambia	2010	60.5	77.9	
津巴布韦	Zimbabwe	2011	72.3	84.3	

10-4 国际贫困率
International Poverty Ratio

资料来源：世界银行WDI数据库。
Source: World Bank WDI Database.
单位：%　　　　(%)

国家或地区	Country or Area	日均收入不足1.9美元的贫困人口占总人口比重 Poverty Headcount Ratio at $1.9 a Day (PPP) (% of population)		日均收入不足3.1美元的贫困人口占总人口比重 Poverty Headcount Ratio at $3.1 a Day (PPP) (% of population)	
		2005	2014	2005	2014
中 国	China	18.8	1.9①	41.8	11.1①
阿尔巴尼亚	Albania	1.1	1.1②	9.8	6.8②
阿根廷	Argentina	5.4	1.7	11.4	4.3
亚美尼亚	Armenia	4.5	2.3	24.7	14.6
阿塞拜疆	Azerbaijan				
孟加拉国	Bangladesh	24.5		63.0	
白俄罗斯	Belarus	0.4		2.2	
贝 宁③	Benin③		53.1		75.6
不 丹②	Bhutan②		2.2		13.3
玻利维亚	Bolivia	20.4	6.8	32.2	12.7
波 黑③	Bosnia and Herzegovinian③		0.1		0.5
巴 西	Brazil	9.6	3.7	21.2	7.6
保加利亚②	Bulgaria②		2.0		4.7
布基纳法索	Burkina Faso		43.7		74.7
柬埔寨②	Cambodia②		2.2		21.6
喀麦隆	Cameroon		24.0		43.5
乍 得③	Chad③		38.4		64.8
智 利①	Chile①		0.9		2.1
哥伦比亚	Colombia	10.4	5.7	22.9	13.2
刚果(金)	Congo, Dem. Rep.	87.7	77.1②	95.2	90.7②
刚果(布)	Congo, Rep.	50.2	37.0③	71.8	59.6③
哥斯达黎加	Costa Rica	4.4	1.6	9.0	3.9
克罗地亚②	Croatia②		0.9		2.2
捷 克	Czech Rep.		0.1②	0.1	0.3②
吉布提①	Djibouti①		22.5		43.1
多米尼加	Dominican Rep.	5.8	2.3①	15.9	9.1①
厄瓜多尔	Ecuador	13.6	3.8	27.0	10.2
埃 及	Egypt	2.0		18.5	
萨尔瓦多	El Salvador	9.6	3.0	20.9	11.3
爱沙尼亚	Estonia	1.0	1.0②	1.9	1.6②
埃塞俄比亚	Ethiopia	39.0	30.7③	77.6	66.0③
加 蓬	Gabon	8.0		24.4	
格鲁吉亚	Georgia	16.2	9.8	36.5	25.3
加 纳	Ghana	25.2		49.0	
危地马拉	Guatemala		9.3		24.1
几内亚②	Guinea②		35.3		68.7
海 地②	Haiti②		53.9		71.0
洪都拉斯	Honduras	27.8	16.0	42.6	31.2
匈牙利	Hungary	0.2	0.3②	0.4	0.5②
印 度	India	41.6	21.2③	75.6	58.0③
印度尼西亚	Indonesia	21.6	8.3	59.5	36.4
伊 朗	Iran	2.6	0.1①	11.2	0.7①
伊拉克②	Iraq②		3.9		21.2
哈萨克斯坦	Kazakhstan	0.2		2.9	0.3①
肯尼亚	Kenya	33.6		58.9	
吉尔吉斯斯坦	Kyrgyzstan	15.4	1.3	49.8	17.5
老 挝②	Laos②		16.7		46.9
拉脱维亚	Latvia	2.7	1.4②	4.9	2.6②
立陶宛	Lithuania	1.8	1.0②	4.3	2.0②

10-4 续表 continued

单位：% (%)

国家或地区	Country or Area	日均收入不足1.9美元的贫困人口占总人口比重 Poverty Headcount Ratio at $1.9 a Day (PPP) (% of population)		日均收入不足3.1美元的贫困人口占总人口比重 Poverty Headcount Ratio at $3.1 a Day (PPP) (% of population)	
		2005	2014	2005	2014
前南马其顿	Macedonia, FYR	1.4		6.4	
马达加斯加	Madagascar	74.1	77.8②	89.9	90.5②
毛里塔尼亚	Mauritania		5.9		22.1
毛里求斯②	Mauritius②		0.5		3.0
墨 西 哥	Mexico	4.9	3.0	10.6	11.0
密克罗尼西亚	Micronesia, Fed.	11.4	17.4①	28.5	39.4①
摩尔多瓦	Moldova	14.0		38.7	1.0
蒙 古	Mongolia	22.4	0.2	49.1	2.7
黑 山	Montenegro	0.2		1.1	0.5
尼加拉瓜	Nicaragua	15.6	6.2	39.4	17.1
尼 日 尔	Niger	74.9	45.7	90.0	75.5
尼日利亚③	Nigeria③		54.4		78.5
巴基斯坦	Pakistan	16.5	6.1①	57.1	36.9①
巴 拿 马	Panama	10.3	3.8	18.8	8.4
巴 拉 圭	Paraguay	7.0	2.8	16.1	7.0
秘 鲁	Peru	14.2	3.1	27.4	9.0
菲 律 宾②	Philippines②		13.1		37.6
波 兰	Poland	0.1		1.4	0.3
罗马尼亚	Romania	2.2		11.8	4.1①
俄 罗 斯	Russia	0.7		3.2	0.5②
卢 旺 达	Rwanda	68.0	60.4①	84.1	80.6①
塞内加尔	Senegal	38.4	38.0③	66.4	66.3③
塞尔维亚	Serbia	1.1	0.2①	4.0	1.3①
塞 舌 尔①	Seychelles①		1.1		2.5
塞拉利昂③	Sierra Leone③		52.3		80.0
斯洛伐克	Slovakia	0.3	0.2②	0.5	0.4②
斯洛文尼亚	Slovenia	0.1		0.2	0.1②
所罗门群岛	Solomon Islands	45.6		69.3	
南 非③	South Africa③		16.6		34.7
斯里兰卡②	Sri Lanka②		1.9		14.6
塔吉克斯坦	Tajikistan		19.5		56.7
坦桑尼亚②	Tanzania②		43.5		73.0
泰 国①	Thailand①				0.9
多 哥③	Togo③		54.2		74.5
突 尼 斯	Tunisia	3.1		13.3	
土 耳 其	Turkey	2.6	0.3①	9.3	2.6①
乌 干 达	Uganda	53.2	34.6②	76.3	65.0②
乌 克 兰	Ukraine	0.3		2.3	0.1
乌 拉 圭	Uruguay	1.5	0.3	6.1	1.3
委内瑞拉	Venezuela	17.0		24.0	
越 南	Viet Nam		3.1		12.0
约旦河西岸和加沙	West Bank and Gaza	0.2		2.1	
也 门	Yemen	9.8		37.3	
津巴布韦③	Zimbabwe③		21.4		45.5
科索沃	Kosovo	3.0	0.8①	16.2	3.5①

注：①2013年数据。②2012年数据。③2011年数据。
Note:①Data refer to 2013.②Data refer to 2012.③Data refer to 2011.

10-5 贫困人口社会指标(2014)
Social Indicators of Poverty(2014)

资料来源：世界银行WDI数据库。
Source: World Bank WDI Database.

国家或地区	Country or Area	全部人口营养不良发生率(%) Prevalence of Undernourishment (% of population)	5岁以内儿童死亡率(‰) Mortality Rate, Under-5 (‰)	12-23个月儿童麻疹疫苗免疫接种率(%) Immunization, measles (% of children ages 12-23 months)	在熟练医护人员护理下的分娩率(%) Births attended by skilled health staff (% of total)
世　界	**World**	**11.0**	**43.9**	**84.5**	**70.1①**
中　国	China	9.8	11.4	99.0	99.9②
阿富汗	Afghanistan	26.0	93.9	66.0	
阿根廷	Argentina	5.0	12.9	95.0	97.0②
孟加拉国	Bangladesh	16.9	39.5	89.0	42.1
玻利维亚	Bolivia	16.6	39.8	95.0	84.8①
巴　西	Brazil	5.0	16.2	97.0	98.1①
保加利亚	Bulgaria		10.9	93.0	99.7②
柬埔寨	Cambodia	15.0	30.6	94.0	89.0
古　巴	Cuba	5.0	5.6	99.0	99.4
塞浦路斯	Cyprus		2.9	86.0	
埃　及	Egypt	5.0	24.8	93.0	91.5
萨尔瓦多	El Salvador	12.6	17.4	94.0	98.0
加　纳	Ghana	5.0	64.0	92.0	73.7
几内亚	Guinea	16.8	97.0	52.0	39.3①
印　度	India	15.3	49.8	83.0	
印度尼西亚	Indonesia	7.6	28.2	77.0	83.1①
伊　朗	Iran	5.1	16.1	99.0	
伊拉克	Iraq	23.2	32.9	57.0	
哈萨克斯坦	Kazakhstan	5.0	15.1	99.0	
朝　鲜	Korea, Dem.	37.5	27.4	99.0	
吉尔吉斯斯坦	Kyrgyzstan	6.0	22.6	96.0	98.4
老　挝	Laos	18.9	69.1	87.0	41.5①
利比亚	Libya	5.0①	13.9	93.0	
马来西亚	Malaysia	5.0	7.2	94.0	98.8②
墨西哥	Mexico	5.0	13.8	97.0	96.0①
蒙　古	Mongolia	21.5	23.5	98.0	98.9
缅　甸	Myanmar	14.9	51.7	86.0	
尼泊尔	Nepal	7.7	37.4	88.0	55.6
尼日利亚	Nigeria	6.7	112.5	51.0	38.1②
巴基斯坦	Pakistan	22.0	83.3	63.0	52.1②
巴拿马	Panama	10.0	17.6	90.0	91.4②
巴拉圭	Paraguay	11.1	21.2	90.0	
秘　鲁	Peru	8.1	17.5	89.0	90.0
菲律宾	Philippines	13.9	28.8	88.0	72.8②
卢旺达	Rwanda	32.7	44.3	98.0	
塞拉利昂	Sierra Leone	22.7	126.4	78.0	59.7②
南　非	South Africa	5.0	41.4	70.0	
泰　国	Thailand	7.9	12.6	99.0	99.6①
土耳其	Turkey	5.0	14.3	94.0	97.4②
乌克兰	Ukraine		9.5	79.0	99.0①
乌兹别克斯坦	Uzbekistan	5.0	40.4	99.0	
越　南	Viet Nam	11.8	22.3	97.0	93.8

注：①2012年数据。②2013年数据。
Note:①Data refer to 2012.②Data refer to 2013.

10-6 居民消费支出构成
Composition of Household Final Consumption Expenditure

资料来源：经合组织OLIS数据库。
Source:OECD OLIS Database.
单位：%　　(%)

国家或地区	Country or Area	年 份 Year	食品、非酒精饮料 Food and Non-alcoholic Beverages	酒精饮料、烟草和麻醉品 Alcoholic Beverages,Tobacco and Narcotics	服装和鞋类 Clothing and Footwear	住房、水、电、天然气和其他燃料 Housing, Water, Electricity, Gas and other Fuels	家具、家用设备及住房日常维护 Furnishings, Households Equipment and Routine Maintenance of the House
澳大利亚	Australia	2013	9.99	3.54	3.23	23.90	4.13
奥地利	Austria	2014	9.81	3.35	5.87	22.26	6.54
比利时	Belgium	2013	12.87	4.02	4.57	25.43	5.98
加拿大	Canada	2014	9.23	3.38	4.14	24.75	5.40
捷克	Czech Rep.	2014	16.15	8.16	3.31	26.48	5.18
丹麦	Denmark	2013	11.23	3.84	4.33	30.23	4.85
芬兰	Finland	2014	12.74	4.66	4.34	27.63	4.99
法国	France	2012	13.70	3.20	4.18	25.64	5.71
德国	Germany	2012	11.71	3.24	4.90	24.22	6.28
希腊	Greece	2013	17.23	5.04	3.35	22.88	3.49
匈牙利	Hungary	2013	18.28	8.19	2.83	20.60	4.09
冰岛	Iceland	2014	14.39	4.45	3.55	21.80	6.74
爱尔兰	Ireland	2013	10.55	6.00	3.85	24.19	4.05
意大利	Italy	2013	14.37	4.20	5.99	24.68	6.46
日本	Japan	2014	14.11	2.56	3.68	24.75	4.35
韩国	Korea, Rep.	2014	13.20	2.20	6.27	18.57	2.84
卢森堡	Luxemburg	2011	8.53	8.43	4.63	24.04	6.44
墨西哥	Mexico	2013	23.36	2.61	3.10	19.87	5.43
荷兰	Netherlands	2011	11.80	3.09	5.43	23.79	6.02
挪威	Norway	2014	12.26	4.23	4.88	21.44	6.20
波兰	Poland	2013	18.00	7.64	4.45	21.43	4.51
葡萄牙	Portugal	2011	16.91	3.09	6.04	15.37	5.69
斯洛伐克	Slovakia	2013	17.56	5.02	3.85	25.59	5.84
西班牙	Spain	2013	13.00	4.02	4.34	23.88	4.34
瑞典	Sweden	2014	12.47	3.67	4.74	26.15	5.14
瑞士	Switzerland	2011	12.17	3.61	4.83	26.88	5.03
英国	United Kingdom	2014	8.63	3.94	5.71	24.01	4.70
美国	United States	2013	6.66	2.07	3.36	18.83	4.17
智利	Chile	2014	16.57	3.04	5.60	14.11	6.62
爱沙尼亚	Estonia	2013	20.71	8.86	6.21	19.48	4.14
以色列	Israel	2013	16.36	2.85	2.81	24.27	5.66
斯洛文尼亚	Slovenia	2014	15.01	5.59	5.23	18.62	5.28

10-6 续表 continued

单位：% (%)

国家或地区	Country or Area	年 份 Year	医疗保健 Health	交通 Transport	通讯 Communications	休闲与文化 Recreation and Culture	教育 Education	饭店和旅馆 Restaurants and Hotels	其他 Others
澳大利亚	Australia	2013	6.22	10.47	2.33	9.74	4.51	6.58	15.35
奥地利	Austria	2014	3.65	12.49	1.83	10.31	0.78	12.79	10.31
比利时	Belgium	2013	5.87	11.66	2.39	8.55	0.44	5.71	12.51
加拿大	Canada	2014	4.27	15.81	2.56	8.28	1.58	6.96	13.64
捷克	Czech Rep.	2014	2.27	9.50	2.86	9.12	0.49	8.42	8.07
丹麦	Denmark	2013	2.84	11.61	1.87	10.73	0.77	5.72	11.98
芬兰	Finland	2014	4.37	12.02	2.28	10.83	0.38	6.20	9.55
法国	France	2012	3.86	13.95	2.64	8.06	0.83	7.04	11.19
德国	Germany	2012	5.19	13.70	2.65	8.98	0.99	5.91	12.23
希腊	Greece	2013	4.19	11.30	3.59	4.96	2.15	12.88	8.95
匈牙利	Hungary	2013	4.36	12.98	3.80	7.41	1.61	6.97	8.88
冰岛	Iceland	2014	2.93	14.68	2.34	10.64	1.26	9.98	7.25
爱尔兰	Ireland	2013	4.58	12.73	2.70	6.53	3.34	14.27	7.23
意大利	Italy	2013	3.18	11.95	2.36	6.71	1.01	9.54	9.55
日本	Japan	2014	4.57	11.74	3.25	9.06	2.15	6.45	13.35
韩国	Korea, Rep.	2014	5.03	12.34	3.53	8.34	5.77	8.38	13.53
卢森堡	Luxemburg	2011	2.04	19.04	1.70	6.86	0.80	7.00	10.50
墨西哥	Mexico	2013	3.96	19.28	3.39	4.74	1.49	4.04	8.72
荷兰	Netherlands	2011	2.72	12.45	4.10	10.02	0.64	5.15	14.78
挪威	Norway	2014	2.96	15.60	2.47	11.17	0.54	6.35	11.89
波兰	Poland	2013	4.59	11.89	2.58	7.52	1.08	3.05	13.25
葡萄牙	Portugal	2011	5.88	12.65	3.12	7.19	1.34	11.29	11.44
斯洛伐克	Slovakia	2013	4.07	7.42	3.44	9.51	1.61	5.44	10.65
西班牙	Spain	2013	3.83	10.80	2.59	7.13	1.72	15.29	8.59
瑞典	Sweden	2014	3.52	12.59	3.17	10.99	0.28	6.03	11.23
瑞士	Switzerland	2010	14.84	9.03	2.45	8.38	0.56	7.02	12.61
英国	United Kingdom	2014	1.59	13.97	2.05	10.38	1.92	9.64	13.45
美国	United States	2013	21.14	10.09	2.52	9.05	2.39	6.37	13.33
智利	Chile	2014	7.06	13.10	3.73	7.32	4.30	5.26	13.29
爱沙尼亚	Estonia	2013	2.62	12.94	3.10	7.67	0.43	7.35	6.48
以色列	Israel	2013	3.01	15.24	3.52	5.82	2.67	7.05	10.75
斯洛文尼亚	Slovenia	2014	3.98	16.18	3.29	8.61	1.33	6.97	9.91

主要统计指标解释

居民最终消费支出　是指由家庭购买的包括耐用消费品(比如小汽车、洗衣机和家用电脑)在内的各种产品和服务的市场价值。

基尼系数　反映个人或家庭收入分配（或消费）与完全平均收入分配之间差异程度的指标，介于“0”和“1”之间。“0”表示收入分配绝对平均，即每个家庭或每个人都得到同样份额的收入；“1”表示收入分配极端不平等，一个家庭或个人拥有全社会的收入。

国家贫困线　国家贫困线反映了当地消费或收入水平，它是衡量国民是否处于贫困的数量界限。贫困和非贫困线的界定是随着一个国家平均收入水平而变化的，到目前为止国家间贫困率的比较还没有一个统一的标准来衡量。然而国家贫困线的变化可以在一定程度上反映国家减贫政策及成效。几乎所有国家的贫困线的界定是基于大众化食品消费和非食品支出补助。但平均收入贫困线的提高主要取决于非食品构成，而不是来自于食品构成。

国家贫困率　是指生活在国家贫困线以下的人口的百分比。

城市贫困率　是指生活在国家城市贫困线以下的城市人口的百分比。

农村贫困率　是指生活在农村贫困线以下的农村人口的百分比。

Explanatory Notes on Main Statistical Indicators

Household Final Consumption Expenditure is the market value of all goods and services, including durable products (such as cars, washing machines, and home computers), purchased by households.

GINI Index measures the extent to which the distribution of income (or, in some cases, consumption expenditure) among individuals or households within an economy deviates from a perfectly equal distribution. Thus a GINI index of zero represents perfect equality, while an index of 1 implies perfect inequality.

National Poverty Lines The setting of national poverty lines reflects local perceptions of the level of consumption or income needed not to be poor. The perceived boundary between poor and not poor rises with the average income of a country and so does not provide a uniform measure for comparing poverty rates across countries. Nevertheless, national poverty estimates are clearly the appropriate measure for setting national policies for poverty reduction and for monitoring their results. Almost all the national poverty lines use a food bundle based on prevailing diets that attains predetermined nutritional requirements for good health and normal activity levels, plus an allowance for nonfood spending. The rise in poverty lines with average income is driven more by the gradient in the nonfood component of the poverty lines than in the food component, although there is still an appreciable share attributable to the gradient in food poverty lines.

National Poverty Rate is the percentage of the country's population living below the national poverty line.

Urban Poverty Rate is the percentage of the urban population living below the national urban poverty line.

Rural Poverty Rate is the percentage of the rural population living below the national rural poverty line.

农　业

Agriculture

11-1 农业生产指数
Agriculture Production Indices

资料来源：联合国FAO数据库。
Source: FAO Database.

2004-2006年=100 (2004-2006=100)

国家或地区	Country or Area	农业 Agriculture			食品 Food		
		2000	2010	2013	2000	2010	2013
世 界	**World**	**88.8**	**112.9**	**121.9**	**89.0**	**113.4**	**122.4**
中 国	China	84.7	119.9	130.9	85.0	120.5	131.6
中国香港	Hong Kong, China	109.2	55.9	59.7	109.2	55.9	59.7
中国澳门	Macao, China	103.3	95.4	88.0	103.3	95.4	88.0
孟加拉国	Bangladesh	89.6	129.3	136.3	89.5	129.6	135.7
文 莱	Brunei Darussalam	85.1	139.1	166.6	85.1	139.6	167.2
柬 埔 寨	Cambodia	75.0	148.2	177.2	73.8	148.1	177.4
印 度	India	90.3	124.5	139.7	91.3	123.4	138.7
印度尼西亚	Indonesia	78.2	122.9	136.9	78.5	123.9	137.6
伊 朗	Iran	78.0	107.9	113.4	77.4	108.0	113.5
以 色 列	Israel	87.3	104.1	110.0	87.4	104.9	110.6
日 本	Japan	103.6	96.9	97.9	103.6	97.1	98.2
哈萨克斯坦	Kazakhstan	78.4	106.8	127.1	78.8	107.9	126.1
韩 国	Korea, Rep.	103.7	101.9	104.0	103.4	102.0	104.1
老 挝	Laos	83.8	129.8	156.4	81.3	127.7	152.9
马来西亚	Malaysia	78.1	110.7	121.4	78.0	114.8	128.1
蒙 古	Mongolia	143.8	114.6	144.8	143.9	115.4	146.5
缅 甸	Myanmar	68.2	135.3	132.1	67.8	134.9	131.3
巴基斯坦	Pakistan	87.8	110.5	94.8	88.3	113.3	94.4
菲 律 宾	Philippines	84.6	112.5	119.5	84.4	112.7	120.0
新 加 坡	Singapore	70.2	92.3	112.1	70.2	92.3	112.1
斯里兰卡	Sri Lanka	95.5	123.6	135.9	95.4	125.3	141.2
泰 国	Thailand	91.6	112.8	128.8	93.8	114.7	129.2
越 南	Viet Nam	77.9	120.1	135.9	78.1	118.9	133.3
埃 及	Egypt	85.5	109.3	118.4	85.3	110.1	119.6
尼日利亚	Nigeria	80.0	103.9	109.9	80.1	103.8	110.5
南 非	South Africa	96.7	117.7	122.3	96.2	118.3	123.0
加 拿 大	Canada	92.9	102.1	115.0	92.9	102.6	115.4
墨 西 哥	Mexico	87.8	107.8	115.1	87.4	108.0	115.4
美 国	United States	96.0	105.6	108.2	96.5	106.5	109.9
阿 根 廷	Argentina	86.3	115.0	119.9	86.2	114.9	120.2
巴 西	Brazil	77.5	122.1	134.6	77.8	123.2	136.1
委内瑞拉	Venezuela	97.7	109.1	134.3	97.5	109.3	134.7
捷 克	Czech Rep.	102.6	90.7	92.6	102.6	90.9	92.7
法 国	France	103.9	97.4	96.9	103.9	97.4	97.0
德 国	Germany	102.0	102.5	105.3	102.0	102.5	105.4
意 大 利	Italy	100.1	96.7	90.3	100.0	96.8	90.6
荷 兰	Netherlands	106.5	111.5	112.9	106.5	111.5	113.0
波 兰	Poland	102.0	101.1	106.1	102.0	101.1	106.1
俄 罗 斯	Russia	88.7	93.9	117.3	88.7	93.9	117.1
西 班 牙	Spain	99.8	103.2	109.5	99.7	103.6	109.8
土 耳 其	Turkey	94.9	109.9	125.3	94.6	111.3	127.3
乌 克 兰	Ukraine	85.4	106.1	137.8	85.4	106.1	137.9
英 国	United Kingdom	103.4	101.7	99.5	103.4	101.6	99.5
澳大利亚	Australia	105.8	99.8	115.6	103.2	101.6	115.3
新 西 兰	New Zealand	88.0	104.0	108.2	86.7	105.1	109.6

11-2 主要农作物收获面积(2014年)
Harvest Areas of Major Farm Crops(2014)

资料来源：联合国FAO数据库。
Source: FAO Database.
单位：千公顷

(1 000 hectares)

国家或地区	Country or Area	谷物 Cereals,Total	稻谷 Rice, Paddy	小麦 Wheat	玉米 Maize	大豆 Soybeans
世　界	**World**	**720669.4**	**163246.7**	**221615.9**	**183319.7**	**117718.6**
中　国	China	94694.0	30871.1	25002.1	35981.0	6730.7
孟加拉国	Bangladesh	12499.4	11820.0	410.0	229.0	42.0
文　莱	Brunei Darussalam	2.3	2.3			
柬埔寨	Cambodia	3260.0	3100.0		160.0	102.0
印　度	India	98618.0	43400.0	31188.0	8600.0	10908.0
印度尼西亚	Indonesia	17634.3	13797.3		3837.0	615.0
伊　朗	Iran	8689.9	590.0	5920.0	395.0	78.0
以色列	Israel	80.7		61.6	4.8	
日　本	Japan	1908.3	1575.0	212.6	0.1	131.6
哈萨克斯坦	Kazakhstan	14583.5	95.2	11923.0	126.3	116.0
朝　鲜	Korea, Dem.	1282.6	500.0	34.0	560.0	300.0
韩　国	Korea, Rep.	884.1	815.5	7.2	15.8	74.7
老　挝	Laos	1201.2	957.8		243.4	11.0
马来西亚	Malaysia	699.5	689.7		9.7	
蒙　古	Mongolia	315.0		291.2		
缅　甸	Myanmar	7763.3	6790.0	97.6	398.8	151.0
巴基斯坦	Pakistan	13870.0	2891.0	9199.0	1130.0	0.1
菲律宾	Philippines	7351.2	4739.7		2611.4	0.4
斯里兰卡	Sri Lanka	954.8	881.0		67.2	6.2
泰　国	Thailand	12194.0	10834.5	1.2	1131.7	29.9
越　南	Viet Nam	8996.7	7816.5		1178.6	109.4
埃　及	Egypt	3078.2	629.6	1425.1	750.0	9.0
尼日利亚	Nigeria	16207.0	3095.8	85.0	5849.8	719.3
南　非	South Africa	3998.4	1.2	486.0	3300.0	503.0
加拿大	Canada	13980.5		9461.9	1226.6	2235.1
墨西哥	Mexico	10197.9	40.6	706.6	7060.3	205.6
美　国	United States	57995.5	1181.3	18818.0	33644.3	33614.0
阿根廷	Argentina	12185.7	243.2	4957.3	5000.0	19252.6
巴　西	Brazil	21850.7	2340.9	2834.9	15431.7	30273.8
委内瑞拉	Venezuela	874.2	226.6	0.1	586.3	4.4
白俄罗斯	Belarus	2428.1		741.9	111.9	
捷　克	Czech Rep.	1412.3		835.9	98.7	7.2
法　国	France	9633.1	16.7	5296.7	1848.1	75.8
德　国	Germany	6460.7		3219.7	481.3	9.0
意大利	Italy	3392.5	219.5	1874.2	869.9	232.9
荷　兰	Netherlands	187.4		142.2	12.6	
波　兰	Poland	7485.0		2338.8	678.3	
俄罗斯	Russia	42221.3	195.6	23907.8	2599.5	1915.9
西班牙	Spain	6258.8	110.0	2171.2	417.5	0.8
土耳其	Turkey	11553.1	110.9	7820.8	655.7	34.3
乌克兰	Ukraine	14401.2	10.2	6010.6	4626.9	1792.9
英　国	United Kingdom	3179.5		1936.0		
澳大利亚	Australia	17973.1	75.0	12613.0	52.0	37.0
新西兰	New Zealand	137.1		47.9	21.6	

11-2 续表 1 continued

单位：千公顷 (1 000 hectares)

国家或地区	Country or Area	根茎类作物 Roots and Tubers,Total	花生 Groundnuts, with Shell	油菜籽 Rapeseed	籽棉 Seed Cotton	黄麻及黄麻类纤维① Jute and Jute-like Fibres
世　界	**World**	**60708.5**	**25680.3**	**35785.2**	**33534.9**	**1706.6**
中　国	China	9398.8	4521.6	6550.0	4220.0	17.1
孟加拉国	Bangladesh	519.9	31.0	265.0	17.0	683.4
文　莱	Brunei Darussalam	0.2				
柬埔寨	Cambodia	370.1	18.0		0.2	0.6
印　度	India	2358.2	5200.0	7200.0	11800.0	900.0
印度尼西亚	Indonesia	1236.1	499.1		12.0	2.2
伊　朗	Iran	160.4	1.5	160.0	100.0	
以色列	Israel	20.0	2.1		6.9	
日　本	Japan	138.7	6.8	1.5		
哈萨克斯坦	Kazakhstan	182.6	0.1	243.0	140.0	
朝　鲜	Korea, Dem.	190.6			20.0	
韩　国	Korea, Rep.	42.0	4.6	1.0		
老　挝	Laos	68.1	25.3		3.0	
马来西亚	Malaysia	7.1	0.1			
蒙　古	Mongolia	13.2		3.7		
缅　甸	Myanmar	85.2	484.0	105.0	234.4	17.7
巴基斯坦	Pakistan	163.4	92.0	252.5	2800.0	1.1
菲律宾	Philippines	331.9	25.2			
斯里兰卡	Sri Lanka	34.70	14.30			
泰　国	Thailand	1364.5	23.7		8.0	2.7
越　南	Viet Nam	706.1	208.1		2.8	0.4
埃　及	Egypt	191.2	64.0		200.0	1.0
尼日利亚	Nigeria	14670.2	2770.1		439.3	1.0
南　非	South Africa	84.4	52.0	95.0	7.0	1.2
加拿大	Canada	138.9		8074.6		
墨西哥	Mexico	65.4	59.0	2.0	183.6	
美　国	United States	480.2	536.2	630.4	3782.6	
阿根廷	Argentina	108.3	409.3	54.6	512.8	
巴　西	Brazil	1765.1	143.0	47.0	1149.3	7.0
委内瑞拉	Venezuela	69.8	1.5		9.0	
白俄罗斯	Belarus	307.9		400.5		
捷　克	Czech Rep.	24.0		389.3		
法　国	France	168.0		1503.0		
德　国	Germany	244.8		1394.2		
意大利	Italy	52.7		16.6		
荷　兰	Netherlands	155.5		3.1		
波　兰	Poland	276.9		951.1		
俄罗斯	Russia	2101.5		1061.6		13.2
西班牙	Spain	76.9		43.0	74.3	
土耳其	Turkey	130.2	33.3	32.1	468.1	
乌克兰	Ukraine	1342.8		865.3		
英　国	United Kingdom	140.0		675.0		
澳大利亚	Australia	31.3	12.0	2721.0	450.0	
新西兰	New Zealand	10.5		2.3		

11-2 续表 2 continued

单位：千公顷 (1 000 hectares)

国家或地区	Country or Area	甘蔗 Sugar cane	甜菜 Sugar Beets	茶叶① Tea	水果① (不包括瓜类) Fruit excl Melons
世　界	**World**	**27181.6**	**4477.0**	**3521.2**	**59622.0**
中　国	China	1746.2	171.9	1750.0	13723.7
孟加拉国	Bangladesh	102.7		58.3	422.2
文　莱	Brunei Darussalam				1.5
柬埔寨	Cambodia	28.9			62.1
印　度	India	5012.0		564.0	6939.2
印度尼西亚	Indonesia	472.7		122.4	711.5
伊　朗	Iran	95.5	77.7	24.5	1007.9
以色列	Israel				62.2
日　本	Japan	22.9	57.4	45.4	188.5
哈萨克斯坦	Kazakhstan		1.0		69.9
朝　鲜	Korea, Dem.				214.2
韩　国	Korea, Rep.			2.5	168.8
老　挝	Laos	34.1		2.7	47.6
马来西亚	Malaysia	0.2		2.7	91.5
蒙　古	Mongolia				2.7
缅　甸	Myanmar	176.4		79.9	435.8
巴基斯坦	Pakistan	1173.0	2.7		760.4
菲律宾	Philippines	432.0			1231.6
斯里兰卡	Sri Lanka	20.9		222.0	115.0
泰　国	Thailand	1353.0		21.5	1203.1
越　南	Viet Nam	305.0		121.6	562.9
埃　及	Egypt	140.9	211.8		515.9
尼日利亚	Nigeria	75.0			1839.0
南　非	South Africa	312.6		0.7	298.2
加拿大	Canada		8.1		81.2
墨西哥	Mexico	761.8	0.1		1282.8
美　国	United States	352.2	464.3		1132.6
阿根廷	Argentina	386.6		38.0	513.7
巴　西	Brazil	10437.6		0.4	2294.9
委内瑞拉	Venezuela	98.7	1.0		216.3
白俄罗斯	Belarus		103.8		87.6
捷　克	Czech Rep.		63.0		38.5
法　国	France		407.1		876.4
德　国	Germany		372.5		180.9
意大利	Italy		52.0		1148.8
荷　兰	Netherlands		75.1		21.1
波　兰	Poland		197.6		426.8
俄罗斯	Russia		905.4	0.5	445.4
西班牙	Spain		38.4		1568.3
土耳其	Turkey		290.0	76.4	1150.2
乌克兰	Ukraine		330.2		274.5
英　国	United Kingdom		116.0		29.4
澳大利亚	Australia	375.0			275.3
新西兰	New Zealand				72.2

注：①2013年数据。

Note: Data refer to2013.

11-3 主要农产品产量
Production of Major Farm Crops

资料来源：联合国FAO数据库。
Source:FAO Database.

单位：万吨 (10 000 tons)

国家或地区	Country or Area	谷物 Cereals,Total 2000	谷物 Cereals,Total 2014	国家或地区	Country or Area	稻谷 Rice, Paddy 2000	稻谷 Rice, Paddy 2014
世　界	**World**	**206017.0**	**281733.0**	**世　界**	**World**	**59889.9**	**74095.6**
中　国	China	**40522.4**	**55740.7**	中　国	China	18981.4	20824.0
美　国	United States	34262.8	44293.3	印　度	India	12746.5	15720.0
印　度	India	23493.1	29399.3	印度尼西亚	Indonesia	5189.8	7084.7
俄罗斯	Russia	6432.6	10315.4	孟加拉国	Bangladesh	3762.8	5223.1
巴　西	Brazil	4589.3	10139.8	越　南	Viet Nam	3253.0	4497.4
印度尼西亚	Indonesia	6157.5	8985.5	泰　国	Thailand	2584.4	3262.0
乌克兰	Ukraine	2380.7	6337.7	缅　甸	Myanmar	2132.4	2642.3
法　国	France	6569.8	5615.1	菲律宾	Philippines	1238.9	1896.8
阿根廷	Argentina	3875.5	5550.6	巴　西	Brazil	1109.0	1217.6
孟加拉国	Bangladesh	3950.3	5507.0	日　本	Japan	1186.3	1054.9
德　国	Germany	4527.1	5201.0	美　国	United States	865.8	1002.6
加拿大	Canada	5109.0	5130.1	柬埔寨	Cambodia	402.6	932.4
越　南	Viet Nam	3453.7	5017.9	巴基斯坦	Pakistan	720.4	700.5
澳大利亚	Australia	3444.7	3841.3	尼日利亚	Nigeria	329.8	673.4
巴基斯坦	Pakistan	3046.1	3810.6	埃　及	Egypt	600.1	600.0
泰　国	Thailand	3052.9	3783.7	韩　国	Korea, Rep.	719.7	563.8
墨西哥	Mexico	2799.5	3652.7	尼泊尔	Nepal	421.7	504.7
土耳其	Turkey	3224.9	3270.8	老　挝	Laos	220.2	400.2
波　兰	Poland	2234.1	3194.5	马达加斯加	Madagascar	248.1	397.8
缅　甸	Myanmar	2212.6	2877.6	斯里兰卡	Sri Lanka	286.0	338.1
菲律宾	Philippines	1690.1	2673.9	秘　鲁	Peru	189.2	287.5
尼日利亚	Nigeria	2137.0	2583.0	马来西亚	Malaysia	214.1	264.5
英　国	United Kingdom	2398.9	2450.5	朝　鲜	Korea, Dem.	169.0	262.6
埃塞俄比亚	Ethiopia	802.0	2360.8	坦桑尼亚	Tanzania	78.2	262.1
罗马尼亚	Romania	1049.9	2207.6	伊　朗	Iran	197.2	260.0
埃　及	Egypt	2010.6	2204.7	马　里	Mali	74.3	216.7
西班牙	Spain	2455.6	2036.1	科特迪瓦	Cote D'Ivoire	62.2	205.4
意大利	Italy	2066.1	1936.8	几内亚	Guinea	114.1	197.1
南　非	South Africa	1452.7	1727.5	哥伦比亚	Colombia	223.7	182.8
哈萨克斯坦	Kazakhstan	1154.0	1710.0	中国台湾	Taiwan, China	190.6	173.2
伊　朗	Iran	1287.4	1706.2	阿根廷	Argentina	90.4	158.2
匈牙利	Hungary	1003.6	1661.3	厄瓜多尔	Ecuador	124.7	144.8
日　本	Japan	1279.6	1160.3	意大利	Italy	123.0	138.6
塞尔维亚	Serbia		1087.4	乌拉圭	Uruguay	120.9	134.8
坦桑尼亚	Tanzania	362.7	1068.6	委内瑞拉	Venezuela	67.7	115.8
柬埔寨	Cambodia	418.3	987.4	塞拉利昂	Sierra Leone	19.9	115.5
丹　麦	Denmark	941.3	958.3	俄罗斯	Russia	58.6	104.9
尼泊尔	Nepal	711.6	956.3	圭亚那	Guyana	44.9	97.7
保加利亚	Bulgaria	438.7	953.0	西班牙	Spain	82.7	86.4
白俄罗斯	Belarus	456.5	903.4	土耳其	Turkey	35.0	83.0
捷　克	Czech Rep.	646.8	878.4	澳大利亚	Australia	110.1	81.9
苏　丹	Sudan	325.9	806.4	巴拉圭	Paraguay	10.1	80.4
乌兹别克斯坦	Uzbekistan	391.4	784.2	多米尼加	Dominican Rep.	58.1	71.8
马　里	Mali	231.0	698.1	加　纳	Ghana	24.9	60.4
摩洛哥	Morocco	199.6	693.6	古　巴	Cuba	55.3	57.6
阿富汗	Afghanistan	194.0	675.8	塞内加尔	Senegal	20.2	55.9
伊拉克	Iraq	90.5	608.0	阿富汗	Afghanistan	26.0	53.7
奥地利	Austria	472.3	598.2	伊拉克	Iraq	6.0	43.6
韩　国	Korea, Rep.	750.1	585.2	尼加拉瓜	Nicaragua	29.0	38.5
瑞　典	Sweden	560.4	577.8	哈萨克斯坦	Kazakhstan	21.4	37.7

11-3 续表 1 continued

单位：万吨 (10 000 tons)

国家或地区	Country or Area	小麦 Wheat 2000	小麦 Wheat 2014	国家或地区	Country or Area	玉米 Maize 2000	玉米 Maize 2014
世　界	**World**	**58569.1**	**72896.7**	**世　界**	**World**	**59247.9**	**103828.1**
中　国	China	9963.6	12621.3	美　国	United States	25185.2	36109.1
印　度	India	7636.9	9448.3	中　国	China	10617.8	21581.2
俄罗斯	Russia	3445.6	5971.1	巴　西	Brazil	3187.9	7987.8
美　国	United States	6063.9	5539.5	阿根廷	Argentina	1678.1	3300.0
法　国	France	3735.3	3896.7	乌克兰	Ukraine	384.8	2849.7
加拿大	Canada	2653.6	2928.1	印　度	India	1204.3	2367.0
德　国	Germany	2162.2	2778.5	墨西哥	Mexico	1755.7	2327.3
巴基斯坦	Pakistan	2107.9	2597.9	印度尼西亚	Indonesia	967.7	1900.8
澳大利亚	Australia	2210.8	2530.3	法　国	France	1601.8	1854.2
乌克兰	Ukraine	1019.7	2411.4	南　非	South Africa	1143.1	1498.2
土耳其	Turkey	2100.9	1900.0	罗马尼亚	Romania	489.8	1198.9
英　国	United Kingdom	1670.4	1662.1	加拿大	Canada	695.4	1148.7
阿根廷	Argentina	1614.7	1393.0	俄罗斯	Russia	153.0	1133.2
哈萨克斯坦	Kazakhstan	907.4	1299.7	尼日利亚	Nigeria	410.7	1079.1
波　兰	Poland	850.3	1162.9	匈牙利	Hungary	498.4	931.5
埃　及	Egypt	656.4	928.0	意大利	Italy	1013.8	924.0
伊　朗	Iran	808.8	865.2	塞尔维亚	Serbia		795.2
罗马尼亚	Romania	445.6	758.5	菲律宾	Philippines	451.1	777.1
意大利	Italy	746.4	714.2	埃塞俄比亚	Ethiopia	268.3	723.5
乌兹别克斯坦	Uzbekistan	353.2	695.6	坦桑尼亚	Tanzania	196.5	673.7
西班牙	Spain	729.4	647.1	土耳其	Turkey	230.0	595.0
巴　西	Brazil	166.2	626.2	埃　及	Egypt	647.5	580.0
捷　克	Czech Rep.	408.4	544.2	越　南	Viet Nam	200.6	520.3
阿富汗	Afghanistan	146.9	537.0	德　国	Germany	332.4	514.2
保加利亚	Bulgaria	278.1	534.7	泰　国	Thailand	447.3	480.5
匈牙利	Hungary	369.3	526.2	巴基斯坦	Pakistan	164.3	469.5
摩洛哥	Morocco	138.1	511.6	西班牙	Spain	399.2	469.2
丹　麦	Denmark	469.3	494.0	波　兰	Poland	92.3	446.8
埃塞俄比亚	Ethiopia	123.5	423.2	马拉维	Malawi	250.1	392.9
伊拉克	Iraq	38.4	380.0	肯尼亚	Kenya	216.0	351.3
墨西哥	Mexico	349.3	367.0	赞比亚	Zambia	104.0	335.1
立陶宛	Lithuania	123.8	323.1	巴拉圭	Paraguay	64.7	320.0
瑞　典	Sweden	237.2	308.6	保加利亚	Bulgaria	80.4	313.8
白俄罗斯	Belarus	96.6	292.4	乌干达	Uganda	109.6	276.3
阿尔及利亚	Algeria	76.0	243.6	伊　朗	Iran	112.0	260.0
塞尔维亚	Serbia		238.7	朝　鲜	Korea, Dem.	104.1	259.4
斯洛伐克	Slovakia	125.4	207.2	奥地利	Austria	185.2	233.4
叙利亚	Syrian Arab Republic	310.6	202.4	尼泊尔	Nepal	141.5	228.3
比利时	Belgium	168.8	199.5	委内瑞拉	Venezuela	169.0	227.1
尼泊尔	Nepal	118.4	188.3	希　腊	Greece	209.4	217.0
奥地利	Austria	131.3	180.4	克罗地亚	Croatia	152.6	204.7
南　非	South Africa	242.8	175.9	哥伦比亚	Colombia	120.5	188.2
希　腊	Greece	232.6	165.1	危地马拉	Guatemala	105.4	184.7
突尼斯	Tunisia	84.2	151.3	斯洛伐克	Slovakia	44.0	181.4
拉脱维亚	Latvia	42.7	146.8	加　纳	Ghana	101.3	176.2
阿塞拜疆	Azerbaijan	115.0	140.7	马　里	Mali	21.5	174.4
智　利	Chile	149.3	135.8	缅　甸	Myanmar	35.9	169.3
荷　兰	Netherlands	114.3	130.4	安哥拉	Angola	39.5	168.7
孟加拉国	Bangladesh	184.0	130.2	喀麦隆	Cameroon	74.1	160.0
土库曼斯坦	Turkmenistan	169.0	120.0	摩尔多瓦	Moldova	103.1	155.6

11-3 续表 2 continued

单位：万吨 (10 000 tons)

国家或地区	Country or Area	大 豆 Soybeans 2000	大 豆 Soybeans 2014
世 界	**World**	**16129.9**	**30843.6**
美 国	United States	7505.4	10801.4
巴 西	Brazil	3273.5	8676.1
阿 根 廷	Argentina	2013.6	5339.8
中 国	China	1541.2	1220.1
印 度	India	527.6	1052.8
巴 拉 圭	Paraguay	298.0	997.5
加 拿 大	Canada	270.3	604.9
乌 克 兰	Ukraine	6.4	388.2
玻利维亚	Bolivia	119.7	327.5
乌 拉 圭	Uruguay	0.7	316.3
俄 罗 斯	Russia	34.2	259.7
印度尼西亚	Indonesia	101.8	95.4
南 非	South Africa	15.4	94.8
意 大 利	Italy	90.4	93.3
尼日利亚	Nigeria	42.9	67.9
塞尔维亚	Serbia		54.6
墨 西 哥	Mexico	10.2	38.7
朝 鲜	Korea, Dem.	35.0	35.0
日 本	Japan	23.5	23.2
哈萨克斯坦	Kazakhstan	0.4	22.8
法 国	France	20.1	22.7
赞 比 亚	Zambia	2.8	21.4
罗马尼亚	Romania	7.0	20.3
伊 朗	Iran	14.2	19.0
泰 国	Thailand	31.2	18.7
柬 埔 寨	Cambodia	2.8	16.2
缅 甸	Myanmar	9.7	15.7
越 南	Viet Nam	14.9	15.7
土 耳 其	Turkey	4.5	15.0
韩 国	Korea, Rep.	11.3	13.9
克罗地亚	Croatia	6.5	13.1
奥 地 利	Austria	3.3	11.8
匈 牙 利	Hungary	3.1	11.6
马 拉 维	Malawi		11.0
摩尔多瓦	Moldova	1.2	10.9
贝 宁	Benin	0.4	10.0
哥伦比亚	Colombia	3.9	9.9
津巴布韦	Zimbabwe	14.4	9.0
斯洛伐克	Slovakia	0.5	8.4
澳大利亚	Australia	10.5	8.0
埃塞俄比亚	Ethiopia	0.5	7.2
孟加拉国	Bangladesh		7.0
危地马拉	Guatemala	3.0	3.8
厄瓜多尔	Ecuador	9.4	3.3
卢 旺 达	Rwanda	1.4	3.0
尼 泊 尔	Nepal	1.7	2.8
埃 及	Egypt	1.1	2.5
乌 干 达	Uganda	12.8	2.3
刚果(金)	Congo, Dem. Rep.	1.1	2.2
德 国	Germany	0.1	1.8

国家或地区	Country or Area	根茎类作物 Roots and Tubers 2000	根茎类作物 Roots and Tubers 2014
世 界	**World**	**69968.7**	**83866.2**
中 国	China	18957.4	17330.7
尼日利亚	Nigeria	6516.4	10783.5
印 度	India	3212.5	5562.2
俄 罗 斯	Russia	3398.0	3150.1
泰 国	Thailand	1937.0	3021.8
巴 西	Brazil	2663.2	2770.5
印度尼西亚	Indonesia	1926.9	2713.5
加 纳	Ghana	1318.7	2507.9
乌 克 兰	Ukraine	1983.8	2369.3
美 国	United States	2392.2	2140.0
刚果(金)	Congo, Dem. Rep.	1687.4	1716.5
越 南	Viet Nam	391.4	1193.3
德 国	Germany	1369.4	1160.7
安 哥 拉	Angola	468.4	1023.9
科特迪瓦	Cote D'Ivoire	667.9	1020.1
孟加拉国	Bangladesh	331.1	968.9
马 拉 维	Malawi	483.2	958.0
坦桑尼亚	Tanzania	616.0	934.4
柬 埔 寨	Cambodia	20.2	889.1
法 国	France	643.4	805.5
喀 麦 隆	Cameroon	354.6	771.8
波 兰	Poland	2423.2	768.9
贝 宁	Benin	416.1	735.5
荷 兰	Netherlands	822.7	710.0
莫桑比克	Mozambique	587.8	664.2
卢 旺 达	Rwanda	290.8	661.6
白俄罗斯	Belarus	871.8	628.0
秘 鲁	Peru	470.3	619.0
埃 及	Egypt	206.6	523.6
埃塞俄比亚	Ethiopia	471.3	507.2
哥伦比亚	Colombia	351.5	505.0
乌 干 达	Uganda	784.2	486.3
伊 朗	Iran	365.8	474.2
马达加斯加	Madagascar	345.3	469.2
阿尔及利亚	Algeria	120.8	467.4
加 拿 大	Canada	456.7	458.9
比 利 时	Belgium	292.2	438.1
塞拉利昂	Sierra Leone	34.5	430.6
英 国	United Kingdom	663.6	421.3
土 耳 其	Turkey	537.0	416.7
日 本	Japan	447.9	366.9
巴基斯坦	Pakistan	230.1	352.1
罗马尼亚	Romania	347.0	351.9
哈萨克斯坦	Kazakhstan	169.3	341.1
菲 律 宾	Philippines	252.1	330.8
肯 尼 亚	Kenya	164.3	326.8
布 隆 迪	Burundi	145.8	321.2
巴 拉 圭	Paraguay	278.9	311.6
尼 泊 尔	Nepal	130.9	281.8
西 班 牙	Spain	309.9	248.9

11-3 续表 3 continued

单位：万吨 (10 000 tons)

国家或地区	Country or Area	花生 Groundnuts, with Shell 2000	花生 Groundnuts, with Shell 2014	国家或地区	Country or Area	油菜籽 Rapeseed 2000	油菜籽 Rapeseed 2014
世界	**World**	**3474.2**	**4244.4**	**世界**	**World**	**3952.6**	**7095.4**
中国	China	1451.6	1578.3	加拿大	Canada	720.5	1555.5
印度	India	648.0	655.7	中国	China	1138.1	1160.0
尼日利亚	Nigeria	290.1	341.3	印度	India	578.8	787.7
美国	United States	148.1	236.3	德国	Germany	358.6	624.7
苏丹	Sudan	94.7	188.0	法国	France	347.7	552.3
阿根廷	Argentina	42.0	116.6	澳大利亚	Australia	177.5	383.2
印度尼西亚	Indonesia	129.2	110.0	波兰	Poland	95.8	327.6
缅甸	Myanmar	63.4	86.6	英国	United Kingdom	115.7	246.0
塞内加尔	Senegal	106.2	66.9	乌克兰	Ukraine	13.2	219.8
坦桑尼亚	Tanzania	5.2	65.7	捷克	Czech Rep.	84.4	153.7
喀麦隆	Cameroon	19.7	61.4	俄罗斯	Russia	14.8	146.4
马里	Mali	19.3	53.8	美国	United States	90.9	114.0
越南	Viet Nam	35.5	45.3	罗马尼亚	Romania	7.6	105.9
加纳	Ghana	20.9	42.6	白俄罗斯	Belarus	7.3	73.0
乍得	Chad	35.9	41.4	丹麦	Denmark	29.4	70.9
尼日尔	Niger	11.3	40.3	匈牙利	Hungary	17.9	70.0
巴西	Brazil	18.5	40.3	保加利亚	Bulgaria	2.0	52.8
刚果(金)	Congo, Dem. Rep.	38.2	36.9	立陶宛	Lithuania	8.1	50.2
马拉维	Malawi	12.2	35.2	斯洛伐克	Slovakia	13.4	44.9
布基纳法索	Burkina Faso	16.9	33.5	伊朗	Iran		34.0
几内亚	Guinea	20.0	29.7	瑞典	Sweden	12.2	32.3
乌干达	Uganda	13.9	29.6	孟加拉国	Bangladesh	24.9	27.2
安哥拉	Angola	1.3	25.3	哈萨克斯坦	Kazakhstan	0.3	27.1
尼加拉瓜	Nicaragua	9.7	22.1	巴基斯坦	Pakistan	29.7	23.7
埃及	Egypt	18.7	20.5	奥地利	Austria	12.5	19.8
中非	Central African Rep.	10.5	15.7	拉脱维亚	Latvia	1.0	18.6
贝宁	Benin	12.1	14.5	爱沙尼亚	Estonia	3.9	16.6
赞比亚	Zambia	5.2	14.4	智利	Chile	4.8	13.6
莫桑比克	Mozambique	12.4	14.0	南非	South Africa		12.1
土耳其	Turkey	7.8	12.4	巴拉圭	Paraguay	0.9	11.2
科特迪瓦	Cote D'Ivoire	7.2	11.8	土耳其	Turkey	…	11.0
埃塞俄比亚	Ethiopia	1.2	10.4	西班牙	Spain	5.0	10.6
墨西哥	Mexico	14.2	9.6	阿根廷	Argentina	0.6	10.5
塞拉利昂	Sierra Leone	1.5	8.6	瑞士	Switzerland	3.9	9.4
津巴布韦	Zimbabwe	19.1	8.4	缅甸	Myanmar		9.1
冈比亚	Gambia	13.8	8.1	巴西	Brazil	4.1	7.2
巴基斯坦	Pakistan	9.1	7.8	克罗地亚	Croatia	2.9	7.1
南非	South Africa	13.6	7.5	摩尔多瓦	Moldova	0.1	6.8
中国台湾	Taiwan, China	7.9	6.9	芬兰	Finland	7.1	6.2
老挝	Laos	1.3	5.9	比利时	Belgium	1.4	5.9
肯尼亚	Kenya	3.0	5.6	埃塞俄比亚	Ethiopia	1.4	5.4
孟加拉国	Bangladesh	3.2	5.0	阿尔及利亚	Algeria	2.9	4.6
几内亚比绍	Guinea-Bissau	2.0	4.5	意大利	Italy	4.1	4.2
多哥	Togo	2.6	4.1	爱尔兰	Ireland	0.9	3.4
泰国	Thailand	13.2	3.9	乌拉圭	Uruguay		3.2
摩洛哥	Morocco	3.9	3.8	塞尔维亚	Serbia		3.1
海地	Haiti	2.1	3.7	卢旺达	Rwanda		3.0
刚果(布)	Congo, Rep.	2.3	3.3	斯洛文尼亚	Slovenia	…	2.0
马达加斯加	Madagascar	3.5	3.2	卢森堡	Luxemburg	0.8	1.6
菲律宾	Philippines	2.7	2.9	蒙古	Mongolia		1.1

11-3 续表 4 continued

单位：万吨 (10 000 tons)

国家或地区	Country or Area	芝麻 Sesame Seed 2000	2014	国家或地区	Country or Area	籽棉 Seed Cotton 2000	2014
世 界	**World**	**277.5**	**546.9**	**世 界**	**World**	**5308.2**	**7687.2**
印 度	India	51.8	81.1	印 度	India	512.8	1900.0
苏 丹	Sudan	28.2	72.1	中 国	China	1325.1	1843.0
中 国	China	81.2	61.2	美 国	United States	958.1	929.9
缅 甸	Myanmar	29.6	51.9	巴基斯坦	Pakistan	547.6	635.0
坦桑尼亚	Tanzania	3.9	46.0	巴 西	Brazil	201.0	428.9
尼日利亚	Nigeria	7.2	43.5	乌兹别克斯坦	Uzbekistan	300.2	340.0
布基纳法索	Burkina Faso	0.7	32.2	澳大利亚	Australia	178.7	270.0
埃塞俄比亚	Ethiopia	1.6	28.9	土 耳 其	Turkey	226.1	235.0
乌 干 达	Uganda	9.7	12.4	阿 根 廷	Argentina	41.8	102.0
索 马 里	Somalia	2.3	9.1	希 腊	Greece	129.7	92.0
墨 西 哥	Mexico	4.1	6.5	布基纳法索	Burkina Faso	21.3	89.5
中 非	Central African Rep.	3.7	6.3	墨 西 哥	Mexico	22.4	86.2
尼 日 尔	Niger	1.4	5.5	土库曼斯坦	Turkmenistan	103.0	57.0
莫桑比克	Mozambique	0.5	5.4	埃 及	Egypt	55.4	52.5
喀 麦 隆	Cameroon	0.6	4.8	马 里	Mali	24.3	50.0
埃 及	Egypt	3.7	4.4	缅 甸	Myanmar	17.6	49.4
孟加拉国	Bangladesh	2.2	4.2	科特迪瓦	Cote D'Ivoire	40.2	41.0
巴 拉 圭	Paraguay	0.8	4.1	哈萨克斯坦	Kazakhstan	28.7	40.0
乍 得	Chad	3.3	3.9	贝 宁	Benin	34.0	38.2
危地马拉	Guatemala	1.9	3.7	塔吉克斯坦	Tajikistan	33.5	37.3
马 里	Mali	0.4	3.5	坦桑尼亚	Tanzania	12.3	36.0
越 南	Viet Nam	1.7	3.5	津巴布韦	Zimbabwe	32.7	30.0
巴基斯坦	Pakistan	5.1	3.2	尼日利亚	Nigeria	39.9	30.0
阿 富 汗	Afghanistan	2.3	3.2	喀 麦 隆	Cameroon	20.4	25.0
柬 埔 寨	Cambodia	1.0	2.9	伊 朗	Iran	49.7	22.5
泰 国	Thailand	3.9	2.9	西 班 牙	Spain	29.5	22.0
伊 朗	Iran	2.7	2.8	马 拉 维	Malawi	3.7	20.0
委内瑞拉	Venezuela	3.3	2.6	苏 丹	Sudan	14.7	17.6
也 门	Yemen	1.8	2.5	叙 利 亚	Syrian Arab Republic	108.2	16.2
土 耳 其	Turkey	2.4	1.8	赞 比 亚	Zambia	6.2	12.0
老 挝	Laos	0.5	1.5	玻利维亚	Bolivia	4.5	11.7
斯里兰卡	Sri Lanka	0.5	1.4	埃塞俄比亚	Ethiopia	4.6	11.2
韩 国	Korea, Rep.	3.2	1.2	乍 得	Chad	18.0	10.8
肯 尼 亚	Kenya	1.0	1.2	多 哥	Togo	11.7	10.6
塞内加尔	Senegal	0.1	1.0	莫桑比克	Mozambique	3.5	9.7
伊 拉 克	Iraq	1.4	1.0	秘 鲁	Peru	15.4	9.3
巴 西	Brazil	1.5	0.7	哥伦比亚	Colombia	11.1	7.5
尼加拉瓜	Nicaragua	0.4	0.7	吉尔吉斯斯坦	Kyrgyzstan	8.8	6.9
沙特阿拉伯	Saudi Arabia	0.3	0.5	乌 干 达	Uganda	7.6	6.4
乌兹别克斯坦	Uzbekistan	0.4	0.4	孟加拉国	Bangladesh	4.1	5.6
刚果(金)	Congo, Dem. Rep.	0.5	0.4	阿 富 汗	Afghanistan	5.7	4.3
萨尔瓦多	El Salvador	0.6	0.4	几 内 亚	Guinea	6.6	4.2
意 大 利	Italy		0.4	阿塞拜疆	Azerbaijan	9.2	4.1
海 地	Haiti	0.4	0.4	朝 鲜	Korea, Dem.	3.5	4.0
哥伦比亚	Colombia	0.4	0.3	伊 拉 克	Iraq	3.3	3.8
塞拉利昂	Sierra Leone	0.2	0.3	以 色 列	Israel	4.4	3.4
科特迪瓦	Cote D'Ivoire	0.4	0.3	刚果(金)	Congo, Dem. Rep.	2.9	2.8
安 哥 拉	Angola	0.2	0.3	塞内加尔	Senegal	2.0	2.7
中国台湾	Taiwan, China	0.1	0.2	南 非	South Africa	7.0	2.4
多 哥	Togo	0.1	0.2	中 非	Central African Rep.	2.6	2.2

11-3 续表 5 continued

单位：万吨 (10 000 tons)

国家或地区	Country or Area	甘蔗 Sugar Cane 2000	甘蔗 Sugar Cane 2014	国家或地区	Country or Area	甜菜 Sugar Beets 2000	甜菜 Sugar Beets 2014
世　界	**World**	**125588.8**	**189999.2**	**世　界**	**World**	**25010.2**	**26683.0**
巴　西	Brazil	32770.5	73715.6	法　国	France	3112.1	3763.1
印　度	India	29932.4	35214.2	俄罗斯	Russia	1405.4	3351.3
中　国	China	6929.9	12615.4	德　国	Germany	2787.0	2974.8
泰　国	Thailand	5405.2	10369.7	美　国	United States	3254.1	2847.3
巴基斯坦	Pakistan	4633.3	6746.0	土耳其	Turkey	1882.1	1657.3
墨西哥	Mexico	4410.0	5667.3	乌克兰	Ukraine	1319.9	1573.4
哥伦比亚	Colombia	3395.9	3815.7	波　兰	Poland	1313.4	1348.9
菲律宾	Philippines	2449.1	3246.4	埃　及	Egypt	289.0	1104.6
澳大利亚	Australia	3816.5	3051.8	英　国	United Kingdom	907.9	843.0
印度尼西亚	Indonesia	2390.0	2860.0	中　国	China	807.4	841.9
美　国	United States	3611.4	2800.4	荷　兰	Netherlands	679.8	682.2
危地马拉	Guatemala	1655.2	2735.5	白俄罗斯	Belarus	147.4	480.6
阿根廷	Argentina	1840.0	2459.7	比利时	Belgium	615.2	479.1
越　南	Viet Nam	1504.4	1982.3	捷　克	Czech Rep.	280.9	442.5
南　非	South Africa	2387.6	1828.6	奥地利	Austria	256.0	424.4
古　巴	Cuba	3640.0	1780.0	意大利	Italy	1237.0	378.4
埃　及	Egypt	1570.6	1600.0	西班牙	Spain	793.0	360.8
秘　鲁	Peru	753.5	1139.0	日　本	Japan	367.3	356.7
缅　甸	Myanmar	580.1	1112.8	塞尔维亚	Serbia		350.7
厄瓜多尔	Ecuador	540.2	825.3	伊　朗	Iran	433.2	331.0
玻利维亚	Bolivia	360.2	787.0	摩洛哥	Morocco	288.3	238.0
伊　朗	Iran	236.7	720.6	丹　麦	Denmark	334.5	226.6
尼加拉瓜	Nicaragua	352.4	712.1	瑞　典	Sweden	260.2	205.6
萨尔瓦多	El Salvador	514.0	678.3	瑞　士	Switzerland	140.8	192.4
肯尼亚	Kenya	394.2	647.8	智　利	Chile	309.3	173.2
巴拉圭	Paraguay	224.5	637.2	斯洛伐克	Slovakia	96.2	155.0
委内瑞拉	Venezuela	883.2	618.6	罗马尼亚	Romania	66.7	139.9
洪都拉斯	Honduras	397.4	610.7	克罗地亚	Croatia	48.2	139.2
苏　丹	Sudan	498.2	580.8	摩尔多瓦	Moldova	94.4	135.6
斯威士兰	Swaziland	388.5	543.4	匈牙利	Hungary	197.6	106.7
多米尼加	Dominican Rep.	451.1	503.4	立陶宛	Lithuania	88.2	101.4
哥斯达黎加	Costa Rica	380.0	449.2	芬　兰	Finland	104.6	62.6
孟加拉国	Bangladesh	691.0	412.1	加拿大	Canada	82.1	58.1
毛里求斯	Mauritius	511.0	404.4	希　腊	Greece	303.3	52.5
赞比亚	Zambia	160.0	401.5	土库曼斯坦	Turkmenistan	23.0	24.0
莫桑比克	Mozambique	39.7	362.0	阿塞拜疆	Azerbaijan	4.7	17.5
津巴布韦	Zimbabwe	422.8	352.8	吉尔吉斯斯坦	Kyrgyzstan	45.0	17.4
乌干达	Uganda	147.6	341.6	巴基斯坦	Pakistan	15.9	11.2
马达加斯加	Madagascar	218.9	325.0	叙利亚	Syrian Arab Republic	117.5	6.5
尼泊尔	Nepal	210.3	299.8	亚美尼亚	Armenia	0.1	5.4
马拉维	Malawi	210.0	288.5	哥伦比亚	Colombia	1.2	4.0
坦桑尼亚	Tanzania	135.5	280.0	阿尔巴尼亚	Albania	4.2	4.0
埃塞俄比亚	Ethiopia	217.7	274.9	突尼斯	Tunisia	2.1	3.5
圭亚那	Guyana	271.0	250.0	哈萨克斯坦	Kazakhstan	27.3	2.4
巴拿马	Panama	178.9	248.2	委内瑞拉	Venezuela	1.7	2.1
刚果(金)	Congo, Dem. Rep.	166.9	204.9	伊拉克	Iraq	0.8	1.5
科特迪瓦	Cote D'Ivoire	167.2	198.0	葡萄牙	Portugal	46.2	1.3
老　挝	Laos	29.7	184.1	阿富汗	Afghanistan	0.1	1.1
留尼汪	Reunion	184.5	178.6	前南马其顿	Macedonia, FYR	5.7	0.8
牙买加	Jamaica	202.5	177.9	黎巴嫩	Lebanon	34.2	0.6

11-3 续表 6 continued

单位：万吨 (10 000 tons)

国家或地区	Country or Area	茶叶 Tea		国家或地区	Country or Area	水果(不包括瓜类) Fruit excluding Melons	
		2000	2013			2000	2013
世　界	**World**	**298.8**	**534.6**	**世　界**	**World**	**47917.3**	**67667.0**
中　国	China	70.4	192.5	中　国	China	6427.9	15183.8
印　度	India	82.6	120.9	印　度	India	4300.1	8263.2
肯尼亚	Kenya	23.6	43.2	巴　西	Brazil	3698.7	3777.4
斯里兰卡	Sri Lanka	30.6	34.0	美　国	United States	3280.5	2698.6
越　南	Viet Nam	7.0	21.4	西班牙	Spain	1611.6	1769.9
土耳其	Turkey	13.9	21.2	墨西哥	Mexico	1331.4	1755.3
伊　朗	Iran	5.0	16.0	意大利	Italy	1799.0	1637.1
印度尼西亚	Indonesia	16.3	14.8	印度尼西亚	Indonesia	841.3	1600.3
阿根廷	Argentina	7.4	10.5	菲律宾	Philippines	1079.6	1588.7
日　本	Japan	8.5	8.5	土耳其	Turkey	1086.1	1534.1
泰　国	Thailand	3.2	7.5	伊　朗	Iran	1228.8	1180.7
孟加拉国	Bangladesh	4.6	6.4	泰　国	Thailand	1046.9	1109.6
马拉维	Malawi	4.2	5.4	尼日利亚	Nigeria	928.3	1090.3
乌干达	Uganda	2.9	5.3	埃　及	Egypt	696.6	1090.0
布隆迪	Burundi	0.7	4.2	乌干达	Uganda	1009.1	956.0
坦桑尼亚	Tanzania	2.4	3.4	哥伦比亚	Colombia	731.8	953.3
缅　甸	Myanmar	1.9	3.2	阿根廷	Argentina	717.4	837.0
莫桑比克	Mozambique	1.1	2.3	法　国	France	1128.1	818.3
卢旺达	Rwanda	1.5	2.2	厄瓜多尔	Ecuador	767.1	735.7
尼泊尔	Nepal	0.5	2.1	越　南	Viet Nam	456.5	712.7
津巴布韦	Zimbabwe	2.2	1.9	智　利	Chile	389.0	680.6
马来西亚	Malaysia	0.6	1.8	南　非	South Africa	511.1	642.1
中国台湾	Taiwan, China	2.0	1.5	巴基斯坦	Pakistan	518.6	611.5
埃塞俄比亚	Ethiopia	0.4	0.7	哥斯达黎加	Costa Rica	381.5	569.4
巴布亚新几内亚	Papua New Guinea	0.6	0.5	喀麦隆	Cameroon	199.4	564.4
喀麦隆	Cameroon	0.4	0.5	秘　鲁	Peru	318.7	548.2
秘　鲁	Peru	0.6	0.4	加　纳	Ghana	239.1	533.4
格鲁吉亚	Georgia	2.4	0.3	坦桑尼亚	Tanzania	187.8	490.9
韩　国	Korea, Rep.	0.1	0.3	危地马拉	Guatemala	197.3	442.3
厄瓜多尔	Ecuador	0.1	0.3	阿尔及利亚	Algeria	142.8	423.2
刚果(金)	Congo, Dem. Rep.	0.2	0.3	波　兰	Poland	224.7	417.7
毛里求斯	Mauritius	0.1	0.2	安哥拉	Angola	44.7	391.9
玻利维亚	Bolivia	0.1	0.1	孟加拉国	Bangladesh	136.1	370.0
老　挝	Laos	…	0.1	卢旺达	Rwanda	230.4	363.6
赞比亚	Zambia	0.1	0.1	摩洛哥	Morocco	268.1	363.0
南　非	South Africa	1.3	0.1	乌兹别克斯坦	Uzbekistan	141.5	358.2
留尼汪	Reunion	0.1	0.1	澳大利亚	Australia	308.4	338.2
巴　西	Brazil	0.8	0.1	俄罗斯	Russia	340.2	336.8
阿塞拜疆	Azerbaijan	0.1	0.1	希　腊	Greece	415.2	333.5
马达加斯加	Madagascar	0.1	0.1	多米尼加	Dominican Rep.	141.2	327.6
萨尔瓦多	El Salvador	…	0.1	委内瑞拉	Venezuela	319.0	303.5
危地马拉	Guatemala	0.1	0.1	日　本	Japan	382.1	298.5
马　里	Mali		…	肯尼亚	Kenya	218.0	285.7
巴拿马	Panama		…	刚果(金)	Congo, Dem. Rep.	242.7	276.6
葡萄牙	Portugal		…	乌克兰	Ukraine	191.7	275.5
哥伦比亚	Colombia		…	韩　国	Korea, Rep.	262.6	275.2
黑　山	Montenegro		…	中国台湾	Taiwan, China	224.8	252.0
俄罗斯	Russia	0.2	…	布隆迪	Burundi	159.8	235.6
塞舌尔	Seychelles		…	巴布亚新几内亚	Papua New Guinea	166.6	234.5
阿尔巴尼亚	Albania		…	德　国	Germany	529.1	233.4

11-4 主要林产品产量
Output of Major Forest Products

资料来源：联合国FAO数据库。
Source: FAO Database.
单位：吨 (ton)

国家或地区	Country or Area	栗子 Chestnuts 2010	栗子 Chestnuts 2013	榛子 Hazelnuts, with Shell 2010	榛子 Hazelnuts, with Shell 2013	天然橡胶 Natural Rubber 2010	天然橡胶 Natural Rubber 2013	核桃 Walnuts, with Shell 2010	核桃 Walnuts, with Shell 2013
世　界	**World**	**1964598**	**2009487**	**854918**	**858697**	**10326154**	**11965846**	**2943573**	**3458046**
中　国	China	1620000	1650000	19500	23000	690812	864806	1284351	1700000
孟加拉国	Bangladesh					5800	6000		
文　莱	Brunei Darussalam					219	243		
柬埔寨	Cambodia					39211	43000		
印　度	India					862000	900000	38000	36000
印度尼西亚	Indonesia					2734900	3107544		
伊　朗	Iran			20284	21537			433630	453988
日　本	Japan	23500	21000						
哈萨克斯坦	Kazakhstan							1180	2300
朝　鲜	Korea, Dem.	9628	12000						
韩　国	Korea, Rep.	68630	67902					1061	1429
马来西亚	Malaysia					939241	826421		
蒙　古	Mongolia			435	528				
缅　甸	Myanmar					112079	148000		
巴基斯坦	Pakistan							10838	9926
菲律宾	Philippines					130430	111204		
斯里兰卡	Sri Lanka					152990	130421		
泰　国	Thailand					3051781	3863000		
越　南	Viet Nam					751700	949100		
埃　及	Egypt							20865	21608
尼日利亚	Nigeria					143500	143500		
墨西哥	Mexico					32097	51397	76627	106945
美　国	United States			25401	40500			457221	420000
阿根廷	Argentina							10000	11952
巴　西	Brazil					133981	185725	5319	5228
白俄罗斯	Belarus			1200	1285			13500	15861
捷　克	Czech Rep.							7043	11963
法　国	France	9376	9209	10073	7619			31737	33716
德　国	Germany							12313	16619
意大利	Italy	48810	49459	90270	112643			14000	11055
波　兰	Poland	393	460	2649	5132			9175	8068
俄罗斯	Russia			800	1000①			2000	2250①
西班牙	Spain	17900	17200	15086	15300			13525	14300
土耳其	Turkey	59171	60019	600000	549000			178142	212140
乌克兰	Ukraine	200	300	20	20			87400	115800
澳大利亚	Australia							1900	2500

注：①2012年数据。
Note:①Data refer to 2012.

11-5 牲畜饲养量(2014年)
Number of Livestock(2014)

资料来源：联合国FAO数据库。
Source: FAO Database.
单位：万头(只) (10 000 heads)

国家或地区	Country or Area	牛 Cattle	马 Horses	山羊 Goats	绵羊 Sheep	猪 Pigs
世 界	**World**	**148214.4**	**5891.4**	**100678.6**	**120990.8**	**98664.9**
中 国	China	11726.3	602.7	18786.9	20215.6	47411.0
孟加拉国	Bangladesh	2348.8		5590.0	192.5	
文 莱	Brunei Darussalam	0.1		0.7	0.4	0.1
柬埔寨	Cambodia	287.5	3.0			217.0
印 度	India	18700.0	63.0	13300.0	6300.0	1000.0
印度尼西亚	Indonesia	1518.6	45.5	1921.6	1571.6	787.3
伊 朗	Iran	868.0	14.0	2212.0	5022.8	
以色列	Israel	46.1	0.4	10.8	57.4	19.0
日 本	Japan	396.2	1.6	1.7	1.3	953.7
哈萨克斯坦	Kazakhstan	585.1	178.5	236.3	1519.8	92.2
朝 鲜	Korea, Dem.	57.5	4.8	366.5	16.8	210.0
韩 国	Korea, Rep.	319.0	2.9	26.5	0.3	1009.0
老 挝	Laos	176.6	3.3	48.1		312.2
马来西亚	Malaysia	76.1	0.4	45.6	14.0	182.8
蒙 古	Mongolia	341.4	299.6	2200.9	2321.5	4.6
缅 甸	Myanmar	1554.3	11.7	578.2	116.3	1393.2
巴基斯坦	Pakistan	3970.0	36.0	6660.0	2910.0	
菲律宾	Philippines	250.5	24.0	369.1	3.0	1179.7
斯里兰卡	Sri Lanka	110.5	0.1	29.9	1.1	10.5
泰 国	Thailand	489.9	0.6	44.8	4.4	759.2
越 南	Viet Nam	523.4	6.7	160.0		2676.2
埃 及	Egypt	474.5	7.2	425.8	556.5	1.1
尼日利亚	Nigeria	1945.0	10.2	7100.0	4055.0	685.0
南 非	South Africa	1425.0	31.2	62.5	2550.0	162.5
加拿大	Canada	1222.0	40.8	3.0	87.5	1305.5
墨西哥	Mexico	3294.0	635.5	868.8	857.6	1609.9
美 国	United States	8852.6	1026.0	261.1	524.5	6772.6
阿根廷	Argentina	5164.7	360.0	440.0	1470.0	511.0
巴 西	Brazil	21234.4	545.1	885.2	1761.4	3792.9
委内瑞拉	Venezuela	1681.6	52.2	143.3	60.1	380.9
白俄罗斯	Belarus	436.4	7.3	6.8	7.3	292.4
捷 克	Czech Rep.	137.4	3.3	2.4	22.5	161.7
法 国	France	1924.8	41.0	128.3	720.8	1332.3
德 国	Germany	1274.2	37.2	11.7	160.1	2833.9
意大利	Italy	612.5	39.1	93.7	716.6	867.6
荷 兰	Netherlands	416.9	13.7	40.9	107.6	1223.8
波 兰	Poland	592.0	20.7	8.2	22.3	1172.4
俄罗斯	Russia	1956.4	137.5	209.1	2224.7	1908.1
西班牙	Spain	607.9	25.0	270.4	1543.2	2656.8
土耳其	Turkey	1412.3	13.1	1034.7	3111.5	0.3
乌克兰	Ukraine	453.4	35.4	66.9	106.7	792.2
英 国	United Kingdom	983.7	40.0	9.0	3374.3	481.5
澳大利亚	Australia	2910.3	27.0	357.0	7261.2	230.8
新西兰	New Zealand	1036.8	5.2	9.7	2980.3	28.7

11－6　畜产品产量(2013年)
Output of Livestock Products(2013)

资料来源：联合国FAO数据库。
Source: FAO Database.
单位：万吨　　(10 000 tons)

国家或地区	Country or Area	肉类总产量 Meat,Total	牛肉 Beef and Buffalo Meat	羊肉 Sheep and Goat Meat	猪肉 Pig Meat	禽肉 Poultry Meat
世　界	**World**	**31038.0**	**6770.6**	**1396.2**	**11303.5**	**10866.9**
中　国	China	8346.2	673.0	408.1	5273.3	1826.5
孟加拉国	Bangladesh	64.4	20.0	20.8		22.0
文　莱	Brunei Darussalam	2.8	0.1			2.7
柬埔寨	Cambodia	19.8	7.3		9.9	2.7
印　度	India	621.5	257.7	74.7	35.4	235.8
印度尼西亚	Indonesia	331.7	58.6	11.3	74.3	187.2
伊　朗	Iran	250.8	25.4	27.0		196.7
以色列	Israel	69.5	13.2	1.4	1.6	53.2
日　本	Japan	327.6	50.8		130.9	145.0
哈萨克斯坦	Kazakhstan	87.1	38.3	15.6	10.0	13.6
朝　鲜	Korea, Dem.	34.3	2.2	1.6	11.3	4.4
韩　国	Korea, Rep.	203.6	33.6	0.1	100.7	68.6
老　挝	Laos	13.9	4.8	0.2	6.4	2.5
马来西亚	Malaysia	162.4	3.1	0.2	23.1	136.0
蒙　古	Mongolia	25.1	5.6	15.7	0.1	
缅　甸	Myanmar	212.6	26.2	4.8	62.1	119.6
巴基斯坦	Pakistan	304.0	164.6	45.9		91.2
菲律宾	Philippines	312.8	29.7	5.5	168.1	107.9
新加坡	Singapore	11.7			2.0	9.7
斯里兰卡	Sri Lanka	13.9	2.9	0.2	0.2	10.7
泰　国	Thailand	263.4	19.5	0.2	96.7	147.0
越　南	Viet Nam	426.5	37.9	0.8	321.8	63.3
埃　及	Egypt	206.8	86.2	13.1		95.9
尼日利亚	Nigeria	146.4	40.3	47.2	25.4	17.0
南　非	South Africa	279.8	85.1	17.9	21.6	150.4
加拿大	Canada	433.4	105.6	1.7	197.7	125.4
墨西哥	Mexico	612.2	180.7	9.8	128.4	284.6
美　国	United States	4264.2	1169.8	7.3	1051.0	2008.5
阿根廷	Argentina	521.0	282.2	5.9	41.6	182.6
巴　西	Brazil	2601.1	967.5	11.6	328.0	1291.5
委内瑞拉	Venezuela	232.2	51.6	1.2	24.3	127.6
白俄罗斯	Belarus	117.2	31.6	0.1	46.9	38.5
捷　克	Czech Rep.	50.4	6.5	0.3	24.3	15.3
法　国	France	556.0	140.0	12.3	212.1	174.3
德　国	Germany	820.1	110.6	3.5	549.4	145.7
意大利	Italy	405.3	85.4	3.5	162.5	123.3
荷　兰	Netherlands	266.5	37.4	1.4	128.2	99.3
波　兰	Poland	381.0	38.6	0.1	174.5	165.2
俄罗斯	Russia	854.4	163.3	19.0	281.6	346.3
西班牙	Spain	542.4	58.1	12.7	343.1	120.0
土耳其	Turkey	299.5	87.0	35.1		177.1
乌克兰	Ukraine	239.2	42.8	1.9	74.8	117.1
英　国	United Kingdom	364.2	84.7	28.9	83.3	166.2
澳大利亚	Australia	448.9	231.8	68.6	36.1	109.8
新西兰	New Zealand	125.5	56.4	45.1	3.9	17.1

11-6 续表 continued

单位：万吨 (10 000 tons)

国家或地区	Country or Area	蛋类 Eggs Total	鸡蛋 Hen Eggs	奶类总产量 Milk Total	牛奶 Cow Milk	羊毛 Wool, Greasy	蜂蜜 Natural Honey
世　界	**World**	**7385.5**	**6826.2**	**74670.8**	**63557.6**	**212.7**	**166.4**
中　国	China	2876.0	2444.6	4019.3	3531.0	47.1	45.0
孟加拉国	Bangladesh	39.2	28.7	353.1	83.8	0.2	
文　莱	Brunei Darussalam	0.7	0.7				
柬 埔 寨	Cambodia	2.3	1.9	2.3	2.3		
印　度	India	383.5	383.5	13560.0	6060.0	4.7	6.1
印度尼西亚	Indonesia	150.4	122.4	138.8	98.2	3.1	
伊　朗	Iran	66.5	66.5	761.3	685.0	6.2	4.4
以 色 列	Israel	12.4	12.4	143.5	139.1	0.1	0.3
日　本	Japan	252.2	252.2	750.8	750.8		0.3
哈萨克斯坦	Kazakhstan	21.8	21.7	493.0	489.1	3.8	0.2
朝　鲜	Korea, Dem.	12.5	12.5	9.8	9.8		
韩　国	Korea, Rep.	64.7	61.5	209.7	209.3		2.5
老　挝	Laos	1.7	1.7	0.7	0.7		
马来西亚	Malaysia	67.8	66.4	8.8	7.9		
蒙　古	Mongolia			51.0	38.1	1.7	
缅　甸	Myanmar	42.5	38.2	170.8	138.0	0.1	0.2
巴基斯坦	Pakistan	66.1	64.9	1717.2	1389.7	4.4	0.4
菲 律 宾	Philippines	46.9	42.8	2.0	2.0		
新 加 坡	Singapore	2.7	2.6				
斯里兰卡	Sri Lanka	11.1	11.1	32.5	25.4		
泰　国	Thailand	106.3	66.8	109.5	109.5		0.9
越　南	Viet Nam	37.8	37.8	48.7	45.6		1.3
埃　及	Egypt	31.5	31.5	590.1	316.5	1.3	0.5
尼日利亚	Nigeria	65.0	65.0	57.0	57.0		
南　非	South Africa	54.0	54.0	340.0	340.0	4.0	0.1
加 拿 大	Canada	44.3	44.3	839.4	839.4	0.1	3.5
墨 西 哥	Mexico	251.6	251.6	1111.8	1096.6	0.5	5.7
美　国	United States	563.6	563.6	9127.1	9127.1	1.4	6.8
阿 根 廷	Argentina	53.9	53.9	1179.6	1179.6	4.5	8.0
巴　西	Brazil	237.7	217.2	3440.8	3425.5	1.2	3.5
委内瑞拉	Venezuela	28.1	28.1	264.0	264.0		0.1
白俄罗斯	Belarus	22.2	22.0	664.0	662.6		0.3
捷　克	Czech Rep.	12.4	12.4	286.0	284.9		0.8
法　国	France	94.4	94.4	2455.4	2371.4	1.4	1.1
德　国	Germany	89.3	89.3	3114.3	3112.2	1.4	1.6
意 大 利	Italy	77.5	77.5	1100.4	1039.7	0.8	1.0
荷　兰	Netherlands	70.3	70.3	1242.7	1220.7	0.3	
波　兰	Poland	55.8	55.8	1273.5	1271.8	0.1	1.5
俄 罗 斯	Russia	231.7	228.4	3052.3	3028.6	5.5	6.8
西 班 牙	Spain	74.4	74.3	763.2	655.9	2.3	3.1
土 耳 其	Turkey	103.1	103.1	1822.4	1665.5	5.1	9.5
乌 克 兰	Ukraine	113.9	112.1	1148.8	1118.9	0.4	7.4
英　国	United Kingdom	68.6	67.2	1394.1	1394.1	6.8	0.6
澳大利亚	Australia	24.1	24.1	952.2	952.2	36.1	1.1
新 西 兰	New Zealand	5.7	5.4	1888.3	1888.3	16.5	1.8

11-7 鱼类产量
Output of Total Fishes

资料来源：联合国FAO数据库。
Source: FAO Database.

单位：万吨 (10 000 tons)

国家或地区	Country or Area	鱼类产量 Output of Total Fishes		海域鱼类产量 Ocean Area		内陆水域鱼类产量 Inland Area	
		2000	2014	2000	2014	2000	2014
中　国	China	2271.3	3912.4	888.0	1142.1	1383.3	2770.3
印度尼西亚	Indonesia	428.7	921.5	362.7	596.6	66.0	324.9
印　度	India	501.3	857.7	230.7	293.5	270.7	564.2
秘　鲁	Peru	1054.1	288.2	1050.7	281.9	3.4	6.3
缅　甸	Myanmar	116.3	492.9	87.3	264.6	29.0	228.3
越　南	Viet Nam	159.4	483.2	104.9	218.3	54.5	264.9
美　国	United States	395.6	422.4	361.4	403.0	34.3	19.5
俄罗斯	Russia	385.2	416.7	348.7	380.8	36.5	36.0
孟加拉国	Bangladesh	159.3	332.4	33.0	64.1	126.3	268.3
挪　威	Norway	311.9	344.1	311.9	344.0	0.1	…
日　本	Japan	396.6	316.2	385.8	311.1	10.8	5.1
菲律宾	Philippines	198.9	282.7	181.5	238.3	17.4	44.4
智　利	Chile	448.7	285.5	448.6	278.6	0.1	6.9
泰　国	Thailand	271.0	189.9	224.9	128.9	46.1	60.9
马来西亚	Malaysia	114.1	141.0	108.8	129.8	5.3	11.2
埃　及	Egypt	70.3	144.7	11.6	8.8	58.8	136.0
墨西哥	Mexico	108.7	127.4	96.6	107.0	12.1	20.4
冰　岛	Iceland	194.0	107.4	193.9	107.4	…	0.1
韩　国	Korea, Rep.	127.2	124.2	125.2	121.8	2.0	2.4
摩洛哥	Morocco	74.1	127.7	73.9	126.1	0.3	1.6
巴　西	Brazil	73.3	116.7	40.3	46.2	33.0	70.4
西班牙	Spain	98.2	107.5	94.3	105.5	3.9	2.0
中国台湾	Taiwan, China	96.6	104.1	84.3	92.4	12.3	11.7
尼日利亚	Nigeria	44.2	103.2	28.4	36.5	15.8	66.8
柬埔寨	Cambodia	28.6	71.6	2.7	9.6	25.9	62.0
英　国	United Kingdom	76.2	79.0	74.9	77.6	1.3	1.4
丹　麦	Denmark	145.1	72.2	141.5	70.0	3.7	2.2
巴基斯坦	Pakistan	58.6	58.5	39.7	30.9	18.9	27.6
土耳其	Turkey	56.0	49.9	47.7	35.7	8.3	14.2
法罗群岛	Faeroe Islands	47.3	61.9	47.3	61.9	…	
厄瓜多尔	Ecuador	60.5	58.5	59.5	55.6	1.0	2.8
加拿大	Canada	66.7	50.7	61.4	47.1	5.3	3.6
阿根廷	Argentina	56.4	50.1	53.2	48.2	3.2	1.9
乌干达	Uganda	22.0	57.2			22.0	57.2
斯里兰卡	Sri Lanka	29.5	52.2	26.3	41.7	3.2	10.5
纳米比亚	Namibia	58.7	44.1	58.5	43.8	0.2	0.3
法　国	France	58.8	49.2	53.1	44.7	5.7	4.5
塞内加尔	Senegal	41.0	43.5	35.8	40.4	5.2	3.0
新西兰	New Zealand	52.2	42.9	52.1	42.7	0.2	0.2
南　非	South Africa	63.6	58.9	63.4	58.6	0.3	0.3
加　纳	Ghana	45.4	32.6	37.4	19.8	8.0	12.9
荷　兰	Netherlands	46.9	34.7	46.0	34.2	0.9	0.5
安哥拉	Angola	23.5	43.4	22.8	41.5	0.7	1.9
毛里塔尼亚	Mauritania	9.4	35.0	8.4	33.5	1.0	1.5
波　兰	Poland	23.1	22.8	17.7	17.0	5.3	5.9
德　国	Germany	22.8	24.7	16.5	21.0	6.3	3.6
爱尔兰	Ireland	26.8	26.0	26.6	25.9	0.2	0.1

11-8 化肥施用量(2014年)
Consumption of Fertilizers(2014)

资料来源：联合国FAO数据库。
Source: FAO Database.
单位：万吨 (10 000 tons)

国家或地区	Country or Area	化肥 Fertilizers	氮肥 Nitrogen Fertilizers	磷肥 Phosphate Fertilizers	钾肥 Potash Fertilizers
世　界	**World**	**19329.0**	**10893.7**	**4669.8**	**3765.5**
中　国	China	5974.7	3091.1	1543.5	1340.1
孟加拉国	Bangladesh	214.1	123.0	56.5	34.6
文　莱	Brunei Darussalam	0.1	…	…	…
柬埔寨	Cambodia	11.3	9.6	1.1	0.6
印　度	India	2581.9	1693.5	636.7	251.7
印度尼西亚	Indonesia	497.7	290.9	76.8	130.0
伊　朗	Iran	46.4	26.2	17.0	3.2
以色列	Israel	7.2	4.0	0.5	2.7
日　本	Japan	101.6	40.1	33.7	27.8
哈萨克斯坦	Kazakhstan	10.0	6.3	2.5	1.2
韩　国	Korea, Rep.	59.0	25.4	16.8	16.9
马来西亚	Malaysia	196.9	50.8	46.0	100.1
蒙　古	Mongolia	1.9	1.9	…	
缅　甸	Myanmar	22.1	15.9	2.7	3.4
巴基斯坦	Pakistan	409.1	313.4	92.7	3.0
菲律宾	Philippines	102.4	69.0	17.4	16.0
新加坡	Singapore	0.1			0.1
斯里兰卡	Sri Lanka	31.9	22.7	5.5	3.6
泰　国	Thailand	256.0	152.1	45.2	58.7
越　南	Viet Nam	254.7	139.3	59.2	56.2
埃　及	Egypt	176.9	131.1	40.6	5.2
尼日利亚	Nigeria	37.0	27.2	5.7	4.1
南　非	South Africa	75.8	43.7	19.3	12.8
加拿大	Canada	411.5	283.5	90.1	38.0
墨西哥	Mexico	192.2	136.2	38.3	17.7
美　国	United States	2127.4	1242.9	425.1	459.4
阿根廷	Argentina	140.9	78.0	59.5	3.4
巴　西	Brazil	1401.9	387.2	475.2	539.5
委内瑞拉	Venezuela	48.5	28.5	9.0	11.0
白俄罗斯	Belarus	121.9	45.6	15.3	60.9
捷　克	Czech Rep.	40.5	32.9	4.2	3.4
法　国	France	277.7	220.0	18.8	38.9
德　国	Germany	258.4	182.3	30.1	46.0
意大利	Italy	88.1	60.0	17.1	11.0
荷　兰	Netherlands	25.2	22.0	0.6	2.6
波　兰	Poland	253.1	163.2	35.2	54.7
俄罗斯	Russia	193.4	119.5	46.6	27.4
西班牙	Spain	185.8	110.2	39.9	35.8
土耳其	Turkey	218.0	149.3	57.0	11.7
乌克兰	Ukraine	146.9	102.0	24.1	20.9
英　国	United Kingdom	151.7	104.9	19.6	27.2
澳大利亚	Australia	254.4	140.5	90.8	23.2
新西兰	New Zealand	88.0	32.8	51.2	4.0

11-9 农业集约化经营程度
Intensivism Management in Agriculture

资料来源：联合国FAO数据库。
Source: FAO Database.

国家或地区	Country or Area	平均每个农业经济活动人口耕地面积（公顷/人）Arable Areas per Agriculture Economic Activity Population (hectares per capita) 2013	平均每千公顷耕地上拖拉机使用量（部/千公顷）Tractors Used per Thousand Hectares Arable Areas (Units/1 000 hectares) 2009	平均每千公顷耕地上收割机使用量（台/千公顷）Harvest Machines Used per Thousand Hectares Arable Areas (Units/1 000 hectares) 2009	平均每千公顷耕地上化肥施用量（吨/千公顷）Consumption of Fertilizers per Thousand Hectares Arable Areas (tons/1 000 hectre) 2013
中　　国	China	0.2	27.9①	6.9①	364.4
孟加拉国	Bangladesh	0.2	0.4②	…	208.7
文　　莱	Brunei Darussalam		24.0②	3.3②	44.6
柬 埔 寨	Cambodia	0.8	1.2①	0.01②	14.2
印　　度	India	0.6	19.9②	3.0②	157.5
印度尼西亚	Indonesia	0.5	0.2②	4.9②	204.6
伊　　朗	Iran	2.2	18.3②	0.6②	32.8
以 色 列	Israel	6.0	71.0①	0.8②	268.7
日　　本	Japan	3.6	433.9②	221.2②	256.7
哈萨克斯坦	Kazakhstan	25.6	1.4②	0.7②	2.9
韩　　国	Korea, Rep.	1.4	162.0①	54.5①	361.3
马来西亚	Malaysia	0.6			1726.6
蒙　　古	Mongolia	2.7	3.9①	0.8①	43.6
缅　　甸	Myanmar	0.5	1.1①	2.3	16.8
巴基斯坦	Pakistan	1.2	15.6②	0.1②	135.3
菲 律 宾	Philippines	0.4	11.9②	0.3②	71.5
新 加 坡	Singapore	0.3	92.9②		2759.7
斯里兰卡	Sri Lanka	0.3	21.5②	0.01②	160.0
泰　　国	Thailand	1.0	54.6②	3.2①	167.7
越　　南	Viet Nam	0.2	25.8②	35.3②	373.8
埃　　及	Egypt	0.4	39.1①	1.2①	636.4
尼日利亚	Nigeria	2.7	0.7②	…	17.8
南　　非	South Africa	11.2	5.0②	0.8②	57.7
加 拿 大	Canada	145.8	16.4②	1.8②	88.3
墨 西 哥	Mexico	2.9	10.2②	1.0②	78.8
美　　国	United States	64.5	27.1②	2.1②	131.9
阿 根 廷	Argentina	28.8	7.0②	1.4②	36.2
巴　　西	Brazil	7.4	11.4②	0.8②	175.7
委内瑞拉	Venezuela	3.9	18.4②	2.2②	179.9
白俄罗斯	Belarus	14.8	8.7	2.2	255.7
捷　　克	Czech Rep.	10.4	26.2②	3.3②	127.0
法　　国	France	36.8	62.1②	4.2②	140.6
德　　国	Germany	20.4	64.6②	7.2②	203.5
意 大 利	Italy	9.3	266.8②	7.6②	129.1
荷　　兰	Netherlands	5.3	135.9②	5.3②	231.1
波　　兰	Poland	4.0	130.7	13.5②	202.0
俄 罗 斯	Russia	21.1	2.7	0.7	15.2
西 班 牙	Spain	14.1	83.1	4.2	139.2
土 耳 其	Turkey	2.7	48.9①	0.6①	113.5
乌 克 兰	Ukraine	14.7	10.3	1.7	45.8
英　　国	United Kingdom	13.7	72.8②	6.6②	246.6
澳大利亚	Australia	100.5	7.1②	1.3②	50.9
新 西 兰	New Zealand	2.9	177.8②	7.2②	1578.9

注：①2008年数据。②2007年数据。
Note:①Data refer to 2008.②Data refer to 2007.

主要统计指标解释

农业生产指数 表明每年的农业生产总量与基期2004−2006年相比的相对水平。它根据不同农产品扣除种子和饲料用量后的价格加权数量之和计算得出，其中各种种子和饲料也采用同样方法加权汇总。因此，最后汇总结果代表除种子和饲料外各种用途的可支配产量。国家、地区和世界水平的指数用拉氏公式计算。各年份每种商品的生产量均以2004−2006年的国际平均商品价格作为权数进行加总，然后将某年得到的加总量除以基期 2004−2006 年三年总量的算术平均数，从而求得指数。

谷物 指收获用做干粒粮食的作物，不包括收获后用作干草或未成熟时收割用作食物、饲料或青贮饲料或作牧草用的农作物。

根茎类作物 包括其他的块根作物，如箭叶黄体芋和竹芋。主要用作饲料的根用作物，不包括芜菁、甜菜和甘蓝在内。

除瓜类外的水果总计 指新鲜水果的总产量，无论它们最终是被当作食物或饲料直接消费，还是被加工成干果、果汁、果酱、酒精等各种产品。

茶 指成品茶。

黄麻和麻类纤维 黄麻纤维从黄麻和长蒴黄麻中得到，同类纤维包括许多黄麻纤维的替代品，主要是洋麻纤维和玫瑰茄纤维（木槿属）以及刚果黄麻纤维。

牲畜 包括所有的家养动物，不管年龄、饲养地点和饲养目的。

肉 指不考虑动物的原产地，在一国境内屠宰的动物肉类产量。

牛奶 指全部鲜奶的总产量，不包括被幼畜吸吮的奶，但包括用来饲喂家畜的奶。

蛋 指农业和非农业方面的总产量，包括用于孵化的蛋。

羊毛 羊毛产量统计数字一般以带脂羊毛给出，它包含了 30−65%的杂质。为了便于数字比较，数据也按脱脂羊毛表示。

化肥 包含有机物肥，无机物肥或矿物肥。有机肥在农作物生产中发挥着重要作用，它来源于动物、植物和混合肥。矿物肥是以固体或液体形式提供给农民，并以散装、袋子或压缩容器等方式运送到农场。所有肥料应包含氮、磷、钾三种植物营养素中的至少一种营养物质。

Explanatory Notes on Main Statistical Indicators

Indices of Agricultural Production The indices of agricultural production show the relative level of the aggregate volume of agricultural production for each year in comparison with the base period 2004-2006. They are based on the sum of price-weighted quantities of different agricultural commodities produced after deductions of quantities used as seed and feed weighted in a similar manner. The resulting aggregate represents, therefore, disposable production for any use except as seed and feed. All the indices at the country, regional and world levels are calculated by the Laspeyres formula. Production quantities of each commodity are weighted by 2004-2006 average international commodity prices and summed for each year. To obtain the index, the aggregate for a given year is divided by the average aggregate for the base period 2004-2006.

Cereals Area and production data on cereals relate to crops harvested for dry grain only. Cereal crops harvested for hay or harvested green for food, feed or silage or used for grazing are therefore excluded.

Roots and Tubers, Total Includes other root crops such as yautia and arrowroot. Root crops grown principally for feed such as turnips, mangels and swedes are not included.

Fruit Excl. Melons Total Data refer to total production of fresh fruit, whether finally used for direct consumption for food or feed, or processed into different products: dry fruit, juice, jam, alcohol, etc.

Tea Production figures relate to made tea.

Jute and Jute-like Fibres are obtained from corchorus capsularis and corchorus olitorius. Allied fibres include a number of jute substitutes, the main ones being kenaf or mesta and roselle (hibiscus spp.) and congo jute or paka (urena lobata).

Livestock Numbers The data on livestock numbers are intended to cover all domestic animals irrespective of their age and the place or purpose of their breeding.

Meat Data relate to animals slaughtered within national boundaries, irrespective of their origin.

Cow Milk Data on cow milk production relate to total production of whole fresh milk, excluding the milk sucked by young animals but including amounts fed to livestock.

Eggs Data generally refer to total production, including eggs for hatching, in both agricultural and nonagricultural sectors.

Wool Wool production statistics are generally given for greasy wool, which contains from 30 to 65 percent impurities. In order to make figures comparable, data are given also on a degreased (scoured) basis.

Fertilizers may be organic, inorganic or mineral. Organic fertilizers play an important role in crop production and are derived from animal, plant and compost. Mineral fertilizers are available to the farmer in solid or liquid form, and are delivered to the farm either in bulk, in bags or in pressurized containers. All fertilizers contain at least one of the major plant nutrients: nitrogen (N), phosphorus (P) and potassium (K).

工业和建筑业

Industry and Construction

12-1 工业生产指数
Indices of Industrial Production

资料来源：联合国统计月报数据库。
Source:UN Monthly Bulletin of Statistics Database.

2010年=100 (2010=100)

国家或地区	Country or Area	2010	2012	2013	2014	2015
孟加拉国	Bangladesh	100.0	127.8	142.3	153.9	
印　度	India	100.0	104.1	104.0	106.9	
以色列	Israel	100.0	106.2	106.7	108.0	110.4
日　本	Japan	100.0	97.7	96.9	98.7	97.4
韩　国	Korea, Rep.	100.0	107.4	108.2	108.4	107.7
马来西亚	Malaysia	100.0	106.7	110.3	116.0	121.2
蒙　古	Mongolia	100.0	96.6	108.0	118.2	
加拿大	Canada	100.0	105.0	106.7	110.8	110.1
墨西哥	Mexico	100.0	106.4	107.2	110.3	110.8
美　国	United States	100.0	106.3	108.5	111.8	112.3
巴　西	Brazil	100.0	98.1	100.1	97.1	89.0
俄罗斯	Russia	100.0	108.6	109.0	110.9	107.1
捷　克	Czech Rep.	100.0	105.0	104.9	110.1	115.0
法　国	France	100.0	100.3	99.6	98.8	100.8
德　国	Germany	100.0	106.2	106.1	107.5	109.1
意大利	Italy	100.0	94.4	91.5	90.5	92.1
荷　兰	Netherlands	100.0	99.0	99.5	96.7	92.6
波　兰	Poland	100.0	108.6	111.0	114.7	120.3
西班牙	Spain	100.0	91.8	90.2	91.6	94.6
土耳其	Turkey	100.0	112.9	116.3	120.5	124.3
乌克兰	Ukraine	100.0	107.2	102.6	92.2	80.2
英　国	United Kingdom	100.0	96.7	95.9	97.2	98.2
澳大利亚	Australia	100.0	104.8	107.3	111.0	114.0
新西兰	New Zealand	100.0	98.9	100.3	102.4	104.6

12-2 制造业生产指数
Indices of Manufacturing Production

资料来源：联合国统计月报数据库。
Source: UN Monthly Bulletin of Statistics Database.

2010年=100 (2010=100)

国家或地区	Country or Area	2010	2012	2013	2014	2015
中国香港	Hong Kong, China	100.0	99.9	100.1	99.6	98.1
中国澳门	Macao, China	100.0	161.0	188.3	214.6	205.3
孟加拉国	Bangladesh	100.0	129.5	144.6	156.5	174.9
文　莱	Brunei Darussalam	100.0	104.2	106.1	98.9	101.3
印　度	India	100.0	104.3	103.5	105.9	108.0
以色列	Israel	100.0	107.1	106.0	106.6	109.1
日　本	Japan	100.0	97.8	97.0	99.0	97.8
韩　国	Korea, Rep.	100.0	107.5	108.2	108.5	107.8
马来西亚	Malaysia	100.0	111.3	116.0	123.0	128.9
蒙　古	Mongolia	100.0	124.7	129.3	133.3	
巴基斯坦	Pakistan	100.0	105.6	111.3	115.1	
菲律宾	Philippines	100.0	108.9	124.1	133.1	136.4
新加坡	Singapore	100.0	108.1	109.9	112.9	107.1
斯里兰卡	Sri Lanka	100.0	108.8	108.3	114.9	125.4
泰　国	Thailand	100.0	101.2	103.6	98.2	98.6
越　南	Viet Nam	100.0	110.9	121.1	132.4	155.0
埃　及	Egypt	100.0	96.9	96.8	100.2	100.4
尼日利亚	Nigeria	100.0	133.7	162.8	186.8	184.1
南　非	South Africa	100.0	105.1	106.5	106.6	106.5
加拿大	Canada	100.0	105.5	105.3	108.5	109.0
墨西哥	Mexico	100.0	108.5	110.1	114.5	117.7
美　国	United States	100.0	106.2	107.4	108.8	110.0
阿根廷	Argentina	100.0	115.6	119.7	118.6	
巴　西	Brazil	100.0	97.9	100.6	96.4	87.0
委内瑞拉	Venezuela	100.0	103.7			
捷　克	Czech Rep.	100.0	106.8	107.6	114.8	121.7
法　国	France	100.0	100.8	99.8	99.7	101.5
德　国	Germany	100.0	107.3	107.2	109.3	110.5
意大利	Italy	100.0	94.2	91.5	91.0	92.7
荷　兰	Netherlands	100.0	102.6	101.5	102.6	103.2
波　兰	Poland	100.0	110.0	112.5	117.7	124.5
俄罗斯	Russia	100.0	113.5	114.1	116.5	110.2
西班牙	Spain	100.0	91.0	89.7	91.7	95.4
土耳其	Turkey	100.0	113.0	117.5	121.3	125.7
乌克兰	Ukraine	100.0	107.5	99.6	90.4	79.0
英　国	United Kingdom	100.0	100.7	99.7	102.6	102.6
澳大利亚	Australia	100.0	100.5	97.1	96.0	94.6
新西兰	New Zealand	100.0	101.8	103.3	105.0	107.0

12–3 采矿业生产指数
Indices of Mining Production

资料来源：联合国统计月报数据库。
Source: UN Monthly Bulletin of Statistics Database.

2010年=100 (2010=100)

国家或地区	Country or Area	2010	2012	2013	2014	2015
孟加拉国	Bangladesh	100.0	104.5	112.3	119.2	126.8
文　莱	Brunei Darussalam	100.0	99.3	89.0	86.6	85.7
印　度	India	100.0	95.7	95.1	96.5	98.7
印度尼西亚	Indonesia	100.0	108.4	114.5	120.4	126.1
以色列	Israel	100.0	88.9	117.5	129.8	129.6
日　本	Japan	100.0	101.0	96.6	94.4	90.4
韩　国	Korea, Rep.	100.0	99.8	103.8	95.6	96.1
马来西亚	Malaysia	100.0	96.2	97.0	99.5	103.6
蒙　古	Mongolia	100.0	88.1	102.0	114.1	
巴基斯坦	Pakistan	100.0	106.4	109.3	110.3	
越　南	Viet Nam	100.0	108.0	107.1	104.1	112.1
尼日利亚	Nigeria	100.0	97.5	85.0	84.1	79.6
南　非	South Africa	100.0	96.0	99.5	98.1	101.2
加拿大	Canada	100.0	104.9	108.4	114.9	112.2
墨西哥	Mexico	100.0	100.5	100.4	98.8	93.1
美　国	United States	100.0	113.4	120.7	134.0	131.7
巴　西	Brazil	100.0	101.6	98.0	104.6	108.4
捷　克	Czech Rep.	100.0	96.8	85.9	83.3	81.3
法　国	France	100.0	95.5	94.2	90.3	92.7
德　国	Germany	100.0	94.3	83.4	82.1	78.1
意大利	Italy	100.0	103.2	94.4	92.0	88.4
荷　兰	Netherlands	100.0	91.3	97.6	81.5	65.6
波　兰	Poland	100.0	97.5	101.1	95.0	96.7
俄罗斯	Russia	100.0	102.8	103.9	105.4	105.7
西班牙	Spain	100.0	62.1	53.3	53.3	48.8
土耳其	Turkey	100.0	108.8	104.9	112.7	107.3
乌克兰	Ukraine	100.0	108.3	109.2	94.3	80.9
英　国	United Kingdom	100.0	76.4	74.3	74.8	81.4
澳大利亚	Australia	100.0	109.9	119.5	130.9	139.4
新西兰	New Zealand	100.0	81.6	81.1	88.5	91.2

12-4 制造业主要指标
Main Indicators of Manufacturing

资料来源：联合国工发组织数据库。
Source: United Nations Industrial Development Organization Database .

国家或地区	Country or Area	年份 Year	机构数（个） Number of Establishments (number)	雇员数（万人） Number of Employees (10 000 persons)	雇员工资和薪金（亿本币） Wages and Salaries Paid to Employees (100 million LCU)	产出（亿本币） Output (100 million LCU)	增加值（亿本币） Value added (100 million LCU)
中　国	China	2011	301329			728536	
中国香港	Hong Kong, China	2009	10752	11	197	1467	321
中国澳门	Macao, China	2011	894	1	11	64	15
文　莱	Brunei Darussalam	2010	671	1	1	65	
印　度	India	2008	145332	1085	11878	313252	58766
印度尼西亚	Indonesia	2009	24468	435	833967	20009437	7638403
伊　朗	Iran	2010	15310	124	1191433	20409415	4946300
以色列	Israel	2010	21306	37	608	3311	1043
日　本	Japan	2007	258157	770	265030	3200740	1086290
哈萨克斯坦	Kazakhstan	2007	11209	42	2761	29559	
韩　国	Korea, Rep.	2008		239	750040	11229880	3676300
马来西亚	Malaysia	2008	32535	257	590	8177	1572
蒙　古	Mongolia	2011	4167	5	1322	17953	4595
巴基斯坦	Pakistan	2006	6221	93	1311	28708	9121
菲律宾	Philippines	2006	5160	99	1647	30397	6729
新加坡	Singapore	2009	9296	42	170	2268	485
斯里兰卡	Sri Lanka	2010	2730	55	959	14174	6052
泰　国	Thailand	2006	457968	382	3230	73045	17588
越　南	Viet Nam	2010	46984	440	1647257		5132799
埃　及	Egypt	2006	9196	100	146	2036	609
南　非	South Africa	2011	72316	116			
加拿大	Canada	2008	84048	163	804	5884	1990
墨西哥	Mexico	2010	205834	304	3273	48249	15723
美　国	United States	2008		1278	6071	54803	21940
巴　西	Brazil	2007	177153	701	1257	13461	5581
捷　克	Czech Rep.	2007	152645	125	3057	35042	8250
法　国	France	2009	207040	305	1031	6785	1805
德　国	Germany	2009	179834	656	2499	13782	3815
意大利	Italy	2009	439112	358	907	7427	1803
荷　兰	Netherlands	2008	47600	74	290	2887	626
波　兰	Poland	2009	175758	223	754	7726	1979
俄罗斯	Russia	2011		777	20320	256314	73855
西班牙	Spain	2009	191973	199	544	3941	1008
土耳其	Turkey	2008	321652	254	372	4771	938
乌克兰	Ukraine	2011	42349	200	632	8811	
英　国	United Kingdom	2009	128468	250	650	4396	1348
澳大利亚	Australia	2011		94	531	3887	1014
新西兰	New Zealand	2008	27640	26	120	862	254

12-5 制造业增加值及构成
Composition of Value Added in Manufacturing

资料来源：世界银行WDI数据库。
Source: World Bank WDI Database.

国家或地区	Country or Area	制造业增加值(亿美元) Value Added in Manufacturing (100 million USD)		主要行业所占比重(%) Major Industry % of Value added in Manafacturing(%)			
				食品、饮料和烟草 Food,Beverages and Tobacco		纺织和服装 Textiles and Clothing	
		2000	2015	2000	2012	2000	2012
中　国	China	3849.4	28569.8①	14.4	11.8②	11.2	10.0②
中国香港	Hong Kong, China	78.8	36.0③	7.2	26.7	19.9	14.8
中国澳门	Macao, China	5.0	1.9④	3.1	30.8	79.1	17.5
孟加拉国	Bangladesh	74.9	327.5		13.5⑤		51.0⑤
文　莱	Brunei Darussalam	9.2	19.9①				
柬埔寨	Cambodia	5.9	28.9	6.6		86.5	
印　度	India	670.4	3018.4③	13.2	9.9	12.6	8.9
印度尼西亚	Indonesia	457.9	1796.5	18.0	28.2	16.7	10.2
伊　朗	Iran	182.4	492.9③	10.4	11.0	5.9	2.8
以色列	Israel			11.6	11.2	5.0	1.9
日　本	Japan	9978.7	8509.0③	11.4	12.9	3.0	1.8
哈萨克斯坦	Kazakhstan	30.2	185.8				
韩　国	Korea, Rep.	1461.0	3695.7	8.3	5.8	8.0	3.5
老　挝	Laos	1.1	10.9				
马来西亚	Malaysia	289.5	675.5	8.0	12.7	4.1	1.6
蒙　古	Mongolia	0.8	9.8	49.4	45.9⑤	39.6	13.7⑤
缅　甸	Myanmar						
巴基斯坦	Pakistan	101.0	314.4				
菲律宾	Philippines	198.3	586.7	28.5	27.2	7.5	2.7
新加坡	Singapore	247.8	535.2③	2.5	3.9	1.0	0.3
斯里兰卡	Sri Lanka	24.6	149.2	38.6	38.3	31.3	32.5
泰　国	Thailand	361.4	1122.1③	17.7	20.0⑤	12.4	6.8⑤
越　南	Viet Nam	57.5	265.1	30.2	19.9	21.0	10.8
埃　及	Egypt	179.7	555.2		10.9		3.6
尼日利亚	Nigeria	16.5	453.6				
南　非	South Africa	238.3	362.8	15.5	21.9⑥	4.9	1.8⑥
加拿大	Canada	1294.7	1893.4④	11.9	15.8	3.7	3.7
墨西哥	Mexico	1321.3	1957.9	25.4	24.2	3.9	3.1
美　国	United States	15419.9	20680.8③	13.0	15.2⑤	3.4	1.4⑤
阿根廷	Argentina	468.8	841.9	28.9		8.0	
巴　西	Brazil	860.9	1732.6	16.7	22.2	6.9	6.4
委内瑞拉	Venezuela	217.1	474.4①				
捷　克	Czech Rep.	145.6	442.8	11.8	8.7	6.2	2.5
法　国	France	1932.4	2428.6	12.9	18.3	4.3	3.0
德　国	Germany	4042.0	6815.3	8.2	7.5	2.3	1.4
意大利	Italy	1999.4	2577.6	8.5	11.1	12.5	9.3
荷　兰	Netherlands	564.8	831.5	17.1	18.1	2.3	1.7
波　兰	Poland	275.3	813.4	5.4	17.8	6.5	3.0
俄罗斯	Russia		699.8	19.4	16.4	2.3	1.4
西班牙	Spain	963.8	1450.1	14.1	20.4	6.7	4.0
土耳其	Turkey	529.2	1119.3	17.8	14.1	15.7	17.7
乌克兰	Ukraine	51.0	109.4		31.0		2.1
英　国	United Kingdom	2168.9	2605.2	13.7	17.7	4.0	2.3
澳大利亚	Australia	481.7	834.7		24.8		2.8
新西兰	New Zealand	81.6	191.7④	33.3	35.9		2.3

12-5 续表 continued

单位：% (%)

国家或地区	Country or Area	机器和运输设备 Machinery and Transport Equipment		化工 Chemicals		其他 Other	
		2000	2012	2000	2012	2000	2012
中　国	China	14.1	24.5②	12	10.8②	48.3	42.9②
中国香港	Hong Kong, China	11.7	26.5	3.7	7.6	57.5	24.4
中国澳门	Macao, China	3.5		2.4		17.8	51.7
孟加拉国	Bangladesh		2.3⑤		4.6⑤		28.6⑤
柬埔寨	Cambodia	0.1		0.1		6.6	
印　度	India	15.6	19.6	21.1	16	37.5	45.6
印度尼西亚	Indonesia	20.2	20.2	10.5	12.2	34.5	29.2
伊　朗	Iran	19.7	9.4	18.6	28.1	45.5	48.7
以色列	Israel	31.9	41.1	10.3	22.4⑥	41.3	45.8
日　本	Japan	33.9	38.1	10.4	11.4	41.2	35.8
韩　国	Korea, Rep.	41.3	48.3	9.5	10.6	32.9	31.6
马来西亚	Malaysia	37.8	29.4	7.9	10.4	42.2	46
蒙　古	Mongolia	0.3	1.3⑤	2	4.6⑤	8.6	34.5⑤
巴基斯坦	Pakistan	30.4	48.2	9.4	5.1	24.2	16.8
菲律宾	Philippines	56.9	50.6	14.2	29.5	25.5	15.7
新加坡	Singapore	4	2.1	3.8	3.5	22.4	23.6
斯里兰卡	Sri Lanka	25.9	30.5⑤	6.2	5.7⑤	37.8	37.1⑤
泰　国	Thailand	11.8	16.2	6.3	5.4	30.8	47.7
越　南	Viet Nam		3.8		13.5		68.2
埃　及	Egypt	13.7	14.4⑥	6.5	6.9⑥	59.4	55.1⑥
南　非	South Africa	31.7	19.4	7.6	8.9	45.1	52.3
加拿大	Canada	24.2	24.2	15.4	11.6	31.2	36.8
墨西哥	Mexico	29.7	28.3⑤	11.8	16.3⑤	42	38.8⑤
美　国	United States	10.8		15.2		37.1	
阿根廷	Argentina	19.1	21.5	12.4	10.8	45	39.1
巴　西	Brazil	23.9	33.5	6.7	5.4	51.4	49.9
捷　克	Czech Rep.	26.3	31.3	11.8	12.2	44.7	35.2
法　国	France	32.7	41.9	9.8	10.5	47.1	38.7
德　国	Germany	22.7	28.9	7.9	8.5	48.5	42.2
意大利	Italy	21	28.1	13.7	17.9	45.9	34.2
荷　兰	Netherlands	14.9	23.5	7.5	7.5	65.7	48.2
波　兰	Poland	23.4	11.3	8.4	10.5	46.6	60.4
俄罗斯	Russia	19	22.3	9.5	11.5	50.7	41.8
西班牙	Spain	14.6	18	10.1	6.4	41.8	43.7
土耳其	Turkey		23.8		5.9		37.1
英　国	United Kingdom	25.3	32.6	9.9	10.4	47.2	37
澳大利亚	Australia		20.9		8.7		42.7
新西兰	New Zealand		11.6		4.5	66.7	45.6

注：①2013年数据。②2007年数据。③2014年数据。④2012年数据。⑤2011年数据。⑥2010年数据。
Note:①Data refer to 2013.②Data refer to 2007.③Data refer to 2014.④Data refer to 2012.⑤Data refer to 2011.⑥Data refer to 2010.

12-6 主要工业产品产量
Output of Major Industrial Products

资料来源：联合国统计月报数据库、英国汽车制造商协会。
Source: UN Monthly Bulletin of Statistics Database，Automobile Manufacturer Association of UK.

国家或地区	Country or Area	粗钢(万吨) Crude Steel (10 000 tons)	
		2005	2015
中国	China	34936	80383
日本	Japan	11248	10516
印度	India	4578	8936
美国	United States	9336	7885
韩国	Korea, Rep.	4782	6965
俄罗斯	Russia	6614	6937
德国	Germany	4452	4267
巴西	Brazil	3178	3326
土耳其	Turkey	2096	3188
意大利	Italy	2893	2202
墨西哥	Mexico	1619	1823
法国	France	1948	1499
西班牙	Spain	1691	1484
加拿大	Canada	1532	1247
乌克兰	Ukraine	2896	1123
英国	United Kingdom	1325	1078
波兰	Poland	834	934
比利时	Belgium	1051	726
荷兰	Netherlands	691	700
南非	South Africa	949	640
沙特阿拉伯	Saudi Arabia	420	629①
埃及	Egypt	562	551
捷克	Czech Rep.	619	527
澳大利亚	Australia	780	492
斯洛伐克	Slovakia	425	456
瑞典	Sweden	572	438
芬兰	Finland	474	400
哈萨克斯坦	Kazakhstan	448	391
罗马尼亚	Romania	628	335
白俄罗斯	Belarus	208	258
卢森堡	Luxemburg	220	212
匈牙利	Hungary	196	168
委内瑞拉	Venezuela	487	134
哥伦比亚	Colombia	85	121
智利	Chile	154	112
希腊	Greece	228	91
斯洛文尼亚	Slovenia	61	60
特立尼达和多	Trinidad and Tobago		59
挪威	Norway	68	58
保加利亚	Bulgaria	197	54

国家或地区	Country or Area	煤(万吨) Coal(10 000 tons)	
		2005	2015
中国	China	236500	375000
美国	United States	102648	81278
印度	India	42818	67624
澳大利亚	Australia	39500	53885
俄罗斯	Russia	29680	37204
南非	South Africa	24502	27000①
德国	Germany	20592	18430
波兰	Poland	15954	13529
加拿大	Canada	6534	6775①
土耳其	Turkey	5864	5354
捷克	Czech Rep.	6202	4633
希腊	Greece	6726	4510
越南	Viet Nam	3240	4234①
塞尔维亚	Serbia	4036	3778
保加利亚	Bulgaria	2446	3586
乌克兰	Ukraine	6076	2822
罗马尼亚	Romania	3146	2545
爱沙尼亚	Estonia	1475	1972
泰国	Thailand	2088	1799①
墨西哥	Mexico	701	1216
英国	United Kingdom	2000	853
马其顿	Macedonia, FYR	688	664②
斯洛文尼亚	Slovenia	454	317
巴基斯坦	Pakistan	487	316①
智利	Chile	54	306
斯洛伐克	Slovakia	251	218①
吉尔吉斯斯坦	Kyrgyzstan	34	187
西班牙	Spain	1081	174
黑山	Montenegro		169②
塔吉克斯坦	Tajikistan	7	108
法国	France	61	30①
赞比亚	Zambia		
卢森堡	Luxemburg		
匈牙利	Hungary	1103	
委内瑞拉	Venezuela		
哥伦比亚	Colombia		
日本	Japan		
荷兰	Netherlands		
埃及	Egypt		
特立尼达和多巴哥	Trinidad and Tobago		

12-6 续表 1 continued

国家或地区	Country or Area	原油(万吨) Crude Petroleum(10 000 tons) 2005	2015	国家或地区	Country or Area	发电量(亿千瓦小时) Electricity (100 million kwh) 2005	2015
美　国	United States	34084	64064	中　国	China	25003	58106
沙特阿拉伯	Saudi Arabia	46883	50803	美　国	United States	40380	40874
俄罗斯	Russia	46920	50186	俄罗斯	Russia	9523	10634
中　国	China	18068	21456	日　本	Japan	8720	9757
加拿大	Canada	12371	17861	加拿大	Canada	5947	5928
伊拉克	Iraq	9086	17214	法　国	France		5135
伊　朗	Iran	20056	15651	德　国	Germany	5861	4331①
阿联酋	United Arab Emirates	11461	14593①	意大利	Italy	3090	2820
科威特	Kuwait	12964	14445①	西班牙	Spain	2656	2765
委内瑞拉	Venezuela	17291	13889	土耳其	Turkey	1616	2614
巴　西	Brazil	8306	12418	墨西哥	Mexico	1721	2583①
墨西哥	Mexico	17508	11785	南　非	South Africa	2481	2579③
尼日利亚	Nigeria	12450	10389	澳大利亚	Australia	2024	2360
安哥拉	Angola	6230	8681	埃　及	Egypt	1117	1702①
挪　威	Norway	13052	7761	波　兰	Poland	1569	1646
哈萨克斯坦	Kazakhstan	5087	6651	乌克兰	Ukraine	1861	1633
阿尔及利亚	Algeria	6186	5427①	瑞　典	Sweden	1594	1506②
阿　曼	Oman		4885	挪　威	Norway	1376	1450
哥伦比亚	Colombia	2686	4865③	马来西亚	Malaysia	873	1316②
利比亚	Libya	8119	4773②	荷　兰	Netherlands	999	1096
英　国	United Kingdom	7718	4283	捷　克	Czech Rep.	826	838
阿塞拜疆	Azerbaijan	2200	4131	智　利	Chile	525	717
印度尼西亚	Indonesia	5232	3905	比利时	Belgium	858	702①
印　度	India	3247	3724	芬　兰	Finland	819	661
埃　及	Egypt	3254	3534②	瑞　士	Switzerland	596	660
卡塔尔	Qatar	3785	3192	奥地利	Austria	658	647
厄瓜多尔	Ecuador	2768	2832	罗马尼亚	Romania	594	640
马来西亚	Malaysia	3460	2721②	以色列	Israel	498	582②
阿根廷	Argentina	3394	2719	葡萄牙	Portugal	366	522
越　南	Viet Nam	1860	1674③	保加利亚	Bulgaria	442	484
澳大利亚	Australia	2360	1646	希　腊	Greece	573	477
泰　国	Thailand	910	1223	秘　鲁	Peru	257	432②
秘　鲁	Peru	456	896②	新西兰	New Zealand	394	426
丹　麦	Denmark	1852	769	塞尔维亚	Serbia	365	380
文　莱	Brunei Darussalam		551	中国香港	Hong Kong, China	384	379
意大利	Italy	614	535	白俄罗斯	Belarus	310	338
德　国	Germany	346	516	丹　麦	Denmark	360	277
巴基斯坦	Pakistan	322	457①	斯洛伐克	Slovakia	313	252
特立尼达和多巴哥	Trinidad and Tobago	748	404	匈牙利	Hungary	304	244
罗马尼亚	Romania	522	385	阿塞拜疆	Azerbaijan	229	228

12-6 续表 2 continued

国家或地区	Country or Area	水泥(万吨) Cement(10 000 tons)		国家或地区	Country or Area	化肥(万吨) Fertilizer(10 000 tons)	
		2005	2015			2005	2014
中　　国	China	103830	234797	中　　国	China	4097	6757
美　　国	United States	9594	8183	美　　国	United States	2096	2220
土 耳 其	Turkey	4300	7249	俄 罗 斯	Russia	1662	1768
俄 罗 斯	Russia	4854	6210	印　　度	India	1531	1643
越　　南	Viet Nam	2771	5760③	加 拿 大	Canada	1146	1343
韩　　国	Korea, Rep.	5222	5621	白俄罗斯	Belarus	570	738
日　　本	Japan	6962	5483	印度尼西亚	Indonesia	322	427
墨 西 哥	Mexico	4007	4482	沙特阿拉伯	Saudi Arabia	150	371
泰　　国	Thailand	3787	4368	巴　　西	Brazil	308	317
巴基斯坦	Pakistan	1848	3319	巴基斯坦	Pakistan	277	306
马来西亚	Malaysia	1666	2147②	德　　国	Germany	470	300
波　　兰	Poland	1450	1501	以 色 列	Israel	271	294
摩 洛 哥	Morocco	1028	1424	摩 洛 哥	Morocco	131	283
加 拿 大	Canada	1418	1217	卡 塔 尔	Qatar	137	250
秘　　鲁	Peru	578	1108	埃　　及	Egypt	181	250
澳大利亚	Australia	907	976②	波　　兰	Poland	233	218
哈萨克斯坦	Kazakhstan	418	859	荷　　兰	Netherlands	174	183
乌 克 兰	Ukraine	1217	850	约　　旦	Jordan	152	178
罗马尼亚	Romania	815	842	比 利 时	Belgium	145	159
英　　国	United Kingdom	1122	796③	西 班 牙	Spain	177	158
突 尼 斯	Tunisia	670	750②	乌 克 兰	Ukraine	266	158
孟加拉国	Bangladesh	215	703	法　　国	France	362	135
塞内加尔	Senegal	263	491	越　　南	Viet Nam	64	129
白俄罗斯	Belarus	313	463	乌兹别克斯坦	Uzbekistan		125
克罗地亚	Croatia	348	450	智　　利	Chile	66	120
智　　利	Chile	402	432	土 耳 其	Turkey	124	118
玻利维亚	Bolivia		334①	立 陶 宛	Lithuania	107	117
斯洛伐克	Slovakia	344	332①	墨 西 哥	Mexico	45	99
阿塞拜疆	Azerbaijan	154	272	意 大 利	Italy	43	96
保加利亚	Bulgaria	362	210	阿 联 酋	United Arab Emirates	26	90
乌 干 达	Uganda		203②	挪　　威	Norway	73	81
中国香港	Hong Kong, China	101	194①	日　　本	Japan	107	76
塞尔维亚	Serbia	228	173	韩　　国	Korea, Rep.	59	73
塔吉克斯坦	Tajikistan	25	140	突 尼 斯	Tunisia	115	67
芬　　兰	Finland	130	126①	澳大利亚	Australia	94	67
吉尔吉斯斯坦	Kyrgyzstan	97	124③	阿　　曼	Oman	48	67
多　　哥	Togo		116③	马来西亚	Malaysia	59	66
立 陶 宛	Lithuania	83	98	阿尔及利亚	Algeria	10	64
塞浦路斯	Cyprus	180	79	英　　国	United Kingdom	148	62
缅　　甸	Myanmar	55	53③	伊　　朗	Iran	87	59

12-6 续表 3 continued

国家或地区	Country or Area	汽车(万辆) Motor Vehicles (10 000 vehicles) 2005	2015	国家或地区	Country or Area	天然气(万亿焦耳) Natural Gas (terajoule) 2005	2015
中　　国	China	572	2450	美　　国	United States	19633788	29433312
美　　国	United States	1195	1210	俄 罗 斯	Russia	24785724	21348360
日　　本	Japan	1080	928	加 拿 大	Canada	6566448	5748240
德　　国	Germany	576	603	中　　国	China	1965624	4832076①
韩　　国	Korea, Rep.	370	456	挪　　威	Norway	3527904	4731468
印　　度	India	164	413	印度尼西亚	Indonesia	3204684	3119328
墨 西 哥	Mexico	168	357	墨 西 哥	Mexico	2245812	2927964
巴　　西	Brazil	253	243	马来西亚	Malaysia	2402160	2552904②
西 班 牙	Spain	275	273	澳大利亚	Australia	1298988	2529228
加 拿 大	Canada	269	228	埃　　及	Egypt	1933140	1661400②
俄 罗 斯	Russia	135	138	英　　国	United Kingdom	3693300	1659816
泰　　国	Thailand	112	192	荷　　兰	Netherlands	2624388	1596336
法　　国	France	355	197	巴基斯坦	Pakistan	1290852	1468704①
英　　国	United Kingdom	180	168	特立尼达和多巴哥	Trinidad and Tobago		1420272
印度尼西亚	Indonesia	50	110	印　　度	India	1109412	1226532
捷　　克	Czech Rep.	60	130	泰　　国	Thailand	753708	1189920
土 耳 其	Turkey	88	136	玻利维亚	Bolivia	464424	826788①
伊　　朗	Iran	108	98	孟加拉国	Bangladesh	502824	799740②
斯洛伐克	Slovakia	22	100	阿塞拜疆	Azerbaijan	128676	756672
意 大 利	Italy	104	101	乌 克 兰	Ukraine	705720	652668
阿 根 廷	Argentina	32	53	文　　莱	Brunei Darussalam		531660
马来西亚	Malaysia	56	61	秘　　鲁	Peru		475752②
波　　兰	Poland	61	66	罗马尼亚	Romania	491508	381636
南　　非	South Africa	53	62	越　　南	Viet Nam	288468	364560③
比 利 时	Belgium	93	41	德　　国	Germany	661068	353304①
罗马尼亚	Romania	19	39	意 大 利	Italy	458004	258108
中国台湾	Taiwan.China	45	35	新 西 兰	New Zealand	156864	188508
乌兹别克斯坦	Uzbekistan	10	19	波　　兰	Poland	180696	171396
摩 洛 哥	Morocco		29	菲 律 宾	Philippines		133308
匈 牙 利	Hungary	15	50	日　　本	Japan	128016	112164
澳大利亚	Australia	39	17	突 尼 斯	Tunisia	87852	100872①
葡 萄 牙	Portugal	22	16	丹　　麦	Denmark	437592	93960
奥 地 利	Austria	25	13	克罗地亚	Croatia	85188	69132
瑞　　典	Sweden	34	19	匈 牙 利	Hungary	108744	63384
巴基斯坦	Pakistan		23	奥 地 利	Austria	62076	55956②
斯洛文尼亚	Slovenia	18	13	智　　利	Chile	74700	37068
哥伦比亚	Columbia		8	南　　非	South Africa		36576③
菲 律 宾	Philippines		11	塞尔维亚	Serbia	10632	24432
芬　　兰	Finland		7	土 耳 其	Turkey		19320②

注：①2014年数据。②2013年数据。③2012年数据。
Note:①Data refer to 2014.②Data refer to 2013.③Data refer to 2012.

12-7 竣工房屋建筑
Construction of New Buildings

资料来源：联合国统计月报数据库。
Source: UN Monthly Bulletin of Statistics Database.

国家或地区	Country or Area	2005	2010	2012	2013	2014	2015
竣工房屋建筑面积	**Constrction Area of New Buildings**						
(万平方米)	**(10 000 sq.m.)**						
中　国	China	40004	61216	79043	78740	80868	
伊　朗	Iran		9940	10078			
以色列	Israel	496	617	733	796	854	808
日　本	Japan	11242	7690	8243	9173	8021	7892
哈萨克斯坦	Kazakhstan	499	641	674	684	752	894
韩　国	Korea, Rep.	5028	5147	5926	5024	5710	
菲律宾	Philippines	1060	1141	1314	1259	1494	1448
南　非	South Africa	886	494	485	514	484	512
法　国	France	4562	3667	3463	3304	2866	2842
德　国	Germany	2502	1904	2676	2906	2978	3218
波　兰	Poland	1140	1386	1508	1469	1397	1434
俄罗斯	Russia	4356	5812	6576	6940	8419	8536
土耳其	Turkey	3661	9052	7669	9416	11372	10788
乌克兰	Ukraine		934	1075	1122	974	1104
新西兰	New Zealand	497	311	334	408	462	486
竣工房屋建筑(套)	**Number of New Buildings(unit)**						
伊　朗	Iran		804852	727020			
以色列	Israel	32004	33156	37032	42564	44652	43668
日　本	Japan	1294668	815640	882792	980028	892260	908304
哈萨克斯坦	Kazakhstan	20280					
韩　国	Korea, Rep.	37800	81792	98904	93048	101892	
菲律宾	Philippines	105348	105228	115452	107832	126876	124428
南　非	South Africa	70620	39552	42876	33864	38568	39672
美　国	United States	1932000	648000	648000	768000	885996	969000
捷　克	Czech Rep.	32868	36444	29472	25248	23880	25092
法　国	France	444192	414900	388296	376104	341604	345300
德　国	Germany	215304	167784	239460	270360	283128	305580
波　兰	Poland	114072	135720	152904	145140	143172	147708
俄罗斯	Russia	515304	714120	838032	912108	1117920	1195044
西班牙	Spain	524484	257448	114996	64632	46836	45636
土耳其	Turkey	249816	584280	528000	688044	757176	714144
乌克兰	Ukraine		76776	91176	102288	105240	117444
英　国	United Kingdom	209580	135948	141528	135324	144984	170676
澳大利亚	Australia	164964	156948	146088	152304	175896	195912
新西兰	New Zealand	26016	15600	16932	21288	24684	27132

主要统计指标解释

工业生产指数 按国际标准产业分类的大类，包括矿业，制造业，电力、煤气、水，不包括建筑业。工业生产指数反映按美元不变价计算的增加值的变化趋势，采用拉氏公式计算，基期为 2005 年。

机构数 这里所用的机构的概念大部分情况下指的是经济活动单位，即能够单独核算的、在一个地点经营的、主要从事一种经济活动的单位。

雇员数 指所有在企业中工作的人，包括企业主本人、合伙人、不领工资的家庭成员和所有雇员，但不包括家务劳动者。

工资和薪金 指报告期内用现金或以货代款方式支付给企业雇员的所有款项。款项包括（1）直接工资和薪金；（2）非工作时间的报酬；（3）奖金和小费；（4）雇主直接支付的住房补贴和家庭补贴；（5）以货代款方式的支付。雇员的补偿相当于工资和薪金加雇主为雇员支付的社会保障、养老金缴款雇员因此而得到的收益、解雇和辞职时加发的工资。

产出 指企业的工业活动所产出的价值。它包括(1)企业创造的全部产品总值;(2)收到或发出的在产品期初期末差额价值或库存品价值;(3)为其他部门提供工业生产或服务价值;(4)收到或发出的商品价值减去支付这些商品的数额;(5)报告期内生产单位自己使用而生产的固定资产价值。发出的制成品库存的期初期末差额价值。

Explanatory Notes on Main Statistical Indicators

Industrial Production Indices are classified according to tabulation categories, division and combination of division of the revised version of the International Standard Industrial Classification of All Economic Activities (ISIC) for mining, manufacturing and electricity, gas and water, excluding construction. The indices indicate trends in value added in constant US dollars. Each series is compiled by use of the Laspeyres. The base year is 2005.

Establishment is ideally a unit that engages, under a single ownership or control, in one, or predominantly one, kind of activity at a single location.

Number of Employees is defined as the total number of persons who worked in or for the establishment during the reference year. However, home workers are excluded.

Wages and Salaries Estimates of wages and salaries include all payments in cash or in kind made to "employees" during the reference year in relation to work done for the establishment. Payment include: (a)direct wages and salaries;(b)remuneration for time not worked; (c)bonuses and gratuities;(d)housing allowances and family allowances paid directly by the employer, and (e)payments in kind.

Output The measure of output normally used in the tables is the census concept that covers only activities of an industrial nature. it include:(a)the value of all products of the establishment; (b)the net change between the beginning and the end of the reference period in the value of work in progress and stocks of goods to be shipped in the same condition as received;(c)the value of industrial work done or industrial services rendered to others; (d)the value of goods shipped in the same condition as received less the amount paid for these goods; and(e)the value of fixed assets produced during the period by the unit for its own use. In the case of estimates compiled on a shipment basis, the net change in the value of stocks of finished goods between the beginning and the end of the reference period is also included.

运输和通讯

Transportation and Communication

13-1 公路货运客运周转量
Freight Ton-km and Passenger-km of Road

资料来源：国际公路协会《世界公路统计2015年》。
Source: International Road Federation World Road Statistics 2015.

国家或地区	Country or Area	公路货运周转量(亿吨公里) Roads, Goods Transported (100 million ton-km)			公路客运周转量(亿人公里) Roads, Passengers Carried (100 million passenger-km)		
		2000	2010	2013	2000	2010	2013
中　国	China	6129.4	43389.7	55738.1	6657.4	15020.8	11250.9
柬埔寨	Cambodia				2.0		
印　度	India	8.7①	11065.0	12124.0④			63512.0④
日　本	Japan	3131.2	2540.8	2140.9	9512.5	8987.2②	
哈萨克斯坦	Kazakhstan	46.4①	802.6			1261.5	
韩　国	Korea, Rep.	114.1	125.5②	492.2	745.7	794.4	2929.0
老　挝	Laos		5.1	3.6		25.6	26.19④
蒙　古	Mongolia	14.8	18.3	43.1	3.9	14.8	19.4
巴基斯坦	Pakistan	902.7①	1634.2		1970.1	2976.9	
新加坡	Singapore					56.8	57.2
斯里兰卡	Sri Lanka				198.6		
越　南	Viet Nam		361.8	467.9		692.0	902.2
埃　及	Egypt					127.9	
南　非	South Africa	4.3					
加拿大	Canada	766.9①	1352.9	1418.7④		4930.0②	
墨西哥	Mexico	1940.5	2202.9	2354.3	3817.0	4520.3	4847.8
美　国	United States	17412.1	19292.0②	39829.5④	73234.4	68303.1	67954.6
阿根廷	Argentina				234.3	359.3	
捷　克	Czech Rep.	390.0	518.3	548.9	733.9	799.4	899.5
法　国	France	2665.0	2890.0	2886.2		8610.0	8717.8
德　国	Germany	3463.0	4419.0	4580.0	9269.4	9804.9	
意大利	Italy	1847.6	1757.8	1240.2④		8037.0	
荷　兰	Netherlands	457.0	757.8		1939.0③	1533.0	
波　兰	Poland	750.2	2142.0	2597.1	1904.0	2336.1	
俄罗斯	Russia	233.0	1990.0	2500.5	1.7③	1407.0	1260.4
西班牙	Spain	1330.8	2727.3	2374.6	4031.7	3953.3	3703.1
土耳其	Turkey	1522.1①	1903.7	2240.5	1779.5	2269.1	2681.8
乌克兰	Ukraine	182.7①	343.9	399.8	310.1	514.6	483.4
英　国	United Kingdom	1504.8	1388.5		6950.0	7100.0	6879.8
澳大利亚	Australia	1326.3	1867.8	2035.9	2838.4	3192.1	3305.0

注：①1998年数据。②2009年数据。③1999年数据。④2012年数据。
Note:①Data refer to 1998.②Data refer to 2009.③Data refer to 1999.④Data refer to 2012.

13−2 铁路运输
Railway Traffic

资料来源：世界银行WDI数据库。
Source: World Bank WDI Database.

国家或地区	Country or Area	铁路总长度(公里) Rail Lines Total (km)		铁路货运周转量(亿吨公里) Rail. Goods Transported (100 million ton-km)		铁路客运周转量(亿人公里) Rail, Passengers Carried (100 million passenger-km)	
		2005	2014	2005	2014	2005	2014
中　国	China	62200	66989	19346.12	23086.69	5833.20	8070.65
孟加拉国	Bangladesh	2855	2835	8.96	7.10	43.40	73.05
柬埔寨	Cambodia	650		0.92		0.45	
印　度	India	63465	65808	4073.98	6658.10	5757.02	11587.42
印度尼西亚	Indonesia		4684	46.98	71.66	255.35	202.83
伊　朗	Iran	7131	8560	191.27	244.61	111.49	162.72
以色列	Israel	899	1193	11.49	10.99	16.16	24.86
日　本	Japan	20096	20140①	219.00	202.55	2392.46	2600.14
哈萨克斯坦	Kazakhstan	14204	14329	1718.55	2358.45	121.29	184.98
韩　国	Korea, Rep.	3392	3648	101.08	104.59	310.04	226.26
马来西亚	Malaysia	1657	2250	11.78	30.71	11.81	32.93
蒙　古	Mongolia	1810	1818	88.57	114.18	12.28	13.99
巴基斯坦	Pakistan	7791	7791	47.96	17.57	230.45	206.19
菲律宾	Philippines	491		0.01②		1.44②	
斯里兰卡	Sri Lanka	1200		1.38		46.82	
泰　国	Thailand	4044	5327	40.37	24.55	91.95	75.04
越　南	Viet Nam	2671	2347	29.28	39.59	45.58	45.58
埃　及	Egypt	5150	5195	39.17	15.92	408.37	408.37
尼日利亚	Nigeria	3528		0.77		1.74	
南　非	South Africa	20047	20500	1085.13	1346.00	9.91	146.89
加拿大	Canada	57671	52131	3386.61	3525.35	27.90	14.12
墨西哥	Mexico	26662	26704	543.87	787.70	0.73	4.79
美　国	United States	228999	228218	27175.13	25245.85	88.69	103.31
阿根廷	Argentina	35753	25023		121.11	69.79	85.88
巴　西	Brazil	29314	29817	2212.11	2677.00		
委内瑞拉	Venezuela			0.32			
捷　克	Czech Rep.	9513	9456	143.85	98.71	66.31	69.52
法　国	France	29286	30013	418.98	320.12	783.06	839.14
德　国	Germany	34228	33426	880.22	748.18	725.68	793.40
意大利	Italy	16751	17037	210.45	103.22	473.68	397.98
荷　兰	Netherlands	2813	3016	43.31②		147.30	170.18
波　兰	Poland	19599	18942	460.60	320.17	167.42	118.65
俄罗斯	Russia	85542	85266	18016.01	22985.64	1642.62	1288.20
西班牙	Spain	14484	16870	115.86	80.05	210.47	250.18
土耳其	Turkey	8697	10087	89.39	111.45	50.36	43.93
乌克兰	Ukraine	22001	21538	2239.80	2377.22	526.55	492.03
英　国	United Kingdom	16208	14787	221.10	192.30③	440.36	654.66
澳大利亚	Australia	9528	1829④	461.64	596.49	12.90	18.29③

注：①2013年数据。②2004年数据。③2011年数据。④2012年数据。
Note:①Data refer to 2013.②Data refer to 2004.③Data refer to 2011.④Data refer to 2012.

13–3　国际海运装货量和卸货量
International Maritime Freight Loaded and Unloaded

资料来源：联合国统计月报数据库。
Source: UN Monthly Bulletin of Statistics Database.
单位：万吨　　(10 000 tons)

国家或地区	Country or Area	国际海运装货量 International Maritime Freight Loaded			国际海运卸货量 International Maritime Freight Unloaded		
		2000	2005	2015	2000	2005	2015
中国香港	Hong Kong, China	6770	8918	10375	10693	14095	15281
孟加拉国	Bangladesh	89	79	581①	1408		4820①
文　莱	Brunei Darussalam	10	8		102	168	
印度尼西亚	Indonesia	14153	27372		4504	8479	
伊　朗	Iran	3065	3446		4486	6073	
以色列	Israel	1387	1663	1867	2920	2107	2952
日　本	Japan	13010			80654		
韩　国	Korea, Rep.	15078	24250		41882	51245	
马来西亚	Malaysia	5483	7940	13253②	6922	10391	15770②
巴基斯坦	Pakistan	617	1126		3080	3955	
新加坡	Singapore	32618	42266				
斯里兰卡	Sri Lanka	919	1315				
埃　及	Egypt		2123			4241	
南　非	South Africa	2598					
美　国	United States	34334	40534		83352	94160	
阿根廷	Argentina	1550					2742①
法　国	France	6810	10066	10770	20273	22710	18719
德　国	Germany	8602	10832	11795	14725	16866	16967
荷　兰	Netherlands	9940	12250		32507	36424	
波　兰	Poland	3152	3835	2929	1582	1642	3919
俄罗斯	Russia	828	910		84	74	
西班牙	Spain	5627	8195		19343	26164	
乌克兰	Ukraine	4271	7070	10114①	684	1333	1610①
澳大利亚	Australia	48750	62401	136933	5418	6989	9881
新西兰	New Zealand	2214	2167	3614	1379	1844	2118

注：①2014年数据。②2013年数据。
Note:①Data refer to 2014.②Data refer to 2013.

13-4 空运货物周转量和客运量
Freight and Passengers Carried by Air

资料来源：世界银行WDI数据库。
Source: World Bank WDI Database.

国家或地区	Country or Area	空运货物周转量（万吨公里） Air Transport, Freight (10 000 ton-km)			航空客运量（万人） Air Transport, Passengers Carried (10 000 persons)		
		2000	2005	2015	2000	2005	2015
世　界	**World**	**11825721**	**13684292**	**188000191**	**167406**	**197014**	**344086**
高收入国家	**High Income**	**10105213**	**11360059**	**143837531**	**136142**	**150077**	**208379**
中等收入国家	**Middle Income**	**1679524**	**2301822**	**4283023**	**30825**	**46499**	**134213**
低收入国家	**Low Income**	**40984**	**66839**	**133243**	**439**	**1015**	**1494**
中　国	China	390008	757940	1980563	6189	13672	43618
中国香港	Hong Kong, China	511151	776387	1129427	1438	2023	4187
中国澳门	Macao, China	2190	16981	2544	153	204	228
孟加拉国	Bangladesh	19387	18349	18269	133	163	291
文　莱	Brunei Darussalam	14023	13414	11515	86	98	115
柬埔寨	Cambodia		120	230		17	110
印　度	India	54765	77404	183385	1730	2788	9893
印度尼西亚	Indonesia	40854	43977	74747	992	2684	8869
伊　朗	Iran	7372	9822	10719	872	1271	1500
以色列	Israel	88570	121348	75863	444	439	606
日　本	Japan	867205	854924	886875	10912	10228	11376
哈萨克斯坦	Kazakhstan	1175	1583	3767	46	116	508
韩　国	Korea, Rep.	765134	743257	1129697	3433	3389	6548
老　挝	Laos	167	248	136	21	29	118
马来西亚	Malaysia	186384	257758	200598	1656	2037	5035
蒙　古	Mongolia	844	607	713	25	30	54
缅　甸	Myanmar	77	272	337	44	150	203
巴基斯坦	Pakistan	34031	40793	18318	529	536	847
菲律宾	Philippines	28995	32271	48419	576	806	3223
新加坡	Singapore	600489	757126	615437	1670	1774	3329
斯里兰卡	Sri Lanka	25571	31036	38138	176	282	491
泰　国	Thailand	171288	200242	213415	1739	1890	5426
越　南	Viet Nam	11733	23019	38447	288	545	2994
埃　及	Egypt	27806	28695	39753	452	489	1016
尼日利亚	Nigeria	882	1003	2240	51	75	322
南　非	South Africa	68757	92338	88528	800	1184	1719
加拿大	Canada	189611	152682	207483	4177	4523	8023
墨西哥	Mexico	30986	39043	71399	2089	2186	4556
美　国	United States	3017198	3735764	3721889	66533	72055	79823
阿根廷	Argentina	29665	13256	24377	892	694	1425
巴　西	Brazil	172790	153068	149394	3129	3766	10204
委内瑞拉	Venezuela	3310	211	620	430	504	646
捷　克	Czech Rep.	3222	3876	2662	223	471	497
法　国	France	522434	580244	409831	5258	5248	6504
德　国	Germany	712771	772213	698501	5796	9079	11554
意大利	Italy	174841	136513	94543	3042	3612	2604
荷　兰	Netherlands	436734	489397	529280	2090	2613	3487
波　兰	Poland	7783	7128	12002	234	355	484
俄罗斯	Russia	104141	154122	476105	1769	2652	7685
西班牙	Spain	87950	102174	104091	3971	4986	6081
土耳其	Turkey	38504	38295	288216	1219	1694	9660
乌克兰	Ukraine	1220	3929	3772	95	251	461
英　国	United Kingdom	516087	599843	546651	7044	9360	13145
澳大利亚	Australia	173074	244459	188730	3258	4466	6929
新西兰	New Zealand	81714	78147	99939	1078	1195	1530

13-5 机动车使用量
Vehicles in Use

资料来源：国际公路协会《世界公路统计2015年》。
Source: International Road Federation World Road Statistics 2015.

国家或地区	Country or Area	年份 Year	总计 (万辆) Total (10 000 units)	乘用车 (万辆) Passenger Cars (10 000 units)	公共汽车 (万辆) Buses (10 000 units)	卡车和货车 (万辆) Lorries and Vans (10 000 units)
中国	China	2013	12572.4	10303.3	248.4	2010.6
中国香港	Hong Kong,China	2013	61.3	47.6	2.0	11.7
孟加拉国	Bangladesh	2012	56.1	32.2	12.4	11.4
文莱	Brunei Darussalam	2011	14.4	13.3	0.2	1.0
印度	India	2012	3078.4	2153.3	159.5	765.6
以色列	Israel	2013	272.9	236.2	2.8	34.0
日本	Japan	2013	7609.0	5935.7	22.6	1650.6
哈萨克斯坦	Kazakhstan	2011	406.6	355.3	9.8	41.4
韩国	Korea,Rep.	2013	1940.1	1507.8	97.1	335.2
马来西亚	Malaysia	2012	1157.3	1046.7	7.4	103.2
蒙古	Mongolia	2013	38.5	25.9	2.0	10.5
缅甸	Myanmar	2013	49.2	36.0	5.0	8.2
巴基斯坦	Pakistan	2012	263.6	218.8	21.3	23.5
菲律宾	Philippines	2012	330.9	85.2	3.4	242.3
新加坡	Singapore	2013	80.2	62.4	1.8	16.0
斯里兰卡	Sri Lanka	2013	125.3	52.8	9.3	63.1
南非	South Africa	2011	836.1	567.5	33.4	235.2
加拿大	Canada	2009	2049.0	1417.2		631.8
墨西哥	Mexico	2013	3487.0	2482.0	34.5	970.5
美国	United States	2013	24747.2	11367.6	86.5	13293.1
巴西	Brazil	2013	5809.4	4544.4	88.8	1176.1
白俄罗斯	Belarus	2013	323.7	277.8	4.5	41.4
捷克	Czech Republic	2013	535.0	472.9	2.0	60.1
法国	France	2013	3820.0	3165.0	8.8	646.2
德国	Germany	2013	4863.9	4385.1	7.7	471.1
意大利	Italy	2013	4175.6	3710.1	9.8	455.6
荷兰	Netherlands	2013	889.3	793.2	1.0	95.1
挪威	Norway	2013	306.5	250.0	1.8	54.8
波兰	Poland	2013	2273.5	1938.9	10.3	324.2
俄罗斯	Russia	2013	4836.9	4142.8	89.1	605.0
西班牙	Spain	2013	2802.6	2202.5	6.0	594.1
土耳其	Turkey	2013	1361.5	928.4	64.0	368.9
乌克兰	Ukraine	2011	848.8	690.1	25.0	133.8
英国	United Kingdom	2013	3312.8	2914.1	16.4	382.3
澳大利亚	Australia	2013	1643.6	1300.0	9.3	334.3
新西兰	New Zealand	2013	319.3	268.3	2.2	48.8

13-5 续表 continued

国家或地区	Country or Area	年 份 Year	摩托车 (万辆) Motorcycles (10 000 units)	每千人拥有乘用车数量(辆) Passenger Cars per 1000 Persons (unit)	每千人拥有汽车数量(辆) Total Vehicles per 1000 Persons (unit)	每公里道路汽车数量 (辆) Total Vehicles per km of Road (unit)
中 国	China	2013	9521.2	76.0	93.0	29.0
中国香港	Hong Kong,China	2013	4.2	66.0	85.0	293.0
孟加拉国	Bangladesh	2012	124.6	2.0	4.0	
文 莱	Brunei Darussalam	2011	0.3	327.0	355.0	46.0
印 度	India	2012	11547.8	17.0	25.0	6.0
以 色 列	Israel	2013	12.1	293.0	339.0	145.0
日 本	Japan	2013	1025.7	466.0	598.0	221.0
哈萨克斯坦	Kazakhstan	2011	5.0	215.0	246.0	42.0
韩 国	Korea,Rep.	2013	211.7	300.0	386.0	182.0
马来西亚	Malaysia	2012	1059.0	358.0	396.0	64.0
蒙 古	Mongolia	2013		91.0	136.0	
缅 甸	Myanmar	2013	341.9	7.0	9.0	12.0
巴基斯坦	Pakistan	2012	728.4	12.0	15.0	10.0
菲 律 宾	Philippines	2012	411.7	9.0	34.0	
新 加 坡	Singapore	2013	14.5	116.0	148.0	232.0
斯里兰卡	Sri Lanka	2013	356.6	26.0	61.0	
南 非	South Africa	2011	33.1	110.0	162.0	
加 拿 大	Canada	2009		421.0	609.0	15.0
墨 西 哥	Mexico	2013	187.3	203.0	285.0	92.0
美 国	United States	2013	840.5	360.0	783.0	38.0
巴 西	Brazil	2013	2157.5	227.0	290.0	37.0
白俄罗斯	Belarus	2013	38.8	293.0	342.0	32.0
捷 克	Czech Republic	2013	97.7	449.0	508.0	41.0
法 国	France	2013		479.0	579.0	36.0
德 国	Germany	2013	405.5	544.0	603.0	76.0
意 大 利	Italy	2013	908.9	620.0	698.0	
荷 兰	Netherlands	2013	175.6	472.0	529.0	
挪 威	Norway	2013	41.4	492.0	603.0	33.0
波 兰	Poland	2013	231.7	503.0	590.0	55.0
俄 罗 斯	Russia	2013	249.4	289.0	337.0	35.0
西 班 牙	Spain	2013	289.1	472.0	601.0	42.0
土 耳 其	Turkey	2013	272.3	124.0	182.0	35.0
乌 克 兰	Ukraine	2011	120.6	151.0	186.0	50.0
英 国	United Kingdom	2013	121.9	455.0	517.0	79.0
澳大利亚	Australia	2013	74.5	562.0	711.0	19.0
新 西 兰	New Zealand	2013	8.7	600.0	714.0	34.0

13-6 汽车燃料价格
Motor Fuel Prices

资料来源：国际公路协会《世界公路统计2015年》。
Source: International Road Federation World Road Statistics 2015.
单位：美分/升 (USD cent/liter)

国家或地区	Country or Area	高级汽油价格 Super Gasoline Price				
		2000	2006	2008	2010	2012
中　国	China	40	69	99	111	137
中国香港	Hong Kong,China	146	169	195	192	216
孟加拉国	Bangladesh	46	79	117	109	115
印　度	India	60	101	109	115	125
印度尼西亚	Indonesia	17	57	50	79	47
伊　朗	Iran	5	9	10	10	33
以色列	Israel	114	147	137	185	201
日　本	Japan	106	109	142	160	200
哈萨克斯坦	Kazakhstan	36	70	83	71	101
韩　国	Korea,Rep.	92	165	151	152	180
马来西亚	Malaysia	28	53	53	59	62
蒙　古	Mongolia	38	88	138	111	129
缅　甸	Myanmar	33	66	43	80	104
巴基斯坦	Pakistan	53	101	84	86	114
菲律宾	Philippines	37	76	91	105	125
新加坡	Singapore	84	92	107	142	168
斯里兰卡	Sri Lanka	66	88	143	119	129
泰　国	Thailand	39	70	87	141	156
越　南	Vietnam	38	67	80	88	115
埃　及	Egypt	26	30	49	48	45
尼日利亚	Nigeria	27	51	59	44	62
南　非	South Africa	50	85	87	119	138
加拿大	Canada	58	84	76	121	132
墨西哥	Mexico	61	74	74	81	86
美　国	United States	47	63	56	76	97
阿根廷	Argentina	107	62	78	96	146
巴　西	Brazil	92	126	126	158	139
委内瑞拉	Venezuela	12	3	2	2	2
白俄罗斯	Belarus	55	79	133	108	88
捷　克	Czech Republic	77	130	137	175	193
法　国	France	99	148	152	198	191
意大利	Italy	97	156	157	187	228
荷　兰	Netherlands	103	170	168	213	233
波　兰	Poland	76	130	143	157	174
俄罗斯	Russia	33	77	89	84	99
西班牙	Spain	73	115	123	156	175
土耳其	Turkey	88	188	187	252	254
乌克兰	Ukraine	37	81	88	101	135
英　国	United Kingdom	117	163	144	192	217
澳大利亚	Australia	57	93	74	127	139
新西兰	New Zealand	48	98	109	147	177

13-6 续表 continued

单位：美分/升 (USD cent/liter)

国家或地区	Country or Area	柴油价格 Diesel Price 2000	2006	2008	2010	2012
中　国	China	45	61	101	104	128
中国香港	Hong Kong,China	80	106	116	132	157
孟加拉国	Bangladesh	29	45	70	63	76
印　度	India	39	75	70	82	86
印度尼西亚	Indonesia	6	44	42	51	47
伊　朗	Iran	2	3	3	2	12
以色列	Israel	64	127	170	187	212
日　本	Japan	76	90	130	137	161
哈萨克斯坦	Kazakhstan	29	45	72	51	67
韩　国	Korea,Rep.	66	133	140	135	163
马来西亚	Malaysia	16	40	53	56	59
蒙　古	Mongolia	38	87	142	104	122
缅　甸	Myanmar	12	75	52	80	
巴基斯坦	Pakistan	27	64	77	92	120
菲律宾	Philippines	28	67	81	84	101
新加坡	Singapore	38	63	90	104	126
斯里兰卡	Sri Lanka	27	55	75	66	93
泰　国	Thailand	35	65	64	95	97
越　南	Vietnam	27	53	77	77	106
埃　及	Egypt	10	12	20	32	18
尼日利亚	Nigeria	27	66	113	77	109
南　非	South Africa	50	84	95	114	142
加拿大	Canada	47	78	90	108	123
墨西哥	Mexico	45	52	54	72	85
美　国	United States	48	69	78	84	105
阿根廷	Argentina	52	48	58	105	133
巴　西	Brazil	34	84	103	114	102
委内瑞拉	Venezuela	6	2	1	1	1
白俄罗斯	Belarus	36	55	106	86	90
捷　克	Czech Republic	68	129	145	169	187
法　国	France	82	133	145	172	178
意大利	Italy	83	149	163	169	218
荷　兰	Netherlands	78	132	145	171	195
波　兰	Poland	65	130	140	150	173
俄罗斯	Russia	29	66	86	72	100
西班牙	Spain	65	110	128	147	175
土耳其	Turkey	66	162	163	203	233
乌克兰	Ukraine	30	87	96	92	125
英　国	United Kingdom	122	173	165	198	227
澳大利亚	Australia	57	94	94	123	157
新西兰	New Zealand	34	70	85	97	124

13-7 港口集装箱吞吐量
Container Port Traffic

资料来源：世界银行WDI数据库。
Source: World Bank WDI Database.
单位：万标准集装箱 (10 000 TEUs)

国家或地区	Country or Area	2000	2009	2010	2011	2012	2013	2014
世　界	**World**	**22477**	**47218**	**54225**	**58748**	**62231**	**64945**	**67926**
高收入国家	**High Income**	**14426**	**25124**	**28139**	**29904**	**30938**	**31681**	**32969**
中等收入国家	**Middle Income**	**8052**	**21961**	**25936**	**28686**	**31124**	**33082**	**34757**
中　国	China	4100	10880	13029	14464	16132	17086	18164
中国香港	Hong Kong, China		2104	2370	2438	2312	2235	2230
孟加拉国	Bangladesh	46	118	136	143	144	150	166
文　莱	Brunei Darussalam		9	10	11	11	12	13
柬埔寨	Cambodia		21	22	24	25	27	29
印　度	India	245	801	975	1028	1028	1088	1166
印度尼西亚	Indonesia	380	726	848	897	964	1127	1190
伊　朗	Iran		221	259	274	295	318	
以色列	Israel		203	228	239	256	254	245
日　本	Japan	1310	1629	1810	1942	2012	2049	2074
韩　国	Korea, Rep.	903	1570	1854	2083	2161	2259	2380
马来西亚	Malaysia	464	1592	1827	2014	2087	2117	2272
缅　甸	Myanmar		16	19	20	22	23	24
巴基斯坦	Pakistan		206	215	219	238	249	260
菲律宾	Philippines	303	431	495	529	569	586	587
新加坡	Singapore	1710	2659	2918	3073	3250	3352	3483
斯里兰卡	Sri Lanka	173	346	400	426	432	431	491
泰　国	Thailand	318	590	665	717	747	770	828
越　南	Viet Nam	119	494	598	693	755	914	953
埃　及	Egypt	163	625	671	774	814	825	881
尼日利亚	Nigeria		9	10	84	88	101	106
南　非	South Africa	185	373	381	439	436	469	483
加拿大	Canada	293	419	483	491	530	538	558
墨西哥	Mexico	132	287	369	423	480	490	527
美　国	United States	2830	3735	4234	4292	4430	4427	4649
阿根廷	Argentina	114	163	202	216	199	214	178
巴　西	Brazil	241	659	814	871	932	1018	1068
委内瑞拉	Venezuela	67	124	123	116	125	135	142
法　国	France	292	467	556	559	594	637	665
德　国	Germany	770	1330	1482	1722	1866	1905	1969
意大利	Italy	692	953	979	1053	1029	1102	1131
荷　兰	Netherlands	641	1007	1135	1207	1207	1183	1251
波　兰	Poland		67	105	136	167	198	205
俄罗斯	Russia	32	243	320	395	393	397	390
西班牙	Spain	579	1180	1261	1395	1418	1402	1471
土耳其	Turkey	159	452	557	599	674	728	762
乌克兰	Ukraine		52	66	70	75	81	85
英　国	United Kingdom	643	767	859	892	816	851	935
澳大利亚	Australia	354	620	667	701	715	731	752
新西兰	New Zealand	107	233	246	252	287	309	325

13-8 公路长度及密度
Length and Density of Road

资料来源：国际公路协会《世界公路统计2015年》。
Source: International Road Federation World Road Statistics 2015.

国家或地区	Country or Area	公路网长度(公里) Roads, Total Network (km)		有路面公路所占比重(%) Roads, Paved (% of total roads)		公路密度(公里)(每百平方公里土地公路长度) Road Density (km of road per 100 sq. km of land area)	
		2005	2013	2005	2013	2005	2013
中　国	China	3345187	4356218	40.8	67.9	34.8	45.6
中国香港	Hong Kong, China	1955	2093	100.0	100.0	179.0	190.3
中国澳门	Macao, China	368	421	100.0	100.0	1314.3	1408.0
文　莱	Brunei Darussalam	3426	3167	78.4	89.4	59.4	54.9
印　度	India	3809156	5231922	47.0		115.9	159.2
印度尼西亚	Indonesia	391008	508000	55.4	56.7	20.5	26.6
伊　朗	Iran	172028	276597①	71.9	63.7①	9.9	15.8①
以色列	Israel	17589	18825	100.0	100.0	79.7	85.3
日　本	Japan	321346	343740	79.0		85.0	90.9
哈萨克斯坦	Kazakhstan	90845	97155②	91.2	88.7②	3.3	3.6②
韩　国	Korea, Rep.	102293	106414	76.8	82.5	102.7	106.3
老　挝	Laos	33861	43604①	13.4	16.9①	14.3	18.4①
马来西亚	Malaysia	87025	180882①	78.0	78.1①	26.3	54.7①
缅　甸	Myanmar	29997	39702	48.1	47.8	4.4	5.9
巴基斯坦	Pakistan	258214	263415	63.1	69.4	32.4	33.1
新加坡	Singapore	3234	3453	100.0	100.0	462.7	482.3
埃　及	Egypt	98875	137430③		92.2③	9.9	13.7③
墨西哥	Mexico	355796	378923	34.5	39.2	18.1	19.3
美　国	United States	6430351	6550896	64.9	65.8	66.8	66.6
阿根廷	Argentina		228512①		34.6①		8.2①
巴　西	Brazil	1610076	1561902	12.2	13.0	18.9	18.3
捷　克	Czech Rep.	128437	130680			162.8	165.7
法　国	France	1005750	1064862	100.0	100.0	183.1	193.9
德　国	Germany	644480	643377			180.5	180.1
意大利	Italy	487700				161.8	
荷　兰	Netherlands	134218	139295①			323.1	335.7①
波　兰	Poland	381463	415133	66.5	68.7	122.0	132.8
俄罗斯	Russia	858000	1395603	84.4	70.5	5.0	8.2
西班牙	Spain	666699	666414			131.9	131.8
土耳其	Turkey	349238	388666		91.4	44.6	49.6
乌克兰	Ukraine	169323	169649	97.4	97.9	28.1	28.1
英　国	United Kingdom	388008	420949	100.0	100.0	159.3	172.8
澳大利亚	Australia		872849				11.3
新西兰	New Zealand	93148	94496	64.5	66.6	34.8	35.3

注：①2012年数据。②2011年数据。③2010年数据。
Note:①Data refer to 2012.②Data refer to 2011.③Data refer to 2010.

13-9 公路交通事故
Road Accidents

资料来源：国际公路协会《世界公路统计2015年》。
Source: International Road Federation World Road Statistics 2015.

国家或地区	Country or Area	年 份 Year	事故发生数(起) Accidents (case)	受伤人数(人) Persons Injured (person)	死亡人数(人) Persons Killed (person)
中 国	China	2011	210812	237421	62387
中国香港	Hong Kong, China	2013	16089	20466	130
孟加拉国	Bangladesh	2012	1979	1904	2063
文 莱	Brunei Darussalam	2013		510	32
柬埔寨	Cambodia	2010			1816
印 度	India	2013	486476	494893	137572
印度尼西亚	Indonesia	2013	100106	138886	26416
伊 朗	Iran	2012	241688	293665	18569
以色列	Israel	2013	13048	24017	277
日 本	Japan	2013	629021	776342	5152
哈萨克斯坦	Kazakhstan	2011	11955	14006	3201
韩 国	Korea,Rep.	2013	215354	328711	5092
马来西亚	Malaysia	2011		18693	6877
蒙 古	Mongolia	2007		932	562
缅 甸	Myanmar	2013	13912	23378	3721
菲律宾	Philippines	2013		9179	1362
新加坡	Singapore	2013	6426	8054	159
泰 国	Thailand	2013		1824	472
越 南	Vietnam	2009		7900	11500
埃 及	Egypt	2013	15578	22397	6700
尼日利亚	Nigeria	2010		18095	4065
南 非	South Africa	2010			13967
加拿大	Canada	2013	122401	165306	1923
墨西哥	Mexico	2012	12888	24736	4539
美 国	United States	2013	1621000	2313000	32719
巴 西	Brazil	2013		103743	7466
白俄罗斯	Belarus	2013	4730	5033	894
捷 克	Czech Republic	2013	20342	25288	654
芬 兰	Finland	2013	5334	6681	258
法 国	France	2013	56812	70607	3268
德 国	Germany	2013	291105	374142	3339
意大利	Italy	2013	181227	257421	3385
荷 兰	Netherlands	2013			570
波 兰	Poland	2013	35847	44059	3357
俄罗斯	Russia	2013	204068	258437	27025
西班牙	Spain	2013	89519	124720	1680
土耳其	Turkey	2013	161306	274829	3685
乌克兰	Ukraine	2013	30681	37521	4833
英 国	United Kingdom	2013	138660	181957	1713
澳大利亚	Australia	2013			1185
新西兰	New Zealand	2013	9282	11681	254

13-9 续表 continued

国家或地区	Country or Area	年份 Year	每十万人口交通事故死亡人数(人) Number of Deaths per 100 000 Persons (person)	每十万人口交通事故数(起) Number of Injury Accidents per 100 000 Persons (case)	每亿公里车程交通事故数(起) Number of Accidents per 100 Million Vehicle-km (case)
中　国	China	2011	5	16	
中国香港	Hong Kong,China	2013	2	224	125
中国澳门	Macao,China	2013	3	82	
孟加拉国	Bangladesh	2012	1	1	
印　度	India	2013	11	39	
印度尼西亚	Indonesia	2013	11	40	
伊　朗	Iran	2012	24	316	
以色列	Israel	2013	3	162	26
日　本	Japan	2013	4	494	84
哈萨克斯坦	Kazakhstan	2011	19	72	1693
韩　国	Korea,Rep.	2013	10	429	80①
马来西亚	Malaysia	2011	24		
蒙　古	Mongolia	2007	22		
缅　甸	Myanmar	2013	7	26	358
菲律宾	Philippines	2013	1		
新加坡	Singapore	2013	3	119	29
斯里兰卡	SriLanka	2013	12		
泰　国	Thailand	2013	11		
越　南	Vietnam	2009	13		
埃　及	Egypt	2013	8	19	
尼日利亚	Nigeria	2010	3	7③	
南　非	South Africa	2010	27		
加拿大	Canada	2013	5	348	38③
墨西哥	Mexico	2012	4	11	9
美　国	United States	2013	10	513	34
巴　西	Brazil	2013	4	32③	
白俄罗斯	Belarus	2013	9	50	337
捷　克	Czech Republic	2013	6	193	
法　国	France	2013	5	86	10
德　国	Germany	2013	4	361	41
意大利	Italy	2013	6	303	
荷　兰	Netherlands	2013	3	42③	5③
波　兰	Poland	2013	9	93	18①
俄罗斯	Russia	2013	19	142	
西班牙	Spain	2013	4	192	80
土耳其	Turkey	2013	5	215	162
乌克兰	Ukraine	2013	11	67	220
英　国	United Kingdom	2013	3	216	29
澳大利亚	Australia	2013	5	286②	28②
新西兰	New Zealand	2013	6	208	23

注：①2012年数据。②2011年数据。③2009年数据。

Note:①Data refer to 2012.②Data refer to 2011.③Data refer to 2009.

13-10 公路支出
Road Expenditure

资料来源：国际公路协会《世界公路统计2015年》。
Source: International Road Federation World Road Statistics 2015.
单位：万美元 (10 000 USD)

国家或地区	Country or Area	年 份 Year	支出总计 Total Expenditure	公路支出构成－按行政管理级别分 Road Expenditure by Administration Levels		
				中央政府 Central Government	地方政府 Local Government	私 人 Private
中 国	China	2011	21990164	761194	21228970	
中国香港	Hong Kong,China	2013				
柬埔寨	Cambodia	2000	8683	8683		
印 度	India	2012	769774			368072
韩 国	Korea,Rep.	2013		884053		325424
老 挝	Laos	2006	16193	16193		
马来西亚	Malaysia	2003	34656	34656		
蒙 古	Mongolia	2009	91			
新加坡	Singapore	2010	126475	126475		
斯里兰卡	Sri Lanka	2010	79285			
南 非	South Africa	2013	378784	188310	190474	
墨西哥	Mexico	2013	592991	523356		69635
美 国	United States	2012	20021423	135656	15228073	
巴 西	Brazil	2009		423		
白俄罗斯	Belarus	2013	37835			
捷 克	Czech Republic	2000	207814	207814		
法 国	France	2013	3271209	366995	2127677	776537
荷 兰	Netherlands	2000	146859	125173	21686	
波 兰	Poland	2003	219048	122428	96621	
西班牙	Spain	2012	707408	322245	340249	44914
土耳其	Turkey	2013	658169	658169		
乌克兰	Ukraine	2013	206000	204629	1371	
英 国	United Kingdom	2013	2100928	1165170	935759	
澳大利亚	Australia	2013	2215696	290696	1796814	91840
新西兰	New Zealand	2013	225636	179131	46505	

13-10 续表 continued

单位：万美元 (10 000 USD)

国家或地区	Country or Area	年份 Year	公路支出构成－按支出性质分 Road Expenditure-by Nature		
			建设 Construction	维护 Maintenance	其它 Others
中国	China	2011			
中国香港	Hong Kong,China	2013	176623		
柬埔寨	Cambodia	2000	1979	6704	
印度	India	2012	742269	26419	8
韩国	Korea,Rep.	2013	888363	307460	13654
老挝	Laos	2006	14352	1842	
马来西亚	Malaysia	2003	69	34061	526
蒙古	Mongolia	2009			
新加坡	Singapore	2010			
斯里兰卡	Sri Lanka	2010	73524	5761	
南非	South Africa	2013	182075		196709
墨西哥	Mexico	2013	411110	152274	29607
美国	United States	2012	10518166	4845563	4658693
巴西	Brazil	2009			
白俄罗斯	Belarus	2013	33378		
捷克	Czech Republic	2000	103321	104363	
法国	France	2013	1776001	1495208	
荷兰	Netherlands	2000	51469	71782	
波兰	Poland	2003	100128	88820	30100
西班牙	Spain	2012			
土耳其	Turkey	2013	578506	79664	
乌克兰	Ukraine	2013	59661	68165	78175
英国	United Kingdom	2013	1615263	485666	
澳大利亚	Australia	2013			
新西兰	New Zealand	2013	102196	117944	5495

13-11 电话主线和移动电话普及率
Telephone Mainlines and Mobile Phones

资料来源：世界银行WDI数据库。
Source:World Bank WDI Database.

国家或地区	Country or Area	电话主线(条/千人) Telephone Mainlines(lines per 1 000 persons)			移动电话(部/千人) Mobile Phones(sets per 1 000 persons)		
		2000	2005	2015	2000	2005	2015
世　界	**World**	**159.5**	**194.4**	**143.4**	**120.8**	**339.1**	**986.2**
高收入国家	**High Income**	**547.6**	**506.3**	**411.9**	**492.2**	**834.8**	**1244.9**
中等收入国家	**Middle Income**	**83.3**	**139.8**	**100.8**	**45.1**	**255.7**	**974.6**
低收入国家	**Low Income**	**5.8**	**9.0**	**8.7**	**3.3**	**40.1**	**599.6**
中　国	China	113.1	265.9	164.8	66.6	298.5	931.6
中国香港	Hong Kong, China	574.4	550.0	591.7	796.9	1238.9	2288.3
中国澳门	Macao, China	409.4	372.5	250.1	326.6	1138.0	3244.4
孟加拉国	Bangladesh	3.7	7.5	5.2	2.1	62.9	833.6
文　莱	Brunei Darussalam	242.6	228.1	89.6	286.3	633.2	1081.3
柬埔寨	Cambodia	2.5	2.5	16.4	10.7	79.5	1330.0
印　度	India	31.1	44.5	19.9	3.4	80.0	788.4
印度尼西亚	Indonesia	31.9	60.2	87.5	17.6	209.0	1323.5
伊　朗	Iran	143.9	289.9	382.7	14.6	121.3	933.9
以色列	Israel	494.5	444.7	430.8	731.7	1174.7	1334.7
日　本	Japan	492.8	457.2	501.8	531.2	759.8	1250.5
哈萨克斯坦	Kazakhstan	125.8	179.8	247.1	13.5	358.3	1871.7
韩　国	Korea, Rep.	562.5	508.3	580.6	583.3	815.2	1184.6
老　挝	Laos	7.6	15.7	137.1	2.3	113.6	531.0
马来西亚	Malaysia	197.6	168.9	143.4	218.7	756.3	1439.1
蒙　古	Mongolia	49.0	61.8	87.4	64.5	220.5	1049.6
缅　甸	Myanmar	5.6	10.0	9.7	0.3	2.6	766.7
巴基斯坦	Pakistan	21.2	33.1	15.9	2.1	80.9	669.2
菲律宾	Philippines	39.4	39.2	29.9	83.1	405.3	1181.3
新加坡	Singapore	496.7	410.3	359.8	701.2	975.3	1461.4
斯里兰卡	Sri Lanka	40.7	62.4	120.4	22.8	168.5	1128.3
泰　国	Thailand	89.7	107.3	78.8	49.0	464.6	1258.1
越　南	Viet Nam	31.4		63.2	9.8	112.9	1306.4
埃　及	Egypt	82.9	144.8	73.6	20.6	189.9	1109.9
尼日利亚	Nigeria	4.5	8.8	1.0	0.2	133.2	821.9
南　非	South Africa	110.6	101.5	77.2	186.0	704.1	1592.7
加拿大	Canada	678.9	562.7	443.3	284.3	527.6	819.3
墨西哥	Mexico	118.7	176.2	158.8	135.5	425.6	853.0
美　国	United States	676.4	587.5	375.2	384.7	683.2	1175.9
阿根廷	Argentina	213.9	244.3	240.1	175.8	573.3	1439.1
巴　西	Brazil	177.2	214.1	214.5	132.9	463.1	1265.9
委内瑞拉	Venezuela	103.9	136.6	248.6	223.2	467.6	929.7
捷　克	Czech Rep.	377.7	314.5	180.9	424.0	1151.0	1292.1
法　国	France	574.0	548.6	599.1	490.6	782.6	1026.1
德　国	Germany	601.4	653.6	549.3	577.2	945.6	1167.1
意大利	Italy	476.5	426.9	331.0	741.3	1218.6	1513.2
荷　兰	Netherlands	623.5	466.2	412.7	678.1	971.3	1235.4
波　兰	Poland	285.4	309.8	111.1	175.9	763.4	1487.1
俄罗斯	Russia	218.5	278.6	257.0	22.2	833.7	1599.5
西班牙	Spain	424.6	448.5	406.4	602.4	984.0	1079.0
土耳其	Turkey	291.2	280.2	149.9	255.4	643.7	960.2
乌克兰	Ukraine	212.3	247.5	216.2	16.7	636.7	1440.2
英　国	United Kingdom	597.6	565.1	526.5	737.1	1085.9	1257.5
澳大利亚	Australia	521.8	493.2	379.5	444.6	897.6	1328.0
新西兰	New Zealand	474.6	418.2	402.5	399.7	853.9	1218.4

13-12 国际互联网用户
Internet Users

资料来源：世界银行WDI数据库。
Source: World Bank WDI Database.

单位：个/千人 (unit per 1 000 persons)

国家或地区	Country or Area	2000	2010	2012	2013	2014	2015
世　界	**World**	**67.7**	**291.5**	**349.5**	**374.2**	**406.5**	**440.0**
高收入国家	**High Income**	**305.9**	**722.2**	**754.7**	**768.8**	**789.9**	**810.2**
中等收入国家	**Middle Income**	**15.7**	**223.0**	**292.7**	**321.1**	**359.0**	**398.0**
低收入国家	**Low Income**	**1.1**	**33.3**	**46.5**	**61.3**	**75.2**	**94.6**
中　国	China	17.8	343.0	423.0	458.0	479.0	503.0
中国香港	Hong Kong, China	278.3	720.0	729.0	742.0	798.7	849.5
中国澳门	Macao, China	136.1	552.0	613.1	658.0	697.8	776.0
孟加拉国	Bangladesh	0.7	37.0	50.0	66.3	139.0	144.0
文　莱	Brunei Darussalam	90.0	530.0	602.7	645.0	687.7	712.0
柬埔寨	Cambodia	0.5	12.6	49.4	68.0	140.0	190.0
印　度	India	5.3	75.0	125.8	151.0	210.0	260.0
印度尼西亚	Indonesia	9.3	109.2	145.2	149.4	171.4	219.8
伊　朗	Iran	9.3	159.0	227.3	299.5	393.5	440.8
以色列	Israel	208.7	675.0	708.0	702.5	750.2	788.9
日　本	Japan	299.9	782.1	795.0	882.2	891.1	933.3
哈萨克斯坦	Kazakhstan	6.7	316.0	533.2	630.0	660.0	728.7
韩　国	Korea, Rep.	447.0	837.0	840.7	847.7	878.7	899.0
老　挝	Laos	1.1	70.0	107.5	125.0	142.6	182.0
马来西亚	Malaysia	213.9	563.0	658.0	570.6	636.7	710.6
蒙　古	Mongolia	12.6	102.0	164.0	177.0	199.4	214.4
缅　甸	Myanmar		2.5	14.4	18.0	115.2	218.0
巴基斯坦	Pakistan		80.0	99.6	109.0	138.0	180.0
菲律宾	Philippines	19.8	250.0	362.4	370.0	396.9	407.0
新加坡	Singapore	360.0	710.0	720.0	809.0	790.3	821.0
斯里兰卡	Sri Lanka	6.5	120.0	182.9	219.0	258.0	299.9
泰　国	Thailand	36.9	224.0	264.6	289.4	348.9	393.2
越　南	Viet Nam	2.5	306.5	394.9	439.0	483.1	527.2
埃　及	Egypt	6.4	216.0	264.0	294.0	339.0	359.0
尼日利亚	Nigeria	0.6	240.0	328.0	380.0	426.8	474.4
南　非	South Africa	53.5	240.0	410.0	465.0	490.0	519.2
加拿大	Canada	513.0	803.0	830.0	858.0	871.2	884.7
墨西哥	Mexico	50.8	310.5	397.5	434.6	443.9	574.3
美　国	United States	430.8	716.9	747.0	714.0	730.0	745.5
阿根廷	Argentina	70.4	450.0	558.0	599.0	647.0	694.0
巴　西	Brazil	28.7	406.5	485.6	510.4	545.5	590.8
委内瑞拉	Venezuela	33.6	373.7	490.5	549.0	570.0	618.7
捷　克	Czech Rep.	97.8	688.2	734.3	741.1	797.1	813.0
法　国	France	143.1	772.8	814.4	819.2	837.5	847.0
德　国	Germany	302.2	820.0	823.5	841.7	861.9	875.9
意大利	Italy	231.1	536.8	558.3	584.6	619.6	655.7
荷　兰	Netherlands	439.8	907.2	928.6	939.6	931.7	931.0
波　兰	Poland	72.9	623.2	623.1	628.5	666.0	680.0
俄罗斯	Russia	19.8	430.0	638.0	679.7	705.2	734.1
西班牙	Spain	136.3	658.0	698.1	716.4	761.9	786.9
土耳其	Turkey	37.6	398.2	451.3	462.5	510.4	537.5
乌克兰	Ukraine	7.2	233.0	352.7	409.5	462.4	492.6
英　国	United Kingdom	268.2	850.0	874.8	898.4	916.1	920.0
澳大利亚	Australia	467.6	760.0	790.0	834.5	840.0	845.6
新西兰	New Zealand	473.8	804.6	820.0	827.8	855.0	882.2

13-13 互联网服务商
Internet Servers

资料来源：世界银行WDI数据库。
Source: World Bank WDI Database.

单位：个/百万人 (number/per 1 000 000 persons)

国家或地区	Country or Area	2005	2010	2012	2013	2014	2015
世　界	**World**	**64.6**	**154.4**	**180.7**	**159.4**	**189.0**	**208.7**
高收入国家	**High Income**	**351.1**	**882.4**	**1036.9**	**915.5**	**1087.1**	**1194.6**
中等收入国家	**Middle Income**	**2.2**	**7.9**	**11.5**	**11.3**	**15.9**	**20.2**
低收入国家	**Low Income**	**0.1**	**0.5**	**0.9**	**0.9**	**1.2**	**1.5**
中　国	China	0.3	1.9	3.1	3.9	7.0	10.1
中国香港	Hong Kong, China	162.3	456.3	636.7	623.6	790.6	904.5
中国澳门	Macao, China	55.5	213.2		309.8	339.2	466.3
孟加拉国	Bangladesh	0.0	0.3	0.7	0.8	0.9	1.3
文　莱	Brunei Darussalam	13.8	66.1	113.4	119.1	150.9	203.2
柬埔寨	Cambodia	0.1	1.7	3.0	2.1	3.0	5.1
印　度	India	0.6	2.1	3.5	3.8	5.5	6.8
印度尼西亚	Indonesia	0.5	2.0	3.9	4.1	6.2	8.0
伊　朗	Iran	0.3	0.7	1.4	1.3	2.1	5.5
以色列	Israel	162.8	396.7	396.3	270.4	254.3	288.8
日　本	Japan	257.7	646.7	750.1	736.7	911.7	971.0
哈萨克斯坦	Kazakhstan	0.9	5.2	7.4	9.4	14.5	17.6
韩　国	Korea, Rep.	20.0	1128.1	2751.5	1994.9	2178.4	2319.6
老　挝	Laos	0.4	0.8	0.9	1.1	2.1	2.5
马来西亚	Malaysia	14.6	41.9	66.2	67.4	88.5	103.8
蒙　古	Mongolia	3.2	10.7	19.2	22.0	28.5	30.1
缅　甸	Myanmar	0.0	0.1	0.1	0.1	0.5	0.7
巴基斯坦	Pakistan	0.3	1.0	1.3	1.3	1.9	2.4
菲律宾	Philippines	2.4	6.7	8.7	8.1	10.9	13.7
新加坡	Singapore	275.5	529.7	635.3	609.4	822.4	932.1
斯里兰卡	Sri Lanka	1.8	4.6	7.6	8.9	11.4	13.8
泰　国	Thailand	4.7	13.7	19.5	18.0	23.3	30.4
越　南	Viet Nam	0.2	3.1	6.7	8.2	11.9	14.8
埃　及	Egypt	0.5	2.3	3.5	3.3	4.8	5.4
尼日利亚	Nigeria	0.2	1.2	1.8	1.7	2.3	2.6
南　非	South Africa	20.4	61.6	81.9	86.0	115.4	130.0
加拿大	Canada	569.1	1242.7	1238.0	1035.3	1209.9	1308.8
墨西哥	Mexico	7.9	19.7	27.8	26.2	34.1	39.2
美　国	United States	785.2	1445.0	1473.2	1304.7	1548.0	1649.9
阿根廷	Argentina	10.7	25.6	40.8	41.8	52.7	63.3
巴　西	Brazil	14.0	40.0	53.3	56.4	68.6	77.1
委内瑞拉	Venezuela	4.6	7.4	10.7	11.1	12.2	12.7
捷　克	Czech Rep.	41.6	319.7	518.8	563.9	690.6	866.8
法　国	France	76.1	296.4	409.2	486.5	680.5	809.3
德　国	Germany	274.2	872.0	1110.8	1051.2	1418.4	1762.7
意大利	Italy	44.7	157.6	212.9	201.9	251.4	288.5
荷　兰	Netherlands	327.2	2276.7	2805.9	2382.1	2633.4	2828.2
波　兰	Poland	22.0	211.6	303.4	313.0	429.5	547.1
俄罗斯	Russia	2.4	20.2	39.0	51.1	84.4	126.4
西班牙	Spain	81.2	230.9	290.9	269.2	316.2	362.5
土耳其	Turkey	18.1	99.6	115.4	49.6	56.2	67.1
乌克兰	Ukraine	1.3	13.2	23.5	26.5	45.5	65.5
英　国	United Kingdom	464.7	1384.2	1467.3	1192.9	1289.2	1382.6
澳大利亚	Australia	498.1	1784.6	1721.1	1253.0	1350.1	1461.0
新西兰	New Zealand	489.9	1495.4	1474.3	1108.0	1211.2	1298.6

13-14 宽带用户
Broadband Subscribers

资料来源：世界银行WDI数据库。
Source:World Bank WDI Database.

国家或地区	Country or Area	宽带用户（个） Broadband Subscribers(number)			每千人宽带用户（个/千人） Broadband Subscribers(unit per 1 000 persons)		
		2000	2005	2015	2000	2005	2015
世　　界	**World**	**15890822**	**219835636**	**820237163**	**3.6**	**36.8**	**113.4**
高收入国家	**High Income**	**15733382**	**167428139**	**367754958**	**16.7**	**150.6**	**309.7**
中等收入国家	**Middle Income**	**160641**	**52373113**	**450694552**	**0.1**	**11.4**	**82.5**
低收入国家	**Low Income**		**23404**	**1787653**		**0.0**	**3.1**
中　　国	China	22660	37350000	260145000	…	28.3	185.6
中国香港	Hong Kong, China	444450	1659098	2335662	65.0	240.6	319.4
中国澳门	Macao, China	3731	68030	169793	8.6	145.3	290.5
孟加拉国	Bangladesh			3866463			24.1
文　　莱	Brunei Darussalam		8126	34261		22.1	80.0
柬 埔 寨	Cambodia		1000	83504		0.1	5.3
印　　度	India		1348000	17120000		1.2	13.4
印度尼西亚	Indonesia	4000	108200	2785000	…	0.5	10.9
伊　　朗	Iran	176		8633861			108.6
以 色 列	Israel		1229626	2173000		186.2	274.4
日　　本	Japan	854655	23301105	38662540	6.8	183.5	304.9
哈萨克斯坦	Kazakhstan		2996	2188400		0.2	130.5
韩　　国	Korea, Rep.	3870000	12190711	20024419	84.2	259.2	402.5
老　　挝	Laos		314	36408		0.1	5.2
马来西亚	Malaysia		483100	2743340		18.7	89.5
蒙　　古	Mongolia		1800	208047		0.7	71.2
缅　　甸	Myanmar		243	189544			3.5
巴基斯坦	Pakistan		14600	1793199		0.1	9.5
菲 律 宾	Philippines		123000	3460000		1.4	34.0
新 加 坡	Singapore	69000	656200	1486200	17.6	146.0	264.5
斯里兰卡	Sri Lanka		21000	670016		1.1	31.0
泰　　国	Thailand		555495	6229000		8.5	92.4
越　　南	Viet Nam		210024	7600000		2.5	81.4
埃　　及	Egypt		140999	3826410		2.0	45.2
尼日利亚	Nigeria		500	14492			0.1
南　　非	South Africa		165290	2809043		3.4	52.5
加 拿 大	Canada	1410932	7004000	13060000	46.0	217.2	364.1
墨 西 哥	Mexico	15000	1922352	14584424	0.1	17.4	116.5
美　　国	United States	7069874	51156350	102516000	24.8	171.6	315.3
阿 根 廷	Argentina		926722	6779000		24.0	160.8
巴　　西	Brazil	100000	3233800	24921686	0.6	17.4	122.4
委内瑞拉	Venezuela	4473	356198	2580080	0.2	13.3	82.5
捷　　克	Czech Rep.	2500	709063	3006400	0.2	69.3	279.0
法　　国	France	196601	9471000	26867000	3.3	154.1	413.5
德　　国	Germany	265000	10786800	30707000	3.2	128.7	371.9
意 大 利	Italy	115000	6822210	14549499	2.0	116.3	238.0
荷　　兰	Netherlands	260000	4100000	7029097	16.4	251.5	417.3
波　　兰	Poland		945159	7443000		24.7	194.7
俄 罗 斯	Russia		1589000	26678775		11.0	187.8
西 班 牙	Spain	76358	5035203	13360888	1.9	116.1	283.1
土 耳 其	Turkey		1589768	9504594		23.5	123.9
乌 克 兰	Ukraine		130000	4978813		2.8	118.1
英　　国	United Kingdom	52890	9898653	24083776	0.9	164.2	377.2
澳大利亚	Australia		2016000	6663000		98.2	278.5
新 西 兰	New Zealand	4658	321000	1450000	1.2	77.7	315.5

主要统计指标解释

空运货物周转量 指承载的每个航班的货物、快递和邮包重量之和乘以飞机从起飞到降落的飞行距离。该指标按航空承运商登记国统计。

航空客运量 指承载的国内或国际飞机乘客人数。该指标按航空承运商登记国统计。

宽带用户 指互联网的使用者以订购或付费方式以高速率接入公共网络。高速接入是至少以一个或二个方向每秒速率在 256kbits.

港口集装箱吞吐量 港口集装箱吞吐量反映的是从陆地到海上或者从海上到陆地流动运输的集装箱数量，一个标准集装箱单位为 20 英尺当量单位。数据包括沿海和国际航运。转运集装箱在中转港作两次计算（一次卸下和再次出境），其中包括空集装箱。

移动电话 指手提式电话用户。利用蜂窝技术，这些用户被接入公共交换电话网的自动公共移动电话服务系统。

电话主线 是指将客户的设备接入公共交换电话网的电话线。

公路货运周转量 指利用公路交通工具进行货物运输。用重量乘以里程，以亿吨公里来衡量。

国际互联网用户 指进入国际互联网的使用者。

Explanatory Notes on Main Statistical Indicators

Air Freight is the sum of the metric tons of freight, express, and diplomatic bags carried on each flight stage (the operation of an aircraft from takeoff to its next landing) multiplied by the stage distance of air carriers registered in the country.

Air Transport, Passengers Carried Air passengers carried include both domestic and international aircraft passengers of air carriers registered in the country.

Broadband Subscribers are users of the Internet who subscribe to paid high-speed access to the public Internet. High-speed access is at least 256 kilobits per second in one or both directions.

Container Port Traffic Port container traffic measures the flow of containers from land to sea transport modes and vice versa, in twenty-foot equivalent units (TEUs), a standard-size container. Data refer to coastal shipping as well as international journeys. Transshipment traffic is counted as two lifts at the intermediate port (once to off-load and again as an outbound lift) and includes empty units.

Mobile Phones Mobile phones refers to users of portable telephones subscribing to an automatic public mobile telephone service using cellular technology that provides access to the public switched telephone network.

Telephone Mainlines Telephone mainlines are telephone lines connecting a customer's equipment to the public switched telephone network.

Roads, Goods Transported Goods transported by road are the volume of goods transported by road vehicles, measured in 100 millions of metric tons times kilometers traveled.

Internet Users are people with access to the worldwide network.

对外贸易和旅游

External Trade and Tourism

14-1 世界货物进出口总额
World Merchandise Imports and Exports

资料来源：世界贸易组织数据库。
Source: WTO Database.

单位：亿美元 (100 million USD)

	世界 World	北美洲 North America	拉丁美洲 South and Central America	欧洲 Europe	亚洲 Asia	非洲 Africa
出口 Exports						
1990	34900	5620	1054	16849	7924	1051
1991	35110	5917	1023	16642	8859	995
1992	37790	6289	1065	17692	9809	973
1993	37950	6619	1106	16711	10654	929
1994	43280	7389	1291	19087	12287	967
1995	51680	8566	1518	23355	14472	1120
1996	54060	9228	1644	24211	14654	1254
1997	55920	10141	1797	24130	15472	1275
1998	55030	10140	1681	25132	14510	1061
1999	57190	10707	1687	25218	15484	1168
2000	64580	12250	2014	26340	18356	1485
2001	61950	11475	1944	26558	16739	1388
2002	64990	11062	1960	28394	18077	1449
2003	75900	11630	2250	33865	21383	1793
2004	92230	13197	2926	40511	26534	2396
2005	105090	14758	3715	44043	30608	3110
2006	121310	16641	4489	49793	35761	3707
2007	140230	18408	5141	58031	41412	4365
2008	161600	20352	6171	64834	47247	5622
2009	125550	16019	4742	50212	38907	3935
2010	153010	19643	5919	56501	50763	5214
2011	183330	22834	7614	66541	59751	6107
2012	184080	23721	7521	64640	61200	6397
2013	188260	24179	7324	67742	62958	6005
2014	189950	24924	6849	68036	64400	5513
2015	164820	22942	5397	59580	59612	3882
进口 Imports						
1990	36000	6845	855	17509	7616	964
1991	36280	6855	948	17648	8304	946
1992	39010	7480	1105	18510	9002	1004
1993	38940	8106	1239	16916	9851	987
1994	44290	9269	1424	19116	11474	1063
1995	52850	10143	1783	23346	14035	1266
1996	55470	10898	1853	24155	14743	1256
1997	57390	12137	2154	24186	14952	1324
1998	56830	12802	2165	25592	12479	1329
1999	59260	14265	1879	25965	13655	1280
2000	67250	16843	2088	27749	16787	1297
2001	64840	15803	2067	27336	15587	1349
2002	67430	16016	1822	28753	16594	1359
2003	78690	17240	1930	34615	19773	1655
2004	95740	20089	2462	41647	24883	2125
2005	108700	22844	3088	45799	28895	2565
2006	124610	25417	3740	52529	33339	3029
2007	143300	27021	4678	61172	38195	3749
2008	165720	29081	6086	68955	45748	4814
2009	127820	21779	4518	52170	36777	4112
2010	155110	26832	5847	59044	48618	4790
2011	185080	30917	7356	69232	59656	5667
2012	186150	31943	7464	66208	62195	6156
2013	189040	31969	7701	67204	63479	6355
2014	191040	33052	7393	67984	63241	6488
2015	167660	31506	6218	58988	54435	5591

14-2 世界主要国家和地区货物进出口总额
Merchandise Imports and Exports by Country or Area

资料来源：世界贸易组织数据库。
Source: WTO Database.
单位：亿美元 (100 million USD)

国家或地区	Country or Area	2000	2005	2010	2013	2014	2015
世　界	**World**	**131830**	**213790**	**308120**	**377300**	**380990**	**332480**
中　国	China	4743	14219	29740	41590	43015	39569
中国香港	Hong Kong, China	4167	5923	8421	11566	11247	10700
中国澳门	Macao, China	52	70	65	114	126	119
孟加拉国	Bangladesh	153	232	470	662	727	718
文　莱	Brunei Darussalam	50	77	114	151	141	92
柬埔寨	Cambodia	33	70	119	220	244	264
印　度	India	939	2425	5766	7802	7856	6591
印度尼西亚	Indonesia	1090	1627	2934	3692	3545	2930
伊　朗	Iran	426	963	1667	1315	1398	1055
以色列	Israel	691	899	1196	1416	1442	1285
日　本	Japan	8588	11108	14638	15483	15024	12734
哈萨克斯坦	Kazakhstan	139	452	911	1335	1208	759
韩　国	Korea, Rep.	3327	5457	8916	10752	10982	9633
老　挝	Laos	9	14	38	53	69	62
马来西亚	Malaysia	1802	2559	3632	4342	4428	3758
蒙　古	Mongolia	12	22	62	106	110	85
缅　甸	Myanmar	40	57	134	233	273	219
巴基斯坦	Pakistan	199	414	592	698	721	664
菲律宾	Philippines	751	907	1100	1218	1298	1286
新加坡	Singapore	2723	4297	6627	7833	7760	6473
斯里兰卡	Sri Lanka	117	152	221	282	307	295
泰　国	Thailand	1309	2291	3762	4789	4553	4170
越　南	Viet Nam	301	692	1571	2641	2981	3282
埃　及	Egypt	199	354	794	868	976	841
尼日利亚	Nigeria	297	712	1282	1590	1542	964
南　非	South Africa	597	1139	1882	2223	2130	1863
加拿大	Canada	5214	6829	7902	9326	9547	8448
墨西哥	Mexico	3458	4424	6085	7709	8087	7861
美　国	United States	20412	26338	32477	39087	40331	38129
阿根廷	Argentina	515	690	1250	1553	1336	1165
巴　西	Brazil	1138	1962	3935	4926	4643	3699
委内瑞拉	Venezuela	497	797	1047	1434	1179	697
捷　克	Czech Rep.	611	1546	2596	3065	3295	2986
法　国	France	6666	9676	11348	12624	12571	10786
德　国	Germany	10490	17480	23137	26434	27017	23795
意大利	Italy	4793	7579	9344	9977	10041	8680
荷　兰	Netherlands	4514	7702	10907	12613	12621	10730
波　兰	Poland	808	1911	3378	4126	4438	3908
俄罗斯	Russia	1499	3692	6493	8646	8058	5344
西班牙	Spain	2714	4814	5814	6584	6835	5911
土耳其	Turkey	823	1903	2994	4035	3998	3511
乌克兰	Ukraine	285	704	1124	1411	1085	742
英　国	United Kingdom	6335	9101	10071	11968	11957	10863
澳大利亚	Australia	1354	2314	4143	4948	4782	3969
新西兰	New Zealand	272	479	620	791	841	709

14-3 货物出口总额
Merchandise Exports

资料来源：世界贸易组织数据库。
Source: WTO Database.

单位：亿美元 (100 million USD)

国家或地区	Country or Area	2000	2005	2010	2013	2014	2015
世　界	**World**	**64580**	**105090**	**153010**	**188260**	**189950**	**164820**
中　国	China	2492	7620	15778	22090	23423	22750
中国香港	Hong Kong, China	2027	2921	4007	5352	5241	5106
中国澳门	Macao, China	25	25	9	11	12	13
孟加拉国	Bangladesh	64	93	192	291	304	324
文　莱	Brunei Darussalam	39	62	89	114	105	66
柬埔寨	Cambodia	14	31	51	92	109	120
印　度	India	424	996	2264	3148	3227	2671
印度尼西亚	Indonesia	654	870	1578	1826	1763	1503
伊　朗	Iran	287	563	1013	825	888	630
以色列	Israel	314	428	584	668	687	637
日　本	Japan	4792	5949	7698	7151	6902	6249
哈萨克斯坦	Kazakhstan	88	278	600	847	795	457
韩　国	Korea, Rep.	1723	2844	4664	5596	5727	5268
老　挝	Laos	3	6	17	23	27	23
马来西亚	Malaysia	982	1416	1986	2283	2339	1999
蒙　古	Mongolia	5	11	29	43	58	47
缅　甸	Myanmar	16	38	87	112	110	60
巴基斯坦	Pakistan	90	161	214	251	247	222
菲律宾	Philippines	381	413	515	567	621	586
新加坡	Singapore	1378	2296	3519	4102	4098	3505
斯里兰卡	Sri Lanka	54	63	86	102	113	105
泰　国	Thailand	690	1109	1933	2285	2275	2144
越　南	Viet Nam	145	324	722	1320	1502	1621
埃　及	Egypt	53	129	264	285	264	191
尼日利亚	Nigeria	210	505	840	1030	942	484
南　非	South Africa	300	516	913	959	910	817
加拿大	Canada	2766	3605	3875	4583	4747	4085
墨西哥	Mexico	1664	2142	2983	3800	3971	3808
美　国	United States	7819	9011	12785	15796	16205	15049
阿根廷	Argentina	263	404	682	817	683	568
巴　西	Brazil	551	1185	2019	2420	2251	1911
委内瑞拉	Venezuela	335	557	657	890	747	367
捷　克	Czech Rep.	291	781	1330	1623	1751	1582
法　国	France	3276	4634	5238	5810	5805	5059
德　国	Germany	5518	9709	12589	14518	14946	13295
意大利	Italy	2405	3731	4473	5183	5299	4591
荷　兰	Netherlands	2331	4064	5743	6716	6727	5672
波　兰	Poland	317	894	1597	2050	2202	1982
俄罗斯	Russia	1050	2438	4006	5233	4978	3403
西班牙	Spain	1153	1926	2544	3178	3245	2818
土耳其	Turkey	278	735	1139	1518	1576	1439
乌克兰	Ukraine	146	342	515	643	542	379
英　国	United Kingdom	2854	3909	4160	5410	5052	4604
澳大利亚	Australia	639	1061	2126	2526	2412	1884
新西兰	New Zealand	133	217	314	394	416	344

14-4 货物进口总额
Merchandise Imports

资料来源：世界贸易组织数据库。
Source: WTO Database.
单位：亿美元 (100 million USD)

国家或地区	Country or Area	2000	2005	2010	2013	2014	2015
世　界	**World**	**67250**	**108700**	**155110**	**189040**	**191040**	**167660**
中　国	China	2251	6600	13963	19500	19592	16820
中国香港	Hong Kong, China	2140	3002	4414	6214	6006	5594
中国澳门	Macao, China	26	45	56	103	114	106
孟加拉国	Bangladesh	89	139	278	371	423	395
文　莱	Brunei Darussalam	11	15	25	36	36	26
柬埔寨	Cambodia	19	39	68	128	135	144
印　度	India	515	1429	3502	4654	4629	3920
印度尼西亚	Indonesia	436	757	1357	1866	1782	1427
伊　朗	Iran	139	400	654	490	510	425
以色列	Israel	377	471	612	749	755	648
日　本	Japan	3795	5159	6941	8332	8122	6485
哈萨克斯坦	Kazakhstan	50	174	311	488	413	302
韩　国	Korea, Rep.	1605	2612	4252	5156	5255	4365
老　挝	Laos	5	9	21	30	43	39
马来西亚	Malaysia	820	1143	1646	2059	2089	1760
蒙　古	Mongolia	6	12	33	64	52	38
缅　甸	Myanmar	24	19	48	120	162	159
巴基斯坦	Pakistan	109	254	378	446	474	442
菲律宾	Philippines	370	495	585	651	677	699
新加坡	Singapore	1345	2000	3108	3730	3662	2967
斯里兰卡	Sri Lanka	63	88	135	180	194	191
泰　国	Thailand	619	1182	1829	2504	2277	2027
越　南	Viet Nam	156	368	848	1320	1478	1661
埃　及	Egypt	146	224	529	583	713	650
尼日利亚	Nigeria	87	208	442	560	600	480
南　非	South Africa	297	623	968	1264	1220	1046
加拿大	Canada	2448	3224	4027	4743	4800	4364
墨西哥	Mexico	1795	2282	3102	3910	4116	4053
美　国	United States	12593	17327	19692	23291	24126	23080
阿根廷	Argentina	252	287	568	737	652	598
巴　西	Brazil	586	776	1915	2506	2392	1788
委内瑞拉	Venezuela	162	240	390	544	432	330
捷　克	Czech Rep.	320	765	1267	1443	1544	1405
法　国	France	3389	5041	6111	6815	6766	5727
德　国	Germany	4972	7771	10548	11916	12070	10500
意大利	Italy	2388	3848	4870	4794	4742	4089
荷　兰	Netherlands	2183	3638	5164	5897	5894	5058
波　兰	Poland	490	1016	1780	2076	2237	1926
俄罗斯	Russia	449	1254	2486	3413	3080	1941
西班牙	Spain	1561	2888	3270	3406	3589	3093
土耳其	Turkey	545	1168	1855	2517	2422	2072
乌克兰	Ukraine	140	361	609	768	543	363
英　国	United Kingdom	3481	5193	5911	6558	6905	6258
澳大利亚	Australia	715	1253	2016	2421	2369	2084
新西兰	New Zealand	139	262	306	396	425	366

14-5 世界主要国家和地区服务贸易进出口总额
Total of Service Imports and Exports by Country or Area

资料来源：世界贸易组织数据库。
Source:WTO Database.

单位：亿美元 (100 million USD)

国家或地区	Country or Area	2000	2005	2010	2013	2014	2015
世　界	**World**	**29548**	**51073**	**75345**	**93286**	**99770**	**93657**
中　国	China	660	1613	3354	5352	7302	7518
中国香港	Hong Kong, China	650	975	1507	1797	1804	1781
中国澳门	Macao, China	41	112	365	654	636	502
孟加拉国	Bangladesh	18	28	54	77	88	104
文　莱	Brunei Darussalam	10	16	15	29	24	25
柬埔寨	Cambodia	7	17	29	51	56	57
印　度	India	349	986	2306	2734	2824	2775
印度尼西亚	Indonesia	204	346	423	568	560	515
伊　朗	Iran	36	153	268	241	250	233
以色列	Israel	275	304	439	550	576	566
日　本	Japan	1822	2371	2948	3017	3488	3316
哈萨克斯坦	Kazakhstan	27	94	151	170	187	174
韩　国	Korea, Rep.	639	1084	1788	2117	2257	2092
老　挝	Laos	1	2	7	13	12	13
马来西亚	Malaysia	304	414	670	870	870	746
蒙　古	Mongolia	2	9	13	27	27	22
缅　甸	Myanmar	8	7	11	48	67	
巴基斯坦	Pakistan	34	93	95	106	113	107
菲律宾	Philippines	86	150	295	394	461	518
新加坡	Singapore	584	1022	2016	2862	3057	2826
斯里兰卡	Sri Lanka	25	36	55	99	112	123
泰　国	Thailand	291	464	789	1128	1079	1108
越　南	Viet Nam	60	87	171	242	251	263
埃　及	Egypt	168	240	366	327	371	348
尼日利亚	Nigeria	50	78	225	220	240	216
南　非	South Africa	105	234	348	340	331	298
加拿大	Canada	829	1233	1725	2003	1919	1717
墨西哥	Mexico	295	380	377	486	514	521
美　国	United States	4874	6344	9209	11033	11434	11592
阿根廷	Argentina	137	136	274	323	298	311
巴　西	Brazil	245	358	871	1175	1250	1019
委内瑞拉	Venezuela	53	64	155	204	177	154
捷　克	Czech Rep.	121	234	388	454	477	426
法　国	France	1397	2858	3820	4815	5265	4678
德　国	Germany	2163	3611	4821	5859	6018	5368
意大利	Italy	1103	1840	2107	2190	2278	1978
荷　兰	Netherlands	1033	1737	2954	3283	3675	3352
波　兰	Poland	193	336	659	787	845	759
俄罗斯	Russia	258	681	1219	1949	1837	1379
西班牙	Spain	851	1608	1801	1884	2001	1820
土耳其	Turkey	287	383	545	704	741	667
乌克兰	Ukraine	64	170	299	374	263	219
英　国	United Kingdom	2149	3999	4443	5345	5716	5528
澳大利亚	Australia	380	605	966	1197	1158	1020
新西兰	New Zealand	88	184	216	258	272	257

14-6 服务贸易出口总额
Commercial Service Exports

资料来源：世界贸易组织数据库。
Source: WTO Database.
单位：亿美元 (100 million USD)

国家或地区	Country or Area	2000	2005	2010	2013	2014	2015
世　界	**World**	**14910**	**25987**	**38420**	**47473**	**50638**	**47540**
中　国	China	301	780	1536	2058	2794	2855
中国香港	Hong Kong, China	404	636	805	1047	1066	1042
中国澳门	Macao, China	33	87	290	536	531	399
孟加拉国	Bangladesh	3	7	12	15	16	17
文　莱	Brunei Darussalam	2	6	5	5	6	6
柬埔寨	Cambodia	4	11	19	34	37	38
印　度	India	160	519	1166	1482	1557	1553
印度尼西亚	Indonesia	51	126	163	223	229	213
伊　朗	Iran	14	49	87	88	93	96
以色列	Israel	156	168	254	345	354	345
日　本	Japan	683	997	1318	1326	1586	1579
哈萨克斯坦	Kazakhstan	9	20	39	49	61	59
韩　国	Korea, Rep.	308	493	822	1025	1110	968
老　挝	Laos	1	2	5	8	7	8
马来西亚	Malaysia	138	196	346	420	419	348
蒙　古	Mongolia	1	4	5	7	6	6
缅　甸	Myanmar	5	3	3	27	41	
巴基斯坦	Pakistan	13	20	29	33	35	33
菲律宾	Philippines	34	86	178	233	255	282
新加坡	Singapore	284	462	1006	1400	1504	1393
斯里兰卡	Sri Lanka	9	15	25	47	56	64
泰　国	Thailand	138	198	341	583	550	603
越　南	Viet Nam	27	42	74	106	108	111
埃　及	Egypt	97	144	236	179	203	182
尼日利亚	Nigeria	18	14	26	19	15	27
南　非	South Africa	49	116	157	164	165	147
加拿大	Canada	393	589	753	887	852	763
墨西哥	Mexico	133	157	152	202	211	226
美　国	United States	2824	3574	5435	6649	6901	6901
阿根廷	Argentina	48	63	132	144	135	137
巴　西	Brazil	90	142	293	365	390	330
委内瑞拉	Venezuela	11	13	16	18	16	15
捷　克	Czech Rep.	67	131	215	246	252	228
法　国	France	800	1524	2011	2553	2747	2397
德　国	Germany	796	1530	2200	2612	2724	2473
意大利	Italy	559	908	998	1106	1141	986
荷　兰	Netherlands	514	901	1598	1771	1948	1781
波　兰	Poland	104	181	352	445	480	434
俄罗斯	Russia	96	286	486	691	648	510
西班牙	Spain	522	940	1121	1256	1320	1174
土耳其	Turkey	202	275	360	474	510	459
乌克兰	Ukraine	38	100	177	219	146	121
英　国	United Kingdom	1184	2312	2658	3323	3614	3451
澳大利亚	Australia	194	300	458	526	534	484
新西兰	New Zealand	43	100	114	133	142	141

14−7 服务贸易进口总额
Commercial Service Imports

资料来源：世界贸易组织数据库。
Source: WTO Database.
单位：亿美元 (100 million USD)

国家或地区	Country or Area	2000	2005	2010	2013	2014	2015
世　界	**World**	**14638**	**25086**	**36925**	**45813**	**49132**	**46117**
中　国	China	359	833	1818	3294	4508	4663
中国香港	Hong Kong, China	246	338	702	750	738	739
中国澳门	Macao, China	8	25	75	118	105	103
孟加拉国	Bangladesh	15	21	41	62	72	87
文　莱	Brunei Darussalam	8	9	11	24	19	19
柬埔寨	Cambodia	3	6	9	17	19	19
印　度	India	189	467	1140	1252	1267	1222
印度尼西亚	Indonesia	154	220	260	344	331	302
伊　朗	Iran	22	104	182	153	157	137
以色列	Israel	118	136	185	206	222	221
日　本	Japan	1139	1374	1629	1690	1902	1737
哈萨克斯坦	Kazakhstan	18	74	112	121	126	115
韩　国	Korea, Rep.	332	591	965	1092	1147	1123
老　挝	Laos			3	5	5	6
马来西亚	Malaysia	166	218	324	450	452	398
蒙　古	Mongolia	2	5	8	20	21	15
缅　甸	Myanmar	3	5	8	22	26	
巴基斯坦	Pakistan	21	73	66	72	78	74
菲律宾	Philippines	52	64	117	161	206	236
新加坡	Singapore	300	560	1010	1463	1552	1433
斯里兰卡	Sri Lanka	16	21	31	52	56	59
泰　国	Thailand	153	267	448	546	529	505
越　南	Viet Nam	33	44	98	136	143	153
埃　及	Egypt	72	95	130	148	168	167
尼日利亚	Nigeria	31	64	199	201	225	188
南　非	South Africa	57	119	192	176	166	151
加拿大	Canada	436	645	972	1115	1067	954
墨西哥	Mexico	162	223	225	284	303	295
美　国	United States	2050	2770	3774	4384	4533	4691
阿根廷	Argentina	90	72	143	179	164	175
巴　西	Brazil	156	215	578	811	859	689
委内瑞拉	Venezuela	42	52	138	186	161	139
捷　克	Czech Rep.	53	102	174	209	225	198
法　国	France	597	1334	1809	2262	2518	2282
德　国	Germany	1367	2081	2621	3247	3294	2895
意大利	Italy	544	931	1109	1084	1137	993
荷　兰	Netherlands	518	836	1357	1512	1727	1571
波　兰	Poland	89	155	307	342	365	325
俄罗斯	Russia	162	395	732	1257	1189	869
西班牙	Spain	329	668	680	627	680	646
土耳其	Turkey	85	108	185	230	231	208
乌克兰	Ukraine	26	70	122	155	117	98
英　国	United Kingdom	965	1687	1785	2022	2102	2077
澳大利亚	Australia	186	305	508	671	624	537
新西兰	New Zealand	44	83	101	125	130	115

14-8 出口和进口单位价值指数
Indices of Export Unit Value and Import Unit Value

资料来源：国际货币基金组织IFS数据库。
Source: IMF IFS Database.

2010年=100 (2010=100)

国家或地区	Country or Area	进口单位价值指数 Import Unit Values Index			出口单位价值指数 Export Unit Values Index		
		2013	2014	2015	2013	2014	2015
世　界	**World**	**111.7**	**110.3**	**95.9**	**108.4**	**106.7**	**91.8**
中国香港	Hong Kong,China	112.8	115.0	114.6	113.2	115.6	115.7
阿根廷	Argentina	111.0	111.2		119.7	116.9	
澳大利亚	Australia	109.9	105.9	89.2	108.7	97.7	73.9
比利时	Belgium	112.4	109.6	92.0	110.5	110.3	92.7
玻利维亚	Bolivia				142.6	136.5	113.5
巴　西	Brazil	114.5	107.6	89.2	112.5	101.5	78.0
加拿大	Canada	105.0	102.4	92.5	106.5	104.3	85.9
丹　麦	Denmark	102.2	102.0	83.6	105.6	102.4	84.5
厄瓜多尔	Ecuador				128.2	115.6	68.7
芬　兰	Finland	109.1	106.7	83.9	103.9	102.7	84.7
德　国	Germany	110.0	108.6	91.5	106.4	107.8	92.3
希　腊	Greece	109.6	105.4	78.9	111.6	108.5	80.4
洪都拉斯	Honduras				95.0	100.4	100.7
匈牙利	Hungary	101.2	97.4	80.2	98.8	96.0	79.7
印　度	India	166.3	159.7		109.2	100.8	
爱尔兰	Ireland	111.2	111.6		103.8	103.1	
以色列	Israel	110.2	108.3	93.1	113.0	112.0	106.0
意大利	Italy	113.8	110.7	89.1	113.7	115.0	97.7
牙买加	Jamaica				101.4	103.1	
日　本	Japan	110.4	106.0	82.4	96.2	91.5	81.0
约　旦	Jordan	125.1	132.5	117.0	111.1	111.1	109.7
拉脱维亚	Latvia				118.7		
荷　兰	Netherlands	106.4	103.0	81.7	106.9	104.4	83.8
新西兰	New Zealand	107.4	103.2	86.3	116.6	112.1	91.1
挪　威	Norway	109.8	108.0	89.3	127.5	115.4	81.5
阿　曼	Oman				137.7	134.7	73.7
巴基斯坦	Pakistan	132.5	131.7	122.3	116.1	119.7	113.9
巴布亚新几内亚	Papua New Guinea				118.2	105.3	79.4
秘　鲁	Peru				105.1	96.6	
沙特阿拉伯	Saudi Arabia				134.3	124.3	63.4
新加坡	Singapore	110.7	106.3	85.5	107.4	103.6	88.9
西班牙	Spain	108.9	106.3	86.6	107.1	105.9	89.0
瑞　典	Sweden	107.1	103.1	82.8	104.4	102.0	84.1
泰　国	Thailand	105.8	104.8	102.3	109.5	107.6	95.9
土耳其	Turkey	110.1	107.0		108.5	107.0	
英　国	United Kingdom	107.1	111.1	98.7	112.1	111.1	95.3
美　国	United States	110.0	108.8	97.7	108.0	107.4	100.6
委内瑞拉	Venezuela	77.3	102.9	254.7			

14-9 出口和进口数量指数
Indices of Export Quantum and Import Quantum

资料来源：国际货币基金组织IFS数据库。
Source: IMF IFS Database.

2010年=100 (2010=100)

国家或地区	Country or Area	出口数量指数 Export Quantum Index			进口数量指数 Import Quantum Index		
		2013	2014	2015	2013	2014	2015
中国香港	Hong Kong,China	105.0	106.6	104.8	108.8	111.4	107.8
奥地利	Austria	96.7	113.5	115.3	99.3	110.4	113.0
阿根廷	Argentina	100.0	90.0		116.7	103.1	
澳大利亚	Australia	113.4	115.1	108.0	117.7	121.0	125.8
比利时	Belgium	104.0	105.3	106.1	102.4	105.6	106.0
玻利维亚	Bolivia	119.2	124.4	122.4			
巴西	Brazil	107.4	110.9	122.6	115.5	119.6	106.0
加拿大	Canada	111.1	117.6	123.2	112.3	115.3	115.6
丹麦	Denmark	109.6	113.0	117.1	115.1	117.2	123.7
厄瓜多尔	Ecuador	110.0	118.1	119.1	113.9	125.5	113.3
法国	France	104.4	95.8	100.0	101.4	105.6	113.5
德国	Germany	109.5	112.1	115.1	105.4	109.2	111.9
洪都拉斯	Honduras	123.8	124.5	140.4			
匈牙利	Hungary	115.5	123.5	133.0	112.3	122.1	130.4
爱尔兰	Ireland	93.9	96.8		96.5	103.6	
以色列	Israel	85.9	105.2	103.2	110.1	112.9	112.9
意大利	Italy	102.1	102.8	105.1	86.3	87.5	94.2
牙买加	Jamaica	113.4	111.4				
日本	Japan	90.1	90.6	89.7	105.3	105.9	102.9
约旦	Jordan	103.8	108.9	105.1	112.4	112.4	111.1
韩国	Korea, Rep.	126.0	131.4	134.9	110.6	115.8	119.7
毛里求斯	Mauritius	94.8	107.0	104.5	99.2	107.1	117.4
荷兰	Netherlands	109.9	113.3	117.2	110.0	114.0	119.4
新西兰	New Zealand	109.8	112.3	115.3	119.0	130.7	134.5
挪威	Norway	93.5	95.4	98.4	107.7	108.7	109.7
巴基斯坦	Pakistan	118.5	114.8	100.4	88.7	103.2	114.4
巴布亚新几内亚	Papua New Guinea	89.1	96.7	91.3			
秘鲁	Peru	106.7	108.1				
波兰	Poland	118.6	125.1	135.4	106.6	115.7	122.1
新加坡	Singapore	108.8	111.4	110.9	108.6	111.0	111.8
西班牙	Spain	117.2	122.5	126.7	96.8	104.8	111.5
瑞典	Sweden	103.2	104.6	108.8	104.3	109.6	115.5
瑞士	Switzerland	109.1	110.8	109.8	102.5	101.8	101.7
泰国	Thailand	111.3	112.1	108.2	123.5	115.1	114.4
土耳其	Turkey	122.9	129.4		123.2	122.2	
美国	United States	114.4	118.2	116.9	107.5	112.6	120.3

14-10 货物和服务进出口占国内生产总值比重
Exports and Imports of Goods and Services as Percentage of GDP

资料来源：世界银行WDI数据库。
Source: World Bank WDI Database.
单位：%

(%)

国家或地区	Country or Area	货物和服务出口占国内生产总值比重 Exports of Goods and Services as percentage of GDP			货物和服务进口占国内生产总值比重 Imports of Goods and Services as percentage of GDP		
		2000	2010	2015	2000	2010	2015
世　界	**World**	**26.3**	**28.9**	**29.3**	**25.3**	**28.3**	**28.7**
中　国	China	20.7	26.5	22.4	18.7	22.9	18.8
中国香港	Hong Kong, China	141.8	219.4	201.2	137.4	213.5	198.8
中国澳门	Macao, China	100.4	87.8	77.8	64.6	32.7	37.1
孟加拉国	Bangladesh	12.3	16	17.3	17	21.8	24.7
文　莱	Brunei Darussalam	67.4	81.4	71.0①	35.8	32.9	35.7①
柬埔寨	Cambodia	49.8	54.1	67.6	61.8	59.5	74.1
印　度	India	12.8	22	22.9①	13.7	26.3	25.9①
印度尼西亚	Indonesia	41	24.3	21.1	30.5	22.4	20.8
伊　朗	Iran	21.5	25.4	24.2①	19.8	20.3	18.9①
以色列	Israel	35.6	35	31.1	35.6	32.8	28.3
日　本	Japan	10.9	15.2	17.9	9.4	14	18.9
哈萨克斯坦	Kazakhstan	56.6	44.2	28.6	49.1	29.9	24.7
韩　国	Korea, Rep.	35	49.4	45.9	32.9	46.2	38.9
老　挝	Laos	30.1	35.5	34.8	44.2	37.9	44.2
马来西亚	Malaysia	119.8	86.9	71	100.6	71	63.4
蒙　古	Mongolia	54	46.7	44.9	67.9	56.7	42
缅　甸	Myanmar	0.5	0.1		0.6	0.1	
巴基斯坦	Pakistan	13.4	13.5	10.9	14.7	19.4	17.1
菲律宾	Philippines	51.4	34.8	27.9	53.4	36.6	32.9
新加坡	Singapore	189.2	199.3	176.5	176.9	172.8	149.6
斯里兰卡	Sri Lanka	39	19.6	20.5	49.6	26.8	28
泰　国	Thailand	64.8	66.1	69.3①	56.5	60.6	62.7①
越　南	Viet Nam	50	72	89.8	53.3	80.2	89
埃　及	Egypt	16.2	21.3	13.2	22.8	26.6	21.6
尼日利亚	Nigeria	51.7	25.3	18.4①	19.7	17.4	12.5①
南　非	South Africa	27.2	28.6	30.9	24.3	27.4	31.9
加拿大	Canada	44.2	29.1	31.5	38.6	31	33.8
墨西哥	Mexico	26.3	29.9	35.3	26.9	31.1	37.5
美　国	United States	10.7	12.4	12.6	14.3	15.8	15.5
阿根廷	Argentina	11	17.4	14.8①	11.6	14.8	14.5①
巴　西	Brazil	10.2	10.7	13	12.5	11.8	14.3
委内瑞拉	Venezuela	29.7	28.5	24.8②	18.1	17.6	29.5②
捷　克	Czech Rep.	48.3	66.2	84.5	50.2	63.1	78.1
法　国	France	28.2	26	30	27.1	27.9	31.4
德　国	Germany	30.8	42.3	46.9	30.6	37.1	39.1
意大利	Italy	25.7	25.2	30.2	24.8	27.2	27
荷　兰	Netherlands	66.5	72	82.8	60	63.6	71.5
波　兰	Poland	27.2	40	49.4	33.6	42.1	46.6
俄罗斯	Russia	44.1	29.2	29.5	24	21.1	21.2
西班牙	Spain	28.6	25.5	33.1	31.6	26.8	30.7
土耳其	Turkey	20.1	21.2	28	23.1	26.8	30.8
乌克兰	Ukraine	62.4	50.7	52.8	57.4	53.6	54.8
英　国	United Kingdom	26.3	28.6	27.4	28.2	31.3	29.4
澳大利亚	Australia	19.4	19.4	19.8	21.5	20.4	21.2
新西兰	New Zealand	35.7	30.3	28.0①	32.8	28	27.3①

注：①2014年数据。②2013年数据。
Note:①Data refer to 2014.②Data refer to 2013.

14-11　出口货物构成(2015年)
Exports by Commodity Groups(2015)

资料来源：世界银行WDI数据库。
Source: World Bank WDI Database.

单位：%　(%)

国家或地区	Country or Area	农业原材料 Agricultural Raw Materials	食品 Food	燃料 Fuel	矿物和金属 Ores and Metals	制成品 Manufactures	其它 Others
世　界	**World**	**1.6**	**9.4**	**10.1**	**4.2**	**71.2**	**3.5**
高收入国家	**High Income**	**1.7**	**9.2**	**9.6**	**4.3**	**70.8**	**4.4**
中等收入国家	**Middle Income**	**1.3**	**8.9**	**11.5**	**4.1**	**73.3**	**0.9**
中　国	China	0.4	2.8	1.2	1.2	94.3	0.1
中国香港	Hong Kong, China	2.9	16.7	4.2	11.2	64.5	0.5
孟加拉国②	Bangladesh②	1.8	3.9	1.2	0.4	92.8	-0.1
文　莱①	Brunei Darussalam①		0.4	92.5	0.1	6.8	0.2
柬 埔 寨①	Cambodia①	2.4	3.4		0.2	94.0	
印　度	India	1.5	11.6	12.1	3.3	70.6	0.9
印度尼西亚①	Indonesia①	4.8	20.3	29.2	4.8	40.9	
伊　朗②	Iran②	0.2	3.7	70.5	2.2	12.1	11.3
以 色 列①	Israel①	0.6	3.0	1.1	1.2	92.8	1.3
日　本	Japan	0.8	0.8	1.8	2.5	88.0	6.1
哈萨克斯坦①	Kazakhstan①	0.2	3.3	76.6	8.6	11.3	
韩　国①	Korea, Rep.①	0.9	1.1	9.0	2.0	86.8	0.2
马来西亚	Malaysia	1.8	10.9	16.1	3.9	66.9	0.4
蒙　古①	Mongolia①	6.0	0.8	27.9	62.2	3.2	-0.1
巴基斯坦	Pakistan	1.2	19.9	1.2	1.6	76.1	
菲 律 宾	Philippines	1.0	7.8	1.3	5.1	84.8	
新 加 坡	Singapore	0.4	2.9	12.6	1.3	77.0	5.8
斯里兰卡	Sri Lanka	2.5	25.7	1.8	0.5	69.5	
泰　国	Thailand	3.7	13.8	3.6	1.2	77.8	-0.1
越　南①	Viet Nam①	1.7	14.8	6.2	0.7	76.3	0.3
埃　及①	Egypt①	2.2	17.1	23.9	4.2	51.5	1.1
尼日利亚①	Nigeria①	0.4	1.9	90.9	0.4	6.4	
南　非	South Africa	2.2	11.8	11.9	24.0	49.4	0.7
加 拿 大	Canada	4.6	12.7	21.4	7.4	52.4	1.5
墨 西 哥	Mexico	0.3	6.9	6.1	2.6	82.8	1.3
美　国	United States	2.3	10.1	8.3	2.9	64.0	12.4
阿 根 廷	Argentina	1.0	62.4	2.6	2.9	29.3	1.8
巴　西	Brazil	4.7	37.6	7.3	10.8	38.1	1.5
委内瑞拉③	Venezuela③			97.7	0.4	1.8	0.1
捷　克	Czech Rep.	1.3	5.0	3.0	1.6	88.9	0.2
法　国	France	0.9	11.2	3.5	1.9	81.2	1.3
德　国	Germany	0.7	5.4	2.2	2.5	83.4	5.8
意 大 利	Italy	0.7	8.7	3.3	2.0	83.3	2.0
荷　兰	Netherlands	3.0	15.8	13.0	2.4	64.6	1.2
波　兰	Poland	1.3	12.9	3.3	3.6	78.9	
俄 罗 斯	Russia	2.2	4.7	63.0	6.1	20.5	3.5
西 班 牙	Spain	0.9	16.2	4.7	3.3	72.0	2.9
土 耳 其	Turkey	0.4	12.1	3.1	4.0	78.8	1.6
乌 克 兰①	Ukraine①	1.7	30.7	3.4	9.0	54.9	0.3
英　国	United Kingdom	0.6	6.7	7.6	3.8	78.0	3.3
澳大利亚	Australia	2.7	17.2	26.9	31.4	17.7	4.1
新 西 兰	New Zealand	11.9	60.6	1.9	3.2	19.3	3.1

注：①2014年数据。②2011年数据。③2013年数据。
Note:①Data refer to 2014.②Data refer to 2011.③Data refer to 2013.

14-12 进口货物构成(2015年)
Imports by Commodity Groups(2015)

资料来源：世界银行WDI数据库。
Source: World Bank WDI Database.
单位：%　　(%)

国家或地区	Country or Area	农业原材料 Agricultural Raw Materials	食品 Food	燃料 Fuel	矿物和金属 Ores and Metals	制成品 Manufactures	其它 Others
世　界	**World**	**1.5**	**8.2**	**11.5**	**3.9**	**72.1**	**2.8**
高收入国家	**High Income**	**1.2**	**8.4**	**10.8**	**3.0**	**74.1**	**2.4**
中等收入国家	**Middle Income**	**2.3**	**7.5**	**13.3**	**6.4**	**66.6**	**3.8**
低收入国家	**Low Income**	**1.2①**	**15.1②**	**21.3②**	**1.9①**	**54.9②**	**5.6②**
中　国	China	3.6	6.7	12.7	10.2	61.7	5.2
中国香港	Hong Kong, China	0.4	4.9	2.4	1.2	91.0	
中国澳门②	Macao, China②	0.3	14.9	7.0	0.3	73.3	4.3
文　莱②	Brunei Darussalam②	0.2	15.4	10.2	1.2	72.5	0.5
柬埔寨②	Cambodia②	0.7	7.7	3.7	1.3	86.6	
印　度	India	2.0	5.8	29.4	7.0	52.7	3.1
印度尼西亚②	Indonesia②	2.9	9.6	24.7	3.2	58.9	0.8
以色列②	Israel②	1.0	7.7	17.7	1.6	71.4	0.6
日　本	Japan	1.4	10.0	20.5	6.5	59.8	1.7
哈萨克斯坦②	Kazakhstan②	0.5	10.3	5.7	2.0	81.5	0.1
韩　国②	Korea, Rep.②	1.5	5.2	33.2	7.2	52.9	
马来西亚	Malaysia	1.8	8.9	12.3	5.7	70.9	0.5
蒙　古②	Mongolia②	0.3	9.0	26.5	0.4	63.6	0.2
巴基斯坦	Pakistan	4.1	12.1	23.0	3.9	56.9	0.1
菲律宾	Philippines	0.6	11.7	11.9	1.8	73.9	0.1
新加坡	Singapore	0.5	4.1	22.1	1.7	70.1	1.5
斯里兰卡	Sri Lanka	2.2	13.2	14.0	1.4	69.3	
泰　国	Thailand	1.7	6.6	15.6	3.9	72.2	0.1
越　南②	Viet Nam②	3.6	8.6	7.0	3.8	76.6	0.5
埃　及②	Egypt②	3.3	21.1	14.0	4.4	56.8	0.5
尼日利亚②	Nigeria②	0.7	17.0	16.3	1.9	64.1	
南　非	South Africa	0.9	6.2	17.6	2.2	64.5	8.7
加拿大	Canada	0.9	8.3	7.2	2.7	78.7	2.1
墨西哥	Mexico	1.0	6.0	6.8	2.3	81.0	3.0
美　国	United States	0.9	5.9	8.7	2.0	78.9	3.6
阿根廷	Argentina	0.9	2.7	11.1	2.4	82.0	0.9
巴　西	Brazil	1.0	5.1	14.5	3.4	75.9	
委内瑞拉①	Venezuela①	0.9	18.4	0.6	1.2	70.9	8.1
捷　克	Czech Rep.	1.3	6.0	6.7	3.4	82.5	0.1
法　国	France	1.1	8.6	10.4	2.2	77.5	0.2
德　国	Germany	1.3	7.8	9.2	4.1	71.7	5.9
意大利	Italy	2.3	10.9	13.0	4.8	67.6	1.4
荷　兰	Netherlands	1.6	12.9	15.4	2.4	65.2	2.6
波　兰	Poland	1.6	8.5	7.6	3.5	77.2	1.6
俄罗斯	Russia	1.2	13.9	1.8	1.7	80.9	0.5
西班牙	Spain	1.2	11.3	14.1	3.7	69.6	0.1
土耳其	Turkey	2.4	5.3	7.1	6.3	66.6	12.3
乌克兰②	Ukraine②	1.1	10.8	27.9	2.8	56.8	0.7
英　国	United Kingdom	1.3	10.2	8.4	2.8	75.8	1.5
澳大利亚	Australia	0.7	6.7	11.1	1.6	77.0	2.9
新西兰	New Zealand	0.8	11.3	10.1	1.4	75.5	0.8

注：①2013年数据。②2014年数据。
Note:①Data refer to 2013.②Data refer to 2014.

14-13 农产品进出口额
Imports and Exports of Agriculture Products

资料来源：世界贸易组织数据库。
Source: WTO Database.
单位：亿美元 (100 million USD)

国家或地区	Country or Area	农产品进口额 Imports			农产品出口额 Exports		
		2000	2010	2014	2000	2010	2014
世　界	**World**	**5962.95**	**13954.10**	**18730.67**	**5508.68**	**13648.54**	**17654.05**
中　国	China	195.44	1082.60	1700.83	163.84	516.07	744.72
中国香港	Hong Kong, China	117.28	206.22	291.95	56.93	80.28	105.50
中国澳门	Macao, China	2.89	9.60	17.04	0.45	0.75	1.03
孟加拉国	Bangladesh	17.16	59.92	113.27	4.98	10.13	16.98
文　莱	Brunei Darussalam		4.23	5.61		0.09	0.44
柬埔寨	Cambodia	1.89	4.24	6.71	0.53	2.08	7.58
印　度	India	39.93	178.64	273.14	59.51	231.06	434.66
印度尼西亚	Indonesia	57.27	156.44	222.20	77.64	359.57	440.87
伊　朗	Iran	29.43	94.14	138.79	9.32	49.92	59.92
以色列	Israel	22.88	50.56	63.36	11.82	23.06	25.19
日　本	Japan	621.50	775.59	818.68	43.49	101.66	105.90
哈萨克斯坦	Kazakhstan	5.06	24.28	44.33	7.25	20.40	27.19
韩　国	Korea, Rep.	128.37	266.14	350.01	42.98	93.46	119.15
马来西亚	Malaysia	46.10	160.53	201.62	80.15	288.69	301.30
蒙　古	Mongolia	1.06	3.26	4.77	1.48	1.49	3.62
缅　甸	Myanmar		3.64	8.29		23.06	29.22
巴基斯坦	Pakistan	18.82	67.37	74.35	12.34	39.40	51.55
菲律宾	Philippines	31.04	68.23	86.68	20.26	41.29	69.48
新加坡	Singapore	48.90	108.71	146.24	37.23	78.89	118.91
斯里兰卡	Sri Lanka	9.34	20.63	28.45	10.93	25.61	32.08
泰　国	Thailand	44.84	119.85	162.46	122.20	351.36	397.42
越　南	Viet Nam	12.69	102.72	172.36	39.54	168.35	265.46
埃　及	Egypt	41.95	118.50	172.34	6.10	51.22	50.66
尼日利亚	Nigeria	12.12	48.82	98.61	0.39	43.03	80.09
南　非	South Africa	16.50	62.96	71.48	32.70	99.32	113.74
加拿大	Canada	152.72	319.69	401.34	347.89	521.28	681.05
墨西哥	Mexico	109.89	235.31	300.27	91.00	187.91	263.88
美　国	United States	691.15	1164.48	1568.85	714.08	1425.73	1822.35
阿根廷	Argentina	16.44	21.33	22.34	119.54	346.50	378.90
巴　西	Brazil	47.62	107.59	135.28	154.64	685.87	878.90
委内瑞拉	Venezuela	19.70	53.88	88.68	5.22	1.48	0.73
捷　克	Czech Rep.	22.50	88.01	110.64	19.08	72.71	107.08
法　国	France	301.42	601.64	709.55	369.39	667.85	811.87
德　国	Germany	450.24	991.27	1189.09	292.75	802.75	1007.77
意大利	Italy	299.05	564.04	627.79	163.57	386.27	474.35
荷　兰	Netherlands	263.63	611.25	750.32	420.10	940.51	1120.61
波　兰	Poland	39.50	167.42	223.97	30.99	193.05	307.49
俄罗斯	Russia	75.61	364.73	412.16	75.54	214.37	308.77
西班牙	Spain	171.37	386.65	427.04	174.66	420.89	548.51
土耳其	Turkey	41.33	128.78	180.58	38.28	123.70	184.30
乌克兰	Ukraine	10.92	62.45	64.45	15.85	104.75	175.05
英　国	United Kingdom	325.41	611.37	757.90	170.69	289.87	359.97
澳大利亚	Australia	42.34	110.85	156.31	164.46	270.48	386.32
新西兰	New Zealand	12.04	33.76	49.22	76.65	195.65	289.85

14-14 出口去向构成(2014年)
Exports by Destination(2014)

资料来源：联合国贸发会议《2015年统计手册》。
Source:UNCTAD Handbook of Statistics 2015.

单位：% (%)

国家或地区	Country or Area	发达国家 Developed Countries	欧洲 Europe	欧盟 European Union	美国 United States	日本 Japan	其他 Other
中　国	China	42.9	16.1	15.8	17.0	6.4	3.5
中国香港	Hong Kong, China	23.1	9.4	8.5	8.4	3.3	2.0
孟加拉国	Bangladesh	82.2	57.3	55.7	16.7	2.7	5.5
文　莱	Brunei Darussalam	52.8	1.8	1.8	0.3	38.0	12.7
柬埔寨	Cambodia	75.6	37.4	36.1	23.9	6.5	7.8
印　度	India	34.8	16.9	16.2	13.4	1.8	2.7
印度尼西亚	Indonesia	35.9	9.3	9.2	8.6	14.8	3.2
伊　朗	Iran	11.2	2.3	2.2	..	8.8	0.1
以色列	Israel	59.3	29.5	27.2	26.9	1.1	1.8
日　本	Japan	33.8	11.0	10.4	19.0	..	3.7
哈萨克斯坦	Kazakhstan	67.3	63.0	57.1	0.5	0.9	2.8
朝　鲜	Korea, Dem.	1.8	1.8	1.8	..	..	…
韩　国	Korea, Rep.	30.9	9.5	9.1	12.3	5.6	3.5
老　挝	Laos	12.7	8.3	8.2	0.9	3.0	0.6
马来西亚	Malaysia	34.4	9.8	9.5	8.4	10.8	5.3
蒙　古	Mongolia	6.5	5.9	3.8	0.3	0.3	…
缅　甸	Myanmar	6.2	2.1	2.0	0.4	3.5	0.2
巴基斯坦	Pakistan	46.8	29.5	29.2	14.7	0.8	1.7
菲律宾	Philippines	50.6	11.3	10.9	14.1	22.5	2.6
新加坡	Singapore	23.4	8.6	8.0	5.9	4.1	4.8
斯里兰卡	Sri Lanka	65.8	34.3	32.8	24.9	2.2	4.4
泰　国	Thailand	37.1	11.3	10.3	10.5	9.6	5.6
越　南	Viet Nam	53.1	19.1	18.2	19.1	9.6	5.3
埃　及	Egypt	40.5	32.9	32.6	4.3	1.1	2.2
尼日利亚	Nigeria	50.5	37.5	36.6	6.5	4.0	2.5
南　非	South Africa	36.5	21.5	19.7	7.1	5.4	2.5
加拿大	Canada	87.5	8.1	7.4	76.8	2.1	0.5
墨西哥	Mexico	89.5	5.5	5.1	80.3	0.7	3.0
美　国	United States	45.2	18.9	17.1	..	4.1	22.2
阿根廷	Argentina	26.3	15.4	14.2	5.9	1.1	3.9
巴　西	Brazil	36.6	20.1	18.7	12.1	3.0	1.4
委内瑞拉	Venezuela	30.4	3.9	3.9	25.3	0.8	0.4
白俄罗斯	Belarus	30.4	29.8	29.4	0.3	…	0.2
捷　克	Czech Republic	87.9	84.2	82.2	2.2	0.6	0.9
法　国	France	73.5	63.8	60.2	6.4	1.6	1.7
德　国	Germany	74.6	62.7	57.7	8.5	1.5	1.9
意大利	Italy	71.3	60.1	54.6	7.5	1.3	2.4
荷　兰	Netherlands	83.4	77.6	75.5	3.7	0.7	1.4
波　兰	Poland	83.1	79.4	76.6	2.3	0.3	1.2
俄罗斯	Russia	61.4	56.8	24.7	1.2	1.7	1.7
西班牙	Spain	72.4	65.1	62.2	4.4	1.1	1.8
土耳其	Turkey	53.1	46.0	43.5	4.0	0.2	2.9
乌克兰	Ukraine	34.8	31.9	31.5	1.2	0.4	1.3
英　国	United Kingdom	72.6	55.5	47.2	12.6	1.4	3.1
澳大利亚	Australia	30.3	4.7	4.4	4.1	17.9	3.5
新西兰	New Zealand	43.8	9.8	9.6	9.4	5.9	18.7

14-14 续表 continued

单位：% (%)

国家或地区	Country or Area	经济转型国家 Economies in Transition	发展中国家 Developing Countries					
				非洲 Africa	美洲 America	除西亚以外的亚洲国家 Asia except West Asia	西亚 West Asia	大洋洲 Oceania
中　　国	China	3.7	53.4	4.5	5.8	38.5	4.5	0.1
中国香港	Hong Kong, China	0.6	76.3	0.7	1.8	71.9	1.8	0.1
孟加拉国	Bangladesh	1.9	15.9	0.8	1.4	8.8	4.9	…
文　　莱	Brunei Darussalam	…	47.2	0.2	…	47.0	…	…
柬 埔 寨	Cambodia	1.2	23.2	0.7	0.9	20.1	1.5	…
印　　度	India	1.2	63.2	10.9	4.9	28.1	19.3	…
印度尼西亚	Indonesia	0.9	63.2	3.5	2.1	53.4	4.1	0.1
伊　　朗	Iran	2.2	86.6	0.3	0.1	65.4	20.8	…
以 色 列	Israel	2.7	33.0	2.0	3.6	23.3	4.2	…
日　　本	Japan	1.6	64.6	1.5	4.6	53.9	4.2	0.3
哈萨克斯坦	Kazakhstan	12.6	20.2	0.2	0.1	16.9	3.0	
朝　　鲜	Korea, Dem.	0.5	97.7	1.3	3.0	93.3	0.1	0.1
韩　　国	Korea, Rep.	2.5	66.5	2.6	5.9	51.0	5.4	1.6
老　　挝	Laos	0.1	87.2	…	0.1	87.0	0.1	…
马来西亚	Malaysia	0.5	65.1	2.5	1.6	57.6	3.0	0.3
蒙　　古	Mongolia	0.9	92.6	…	…	92.4	0.2	…
缅　　甸	Myanmar	0.2	93.6	0.4	0.1	92.9	0.4	…
巴基斯坦	Pakistan	1.3	51.9	7.5	2.1	30.4	11.9	…
菲 律 宾	Philippines	0.1	49.3	0.6	1.4	45.9	1.0	0.5
新 加 坡	Singapore	0.2	76.4	2.1	3.5	67.2	2.2	1.4
斯里兰卡	Sri Lanka	3.7	31.5	2.2	2.5	18.4	8.4	0.1
泰　　国	Thailand	0.7	62.0	3.7	3.4	50.2	4.6	0.1
越　　南	Viet Nam	1.7	45.2	1.3	2.0	37.6	4.4	
埃　　及	Egypt	2.0	54.6	13.4	0.9	12.6	27.7	…
尼日利亚	Nigeria	…	49.4	12.0	12.1	24.9	0.3	0.1
南　　非	South Africa	0.6	56.8	30.5	1.5	21.7	3.1	0.1
加 拿 大	Canada	0.3	12.2	0.9	2.7	7.5	1.0	…
墨 西 哥	Mexico	0.1	10.4	0.2	6.4	3.4	0.4	…
美　　国	United States	1.0	53.8	2.3	26.1	21.0	4.3	…
阿 根 廷	Argentina	1.2	69.6	6.9	38.6	20.5	3.6	…
巴　　西	Brazil	2.1	59.5	4.3	20.5	30.3	4.4	…
委内瑞拉	Venezuela	…	69.6	0.2	9.2	59.9	0.3	…
白俄罗斯	Belarus	58.2	8.8	0.8	2.5	4.8	0.7	…
捷　　克	Czech Republic	4.9	7.1	1.2	0.9	2.8	2.2	…
法　　国	France	2.3	24.1	6.4	2.7	10.5	4.2	0.3
德　　国	Germany	3.8	21.2	2.0	2.7	12.2	4.2	0.1
意 大 利	Italy	4.3	23.4	5.1	3.5	8.5	6.4	…
荷　　兰	Netherlands	1.9	13.2	2.6	2.1	5.8	2.7	…
波　　兰	Poland	8.7	8.1	1.4	1.1	2.8	2.6	0.2
俄 罗 斯	Russia	9.3	17.7	0.5	4.3	11.5	1.4	…
西 班 牙	Spain	1.6	22.6	6.8	6.0	5.2	4.6	…
土 耳 其	Turkey	12.0	32.7	8.7	1.8	6.7	15.4	0.1
乌 克 兰	Ukraine	28.9	36.2	9.5	1.2	13.3	12.2	…
英　　国	United Kingdom	2.1	24.5	3.0	2.0	13.5	6.0	…
澳大利亚	Australia	0.3	66.5	1.2	0.8	60.0	3.3	1.2
新 西 兰	New Zealand	0.8	53.9	4.2	2.7	39.8	4.5	2.6

14-15 进口来源构成(2014年)
Imports by Origin(2014)

资料来源：联合国贸发会议《2015年统计手册》。
Source:UNCTAD Handbook of Statistics 2015.

单位：% (%)

国家或地区	Country or Area	发达国家 Developed Countries	欧洲 Europe	欧盟 European Union	美国 United States	日本 Japan	其他 Other
中国	China	38.1	14.7	12.4	8.2	8.3	6.9
中国香港	Hong Kong, China	26.3	11.4	7.3	5.8	6.5	2.7
孟加拉国	Bangladesh	14.9	6.7	6.2	1.8	3.1	3.3
文莱	Brunei Darussalam	27.7	12.0	11.5	9.0	4.0	2.6
柬埔寨	Cambodia	6.9	2.5	2.4	2.5	1.6	0.3
印度	India	25.2	14.8	10.9	4.9	2.1	3.5
印度尼西亚	Indonesia	24.6	7.2	6.8	4.5	8.6	4.2
伊朗	Iran	24.8	21.5	19.4	0.3	2.4	0.7
以色列	Israel	55.2	40.8	33.4	11.8	1.8	0.7
日本	Japan	27.7	10.8	9.6	9.0	..	7.8
哈萨克斯坦	Kazakhstan	25.5	20.3	19.6	2.9	1.7	0.7
朝鲜	Korea, Dem.	1.3	0.7	0.6	0.6	..	…
韩国	Korea, Rep.	37.2	12.9	11.9	8.7	10.2	5.4
老挝	Laos	6.9	3.8	3.6	0.4	2.0	0.7
马来西亚	Malaysia	31.2	11.7	10.4	7.7	8.0	3.8
蒙古	Mongolia	21.3	9.1	9.0	4.2	7.2	0.8
缅甸	Myanmar	8.0	1.0	0.8	0.5	4.9	1.6
巴基斯坦	Pakistan	19.0	10.0	9.3	3.8	3.7	1.6
菲律宾	Philippines	31.7	12.2	11.6	8.9	8.2	2.5
新加坡	Singapore	31.4	13.4	12.0	10.3	5.5	2.1
斯里兰卡	Sri Lanka	21.0	9.0	8.3	2.6	4.9	4.5
泰国	Thailand	35.9	10.5	8.5	6.4	15.7	3.3
越南	Viet Nam	16.8	4.7	4.3	3.2	6.6	2.4
埃及	Egypt	42.5	31.2	29.7	7.7	2.0	1.6
尼日利亚	Nigeria	40.5	25.3	23.3	11.7	1.4	2.1
南非	South Africa	41.1	28.8	27.8	6.6	3.8	2.0
加拿大	Canada	70.7	12.5	11.3	54.3	2.6	1.3
墨西哥	Mexico	67.9	11.7	11.1	49.0	4.4	2.9
美国	United States	41.5	19.4	17.8	..	5.7	16.4
阿根廷	Argentina	35.3	18.4	17.3	13.5	2.1	1.3
巴西	Brazil	42.2	22.1	20.4	15.4	2.6	2.1
委内瑞拉	Venezuela	40.0	13.0	12.2	23.1	1.2	2.7
白俄罗斯	Belarus	33.1	32.6	31.6	0.2	0.2	0.1
捷克	Czech Republic	72.2	67.7	66.5	2.4	1.6	0.4
法国	France	71.3	62.2	59.0	6.3	1.6	1.1
德国	Germany	72.9	64.4	57.9	5.5	2.2	0.8
意大利	Italy	65.6	60.2	56.8	3.5	0.8	1.2
荷兰	Netherlands	63.4	52.9	48.3	7.0	2.2	1.4
波兰	Poland	646.0	60.1	57.8	2.5	1.4	0.6
俄罗斯	Russia	55.4	46.5	44.5	4.5	3.3	1.1
西班牙	Spain	60.6	54.7	52.5	3.9	1.0	1.0
土耳其	Turkey	47.5	39.0	36.7	5.3	1.3	1.9
乌克兰	Ukraine	46.8	40.9	38.7	3.6	1.1	1.3
英国	United Kingdom	73.1	60.3	54.6	8.4	1.5	2.9
澳大利亚	Australia	41.0	18.9	17.6	10.6	6.8	4.7
新西兰	New Zealand	50.2	18.2	17.5	11.6	6.7	13.8

14-15 续表 continued

单位：% (%)

国家或地区	Country or Area	经济转型国家 Economies in Transition	发展中国家 Developing Countries	非洲 Africa	美洲 America	除西亚以外的亚洲国家 Asia except West Asia	西亚 West Asia	大洋洲 Oceania
中国	China	3.5	58.3	5.9	6.4	39.0	6.9	0.1
中国香港	Hong Kong, China	0.3	73.4	1.0	1.2	70.2	1.0	…
孟加拉国	Bangladesh	3.3	81.8	1.8	4.0	68.2	7.9	…
文莱	Brunei Darussalam	…	71.9	0.2	0.3	70.9	0.5	…
柬埔寨	Cambodia	0.1	93.0	…	0.2	92.2	0.5	…
印度	India	2.0	72.7	8.8	7.2	32.4	24.4	0.1
印度尼西亚	Indonesia	2.0	73.4	2.8	2.4	61.8	6.3	…
伊朗	Iran	6.5	68.7	0.4	3.6	31.5	33.2	..
以色列	Israel	1.6	26.4	0.5	1.3	20.4	4.2	…
日本	Japan	3.3	69.1	2.3	3.5	45.6	17.3	0.4
哈萨克斯坦	Kazakhstan	40.2	34.3	0.4	0.9	30.6	2.5	…
朝鲜	Korea, Dem.	1.0	97.7	0.7	0.8	96.1	0.1	…
韩国	Korea, Rep.	3.3	59.5	2.2	3.4	32.7	21.0	0.1
老挝	Laos	0.6	92.5	…	…	92.5	0.1	…
马来西亚	Malaysia	1.1	67.0	1.4	4.1	56.1	5.3	…
蒙古	Mongolia	32.4	46.3	0.2	0.3	45.0	0.8	…
缅甸	Myanmar	0.8	90.9		0.2	90.6	0.2	..
巴基斯坦	Pakistan	1.5	78.4	3.0	1.3	40.2	33.9	…
菲律宾	Philippines	1.6	66.7	0.1	1.4	57.7	7.3	0.1
新加坡	Singapore	2.3	66.3	0.8	3.1	50.1	12.2	…
斯里兰卡	Sri Lanka	1.5	77.5	0.4	1.0	63.5	12.5	…
泰国	Thailand	2.3	61.8	1.9	2.0	44.9	12.7	0.2
越南	Viet Nam	0.7	82.4	0.3	2.2	78.6	1.3	..
埃及	Egypt	8.3	49.2	5.0	5.0	24.5	14.8	…
尼日利亚	Nigeria	1.2	58.3	5.8	3.1	45.5	3.8	0.1
南非	South Africa	0.6	57.8	13.3	3.1	30.5	10.9	…
加拿大	Canada	0.4	28.8	1.2	9.0	17.4	1.2	…
墨西哥	Mexico	0.5	31.6	0.3	3.7	27.1	0.4	…
美国	United States	1.2	57.3	1.5	19.0	33.1	3.7	…
阿根廷	Argentina	2.2	61.2	1.5	35.1	22.8	1.8	…
巴西	Brazil	1.7	55.8	7.4	16.4	28.5	3.5	…
委内瑞拉	Venezuela	4.3	55.8	0.1	38.9	16.2	0.5	…
白俄罗斯	Belarus	59.7	4.1	…	0.2	3.0	0.9	…
捷克	Czech Republic	7.2	20.1	0.6	1.0	17.6	1.0	…
法国	France	3.5	24.2	5.3	1.7	13.8	3.4	…
德国	Germany	5.6	21.5	2.1	2.3	15.2	1.8	…
意大利	Italy	8.7	25.1	6.0	2.7	12.1	4.3	…
荷兰	Netherlands	6.5	30.1	3.9	4.3	19.2	2.7	…
波兰	Poland	13.3	21.5	0.8	1.9	17.3	1.4	0.1
俄罗斯	Russia	11.9	32.7	0.7	3.5	26.2	2.3	…
西班牙	Spain	3.8	34.7	10.6	6.9	12.8	4.4	0.1
土耳其	Turkey	14.0	32.3	2.5	2.1	24.7	3.0	…
乌克兰	Ukraine	32.4	20.7	1.2	1.6	14.8	3.1	…
英国	United Kingdom	1.7	24.5	3.5	1.7	16.3	3.0	…
澳大利亚	Australia	0.6	55.7	2.0	1.9	48.1	1.9	1.6
新西兰	New Zealand	1.1	48.7	0.7	1.7	40.3	5.7	0.2

14-16 按行业划分的服务出口额(2015年)
Exports of Services by Sector(2015)

资料来源：联合国贸发会议统计手册。
Source: UNCTAD Handbook of Statistics.
单位：亿美元 (100 million USD)

国家或地区	Country or Area	服务总额 Total Services	交通运输 Transport	旅游 Travel	其他服务 Other Services		
						建筑 Construction	保险 Insurance
中　国	China	2865.4	385.9	1141.1	1098.0	166.5	49.8
中国香港	Hong Kong, China	1042.4	297.8	358.6	382.9	3.6①	13.1
中国澳门	Macao, China	399.0	5.9	375.3	17.7		0.9①
孟加拉国	Bangladesh	32.7	3.9①	1.5①	25.4①	0.6①	0.0①
柬埔寨	Cambodia	39.4	4.5	31.3	3.7	0.1	
印　度	India	1558.4	143.4	210.1	1201.6	14.9	19.9
印度尼西亚	Indonesia	218.9	34.7	106.5	72.9	3.7	0.3
伊　朗	Iran	98.4	33.0①	34.8①	28.0①	16.3①	0.4①
以色列	Israel	344.7	41.6	53.7	244.5	3.4	0.3
日　本	Japan	1621.7	354.8	254.9	1003.0	106.0	15.8
哈萨克斯坦	Kazakhstan	61.8	35.8	14.6	10.8	1.6	0.8
韩　国	Korea, Rep.	978.8	326.7	152.8	467.2	134.9	6.9
老　挝	Laos	8.1	0.7②	6.0②	1.2②	0.1②	0.5②
马来西亚	Malaysia	348.4	40.6	176.8	106.1	10.1	3.7
蒙　古	Mongolia	6.5	2.4	2.1	2.1	0.4	
缅　甸①	Myanmar①	42.1	2.3	16.1	12.0		2.7
巴基斯坦	Pakistan	57.3	10.5	3.1	43.6	0.4	0.5
菲律宾	Philippines	281.7	19.3	52.8	208.7	0.6	1.2
新加坡	Singapore	1396.1	472.5	167.4	687.7	11.6	46.0
斯里兰卡	Sri Lanka	64.0	21.0	29.8	13.1	0.6	1.2
泰　国	Thailand	606.4	57.2	445.2	104.1	5.3	0.6
越　南	Viet Nam	112.0	23.2①	73.0	13.2①		0.6①
埃　及	Egypt	186.0	97.3	60.7	28.1	6.2①	1.2①
尼日利亚	Nigeria	32.4	18.6	4.1	9.7	0.0②	0.4
南　非	South Africa	150.5	24.7	82.6	42.9	0.2	2.1
加拿大	Canada	775.4	118.6	159.6	480.8	3.1	14.4
墨西哥	Mexico	226.1	14.3	174.6	37.2		31.7
美　国	United States	7101.7	842.3	1783.0	4235.3	19.2	186.7
阿根廷	Argentina	138.6	25.0	44.0	69.6		0.3
巴　西	Brazil	337.8	49.6	58.4	225.3	0.5	9.9
捷　克	Czech Rep.	228.6	51.6	60.7	92.8	7.6	2.6
法　国	France	2404.4	442.0	449.0	1364.2	25.9	64.4
德　国	Germany	2522.0	520.9	368.5	1518.9	21.3	86.9
意大利	Italy	996.5	144.4	395.5	412.2	5.4	19.9
荷　兰	Netherlands	1801.9	361.6	116.1	1249.4	32.8	17.4
波　兰	Poland	434.5	116.8	96.8	177.9	14.7	4.0
俄罗斯	Russia	517.9	168.3	84.7	238.8	36.6	5.5
西班牙	Spain	1180.4	153.5	564.2	424.9	14.3	21.1
土耳其	Turkey	467.4	142.5	266.2	57.2	7.8	11.2
乌克兰	Ukraine	123.7	52.9	10.8	47.5	2.9	0.1
英　国	United Kingdom	3490.7	412.4	428.7	2582.9	18.5	277.6
澳大利亚	Australia	491.2	50.6	297.1	142.7	1.4	4.2
新西兰	New Zealand	143.0	18.8	90.0	32.4	0.2①	1.1

注：①2014年数据。②2013年数据。
Note:①Data refer to 2014.②Data refer to 2013.

14-16 续表 continued

单位：亿美元 (100 million USD)

国家或地区	Country or Area	金融服务 Financial Services	版税和许可证费用 Royalties and Licence Fees	其他商务服务 Other Business Services	个人、文化和休闲服务 Personal,Cultural and Recreational Services	政府服务及其他 Government Services n.i.e.	通讯、计算机和信息服务 Telecommunications, Computer,and Information Services
中　国	China	23.3	10.8	584.0	7.3	10.6	245.5
中国香港	Hong Kong, China	190.7	6.2①	132.5①	2.6①	0.9①	28.2①
中国澳门	Macao, China	11.0①		2.3①			0.5
孟加拉国	Bangladesh	0.7①	0.0①	4.2①	0.2①	15.3①	4.3①
柬埔寨	Cambodia	0.3		1.0		1.7	0.6
印　度	India	53.3	4.6	486.1	12.6	5.5	576.6
印度尼西亚	Indonesia	2.6	0.5	48.1	1.2	6.3	10.2
伊　朗	Iran	1.1①	0.1①	4.1①	2.0①	2.4①	1.7①
以色列	Israel	6.5①	7.6	115.5	3.9①	0.2	92.7
日　本	Japan	101.7	360.8	337.2	6.4	43.1	32.1
哈萨克斯坦	Kazakhstan	0.2		4.2		2.4	1.5
韩　国	Korea, Rep.	16.0	62.0	191.7	9.0	10.3	36.5
老　挝	Laos					0.2②	0.4②
马来西亚	Malaysia	3.6	0.8	56.9	3.5	0.8	26.7
蒙　古	Mongolia	0.1		1.4			0.1
缅　甸①	Myanmar①			7.9		0.8	0.6
巴基斯坦	Pakistan	0.9	0.2	9.1	0.2	24.5	7.9
菲律宾	Philippines	4.1	0.1	166.4	1.5	0.1	34.6
新加坡	Singapore	202.6	33.0	338.1	5.3	2.8	48.3
斯里兰卡	Sri Lanka	2.5		0.4		0.3	8.0
泰　国	Thailand	2.0	1.8	85.7	0.6	3.6	4.5
越　南	Viet Nam	1.8①				1.4①	1.5①
埃　及	Egypt	1.4①		12.8①	1.0①	5.0	10.1①
尼日利亚	Nigeria	2.6		0.9		5.0	0.8
南　非	South Africa	8.5	1.0	19.7	1.7	3.9	5.7
加拿大	Canada	77.1	41.7	239.5	18.1	12.5	74.3
墨西哥	Mexico		3.1		0.9		1.6
美　国	United States	862.9	1262.1	1325.5	7.9	201.1	369.9
阿根廷	Argentina	0.1	1.7	46.0	2.8	2.1	16.6
巴　西	Brazil	7.4	5.8	174.9	3.1	7.9	15.7
捷　克	Czech Rep.	4.3	4.6	46.0	1.4	0.2	26.1
法　国	France	123.3	142.3	800.2	35.2	7.5	165.4
德　国	Germany	218.4	134.3	706.9	17.4	48.9	284.8
意大利	Italy	42.9	29.9	224.0	1.7	11.0	77.5
荷　兰	Netherlands	46.8	223.1	454.9	23.4	21.2	429.8
波　兰	Poland	7.0	4.2	100.3	4.1	0.2	43.4
俄罗斯	Russian Fed.	12.1	7.3	126.1	3.4	8.1	39.7
西班牙	Spain	35.0	16.2	212.3	11.4	6.0	108.6
土耳其	Turkey	6.6		2.5	18.7	8.3	2.1
乌克兰	Ukraine	1.8	0.9	18.0	0.4	2.4	21.1
英　国	United Kingdom	847.2	160.3	932.1	37.0	40.2	270.0
澳大利亚	Australia	29.6	7.9	65.5	6.7	7.4	20.1
新西兰	New Zealand	4.7	3.0	12.6	3.4	1.6	5.9

注：①2014年数据。②2013年数据。
Note:①Data refer to 2014.②Data refer to 2013.

14-17 货币汇率(年平均价)
Exchange Rate (Period Average)

资料来源：世界银行WDI数据库。
Source: World Bank WDI Database.
单位：1美元合本币数 (local currency unit per US dollar)

国家或地区	Country or Area	2000	2005	2010	2013	2014	2015
中　国	China	8.28	8.19	6.77	6.20	6.14	6.23
中国香港	Hong Kong, China	7.79	7.78	7.77	7.76	7.75	7.75
中国澳门	Macao, China	8.03	8.01	8.00	7.99	7.99	7.99
孟加拉国	Bangladesh	52.14	64.33	69.65	78.10	77.64	77.95
文　莱	Brunei Darussalam	1.72	1.66	1.36	1.25	1.27	1.38
柬埔寨	Cambodia	3840.75	4092.50	4184.92	4027.25	4037.50	4067.75
印　度	India	44.94	44.10	45.73	58.60	61.03	64.15
印度尼西亚	Indonesia	8421.78	9704.74	9090.43	10461.24	11865.21	13389.41
伊　朗	Iran	1764.93	8963.96	10254.18	18414.45	25941.66	29011.49
以色列	Israel	4.08	4.49	3.74	3.61	3.58	3.89
日　本	Japan	107.77	110.22	87.78	97.60	105.95	121.04
哈萨克斯坦	Kazakhstan	142.13	132.88	147.35	152.13	179.19	221.73
韩　国	Korea, Rep.	1130.96	1024.12	1156.06	1094.85	1052.96	1131.16
老　挝	Laos	7887.64	10655.17	8258.77	7860.14	8048.96	8147.91
马来西亚	Malaysia	3.80	3.79	3.22	3.15	3.27	3.91
蒙　古	Mongolia	1076.67	1205.25	1357.06	1523.93	1817.94	1970.31
缅　甸	Myanmar	6.52	5.82	5.64	933.57	984.35	1162.62
巴基斯坦	Pakistan	53.65	59.51	85.19	101.63	101.10	102.77
菲律宾	Philippines	44.19	55.09	45.11	42.45	44.40	45.50
新加坡	Singapore	1.72	1.66	1.36	1.25	1.27	1.38
斯里兰卡	Sri Lanka	77.01	100.50	113.06	129.07	130.57	135.86
泰　国	Thailand	40.11	40.22	31.69	30.73	32.48	34.25
越　南	Viet Nam	14167.75	15858.92	18612.92	20933.42	21148.00	
埃　及	Egypt	3.47	5.78	5.62	6.87	7.08	7.69
尼日利亚	Nigeria	101.70	131.27	150.30	157.31	158.55	192.44
南　非	South Africa	6.94	6.36	7.32	9.65	10.85	12.76
加拿大	Canada	1.49	1.21	1.03	1.03	1.11	1.28
墨西哥	Mexico	9.46	10.90	12.64	12.77	13.29	15.85
美　国	United States	1.00	1.00	1.00	1.00	1.00	1.00
阿根廷	Argentina	1.00	2.90	3.90	5.46	8.07	9.23
巴　西	Brazil	1.83	2.43	1.76	2.16	2.35	3.33
委内瑞拉	Venezuela	0.68	2.09	2.58	6.05	6.28	6.28
捷　克	Czech Rep.	38.60	23.96	19.10	19.57	20.76	24.60
法　国	France	1.09	0.80	0.76	0.75	0.75	0.90
德　国	Germany	1.09	0.80	0.76	0.75	0.75	0.90
意大利	Italy	1.09	0.80	0.76	0.75	0.75	0.90
荷　兰	Netherlands	1.09	0.80	0.76	0.75	0.75	0.90
波　兰	Poland	4.35	3.24	3.02	3.16	3.16	3.77
俄罗斯	Russia	28.13	28.28	30.37	31.84	38.38	60.94
西班牙	Spain	1.09	0.80	0.76	0.75	0.75	0.90
土耳其	Turkey	0.63	1.34	1.50	1.90	2.19	2.72
乌克兰	Ukraine	5.44	5.13	7.94	7.99	11.89	21.85
英　国	United Kingdom	0.66	0.55	0.65	0.64	0.61	0.66
澳大利亚	Australia	1.73	1.31	1.09	1.04	1.11	1.33
新西兰	New Zealand	2.20	1.42	1.39	1.22	1.21	1.43

14-18 国际旅游收支
Expenditures and Receipts of International Tourism

资料来源：世界银行WDI数据库。
Source: World Bank WDI Database.
单位：亿美元 (100 million USD)

国家或地区	Country or Area	国际旅游支出 International Tourism Expenditures			国际旅游收入 International Tourism Receipts		
		2000	2010	2014	2000	2010	2014
世　界	**World**	**5365.5**	**9984.3**	**13411.0**	**5728.2**	**11045.5**	**14340.4**
中　国	China	141.7	548.8	1648.6	173.2	458.1	569.1
中国香港	Hong Kong, China	125.0	173.6	220.3	82.0	272.1	460.3
中国澳门	Macao, China		12.4	19.5	32.1	282.1	515.6
孟加拉国	Bangladesh	4.7	8.5	8.0	0.5	1.0	1.5
柬埔寨	Cambodia	0.5	2.7	5.3	3.5	16.7	32.2
印　度	India	36.9	104.9	174.9	36.0	144.9	207.6
印度尼西亚	Indonesia	32.0	84.3	102.6	49.8	76.2	115.7
伊　朗	Iran	6.7	105.7		6.8	26.3	
以色列	Israel	37.3	47.3	55.8	46.1	58.2	64.4
日　本	Japan	426.4	393.1	286.1	59.7	153.6	207.9
哈萨克斯坦	Kazakhstan	4.8	14.9	19.2	4.0	12.4	15.6
韩　国	Korea, Rep.	79.5	207.9	259.1	85.3	143.7	230.1
老　挝	Laos	0.1	2.2		1.1	3.9	6.4
马来西亚	Malaysia	25.4	83.2	123.7	58.7	181.5	226.0
蒙　古	Mongolia	0.5	3.2	5.6	0.4	2.9	2.2
缅　甸	Myanmar	0.3	0.5	1.4	2.0	0.9	16.1
巴基斯坦	Pakistan	5.7	13.7	20.0	5.5	10.0	9.7
菲律宾	Philippines	18.4	59.6	123.0	23.3	34.4	60.5
新加坡	Singapore	45.4	187.0	239.3	51.4	141.8	192.0
斯里兰卡	Sri Lanka	3.8	8.3	19.2	3.9	10.4	32.8
泰　国	Thailand	32.2	71.5	88.2	99.4	238.1	420.6
越　南	Viet Nam		14.7	21.5		44.5	73.3
埃　及	Egypt	12.1	27.0	34.9	46.6	136.3	79.8
尼日利亚	Nigeria	6.1	83.5	85.7	1.9	7.4	6.0
南　非	South Africa	26.8	81.4	63.1	33.4	103.1	104.8
加拿大	Canada	151.3	369.8	338.2	130.4	184.4	174.8
墨西哥	Mexico	63.7	90.0	125.6	91.3	126.3	166.1
美　国	United States	914.7	1100.5	1456.8	1209.1	1680.0	2207.6
阿根廷	Argentina	54.6	63.8	69.9	32.0	56.3	52.2
巴　西	Brazil	45.5	193.4	300.0	19.7	59.6	74.0
委内瑞拉	Venezuela	16.5	22.4		4.7	7.9	
捷　克	Czech Rep.	12.8	43.5	51.7	29.7	80.7	76.1
法　国	France	267.0	467.0	593.8	385.3	561.9	668.0
德　国	Germany	576.0	908.8	1066.3	249.4	491.3	559.2
意大利	Italy	181.7	269.1	288.6	287.1	384.4	455.5
荷　兰	Netherlands	136.5	190.4	213.9	112.9	116.5	146.8
波　兰	Poland	34.2	91.0	95.4	61.3	100.4	123.1
俄罗斯	Russia	88.5	301.7	553.8	34.3	132.4	194.5
西班牙	Spain	77.1	169.3	179.7	326.6	543.1	651.0
土耳其	Turkey	17.1	58.2	54.8	76.4	263.2	373.7
乌克兰	Ukraine	5.6	41.3	54.7	5.6	47.0	22.6
英　国	United Kingdom	470.1	666.6	799.4	299.8	402.2	628.3
澳大利亚	Australia	87.8	278.5	318.6	130.2	310.6	341.2
新西兰	New Zealand	12.4	30.4	41.1	22.7	65.2	84.0

14-19 国际旅游人数

Number of Arrivals and Departures of International Tourism

资料来源：世界银行WDI数据库。
Source: World Bank WDI Database.

单位：万人 (10 000 persons)

国家或地区	Country or Area	入境(过夜)旅游人数 Number of Arrivals			出境旅游人数 Number of Departures		
		2000	2010	2014	2000	2010	2014
世　界	**World**	**69471**	**96719**	**116091**	**81197**	**103203**	**122016**
高收入国家	**High Income**	**48941**	**58588**	**71364**	**54508**	**61128**	**67187**
中等收入国家	**Middle Income**	**19089**	**35616**	**41769**	**14428**	**29972**	**41185**
低收入国家	**Low Income**	**649**	**1259**	**1472**			
中　国	China	3123	5566	5562	1047	5739	
中国香港	Hong Kong, China	881	2009	2777	5890	8444	8452
中国澳门	Macao, China	520	1193	1457	14	75	154
孟加拉国	Bangladesh	20	30	13	113	191	
文　莱	Brunei Darussalam	98	21	20			
柬埔寨	Cambodia	47	251	450	4	51	96
印　度	India	265	578	768	442	1299	1833
印度尼西亚	Indonesia	506	700	944	221	624	877
伊　朗	Iran	134	294	497	229		770
以色列	Israel	242	280	293	353	427	518
日　本	Japan	476	861	1341	1782	1664	1690
哈萨克斯坦	Kazakhstan	147	299	456	125	589	1023
韩　国	Korea, Rep.	532	880	1420	551	1249	1608
老　挝	Laos	19	167	316		169	332
马来西亚	Malaysia	1022	2458	2744	3053		
蒙　古	Mongolia	14	46	39			
缅　甸	Myanmar	42	79	308			
巴基斯坦	Pakistan	56	91				
菲律宾	Philippines	199	352	483	167		
新加坡	Singapore	606	916	1186	444	734	890
斯里兰卡	Sri Lanka	40	65	153	52	112	131
泰　国	Thailand	958	1594	2481	191	545	644
越　南	Viet Nam	214	505	787			
埃　及	Egypt	512	1405	963	296	462	618
尼日利亚	Nigeria	81	156				
南　非	South Africa	587	807	955	383	517	
加拿大	Canada	1963	1622	1654	1918	2868	3352
墨西哥	Mexico	2064	2329	2935	1108	1433	1826
美　国	United States	5124	6001	7501	6133	6106	6830
阿根廷	Argentina	291	533	593	495	531	652
巴　西	Brazil	531	516	643	323	645	905
委内瑞拉	Venezuela	47	53	86	95	148	159
捷　克	Czech Rep.	477	863	1062		867	
法　国	France	7719	7665	8377	1989	2504	2818
德　国	Germany	1898	2688	3300	7440		8301
意大利	Italy	4118	4363	4858	2199	2982	2846
荷　兰	Netherlands	1000	1088	1393	1390	1837	1793
波　兰	Poland	1740	1247	1600	5668	4276	5600
俄罗斯	Russia	2117	2228	3242	1837	3932	4589
西班牙	Spain	4640	5268	6500	410	1238	1178
土耳其	Turkey	959	3136	3981	528	656	798
乌克兰	Ukraine	643	2120	1271	1342	1718	2244
英　国	United Kingdom	2321	2830	3261	5684	5556	6008
澳大利亚	Australia	493	579	687	350	710	911
新西兰	New Zealand	178	244	277	128	203	228

主要统计指标解释

出口　即货物离开一国的统计疆界。在通常的贸易体系中，一国的统计疆界与它的经济领土是一致的。在特殊的贸易体系中，一国的统计疆界只包括一部分经济领土，一般这部分与货物自由贸易区是一致的。自由贸易地区是一国经济疆界的一部分，在此间货物可以无进口税限制地流通。

进口　货物进入一国统计疆界。

数量指数　基于诸如数量或权数这样的货物单位的指数。

服务贸易　服务(原为非要素服务)指无形商品的经济产出。它可以在同一时间产生、转让和消费。商品服务的出口（贷方和收入）和进口（借方和支付）来自于国际收支统计中的国际服务交易统计，其概念、定义和分类与国际货币基金组织 1993 年《国际收支手册》第五版一致。

官方汇率　是指由国家机关或货币金融机构公布的汇率。年平均汇率是以月均价为基础计算的。

国际旅游支出　是指出境游客在他国的旅游消费，包括在国际旅行时，搭乘他国运输工具所支付的交通费（有些国家不包括这项交通费）。除非特别声明外，国际旅游支出包括境外一日游客（不过夜游客）在访问地的消费。

国际旅游收入　是指入境游客（过夜旅客）在本国的旅游消费，包括国际旅行时，入境游客搭乘本国运输工具所付给本国的交通费（有些国家不包括这项交通费）。国际旅游收入包括目的地国接受的所有商品和服务的支付。除特别声明外，国际旅游收入可以包括入境一日游游客（不过夜游客）在本国的消费。

Explanatory Notes on Main Statistical Indicators

Exports Goods leaving the statistical territory of a country. In the general trade system, the definition of the statistical territory of a country coincides with its economic territory. In the special trade system, the definition of the statistical territory comprises only a particular part of the economic territory, mainly that part which coincides with the free circulation area for goods. The free circulation area is a part of the economic territory of a country within which goods may be disposed of without customs restrictions.

Imports Goods entering the statistical territory of a country.

Quantum Index An index based on quantity units of goods such as number or weight.

Commercial Service Exports/Commercial Service Imports Services(previously no factor services) refer to economic output of intangible commodities that may be produced, transferred, and consumed at the same time. Exports (credits or receipts) and imports (debits or payments) of commercial services derived from statistics on international service transactions are included in the balance of payments statistics, in conformity with the concepts, definitions and classification of the fifth (1993) edition of the IMF Balance of Payments Manual.

Official Exchange Rate refers to the exchange rate determined by national authorities or to the rate determined in the legally sanctioned exchange market. It is calculated as an annual average based on monthly averages (local currency units relative to the U.S. dollar).

International Tourism Expenditures are expenditures of international outbound visitors in other countries, including payments to foreign carriers for international transport. These expenditures may include those by residents traveling abroad as same-day visitors, except in cases where these are important enough to justify separate classification. For some countries they do not include expenditures for passenger transport items.

International Tourism Receipts are expenditures by international inbound visitors, including payments to national carriers for international transport. These receipts include any other prepayment made for goods or services received in the destination country. They also may include receipts from same-day visitors, except when these are important enough to justify separate classification. For some countries they do not include receipts for passenger transport items..

国际收支和外债

Balance of Payments and External Debts

15-1 世界国际收支
Summary of International Transactions

资料来源：国际货币基金组织BOP数据库。
Source: IMF BOP Database.
单位：亿美元 (100 million USD)

		2010	2011	2012	2013	2014
经常帐户差额	**Current Account Balances**	**3293**	**4133**	**4387**	**3885**	**3697**
货物差额	Goods balance	4006	4840	5371	6326	6133
贷方	Credits	148843	179242	181000	185194	186235
借方	Debits	144837	174402	175629	178868	180102
服务差额	Services Balance	532	974	698	790	583
贷方	Credits	38242	43732	44803	47586	50068
借方	Debits	37710	42759	44105	46798	49485
初次收入差额	Primary Income Balance	38	-295	-135	-1261	-832
贷方	Credits	34655	39156	37974	38430	39808
借方	Debits	34617	39450	38110	39691	40640
二次收入差额	**Secondary Income Balance**	**-1283**	**-1386**	**-1547**	**-1967**	**-2187**
贷方	Credits	7989	9142	9453	9976	10331
借方	Debits	9272	10527	10999	11943	12517
金融帐户差额	**Financial Account Balances**	**729**	**621**	**591**	**703**	**116**
资本帐户差额	**Capital Account Balances**	**1424**	**1133**	**1631**	**2874**	**4186**
直接投资净值	Direct Investment net	-839	-1324	-3108	-5013	-756
资产	Assets	18745	25051	20470	21067	15878
负债	Liabilities	19584	26375	23578	26080	16635
证券投资净值	Portfolio Investment Net	-9766	-9810	-4467	-4454	-1971
资产	Assets	13571	916	15279	15726	25145
负债	Liabilities	23337	10726	19745	20180	27116
金融衍生工具和股票期权净值	Finan. Deriv.& ESOs Net	-678	49	-576	351	-58
资产	Assets	-6569	-4969	-5815	-6780	-5154
负债	Liabilities	-5891	-5017	-5239	-7131	-5096
其它投资净值	Other Investment Net	877	1291	2540	4590	4747
资产	Assets	22841	22633	4852	4377	15282
负债	Liabilities	21964	21342	2312	-213	10536
储备资产	**Reserve Assets**	**11830**	**10927**	**7243**	**7400**	**2226**
净误差与遗漏	**Net Errors and Omissions**	**-2598**	**-3622**	**-3347**	**-1714**	**374**

15-2 分国别(地区)的国际收支(2014年)

资料来源：国际货币基金组织BOP数据库。
Source:IMF BOP Database.
单位：亿美元

国家或地区	Country or Area	经常帐户 Current Account, Net	货物 Goods	
			贷方 Credit	借方 Debit
中 国	China	2774.3	22437.6	18087.2
中国香港	Hong Kong, China	37.9	5157.4	5481.1
中国澳门	Macao, China	190.8	19.0	142.0
孟加拉国	Bangladesh	7.6	299.2	374.1
柬埔寨	Cambodia	-16.6	74.5	106.7
印 度	India	-274.5	3296.3	4155.3
印度尼西亚	Indonesia	-275.2	1752.9	1683.1
以色列	Israel	118.2	637.6	703.6
日 本	Japan	360.2	6991.8	7990.1
哈萨克斯坦	Kazakhstan	63.8	790.6	434.3
韩 国	Korea, Rep.	843.7	6130.2	5241.4
老 挝	Laos	-11.8	26.6	42.7
马来西亚	Malaysia	148.5	2074.8	1728.8
蒙 古	Mongolia	-14.0	57.7	47.5
缅 甸	Myanmar	-16.4	90.8	120.9
巴基斯坦	Pakistan	-36.2	247.8	426.5
菲律宾	Philippines	107.6	498.2	671.5
新加坡	Singapore	535.2	4377.9	3581.7
斯里兰卡	Sri Lanka	-19.9	111.3	194.2
泰 国	Thailand	154.2	2247.6	2002.0
越 南	Viet Nam	93.6	1502.2	1380.9
埃 及	Egypt	-59.7	252.0	561.7
南 非	South Africa	-186.3	924.8	988.5
加拿大	Canada	-405.6	4782.5	4738.8
墨西哥	Mexico	-262.5	3978.7	4004.4
美 国	United States	-3920.7	16326.4	23741.0
阿根廷	Argentina	-80.3	683.3	624.3
巴 西	Brazil	-1041.8	2241.0	2307.3
委内瑞拉	Venezuela	36.0	747.1	474.8
捷 克	Czech Rep.	4.4	1466.2	1359.2
法 国	France	-314.7	5845.2	6310.6
德 国	Germany	2813.0	14802.2	11798.2
意大利	Italy	385.1	5183.2	4551.8
荷 兰	Netherlands	781.7	5746.7	4694.2
波 兰	Poland	-111.2	2106.3	2149.2
俄罗斯	Russia	575.1	4977.6	3080.3
西班牙	Spain	128.1	3170.6	3469.9
土耳其	Turkey	-435.5	1689.3	2325.2
乌克兰	Ukraine	-46.0	505.5	576.8
英 国	United Kingdom		4834.0	6859.0
澳大利亚	Australia	-440.6	2407.0	2402.5
新西兰	New Zealand	-61.4	419.6	410.0

Balance of Payments by Country or Area(2014)

(100 million USD)

服务 Services		收入 Income		资本帐户 Capital Account, Net		
贷方 Credit	借方 Debit	贷方 Credit	借方 Debit		贷方 Credit	借方 Debit
2804.8	4528.3	2393.7	2260.7	-0.3	19.4	19.7
1066.5	739.5	1618.2	1558.1	-1.0		1.0
531.3	106.4	43.9	122.9			
31.3	77.7	0.8	28.1	5.0	5.0	
38.1	18.8	1.3	10.9	2.8	2.8	
1562.5	1376.0	110.0	368.2	-1.9	6.7	8.6
235.3	335.4	21.3	318.4	0.3	0.3	
356.3	230.7	95.4	131.3	3.6	3.6	
1637.9	1925.7	2551.1	715.1	-19.9	4.5	24.4
63.5	127.8	20.3	248.9	0.3	0.4	0.1
1121.1	1157.8	268.2	226.7	-0.1	0.5	0.6
7.6	5.0	0.5	1.7			
420.6	453.2	160.5	272.2	1.0	1.1	0.1
5.8	21.6	0.6	10.5	1.0	1.0	
42.1	26.0	1.7	29.2			
58.2	84.7	5.1	48.1	19.6	19.6	
255.0	209.2	87.8	80.5	1.1	1.2	0.1
1507.5	1554.8	633.3	784.6			
56.0	37.2	1.6	19.6	0.6	0.7	0.1
553.5	532.3	70.3	271.2	1.0	1.0	
109.7	145.0	3.2	91.7			
219.0	175.1	2.0	72.5	-1.4		1.4
168.4	170.4	75.8	169.2	0.2	0.4	0.2
866.1	1078.0	773.9	987.6	3.6	8.0	4.3
210.9	335.4	113.2	438.7			
7105.7	4774.2	8233.5	5853.7	-0.5		0.5
136.9	167.7	26.3	133.6	0.6	0.8	0.2
399.7	880.7	128.5	650.2	2.3	3.8	1.4
18.7	169.2	18.2	101.9			
250.7	223.6	74.2	200.4	15.7	15.9	0.2
2761.3	2523.2	2084.8	1497.4	29.4	37.6	8.2
2912.7	3382.4	2538.3	1719.8	17.7	228.5	210.8
1140.3	1151.4	803.9	827.6	42.3	86.0	43.7
1549.5	1599.8	3297.1	3290.4	-7.3	13.2	20.6
481.1	367.1	151.9	328.5	133.1	143.4	10.4
657.4	1210.2	471.7	1151.3	-420.1	5.5	425.5
1326.9	683.6	667.6	729.1	59.8	67.7	7.9
518.6	250.9	48.7	130.0	-0.7	0.1	0.8
148.8	123.6	55.0	70.3	4.0	4.2	0.2
3616.8	2157.6	2370.1	2910.6	-6.6	36.3	42.9
542.4	635.5	466.4	798.1	-3.6	0.6	4.2
143.9	131.9	62.5	142.2	0.3	0.4	0.1

15-2 续表

单位：亿美元

国家或地区	Country or Area	金融帐户 Financial Account,Net	直接投资 Direct Investments		证券投资 Portfolio Investment	
			资产 Assets	负债 Liabilities	资产 Assets	负债 Liabilities
中　国	China	513.6	1231.3	2681.0	108.1	932.4
中国香港	Hong Kong, China	-85.2	1408.9	1298.5	356.1	273.2
中国澳门	Macao, China	126.5	13.6	23.1	68.1	11.4
孟加拉国	Bangladesh	-44.1	0.4	25.4	-0.9	8.7
柬埔寨	Cambodia	-21.6	0.3	17.3	0.2	
印　度	India	-683.4	99.5	338.7	2.7	380.1
印度尼西亚	Indonesia	-453.4	103.9	262.8	-25.9	235.6
以色列	Israel	85.7	36.7	67.4	103.4	95.6
日　本	Japan	499.2	1362.5	184.1	1167.0	1570.4
哈萨克斯坦	Kazakhstan	-68.3	23.2	70.9	64.7	54.3
韩　国	Korea, Rep.	714.5	280.4	92.7	398.2	92.1
老　挝	Laos	-17.2		9.1		3.6
马来西亚	Malaysia	241.7	160.6	106.2	86.9	-31.9
蒙　古	Mongolia	-9.6	1.1	3.8	0.4	3.2
缅　甸	Myanmar	-15.6		14.0		
巴基斯坦	Pakistan	-87.8	1.2	18.7	-0.5	37.9
菲律宾	Philippines	96.3	67.5	57.4	27.0	
新加坡	Singapore	462.3	391.3	685.0	565.4	31.8
斯里兰卡	Sri Lanka	-38.0	0.7	8.9		20.7
泰　国	Thailand	165.0	42.7	37.2	73.9	-46.9
越　南	Viet Nam	-55.7	11.5	92.0		0.9
南　非	South Africa	-154.1	76.9	57.9	22.6	69.2
加拿大	Canada	-442.8	622.0	654.4	509.2	688.4
墨西哥	Mexico	-601.4	74.6	269.5	0.6	470.8
美　国	United States	-2838.0	3434.4	2073.7	5826.9	7018.6
阿根廷	Argentina	-71.8	19.2	50.7	0.1	62.1
巴　西	Brazil	-1114.3	260.4	968.9	28.2	415.3
委内瑞拉	Venezuela	6.4	10.9	3.9	-26.2	4.0
捷　克	Czech Rep.	-4.2	40.7	80.9	36.7	-7.4
法　国	France	-128.6	467.9	-10.5	969.8	1237.5
德　国	Germany	3272.2	1150.3	94.4	1983.9	178.2
意大利	Italy	574.7	204.1	170.3	1223.9	1353.7
荷　兰	Netherlands	681.7	637.7	943.8	769.9	-72.1
波　兰	Poland	-49.2	61.9	172.8	58.2	39.4
俄罗斯	Russia	1310.5	570.8	220.3	167.4	-232.0
西班牙	Spain	235.2	460.5	342.3	656.5	770.5
土耳其	Turkey	-415.9	70.5	125.2	7.5	208.5
乌克兰	Ukraine	96.4	5.5	8.5		-27.0
英　国	United Kingdom		-1193.8		115.0	
澳大利亚	Australia	-452.3	58.0	459.1	487.0	720.4
新西兰	New Zealand	-30.6	10.1	32.5	101.8	86.9

continued

(100 million USD)

金融衍生工具 Financial Derivatives,n.i.e		其他投资 Other Investment		储备资产 Reserves Assets	净误差和遗漏 Net Errors and Omissions
资产 Assets	负债 Liabilities	资产 Assets	负债 Liabilities		
		3289.1	501.5	1177.8	-1082.6
-579.1	-426.5	1192.9	1318.8	179.4	57.3
-3.2		180.4	97.9	0.8	-63.5
		2.1	11.6	45.7	-10.9
		8.7	13.6	7.5	-0.3
135.7	145.5	150.6	207.5	375.8	-31.1
-1.6	-3.7	42.9	78.1	152.5	-26.0
-4.2		46.9	-66.0	71.6	35.6
-3423.4	-3766.8	1074.1	1693.4	84.8	243.6
-0.2	0.2	10.8	41.4	42.5	-89.8
-357.7	-319.5	384.1	125.1	178.9	49.7
		3.6	8.1	1.6	-3.9
				-110.8	-18.6
		8.9	12.9	-4.7	-1.3
			1.7	11.1	11.9
		-3.6	28.4	71.0	-0.2
-2.9	-3.0	58.4	-0.7	-28.6	-40.9
-64.2	55.4	820.1	478.2	68.2	-4.7
		9.7	18.8	22.7	3.9
-38.3	-34.0	79.5	36.8	-12.1	-2.4
		75.6	49.9	83.7	-65.6
-194.1	-179.0	23.7	135.2	14.0	46.0
		147.7	378.9	52.4	11.7
	-6.7	209.1	152.2	167.2	-171.7
		-992.0	1471.4	-35.8	1047.3
	1.7	16.4	-7.0	-8.5	-0.6
-76.1	-91.8	506.7	541.0	108.3	33.5
		47.2	17.7	-6.1	-35.7
-15.2	-12.3	21.6	26.8	35.4	11.1
160.4	471.6	1190.3	1218.2	11.1	168.7
420.9		537.9	548.2	-33.0	408.5
		245.2	-473.3	-12.1	135.2
		583.4	448.4	-16.0	-108.6
		44.8	1.3	3.7	-67.3
-165.7	-218.8	240.1	-267.3	-1075.5	79.9
		270.2	52.1	48.8	96.0
		16.6	176.7	-4.8	15.4
		15.2	-57.3	-133.1	5.3
		1857.6			105.4
-516.8	-564.5	206.7	72.2	36.4	28.3
-19.2	-17.6	-27.4	-5.9	-1.4	29.0

15-3 经常项目差额占GDP的比重
Current Account Balance as Percentage of GDP

资料来源：世界银行WDI数据库。
Source: World Bank WDI Database.
单位：%　　　　(%)

国家或地区	Country or Area	2000	2005	2010	2012	2013	2014	2015
中　国	China	1.7	5.8	3.9	2.6	1.6	2.7	3.0
中国香港	Hong Kong, China	4.4	11.9	7.0	1.6	1.5	1.3	3.1
中国澳门	Macao, China		24.5	43.0	41.7	42.6	38.0	
孟加拉国	Bangladesh	-0.6	0.7	1.8	1.9	1.4	0.4	1.4
文　莱	Brunei Darussalam		42.3	40.6	33.5	23.5	27.8	
柬埔寨	Cambodia	-3.7	-5.1	-3.7	-7.4	-10.4	-9.9	
印　度	India	-1.0	-1.2	-3.2	-5.0	-2.6	-1.3	
印度尼西亚	Indonesia	4.8	0.1	0.7	-2.7	-3.2	-3.1	
以色列	Israel	-1.6	2.8	3.4	0.6	3.3	4.0	4.9
日　本	Japan	2.8	3.7	4.0	1.0	1.0	0.8	3.3
哈萨克斯坦	Kazakhstan	2.0	-1.8	0.9	0.5	0.4	2.0	
韩　国	Korea, Rep.	1.9	1.4	2.6	4.2	6.2	6.0	7.7
老　挝	Laos	-0.5	-6.4	0.4	-4.4	-3.4	-10.1	-18.4
马来西亚	Malaysia	9.1	13.9	10.1	5.2	3.5	4.4	3.0
蒙　古	Mongolia	-6.2	3.3	-12.3	-27.4	-25.4	-11.5	
缅　甸	Myanmar				-1.7	-0.7	-2.6	-7.1
巴基斯坦	Pakistan	-0.1	-3.3	-0.8	-1.0	-1.9	-1.5	-0.6
菲律宾	Philippines	-2.8	1.9	3.6	2.8	4.2	3.8	2.9
新加坡	Singapore	10.8	22.1	23.8	18.1	17.9	17.5	19.8
斯里兰卡	Sri Lanka	-6.4	-2.7	-1.9	-5.9	-3.4	-2.5	-2.4
泰　国	Thailand	7.4	-4.0	2.9	-0.4	-1.2	3.8	8.0
越　南	Viet Nam	3.3	-1.0	-3.7	6.1	4.5	5.0	0.5
埃　及	Egypt	-1.0	2.4	-2.1	-2.5	-1.2	-2.0	
尼日利亚	Nigeria	16.0	32.5	3.6	3.8	3.7	0.2	
南　非	South Africa	-0.1	-3.1	-1.5	-5.0	-5.8	-5.5	-4.4
加拿大	Canada	2.5	1.9	-3.6	-3.6	-3.2	-2.3	-3.3
墨西哥	Mexico	-2.7	-1.0	-0.5	-1.4	-2.4	-1.9	-2.8
美　国	United States	-4.0	-5.7	-3.0	-2.8	-2.3	-2.2	-2.7
阿根廷	Argentina	-3.2	2.4	-0.3	-0.2	-2.0	-1.5	
巴　西	Brazil	-3.7	1.6	-3.4	-3.0	-3.0	-4.3	-3.3
委内瑞拉	Venezuela	10.1	17.5	1.4	0.7	1.2		
捷　克	Czech Rep.	-4.4	-0.9	-3.6	-1.5	-0.5	0.2	0.9
法　国	France	1.2	0.0	-0.8	-1.2	-0.8	-1.0	
德　国	Germany	-1.7	4.6	5.7	7.0	6.8	7.3	8.5
意大利	Italy	-0.5	-1.6	-3.5	-0.4	0.9	1.8	2.2
荷　兰	Netherlands	1.8	6.1	7.4	10.8	10.1	9.5	9.1
波　兰	Poland	-6.0	-2.6	-5.4	-3.7	-1.3	-2.0	-0.2
俄罗斯	Russia	17.5	11.1	4.4	3.3	1.5	2.9	5.3
西班牙	Spain	-4.4	-7.5	-3.9	-0.3	1.5	0.9	1.4
土耳其	Turkey	-3.7	-4.3	-6.1	-6.1	-7.7	-5.5	-4.5
乌克兰	Ukraine	4.7	2.9	-2.2	-8.2	-9.1	-3.5	-0.2
英　国	United Kingdom	-2.2	-1.2	-2.8	-3.3	-4.5	-5.1	-5.2
澳大利亚	Australia	-3.7	-6.3	-3.9	-4.3	-3.3	-3.0	-4.4
新西兰	New Zealand	-3.3	-7.0	-2.3	-3.9	-3.0	-3.1	-2.9

15-4 外商直接投资
Foreign Direct Investment

资料来源：联合国贸发会议FDI数据库。
Source: UNCTAD FDI Database .

单位：亿美元 (100 million USD)

国家或地区	Country or Area	外商直接投资 FDI Inflows			对外直接投资 FDI Outflows		
		2000	2010	2014	2000	2010	2014
世　界	**World**	**13632.2**	**13282.2**	**12282.8**	**11661.5**	**13661.5**	**13543.4**
中　国	China	407.2	1147.3	1285.0	9.2	688.1	1160.0
中国香港	Hong Kong, China	545.8	705.4	1032.5	540.8	862.5	1427.0
中国澳门	Macao, China		28.3	30.5		-4.4	4.6
孟加拉国	Bangladesh	5.8	9.1	15.3		0.2	0.5
文　莱	Brunei Darussalam	5.5	4.8	5.7	0.3	0.1	
柬埔寨	Cambodia	1.5	13.4	17.3	0.1	0.2	0.3
印　度	India	35.9	274.2	344.2	5.1	159.5	98.5
印度尼西亚	Indonesia		137.7	225.8		26.6	70.8
伊　朗	Iran	1.9	36.5	21.1	0.1	1.7	6.1
以色列	Israel	69.6	54.6	64.3	33.4	80.1	39.8
日　本	Japan	83.2	-12.5	20.9	315.6	562.6	1136.3
哈萨克斯坦	Kazakhstan	12.8	115.5	95.6		78.9	36.2
韩　国	Korea, Rep.	115.1	95.0	99.0	48.4	282.8	305.6
老　挝	Laos	0.3	2.8	7.2			
马来西亚	Malaysia	37.9	90.6	108.0	20.3	134.0	164.5
蒙　古	Mongolia	0.5	16.9	5.1		0.6	1.0
缅　甸	Myanmar	0.9	66.7	9.5			
巴基斯坦	Pakistan	3.1	20.2	17.5	0.1	0.5	1.2
菲律宾	Philippines	22.4	13.0	62.0	1.3	6.2	69.9
新加坡	Singapore	155.2	550.8	675.2	66.5	333.8	406.6
斯里兰卡	Sri Lanka	1.7	4.8	9.4		0.4	0.7
泰　国	Thailand	34.1	91.5	125.7	-0.2	44.7	76.9
越　南	Viet Nam	12.9	80.0	92.0		9.0	11.5
埃　及	Egypt	12.4	63.9	47.8	0.5	11.8	2.5
尼日利亚	Nigeria	13.1	61.0	46.9	1.7	9.2	16.1
南　非	South Africa	8.9	36.4	57.1	2.7	-0.8	69.4
加拿大	Canada	668.0	284.0	538.6	446.8	347.2	526.2
墨西哥	Mexico	183.0	260.8	228.0	3.6	150.5	52.0
美　国	United States	3140.1	1980.5	924.0	1426.3	2777.8	3369.4
阿根廷	Argentina	104.2	113.3	66.1	9.0	9.7	21.2
巴　西	Brazil	327.8	485.1	625.0	22.8	115.9	-35.4
委内瑞拉	Venezuela	47.0	18.5		5.2	17.8	
捷　克	Czech Rep.	49.9	61.4	59.1	0.4	11.7	-5.3
法　国	France	275.0	138.9	151.9	1619.5	481.6	428.7
德　国	Germany	1982.8	656.4	18.3	565.6	1254.5	1122.3
意大利	Italy	133.8	91.8	114.5	66.9	326.6	234.5
荷　兰	Netherlands	638.6	-71.8	302.5	756.3	683.6	408.1
波　兰	Poland	94.5	128.0	138.8	0.2	61.5	52.0
俄罗斯	Russian Fed.	27.1	431.7	209.6	31.8	526.2	564.4
西班牙	Spain	395.8	398.7	229.0	582.1	378.4	306.9
土耳其	Turkey	9.8	90.9	121.5	8.7	14.7	66.6
乌克兰	Ukraine	6.0	65.0	4.1		7.4	1.1
英　国	United Kingdom	1219.0	589.5	722.4	2354.0	466.3	-596.3
澳大利亚	Australia	141.9	364.4	518.5	28.6	198.0	-3.5
新西兰	New Zealand	13.5	10.3	33.9	6.1	7.2	

15-5 外汇储备与黄金储备
Foreign Exchange and Gold Reserves

资料来源：国际货币基金组织IFS数据库。
Source: IMF IFS Database.

国家或地区	Country or Area	外汇储备(亿美元) Foreign Exchange(100 million USD)			黄金储备(万盎司) Gold Reserves(10000 fine troy ounces)		
		2000	2010	2015	2000	2010	2015
世　界	**World**	**19358.6**	**92652.9**	**109269.4**	**106603.9**	**99153.8**	**105244.0**
发达国家	**Developed Countries**	**12191.9**	**31054.0**		**81731.8**	**70449.8**	**70671.0**
发展中国家	**Developing Economies**				**14028.4**	**17541.9**	
中　国	China	1655.7	28660.8	33451.9	1270.0	3389.0	5666.0
中国香港	Hong Kong, China	1075.4	2686.5	3587.0	6.7	6.7	7.0
中国澳门	Macao, China	33.2	237.3	188.9			
孟加拉国	Bangladesh	14.9	105.6	270.2	10.9	43.4	44.0
文　莱	Brunei Darussalam	3.6	15.6	32.1			15.0
柬埔寨	Cambodia	5.0	32.6	68.8	40.0	40.0	40.0
印　度	India	372.6	2752.8	3343.1	1150.2	1793.2	1793.0
印度尼西亚	Indonesia	282.8	929.1	1032.7	310.1	235.0	251.0
以色列	Israel	231.6	709.1	905.8			
日　本	Japan	3472.1	10614.9	12070.2	2454.7	2460.2	2460.0
哈萨克斯坦	Kazakhstan	15.9	252.2	205.0	184.0	216.4	713.0
韩　国	Korea, Rep.	958.6	2914.9	3631.5	43.9	46.4	336.0
老　挝	Laos	1.4	7.0	10.4	1.7	28.5	
马来西亚	Malaysia	274.3	1048.8	939.8	117.0	117.0	123.0
蒙　古	Mongolia	1.8	22.0	12.5	8.5	6.5	7.0
缅　甸	Myanmar	2.2	57.2		23.1	23.4	
巴基斯坦	Pakistan	15.0	143.5	178.3	209.1	207.0	207.0
菲律宾	Philippines	129.8	553.6	739.6	722.9	495.4	630.0
新加坡	Singapore	795.1	2255.0	2475.3	409.6	409.6	410.0
斯里兰卡	Sri Lanka	9.8	67.1	65.4	33.7	34.6	72.0
泰　国	Thailand	319.3	1675.3	1512.7	236.7	320.0	490.0
越　南	Viet Nam	34.2	124.7	282.5			
埃　及	Egypt	129.1	336.1	132.8	243.2	243.1	243.0
尼日利亚	Nigeria	99.1	349.2	306.1	68.7	68.7	69.0
南　非	South Africa	57.9	381.8	416.2	590.0	401.6	403.0
加拿大	Canada	290.2	570.0	797.0	118.4	10.9	5.0
墨西哥	Mexico	351.4	1202.7	1734.6	24.9	22.7	390.0
美　国	United States	312.4	1213.9	1065.4	26161.1	26149.9	26150.0
阿根廷	Argentina	244.1	497.3	234.2	1.9	176.0	198.0
巴　西	Brazil	324.3	2870.6	3541.8	211.8	108.1	216.0
委内瑞拉	Venezuela	126.3	131.4	63.2	1024.0	1176.0	877.0
捷　克	Czech Rep.	130.2	419.1	641.5	44.6	40.8	32.0
法　国	France	321.1	558.0	551.9	9724.5	7830.1	7831.0
德　国	Germany	496.7	623.0	585.1	11151.9	10934.4	10870.0
意大利	Italy	224.2	476.8	470.3	7882.9	7882.9	7883.0
荷　兰	Netherlands	70.0	184.7	173.4	2931.5	1969.1	1969.0
波　兰	Poland	263.2	888.2	914.0	330.6	330.9	331.0
俄罗斯	Russia	242.6	4435.9	3198.4	1235.9	2535.5	4548.0
西班牙	Spain	295.2	191.5	443.8	1682.9	905.4	905.0
土耳其	Turkey	223.1	807.1	929.2	373.9	373.3	1657.0
乌克兰	Ukraine	11.0	333.3	123.7	45.4	88.5	88.0
英　国	United Kingdom	341.6	683.5	1190.3	1567.4	997.5	998.0
澳大利亚	Australia	167.8	386.6	465.4	256.3	256.7	257.0
新西兰	New Zealand	36.2	167.2	147.0			

15-6 外债及其构成(2014年)
External Debts by Type(2014)

资料来源：世界银行WDI数据库。
Source: World Bank WDI Database.
单位：亿美元 (100 million USD)

国家或地区	Country or Area	外债总额 Total External Debt	长期外债 Long-term Debt			国际货币基金组织贷款 Use of IMF Credit
				私人非担保外债 Private Nonguaranteed Debt	政府及政府担保外债 Public and Publicly Guaranteed Debt	
中等收入国家	**Middle Income**	**52262.85**	**36311.73**	**18171.12**	**18140.61**	**876.62**
低收入国家	**Low Income**	**1671.05**	**1394.42**	**106**	**1288.42**	**113.13**
中　　国	China	9595.1	2660.2	1827.14	833.06	101.27
孟加拉国	Bangladesh	349.25	293.02	28.69	264.33	14.7
柬 埔 寨	Cambodia	68.11	55.66		55.66	1.22
印　　度	India	4632.3	3718.92	2077.7	1641.22	57.64
印度尼西亚	Indonesia	2933.97	2439.48	1008.8	1430.68	28.69
伊　　朗	Iran	54.95	30.42		30.42	19.67
哈萨克斯坦	Kazakhstan	1575.95	1471.11	1320.31	150.8	4.98
老　　挝	Laos	107.24	97.8	41.49	56.31	0.73
马来西亚	Malaysia	2108.2	1050.37	388	662.37	19.5
蒙　　古	Mongolia	208.26	183.79	148.81	34.98	0.73
缅　　甸	Myanmar	63.51	52.6	0.85	51.75	3.39
巴基斯坦	Pakistan	621.84	516.46	57.67	458.79	50.01
菲 律 宾	Philippines	776.59	601.97	221.83	380.14	12.14
斯里兰卡	Sri Lanka	436.09	343.8	48.78	295.02	18.21
泰　　国	Thailand	1357.99	777.7	443.5	334.2	14.06
越　　南	Viet Nam	718.9	583.77	135.59	448.18	4.56
埃　　及	Egypt	396.24	350.01	0.21	349.8	13.02
尼日利亚	Nigeria	268.58	244.31	152.97	91.33	24.27
南　　非	South Africa	1440.06	1063.77	485.07	578.7	25.87
墨 西 哥	Mexico	4326.02	3373.24	989.14	2384.1	41.31
巴　　西	Brazil	5568.71	4945.11	3202.39	1742.73	41.83
土 耳 其	Turkey	4082.03	2737.92	1694.8	1043.12	15.52
乌 克 兰	Ukraine	1306.86	1006.44	660.95	345.49	76.08

15-7 外债风险指标(2014年)
Risk Indicators on Foreign Debts(2014)

资料来源：世界银行WDI数据库。
Source: World Bank WDI Database.
单位：%　　(%)

国家或地区	Country or Area	政府及政府担保外债占出口比重 PPG Debt Service as Percentage of Exports	债务率 Present Value of Debt as Percentage of Exports of Goods and Services and Income	短期债务比重 Short-term Debt as Percentage of Total External Debt	偿债率 Total Debt Service as Percentage of Exports of Goods, Services and Income	外债本息占GNI比重 Total Debt Service as Percentage of GNI
中等收入国家	**Middle Income**	**2.52**		**28.84**	**8.92**	**2.51**
低收入国家	**Low Income**	**2.71**		**9.79**		**1.82**
中　国	China	0.52	3.06	71.22	1.88	0.50
孟加拉国	Bangladesh	4.87	62.12	11.89	5.24	0.94
柬 埔 寨	Cambodia	1.18	36.88	16.50	1.47	1.04
印　度	India	3.29	21.71	18.47	18.60	4.58
印度尼西亚	Indonesia	6.48	66.61	15.88	23.07	5.39
伊　朗	Iran	0.37①		8.84	0.50	0.12
哈萨克斯坦	Kazakhstan	0.99	15.35	6.34	35.12	15.22
老　挝	Laos	6.21		8.12		3.21
马来西亚	Malaysia	1.42		49.25	5.85	3.96
蒙　古	Mongolia	1.34	43.31	11.40	21.25	12.12
缅　甸	Myanmar	0.46		11.84		0.10
巴基斯坦	Pakistan	8.58	128.15	8.90	19.14	2.31
菲 律 宾	Philippines	6.10	66.40	20.92	7.47	1.77
斯里兰卡	Sri Lanka	8.74	152.85	16.99	14.75	3.18
泰　国	Thailand	0.28	9.60	41.70	5.22	3.92
越　南	Viet Nam	2.16	23.76	18.16	4.16	3.79
埃　及	Egypt	12.36		8.38	12.67	2.04
尼日利亚	Nigeria	0.31	7.49		0.82	0.13
南　非	South Africa	3.16	43.19	24.33	8.59	2.95
墨 西 哥	Mexico	4.48	55.15	21.07	12.21	4.06
阿 根 廷①	Argentina①	5.61①				
巴　西	Brazil	4.52	54.60	10.45	21.57	2.53
土 耳 其	Turkey	5.14	54.35	32.55	24.98	7.07
乌 克 兰	Ukraine	4.53	54.70	17.17	25.24	13.73

注：①2013年数据。
Note:①Data refer to 2013.

主要统计指标解释

经常账户 为货物、服务、收入差额与经常转移的贷方、借方之和。

货物进口 FOB 和货物出口 FOB 是指以出口国离岸价格计算的货物进口值或出口值。货物项目包括：一般货物、用于加工的货物、用于维修的货物、各种运输工具在港口购买的货物和非货币用黄金。

贸易差额 出口 FOB 与进口 FOB 的差额。贸易差额为正表示货物出口大于进口。反之，差额为负表示进口大于出口。

服务 包括运输、旅游、通讯服务、建筑服务、保险服务、金融服务、计算机和信息服务、专有权力使用费和特许费、体育、文化和娱乐服务、别处未提及的政府服务和其它商业服务。

货物和服务差额 为货物差额与服务借方、贷方之和。

收入 包括投资收益 （包括直接投资收益、证券投资收益和其他投资收益）和职工报酬。

货物、服务、收入差额 货物和服务差额与收入借方、贷方之和。

经常转移 经常转移包括政府间的经常转移和其他转移如雇员汇款等。贷方是指报告经济体接受的所有经常转移。借方是指由报告经济体提供的经常转移。

资本账户 资本账户贷方、借方之和。资本账户贷方包括：固定资产的获取，非生产、非金融资产的出让（但不包括债务减免）。资本账户借方包括：固定资产的出让，非生产、非金融资产的购买。

金融账户 为直接投资、证券投资、金融衍生工具和其他投资之和。

证券投资 包括股本证券和债务证券投资。

股本证券 包括股票和可以表明股本所有权的类似文件（如美国的存股证）。

债务证券 包括短期、中期和长期债券以及货币市场工具（一种期限为一年获一年以下的债券），以及各种可兑现的债券工具。

金融衍生工具 是同其他金融工具、指数、商品挂钩的一种金融工具。通过金融衍生工具，可以在金融市场中就具体的金融风险（如利率风险、外汇风险、股票和商品风险、信贷风险等）本身进行交易。

经常项目差额占GDP的比重 经常帐户差额是货物和服务的净出口，净收入，净经常转移的总和。

黄金储备（货币黄金） 一国当局拥有的、作为储备资产的黄金。参见国际储备。

外债总额 指欠非本地居民的，可用外币、货物或服务偿还的债务。它是长期公共债务、公共担保债务和私人非担保长期债务、IMF 贷款和短期外债的总和。

长期债务 指初始到期日或宽限期在一年以上的债务。它有三个构成部分：公共债务、公共担保债务和私人非担保债务。用现价美元表示。

短期债务 包括初始到期日为一年及一年期以下的所有债务和长期债务到期未付的利息。用现价美元表示。

Explanatory Notes on Main Statistical Indicators

Current Account is the sum of the balance on goods, services, and income, plus current transfers: credit, plus current transferse: debit.

Goods: Exports f.o.b. and Goods: Imports f.o.b. are both measured on the "free-on-board" (f.o.b.) basis—that is, by the value of the goods at the border of the exporting economy. The goods item covers general merchandise, goods for processing, repairs on goods, goods procured in ports by carriers, and nonmonetary gold.

Trade Balance is the balance of exports f.o.b. and imports f.o.b. A positive trade balance shows that merchandise exports are larger than merchandise imports, whereas a negative trade balance shows that merchandise imports are larger than merchandise exports.

Services comprise services in transportation, travel, communication, construction, insurance, finance, computer and information, royalties and license fees, other business, personal, cultural and recreational, and government, n.i.e.

Balance on Goods and Services is the sum of the balance on goods, plus services: credit, plus services: debit.

Income comprise (1) investment income (consisting of direct investment income, portfolio investment income, and other investment income), and (2) compensation of employees.

Balance on Goods, Services, and Income is the sum of the balance on goods and services, plus income: credit, plus income: debit.

Current Transfers. Credit comprise all current transfers received by the reporting economy. Current transfers comprise (1) general government transfers and (2) other sector transfers, including workers' remittances.

Current Transfers, Debit comprise all current transfers paid by the reporting economy.

Capital Account, n.i.e is the balance on the capital account (capital account, n.i.e.: credit, plus capital account: debit). Capital account, n.i.e.: credit covers (1) transfers linked to the acquisition of a fixed asset and (2) the disposal of nonproduced, nonfinancial assets. Capital account: debit covers (1) transfers linked to the disposal of fixed assets, and (2) acquisition of nonproduced, nonfinancial assets.

Financial Account, n.i.e. is the net sum of direct investment, portfolio investment, financial derivatives, and other investment.

Portfolio Investment includes Equity Securities and Debt Securities.

Equity Securities include shares, stocks, participation, and similar documents (such as American depository receipts) that usually denote ownership of equity.

Debt Securities covers (1) bonds, debentures, notes, etc., and (2) money market or negotiable debt instruments.

Financial Derivatives cover financial instruments that are linked to other specific financial instruments, indicators, or commodities, and through which specific financial risks (such as interest rate risk, foreign exchange risk, equity and commodity price risks, credit risk, etc.) can, in their own right, be traded in financial markets.

Current Account Blance as percentage of GDP Current account balance is the sum of net exports of goods, services, net income, and net current transfers.

Gold Reserves (Monetary Gold) Gold owned by the authorities and held as a reserve asset. See also international reserves.

External Debt Total Total external debt is debt owed to nonresidents repayable in foreign currency, goods, or services. Total external debt is the sum of public, publicly guaranteed, and private no guaranteed long-term debt, use of IMF credit, and short-term debt.

Long-term Debt Long-term debt is debt that has an original or extended maturity of more than one year. It has three components: public, publicly guaranteed, and private no guaranteed debt. Data are in current U.S. dollars.

Short-term Debt includes all debt having an original maturity of one year or less and interest in arrears on long-term debt. Data are in current U.S. dollars.

教育、科技、文化和卫生

Education,Science and Technology, Culture and Health

16-1 15岁及以上成人识字率
Adult Literacy Rate(As Percentage of People Ages 15 and Above)

资料来源：世界银行WDI数据库。
Source: World Bank WDI Database.

单位：% (%)

国家或地区	Country or Area	总计 Total		男性 Male		女性 Female	
		2000	2015	2000	2015	2000	2015
世　　界	**World**	**81.9**	**85.2①**	**86.9**	**89.1①**	**77.0**	**81.3①**
高收入国家	**High Income**	**98.3**	**98.7①**	**98.6**	**98.9①**	**98.0**	**98.5①**
中等收入国家	**Middle Income**	**78.6**	**83.4①**	**84.9**	**88.1①**	**72.3**	**78.7①**
低收入国家	**Low Income**	**53.8**	**57.5①**	**64.2**	**66.5①**	**44.0**	**49.0①**
中　　国	China	90.9	95.1①	95.1	97.5①	86.5	92.7①
中国澳门②	Macao, China②		95.6		97.8		93.7
孟加拉国③	Bangladesh③		59.7		63.2		56.2
文　　莱④	Brunei Darussalam④		95.4		97.1		93.7
柬 埔 寨⑤	Cambodia⑤	67.3		79.5		57.0	
印　　度②	India②		69.3		78.9		59.3
印度尼西亚②	Indonesia②		92.8		95.6		90.1
伊　　朗④	Iran④		83.6		88.9		78.4
以 色 列②	Israel②		97.8		98.7		96.8
哈萨克斯坦⑥	Kazakhstan⑥	99.5		99.8		99.3	
老　　挝	Laos	69.6		81.4		58.5	
马来西亚	Malaysia	88.7	93.1①	92.0	95.4①	85.4	90.7①
蒙　　古	Mongolia	97.8	98.3①	98.0	98.2①	97.5	98.3①
缅　　甸	Myanmar	89.9	92.8③	93.9	95.0③	86.4	90.7③
巴基斯坦	Pakistan	42.7⑤	56.8④	55.3⑤	69.9④	29.0⑤	43.1④
菲 律 宾	Philippines	92.6		92.5		92.7	
新 加 坡	Singapore	92.5	96.5③	96.6	98.5③	88.6	94.6③
斯里兰卡①	Sri Lanka①		91.2		92.6		90.0
泰　　国	Thailand	92.6	96.4①	94.9	96.4①	90.5	96.4①
越　　南	Viet Nam	90.2		93.9		86.6	
埃　　及③	Egypt③		75.1		82.6		67.2
南　　非④	South Africa④		93.7		95.0		92.6
墨 西 哥	Mexico	90.5	94.0③	92.6	95.1③	88.7	92.9③
阿 根 廷③	Argentina③		98.0		97.9		98.0
巴　　西	Brazil	86.4	91.5③	86.2	91.2③	86.5	91.8③
委内瑞拉②	Venezuela②		94.8		94.5		95.0
意 大 利③	Italy③		99.1		99.3		98.9
波　　兰③	Poland③		99.8		99.9		99.6
俄 罗 斯①	Russia①		99.7		99.7		99.6
西 班 牙③	Spain③		98.1		98.7		97.4
土 耳 其③	Turkey③		95.3		98.4		92.1
乌 克 兰③	Ukraine③		99.7		99.8		99.7

注：①2010年数据。②2011年数据。③2013年数据。④2012年数据。⑤1998年数据。⑥1999年数据。
Note:①Data refer to 2010.②Data refer to 2011.③Data refer to 2013.④Data refer to 2012.⑤Data refer to 1998.⑥Data refer to 1999.

16-2 入学率
School Enrollment Ratio

资料来源：世界银行WDI数据库。
Source: World Bank WDI Database.
单位：%　　(%)

国家或地区	Country or Area	高等教育粗入学率 Gross School Enrollment Ratio,Tertiary		中等教育粗入学率 Gross School Enrollment Ratio,Secondary		初等教育粗入学率 Gross School Enrollment Ratio,Primary	
		2005	2014	2005	2014	2005	2014
世　界	**World**	**24.1**	**32.9①**	**63.8**	**75.2①**	**105.0**	**107.9①**
高收入国家	**High Income**	**66.4**	**73.5①**	**97.9**	**104.2①**	**100.5**	**101.5①**
中等收入国家	**Middle Income**	**18.7**	**29.5①**	**62.7**	**76.8①**	**107.8**	**109.5①**
低收入国家	**Low Income**	**5.3**	**9.1①**	**34.6**	**44.6①**	**96.5**	**106.7①**
中　国	China	19.3	30.2①	62.3②	96.2①	97.5②	108.7①
中国香港	Hong Kong, China	32.3	68.8	80.4	100.6	96.1	111.0
中国澳门	Macao, China	63.6	69.4	105.2	96.1	104.6	
孟加拉国	Bangladesh	6.2	13.4③	45.5	58.3①	98.7	111.9④
文　莱	Brunei Darussalam	14.8	31.7	97.6	99.1	112.1	107.4
柬埔寨	Cambodia	3.4	15.9④	31.2⑤		130.4	116.4
印　度	India	10.7	23.9①	54.2	68.9①	103.0②	110.6①
印度尼西亚	Indonesia	17.3	31.3①	60.1	82.5①	107.8	106.3①
伊　朗	Iran	22.9	66.0	75.9	88.4	100.1	109.2
以色列	Israel	58.1	66.3①	104.7	101.5①	103.6	104.5①
日　本	Japan	55.0	62.4①	101.0	101.9①	101.9	101.6①
哈萨克斯坦	Kazakhstan	52.9	48.5	96.5	105.5	101.7	111.4
韩　国	Korea, Rep.	90.3	95.4	93.0	97.7	111.6	99.0
老　挝	Laos	7.8	17.3	43.6	57.2	111.7	116.3
马来西亚	Malaysia	27.9	38.5①	68.7	71.1①	101.3	106.3①
蒙　古	Mongolia	44.7	64.3	90.3	90.7	98.0	101.7
缅　甸	Myanmar		13.5③	44.3	51.3	98.3	99.7
巴基斯坦	Pakistan	4.9	10.4	26.5	41.6	88.1	93.6
菲律宾	Philippines	27.5	35.8	82.9	88.4①	106.0	116.8①
斯里兰卡	Sri Lanka		20.7		99.7①	99.6	101.3
泰　国	Thailand	44.2	51.4①	71.6	86.2①	98.3	97.9①
越　南	Viet Nam	16.1	30.5			97.2	109.4
埃　及	Egypt	29.7	30.3①	80.8⑤	86.1①	100.3	105.5①
尼日利亚	Nigeria	10.4		34.7		100.9	
南　非	South Africa		19.7①	88.9	98.2①	99.6	99.7
加拿大	Canada			101.1	110.3③	97.1	99.7③
墨西哥	Mexico	23.1	29.2①	79.2	87.0①	103.0	104.3①
美　国	United States	82.1	88.8①	95.7	95.9①	100.7	99.4①
阿根廷	Argentina	63.8	79.9①	84.1	106.3①	111.8	110.6①
委内瑞拉	Venezuela	41.6⑤		73.0	91.6	102.8	100.9
捷　克	Czech Rep.	48.4	65.4①	95.8	104.4①	99.4	98.9①
法　国	France	55.4	62.2①	112.3	110.9①	108.9	105.6①
德　国	Germany		61.1①	102.5	102.5①	104.7	103.0①
意大利	Italy	64.1	63.5①	98.3	102.4①	101.5	101.9①
荷　兰	Netherlands	59.8	78.5③	119.3	130.7①	106.9	106.2①
波　兰	Poland	63.0	71.2①	98.5	108.7①	96.3	101.3①
俄罗斯	Russia	72.6	78.0①	82.9	98.8①	95.3	100.4①
西班牙	Spain	67.3	87.1①	117.5	131.1①	103.2	105.6①
土耳其	Turkey	32.8	78.9①	83.4	114.6①	103.2	106.9①
乌克兰	Ukraine	71.1	82.3	97.0	99.2	105.9	103.9
英　国	United Kingdom	59.0	56.9①	105.4	124.4①	106.3	108.7①
澳大利亚	Australia	72.3	86.6①	148.4	137.6①	102.4	106.6①
新西兰	New Zealand	80.6	79.7①	120.1	117.2①	99.6	98.5①

注：①2013年数据。②2003年数据。③2012年数据。④2011年数据。⑤2004年数据。
Note:①Data refer to 2013.②Data refer to 2003.③Data refer to 2012.④Data refer to 2011.⑤Data refer to 2004.

16-3 每个学生教育支出占人均国内生产总值比重
Expenditure per Student as Percentage of GDP per Capita

资料来源：世界银行WDI数据库。
Source: World Bank WDI Database.

单位：% (%)

国家或地区	Country or Area	大学生 Tertiary School Student		中学生 Secondary School Student		小学生 Primary School Student	
		2000	2014	2000	2014	2000	2014
高收入国家	**High Income**	**26.8**	**26.1①**	**21.2**	**24.1①**	**17.1**	**19.1②**
中国香港	Hong Kong, China		30.4②		19.3		14.9
孟加拉国	Bangladesh	43.1	17.4①	9.7	12.1①		
柬埔寨	Cambodia	77.4④		10.9④		5.7	
印度	India	94.0	54.9②	24.6	15.2②	14.4	9.1②
伊朗	Iran		14.8⑤		16.2		8.5
以色列	Israel	27.7	19.4①	17.9	15.5①	20.3	22.7①
日本	Japan	17.4	25.5②	20.9	25.7⑤	21.3	23.9⑤
哈萨克斯坦	Kazakhstan			22.0③	20.4		0.4
老挝	Laos	70.6		5.5		3.9	
马来西亚	Malaysia	81.7	60.9①	21.9	23.2⑤	12.6	17.5⑤
菲律宾	Philippines	14.4		10.3		12.0	
泰国	Thailand	36.0	19.5②	18.9④	19.7②	17.8	29.4②
南非	South Africa	55.1	38.7⑤	17.3	19.0	13.5	17.7
加拿大	Canada	50.0			18.3①		
墨西哥	Mexico	42.1⑥	37.3①	12.5⑥	15.9①	11.7	14.6①
美国	United States	25.8⑥	20.1①	21.9	22.8②	18.3	20.6②
阿根廷	Argentina	17.3	15.4②	17.6	20.9⑤	12.8	13.9⑤
巴西	Brazil	55.6	28.5②	10.3	22.7②	10.5	21.0②
白俄罗斯⑤	Belarus⑤		15.6				
捷克	Czech Rep.	28.1	26.0①	19.5	25.4②	10.6	15.7②
法国	France	29.4	35.3②	28.3	26.9②	17.4	18.5②
德国	Germany			21.6	23.2②	15.3	17.4②
意大利	Italy	25.6	24.2①	25.6	22.8②	22.3	20.7②
荷兰	Netherlands	42.3	33.5②	21.2	24.2②	14.4	17.2②
波兰	Poland	17.5	20.6①	10.9④	23.5①		25.9①
俄罗斯	Russia	11.0					
西班牙	Spain	20.0	23.2②	22.7	25.8①	17.1	18.8②
土耳其	Turkey	32.1		9.6		9.8	
乌克兰	Ukraine	36.5	41.2②	11.2	30.4⑤	7.6	32.3⑤
英国	United Kingdom	22.1	32.0①	23.4	22.5⑤	13.6	23.5⑤
澳大利亚	Australia	26.0	20.0①	14.0	16.5②	16.8	18.3②
新西兰	New Zealand	39.2⑥	31.5②	22.0	24.7②	19.6	23.8②

注：①2011年数据。②2012年数据。③1997年数据。④1998年数据。⑤2013年数据。⑥1999年数据。
Note:①Data refer to 2011.②Data refer to 2012.③Data refer to 1997.④Data refer to 1998.⑤Data refer to 2013.⑥Data refer to 1999.

16-4 研究与开发经费支出和公共教育经费支出占国内生产总值比重
Research and Development Expenditure and Public Spending on Education as Percentage of GDP

资料来源：世界银行WDI数据库。
Source: World Bank WDI Database.
单位：%　　　　(%)

国家或地区	Country or Area	研究与开发经费支出占国内生产总值比重 Research and Development Expenditure as of GDP			公共教育经费支出占国内生产总值比重 Public Spending on Education, Total as of GDP		
		2000	2005	2014	2000	2005	2014
世　界	**World**	**2.1**	**2.0**	**2.1①**	**3.9**	**4.2**	**4.4②**
高收入国家	**High Income**	**2.3**	**2.3**	**2.5①**	**4.8**	**5.1**	**4.8②**
中等收入国家	**Middle Income**	**0.6**	**0.9**	**1.4①**	**3.8**	**3.9**	
中　　国	China	0.9	1.3	2.0	1.9③		
中国香港	Hong Kong, China	0.5	0.8	0.7①		4.1	3.6
中国澳门	Macao, China		0.1	0.1	3.7	2.3	2.1①
孟加拉国	Bangladesh				2.1	1.9④	2.0①
文　　莱	Brunei Darussalam		0.0④		3.7		3.8
柬 埔 寨	Cambodia		0.1⑤		1.7	1.7	2.0①
印　　度	India	0.7	0.8	0.8⑥	4.3	3.1	3.8②
印度尼西亚	Indonesia	0.1	…	0.1①	1.1⑦	2.9	3.3
伊　　朗	Iran		0.6	0.3②	4.0	4.2	3.0
以 色 列	Israel	3.9	4.0	4.1	6.1	5.7	5.9①
日　　本	Japan	3.0	3.3	3.6	3.6	3.5	3.8
哈萨克斯坦	Kazakhstan	0.2	0.3	0.2①	3.3	2.3	2.9
韩　　国	Korea, Rep.	2.2	2.6	4.3	3.4③	3.9	4.6②
老　　挝	Laos		0.0⑤		1.5	2.4	4.2
马来西亚	Malaysia	0.5	0.6④	1.3	6.0	7.5	6.1①
蒙　　古	Mongolia	0.2	0.2	0.2	5.6	4.3④	4.6⑥
缅　　甸	Myanmar	0.1	0.2⑤		0.6		0.8⑥
巴基斯坦	Pakistan	0.1	0.4	0.3①	1.8	2.3	2.5
菲 律 宾	Philippines		0.1	0.1①	3.3	2.4	3.4①
新 加 坡	Singapore	1.8	2.2	2.2	3.3	3.2	2.9①
斯里兰卡	Sri Lanka	0.1	0.2④	0.1①	3.1⑧		1.6①
泰　　国	Thailand	0.2	0.2	0.5	5.3	3.9	4.1①
越　　南	Viet Nam		0.2⑤	0.2⑥			6.3②
埃　　及	Egypt	0.2	0.2	0.7		4.8	
南　　非	South Africa	0.6⑦	0.9	0.7②	5.4	5.1	6.1
加 拿 大	Canada	1.9	2.0	1.6	5.5	4.8	5.3⑥
墨 西 哥	Mexico	0.3	0.4	0.5	4.1	4.9	5.2⑥
美　　国	United States	2.6	2.5	2.7①	4.8③	5.1	5.2⑥
阿 根 廷	Argentina	0.4	0.4	0.6	4.6	3.5	5.3①
巴　　西	Brazil	1.0	1.0	1.2①	3.9	4.5	5.9②
委内瑞拉	Venezuela	0.4	0.2				
捷　　克	Czech Rep.	1.1	1.2	2.0	3.7	3.9	4.3②
法　　国	France	2.1	2.0	2.3	5.5	5.5	5.5②
德　　国	Germany	2.4	2.4	2.9	4.5	4.5	4.9②
意 大 利	Italy	1.0	1.0	1.3	4.3	4.2	4.1⑥
荷　　兰	Netherlands	1.8	1.8	2.0	4.6	5.2	5.6①
波　　兰	Poland	0.6	0.6	0.9	5.0	5.5	4.8②
俄 罗 斯	Russia	1.1	1.1	1.2	2.9	3.8	4.2②
西 班 牙	Spain	0.9	1.1	1.2	4.2	4.1	4.3①
土 耳 其	Turkey	0.5	0.6	1.0	2.6	3.1④	
乌 克 兰	Ukraine	1.0	1.2	0.7	4.2	6.1	6.7①
英　　国	United Kingdom	1.7	1.6	1.7	4.3	5.2	5.7①
澳大利亚	Australia	1.6	1.9④	2.2①	4.9	4.9	5.3①
新 西 兰	New Zealand	1.0③	1.1	1.2①	6.6③	6.3	6.4

注：①2013年数据。②2012年数据。③1999年数据。④2004年数据。⑤2002年数据。⑥2011年数据。⑦1997年数据。⑧1998年数据。
Note:①Data refer to 2013.②Data refer to 2012.③Data refer to 1999.④Data refer to 2004.⑤Data refer to 2002.⑥Data refer to 2011.⑦Data refer to 1997.⑧Data refer to 1998.

16-5 每百万人中研究人员和技术人员数
Researchers and Technicians in R&D (per Million People)

资料来源：世界银行WDI数据库。
Source: World Bank WDI Database.

单位：人 (person)

国家或地区	Country or Area	每百万人中研究人员数 Researchers in R&D (per million people)			每百万人中技术人员数 Technicians in R&D (per million people)		
		2000	2005	2013	2000	2005	2013
高收入国家	**High Income**	**3118.3**	**3552.0**	**3962.5①**			
中等收入国家	**Middle Income**	**482.1**	**584.6**	**656.0②**			
中　　国	China	547.3	856.8	1089.2			
中国香港	Hong Kong, China	1139.2	2634.1	2990.2①	202.6	342.9	391.3①
印　　度	India	110.1	135.3	156.6②	85.5	92.5	100.9②
印度尼西亚	Indonesia	212.7					
日　　本	Japan	5151.1	5360.2	5201.3	628.0	564.9	519.2
哈萨克斯坦	Kazakhstan	602.4	783.0	734.1	79.1	83.5	176.1
韩　　国	Korea, Rep.	2345.4	3777.1	6456.6	458.9	551.9	1167.7
马来西亚	Malaysia	274.2		1793.5①	39.3		163.1①
巴基斯坦	Pakistan		82.7	166.9		42.2	72.2
新 加 坡	Singapore	4245.0	5291.8	6442.3①	347.1	528.2	462.3①
斯里兰卡	Sri Lanka	135.1		105.9②			91.6②
南　　非	South Africa		357.8	404.7①		108.5	124.6①
加 拿 大	Canada	3514.4	4237.9	4489.8①	1236.1	1637.7	1317.8①
墨 西 哥	Mexico	216.2	400.2	383.2③	91.6	235.0	171.6③
美　　国	United States	3475.5	3718.0	4018.6①			
阿 根 廷	Argentina	712.9	814.1	1225.7①	157.5	199.0	280.6①
巴　　西	Brazil	420.3	580.5	698.1②	336.4	460.9	644.7②
委内瑞拉	Venezuela	61.1	121.3	290.9①	7.3	2.4	
捷　　克	Czech Rep.	1349.7	2362.4	3249.9	713.1	1346.2	1795.3
法　　国	France	2897.4	3306.7	4153.5		1717.3	1902.1
德　　国	Germany	3148.8	3349.6	4472.2		1164.1	1743.9①
意 大 利	Italy	1156.8	1406.3	1973.8			
荷　　兰	Netherlands	2654.7	2930.1	4302.7	1517.4	1424.5	2023.3③
波　　兰	Poland	1433.6	1616.1	1850.7	354.6	232.6	380.1
俄 罗 斯	Russia	3459.1	3234.7	3073.1	570.3	517.0	486.5
西 班 牙	Spain	1881.5	2501.9	2652.6	628.8	909.9	1223.2
土 耳 其	Turkey	365.0	576.8	1168.6	37.3	70.0	197.2
英　　国	United Kingdom	2897.3	4128.9	4055.1		689.1	1093.5
澳大利亚	Australia	3454.3					
新 西 兰	New Zealand		3140.7	3700.8③		773.9	1021.7③

注：①2012年数据。②2010年数据。③2011年数据。
Note:①Data refer to 2012.②Data refer to 2010.③Data refer to 2011.

16-6 高技术产品出口额占制成品出口额的比重
High-technology Exports as Percentage of Manufactured Exports

资料来源：世界银行WDI数据库。
Source: World Bank WDI Database.

单位：% (%)

国家或地区	Country or Area	2000	2005	2010	2012	2013	2014
世　界	**World**	**24.4**	**20.7**	**17.5**	**16.8**	**17.0**	**18.0**
高收入国家	**High Income**	**25.6**	**21.3**	**17.8**	**17.0**	**16.8**	**18.2**
中等收入国家	**Middle Income**	**19.8**	**18.9**	**17.1**	**16.7**	**17.8**	**17.9**
低收入国家	**Low Income**	**3.2**	**3.6**		**7.5**	**5.5**	**5.7**
中　国	China	19.0	30.8	27.5	26.3	27.0	25.4
中国香港	Hong Kong, China	23.4	15.6	16.1	16.2	12.3	42.9
中国澳门	Macao, China	0.9	0.7				0.2
孟加拉国	Bangladesh	0.2	0.3	0.2			
文　莱	Brunei Darussalam				12.8	15.2	7.8
柬埔寨	Cambodia	0.1	0.1	0.1	0.1	0.2	0.3
印　度	India	6.3	5.8	7.2	6.6	8.1	8.6
印度尼西亚	Indonesia	16.4	16.6	9.8	7.3	7.1	7.0
伊　朗	Iran	0.6	2.5	4.5			
以色列	Israel	19.4	14.0	14.7	15.9	15.6	16.0
日　本	Japan	28.7	23.0	18.0	17.4	16.8	16.7
哈萨克斯坦	Kazakhstan	3.6	11.3	34.2	30.0	36.7	37.2
韩　国	Korea, Rep.	35.1	32.5	29.5	26.2	27.1	26.9
马来西亚	Malaysia	59.6	54.7	44.5	43.7	43.6	43.9
蒙　古	Mongolia	0.5	0.1			15.9	19.5
巴基斯坦	Pakistan	0.4	1.4	1.7	1.7	1.9	1.4
菲律宾	Philippines	72.6	70.8	55.3	48.9	49.2	49.0
新加坡	Singapore	62.8	56.9	49.9	45.3	47.0	47.2
斯里兰卡	Sri Lanka	3.1	2.3	1.0	0.9	1.0	0.9
泰　国	Thailand	33.4	26.7	24.0	20.5	20.1	20.4
越　南	Viet Nam	11.1	5.4	8.6	20.5	28.2	26.9
埃　及	Egypt	0.3	0.4	0.9	0.6	0.5	1.3
尼日利亚	Nigeria	0.6		1.1	1.9	2.7	2.1
南　非	South Africa	7.0	6.7	4.6	5.4	5.5	5.9
加拿大	Canada	17.7	13.1	14.1	13.8	14.1	14.9
墨西哥	Mexico	22.5	19.6	16.9	16.3	15.9	16.0
美　国	United States	33.8	29.9	20.0	17.8	17.8	18.2
阿根廷	Argentina	9.4	6.8	7.5	7.7	9.8	6.7
巴　西	Brazil	18.7	12.8	11.2	10.5	9.6	10.6
委内瑞拉	Venezuela	2.9	2.3	5.1		1.1	
捷　克	Czech Rep.	8.5	13.0	15.3	16.1	14.8	14.9
法　国	France	24.6	20.3	24.9	25.4	25.9	26.1
德　国	Germany	18.6	17.4	15.3	16.0	16.1	16.0
意大利	Italy	9.5	8.0	7.2	7.1	7.2	7.2
荷　兰	Netherlands	35.8	30.9	21.3	20.1	20.4	19.9
波　兰	Poland	3.4	3.8	6.7	7.0	7.8	8.7
俄罗斯	Russia	16.1	8.4	9.1	8.4	10.0	11.5
西班牙	Spain	8.0	7.3	6.4	7.0	7.7	7.0
土耳其	Turkey	4.8	1.5	1.9	1.8	1.9	1.9
乌克兰	Ukraine	5.2	3.7	4.3	6.3	5.9	6.5
英　国	United Kingdom	32.4	28.0	21.0	21.7	21.9	20.7
澳大利亚	Australia	15.4	12.8	11.9	12.7	12.9	13.6
新西兰	New Zealand	9.7	10.2	9.0	9.8	10.3	9.1

16-7 专利申请数量
Patent Applications

资料来源：世界银行WDI数据库。
Source: World Bank WDI Database.

单位：件 (unit)

国家和地区	Country or Area	居民专利申请数量 Residents			非居民专利申请数量 Non-residents		
		2000	2010	2014	2000	2010	2014
世　界	**World**	**824055**	**1161280**	**1713099**	**447513**	**673046**	**793310**
高收入国家	**High Income**	**753408**	**787260**	**836702**	**335126**	**452745**	**525691**
中等收入国家	**Middle Income**	**69570**	**365439**	**875871**	**106733**	**216063**	**263388**
低收入国家	**Low Income**	**928**			**1559**		
中　国	China	25346	293066	801135	26560	98111	127042
中国香港	Hong Kong, China	51	133	192	8244	11569	12350
中国澳门	Macao, China		4	2		58	104
孟加拉国	Bangladesh	70	66	44	248	276	249
文　莱	Brunei Darussalam			26	21	42①	91
柬埔寨	Cambodia			2		26	65
印　度	India	2206	8853	12040	6332	30909	30814
印度尼西亚	Indonesia	157	508	702	3733	5122	7321
伊　朗	Iran	410	11108	13683	206	528	119
以色列	Israel	1599	1450	1125	5203	5856	5148
日　本	Japan	384201	290081	265959	35342	54517	60030
哈萨克斯坦	Kazakhstan	1399	1691	1742	116	273	271
韩　国	Korea, Rep.	72831	131805	164073	29179	38296	46219
马来西亚	Malaysia	206	1231	1353	6021	5152	6267
蒙　古	Mongolia	148②	110	139	32②	69	126
巴基斯坦	Pakistan	46	114	146	1149	980	776
菲律宾	Philippines	154	170	334	3482	3223	3255
新加坡	Singapore	516	895	1303	7720	8878	9009
斯里兰卡	Sri Lanka	71	225	328③	250	235	188③
泰　国	Thailand	561	1214	1006	4488	723	6924
越　南	Viet Nam	34	306	487	1205	3276	3960
埃　及	Egypt	534	605	752	1081	1625	1384
尼日利亚③	Nigeria③			50			869
南　非	South Africa	895	821	802	2400	5562	6750
加拿大	Canada	4187	4550	4198	35435	30899	31283
墨西哥	Mexico	431	951	1246	12630	13625	14889
美　国	United States	164795	241977	285096	131100	248249	293706
阿根廷	Argentina	1062	552	509	5574	4165	4173
巴　西	Brazil	3179	4228	4659	14104	20771	25683
委内瑞拉	Venezuela	56			2292		
捷　克	Czech Rep.	555	868	910	4384	114	62
法　国	France	13870	14748	14500	3483	1832	2033
德　国	Germany	51736	47047	48154	10406	12198	17811
意大利	Italy	7877	8877	8601	1396	846	781
荷　兰	Netherlands	2465	2527	2294	529	240	288
波　兰	Poland	2404	3203	3941	4899	227	155
俄罗斯	Russia	23377	28722	24072	8960	13778	16236
西班牙	Spain	2710	3566	2953	484	213	225
土耳其	Turkey	277	3180	4766	3156	177	331
乌克兰	Ukraine	5620	2556	2457	1604	2756	2356
英　国	United Kingdom	22050	15490	15196	10697	6439	7844
澳大利亚	Australia	1928	2409	1988	20073	22478	23968
新西兰	New Zealand	1463	1585	1636	5585	5051	6092

注：①2009年数据。②1998年数据。③2013年数据。
Note:①Data refer to 2009.②Data refer to 1998.③Data refer to 2013.

16-8 享有卫生设施和清洁饮用水源人口占总人口比重

Percentage of Population with Access to Improved Sanitation Facilities and Water Source

资料来源：世界银行WDI数据库。
Source: World Bank WDI Database.
单位：%　(%)

国家或地区	Country or Area	享有卫生设施人口占总人口比重 Percentage of Population with Access to Improved Sanitation Facilities			享有清洁饮用水源人口占总人口比重 Percentage of Population with Access to Improved Water Source		
		2000	2010	2014	2000	2010	2014
世　界	**World**	**58.8**	**64.8**	**67.0**	**82.5**	**88.4**	**90.6**
高收入国家	**High Income**	**98.6**	**99.2**	**99.4**	**98.8**	**99.4**	**99.5**
中等收入国家	**Middle Income**	**53.0**	**61.3**	**64.3**	**81.4**	**88.8**	**91.6**
低收入国家	**Low Income**	**20.3**	**26.2**	**27.9**	**52.4**	**61.2**	**65.1**
中　国	China	58.8	70.8	75.4	80.3	91.4	94.8
孟加拉国	Bangladesh	45.4	55.8	59.6	76.0	83.5	86.2
柬埔寨	Cambodia	16.3	33.6	40.8	41.6	64.2	73.4
印　度	India	25.6	35.5	39.5	80.6	90.3	94.1
印度尼西亚	Indonesia	47.1	57.0	60.6	77.9	84.5	86.8
伊　朗	Iran	78.9	88.6	89.9	94.1	95.8	96.2
以色列	Israel	100.0	100.0	100.0	100.0	100.0	100.0
日　本	Japan	100.0	100.0	100.0	100.0	100.0	100.0
哈萨克斯坦	Kazakhstan	96.8	97.4	97.5	93.8	93.2	92.9
韩　国	Korea, Rep.	100.0	100.0	100.0	93.4	97.6	
老　挝	Laos	28.0	58.7	70.5	45.5	67.5	75.5
马来西亚	Malaysia	91.2	95.4	96.0	94.1	97.3	98.2
蒙　古	Mongolia	48.2	56.5	59.1	56.3	62.9	64.2
缅　甸	Myanmar	61.9	76.6	79.5	66.6	78.1	80.5
巴基斯坦	Pakistan	36.9	54.8	61.8	88.5	90.5	91.3
菲律宾	Philippines	63.8	70.5	73.2	87.1	90.1	91.5
新加坡	Singapore	99.7	100.0	100.0	100.0	100.0	100.0
斯里兰卡	Sri Lanka	81.2	91.7	95.1	79.7	91.1	95.6
泰　国	Thailand	91.3	93.3	93.0	91.9	96.4	97.8
越　南	Viet Nam	52.9	69.7	76.3	77.4	91.3	96.4
埃　及	Egypt	84.3	94.7	94.7	95.9	98.3	99.2
尼日利亚	Nigeria	34.0	30.5	29.3	51.8	63.4	67.6
南　非	South Africa	57.2	63.5	65.8	86.5	91.1	92.8
加拿大	Canada	99.8	99.8	99.8	99.8	99.8	99.8
墨西哥	Mexico	74.7	82.3	85.1	88.6	94.1	96.1
美　国	United States	99.7	99.9	100.0	98.8	99.1	99.2
阿根廷	Argentina	91.4	94.9	96.1	96.3	98.2	98.9
巴　西	Brazil	74.7	80.5	82.7	93.5	96.9	98.1
委内瑞拉	Venezuela	88.3	93.0	94.4	91.1	92.7	93.1
捷　克	Czech Rep.	99.1	99.1	99.1	99.8	100.0	100.0
法　国	France	98.7	98.7	98.7	100.0	100.0	100.0
德　国	Germany	99.2	99.2	99.2	100.0	100.0	100.0
意大利	Italy	99.5	99.5	99.5	100.0	100.0	100.0
荷　兰	Netherlands	98.1	97.8	97.7	100.0	100.0	100.0
波　兰	Poland	87.0	94.3	97.2	95.9	97.6	98.3
俄罗斯	Russia	72.5	72.3	72.2	94.9	96.3	96.9
西班牙	Spain	99.9	99.9	99.9	99.9	100.0	100.0
土耳其	Turkey	88.1	92.9	94.5	92.6	98.6	100.0
乌克兰	Ukraine	94.7	95.6	95.9	97.6	96.7	96.3
英　国	United Kingdom	99.2	99.2	99.2	100.0	100.0	100.0
澳大利亚	Australia	100.0	100.0	100.0	100.0	100.0	100.0
新西兰	New Zealand				100.0	100.0	100.0

16−9 医疗支出占国内生产总值比重及人均医疗支出
Health Expenditure as Percentage of GDP and Per Capita Health Expenditure

资料来源：世界银行WDI数据库。
Source: World Bank WDI Database.

国家或地区	Country or Area	医疗支出占国内生产总值的比重(%) Health Expenditure, Total as Percentage of GDP(%)			人均医疗支出(美元) Health Expenditure per Capita(USD)		
		2000	2005	2014	2000	2005	2014
世　界	**World**	**9.0**	**9.8**	**10.0**	**493.1**	**706.8**	**1061.0**
高收入国家	**High Income**	**9.9**	**11.0**	**12.3**	**2540.1**	**3736.4**	**5251.2**
中等收入国家	**Middle Income**	**5.0**	**5.3**	**5.8**	**62.2**	**102.8**	**289.4**
低收入国家	**Low Income**	**4.4**	**5.7**	**5.7**	**13.4**	**18.1**	**36.7**
中　国	China	4.6	4.7	5.6	43.6	80.9	419.7
孟加拉国	Bangladesh	2.3	2.7	2.8	9.1	12.4	30.8
文　莱	Brunei Darussalam	3.1	2.6	2.7	554.5	691.3	957.6
柬埔寨	Cambodia	5.9	5.8	5.7	17.6	27.6	61.3
印　度	India	4.3	4.3	4.7	19.6	31.3	75.0
印度尼西亚	Indonesia	2.0	2.8	2.9	15.4	35.3	99.4
伊　朗	Iran	4.5	6.1	6.9	229.5	177.8	350.7
以色列	Israel	7.1	7.4	7.8	1490.1	1515.1	2910.3
日　本	Japan	7.5	8.2	10.2	2838.6	2927.6	3703.0
哈萨克斯坦	Kazakhstan	4.2	4.1	4.4	50.8	150.0	538.8
韩　国	Korea, Rep.	4.2	5.3	7.4	504.9	994.2	2060.3
老　挝	Laos	3.4	4.3	1.9	10.5	20.4	32.6
马来西亚	Malaysia	3.0	3.3	4.2	121.6	183.2	455.8
蒙　古	Mongolia	4.9	5.1	4.7	23.4	50.8	195.3
缅　甸	Myanmar	1.8	1.8	2.3	3.2	4.7	20.3
巴基斯坦	Pakistan	2.8	2.9	2.6	15.5	22.4	36.2
菲律宾	Philippines	3.2	3.9	4.7	33.4	46.8	135.2
新加坡	Singapore	2.7	3.7	4.9	661.8	1061.1	2752.3
斯里兰卡	Sri Lanka	3.8	4.1	3.5	32.8	50.8	127.3
泰　国	Thailand	3.8	4.6	6.5	74.2	124.4	360.4
越　南	Viet Nam	4.9	5.4	7.1	20.5	36.8	142.4
埃　及	Egypt	5.6	5.1	5.6	77.7	63.8	177.8
尼日利亚	Nigeria	2.8	4.1	3.7	17.2	53.1	117.5
南　非	South Africa	8.1	7.8	8.8	245.1	414.2	570.2
加拿大	Canada	8.7	9.6	10.5	2099.8	3474.4	5291.8
墨西哥	Mexico	5.0	6.0	6.3	322.1	490.7	677.2
美　国	United States	13.1	15.2	17.1	4788.3	6741.0	9402.5
阿根廷	Argentina	9.2	6.9	4.8	706.9	389.8	605.2
巴　西	Brazil	7.0	8.3	8.3	262.8	391.3	947.4
委内瑞拉	Venezuela	4.9	4.7	5.3	234.8	255.2	873.4
捷　克	Czech Rep.	6.3	6.9	7.4	361.2	884.4	1378.5
法　国	France	9.8	10.6	11.5	2209.2	3721.1	4959.0
德　国	Germany	10.1	10.5	11.3	2397.8	3647.8	5410.6
意大利	Italy	7.9	8.7	9.3	1588.0	2788.5	3257.8
荷　兰	Netherlands	7.4	9.6	10.9	1931.8	3994.0	5693.9
波　兰	Poland	5.5	6.2	6.4	247.1	494.7	910.3
俄罗斯	Russia	5.4	5.2	7.1	96.2	276.9	892.9
西班牙	Spain	7.2	8.1	9.0	1045.5	2120.5	2658.3
土耳其	Turkey	5.0	5.5	5.4	206.8	386.2	567.6
乌克兰	Ukraine	5.6	6.4	7.1	35.8	118.3	202.7
英　国	United Kingdom	6.9	8.2	9.1	1763.5	3176.6	3934.8
澳大利亚	Australia	8.1	8.5	9.4	1745.9	3214.0	6031.1
新西兰	New Zealand	7.5	8.3	11.0	1056.1	2307.1	4896.4

16-10 每千人口医生数和病床数
Physician and Hospital Bed per 1000 Persons

资料来源：世界银行WDI数据库。
Source: World Bank WDI Database.

国家或地区	Country or Area	每千人口医生数(人) Physicians per 1000 Persons(person)			每千人口病床数(张) Hospital Beds per 1000 Persons(unit)		
		2000	2005	2013	2000	2005	2013
高收入国家	**High Income**	**2.7**	**2.6①**	**2.9②**	**6.5**	**5.9**	**4.2②**
中等收入国家	**Middle Income**	**1.1**	**1.3**	**1.3②**		**2.3**	**2.2②**
中　国	China	1.3	1.6	1.9③	2.5	2.5	3.8②
孟加拉国	Bangladesh	0.2④	0.3	0.4②	0.3⑤	0.3	0.6②
文　莱	Brunei Darussalam	1.0	1.0	1.4③	2.6	3.0	2.8③
柬埔寨	Cambodia	0.2		0.2③		0.1⑥	0.7②
印　度	India	0.5	0.6	0.7③		0.9	0.7②
印度尼西亚	Indonesia	0.2	0.1⑦	0.2③	0.6⑧	0.6①	0.9③
伊　朗	Iran	1.0⑧	0.9	0.9⑨		1.7	0.1③
以色列	Israel	3.8	3.8⑦	3.3③	6.1	6.3	3.3③
日　本	Japan	2.0	2.1⑥	2.3⑨	14.7	14.1	
哈萨克斯坦	Kazakhstan	3.3	3.7	3.6	7.2	7.7	7.2③
韩　国	Korea, Rep.	1.3	1.8	2.1③	6.1	8.6⑥	
老　挝	Laos	0.3	0.3	0.2③		1.2	1.5③
马来西亚	Malaysia	0.7	0.7①	1.2⑨		1.8	1.9③
蒙　古	Mongolia	2.5⑤	2.6①	2.8②		6.0⑥	6.8③
缅　甸	Myanmar	0.3	0.4	0.6③	0.7	0.6①	
巴基斯坦	Pakistan	0.6	0.8	0.8⑨		1.2	0.6③
菲律宾	Philippines	0.6	1.2⑥			0.5①	1.0②
新加坡	Singapore	1.4⑤	1.6	2.0		3.2	2.0②
斯里兰卡	Sri Lanka	0.4	0.5	0.7⑨	2.9	3.1⑥	3.6③
泰　国	Thailand	0.4	0.3	0.4⑨	2.2	2.2①	2.1⑨
越　南	Viet Nam	0.5⑤	1.2	1.2	1.7④	2.6	2.0⑨
埃　及	Egypt	2.1	2.4	2.8⑨	2.1④	2.2	0.5③
尼日利亚	Nigeria	0.3	0.3	0.4⑨	1.2	0.5⑥	
南　非	South Africa		0.8⑥	0.8		2.8	
加拿大	Canada	2.1	1.8⑥	2.1⑨	3.4	3.4	2.7⑨
墨西哥	Mexico	2.0	1.7	2.1②	1.1	1.0⑥	1.5②
美　国	United States	2.6	2.4	2.5②	3.5	3.2	2.9②
阿根廷	Argentina	3.0⑧	3.2	3.9	4.1	4.0	4.7③
巴　西	Brazil	1.2	1.7	1.9		2.4	2.3③
委内瑞拉	Venezuela	2.0④				0.9⑦	0.9②
捷　克	Czech Rep.	3.4	3.5⑦	3.6②	8.8	8.4	6.8②
法　国	France	3.3	3.4⑥	3.2	8.1	7.3	6.4②
德　国	Germany	3.3	3.4⑦	3.9③	9.1	8.4	8.2②
意大利	Italy	4.2	4.2⑥	3.8③	4.7	4.0	3.4②
荷　兰	Netherlands	3.2	3.7	2.9⑨	4.8	5.0⑦	
波　兰	Poland	2.2	2.0	2.2③	4.9	5.2	6.5②
俄罗斯	Russia	4.2	4.0	4.3⑨	10.9	9.7	
西班牙	Spain	4.4	4.6	4.9	4.1	3.4	3.1②
土耳其	Turkey	1.2	1.4	1.7②	2.6	2.6	2.5②
乌克兰	Ukraine	3.0	3.0⑦	3.5	8.8	8.7	9.0③
英　国	United Kingdom	1.9	2.2⑦	2.8	4.2	3.9⑥	2.9②
澳大利亚	Australia	2.5	2.5①	3.3②	7.8	4.0	3.9⑨
新西兰	New Zealand	2.2	2.2⑦	2.7⑨	6.2⑧	6.2①	2.3②

注：①2002年数据。②2011年数据。③2012年数据。④1997年数据。⑤1999年数据。⑥2004年数据。⑦2003年数据。⑧1998年数据。⑨2010年数据。

Note:①Data refer to 2002.②Data refer to 2011.③Data refer to 2012.④Data refer to 1997.⑤Data refer to 1999.⑥Data refer to 2004.⑦Data refer to 2003.⑧Data refer to 1998.⑨Data refer to 2010.

主要统计指标解释

成人识字率 是指15岁及以上人口中有一定理解、阅读、使用文字能力的人口占总人口的百分比。

粗入学率 是指入学总人数(不考虑年龄)与适龄入学人数之比。

研究与发展经费支出 是经常性和资本性支出(包括超前支出),目的在于增加知识存量的创造性、系统性活动。具体包括基础研究、应用研究和目的在于寻求新型设备，产品和工艺的科学实验活动。

研究与发展技术人员 是指专门从事研究与发展活动，在知识或技术某一分支领域接受过职业或技术培训的人员。

高技术出口产品 是指技术含量密集的出口产品。它包括的高技术产品有：航空、计算机、医药、科学仪器和电气设备等。

Explanatory Notes on Main Statistical Indicators

Adult Literacy Rate is the percentage of people ages 15 and above who can, with understanding, read and write a short, simple statement on their everyday life.

Gross Enrollment Ratio is the ratio of total enrollment, regardless of age, to the population of the age group.

Expenditures for Research and Development are current and capital expenditures (including overhead) on creative, systematic activity intended to increase the stock of knowledge. Included are fundamental and applied research and experimental development work leading to new devices, products, or processes.

Technicians in R&D are people engaged in professional R&D activity who have received vocational or technical training in any branch of knowledge or technology.

High-technology Exports are products with high R&D intensity. They include high-technology products such as in aerospace, computers, pharmaceuticals, scientific instruments, and electrical machinery.

经济社会综合评价指标

Comprehensive Evaluation Indicators

17-1 人文发展指数(2014年)
Human Development Index in 2014

资料来源：联合国开发计划署《2015年人文发展报告》。
Source:UNDP Human Development Report 2015.

排名 Rank	国家或地区	Country or Area	人文发展指数 Human Development Index (HDI)	出生时预期寿命(岁) Life Expectancy at Birth (years)	预期受教育年限(年) Expected Years of Schooling (years)	平均受教育年限(年) Mean Years of Schooling (years)	人均国民总收入(美元，2011年PPP) Gross National Income per Capita (2011 PPP $)
	世界	**World**	**0.711**	**71.5**	**12.2**	**7.9**	**14301**
	超高人文发展国家	**Very High Human Development**	**0.896**	**80.5**	**16.4**	**11.8**	**41584**
1	挪威	Norway	0.944	81.6	17.5	12.6	64992
2	澳大利亚	Australia	0.935	82.4	20.2	13.0	42261
3	瑞士	Switzerland	0.930	83.0	15.8	12.8	56431
4	丹麦	Denmark	0.923	80.2	18.7	12.7	44025
5	荷兰	Netherlands	0.922	81.6	17.9	11.9	45435
6	德国	Germany	0.916	80.9	16.5	13.1	43919
6	爱尔兰	Ireland	0.916	80.9	18.6	12.2	39568
8	美国	United States	0.915	79.1	16.5	12.9	52947
9	加拿大	Canada	0.913	82.0	15.9	13.0	42155
9	新西兰	New Zealand	0.913	81.8	19.2	12.5	32689
11	新加坡	Singapore	0.912	83.0	15.4	10.6	76628
12	中国香港	Hong Kong, China	0.910	84.0	15.6	11.2	53959
13	列支敦士登	Liechtenstein	0.908	80.0	15.0	11.8	79851
14	瑞典	Sweden	0.907	82.2	15.8	12.1	45636
14	英国	United Kingdom	0.907	80.7	16.2	13.1	39267
16	冰岛	Iceland	0.899	82.6	19.0	10.6	35182
17	韩国	Korea Rep.	0.898	81.9	16.9	11.9	33890
18	以色列	Israel	0.894	82.4	16.0	12.5	30676
19	卢森堡	Luxembourg	0.892	81.7	13.9	11.7	58711
20	日本	Japan	0.891	83.5	15.3	11.5	36927
21	比利时	Belgium	0.890	80.8	16.3	11.3	41187
22	法国	France	0.888	82.2	16.0	11.1	38056
23	奥地利	Austria	0.885	81.4	15.7	10.8	43869
24	芬兰	Finland	0.883	80.8	17.1	10.3	38695
25	斯洛文尼亚	Slovenia	0.880	80.4	16.8	11.9	27852
26	西班牙	Spain	0.876	82.6	17.3	9.6	32045
27	意大利	Italy	0.873	83.1	16.0	10.1	33030
28	捷克	Czech Republic	0.870	78.6	16.4	12.3	26660
29	希腊	Greece	0.865	80.9	17.6	10.3	24524
30	爱沙尼亚	Estonia	0.861	76.8	16.5	12.5	25214
31	文莱	Brunei Darussalam	0.856	78.8	14.5	8.8	72570
32	塞浦路斯	Cyprus	0.850	80.2	14.0	11.6	28633
32	卡塔尔	Qatar	0.850	78.2	13.8	9.1	123124
34	安道尔	Andorra	0.845	81.3	13.5	9.6	43978
35	斯洛伐克	Slovakia	0.844	76.3	15.1	12.2	25845
36	波兰	Poland	0.843	77.4	15.5	11.8	23177
37	立陶宛	Lithuania	0.839	73.3	16.4	12.4	24500
37	马耳他	Malta	0.839	80.6	14.4	10.3	27930
39	沙特阿拉伯	Saudi Arabia	0.837	74.3	16.3	8.7	52821
40	阿根廷	Argentina	0.836	76.3	17.9	9.8	22050
41	阿联酋	United Arab Emirates	0.835	77.0	13.3	9.5	60868
42	智利	Chile	0.832	81.7	15.2	9.8	21290
43	葡萄牙	Portugal	0.830	80.9	16.3	8.2	25757
44	匈牙利	Hungary	0.828	75.2	15.4	11.6	22916

17-1 续表 1 continued

排名 Rank	国家或地区	Country or Area	人文发展指数 Human Development Index (HDI)	出生时预期寿命(岁) Life Expectancy at Birth (years)	预期受教育年限(年) Expected Years of Schooling (years)	平均受教育年限(年) Mean Years of Schooling (years)	人均国民总收入(美元，2011年PPP) Gross National Income per Capita (2011 PPP $)
45	巴林	Bahrain	0.824	76.6	14.4	9.4	38599
46	拉脱维亚	Latvia	0.819	74.2	15.2	11.5	22281
47	克罗地亚	Croatia	0.818	77.3	14.8	11.0	19409
48	科威特	Kuwait	0.816	74.4	14.7	7.2	83961
49	黑山	Montenegro	0.802	76.2	15.2	11.2	14558
高人文发展国家		**High Human Development**	**0.744**	**75.1**	**13.6**	**8.2**	**13961**
50	白俄罗斯	Belarus	0.798	71.3	15.7	12.0	16676
50	俄罗斯	Russian Federation	0.798	70.1	14.7	12.0	22352
52	阿曼	Oman	0.793	76.8	13.6	8.0	34858
52	罗马尼亚	Romania	0.793	74.7	14.2	10.8	18108
52	乌拉圭	Uruguay	0.793	77.2	15.5	8.5	19283
55	巴哈马	Bahamas	0.790	75.4	12.6	10.9	21336
56	哈萨克斯坦	Kazakhstan	0.788	69.4	15.0	11.4	20867
57	巴巴多斯	Barbados	0.785	75.6	15.4	10.5	12488
58	安提瓜和巴布达岛	Antigua and Barbuda	0.783	76.1	14.0	9.2	20070
59	保加利亚	Bulgaria	0.782	74.2	14.4	10.6	15596
60	帕劳	Palau	0.780	72.7	13.7	12.3	13496
60	巴拿马	Panama	0.780	77.6	13.3	9.3	18192
62	马来西亚	Malaysia	0.779	74.7	12.7	10.0	22762
63	毛里求斯	Mauritius	0.777	74.4	15.6	8.5	17470
64	塞舌尔	Seychelles	0.772	73.1	13.4	9.4	23300
64	特立尼达和多巴哥	Trinidad and Tobago	0.772	70.4	12.3	10.9	26090
66	塞尔维亚	Serbia	0.771	74.9	14.4	10.5	12190
67	古巴	Cuba	0.769	79.4	13.8	11.5	7301
67	黎巴嫩	Lebanon	0.769	79.3	13.8	7.9	16509
69	哥斯达黎加	Costa Rica	0.766	79.4	13.9	8.4	13413
69	伊朗	Iran	0.766	75.4	15.1	8.2	15440
71	委内瑞拉	Venezuela	0.762	74.2	14.2	8.9	16159
72	土耳其	Turkey	0.761	75.3	14.5	7.6	18677
73	斯里兰卡	Sri Lanka	0.757	74.9	13.7	10.8	9779
74	墨西哥	Mexico	0.756	76.8	13.1	8.5	16056
75	巴西	Brazil	0.755	74.5	15.2	7.7	15175
76	格鲁吉亚	Georgia	0.754	74.9	13.8	12.1	7164
77	圣基茨和尼维斯	Saint Kitts and Nevis	0.752	73.8	12.9	8.4	20805
78	阿塞拜疆	Azerbaijan	0.751	70.8	11.9	11.2	16428
79	格林纳达	Grenada	0.750	73.4	15.8	8.6	10939
80	约旦	Jordan	0.748	74.0	13.5	9.9	11365
81	马其顿	Macedonia	0.747	75.4	13.4	9.3	11780
81	乌克兰	Ukraine	0.747	71.0	15.1	11.3	8178
83	阿尔及利亚	Algeria	0.736	74.8	14.0	7.6	13054
84	秘鲁	Peru	0.734	74.6	13.1	9.0	11015
85	阿尔巴尼亚	Albania	0.733	77.8	11.8	9.3	9943
85	亚美尼亚	Armenia	0.733	74.7	12.3	10.9	8124
85	波黑	Bosnia and Herzegovina	0.733	76.5	13.6	8.3	9638
88	厄瓜多尔	Ecuador	0.732	75.9	14.2	7.6	10605
89	圣卢西亚	Saint Lucia	0.729	75.1	12.6	9.3	9765
90	中国	China	0.727	75.8	13.1	7.5	12547
90	斐济	Fiji	0.727	70.0	15.7	9.9	7493
90	蒙古	Mongolia	0.727	69.4	14.6	9.3	10729
93	泰国	Thailand	0.726	74.4	13.5	7.3	13323
94	多米尼克	Dominica	0.724	77.8	12.7	7.9	9994
94	利比亚	Libya	0.724	71.6	14.0	7.3	14911

17-1 续表 2 continued

排名 Rank	国家或地区	Country or Area	人文发展指数 Human Development Index (HDI)	出生时预期寿命(岁) Life Expectancy at Birth (years)	预期受教育年限(年) Expected Years of Schooling (years)	平均受教育年限(年) Mean Years of Schooling (years)	人均国民总收入(美元，2011年PPP) Gross National Income per Capita (2011 PPP $)
96	突尼斯	Tunisia	0.721	74.8	14.6	6.8	10404
97	哥伦比亚	Colombia	0.720	74.0	13.5	7.3	12040
97	圣文森特和格林纳丁斯	Saint Vincent and the Grenadines	0.720	72.9	13.4	8.6	9937
99	牙买加	Jamaica	0.719	75.7	12.4	9.7	7415
100	汤加	Tonga	0.717	72.8	14.7	10.7	5069
101	伯利兹	Belize	0.715	70.0	13.6	10.5	7614
101	多米尼加共和国	Dominican Republic	0.715	73.5	13.1	7.6	11883
103	苏里南	Suriname	**0.714**	**71.1**	**12.7**	**7.7**	**15617**
104	马尔代夫	Maldives	0.706	76.8	13.0	5.8	12328
105	萨摩亚	Samoa	0.702	73.4	12.9	10.3	5327
中等人文发展国家		**Medium Human Development**	**0.630**	**68.6**	**11.8**	**6.2**	**6353**
106	博茨瓦纳	Botswana	0.698	64.5	12.5	8.9	16646
107	摩尔多瓦	Moldova	0.693	71.6	11.9	11.2	5223
108	埃及	Egypt	0.690	71.1	13.5	6.6	10512
109	土库曼斯坦	Turkmenistan	0.688	65.6	10.8	9.9	13066
110	加蓬	Gabon	0.684	64.4	12.5	7.8	16367
110	印度尼西亚	Indonesia	0.684	68.9	13.0	7.6	9788
112	巴拉圭	Paraguay	0.679	72.9	11.9	7.7	7643
113	巴勒斯坦	Palestine	0.677	72.9	13.0	8.9	4699
114	乌兹别克斯坦	Uzbekistan	0.675	68.4	11.5	10.9	5567
115	菲律宾	Philippines	0.668	68.2	11.3	8.9	7915
116	萨尔瓦多	El Salvador	0.666	73.0	12.3	6.5	7349
116	南非	South Africa	0.666	57.4	13.6	9.9	12122
116	越南	Viet Nam	0.666	75.8	11.9	7.5	5092
119	玻利维亚	Bolivia	0.662	68.3	13.2	8.2	5760
120	吉尔吉斯斯坦	Kyrgyzstan	0.655	70.6	12.5	10.6	3044
121	伊拉克	Iraq	0.654	69.4	10.1	6.4	14003
122	佛得角	Cabo Verde	0.646	73.3	13.5	4.7	6094
123	密克罗尼西亚	Micronesia	0.640	69.1	11.7	9.7	3432
124	圭亚那	Guyana	0.636	66.4	10.3	8.5	6522
125	尼加拉瓜	Nicaragua	0.631	74.9	11.5	6.0	4457
126	摩洛哥	Morocco	0.628	74.0	11.6	4.4	6850
126	纳米比亚	Namibia	0.628	64.8	11.3	6.2	9418
128	危地马拉	Guatemala	0.627	71.8	10.7	5.6	6929
129	塔吉克斯坦	Tajikistan	0.624	69.4	11.2	10.4	2517
130	印度	India	0.609	68.0	11.7	5.4	5497
131	洪都拉斯	Honduras	0.606	73.1	11.1	5.5	3938
132	不丹	Bhutan	0.605	69.5	12.6	3.0	7176
133	东帝汶	Timor-Leste	0.595	68.2	11.7	4.4	5363
134	叙利亚	Syrian	0.594	69.6	12.3	6.3	2728
134	瓦努阿图	Vanuatu	0.594	71.9	10.6	6.8	2803
136	刚果	Congo	0.591	62.3	11.1	6.1	6012
137	基里巴斯	Kiribati	0.590	66.0	12.3	7.8	2434
138	赤道几内亚	Equatorial Guinea	0.587	57.6	9.0	5.5	21056
139	赞比亚	Zambia	0.586	60.1	13.5	6.6	3734
140	加纳	Ghana	0.579	61.4	11.5	7.0	3852
141	老挝	Laos	0.575	66.2	10.6	5.0	4680
142	孟加拉国	Bangladesh	0.570	71.6	10.0	5.1	3191
143	柬埔寨	Cambodia	0.555	68.4	10.9	4.4	2949
143	圣多美和普林西比	Sao Tome and Principe	0.555	66.5	11.3	4.7	2918

17-1 续表 3 continued

排名 Rank	国家或地区	Country or Area	人文发展指数 Human Development Index (HDI)	出生时预期寿命(岁) Life Expectancy at Birth (years)	预期受教育年限(年) Expected Years of Schooling (years)	平均受教育年限(年) Mean Years of Schooling (years)	人均国民总收入(美元，2011年PPP) Gross National Income per Capita (2011 PPP $)
低人文发展国家		**Low Human Development**	**0.505**	**60.6**	**9.0**	**4.5**	**3085**
145	肯尼亚	Kenya	0.548	61.6	11.0	6.3	2762
145	尼泊尔	Nepal	0.548	69.6	12.4	3.3	2311
147	巴基斯坦	Pakistan	0.538	66.2	7.8	4.7	4866
148	缅甸	Myanmar	0.536	65.9	8.6	4.1	4608
149	安哥拉	Angola	0.532	52.3	11.4	4.7	6822
150	斯威士兰	Swaziland	0.531	49.0	11.3	7.1	5542
151	坦桑尼亚	Tanzania	0.521	65.0	9.2	5.1	2411
152	尼日利亚	Nigeria	0.514	52.8	9.0	5.9	5341
153	喀麦隆	Cameroon	0.512	55.5	10.4	6.0	2803
154	马达加斯加	Madagascar	0.510	65.1	10.3	6.0	1328
155	津巴布韦	Zimbabwe	0.509	57.5	10.9	7.3	1615
156	毛里塔尼亚	Mauritania	0.506	63.1	8.5	3.8	3560
156	所罗门群岛	Solomon Islands	0.506	67.9	9.2	5.0	1540
158	巴布亚新几内亚	Papua New Guinea	0.505	62.6	9.9	4.0	2463
159	科摩罗	Comoros	0.503	63.3	11.5	4.6	1456
160	也门	Yemen	0.498	63.8	9.2	2.6	3519
161	莱索托	Lesotho	0.497	49.8	11.1	5.9	3306
162	多哥	Togo	0.484	59.7	12.2	4.5	1228
163	海地	Haiti	0.483	62.8	8.7	4.9	1669
163	卢旺达	Rwanda	0.483	64.2	10.3	3.7	1458
163	乌干达	Uganda	0.483	58.5	9.8	5.4	1613
166	贝宁	Benin	0.480	59.6	11.1	3.3	1767
167	苏丹	Sudan	0.479	63.5	7.0	3.1	3809
168	吉布提	Djibouti	0.470	62.0	6.4	3.8	3276
169	南苏丹	South Sudan	0.467	55.7	7.6	5.4	2332
170	塞内加尔	Senegal	0.466	66.5	7.9	2.5	2188
171	阿富汗	Afghanistan	0.465	60.4	9.3	3.2	1885
172	科特迪瓦	Côte d'Ivoire	0.462	51.5	8.9	4.3	3171
173	马拉维	Malawi	0.445	62.8	10.8	4.3	747
174	埃塞俄比亚	Ethiopia	0.442	64.1	8.5	2.4	1428
175	冈比亚	Gambia	0.441	60.2	8.8	2.8	1507
176	刚果(金)	Congo，Dem.Rep.	0.433	58.7	9.8	6.0	680
177	利比里亚	Liberia	0.430	60.9	9.5	4.1	805
178	几内亚比绍	Guinea-Bissau	0.420	55.2	9.0	2.8	1362
179	马里	Mali	0.419	58.0	8.4	2.0	1583
180	莫桑比克	Mozambique	0.416	55.1	9.3	3.2	1123
181	塞拉利昂	Sierra Leone	0.413	50.9	8.6	3.1	1780
182	几内亚	Guinea	0.411	58.8	8.7	2.4	1096
183	布基纳法索	Burkina Faso	0.402	58.7	7.8	1.4	1591
184	布隆迪	Burundi	0.400	56.7	10.1	2.7	758
185	乍得	Chad	0.392	51.6	7.4	1.9	2085
186	厄立特里亚	Eritrea	0.391	63.7	4.1	3.9	1130
187	中非共和国	Central African Republic	0.350	50.7	7.2	4.2	581
188	尼日尔	Niger	0.348	61.4	5.4	1.5	908

17-2 世界主要国家和地区全球化指数排名(2016年)

资料来源：KOF瑞士经济学会。
Source: KOF Swiss Economic Institute.

排名 Rank	全球化指数 Globalization Index 国家或地区	Country or Area	数值 Score	经济全球化 Economic Globalization 国家或地区	Country or Area	数值 Score
1	荷兰	Netherlands	91.70	新加坡	Singapore	96.06
2	爱尔兰	Ireland	91.64	爱尔兰	Ireland	93.08
3	比利时	Belgium	90.51	卢森堡	Luxembourg	91.80
4	奥地利	Austria	89.83	荷兰	Netherlands	90.89
5	瑞士	Switzerland	87.01	马耳他	Malta	90.28
6	新加坡	Singapore	86.93	阿联酋	United Arab Emirates	88.39
7	丹麦	Denmark	86.44	匈牙利	Hungary	86.85
8	瑞典	Sweden	85.92	爱沙尼亚	Estonia	86.11
9	匈牙利	Hungary	85.78	比利时	Belgium	85.95
10	加拿大	Canada	85.67	巴林	Bahrain	85.51
11	芬兰	Finland	85.47	毛里求斯	Mauritius	85.23
12	葡萄牙	Portugal	85.08	斯洛伐克	Slovak Republic	83.63
13	挪威	Norway	84.24	奥地利	Austria	83.25
14	塞浦路斯	Cyprus	84.07	塞浦路斯	Cyprus	83.11
15	西班牙	Spain	83.73	捷克	Czech Republic	82.89
16	斯洛伐克	Slovak Republic	83.62	格鲁吉亚	Georgia	82.56
17	捷克	Czech Republic	83.60	芬兰	Finland	82.23
18	卢森堡	Luxembourg	83.55	马来西亚	Malaysia	81.46
19	法国	France	82.61	葡萄牙	Portugal	81.35
20	英国	United Kingdom	81.97	丹麦	Denmark	81.17
21	澳大利亚	Australia	81.93	新西兰	New Zealand	81.05
22	希腊	Greece	80.40	巴拿马	Panama	80.87
23	波兰	Poland	79.90	拉脱维亚	Latvia	80.79
24	意大利	Italy	79.59	瑞典	Sweden	80.56
25	马来西亚	Malaysia	79.14	文莱	Brunei Darussalam	79.33
26	爱沙尼亚	Estonia	78.46	阿曼	Oman	79.23
27	德国	Germany	78.24	瑞士	Switzerland	77.78
28	新西兰	New Zealand	78.15	智利	Chile	77.42
29	立陶宛	Lithuania	77.26	卡塔尔	Qatar	77.22
30	保加利亚	Bulgaria	77.16	保加利亚	Bulgaria	77.02
31	卡塔尔	Qatar	77.04	挪威	Norway	76.76
32	斯洛文尼亚	Slovenia	76.24	黑山	Montenegro	76.37
33	阿联酋	United Arab Emirates	75.92	塞舌尔	Seychelles	76.16
34	美国	United States	75.71	加拿大	Canada	76.12
35	克罗地亚	Croatia	75.59	特立尼达和多巴哥	Trinidad and Tobago	75.97
36	罗马尼亚	Romania	75.09	波兰	Poland	75.72
37	马耳他	Malta	75.04	立陶宛	Lithuania	75.48
38	以色列	Israel	72.81	西班牙	Spain	74.80
39	智利	Chile	71.18	冰岛	Iceland	74.56
40	拉脱维亚	Latvia	70.97	斯洛文尼亚	Slovenia	74.37
41	乌克兰	Ukraine	70.71	蒙古	Mongolia	74.14
42	泰国	Thailand	70.45	以色列	Israel	73.68
43	巴林	Bahrain	69.99	澳大利亚	Australia	73.64
44	土耳其	Turkey	69.95	克罗地亚	Croatia	72.79
45	俄罗斯	Russian Federation	69.40	秘鲁	Peru	72.30
46	塞尔维亚	Serbia	68.62	巴巴多斯	Barbados	71.80
47	约旦	Jordan	68.31	希腊	Greece	71.39
48	日本	Japan	67.86	泰国	Thailand	70.69
49	科威特	Kuwait	67.69	巴布亚新几内亚	Papua New Guinea	70.02
50	冰岛	Iceland	67.50	斯威士兰	Swaziland	70.00

The Ranking of Globalization Index in 2016

排名 Rank	社会全球化 Social Globalization			政治全球化 Political Globalization		
	国家或地区	Country or Area	数值 Score	国家或地区	Country or Area	数值 Score
1	奥地利	Austria	91.30	意大利	Italy	97.53
2	新加坡	Singapore	91.15	法国	France	97.29
3	瑞士	Switzerland	91.10	比利时	Belgium	96.51
4	爱尔兰	Ireland	90.98	奥地利	Austria	96.37
5	荷兰	Netherlands	90.77	西班牙	Spain	95.99
6	比利时	Belgium	90.45	英国	United Kingdom	94.95
7	波多黎各	Puerto Rico	90.36	瑞典	Sweden	94.65
8	加拿大	Canada	89.26	巴西	Brazil	94.31
9	塞浦路斯	Cyprus	88.21	荷兰	Netherlands	94.01
10	丹麦	Denmark	87.29	瑞士	Switzerland	93.41
11	法国	France	87.14	加拿大	Canada	93.17
12	英国	United Kingdom	86.08	埃及	Egypt	93.01
13	葡萄牙	Portugal	85.59	阿根廷	Argentina	92.88
14	挪威	Norway	85.49	土耳其	Turkey	92.53
15	瑞典	Sweden	84.63	挪威	Norway	92.26
16	德国	Germany	84.53	美国	United States	92.19
17	芬兰	Finland	83.84	丹麦	Denmark	92.12
18	澳大利亚	Australia	83.43	俄罗斯	Russian Federation	92.10
19	西班牙	Spain	83.23	希腊	Greece	92.05
20	斯洛伐克	Slovak Republic	82.63	德国	Germany	91.94
21	捷克	Czech Republic	82.40	芬兰	Finland	91.89
22	立陶宛	Lithuania	80.89	印度	India	91.78
23	匈牙利	Hungary	80.79	匈牙利	Hungary	91.19
24	希腊	Greece	80.43	尼日利亚	Nigeria	90.72
25	卡塔尔	Qatar	79.54	爱尔兰	Ireland	90.69
26	阿联酋	United Arab Emirates	79.52	澳大利亚	Australia	90.64
27	科威特	Kuwait	79.40	韩国	Korea, Rep.	90.14
28	美国	United States	79.15	罗马尼亚	Romania	90.05
29	列支敦士登	Liechtenstein	79.03	摩洛哥	Morocco	89.82
30	卢森堡	Luxembourg	78.73	日本	Japan	89.41
31	意大利	Italy	78.40	波兰	Poland	89.37
32	以色列	Israel	77.70	葡萄牙	Portugal	89.21
33	安道尔	Andorra	77.57	智利	Chile	88.96
34	波兰	Poland	76.92	巴基斯坦	Pakistan	88.64
35	摩纳哥	Monaco	76.83	塞内加尔	Senegal	88.15
36	沙特阿拉伯	Saudi Arabia	75.90	印度尼西亚	Indonesia	87.34
37	马耳他	Malta	75.22	南非	South Africa	87.27
38	新西兰	New Zealand	73.81	约旦	Jordan	86.61
39	马来西亚	Malaysia	73.81	秘鲁	Peru	86.57
40	爱沙尼亚	Estonia	73.58	突尼斯	Tunisia	86.52
41	圣马力诺	San Marino	72.85	乌克兰	Ukraine	86.27
42	斯洛文尼亚	Slovenia	72.27	捷克	Czech Republic	86.16
43	克罗地亚	Croatia	71.44	保加利亚	Bulgaria	85.24
44	拉脱维亚	Latvia	71.40	斯洛伐克	Slovak Republic	84.96
45	保加利亚	Bulgaria	71.37	菲律宾	Philippines	84.90
46	巴林	Bahrain	71.09	克罗地亚	Croatia	84.89
47	罗马尼亚	Romania	70.30	中国	China	84.81
48	新喀里多尼亚	New Caledonia	70.25	加纳	Ghana	84.68
49	冰岛	Iceland	70.21	乌拉圭	Uruguay	84.35
50	关岛	Guam	70.16	斯洛文尼亚	Slovenia	84.08

17-2 续表 1

排名 Rank	全球化指数 Globalization Index 国家或地区	Country or Area	数值 Score	经济全球化 Economic Globalization 国家或地区	Country or Area	数值 Score
51	文莱	Brunei Darussalam	67.38	亚美尼亚	Armenia	69.70
52	沙特阿拉伯	Saudi Arabia	67.35	刚果(布)	Congo, Rep.	69.48
53	巴拿马	Panama	66.87	塞尔维亚	Serbia	68.94
54	多米尼加	Dominican Republic	66.81	乌克兰	Ukraine	68.89
55	波黑	Bosnia and Herzego	66.31	罗马尼亚	Romania	68.60
56	乌拉圭	Uruguay	66.15	哈萨克斯坦	Kazakhstan	68.40
57	摩洛哥	Morocco	66.06	洪都拉斯	Honduras	68.37
58	毛里求斯	Mauritius	65.88	黎巴嫩	Lebanon	67.89
59	黑山	Montenegro	65.57	英国	United Kingdom	67.62
60	韩国	Korea, Rep.	65.42	南非	South Africa	67.53
61	南非	South Africa	65.26	约旦	Jordan	67.32
62	秘鲁	Peru	65.20	意大利	Italy	67.02
63	黎巴嫩	Lebanon	65.18	法国	France	66.53
64	格鲁吉亚	Georgia	64.27	马其顿	Macedonia, FYR	66.19
65	摩尔多瓦	Moldova	63.14	越南	Vietnam	66.08
66	埃及	Egypt	62.71	牙买加	Jamaica	65.80
67	特立尼达和多巴哥	Trinidad and Tobag	62.62	柬埔寨	Cambodia	65.04
68	哥斯达黎加	Costa Rica	62.19	东帝汶	Timor-Leste	64.78
69	阿曼	Oman	61.91	墨西哥	Mexico	64.06
70	萨尔瓦多	El Salvador	61.72	哥斯达黎加	Costa Rica	63.49
71	墨西哥	Mexico	61.65	毛里塔尼亚	Mauritania	63.25
72	白俄罗斯	Belarus	61.34	乌拉圭	Uruguay	62.93
73	中国	China	60.73	不丹	Bhutan	62.89
74	巴拉圭	Paraguay	60.69	吉尔吉斯斯坦	Kyrgyz Republic	62.86
75	巴西	Brazil	60.50	摩尔多瓦	Moldova	62.81
76	哥伦比亚	Colombia	60.27	多米尼加	Dominican Republic	61.95
77	牙买加	Jamaica	60.11	阿塞拜疆	Azerbaijan	61.85
78	洪都拉斯	Honduras	59.99	沙特阿拉伯	Saudi Arabia	61.82
79	亚美尼亚	Armenia	59.62	波黑	Bosnia and Herzegovina	61.72
80	危地马拉	Guatemala	59.28	加蓬	Gabon	61.38
81	突尼斯	Tunisia	59.10	德国	Germany	61.08
82	塞舌尔	Seychelles	58.24	萨尔瓦多	El Salvador	61.01
83	菲律宾	Philippines	57.86	瓦努阿图	Vanuatu	60.44
84	印度尼西亚	Indonesia	57.75	科威特	Kuwait	60.43
85	阿塞拜疆	Azerbaijan	57.53	尼加拉瓜	Nicaragua	60.10
86	斐济	Fiji	57.33	圭亚那	Guyana	59.88
87	阿根廷	Argentina	57.11	韩国	Korea, Rep.	59.83
88	阿尔巴尼亚	Albania	56.68	赞比亚	Zambia	59.69
89	巴巴多斯	Barbados	56.50	美国	United States	59.40
90	蒙古	Mongolia	56.43	巴拉圭	Paraguay	59.34
91	吉尔吉斯斯坦	Kyrgyz Republic	55.69	纳米比亚	Namibia	59.22
92	玻利维亚	Bolivia	55.25	印度尼西亚	Indonesia	59.07
93	马其顿	Macedonia, FYR	55.16	基里巴斯	Kiribati	58.81
94	哈萨克斯坦	Kazakhstan	55.10	危地马拉	Guatemala	58.30
95	厄瓜多尔	Ecuador	54.66	玻利维亚	Bolivia	58.17
96	巴哈马	Bahamas	54.05	莫桑比克	Mozambique	58.02
97	尼加拉瓜	Nicaragua	53.88	哥伦比亚	Colombia	57.96
98	纳米比亚	Namibia	53.78	摩洛哥	Morocco	57.61
99	塞内加尔	Senegal	53.61	博茨瓦纳	Botswana	57.21
100	波多黎各	Puerto Rico	53.49	利比亚	Libya	57.08

continued

排名 Rank	社会全球化 Social Globalization			政治全球化 Political Globalization		
	国家或地区	Country or Area	数值 Score	国家或地区	Country or Area	数值 Score
51	阿鲁巴	Aruba	70.12	危地马拉	Guatemala	83.82
52	中国澳门	Macao, China	68.32	马来西亚	Malaysia	83.42
53	日本	Japan	68.31	埃塞俄比亚	Ethiopia	83.06
54	巴哈马	Bahamas	67.89	肯尼亚	Kenya	82.94
55	土耳其	Turkey	67.23	厄瓜多尔	Ecuador	80.67
56	俄罗斯	Russian Federation	66.55	哥伦比亚	Colombia	80.40
57	多米尼加	Dominican Republic	66.26	新西兰	NewZealand	80.30
58	黎巴嫩	Lebanon	65.44	塞浦路斯	Cyprus	79.67
59	文莱	Brunei Darussalam	65.44	萨尔瓦多	El Salvador	79.65
60	维尔京群岛(美属)	Virgin Islands (U.S.)	64.33	卢森堡	Luxembourg	79.44
61	塞尔维亚	Serbia	64.14	泰国	Thailand	79.25
62	泰国	Thailand	63.76	阿尔及利亚	Algeria	78.54
63	哥斯达黎加	Costa Rica	62.95	巴拉圭	Paraguay	78.11
64	毛里求斯	Mauritius	62.89	波黑	Bosniaand Herzegovina	77.95
65	白俄罗斯	Belarus	62.81	玻利维亚	Bolivia	77.83
66	波黑	Bosnia and Herzegovina	62.15	斯里兰卡	Sri Lanka	77.21
67	乌克兰	Ukraine	61.06	孟加拉国	Bangladesh	76.42
68	安提瓜和巴布达	Antigua and Barbuda	59.93	布基纳法索	Burkina Faso	76.09
69	百慕大	Bermuda	59.16	马里	Mali	75.68
70	摩尔多瓦	Moldova	58.58	爱沙尼亚	Estonia	75.21
71	黑山	Montenegro	58.54	立陶宛	Lithuania	74.60
72	巴拿马	Panama	57.70	尼日尔	Niger	74.59
73	法罗群岛	Faeroe Islands	57.60	科特迪瓦	Cote d'Ivoire	74.46
74	格鲁吉亚	Georgia	57.39	贝宁	Benin	74.36
75	阿曼	Oman	57.27	塞尔维亚	Serbia	74.32
76	埃及	Egypt	56.69	几内亚	Guinea	74.13
77	摩洛哥	Morocco	56.69	牙买加	Jamaica	74.10
78	特立尼达和多巴哥	Trinidad and Tobago	56.38	多哥	Togo	73.91
79	乌拉圭	Uruguay	55.87	多米尼加	Dominican Republic	73.86
80	约旦	Jordan	55.85	卡塔尔	Qatar	73.40
81	塞舌尔	Seychelles	55.51	赞比亚	Zambia	72.86
82	苏里南	Suriname	54.90	墨西哥	Mexico	72.29
83	法属波利尼西亚	French Polynesia	54.40	喀麦隆	Cameroon	72.15
84	格林纳达	Grenada	53.60	洪都拉斯	Honduras	71.83
85	巴巴多斯	Barbados	53.52	尼泊尔	Nepal	71.68
86	开曼群岛	Cayman Islands	53.42	蒙古	Mongolia	71.62
87	中国	China	53.32	卢旺达	Rwanda	70.55
88	斐济	Fiji	53.16	乌干达	Uganda	70.44
89	萨摩亚	Samoa	52.87	斐济	Fiji	69.94
90	约旦河西岸和加沙	West Bank and Gaza	52.70	阿尔巴尼亚	Albania	69.82
91	韩国	Korea, Rep.	52.64	津巴布韦	Zimbabwe	69.81
92	阿根廷	Argentina	52.42	摩尔多瓦	Moldova	69.78
93	智利	Chile	52.21	新加坡	Singapore	69.33
94	圣卢西亚	St. Lucia	51.59	伊朗	Iran	67.91
95	墨西哥	Mexico	51.57	亚美尼亚	Armenia	67.56
96	阿塞拜疆	Azerbaijan	51.44	马达加斯加	Madagascar	66.79
97	帕劳	Palau	51.38	吉尔吉斯斯坦	Kyrgyz Republic	66.62
98	委内瑞拉	Venezuela	51.00	吉布提	Djibouti	66.54
99	萨尔瓦多	El Salvador	49.27	白俄罗斯	Belarus	66.09
100	巴拉圭	Paraguay	49.22	委内瑞拉	Venezuela	66.08

17-2 续表 2

排名 Rank	全球化指数 Globalization Index			经济全球化 Economic Globalization		
	国家或地区	Country or Area	数值 Score	国家或地区	Country or Area	数值 Score
101	格林纳达	Grenada	53.21	多哥	Togo	56.86
102	委内瑞拉	Venezuela	52.38	阿尔巴尼亚	Albania	56.51
103	尼日利亚	Nigeria	52.32	伯利兹	Belize	56.17
104	巴基斯坦	Pakistan	51.91	白俄罗斯	Belarus	56.13
105	斯里兰卡	Sri Lanka	51.75	突尼斯	Tunisia	55.87
106	多哥	Togo	51.46	安哥拉	Angola	55.59
107	印度	India	51.26	土耳其	Turkey	55.42
108	加纳	Ghana	51.23	菲律宾	Philippines	55.26
109	斯威士兰	Swaziland	51.20	莱索托	Lesotho	55.23
110	赞比亚	Zambia	51.10	尼日利亚	Nigeria	55.10
111	萨摩亚	Samoa	50.96	俄罗斯	Russian Federation	54.91
112	加蓬	Gabon	50.88	佛得角	Cape Verde	53.77
113	冈比亚	Gambia	50.68	苏里南	Suriname	53.39
114	柬埔寨	Cambodia	50.32	叙利亚	Syrian	53.10
115	阿尔及利亚	Algeria	50.06	冈比亚	Gambia	52.78
116	越南	Vietnam	49.91	乌干达	Uganda	52.58
117	苏里南	Suriname	49.67	斐济	Fiji	52.01
118	巴布亚新几内亚	Papua New Guinea	49.66	刚果(金)	Congo, Dem. Rep.	51.79
119	安提瓜和巴布达	Antigua and Barbuda	49.65	缅甸	Myanmar	51.74
120	吉布提	Djibouti	49.20	海地	Haiti	51.66
121	科特迪瓦	Cote d'Ivoire	48.76	塞内加尔	Senegal	51.31
122	津巴布韦	Zimbabwe	48.51	马拉维	Malawi	50.82
123	毛里塔尼亚	Mauritania	48.48	巴西	Brazil	50.80
124	莫桑比克	Mozambique	48.36	日本	Japan	50.77
125	叙利亚	Syrian	48.29	也门	Yemen	50.43
126	利比亚	Libya	47.98	中国	China	49.97
127	伯利兹	Belize	47.74	津巴布韦	Zimbabwe	49.54
128	圭亚那	Guyana	47.51	加纳	Ghana	48.83
129	古巴	Cuba	47.09	科特迪瓦	Cote d'Ivoire	48.05
130	帕劳	Palau	46.29	卢旺达	Rwanda	47.82
131	布基纳法索	Burkina Faso	46.20	塔吉克斯坦	Tajikistan	47.20
132	圣露西亚	St. Lucia	46.02	马里	Mali	46.23
133	乌干达	Uganda	46.02	马达加斯加	Madagascar	45.92
134	刚果(布)	Congo, Rep.	45.67	塞拉利昂	Sierra Leone	45.86
135	马拉维	Malawi	45.55	埃及	Egypt	45.69
136	博茨瓦纳	Botswana	45.52	几内亚	Guinea	45.21
137	肯尼亚	Kenya	45.51	尼日尔	Niger	44.70
138	尼日尔	Niger	45.28	巴哈马	Bahamas	44.39
139	马里	Mali	45.23	斯里兰卡	Sri Lanka	43.57
140	几内亚	Guinea	45.19	委内瑞拉	Venezuela	43.27
141	也门	Yemen	45.12	厄瓜多尔	Ecuador	43.21
142	东帝汶	Timor-Leste	44.83	布基纳法索	Burkina Faso	43.19
143	塔吉克斯坦	Tajikistan	44.68	阿尔及利亚	Algeria	42.06
144	卢旺达	Rwanda	44.66	印度	India	41.91
145	佛得角	Cape Verde	44.48	贝宁	Benin	40.62
146	莱索托	Lesotho	43.74	巴基斯坦	Pakistan	40.20
147	贝宁	Benin	43.37	肯尼亚	Kenya	38.09
148	孟加拉国	Bangladesh	42.47	乍得	Chad	37.48
149	马达加斯加	Madagascar	42.47	中非共和国	Central African Republic	37.16
150	阿鲁巴	Aruba	42.27	喀麦隆	Cameroon	36.84

continued

排名 Rank	社会全球化 Social Globalization 国家或地区	Country or Area	数值 Score	政治全球化 Political Globalization 国家或地区	Country or Area	数值 Score
101	马其顿	Macedonia	48.64	也门	Yemen	65.77
102	格陵兰岛	Greenland	48.18	莫桑比克	Mozambique	65.33
103	哥伦比亚	Colombia	47.72	塞拉利昂	Sierra Leone	65.29
104	圣基茨和尼维斯	St. Kitts and Nevis	47.27	以色列	Israel	65.02
105	阿尔巴尼亚	Albania	47.21	毛里塔尼亚	Mauritania	64.96
106	马尔代夫	Maldives	47.05	马拉维	Malawi	64.86
107	南非	South Africa	46.97	纳米比亚	Namibia	64.60
108	圣文森特和格林纳丁斯	St. Vincent and the Grenadines	46.96	乍得	Chad	64.22
109	厄瓜多尔	Ecuador	46.49	古巴	Cuba	64.08
110	尼加拉瓜	Nicaragua	45.21	冈比亚	Gambia, The	63.91
111	巴西	Brazil	44.95	利比里亚	Liberia	63.34
112	牙买加	Jamaica	44.46	塔吉克斯坦	Tajikistan	63.06
113	亚美尼亚	Armenia	44.22	沙特阿拉伯	Saudi Arabia	62.85
114	斯威士兰	Swaziland	43.62	刚果(金)	Congo, Dem. Rep.	62.30
115	多米尼加	Dominica	43.35	柬埔寨	Cambodia	61.64
116	洪都拉斯	Honduras	43.34	巴布亚新几内亚	Papua New Guinea	61.56
117	哈萨克斯坦	Kazakhstan	43.29	几内亚比绍	Guinea-Bissau	61.45
118	秘鲁	Peru	42.80	黎巴嫩	Lebanon	61.31
119	伯利兹	Belize	42.76	巴拿马	Panama	61.24
120	危地马拉	Guatemala	42.23	黑山	Montenegro	61.15
121	突尼斯	Tunisia	42.07	科威特	Kuwait	61.11
122	斯里兰卡	Sri Lanka	40.86	布隆迪	Burundi	60.72
123	吉尔吉斯斯坦	Kyrgyzstan	40.86	阿塞拜疆	Azerbaijan	60.24
124	叙利亚	Syrian	40.83	坦桑尼亚	Tanzania	59.93
125	纳米比亚	Namibia	40.69	哥斯达黎加	Costa Rica	59.45
126	佛得角	Cape Verde	40.65	中非共和国	Central African Republic	59.39
127	菲律宾	Philippines	40.52	尼加拉瓜	Nicaragua	57.66
128	加蓬	Gabon	40.32	拉脱维亚	Latvia	57.65
129	乌兹别克斯坦	Uzbekistan	39.98	伊拉克	Iraq	55.71
130	冈比亚	Gambia	38.99	越南	Vietnam	55.27
131	博茨瓦纳	Botswana	38.04	马耳他	Malta	55.02
132	土库曼斯坦	Turkmenistan	37.50	苏丹	Sudan	54.96
133	圭亚那	Guyana	37.44	阿联酋	United Arab Emirates	54.82
134	阿尔及利亚	Algeria	36.79	冰岛	Iceland	54.63
135	利比亚	Libya	36.52	莱索托	Lesotho	54.57
136	吉布提	Djibouti	36.50	文莱	Brunei Darussalam	54.53
137	巴基斯坦	Pakistan	36.14	哈萨克斯坦	Kazakhstan	53.96
138	玻利维亚	Bolivia	35.94	特立尼达和多巴哥	Trinidadand Tobago	53.81
139	汤加	Tonga	35.14	格林纳达	Grenada	52.67
140	印度尼西亚	Indonesia	34.83	叙利亚	Syrian Arab Republic	52.24
141	古巴	Cuba	34.64	利比亚	Libya	51.81
142	密克罗尼西亚	Micronesia, Fed.	33.64	加蓬	Gabon	51.66
143	伊朗	Iran	33.61	格鲁吉亚	Georgia	49.92
144	瓦努阿图	Vanuatu	32.63	马其顿	Macedonia	49.75
145	不丹	Bhutan	32.52	阿富汗	Afghanistan	49.58
146	圣多美和普林西比	Sao Tome and Principe	31.94	萨摩亚	Samoa	48.36
147	津巴布韦	Zimbabwe	31.94	巴林	Bahrain	48.35
148	越南	Vietnam	30.61	海地	Haiti	47.77
149	科特迪瓦	Cote d'Ivoire	30.59	巴哈马	Bahamas	47.69
150	塞内加尔	Senegal	30.50	安哥拉	Angola	47.30

17-2 续表 3

排名 Rank	全球化指数 Globalization Index 国家或地区	Country or Area	数值 Score	经济全球化 Economic Globalization 国家或地区	Country or Area	数值 Score
151	喀麦隆	Cameroon	42.06	坦桑尼亚	Tanzania	36.64
152	乌兹别克斯坦	Uzbekistan	41.91	阿富汗	Afghanistan	36.33
153	塞拉利昂	Sierra Leone	41.77	几内亚比绍	Guinea-Bissau	35.86
154	伊朗	Iran	41.65	孟加拉国	Bangladesh	35.82
155	新喀里多尼亚	New Caledonia	41.65	阿根廷	Argentina	34.49
156	瓦努阿图	Vanuatu	41.60	苏丹	Sudan	34.39
157	中国澳门	Macao, China	41.35	尼泊尔	Nepal	30.37
158	海地	Haiti	41.21	伊朗	Iran	29.88
159	刚果(金)	Congo, Dem. Rep.	41.12	埃塞俄比亚	Ethiopia	27.20
160	安哥拉	Angola	40.99	布隆迪	Burundi	22.23
161	伊拉克	Iraq	40.70	美属萨摩亚	American Samoa	
162	不丹	Bhutan	40.53	安道尔	Andorra	
163	多米尼克	Dominica	40.25	安提瓜和巴布达岛	Antigua and Barbuda	
164	尼泊尔	Nepal	40.15	阿鲁巴	Aruba	
165	圣文森特和格林纳丁斯	St. Vincent and the Grenadines	40.15	百慕大群岛	Bermuda	
166	利比里亚	Liberia	39.39	开曼群岛	Cayman Islands	
167	圣基茨和尼维斯	St. Kitts and Nevis	38.66	海峡群岛	Channel Islands	
168	几内亚比绍	Guinea-Bissau	38.62	科摩罗	Comoros	
169	马尔代夫	Maldives	38.57	古巴	Cuba	
170	乍得	Chad	38.42	吉布提	Djibouti	
171	埃塞俄比亚	Ethiopia	38.32	多米尼克	Dominica	
172	土库曼斯坦	Turkmenistan	37.31	赤道几内亚	Equatorial Guinea	
173	基里巴斯	Kiribati	37.27	厄立特里亚	Eritrea	
174	坦桑尼亚	Tanzania	36.08	法罗群岛	Faeroe Islands	
175	中非共和国	Central African Republic	35.90	法属波利尼西亚	French Polynesia	
176	百慕大	Bermuda	35.83	格陵兰岛	Greenland	
177	法罗群岛	Faeroe Islands	34.59	格林纳达	Grenada	
178	缅甸	Myanmar	34.42	关岛	Guam	
179	苏丹	Sudan	34.13	伊拉克	Iraq	
180	约旦河西岸和加沙	West Bank and Gaza	33.26	马恩岛	Isle of Man	
181	阿富汗	Afghanistan	32.92	朝鲜	Korea, Dem. Rep.	
182	法属波利尼西亚	French Polynesia	32.51	老挝	Laos	
183	圣多美和普林西比	Sao Tome and Principe	32.25	利比里亚	Liberia	
184	开曼群岛	Cayman Islands	32.18	列支敦士登	Liechtenstein	
185	布隆迪	Burundi	31.87	中国澳门	Macao, China	
186	汤加	Tonga	31.12	马尔代夫	Maldives	
187	科摩罗	Comoros	30.71	马绍尔群岛	Marshall Islands	
188	老挝	Laos	30.38	密克罗尼西亚	Micronesia, Fed.	
189	密克罗尼西亚	Micronesia, Fed.	27.99	摩纳哥	Monaco	
190	赤道几内亚	Equatorial Guinea	27.22	荷属安的列斯群岛	Netherlands Antilles	
191	厄立特里亚	Eritrea	26.47	新喀里多尼亚	New Caledonia	
192	所罗门群岛	Solomon Islands	25.10	北马里亚纳群岛	Northern Mariana Islands	
193	安道尔	Andorra		帕劳	Palau	
194	荷属安的列斯群岛	Netherlands Antilles		波多黎各	Puerto Rico	
195	美属萨摩亚	American Samoa		萨摩亚	Samoa	
196	海峡群岛	Channel Islands		圣马力诺	San Marino	
197	格陵兰岛	Greenland		圣多美和普林西比	Sao Tome and Principe	
198	关岛	Guan		所罗门	Soloman	
199	马恩岛	Isle of Man		索马里	Somalia	
200	列支敦士登	Liechtenstein		圣基茨和尼维斯	St. Kitts and Nevis	

continued

排名 Rank	社会全球化 Social Globalization			政治全球化 Political Globalization		
	国家或地区	Country or Area	数值 Score	国家或地区	Country or Area	数值 Score
151	印度	India	30.45	阿曼	Oman	45.79
152	多哥	Togo	29.87	圭亚那	Guyana	45.19
153	伊拉克	Iraq	29.71	毛里求斯	Mauritius	44.85
154	基里巴斯	Kiribati	29.03	乌兹别克斯坦	Uzbekistan	44.54
155	加纳	Ghana	29.00	东帝汶	Timor-Leste	44.06
156	塔吉克斯坦	Tajikistan	28.82	伯利兹	Belize	43.60
157	蒙古	Mongolia	28.45	刚果(布)	Congo, Rep.	42.49
158	柬埔寨	Cambodia	28.02	巴巴多斯	Barbados	40.69
159	科摩罗	Comoros	27.80	博茨瓦纳	Botswana	40.56
160	布基纳法索	Burkina Faso	27.17	帕劳	Palau	39.33
161	赞比亚	Zambia	26.99	塞舌尔	Seychelles	38.71
162	莫桑比克	Mozambique	26.75	老挝	Laos	38.60
163	海地	Haiti	26.48	圣卢西亚	St. Lucia	38.43
164	东帝汶	Timor-Leste	26.44	苏里南	Suriname	37.69
165	马拉维	Malawi	26.38	佛得角	Cape Verde	37.64
166	尼泊尔	Nepal	26.36	缅甸	Myanmar	37.42
167	刚果(布)	Congo, Rep.	25.35	斯威士兰	Swaziland	37.16
168	肯尼亚	Kenya	25.14	土库曼斯坦	Turkmenistan	37.05
169	喀麦隆	Cameroon	24.97	多米尼克	Dominica	36.02
170	也门	Yemen	24.95	安提瓜和巴布达岛	Antigua and Barbuda	35.62
171	莱索托	Lesotho	24.88	圣马力诺	San Marino	35.27
172	几内亚比绍	Guinea-Bissau	24.51	科摩罗	Comoros	34.69
173	老挝	Laos	24.35	摩纳哥	Monaco	32.71
174	尼日尔	Niger	24.35	圣多美和普林西比	Sao Tome and Principe	32.66
175	几内亚	Guinea	23.97	赤道几内亚	Equatorial Guinea	32.47
176	孟加拉国	Bangladesh	23.92	圣文森特和格林纳丁斯	St. Vincent and the Grendines	30.85
177	所罗门群岛	Solomon Islands	23.85	厄立特里亚	Eritrea	30.15
178	厄立特里亚	Eritrea	23.78	瓦努阿图	Vanuatu	29.38
179	赤道几内亚	Equatorial Guinea	23.38	安道尔	Andorra	29.34
180	贝宁	Benin	23.29	列支敦士登	Liechtenstein	29.05
181	卢旺达	Rwanda	22.70	索马里	Somalia	27.94
182	安哥拉	Angola	22.49	马尔代夫	Maldives	27.00
183	毛里塔尼亚	Mauritania	22.36	圣基茨和尼维斯	St. Kitts and Nevis	26.92
184	马里	Mali	21.97	所罗门群岛	Solomon Islands	26.80
185	乌干达	Uganda	21.89	朝鲜	Korea, Dem.Rep.	26.23
186	利比里亚	Liberia	21.85	汤加	Tonga	25.64
187	巴布亚新几内亚	Papua New Guinea	21.59	不丹	Bhutan	22.46
188	尼日利亚	Nigeria	21.54	基里巴斯	Kiribati	20.57
189	马达加斯加	Madagascar	21.36	美属萨摩亚	American Samoa	20.33
190	塞拉利昂	Sierra Leone	20.64	密克罗尼西亚	Micronesia, Fed.	20.28
191	乍得	Chad	20.40	马绍尔群岛	Marshall Islands	18.23
192	布隆迪	Burundi	19.90	约旦河西岸和加沙	West Bank and Gaza	6.72
193	苏丹	Sudan	18.63	荷属安的列斯群岛	Netherlands Antilles	5.55
194	坦桑尼亚	Tanzania	18.07	中国澳门	Macao, China	4.54
195	索马里	Somalia	18.04	阿鲁巴	Aruba	4.27
196	中非共和国	Central African Republic	17.50	百慕大群岛	Bermuda	4.00
197	阿富汗	Afghanistan	17.46	开曼群岛	Cayman Islands	3.18
198	埃塞俄比亚	Ethiopia	16.11	法罗群岛	Faeroe Islands	3.18
199	缅甸	Myanmar	15.77	波多黎各	Puerto Rico	3.18
200	刚果(金)	Congo, Dem. Rep.	15.46	法属波利尼西亚	French Polynesia	2.63

17-3 世界主要国家和地区全球竞争力指数排名(2015年)
The Ranking of the Global Competitiveness Index in 2015

资料来源：世界经济论坛《全球竞争力报告2015-2016》。
Source: World Economic Forum The Global Competitiveness Report 2015-2016.

国家或地区	Country or Area	总指数 Overall Index		分类指数 Subindexes					
				基础设施 Basic Requirements		效率增强 Efficiency Enhancers		创新与成熟度 Innovation and Sophistication Factors	
		排名 Rank	数值 Score	排名 Rank	数值 Score	排名 Rank	数值 Score	排名 Rank	数值 Score
瑞士	Switzerland	1	5.76	2	6.26	4	5.55	1	5.78
新加坡	Singapore	2	5.68	1	6.36	2	5.70	11	5.19
美国	United States	3	5.61	30	5.27	1	5.76	4	5.59
德国	Germany	4	5.53	8	5.95	10	5.31	3	5.61
荷兰	Netherlands	5	5.50	7	6.05	9	5.31	6	5.46
日本	Japan	6	5.47	24	5.52	8	5.33	2	5.66
中国香港	Hong Kong，China	7	5.46	3	6.20	3	5.57	23	4.80
芬兰	Finland	8	5.45	11	5.95	13	5.22	5	5.50
瑞典	Sweden	9	5.43	13	5.90	12	5.24	7	5.45
英国	United Kingdom	10	5.43	25	5.52	5	5.49	9	5.28
挪威	Norway	11	5.41	6	6.06	11	5.29	13	5.16
丹麦	Denmark	12	5.33	12	5.91	16	5.15	10	5.25
加拿大	Canada	13	5.31	16	5.77	6	5.45	24	4.77
卡塔尔	Qatar	14	5.30	5	6.13	21	5.05	12	5.18
中国台湾	Taiwan, China	15	5.28	14	5.84	15	5.19	16	5.06
新西兰	New Zealand	16	5.25	9	5.95	7	5.33	25	4.66
阿联酋	United Arab Emirates	17	5.24	4	6.17	17	5.11	21	4.83
马来西亚	Malaysia	18	5.23	22	5.59	22	5.01	17	5.05
比利时	Belgium	19	5.20	23	5.56	18	5.09	15	5.14
卢森堡	Luxembourg	20	5.20	10	5.95	23	5.00	18	5.04
澳大利亚	Australia	21	5.15	15	5.79	14	5.21	26	4.61
法国	France	22	5.13	26	5.48	19	5.08	20	4.97
奥地利	Austria	23	5.12	20	5.61	24	4.89	14	5.16
爱尔兰	Ireland	24	5.11	27	5.46	20	5.06	19	4.98
沙特阿拉伯	Saudi Arabia	25	5.07	17	5.70	30	4.69	29	4.18
韩国	Korea, Rep.	26	4.99	18	5.66	25	4.82	22	4.82
以色列	Israel	27	4.98	38	5.10	27	4.75	8	5.29
中国	China	28	4.89	28	5.37	32	4.66	34	4.11
冰岛	Iceland	29	4.83	19	5.66	33	4.65	27	4.58
爱沙尼亚	Estonia	30	4.74	21	5.60	28	4.74	31	4.15
捷克	Czech Republic	31	4.69	31	5.27	26	4.78	32	4.14
泰国	Thailand	32	4.64	42	4.94	38	4.56	48	3.88
西班牙	Spain	33	4.59	40	5.04	29	4.71	35	4.09
科威特	Kuwait	34	4.59	33	5.18	72	4.03	82	3.48

17-3 续表 1 continued

国家或地区	Country or Area	总指数 Overall Index		分类指数 Subindexes 基础设施 Basic Requirements		效率增强 Efficiency Enhancers		创新与成熟度 Innovation and Sophistication Factors	
		排名 Rank	数值 Score	排名 Rank	数值 Score	排名 Rank	数值 Score	排名 Rank	数值 Score
智利	Chile	35	4.58	36	5.12	31	4.67	50	3.81
立陶宛	Lithuania	36	4.55	35	5.14	36	4.59	37	4.02
印度尼西亚	Indonesia	37	4.52	49	4.84	46	4.34	33	4.14
葡萄牙	Portugal	38	4.52	41	4.94	37	4.56	30	4.16
巴林	Bahrain	39	4.52	32	5.21	35	4.60	43	3.92
阿塞拜疆	Azerbaijan	40	4.50	43	4.92	69	4.05	66	3.59
波兰	Poland	41	4.49	44	4.91	34	4.64	57	3.70
哈萨克斯坦	Kazakhstan	42	4.48	46	4.87	45	4.36	78	3.53
意大利	Italy	43	4.46	53	4.80	43	4.39	28	4.35
拉脱维亚	Latvia	44	4.45	37	5.10	39	4.56	58	3.69
俄罗斯	Russian Federation	45	4.44	47	4.87	40	4.53	76	3.54
毛里求斯	Mauritius	46	4.43	39	5.04	61	4.17	51	3.79
菲律宾	Philippines	47	4.39	66	4.60	51	4.30	47	3.88
马耳他	Malta	48	4.39	34	5.17	42	4.39	49	3.86
南非	South Africa	49	4.39	85	4.32	41	4.51	36	4.06
巴拿马	Panama	50	4.38	54	4.74	52	4.29	44	3.91
土耳其	Turkey	51	4.37	57	4.68	48	4.33	56	3.71
哥斯达黎加	Costa Rica	52	4.33	64	4.63	57	4.20	38	4.01
罗马尼亚	Romania	53	4.32	70	4.55	44	4.37	84	3.48
保加利亚	Bulgaria	54	4.32	68	4.57	50	4.31	94	3.37
印度	India	55	4.31	80	4.41	58	4.19	46	3.90
越南	Vietnam	56	4.30	72	4.54	70	4.04	88	3.44
墨西哥	Mexico	57	4.29	73	4.53	53	4.27	52	3.78
卢旺达	Rwanda	58	4.29	65	4.60	85	3.84	55	3.74
斯洛文尼亚	Slovenia	59	4.28	45	4.90	56	4.21	39	3.99
马其顿	Macedonia, FYR	60	4.28	60	4.65	64	4.11	62	3.62
哥伦比亚	Colombia	61	4.28	77	4.46	54	4.26	61	3.65
阿曼	Oman	62	4.25	29	5.33	63	4.13	85	3.45
匈牙利	Hungary	63	4.25	59	4.67	49	4.31	69	3.57
约旦	Jordan	64	4.23	75	4.48	67	4.09	40	3.99
塞浦路斯	Cyprus	65	4.23	50	4.83	59	4.18	45	3.91
格鲁吉亚	Georgia	66	4.22	51	4.83	77	3.96	118	3.10
斯洛伐克	Slovakia	67	4.22	56	4.73	47	4.34	59	3.68
斯里兰卡	Sri Lanka	68	4.21	67	4.60	76	3.96	41	3.95
秘鲁	Peru	69	4.21	76	4.48	60	4.18	106	3.28
黑山	Montenegro	70	4.20	58	4.67	75	3.97	86	3.45

17-3 续表 2 continued

国家或地区	Country or Area	总指数 Overall Index		分类指数 Subindexes 基础设施 Basic Requirements		效率增强 Efficiency Enhancers		创新与成熟度 Innovation and Sophistication Factors	
		排名 Rank	数值 Score	排名 Rank	数值 Score	排名 Rank	数值 Score	排名 Rank	数值 Score
博茨瓦纳	Botswana	71	4.19	61	4.65	91	3.77	111	3.26
摩洛哥	Morocco	72	4.16	55	4.73	82	3.86	92	3.42
乌拉圭	Uruguay	73	4.09	48	4.85	66	4.09	83	3.48
伊朗	Iran	74	4.09	63	4.64	90	3.77	102	3.33
巴西	Brazil	75	4.08	103	4.07	55	4.23	64	3.62
厄瓜多尔	Ecuador	76	4.07	71	4.54	86	3.82	87	3.44
克罗地亚	Croatia	77	4.07	69	4.56	68	4.05	90	3.43
危地马拉	Guatemala	78	4.05	91	4.23	74	3.99	60	3.67
乌克兰	Ukraine	79	4.03	101	4.08	65	4.09	72	3.55
塔吉克斯坦	Tajikistan	80	4.03	84	4.32	104	3.60	71	3.56
希腊	Greece	81	4.02	74	4.49	62	4.13	77	3.54
亚美尼亚	Armenia	82	4.01	81	4.39	84	3.84	101	3.33
老挝	Laos	83	4.00	86	4.30	106	3.58	103	3.32
摩尔多瓦	Moldova	84	4.00	89	4.28	94	3.76	128	2.93
纳米比亚	Namibia	85	3.99	79	4.43	97	3.72	79	3.52
牙买加	Jamaica	86	3.97	94	4.16	79	3.89	63	3.62
阿尔及利亚	Algeria	87	3.97	82	4.37	117	3.44	124	3.02
洪都拉斯	Honduras	88	3.95	98	4.12	93	3.76	53	3.75
特立尼达和多巴哥	Trinidad and Tobago	89	3.94	62	4.65	78	3.93	81	3.49
柬埔寨	Cambodia	90	3.94	93	4.19	101	3.63	121	3.05
科特迪瓦	Côte d'Ivoire	91	3.93	102	4.08	96	3.74	73	3.55
突尼斯	Tunisia	92	3.93	78	4.43	98	3.65	110	3.26
阿尔巴尼亚	Albania	93	3.93	87	4.29	89	3.78	115	3.21
塞尔维亚	Serbia	94	3.89	96	4.15	83	3.85	125	3.02
萨尔瓦多	El Salvador	95	3.87	88	4.28	102	3.62	80	3.51
赞比亚	Zambia	96	3.87	110	3.92	87	3.81	68	3.58
塞舌尔	Seychelles	97	3.86	52	4.80	108	3.54	70	3.57
多米尼加	Dominican Republic	98	3.86	100	4.10	92	3.76	97	3.36
肯尼亚	Kenya	99	3.85	116	3.76	73	3.99	42	3.93
尼泊尔	Nepal	100	3.85	97	4.14	111	3.48	127	2.99
黎巴嫩	Lebanon	101	3.84	121	3.70	71	4.03	67	3.58
吉尔吉斯斯坦	Kyrgyzstan	102	3.83	106	4.01	99	3.65	122	3.04
加蓬	Gabon	103	3.83	83	4.34	123	3.35	129	2.92
蒙古	Mongolia	104	3.81	112	3.84	80	3.88	107	3.28
不丹	Bhutan	105	3.80	90	4.25	116	3.45	105	3.29
阿根廷	Argentina	106	3.79	104	4.07	88	3.80	99	3.36
孟加拉国	Bangladesh	107	3.76	109	3.93	105	3.58	123	3.04
尼加拉瓜	Nicaragua	108	3.75	99	4.11	124	3.28	133	2.77
埃塞俄比亚	Ethiopia	109	3.74	108	3.95	114	3.45	95	3.37

17–3 续表 3 continued

国家或地区	Country or Area	总指数 Overall Index		分类指数 Subindexes					
				基础设施 Basic Requirements		效率增强 Efficiency Enhancers		创新与成熟度 Innovation and Sophistication Factors	
		排名 Rank	数值 Score	排名 Rank	数值 Score	排名 Rank	数值 Score	排名 Rank	数值 Score
塞内加尔	Senegal	110	3.73	114	3.80	103	3.61	54	3.75
波黑	Bosnia and Herzegovina	111	3.71	95	4.15	112	3.48	120	3.05
佛得角	Cape Verde	112	3.70	92	4.22	122	3.37	104	3.30
莱索托	Lesotho	113	3.70	105	4.02	130	3.19	91	3.43
喀麦隆	Cameroon	114	3.69	113	3.83	113	3.48	93	3.40
乌干达	Uganda	115	3.66	117	3.76	109	3.54	100	3.35
埃及	Egypt	116	3.66	115	3.79	100	3.64	113	3.23
玻利维亚	Bolivia	117	3.60	107	3.98	121	3.39	117	3.16
巴拉圭	Paraguay	118	3.60	111	3.84	110	3.53	131	2.90
加纳	Ghana	119	3.58	127	3.48	95	3.76	65	3.60
坦桑尼亚	Tanzania	120	3.57	123	3.69	120	3.41	112	3.23
圭亚那	Guyana	121	3.56	122	3.69	115	3.45	74	3.54
贝宁	Benin	122	3.55	118	3.73	125	3.27	96	3.37
冈比亚	Gambia	123	3.48	126	3.51	118	3.44	75	3.54
尼日利亚	Nigeria	124	3.46	136	3.19	81	3.87	114	3.22
津巴布韦	Zimbabwe	125	3.45	120	3.70	134	3.11	130	2.90
巴基斯坦	Pakistan	126	3.45	131	3.37	107	3.57	89	3.44
马里	Mali	127	3.44	124	3.56	126	3.27	109	3.27
斯威士兰	Swaziland	128	3.40	119	3.71	128	3.24	126	3.02
利比里亚	Liberia	129	3.37	125	3.51	133	3.12	98	3.36
马达加斯加	Madagascar	130	3.32	130	3.40	129	3.21	116	3.20
缅甸	Myanmar	131	3.32	128	3.45	131	3.17	134	2.71
委内瑞拉	Venezuela	132	3.30	133	3.28	119	3.43	135	2.71
莫桑比克	Mozambique	133	3.20	135	3.22	132	3.16	108	3.28
海地	Haiti	134	3.18	132	3.29	135	3.07	139	2.54
马拉维	Malawi	135	3.15	138	3.11	127	3.24	119	3.05
布隆迪	Burundi	136	3.11	129	3.43	140	2.62	136	2.68
塞拉利昂	Sierra Leone	137	3.06	137	3.13	136	2.98	132	2.82
毛里塔尼亚	Mauritania	138	3.03	134	3.26	139	2.72	140	2.47
乍得	Chad	139	2.96	139	3.08	138	2.82	137	2.59
几内亚	Guinea	140	2.84	140	2.84	137	2.88	138	2.55

17-4 世界主要国家和地区信息化发展指数(IDI)排名(2014年)

资料来源：国际电信联盟《衡量信息社会发展2015》。
Source: International Telecommunication Union - Mesuring the Information Society 2015.

排名 Rank	总指数 IDI			接入 Access		
	国家或地区	Country or Area	数值 Score	国家或地区	Country or Area	数值 Score
1	韩国	Korea Rep.	8.93	卢森堡	Luxembourg	9.49
2	丹麦	Denmark	8.88	冰岛	Iceland	9.37
3	冰岛	Iceland	8.86	中国香港	Hong Kong, China	9.32
4	英国	United Kingdom	8.75	英国	United Kingdom	9.24
5	瑞典	Sweden	8.67	德国	Germany	9.22
6	卢森堡	Luxembourg	8.59	瑞士	Switzerland	9.20
7	瑞士	Switzerland	8.56	马耳他	Malta	9.04
8	荷兰	Netherlands	8.53	荷兰	Netherlands	9.04
9	中国香港	Hong Kong, China	8.52	韩国	Korea Rep.	9.00
10	挪威	Norway	8.49	瑞典	Sweden	8.90
11	日本	Japan	8.47	日本	Japan	8.85
12	芬兰	Finland	8.36	法国	France	8.77
13	澳大利亚	Australia	8.29	丹麦	Denmark	8.72
14	德国	Germany	8.22	新加坡	Singapore	8.64
15	美国	United States	8.19	比利时	Belgium	8.45
16	新西兰	New Zealand	8.14	澳大利亚	Australia	8.37
17	法国	France	8.12	挪威	Norway	8.24
18	摩纳哥	Monaco	8.10	爱尔兰	Ireland	8.24
19	新加坡	Singapore	8.08	摩纳哥	Monaco	8.23
20	爱沙尼亚	Estonia	8.05	奥地利	Austria	8.21
21	比利时	Belgium	7.88	卡塔尔	Qatar	8.13
22	爱尔兰	Ireland	7.82	加拿大	Canada	8.13
23	加拿大	Canada	7.76	新西兰	New Zealand	8.08
24	中国澳门	Macao, China	7.73	巴巴多斯	Barbados	8.04
25	奥地利	Austria	7.67	以色列	Israel	7.98
26	西班牙	Spain	7.66	斯洛文尼亚	Slovenia	7.94
27	巴林	Bahrain	7.63	安道尔	Andorra	7.89
28	安道尔	Andorra	7.60	爱沙尼亚	Estonia	7.86
29	巴巴多斯	Barbados	7.57	阿联酋	United Arab Emirates	7.86
30	马耳他	Malta	7.52	中国澳门	Macao, China	7.85
31	卡塔尔	Qatar	7.44	美国	United States	7.82
32	阿联酋	United Arab Emirates	7.32	芬兰	Finland	7.81
33	斯洛文尼亚	Slovenia	7.23	西班牙	Spain	7.80
34	捷克	Czech Republic	7.21	巴林	Bahrain	7.79
35	以色列	Israel	7.19	葡萄牙	Portugal	7.77
36	白俄罗斯	Belarus	7.18	意大利	Italy	7.71
37	拉脱维亚	Latvia	7.16	希腊	Greece	7.71
38	意大利	Italy	7.12	白俄罗斯	Belarus	7.68
39	希腊	Greece	7.09	匈牙利	Hungary	7.54
40	立陶宛	Lithuania	7.08	圣基茨和尼维斯	St. Kitts and Nevis	7.47

The Ranking of Information Communication Technology Development Index(IDI)in 2014

排名 Rank	使用 Use 国家或地区	Country or Area	数值 Score	技术 Skill 国家或地区	Country or Area	数值 Score
1	丹麦	Denmark	8.83	希腊	Greece	9.92
2	挪威	Norway	8.43	韩国	Korea Rep.	9.82
3	英国	United Kingdom	8.42	芬兰	Finland	9.76
4	韩国	Korea Rep.	8.42	白俄罗斯	Belarus	9.75
5	卢森堡	Luxembourg	8.34	美国	United States	9.57
6	瑞典	Sweden	8.32	澳大利亚	Australia	9.51
7	芬兰	Finland	8.21	斯洛文尼亚	Slovenia	9.44
8	冰岛	Iceland	8.11	西班牙	Spain	9.42
9	瑞士	Switzerland	8.01	安道尔	Andorra	9.42
10	日本	Japan	7.98	冰岛	Iceland	9.35
11	美国	United States	7.86	新西兰	New Zealand	9.29
12	摩纳哥	Monaco	7.78	丹麦	Denmark	9.29
13	荷兰	Netherlands	7.69	阿根廷	Argentina	9.28
14	爱沙尼亚	Estonia	7.66	乌克兰	Ukraine	9.25
15	新西兰	New Zealand	7.63	爱沙尼亚	Estonia	9.22
16	新加坡	Singapore	7.61	荷兰	Netherlands	9.21
17	澳大利亚	Australia	7.58	立陶宛	Lithuania	9.13
18	巴林	Bahrain	7.56	挪威	Norway	9.10
19	中国香港	Hong Kong, China	7.55	俄罗斯	Russian Federation	9.04
20	法国	France	7.23	波兰	Poland	9.02
21	中国澳门	Macao, China	7.22	比利时	Belgium	8.99
22	阿联酋	United Arab Emirates	6.99	奥地利	Austria	8.97
23	德国	Germany	6.98	爱尔兰	Ireland	8.93
24	卡塔尔	Qatar	6.93	瑞典	Sweden	8.91
25	爱尔兰	Ireland	6.85	委内瑞拉	Venezuela	8.91
26	加拿大	Canada	6.84	以色列	Israel	8.86
27	比利时	Belgium	6.76	加拿大	Canada	8.85
28	西班牙	Spain	6.62	中国香港	Hong Kong, China	8.84
29	巴巴多斯	Barbados	6.55	葡萄牙	Portugal	8.82
30	奥地利	Austria	6.47	拉脱维亚	Latvia	8.76
31	安道尔	Andorra	6.41	智利	Chile	8.70
32	拉脱维亚	Latvia	6.29	意大利	Italy	8.69
33	捷克	Czech Republic	6.29	德国	Germany	8.69
34	立陶宛	Lithuania	6.10	蒙古	Mongolia	8.69
35	马耳他	Malta	6.05	日本	Japan	8.68
36	科威特	Kuwait	6.03	巴巴多斯	Barbados	8.66
37	沙特阿拉伯	Saudi Arabia	6.00	捷克	Czech Republic	8.66
38	斯洛伐克	Slovakia	5.86	克罗地亚	Croatia	8.64
39	克罗地亚	Croatia	5.85	匈牙利	Hungary	8.62
40	意大利	Italy	5.74	法国	France	8.58

17-4 续表 1

排名 Rank	总指数 IDI 国家或地区	Country or Area	数值 Score	接入 Access 国家或地区	Country or Area	数值 Score
41	沙特阿拉伯	Saudi Arabia	7.05	沙特阿拉伯	Saudi Arabia	7.42
42	克罗地亚	Croatia	7.00	捷克	Czech Republic	7.41
43	葡萄牙	Portugal	6.93	克罗地亚	Croatia	7.33
44	波兰	Poland	6.91	科威特	Kuwait	7.31
45	俄罗斯	Russian Federation	6.91	塞尔维亚	Serbia	7.28
46	科威特	Kuwait	6.83	文莱	Brunei Darussalam	7.25
47	斯洛伐克	Slovakia	6.82	阿曼	Oman	7.24
48	匈牙利	Hungary	6.82	俄罗斯	Russian Federation	7.24
49	乌拉圭	Uruguay	6.70	拉脱维亚	Latvia	7.23
50	保加利亚	Bulgaria	6.52	乌拉圭	Uruguay	7.15
51	塞尔维亚	Serbia	6.45	波兰	Poland	7.15
52	阿根廷	Argentina	6.40	安提瓜和巴布达岛	Antigua and Barbuda	7.05
53	塞浦路斯	Cyprus	6.37	斯洛伐克	Slovakia	7.04
54	阿曼	Oman	6.33	立陶宛	Lithuania	7.04
55	智利	Chile	6.31	塞浦路斯	Cyprus	7.04
56	黎巴嫩	Lebanon	6.29	哈萨克斯坦	Kazakhstan	6.92
57	哥斯达黎加	Costa Rica	6.20	保加利亚	Bulgaria	6.85
58	哈萨克斯坦	Kazakhstan	6.20	圣文森特和格林纳丁斯	St. Vincent and the Grenadines	6.76
59	罗马尼亚	Romania	6.11	马其顿	Macedonia	6.75
60	马其顿	Macedonia	6.07	黑山	Montenegro	6.74
61	巴西	Brazil	6.03	摩尔多瓦	Moldova	6.70
62	安提瓜和巴布达	Antigua and Barbuda	5.93	罗马尼亚	Romania	6.69
63	圣基茨和尼维斯	St. Kitts and Nevis	5.92	马来西亚	Malaysia	6.61
64	马来西亚	Malaysia	5.90	阿根廷	Argentina	6.60
65	黑山	Montenegro	5.90	塞舌尔	Seychelles	6.59
66	摩尔多瓦	Moldova	5.81	黎巴嫩	Lebanon	6.57
67	阿塞拜疆	Azerbaijan	5.79	特立尼达和多巴哥	Trinidad and Tobago	6.56
68	圣文森特和格林纳丁斯	St. Vincent and the Grenadines	5.69	智利	Chile	6.55
69	土耳其	Turkey	5.58	毛里求斯	Mauritius	6.48
70	特立尼达和多巴哥	Trinidad and Tobago	5.57	哥斯达黎加	Costa Rica	6.30
71	文莱	Brunei Darussalam	5.53	巴西	Brazil	6.28
72	委内瑞拉	Venezuela	5.48	乌克兰	Ukraine	6.27
73	毛里求斯	Mauritius	5.41	格鲁吉亚	Georgia	6.20
74	泰国	Thailand	5.36	格林纳达	Grenada	6.14
75	哥伦比亚	Colombia	5.32	阿塞拜疆	Azerbaijan	6.11
76	亚美尼亚	Armenia	5.32	亚美尼亚	Armenia	6.08
77	波黑	Bosnia and Herzegovina	5.28	马尔代夫	Maldives	6.03
78	格鲁吉亚	Georgia	5.25	多米尼加	Dominica	6.01
79	乌克兰	Ukraine	5.23	土耳其	Turkey	6.00
80	多米尼克	Dominica	5.12	伊朗	Iran	5.97
81	马尔代夫	Maldives	5.08	巴拿马	Panama	5.72
82	中国	China	5.05	波黑	Bosnia and Herzegovina	5.71

continued

排名 Rank	使用 Use			技术 Skill		
	国家或地区	Country or Area	数值 Score	国家或地区	Country or Area	数值 Score
41	波兰	Poland	5.62	中国澳门	Macao, China	8.49
42	以色列	Israel	5.57	保加利亚	Bulgaria	8.47
43	黎巴嫩	Lebanon	5.54	摩纳哥	Monaco	8.46
44	俄罗斯	Russian Federation	5.52	英国	United Kingdom	8.42
45	斯洛文尼亚	Slovenia	5.42	沙特阿拉伯	Saudi Arabia	8.41
46	乌拉圭	Uruguay	5.41	乌拉圭	Uruguay	8.40
47	白俄罗斯	Belarus	5.40	格林纳达	Grenada	8.39
48	保加利亚	Bulgaria	5.22	瑞士	Switzerland	8.35
49	匈牙利	Hungary	5.19	土耳其	Turkey	8.35
50	巴西	Brazil	5.16	塞尔维亚	Serbia	8.30
51	葡萄牙	Portugal	5.14	斯洛伐克	Slovakia	8.28
52	哥斯达黎加	Costa Rica	5.12	罗马尼亚	Romania	8.18
53	希腊	Greece	5.05	哥斯达黎加	Costa Rica	8.18
54	阿曼	Oman	5.05	黑山	Montenegro	8.17
55	塞浦路斯	Cyprus	4.89	哈萨克斯坦	Kazakhstan	8.07
56	智利	Chile	4.88	亚美尼亚	Armenia	8.06
57	阿根廷	Argentina	4.76	塞浦路斯	Cyprus	8.01
58	马来西亚	Malaysia	4.76	古巴	Cuba	7.99
59	马其顿	Macedonia	4.76	新加坡	Singapore	7.93
60	阿塞拜疆	Azerbaijan	4.70	哥伦比亚	Colombia	7.87
61	塞尔维亚	Serbia	4.69	阿尔巴尼亚	Albania	7.85
62	哈萨克斯坦	Kazakhstan	4.54	吉尔吉斯斯坦	Kyrgyzstan	7.85
63	罗马尼亚	Romania	4.48	厄瓜多尔	Ecuador	7.83
64	泰国	Thailand	4.28	泰国	Thailand	7.83
65	苏里南	Suriname	4.20	格鲁吉亚	Georgia	7.76
66	特立尼达和多巴哥	Trinidad and Tobago	4.08	秘鲁	Peru	7.70
67	安提瓜和巴布达岛	Antigua and Barbuda	4.07	约旦	Jordan	7.66
68	摩尔多瓦	Moldova	4.02	摩尔多瓦	Moldova	7.63
69	黑山	Montenegro	3.91	伊朗	Iran	7.61
70	圣文森特和格林纳丁斯	St.Vincent and the Grenadines	3.86	毛里求斯	Mauritius	7.59
71	中国	China	3.84	波黑	Bosnia and Herzegovina	7.52
72	哥伦比亚	Colombia	3.83	科威特	Kuwait	7.49
73	委内瑞拉	Venezuela	3.80	巴林	Bahrain	7.49
74	土耳其	Turkey	3.77	安提瓜和巴布达岛	Antigua and Barbuda	7.41
75	波黑	Bosnia and Herzegovina	3.74	马耳他	Malta	7.40
76	圣基茨和尼维斯	St. Kitts and Nevis	3.71	文莱	Brunei Darussalam	7.34
77	马尔代夫	Maldives	3.59	阿塞拜疆	Azerbaijan	7.34
78	圣卢西亚	St. Lucia	3.55	多米尼克	Dominica	7.33
79	菲律宾	Philippines	3.55	马其顿	Macedonia	7.30
80	吉尔吉斯斯坦	Kyrgyzstan	3.46	卢森堡	Luxembourg	7.29
81	阿尔巴尼亚	Albania	3.40	巴西	Brazil	7.27
82	墨西哥	Mexico	3.37	圣文森特和格林纳丁斯	St.Vincent and the Grenadines	7.24

17-4 续表 2

排名 Rank	总指数 IDI 国家或地区	Country or Area	数值 Score	接入 Access 国家或地区	Country or Area	数值 Score
83	格林纳达	Grenada	5.05	约旦	Jordan	5.69
84	蒙古	Mongolia	5.00	摩洛哥	Morocco	5.65
85	苏里南	Suriname	4.99	圣卢西亚	St. Lucia	5.55
86	圣卢西亚	St. Lucia	4.98	哥伦比亚	Colombia	5.54
87	塞舌尔	Seychelles	4.96	委内瑞拉	Venezuela	5.44
88	南非	South Africa	4.90	南非	South Africa	5.31
89	巴拿马	Panama	4.87	中国	China	5.25
90	厄瓜多尔	Ecuador	4.81	苏里南	Suriname	5.22
91	伊朗	Iran	4.79	厄瓜多尔	Ecuador	5.21
92	约旦	Jordan	4.75	泰国	Thailand	5.20
93	突尼斯	Tunisia	4.73	埃及	Egypt	5.12
94	阿尔巴尼亚	Albania	4.73	萨尔瓦多	El Salvador	5.04
95	墨西哥	Mexico	4.68	突尼斯	Tunisia	5.00
96	佛得角	Cape Verde	4.62	蒙古	Mongolia	4.97
97	吉尔吉斯斯坦	Kyrgyzstan	4.62	佛得角	Cape Verde	4.90
98	菲律宾	Philippines	4.57	墨西哥	Mexico	4.84
99	摩洛哥	Morocco	4.47	叙利亚	Syria	4.76
100	埃及	Egypt	4.40	秘鲁	Peru	4.68
101	斐济	Fiji	4.33	斐济	Fiji	4.63
102	越南	Viet Nam	4.28	印度尼西亚	Indonesia	4.60
103	多米尼加	Dominican Rep.	4.26	牙买加	Jamaica	4.57
104	秘鲁	Peru	4.26	加纳	Ghana	4.51
105	牙买加	Jamaica	4.23	阿尔巴尼亚	Albania	4.50
106	萨尔瓦多	El Salvador	4.20	巴拉圭	Paraguay	4.44
107	玻利维亚	Bolivia	4.08	越南	Viet Nam	4.43
108	印度尼西亚	Indonesia	3.94	菲律宾	Philippines	4.39
109	加纳	Ghana	3.90	玻利维亚	Bolivia	4.31
110	汤加	Tonga	3.82	阿尔及利亚	Algeria	4.27
111	博茨瓦纳	Botswana	3.82	博茨瓦纳	Botswana	4.22
112	巴拉圭	Paraguay	3.79	汤加	Tonga	4.20
113	阿尔及利亚	Algeria	3.71	圭亚那	Guyana	4.20
114	圭亚那	Guyana	3.65	斯里兰卡	Sri Lanka	4.17
115	斯里兰卡	Sri Lanka	3.64	危地马拉	Guatemala	4.16
116	伯利兹	Belize	3.56	吉尔吉斯斯坦	Kyrgyzstan	4.16
117	叙利亚	Syria	3.48	纳米比亚	Namibia	4.14
118	纳米比亚	Namibia	3.41	多米尼加	Dominican Rep.	4.12
119	不丹	Bhutan	3.35	洪都拉斯	Honduras	4.05
120	洪都拉斯	Honduras	3.33	尼加拉瓜	Nicaragua	4.01
121	危地马拉	Guatemala	3.26	加蓬	Gabon	3.91
122	萨摩亚	Samoa	3.11	冈比亚	Gambia	3.78
123	尼加拉瓜	Nicaragua	3.04	柬埔寨	Cambodia	3.77
124	肯尼亚	Kenya	3.02	伯利兹	Belize	3.65

Continued

排名 Rank	使用 Use			技术 Skill		
	国家或地区	Country or Area	数值 Score	国家或地区	Country or Area	数值 Score
83	突尼斯	Tunisia	3.37	黎巴嫩	Lebanon	7.23
84	南非	South Africa	3.37	圣基茨和尼维斯	St. Kitts and Nevis	7.22
85	佛得角	Cape Verde	3.26	多米尼加	Dominican Rep.	7.14
86	毛里求斯	Mauritius	3.25	南非	South Africa	7.13
87	蒙古	Mongolia	3.20	玻利维亚	Bolivia	7.11
88	亚美尼亚	Armenia	3.19	阿曼	Oman	7.09
89	多米尼克	Dominica	3.11	中国	China	7.07
90	格鲁吉亚	Georgia	3.03	卡塔尔	Qatar	7.05
91	越南	Viet Nam	3.01	巴拿马	Panama	7.05
92	多米尼加	Dominican Rep.	2.97	墨西哥	Mexico	6.99
93	摩洛哥	Morocco	2.95	阿尔及利亚	Algeria	6.98
94	塞舌尔	Seychelles	2.94	菲律宾	Philippines	6.97
95	巴拿马	Panama	2.92	斯里兰卡	Sri Lanka	6.96
96	文莱	Brunei Darussalam	2.90	印度尼西亚	Indonesia	6.93
97	厄瓜多尔	Ecuador	2.90	阿联酋	United Arab Emirates	6.93
98	斐济	Fiji	2.88	突尼斯	Tunisia	6.92
99	牙买加	Jamaica	2.76	伯利兹	Belize	6.92
100	埃及	Egypt	2.71	佛得角	Cape Verde	6.77
101	加纳	Ghana	2.64	马来西亚	Malaysia	6.75
102	萨尔瓦多	El Salvador	2.41	圭亚那	Guyana	6.71
103	博茨瓦纳	Botswana	2.37	圣卢西亚	St. Lucia	6.71
104	约旦	Jordan	2.36	巴拉圭	Paraguay	6.66
105	玻利维亚	Bolivia	2.33	斐济	Fiji	6.65
106	格林纳达	Grenada	2.28	汤加	Tonga	6.56
107	不丹	Bhutan	2.27	特立尼达和多巴哥	Trinidad and Tobago	6.55
108	伊朗	Iran	2.19	越南	Viet Nam	6.54
109	乌克兰	Ukraine	2.17	牙买加	Jamaica	6.51
110	秘鲁	Peru	2.11	萨摩亚	Samoa	6.40
111	汤加	Tonga	2.07	埃及	Egypt	6.34
112	津巴布韦	Zimbabwe	2.03	马尔代夫	Maldives	6.16
113	尼日利亚	Nigeria	1.81	苏里南	Suriname	6.12
114	印度尼西亚	Indonesia	1.79	萨尔瓦多	El Salvador	6.12
115	伯利兹	Belize	1.79	洪都拉斯	Honduras	6.02
116	纳米比亚	Namibia	1.77	博茨瓦纳	Botswana	5.92
117	肯尼亚	Kenya	1.76	塞舌尔	Seychelles	5.76
118	苏丹	Sudan	1.73	尼加拉瓜	Nicaragua	5.65
119	巴拉圭	Paraguay	1.71	危地马拉	Guatemala	5.52
120	瓦努阿图	Vanuatu	1.60	印度	India	5.48
121	圭亚那	Guyana	1.57	所罗门群岛	Solomon Islands	5.44
122	阿尔及利亚	Algeria	1.52	叙利亚	Syria	5.42
123	莱索托	Lesotho	1.47	缅甸	Myanmar	5.22
124	斯里兰卡	Sri Lanka	1.44	纳米比亚	Namibia	5.20

17-4 续表 3

排名 Rank	总指数 IDI			接入 Access		
	国家或地区	Country or Area	数值 Score	国家或地区	Country or Area	数值 Score
125	瓦努阿图	Vanuatu	2.93	不丹	Bhutan	3.57
126	苏丹	Sudan	2.93	塞内加尔	Senegal	3.51
127	津巴布韦	Zimbabwe	2.90	科特迪瓦	Côte d'Ivoire	3.44
128	莱索托	Lesotho	2.81	马里	Mali	3.43
129	古巴	Cuba	2.79	苏丹	Sudan	3.35
130	柬埔寨	Cambodia	2.74	肯尼亚	Kenya	3.30
131	印度	India	2.69	萨摩亚	Samoa	3.27
132	塞内加尔	Senegal	2.68	瓦努阿图	Vanuatu	3.23
133	加蓬	Gabon	2.68	莱索托	Lesotho	3.18
134	尼日利亚	Nigeria	2.61	巴基斯坦	Pakistan	3.15
135	冈比亚	Gambia	2.60	印度	India	3.13
136	尼泊尔	Nepal	2.59	贝宁	Benin	3.08
137	科特迪瓦	Côte d'Ivoire	2.51	老挝	Laos	3.03
138	老挝	Laos	2.45	尼泊尔	Nepal	2.92
139	所罗门群岛	Solomon Islands	2.42	津巴布韦	Zimbabwe	2.89
140	安哥拉	Angola	2.32	毛里塔尼亚	Mauritania	2.88
141	刚果(布)	Congo Rep.	2.27	喀麦隆	Cameroon	2.83
142	缅甸	Myanmar	2.27	尼日利亚	Nigeria	2.82
143	巴基斯坦	Pakistan	2.24	孟加拉国	Bangladesh	2.82
144	孟加拉国	Bangladesh	2.22	赤道几内亚	Equatorial Guinea	2.76
145	马里	Mali	2.22	莫桑比克	Mozambique	2.74
146	赤道几内亚	Equatorial Guinea	2.21	刚果(布)	Congo Rep.	2.71
147	喀麦隆	Cameroon	2.19	安哥拉	Angola	2.68
148	吉布提	Djibouti	2.19	阿富汗	Afghanistan	2.64
149	乌干达	Uganda	2.14	布基纳法索	Burkina Faso	2.63
150	毛里塔尼亚	Mauritania	2.07	赞比亚	Zambia	2.63
151	贝宁	Benin	2.05	利比里亚	Liberia	2.59
152	多哥	Togo	2.04	所罗门群岛	Solomon Islands	2.59
153	赞比亚	Zambia	2.04	多哥	Togo	2.59
154	卢旺达	Rwanda	2.04	卢旺达	Rwanda	2.54
155	利比里亚	Liberia	1.86	坦桑尼亚	Tanzania	2.48
156	阿富汗	Afghanistan	1.83	缅甸	Myanmar	2.47
157	坦桑尼亚	Tanzania	1.82	吉布提	Djibouti	2.44
158	莫桑比克	Mozambique	1.82	乌干达	Uganda	2.35
159	布基纳法索	Burkina Faso	1.77	几内亚比绍	Guinea-Bissau	2.30
160	刚果(金)	Congo Dem.Rep.	1.65	古巴	Cuba	1.98
161	南苏丹	South Sudan	1.63	马拉维	Malawi	1.96
162	几内亚比绍	Guinea-Bissau	1.61	埃塞俄比亚	Ethiopia	1.90
163	马拉维	Malawi	1.61	刚果(金)	Congo Dem. Rep.	1.83
164	马达加斯加	Madagascar	1.51	乍得	Chad	1.74
165	埃塞俄比亚	Ethiopia	1.45	马达加斯加	Madagascar	1.67
166	厄立特里亚	Eritrea	1.22	南苏丹	South Sudan	1.28
167	乍得	Chad	1.17	厄立特里亚	Eritrea	1.27

Continued

排名 Rank	使用 Use			技术 Skill		
	国家或地区	Country or Area	数值 Score	国家或地区	Country or Area	数值 Score
125	塞内加尔	Senegal	1.42	加纳	Ghana	5.20
126	科特迪瓦	Côte d'Ivoire	1.32	摩洛哥	Morocco	5.12
127	萨摩亚	Samoa	1.31	不丹	Bhutan	5.07
128	安哥拉	Angola	1.28	瓦努阿图	Vanuatu	4.98
129	洪都拉斯	Honduras	1.26	肯尼亚	Kenya	4.97
130	危地马拉	Guatemala	1.23	老挝	Laos	4.94
131	叙利亚	Syria	1.22	吉布提	Djibouti	4.90
132	尼泊尔	Nepal	1.14	加蓬	Gabon	4.85
133	乌干达	Uganda	1.10	尼泊尔	Nepal	4.85
134	古巴	Cuba	1.00	莱索托	Lesotho	4.78
135	印度	India	0.85	刚果(布)	Congo Rep.	4.75
136	毛里塔尼亚	Mauritania	0.85	津巴布韦	Zimbabwe	4.65
137	冈比亚	Gambia	0.79	柬埔寨	Cambodia	4.60
138	柬埔寨	Cambodia	0.78	喀麦隆	Cameroon	4.58
139	尼加拉瓜	Nicaragua	0.77	南苏丹	South Sudan	4.46
140	所罗门群岛	Solomon Islands	0.75	苏丹	Sudan	4.46
141	卢旺达	Rwanda	0.73	多哥	Togo	4.38
142	巴基斯坦	Pakistan	0.69	孟加拉国	Bangladesh	4.28
143	赤道几内亚	Equatorial Guinea	0.66	赤道几内亚	Equatorial Guinea	4.22
144	老挝	Laos	0.64	冈比亚	Gambia	3.88
145	布基纳法索	Burkina Faso	0.63	刚果(金)	Congo Dem. Rep.	3.85
146	赞比亚	Zambia	0.62	乌干达	Uganda	3.81
147	马里	Mali	0.61	尼日利亚	Nigeria	3.79
148	孟加拉国	Bangladesh	0.60	赞比亚	Zambia	3.71
149	刚果(布)	Congo Rep.	0.60	安哥拉	Angola	3.67
150	吉布提	Djibouti	0.59	卢旺达	Rwanda	3.67
151	缅甸	Myanmar	0.58	坦桑尼亚	Tanzania	3.58
152	南苏丹	South Sudan	0.57	马达加斯加	Madagascar	3.57
153	利比里亚	Liberia	0.44	塞内加尔	Senegal	3.54
154	埃塞俄比亚	Ethiopia	0.38	巴基斯坦	Pakistan	3.54
155	喀麦隆	Cameroon	0.37	厄立特里亚	Eritrea	3.52
156	刚果(金)	Congo Dem. Rep.	0.36	贝宁	Benin	3.50
157	加蓬	Gabon	0.36	马拉维	Malawi	3.44
158	多哥	Togo	0.33	利比里亚	Liberia	3.24
159	马拉维	Malawi	0.33	几内亚比绍	Guinea-Bissau	3.23
160	马达加斯加	Madagascar	0.33	阿富汗	Afghanistan	3.21
161	阿富汗	Afghanistan	0.32	科特迪瓦	Côte d'Ivoire	3.04
162	莫桑比克	Mozambique	0.30	马里	Mali	3.04
163	贝宁	Benin	0.29	莫桑比克	Mozambique	3.00
164	坦桑尼亚	Tanzania	0.27	毛里塔尼亚	Mauritania	2.90
165	几内亚比绍	Guinea-Bissau	0.12	埃塞俄比亚	Ethiopia	2.69
166	乍得	Chad	0.09	布基纳法索	Burkina Faso	2.31
167	厄立特里亚	Eritrea	0.03	乍得	Chad	2.17

17-5 世界主要国家和地区幸福指数排名(2013－2015年)
The Ranking of Happiness index in 2013-2015

资料来源：联合国《2016年世界幸福指数报告》。
Source: UN World Happiness Index Report in 2016.

排名 Rank	国家或地区	Country or Area	幸福指数	排名 Rank	国家或地区	Country or Area	幸福指数
1	丹麦	Denmark	7.526	40	苏里南	Suriname	6.269
2	瑞士	Switzerland	7.509	41	科威特	Kuwait	6.239
3	冰岛	Iceland	7.501	42	巴林	Bahrain	6.218
4	挪威	Norway	7.498	43	特立尼达和多巴哥	Trinidad and Tobago	6.168
5	芬兰	Finland	7.413	44	委内瑞拉	Venezuela	6.084
6	加拿大	Canada	7.404	45	斯洛伐克	Slovakia	6.078
7	荷兰	Netherlands	7.339	46	塞尔瓦托	Salvatore	6.068
8	新西兰	New Zealand	7.334	47	马来西亚	Malaysia	6.005
9	澳大利亚	Australia	7.313	48	尼加拉瓜	Nicaragua	5.992
10	瑞典	Sweden	7.291	49	乌兹别克斯坦	Uzbekistan	5.987
11	以色列	Israel	7.267	50	意大利	Italy	5.977
12	奥地利	Austria	7.119	51	厄瓜多尔	Ecuador	5.976
13	美国	United States	7.104	52	伯利兹	Belize	5.956
14	哥斯达黎加	Costa Rica	7.087	53	日本	Japan	5.921
15	波多黎各	Puerto Rico	7.039	54	哈萨克斯坦	Kazakhstan	5.919
16	德国	Germany	6.994	55	摩尔多瓦	Moldova	5.897
17	巴西	Brazil	6.952	56	俄罗斯	Russia	5.856
18	比利时	Belgium	6.929	57	波兰	Poland	5.835
19	爱尔兰	Ireland	6.907	58	韩国	Korea Rep.	5.835
20	卢森堡	Luxembourg	6.871	59	玻利维亚	Bolivia	5.822
21	墨西哥	Mexico	6.778	60	立陶宛	Lithuania	5.813
22	新加坡	Singapore	6.739	61	白俄罗斯	Belarus	5.802
23	英国	United Kingdom	6.725	62	北塞浦路斯	Northern Cyprus	5.771
24	智利	Chile	6.705	63	斯洛文尼亚	Slovenia	5.768
25	巴拿马	Panama	6.701	64	秘鲁	Peru	5.743
26	阿根廷	Argentin	6.65	65	土库曼斯坦	Turkmenistan	5.658
27	捷克	Czech Rep.	6.596	66	毛里求斯	Mauritius	5.648
28	阿联酋	United Arab Emirat	6.573	67	利比亚	Libya	5.615
29	乌拉圭	Uruguay	6.545	68	拉脱维亚	Latvia	5.560
30	马耳他	Malta	6.488	69	塞浦路斯	Cyprus	5.546
31	哥伦比亚	Colombia	6.481	70	巴拉圭	Paraguay	5.538
32	法国	France	6.478	71	罗马尼亚	Romania	5.528
33	泰国	Thailand	6.474	72	爱沙尼亚	Estonia	5.517
34	沙特阿拉伯	Saudi Arabia	6.379	73	牙买加	Jamaica	5.510
35	中国台湾	Taiwan, China	6.379	74	克罗地亚	Croatia	5.488
36	卡塔尔	Qatar	6.375	75	中国香港	Hongkong, China	5.458
37	西班牙	Spain	6.361	76	索马里	Somalia	5.440
38	阿尔及利亚	Algeria	6.355	77	科索沃	Kosovo	5.401
39	危地马拉	Guatemala	6.324	78	土耳其	Turkey	5.389

17-5 续表 continued

排名 Rank	国家或地区	Country or Area	幸福指数	排名 Rank	国家或地区	Country or Area	幸福指数
79	印度尼西亚	Indonesia	5.314	118	印度	India	4.404
80	约旦	Jordan	5.303	119	缅甸	Myanmar	4.395
81	阿塞拜疆	Azerbaijan	5.291	120	埃及	Egypt	4.362
82	菲律宾	Philippines	5.279	121	亚美尼亚	Armenia	4.360
83	中国	China	5.245	122	肯尼亚	Kenya	4.356
84	不丹	Bhutan	5.196	123	乌克兰	Ukraine	4.324
85	吉尔吉斯斯坦	Kyrgyzstan	5.185	124	加纳	Ghana	4.276
86	塞尔维亚	Serbia	5.177	125	刚果(金)	Congo,Dem.Rep.	4.272
87	波黑	Bosnia and Herzegovina	5.163	126	格鲁吉亚	Georgia	4.252
88	黑山	Montenegro	5.161	127	刚果(布)	Congo Rep.	4.236
89	多米尼加	Dominican Republic	5.155	128	塞内加尔	Senegal	4.219
90	摩洛哥	Morocco	5.151	129	保加利亚	Bulgaria	4.217
91	匈牙利	Hungary	5.145	130	毛里塔尼亚	Mauritania	4.201
92	巴基斯坦	Pakistan	5.132	131	津巴布韦	zimbabwe	4.193
93	黎巴嫩	Lebanon	5.129	132	马拉维	Malawi	4.156
94	葡萄牙	Portugal	5.123	133	苏丹	Sultan	4.139
95	马其顿	Macedonia	5.121	134	加蓬	Gabon	4.121
96	越南	Vietnam	5.061	135	马里	Mali	4.073
97	索马里	Somalia	5.057	136	海地	Haiti	4.028
98	突尼斯	Tunisia	5.045	137	博茨瓦纳	botswana	3.974
99	希腊	Greece	5.033	138	科摩罗	Comoros	3.956
100	塔吉克斯坦	Tajikistan	4.996	139	科特迪瓦	Cote d'Ivoire	3.916
101	蒙古	Mongolia	4.907	140	柬埔寨	Cambodia	3.907
102	老挝	Laos	4.876	141	安哥拉	Angola	3.866
103	尼日利亚	Nigeria	4.875	142	尼日尔	Niger	3.856
104	洪都拉斯	Honduras	4.871	143	南苏丹	South Sudan	3.832
105	伊朗	Iran	4.813	144	乍得	Chad	3.763
106	赞比亚	Zambia	4.795	145	布基纳法索	Burkina Faso	3.739
107	尼泊尔	Nepal	4.793	146	乌干达	Uganda	3.739
108	巴勒斯坦	Palestinian	4.754	147	也门	Yemen	3.724
109	阿尔巴尼亚	Albania	4.655	148	马达加斯加	Madagascar	3.695
110	孟加拉国	Bangladesh	4.643	149	坦桑尼亚	Tanzania	3.666
111	塞拉利昂	Sierra leone	4.635	150	利比里亚	Liberia	3.622
112	伊拉克	Iraq	4.575	151	几内亚	Guinea	3.607
113	纳米比亚	Namibia	4.574	152	卢旺达	Rwanda	3.515
114	喀麦隆	Cameroon	4.513	153	贝宁	Benin	3.484
115	埃塞俄比亚	Ethiopia	4.508	154	阿富汗	Afghanistan	3.360
116	南非	South Africa	4.459	155	多哥	Togo	3.303
117	斯里兰卡	Sri Lanka	4.415	156	叙利亚	Syria	3.069

17-6 世界主要国家和地区全球创新指数(GII)排名(2015年)

资料来源：《全球创新指数2015》。
Source:The Global Innovation Index 2015.

排名 Rank	全球创新指数 Global Innovation Index			创新投入分指数 Innovation Input Sub-Index		
	国家或地区	Country or Area	数值 Score	国家或地区	Country or Area	数值 Score
1	瑞士	Switzerland	68.30	新加坡	Singapore	72.12
2	英国	United Kingdom	62.42	瑞士	Switzerland	67.96
3	瑞典	Sweden	62.40	芬兰	Finland	67.91
4	荷兰	Netherlands	61.58	中国香港	Hong Kong, China	67.61
5	美国	United States	60.10	美国	United States	67.31
6	芬兰	Finland	59.97	英国	United Kingdom	67.15
7	新加坡	Singapore	59.36	瑞典	Sweden	67.01
8	爱尔兰	Ireland	59.13	丹麦	Denmark	65.87
9	卢森堡	Luxembourg	59.02	加拿大	Canada	65.05
10	丹麦	Denmark	57.70	澳大利亚	Australia	64.84
11	中国香港	Hong Kong, China	57.23	荷兰	Netherlands	64.23
12	德国	Germany	57.05	日本	Japan	63.83
13	冰岛	Iceland	57.02	新西兰	New Zealand	63.14
14	韩国	Korea, Rep.	56.26	爱尔兰	Ireland	62.90
15	新西兰	New Zealand	55.92	韩国	Korea, Rep.	62.37
16	加拿大	Canada	55.73	挪威	Norway	62.18
17	澳大利亚	Australia	55.22	法国	France	61.25
18	奥地利	Austria	54.07	德国	Germany	60.99
19	日本	Japan	53.97	奥地利	Austria	60.95
20	挪威	Norway	53.80	卢森堡	Luxembourg	59.02
21	法国	France	53.59	比利时	Belgium	58.61
22	以色列	Israel	53.54	以色列	Israel	58.50
23	爱沙尼亚	Estonia	52.81	冰岛	Iceland	57.48
24	捷克	Czech Republic	51.32	西班牙	Spain	57.00
25	比利时	Belgium	50.91	阿联酋	United Arab Emirates	56.85
26	马耳他	Malta	50.48	爱沙尼亚	Estonia	56.78
27	西班牙	Spain	49.07	捷克	Czech Republic	54.18
28	斯洛文尼亚	Slovenia	48.49	葡萄牙	Portugal	53.80
29	中国	China	47.47	意大利	Italy	53.38
30	葡萄牙	Portugal	46.61	斯洛文尼亚	Slovenia	53.22
31	意大利	Italy	46.40	马来西亚	Malaysia	52.78
32	马来西亚	Malaysia	45.98	塞浦路斯	Cyprus	52.35
33	拉脱维亚	Latvia	45.51	马耳他	Malta	51.81
34	塞浦路斯	Cyprus	43.51	拉脱维亚	Latvia	50.41
35	匈牙利	Hungary	43.00	立陶宛	Lithuania	49.86
36	斯洛伐克	Slovakia	42.99	智利	Chile	48.96
37	巴巴多斯	Barbados	42.47	斯洛伐克	Slovakia	48.93
38	立陶宛	Lithuania	42.26	希腊	Greece	48.81
39	保加利亚	Bulgaria	42.16	波兰	Poland	48.44
40	克罗地亚	Croatia	41.70	卡塔尔	Qatar	48.42
41	黑山	Montenegro	41.23	中国	China	48.36
42	智利	Chile	41.20	匈牙利	Hungary	48.25
43	沙特阿拉伯	Saudi Arabia	40.65	克罗地亚	Croatia	47.65
44	摩尔多瓦	Moldova, Republic of	40.53	毛里求斯	Mauritius	47.49
45	希腊	Greece	40.28	沙特阿拉伯	Saudi Arabia	47.31
46	波兰	Poland	40.16	巴巴多斯	Barbados	46.94
47	阿联酋	United Arab Emirates	40.06	波黑	Bosnia and Herzegovi	46.42

The Ranking of Global Innovation Index(GII) in 2015

排名 Rank	创新产出分指数 Innovation Output Sub-Index			效率指数 Efficiency Ratio		
	国家或地区	Country or Area	数值 Score	国家或地区	Country or Area	数值 Score
1	瑞士	Switzerland	68.63	安哥拉	Angola	1.02
2	卢森堡	Luxembourg	59.02	瑞士	Switzerland	1.01
3	荷兰	Netherlands	58.93	卢森堡	Luxembourg	1.00
4	瑞典	Sweden	57.78	冰岛	Iceland	0.98
5	英国	United Kingdom	57.70	摩尔多瓦	Moldova	0.98
6	冰岛	Iceland	56.56	中国	China	0.96
7	爱尔兰	Ireland	55.37	马耳他	Malta	0.95
8	德国	Germany	53.11	荷兰	Netherlands	0.92
9	美国	United States	52.89	越南	Viet Nam	0.92
10	芬兰	Finland	52.04	科特迪瓦	Côte d'Ivoire	0.90
11	韩国	Korea, Rep.	50.15	捷克	Czech Republic	0.89
12	丹麦	Denmark	49.53	爱尔兰	Ireland	0.88
13	马耳他	Malta	49.16	德国	Germany	0.87
14	爱沙尼亚	Estonia	48.83	乌克兰	Ukraine	0.87
15	新西兰	New Zealand	48.71	马里	Mali	0.87
16	以色列	Israel	48.59	英国	United Kingdom	0.86
17	捷克	Czech Republic	48.46	瑞典	Sweden	0.86
18	奥地利	Austria	47.19	爱沙尼亚	Estonia	0.86
19	中国香港	Hong Kong, China	46.86	喀麦隆	Cameroon	0.84
20	新加坡	Singapore	46.60	以色列	Israel	0.83
21	中国	China	46.57	保加利亚	Bulgaria	0.83
22	加拿大	Canada	46.42	斯洛文尼亚	Slovenia	0.82
23	法国	France	45.93	拉脱维亚	Latvia	0.81
24	澳大利亚	Australia	45.61	巴巴多斯	Barbados	0.81
25	挪威	Norway	45.43	土耳其	Turkey	0.81
26	日本	Japan	44.10	塞内加尔	Senegal	0.81
27	斯洛文尼亚	Slovenia	43.77	韩国	Korea, Rep.	0.80
28	比利时	Belgium	43.22	尼日利亚	Nigeria	0.80
29	西班牙	Spain	41.14	美国	United States	0.79
30	拉脱维亚	Latvia	40.60	黑山	Montenegro	0.79
31	摩尔多瓦	Moldova	40.06	哥斯达黎加	Costa Rica	0.79
32	意大利	Italy	39.41	亚美尼亚	Armenia	0.79
33	葡萄牙	Portugal	39.41	印度	India	0.79
34	马来西亚	Malaysia	39.18	肯尼亚	Kenya	0.79
35	保加利亚	Bulgaria	38.23	匈牙利	Hungary	0.78
36	巴巴多斯	Barbados	38.00	巴拿马	Panama	0.78
37	匈牙利	Hungary	37.74	芬兰	Finland	0.77
38	斯洛伐克	Slovakia	37.05	新西兰	New Zealand	0.77
39	越南	Viet Nam	36.65	奥地利	Austria	0.77
40	黑山	Montenegro	36.52	印度尼西亚	Indonesia	0.77
41	克罗地亚	Croatia	35.75	冈比亚	Gambia	0.77
42	立陶宛	Lithuania	34.66	坦桑尼亚	Tanzania	0.77
43	塞浦路斯	Cyprus	34.66	斯洛伐克	Slovakia	0.76
44	沙特阿拉伯	Saudi Arabia	33.99	泰国	Thailand	0.76
45	哥斯达黎加	Costa Rica	33.96	菲律宾	Philippines	0.76
46	土耳其	Turkey	33.93	斯里兰卡	Sri Lanka	0.76
47	乌克兰	Ukraine	33.85	玻利维亚	Bolivia	0.76

17-6 续表 1

排名 Rank	全球创新指数 Global Innovation Index			创新投入分指数 Innovation Input Sub-Index		
	国家或地区	Country or Area	数值 Score	国家或地区	Country or Area	数值 Score
48	俄罗斯	Russian Federation	39.32	巴林	Bahrain	46.24
49	毛里求斯	Mauritius	39.23	保加利亚	Bulgaria	46.10
50	卡塔尔	Qatar	39.01	黑山	Montenegro	45.94
51	哥斯达黎加	Costa Rica	38.59	哥伦比亚	Colombia	45.44
52	越南	Viet Nam	38.35	俄罗斯	Russian Federation	45.33
53	白俄罗斯	Belarus	38.23	蒙古	Mongolia	45.23
54	罗马尼亚	Romania	38.20	南非	South Africa	45.19
55	泰国	Thailand	38.10	白俄罗斯	Belarus	44.91
56	马其顿	Macedonia	38.03	马其顿	TFYR of Macedonia	43.99
57	墨西哥	Mexico	38.03	罗马尼亚	Romania	43.95
58	土耳其	Turkey	37.81	墨西哥	Mexico	43.87
59	巴林	Bahrain	37.67	塞舌尔	Seychelles	43.68
60	南非	South Africa	37.45	秘鲁	Peru	43.50
61	亚美尼亚	Armenia	37.31	哥斯达黎加	Costa Rica	43.21
62	巴拿马	Panama	36.80	泰国	Thailand	43.17
63	塞尔维亚	Serbia	36.47	乌拉圭	Uruguay	43.06
64	乌克兰	Ukraine	36.45	斐济	Fiji	42.61
65	塞舌尔	Seychelles	36.44	巴西	Brazil	42.38
66	蒙古	Mongolia	36.41	卢旺达	Rwanda	42.33
67	哥伦比亚	Colombia	36.41	格鲁吉亚	Georgia	41.84
68	乌拉圭	Uruguay	35.76	阿曼	Oman	41.83
69	阿曼	Oman	35.00	亚美尼亚	Armenia	41.79
70	巴西	Brazil	34.95	塞尔维亚	Serbia	41.78
71	秘鲁	Peru	34.87	土耳其	Turkey	41.68
72	阿根廷	Argentina	34.30	巴拿马	Panama	41.40
73	格鲁吉亚	Georgia	33.83	阿尔巴尼亚	Albania	41.22
74	黎巴嫩	Lebanon	33.82	摩尔多瓦	Moldova	40.99
75	约旦	Jordan	33.78	哈萨克斯坦	Kazakhstan	40.98
76	突尼斯	Tunisia	33.48	摩洛哥	Morocco	40.55
77	科威特	Kuwait	33.20	黎巴嫩	Lebanon	40.53
78	摩洛哥	Morocco	33.19	越南	Viet Nam	40.04
79	波黑	Bosnia and Herzegovina	32.31	博茨瓦纳	Botswana	39.63
80	特立尼达和多巴哥	Trinidad and Tobago	32.18	约旦	Jordan	39.29
81	印度	India	31.74	阿根廷	Argentina	39.22
82	哈萨克斯坦	Kazakhstan	31.25	不丹	Bhutan	39.20
83	菲律宾	Philippines	31.05	突尼斯	Tunisia	39.10
84	塞内加尔	Senegal	30.95	乌克兰	Ukraine	39.06
85	斯里兰卡	Sri Lanka	30.79	牙买加	Jamaica	38.93
86	圭亚那	Guyana	30.75	特立尼达和多巴哥	Trinidad and Tobago	38.80
87	阿尔巴尼亚	Albania	30.74	科威特	Kuwait	38.44
88	巴拉圭	Paraguay	30.69	多米尼加	Dominican Republic	37.92
89	多米尼加	Dominican Republic	30.60	阿塞拜疆	Azerbaijan	37.59
90	博茨瓦纳	Botswana	30.49	圭亚那	Guyana	37.21
91	柬埔寨	Cambodia	30.35	纳米比亚	Namibia	37.18
92	肯尼亚	Kenya	30.19	佛得角	Cabo Verde	37.13
93	阿塞拜疆	Azerbaijan	30.10	莫桑比克	Mozambique	36.86
94	卢旺达	Rwanda	30.09	吉尔吉斯斯坦	Kyrgyzstan	36.57

continued

排名 Rank	创新产出分指数 Innovation Output Sub-Index			效率指数 Efficiency Ratio		
	国家或地区	Country or Area	数值 Score	国家或地区	Country or Area	数值 Score
48	智利	Chile	33.45	巴基斯坦	Pakistan	0.76
49	俄罗斯	Russian Federation	33.32	丹麦	Denmark	0.75
50	泰国	Thailand	33.02	法国	France	0.75
51	亚美尼亚	Armenia	32.83	克罗地亚	Croatia	0.75
52	罗马尼亚	Romania	32.45	塞尔维亚	Serbia	0.75
53	巴拿马	Panama	32.20	阿根廷	Argentina	0.75
54	墨西哥	Mexico	32.19	巴拉圭	Paraguay	0.75
55	马其顿	Macedonia	32.07	马拉维	Malawi	0.75
56	波兰	Poland	31.87	比利时	Belgium	0.74
57	希腊	Greece	31.75	意大利	Italy	0.74
58	白俄罗斯	Belarus	31.55	马来西亚	Malaysia	0.74
59	塞尔维亚	Serbia	31.16	俄罗斯	Russian Federation	0.74
60	毛里求斯	Mauritius	30.98	罗马尼亚	Romania	0.74
61	南非	South Africa	29.70	挪威	Norway	0.73
62	卡塔尔	Qatar	29.60	葡萄牙	Portugal	0.73
63	阿根廷	Argentina	29.38	马其顿	Macedonia	0.73
64	塞舌尔	Seychelles	29.21	墨西哥	Mexico	0.73
65	巴林	Bahrain	29.10	科威特	Kuwait	0.73
66	乌拉圭	Uruguay	28.45	西班牙	Spain	0.72
67	约旦	Jordan	28.26	沙特阿拉伯	Saudi Arabia	0.72
68	阿曼	Oman	28.16	约旦	Jordan	0.72
69	印度	India	27.97	埃塞俄比亚	Ethiopia	0.72
70	科威特	Kuwait	27.96	加拿大	Canada	0.71
71	突尼斯	Tunisia	27.86	突尼斯	Tunisia	0.71
72	塞内加尔	Senegal	27.77	澳大利亚	Australia	0.70
73	蒙古	Mongolia	27.59	立陶宛	Lithuania	0.70
74	巴西	Brazil	27.52	白俄罗斯	Belarus	0.70
75	哥伦比亚	Colombia	27.37	中国香港	Hong Kong, China	0.69
76	黎巴嫩	Lebanon	27.11	日本	Japan	0.69
77	菲律宾	Philippines	26.86	柬埔寨	Cambodia	0.69
78	肯尼亚	Kenya	26.64	加纳	Ghana	0.69
79	斯里兰卡	Sri Lanka	26.56	津巴布韦	Zimbabwe	0.69
80	安哥拉	Angola	26.49	缅甸	Myanmar	0.69
81	马里	Mali	26.37	智利	Chile	0.68
82	秘鲁	Peru	26.24	埃及	Egypt	0.68
83	巴拉圭	Paraguay	26.22	布基纳法索	Burkina Faso	0.68
84	摩洛哥	Morocco	25.84	赞比亚	Zambia	0.68
85	印度尼西亚	Indonesia	25.83	委内瑞拉	Venezuela	0.68
86	格鲁吉亚	Georgia	25.81	塞舌尔	Seychelles	0.67
87	科特迪瓦	Côte d'Ivoire	25.74	阿曼	Oman	0.67
88	特立尼达和多巴哥	Trinidad and Tobago	25.55	黎巴嫩	Lebanon	0.67
89	马拉维	Malawi	25.42	危地马拉	Guatemala	0.67
90	喀麦隆	Cameroon	25.40	塞浦路斯	Cyprus	0.66
91	柬埔寨	Cambodia	24.72	波兰	Poland	0.66
92	玻利维亚	Bolivia, Plurinational Sta	24.68	南非	South Africa	0.66
93	圭亚那	Guyana	24.28	乌拉圭	Uruguay	0.66
94	冈比亚	Gambia	23.95	特立尼达和多巴哥	Trinidad and Tobago	0.66

17-6 续表 2

排名 Rank	全球创新指数 Global Innovation Index			创新投入分指数 Innovation Input Sub-Index		
	国家或地区	Country or Area	数值 Score	国家或地区	Country or Area	数值 Score
95	莫桑比克	Mozambique	30.07	萨尔瓦多	El Salvador	36.18
96	牙买加	Jamaica	29.95	柬埔寨	Cambodia	35.98
97	印度尼西亚	Indonesia	29.79	莱索托	Lesotho	35.93
98	马拉维	Malawi	29.71	斯威士兰	Swaziland	35.71
99	萨尔瓦多	El Salvador	29.31	厄瓜多尔	Ecuador	35.63
100	埃及	Egypt	28.91	印度	India	35.51
101	危地马拉	Guatemala	28.84	菲律宾	Philippines	35.24
102	布基纳法索	Burkina Faso	28.68	乌干达	Uganda	35.17
103	佛得角	Cabo Verde	28.59	巴拉圭	Paraguay	35.15
104	玻利维亚	Bolivia	28.58	斯里兰卡	Sri Lanka	35.01
105	马里	Mali	28.37	洪都拉斯	Honduras	34.94
106	伊朗	Iran	28.37	伊朗	Iran	34.75
107	纳米比亚	Namibia	28.15	危地马拉	Guatemala	34.62
108	加纳	Ghana	28.04	埃及	Egypt	34.42
109	吉尔吉斯斯坦	Kyrgyzstan	27.96	布基纳法索	Burkina Faso	34.20
110	喀麦隆	Cameroon	27.80	塞内加尔	Senegal	34.13
111	乌干达	Uganda	27.65	马拉维	Malawi	34.00
112	冈比亚	Gambia	27.49	乌兹别克斯坦	Uzbekistan	33.88
113	洪都拉斯	Honduras	27.48	肯尼亚	Kenya	33.75
114	塔吉克斯坦	Tajikistan	27.46	印度尼西亚	Indonesia	33.74
115	斐济	Fiji	27.31	塔吉克斯坦	Tajikistan	33.39
116	科特迪瓦	Côte d'Ivoire	27.16	加纳	Ghana	33.22
117	坦桑尼亚	Tanzania	27.00	尼日尔	Niger	32.87
118	莱索托	Lesotho	26.97	玻利维亚	Bolivia	32.49
119	厄瓜多尔	Ecuador	26.87	阿尔及利亚	Algeria	32.08
120	安哥拉	Angola	26.20	尼加拉瓜	Nicaragua	31.94
121	不丹	Bhutan	26.06	冈比亚	Gambia	31.03
122	乌兹别克斯坦	Uzbekistan	25.89	布隆迪	Burundi	30.96
123	斯威士兰	Swaziland	25.37	马达加斯加	Madagascar	30.66
124	赞比亚	Zambia	24.64	坦桑尼亚	Tanzania	30.45
125	马达加斯加	Madagascar	24.42	马里	Mali	30.37
126	阿尔及利亚	Algeria	24.38	喀麦隆	Cameroon	30.19
127	埃塞俄比亚	Ethiopia	24.17	尼泊尔	Nepal	30.02
128	尼日利亚	Nigeria	23.72	多哥	Togo	29.65
129	孟加拉国	Bangladesh	23.71	孟加拉国	Bangladesh	29.48
130	尼加拉瓜	Nicaragua	23.47	赞比亚	Zambia	29.26
131	巴基斯坦	Pakistan	23.07	科特迪瓦	Côte d'Ivoire	28.57
132	委内瑞拉	Venezuela	22.77	埃塞俄比亚	Ethiopia	28.04
133	津巴布韦	Zimbabwe	22.52	委内瑞拉	Venezuela	27.15
134	尼日尔	Niger	21.22	津巴布韦	Zimbabwe	26.61
135	尼泊尔	Nepal	21.08	尼日利亚	Nigeria	26.30
136	布隆迪	Burundi	21.04	巴基斯坦	Pakistan	26.25
137	也门	Yemen	20.80	安哥拉	Angola	25.91
138	缅甸	Myanmar	20.27	也门	Yemen	25.20
139	几内亚	Guinea	18.49	缅甸	Myanmar	23.92
140	多哥	Togo	18.43	几内亚	Guinea	22.92
141	苏丹	Sudan	14.95	苏丹	Sudan	21.90

continued

排名 Rank	创新产出分指数 Innovation Output Sub-Index			效率指数 Efficiency Ratio		
	国家或地区	Country or Area	数值 Score	国家或地区	Country or Area	数值 Score
95	坦桑尼亚	Tanzania	23.56	新加坡	Singapore	0.65
96	埃及	Egypt	23.39	希腊	Greece	0.65
97	莫桑比克	Mozambique	23.29	毛里求斯	Mauritius	0.65
98	多米尼加	Dominican Republic	23.28	巴西	Brazil	0.65
99	阿联酋	United Arab Emirates	23.27	圭亚那	Guyana	0.65
100	布基纳法索	Burkina Faso	23.16	塔吉克斯坦	Tajikistan	0.65
101	危地马拉	Guatemala	23.06	也门	Yemen	0.65
102	加纳	Ghana	22.86	摩洛哥	Morocco	0.64
103	阿塞拜疆	Azerbaijan	22.62	巴林	Bahrain	0.63
104	萨尔瓦多	El Salvador	22.43	莫桑比克	Mozambique	0.63
105	伊朗	Iran	21.99	伊朗	Iran	0.63
106	塔吉克斯坦	Tajikistan	21.54	格鲁吉亚	Georgia	0.62
107	哈萨克斯坦	Kazakhstan	21.52	萨尔瓦多	El Salvador	0.62
108	博茨瓦纳	Botswana	21.35	卡塔尔	Qatar	0.61
109	尼日利亚	Nigeria	21.15	蒙古	Mongolia	0.61
110	牙买加	Jamaica	20.97	多米尼加	Dominican Republic	0.61
111	埃塞俄比亚	Ethiopia	20.29	孟加拉国	Bangladesh	0.61
112	阿尔巴尼亚	Albania	20.26	几内亚	Guinea	0.61
113	乌干达	Uganda	20.13	哥伦比亚	Colombia	0.60
114	佛得角	Cabo Verde	20.05	秘鲁	Peru	0.60
115	赞比亚	Zambia	20.02	阿塞拜疆	Azerbaijan	0.60
116	洪都拉斯	Honduras	20.01	马达加斯加	Madagascar	0.59
117	巴基斯坦	Pakistan	19.90	乌干达	Uganda	0.57
118	吉尔吉斯斯坦	Kyrgyzstan	19.35	洪都拉斯	Honduras	0.57
119	纳米比亚	Namibia	19.11	博茨瓦纳	Botswana	0.54
120	津巴布韦	Zimbabwe	18.42	牙买加	Jamaica	0.54
121	委内瑞拉	Venezuela	18.40	佛得角	Cabo Verde	0.54
122	波黑	Bosnia and Herzegovina	18.21	哈萨克斯坦	Kazakhstan	0.53
123	马达加斯加	Madagascar	18.17	吉尔吉斯斯坦	Kyrgyzstan	0.53
124	厄瓜多尔	Ecuador	18.11	乌兹别克斯坦	Uzbekistan	0.53
125	莱索托	Lesotho	18.01	阿尔及利亚	Algeria	0.52
126	孟加拉国	Bangladesh	17.94	纳米比亚	Namibia	0.51
127	乌兹别克斯坦	Uzbekistan	17.89	厄瓜多尔	Ecuador	0.51
128	卢旺达	Rwanda	17.85	莱索托	Lesotho	0.50
129	阿尔及利亚	Algeria	16.68	阿尔巴尼亚	Albania	0.49
130	缅甸	Myanmar	16.62	尼加拉瓜	Nicaragua	0.47
131	也门	Yemen	16.41	卢旺达	Rwanda	0.42
132	斯威士兰	Swaziland	15.03	斯威士兰	Swaziland	0.42
133	尼加拉瓜	Nicaragua	15.00	阿联酋	United Arab Emirates	0.41
134	几内亚	Guinea	14.06	尼泊尔	Nepal	0.40
135	不丹	Bhutan	12.93	波黑	Bosnia and Herzegovina	0.39
136	尼泊尔	Nepal	12.14	苏丹	Sudan	0.37
137	斐济	Fiji	12.01	布隆迪	Burundi	0.36
138	布隆迪	Burundi	11.13	不丹	Bhutan	0.33
139	尼日尔	Niger	9.57	尼日尔	Niger	0.29
140	苏丹	Sudan	8.00	斐济	Fiji	0.28
141	多哥	Togo	7.20	多哥	Togo	0.24

17-7 按营业额排序的世界最大500家企业(2014年)

资料来源：美国《财富》杂志2014年。
Source: United States Fortune, 2014.

排名 Rank		企业名称	Company Name	国家	Country
2014	2013				
1	1	沃尔玛	Wal-Mart Stores	美国	U.S.
2	3	中国石油化工集团公司	Sinopec Group	中国	China
3	2	荷兰皇家壳牌石油公司	Royal Dutch Shell	荷兰	Netherlands
4	4	中国石油天然气集团公司	China National Petroleum	中国	China
5	5	埃克森美孚	Exxon Mobil	美国	U.S.
6	6	英国石油公司	BP	英国	Britain
7	7	国家电网公司	State Grid	中国	China
8	8	大众公司	Volkswagen	德国	Germany
9	9	丰田汽车公司	Toyota Motor	日本	Japan
10	10	嘉能可国际	Glencore	瑞士	Switzerland
11	11	道达尔公司	Total	法国	France
12	12	雪佛龙	Chevron	美国	U.S.
13	13	三星电子	Samsung Electronics	韩国	South Korea
14	14	伯克希尔-哈撒韦公司	Berkshire Hathaway	美国	U.S.
15	15	苹果公司	Apple	美国	U.S.
16	29	麦克森公司	Mckesson	美国	U.S.
17	20	戴姆勒股份公司	Daimler	德国	Germany
18	25	中国工商银行	Industrial & Commercial Bank of China	中国	China
19	24	EXOR集团	Exor Group	意大利	Italy
20	16	安盛	Axa	法国	France
21	21	通用汽车公司	General Motors	美国	U.S.
22	18	意昂集团	E.On	德国	Germany
23	19	Phillips 66公司	Phillips 66	美国	U.S.
24	27	通用电气公司	General Electric	美国	U.S.
25	22	埃尼石油公司	Eni	意大利	Italy
26	17	俄罗斯天然气工业股份公司	Gazprom	俄罗斯	Russia
27	26	福特汽车公司	Ford Motor	美国	U.S.
28	28	巴西国家石油公司	Petrobras	巴西	Brazil
29	38	中国建设银行	China Construction Bank	中国	China
30	35	CVS Caremark公司	Cvs Caremark	美国	U.S.
31	32	鸿海精密工业股份有限公司	Hon Hai Precision Industry	中国台湾	TaiWan
32	31	安联保险集团	Allianz	德国	Germany
33	34	美国电话电报公司	At&T	美国	U.S.
34	30	瓦莱罗能源公司	Valero Energy	美国	U.S.
35	39	联合健康集团	Unitedhealth Group	美国	U.S.
36	47	中国农业银行	Agricultural Bank of China	中国	China
37	52	中国建筑工程总公司	China State Construction Engineering Corporation	中国	China
38	23	日本邮政控股公司	Japan Post Holdings	日本	Japan
39	41	委内瑞拉国家石油公司	Pdvsa	委内瑞拉	Venezuela
40	-	托克公司	Trafigura Beheer	荷兰	Netherlands
41	42	威瑞森电信	Verizon Communications	美国	U.S.
42	40	法国巴黎银行	Bnp Paribas	法国	France
43	43	卢克石油公司	Lukoil	俄罗斯	Russia
44	45	本田汽车	Honda Motor	日本	Japan
45	59	中国银行	Bank of China	中国	China
46	88	美源伯根公司	Amerisourcebergen	美国	U.S.
47	36	墨西哥石油公司	Pemex	墨西哥	Mexico
48	48	意大利忠利保险公司	Assicurazioni Generali	意大利	Italy
49	33	法国兴业银行	SOCIÉTÉGÉNÉRALE	法国	France
50	37	房利美	Fannie Mae	美国	U.S.

The 500 Largest Companies in the World Sorted by Revenue in 2014

营业额 Revenues		利润额 Profits		资产额 (百万美元) Assets (mil.USD)	雇员人数 (人) Employees (person)
百万美元 (mil.USD)	比上年增长% % Change from 2013	百万美元 (mil.USD)	比上年增长% % Change from 2013		
485651.0	2.0	16363.0	2.1	203706.0	2200000
446811.0	-2.3	5177.0	-42.0	359182.2	897488
431344.0	-6.1	14874.0	-9.1	353166.0	94000
428620.0	-0.8	16359.5	-11.6	634811.5	1636532
382597.0	-6.1	32520.0	-0.2	349493.0	83700
358678.0	-9.5	3780.0	-83.9	284305.0	84500
339426.5	1.8	9796.2	22.7	466298.1	921964
268566.6	2.7	14571.9	20.7	424935.3	592586
247702.9	-3.4	19766.9	8.6	398047.1	344109
221073.0	-5.0	2308.0	-	152205.0	106831
212018.0	-7.0	4244.0	-62.1	229798.0	100307
203784.0	-7.5	19241.0	-10.5	266026.0	64700
195845.3	-6.3	21922.7	-19.5	209666.0	307000
194673.0	6.9	19872.0	2.0	526186.0	316000
182795.0	7.0	39510.0	6.7	231839.0	97200
181241.0	31.3	1476.0	16.9	53870.0	70400
172279.1	10.0	9235.3	1.7	229443.4	279972
163174.9	9.7	44763.9	4.8	3322042.7	462282
162163.0	7.4	428.5	-84.5	182104.1	318562
161173.4	-2.8	6664.5	12.0	1016417.4	96279
155929.0	0.3	3949.0	-26.1	177677.0	216000
151460.5	-6.8	-4191.8	-247.4	152075.0	58503
149434.0	-7.3	4762.0	27.8	48741.0	14000
148321.0	1.4	15233.0	16.7	648349.0	305000
147175.8	-4.5	1712.6	-75.0	176899.0	84405
144408.5	-12.5	4124.4	-88.5	253591.8	459600
144077.0	-1.9	3187.0	-55.5	208527.0	187000
143657.0	1.6	-7367.0	-168.4	298687.0	80908
139932.5	11.6	36976.6	5.9	2698924.9	372321
139367.0	9.9	4644.0	1.1	74252.0	177800
139039.4	4.4	4307.8	19.8	77934.0	1060000
136846.2	1.6	8252.3	3.7	974938.9	147425
132447.0	2.9	6224.0	-65.9	292829.0	243620
130844.0	-5.0	3630.0	33.5	45550.0	10065
130474.0	6.5	5619.0	-0.1	86382.0	170000
130047.7	12.7	29126.4	7.7	2574815.0	505627
129887.1	17.2	2079.1	12.2	148914.8	247672
129686.7	-14.8	4390.1	-8.2	2467265.4	221000
128439.0	-4.4	7386.0	-48.2	226760.0	152072
127612.6	-4.1	1039.7	-48.8	39574.8	5326
127079.0	5.4	9625.0	-16.3	232708.0	177300
124333.0	2.0	208.3	-96.8	2513925.0	179603
122803.0	3.1	4746.0	-39.4	111800.0	110300
121221.5	-2.9	4633.4	-25.7	153663.9	204730
120946.0	14.5	27525.1	7.9	2458314.3	308128
119569.1	34.1	276.5	-36.3	21532.2	13500
119238.7	-5.3	-19929.4	-	144414.6	144927
118871.7	3.2	2215.3	-12.9	606555.4	78333
118232.3	-10.9	3571.0	23.7	1582782.8	153836
116461.0	-7.3	14208.0	-83.1	3248176.0	7600

17-7 续表 1

排名 Rank 2014	2013	企业名称	Company Name	国家	Country
51	46	俄罗斯石油公司	Rosneft Oil	俄罗斯	Russia
52	60	好市多	Costco Wholesale	美国	U.S.
53	50	惠普	Hewlett-Packard	美国	U.S.
54	74	克罗格	Kroger	美国	U.S.
55	55	中国移动通信集团公司	China Mobile Communications	中国	China
56	68	宝马集团	BMW group	德国	Germany
57	64	SK集团	Sk Holdings	韩国	Korea Rep.
58	83	法国农业信贷银行	CRÉDIT AGRICOLE	法国	France
59	61	日产汽车	Nissan Motor	日本	Japan
60	85	上海汽车集团股份有限公司	Saic Motor	中国	China
61	57	摩根大通	J.P. Morgan Chase & Co.	美国	U.S.
62	63	乐购	Tesco	英国	Britain
63	58	西门子	Siemens	德国	Germany
64	65	家乐福	Carrefour	法国	France
65	53	日本电报电话公司	Nippon Telegraph & Telephone	日本	Japan
66	62	美国快捷药方控股公司	Express Scripts Holding	美国	U.S.
67	73	西班牙国家银行	Banco Santander	西班牙	Spain
68	69	马来西亚国家石油公司	Petronas	马来西亚	Malaysia
69	56	意大利国家电力公司	Enel	意大利	Italy
70	72	雀巢公司	NESTLÉ	瑞士	Switzerland
71	—	中国铁路工程总公司	China Railway Engineering	中国	China
72	79	中国海洋石油总公司	China National Offshore Oil	中国	China
73	44	苏伊士集团	Gdf Suez	法国	France
74	95	英国保诚集团	Prudential	英国	Britain
75	54	挪威国家石油公司	Statoil	挪威	Norway
76	75	巴斯夫公司	Basf	德国	Germany
77	76	来宝集团	Noble Group	中国	China
78	70	法国电力公司	ÉLECTRICITÉ DE FRANCE	法国	France
79	80	中国铁道建筑总公司	China Railway Construction	中国	China
80	66	美国银行	Bank of America Corp.	美国	U.S.
81	77	汇丰银行控股公司	Hsbc Holdings	英国	Britain
82	71	国际商业机器公司	International Business Machines	美国	U.S.
83	81	马拉松原油公司	Marathon Petroleum	美国	U.S.
84	67	康德乐	Cardinal Health	美国	U.S.
85	90	波音	Boeing	美国	U.S.
86	82	花旗集团	Citigroup	美国	U.S.
87	122	国家开发银行	China Development Bank	中国	China
88	112	亚马逊	Amazon.Com	美国	U.S.
89	78	日立	Hitachi	日本	Japan
90	89	美国富国银行	Wells Fargo	美国	U.S.
91	49	荷兰国际集团	Ing Group	荷兰	Netherlands
92	51	JX控股公司	Jx Holdings	日本	Japan
93	84	泰国国家石油有限公司	PTT	泰国	Thailand
94	98	中国人寿保险(集团)公司	China Life Insurance	中国	China
95	104	微软	Microsoft	美国	U.S.
96	128	中国平安保险(集团)股份有限公司	Ping An Insurance	中国	China
97	91	麦德龙	Metro	德国	Germany
98	159	英国法通保险公司	Legal & General Group	英国	Britain
99	100	现代汽车	Hyundai Motor	韩国	Korea Rep.
100	92	宝洁公司	Procter & Gamble	美国	U.S.

continued

营业额 Revenues		利润额 Profits		资产额（百万美元）Assets (mil.USD)	雇员人数（人）Employees (person)
百万美元 (mil.USD)	比上年增长% % Change from 2013	百万美元 (mil.USD)	比上年增长% % Change from 2013		
113663.3	-2.9	9026.7	-47.2	145964.9	249000
112640.0	7.1	2058.0	0.9	33024.0	153500
111454.0	-0.8	5013.0	-2.0	103206.0	302000
108465.0	10.3	1728.0	13.8	30556.0	400000
107529.4	-0.1	10451.2	13.6	246748.8	274347
106654.3	5.6	7691.2	9.0	187299.5	116324
106248.0	4.0	-506.6	-296.2	84620.3	81667
106198.0	13.4	3104.1	-6.7	1922657.0	72567
103459.6	-1.1	4161.7	7.2	142153.8	149388
102248.6	11.1	4540.1	12.5	66871.5	92484
102102.0	-3.9	21762.0	21.4	2573126.0	241359
101580.3	-1.6	-9321.1	-707.3	68315.8	386086
101560.3	-4.3	7288.3	29.7	132473.2	357000
101238.1	-0.5	1656.8	-1.2	55401.1	381227
100913.9	-7.5	4711.9	-19.4	172649.7	241600
100887.1	-3.6	2007.6	8.8	53798.9	29500
100706.2	2.2	7715.1	33.0	1532118.6	185405
100618.8	-0.1	11322.3	-34.1	153787.4	50949
100539.0	-6.0	685.8	-84.0	201614.0	68961
100115.7	0.7	15797.8	46.2	134336.6	339000
99537.9	9.1	959.9	9.2	110473.0	276697
99262.2	3.4	8592.6	11.6	180427.8	114573
99073.2	-16.4	3236.7	-	200006.0	152882
98976.7	20.9	3647.9	73.4	575622.1	18604
98801.4	-8.9	3474.8	-48.8	131639.4	22516
98595.7	0.4	6838.3	6.4	86338.8	113292
97604.6	-0.3	132.0	-45.8	20002.4	1900
96669.5	-3.7	4909.5	5.1	324245.6	148024
96395.2	0.7	1154.2	17.0	101562.8	297035
95181.0	-6.4	4833.0	-57.7	2104534.0	223715
94431.0	-3.2	13688.0	-15.5	2634139.0	264767
94128.0	-5.6	12022.0	-27.1	117532.0	412775
91417.0	-2.7	2524.0	19.5	30460.0	45340
91084.0	-9.9	1166.0	249.1	26033.0	34000
90762.0	4.8	5446.0	18.8	99198.0	165500
90646.0	-3.2	7313.0	-46.5	1842530.0	241000
89908.4	26.1	15921.5	22.9	1662855.3	8723
88988.0	19.5	-241.0	-188.0	54505.0	154100
88786.9	-7.5	2194.7	-17.0	103372.4	333150
88372.0	0.3	23057.0	5.4	1687155.0	264500
87990.1	-23.0	1277.4	-79.0	1195046.6	68431
87779.9	-20.9	-2521.3	-336.0	61908.1	26415
87299.3	-5.7	1718.3	-44.2	54094.8	25986
87249.3	7.8	1687.5	183.7	442745.8	151719
86833.0	11.5	22074.0	1.0	172384.0	128000
86021.8	25.6	6374.9	39.2	645698.1	235999
85505.2	-1.0	172.3	-65.9	35372.0	227868
84805.0	38.2	1621.5	16.2	622398.9	11038
84771.7	6.3	6977.7	-10.6	133962.8	109748
84537.0	0.4	11643.0	2.9	144266.0	118000

17–7 续表 2

排名 Rank		企业名称	Company Name	国家	Country
2014	2013				
101	102	家得宝	Home Depot	美国	U.S.
102	99	德国电信	Deutsche Telekom	德国	Germany
103	93	慕尼黑再保险公司	Munich Re Group	德国	Germany
104	87	阿彻丹尼尔斯米德兰公司	Archer Daniels Midland	美国	U.S.
105	107	中国中化集团公司	Sinochem Group	中国	China
106	103	空中客车集团	Airbus Group	荷兰	Netherlands
107	111	中国第一汽车集团公司	China Faw Group	中国	China
108	101	安赛乐米塔尔	Arcelormittal	卢森堡	Luxembourg
109	113	东风汽车集团	Dongfeng Motor Group	中国	China
110	135	软银	Softbank	日本	Japan
111	110	德国邮政	Deutsche Post	德国	Germany
112	138	伊利塔乌联合银行控股公司	Itau Unibanco Holding	巴西	Brazil
113	115	中国南方电网有限责任公司	China Southern Power Grid	中国	China
114	117	沃尔格林公司	Walgreen	美国	U.S.
115	143	中国华润总公司	China Resources National	中国	China
116	105	索尼	Sony	日本	Japan
117	116	塔吉特公司	Target	美国	U.S.
118	121	强生	Johnson & Johnson	美国	U.S.
119	96	印度石油公司	Indian Oil	印度	India
120	120	康典公司	Wellpoint	美国	U.S.
121	131	大都会人寿	Metlife	美国	U.S.
122	118	苏黎世保险集团	Zurich Insurance Group	瑞士	Switzerland
123	157	英杰华集团	Aviva	英国	Britain
124	162	谷歌	Google	美国	U.S.
125	124	丸红株式会社	Marubeni	日本	Japan
126	125	巴西银行	Banco Do Brasil	巴西	Brazil
127	129	州立农业保险公司	State Farm Insurance Cos.	美国	U.S.
128	119	标致	Peugeot	法国	France
129	149	欧尚集团	Groupe Auchan	法国	France
130	123	印尼国家石油公司	Pertamina	印度尼西亚	Indonesia
131	106	松下	Panasonic	日本	Japan
132	108	三菱商事株式会社	Mitsubishi	日本	Japan
133	97	房地美	Freddie Mac	美国	U.S.
134	136	法国BPCE银行集团	Groupe Bpce	法国	France
135	146	美国康卡斯特电信公司	Comcast	美国	U.S.
136	141	沃达丰集团	Vodafone Group	英国	Britain
137	134	美国邮政	U.S. Postal Service	美国	U.S.
138	132	日本生命保险公司	Nippon Life Insurance	日本	Japan
139	142	必和必拓	Bhp Billiton	澳大利亚	Australia
140	109	西班牙电话公司	TELEFÓNICA	西班牙	Spain
141	137	百事公司	Pepsico	美国	U.S.
142	164	日本第一生命保险	Dai-Ichi Life Insurance	日本	Japan
143	168	中国邮政集团公司	China Post Group	中国	China
144	152	中国兵器工业集团公司	China North Industries Group	中国	China
145	94	英国劳埃德银行集团	Lloyds Banking Group	英国	Britain
146	185	天津市物资集团总公司	Tewoo Group	中国	China
147	148	日本永旺集团	Aeon	日本	Japan
148	-	菲纳狄斯集团	Finatis	法国	France
149	151	联合技术公司	United Technologies	美国	U.S.
150	155	博世公司	Robert Bosch	德国	Germany

continued

营业额 Revenues		利润额 Profits		资产额（百万美元）Assets (mil.USD)	雇员人数（人）Employees (person)
百万美元 (mil.USD)	比上年增长% % Change from 2013	百万美元 (mil.USD)	比上年增长% % Change from 2013		
83176.0	5.5	6345.0	17.8	39946.0	371000
83117.7	4.1	3878.8	214.2	156515.4	228000
81685.1	-2.6	4182.5	-4.9	330283.1	43316
81201.0	-9.6	2248.0	67.5	44027.0	33900
80635.0	6.2	562.7	-25.5	57278.2	54742
80537.6	2.4	3108.1	559.8	116275.9	138622
80194.5	6.9	4248.3	30.2	52983.6	135599
79282.0	-0.2	-1086.0	-	99179.0	222327
78978.6	6.7	1600.4	10.5	54201.4	197192
78857.2	18.5	6078.9	15.5	175416.3	66154
77795.7	2.7	2747.2	-1.0	44741.7	443784
76932.4	16.2	9156.6	20.3	424207.1	93175
76662.0	5.5	1703.3	28.5	99446.6	306572
76392.0	5.8	1932.0	-21.1	37182.0	213000
74887.0	13.5	2450.9	20.8	150652.6	451503
74724.9	-3.6	-1145.8	-	132051.8	131700
74520.0	2.7	-1636.0	-183.0	41404.0	347000
74331.0	4.2	16323.0	18.0	131119.0	126500
74196.2	-8.8	803.3	-31.4	37352.6	34806
73874.1	3.4	2569.7	3.2	62065.0	51500
73316.0	7.5	6309.0	87.3	902337.0	68000
72569.0	0.7	3895.0	-3.3	406529.0	54551
71602.8	16.5	2582.8	-17.7	445461.5	26364
71487.0	17.9	14444.0	11.8	131133.0	53600
71254.3	1.2	960.5	-54.4	63990.2	38830
71184.8	17.4	5035.2	4.1	481008.9	111628
71159..8	4.2	4191.0	-19.2	239143.4	73262
71111.3	-1.0	-936.5	-	74061.7	189786
70908.3	11.1	761.4	-25.2	42572.3	330680
70648.4	-0.6	1504.7	-50.9	50327.9	27429
70169.6	-9.1	1632.4	35.8	49678.5	254084
69755.4	-8.5	3643.3	1.0	139891.3	71994
69367.0	-14.6	7690.0	-84.2	1945539.0	4982
68986.2	3.9	3856.2	8.8	1480094.4	108565
68775.0	6.4	8380.0	22.9	159339.0	139000
67944.6	3.0	9269.6	-90.2	181940.0	105970
67830.0	0.8	-5508.0	-	22962.0	553089
67396.1	-1.1	2802.0	13.6	522463.9	73610
67206.0	1.9	13832.0	27.2	151413.0	47044
66826.6	-11.8	3980.9	-34.7	147972.2	123700
66683.0	0.4	6513.0	-3.4	70509.0	271000
65960.4	9.3	1295.8	66.6	415621.7	54090.0
65693.2	11.4	4641.1	12.8	1048008.5	903357
65615.1	4.7	727.5	1.7	52570.2	250138
65591.1	-21.1	2324.4	-	1332859.4	84490
65300.8	18.8	178.5	-21.7	27261.3	19373
65273.4	1.6	387.9	-15.3	65755.9	249966
65222.8	-0.4	-10.6	-110.1	57549.9	340060
65100.0	3.4	6220.0	8.7	91289.0	211500
64961.5	5.4	3196.9	119.7	74923.2	290183

17-7 续表 3

排名 Rank		企业名称	Company Name	国家	Country
2014	2013				
151	150	路易达孚	Louis Dreyfus Commodities	荷兰	Netherlands
152	127	美国国际集团	American International Group	美国	U.S.
153	140	联合利华	Unilever	英国/荷兰	Britain/ Netherlands
154	130	莱茵集团	Rwe	德国	Germany
155	156	美洲电信	América Móvil	墨西哥	Mexico
156	166	太平洋建设集团	Pacific Construction Group	中国	China
157	145	东芝	Toshiba	日本	Japan
158	114	信实工业公司	Reliance Industries	印度	India
159	178	中国航空工业集团公司	Aviation Industry Corp. of China	中国	China
160	154	中国电信集团公司	China Telecommunications	中国	China
161	139	东京电力公司	Tokyo Electric Power	日本	Japan
162	177	韩国浦项制铁公司	Posco	韩国	Korea Rep.
163	147	荷兰全球保险集团	Aegon	荷兰	Netherlands
164	163	德意志银行	Deutsche Bank	德国	Germany
165	187	中国交通建设股份有限公司	China Communications Construction	中国	China
166	175	法国国家人寿保险公司	Cnp Assurances	法国	France
167	170	诺华公司	Novartis	瑞士	Switzerland
168	182	联合包裹速递服务公司	United Parcel Service	美国	U.S.
169	174	陶氏化学	Dow Chemical	美国	U.S.
170	223	安泰保险	Aetna	美国	U.S.
171	158	西农	Wesfarmers	澳大利亚	Australia
172	153	邦吉公司	Bunge	美国	U.S.
173	200	意大利联合圣保罗银行	Intesa Sanpaolo	意大利	Italy
174	208	中国人民保险集团股份有限公司	People's Insurance Co. of China	中国	China
175	194	LG电子	LG Electronics	韩国	Korea Rep.
176	192	美国劳氏公司	Lowes	美国	U.S.
177	186	俄罗斯联邦储蓄银行	Sberbank	俄罗斯	Russia
178	193	拜耳集团	Bayer	德国	Germany
179	197	蒂森克虏伯	Thyssenkrupp	德国	Germany
180	167	康菲石油公司	Conocophillips	美国	U.S.
181	161	澳大利亚伍尔沃斯公司	Woolworths	澳大利亚	Australia
182	195	英特尔公司	Intel	美国	U.S.
183	213	Energy Transfer Equity公司	Energy Transfer Equity	美国	U.S.
184	176	Seven & I 控股公司	Seven & I Holdings	日本	Japan
185	203	巴西布拉德斯科银行	Banco Bradesco	巴西	Brazil
186	160	中国中信集团有限公司	Citic Group	中国	China
187	181	卡特彼勒	Caterpillar	美国	U.S.
188	126	雷普索尔公司	Repsol	西班牙	Spain
189	196	瑞士罗氏公司	Roche Group	瑞士	Switzerland
190	217	交通银行	Bank of Communications	中国	China
191	190	雷诺	Renault	法国	Britain
192	180	圣戈班集团	Saint-Gobain	法国	France
193	212	韩国电力公司	Korea Electric Power	韩国	Korea Rep.
194	264	保德信金融集团	Prudential Financial	美国	U.S.
195	171	巴克莱	Barclays	英国	Britain
196	165	神华集团	Shenhua Group	中国	China
197	198	德国联邦铁路公司	Deutsche Bahn	德国	Germany
198	133	中国五矿集团公司	China Minmetals	中国	China
199	189	Orange公司	Orange	法国	France
200	188	万喜集团	Vinci	法国	France

continued

营业额 Revenues		利润额 Profits		资产额（百万美元）Assets (mil.USD)	雇员人数（人）Employees (person)
百万美元 (mil.USD)	比上年增长% % Change from 2013	百万美元 (mil.USD)	比上年增长% % Change from 2013		
64719.0	1.8	648.0	1.2	19433.0	17615
64406.0	-6.2	7529.0	-17.1	515581.0	65000
64251.8	-2.8	6859.5	6.7	58108.9	173000
63912.2	-6.3	2403.7	-	104435.6	59784
63744.8	3.5	3467.8	-40.7	86739.4	191156
63369.1	6.3	2667.9	-3.8	36603.7	312785
63175.8	-2.7	-	-	58191.1	198741
62803.9	-14.4	3853.8	3.6	80617.8	24930
62287.7	10.3	760.0	1.8	128887.2	535942
62147.6	0.2	2037.7	31.0	112881.7	454292
61869.6	-6.5	4106.9	-6.2	118527.9	43300
61504.9	8.8	600.9	-52.2	78110.6	37225
61468.7	-4.4	1002.9	-22.8	513571.7	28602
61040.3	0.8	2206.0	149.5	2067396.2	98138
60119.2	10.1	1467.1	9.8	106696.3	113189
59648.1	5.4	1432.4	4.7	478404.4	4705
59593.0	1.3	10210.0	11.3	125387.0	133413
58232.0	5.0	3032.0	-30.6	35471.0	336150
58167.0	1.9	3772.0	-21.2	68796.0	53216
58003.2	22.6	2040.8	6.6	53402.1	48800
57221.5	-6.7	2467.9	6.4	37488.9	203000
57161.0	-8.6	515.0	68.3	21432.0	35000
57070.0	10.8	1659.5	-	782125.8	89486
57047.5	15.1	2127.6	61.1	126083.3	120842
57038.6	7.4	379.3	134.9	33729.2	83000
56223.0	5.3	2698.0	18.0	31827.0	220500
56185.8	2.6	7579.3	-33.6	421066.0	329566
56031.3	5.1	4544.7	7.3	84977.6	118888
56027.7	7.2	284.9	-	45528.6	160745
55997.0	-5.8	6869.0	-25.0	116539.0	19100
55940.4	-8.0	2250.1	-2.9	22841.6	198000
55870.0	6.0	11704.0	21.7	91956.0	106700
55691.0	14.2	633.0	223.0	64469.0	27605
55686.8	-1.6	1595.1	-9.6	43794.1	54665
55628.5	9.4	6505.8	13.3	350162.2	81621
55325.7	-9.3	4715.0	-23.4	762879.4	179288
55184.0	-0.8	3695.0	-2.5	84681.0	114233
54672.9	-20.9	2138.4	726.0	62781.6	23354
54494.7	3.9	10198.2	-15.4	76143.5	88509
54464.2	12.7	10687.4	5.5	1010364.1	95659
54460.7	0.2	2507.1	222.3	98670.3	117395
54459.4	-2.4	1264.2	60.0	54209.3	181742
54252.9	10.6	2551.9	4554.4	148961.1	40292
54123.0	30.5	1381.0	-	766655.0	48331
53850.7	-6.7	-286.4	-133.9	2117097.0	132300
52731.1	-11.9	4376.0	-26.3	149685.3	212233
52700.4	1.5	1281.4	46.9	67614.0	295763
52383.1	-22.3	-374.1	-193.1	59010.2	110261
52325.0	-3.8	1227.0	-50.7	106961.9	156233
51992.0	-4.5	3297.8	26.6	76261.3	185293

17-7 续表 4

排名 Rank		企业名称	Company Name	国家	Country
2014	2013				
201	199	三菱日联金融集团	Mitsubishi Ufj Financial Group	日本	Japan
202	251	巴西JBS公司	JBS	巴西	Brazil
203	202	西班牙ACS建筑公司	Acs	西班牙	Spain
204	184	新日本制铁株式会社	Nippon Steel	日本	Japan
205	215	南苏格兰电力	Sse	英国	Britain
206	183	日本伊藤忠商事株式会社	Itochu	日本	Japan
207	248	北京汽车集团	Beijing Automotive Group	中国	China
208	172	马士基集团	A.P. Møller-Mærsk Group	丹麦	Denmark
209	205	沙特基础工业公司	Sabic	沙特阿拉伯	Saudi Arabia
210	209	韩国现代重工集团	Hyundai Heavy Industries	韩国	Korea Rep.
211	191	辉瑞制药有限公司	Pfizer	美国	U.S.
212	—	宏利金融	Manulife Financial	加拿大	Canada
213	173	三井物产株式会社	Mitsui	日本	Japan
214	232	华特迪士尼公司	Walt Disney	美国	U.S.
215	228	斯伦贝谢公司	Schlumberger	美国	U.S.
216	266	哈门那公司	Humana	美国	U.S.
217	263	英国森特理克集团	Centrica	英国	Britain
218	211	宝钢集团有限公司	Baosteel Group	中国	China
219	207	国际石油投资公司	International Petroleum Investment	阿联酋	UAE
220	220	EPP公司	Enterprise Products Partners	美国	U.S.
221	206	西班牙对外银行	Banco Bilbao Vizcaya Argentaria	西班牙	Spain
222	201	力拓集团	Rio Tinto Group	英国	Britain
223	179	奥地利石油天然气集团	Omv Group	奥地利	Austria
224	221	中国华能集团公司	China Huaneng Group	中国	China
225	214	思科公司	Cisco Systems	美国	U.S.
226	250	安海斯-布希英博	Anheuser-Busch Inbev	比利时	Belgium
227	210	中国联合网络通信股份有限公司	China United Network Communication	中国	China
228	285	华为投资控股有限公司	Huawei Investment & Holding	中国	China
229	234	西斯科公司	Sysco	美国	U.S.
230	256	美国英格雷姆麦克罗公司	Ingram Micro	美国	U.S.
231	286	联想集团	Lenovo Group	中国	China
232	224	可口可乐公司	Coca-Cola	美国	U.S.
233	237	德国大陆集团	Continental	德国	Germany
234	279	山东魏桥创业集团有限公司	Shandong Weiqiao Pioneering Group	中国	China
235	350	招商银行	China Merchants Bank	中国	China
236	240	利安德巴塞尔工业公司	Lyondellbasell Industries	荷兰	Netherlands
237	229	洛克希德-马丁	Lockheed Martin	美国	U.S.
238	236	联邦快递	Fedex	美国	U.S.
239	271	河北钢铁集团	Hebei Iron & Steel Group	中国	China
240	227	中国铝业公司	Aluminum Corp. of China	中国	China
241	238	赛诺菲	Sanofi	法国	France
242	246	起亚汽车	Kia Motors	韩国	Korea Rep.
243	225	日本三井住友金融集团	Sumitomo Mitsui Financial Group	日本	Japan
244	235	法国布伊格集团	Bouygues	法国	France
245	254	江森自控有限公司	Johnson Controls	美国	U.S.
246	204	联合信贷集团	Unicredit Group	意大利	Italy
247	295	正威国际集团	Amer International Group	中国	China
248	247	荷兰皇家阿霍德集团	Royal Ahold	荷兰	Netherlands
249	257	Plains GP Holdings公司	Plains GP Holdings	美国	U.S.
250	262	全球燃料服务公司	World Fuel Services	美国	U.S.

continued

营业额 Revenues		利润额 Profits		资产额 (百万美元) Assets (mil.USD)	雇员人数 (人) Employees (person)
百万美元 (mil.USD)	比上年增长% % Change from 2013	百万美元 (mil.USD)	比上年增长% % Change from 2013		
51282.3	-0.7	9402.2	-4.4	2386371.2	125739
51176.0	18.9	864.9	101.4	30876.0	216693
51163.8	0.4	951.2	2.1	47575.0	146543
51024.2	-7.3	1949.0	-19.6	59694.2	84447
50932.9	4.8	873.9	70.3	34578.6	19965
50855.1	-8.8	2733.7	11.6	71392.7	110487
50566.0	16.7	819.9	-10.7	42904.8	108000
50337.0	-12.5	5015.0	45.3	68844.0	119207
50155.2	-0.5	6224.6	-7.7	90624.5	40000
49940.4	0.9	-1680.3	-759.9	48575.4	43266
49605.0	-7.8	9135.0	-58.5	169274.0	78300
49371.2	172.4	3170.3	4.3	500307.4	29400
49158.8	-14.1	2787.6	-20.2	101767.3	47118
48813.0	8.4	7501.0	22.2	84186.0	180000
48580.0	7.1	5438.0	-19.2	66904.0	120000
48500.0	17.4	1147.0	-6.8	23466.0	57000
48410.1	16.6	-1665.9	-212.2	35378.9	37530
48323.4	-2.0	952.9	3.0	86187.3	136616
48130.0	-3.2	1205.7	-37.1	66292.1	19892
47951.2	0.5	2787.4	7.3	47100.7	6900
47698.0	-4.5	3472.9	17.4	764600.1	108770
47664.0	-6.9	6527.0	78.1	107827.0	59775
47639.7	-15.4	524.0	-67.1	41062.3	25501
47401.4	-0.6	423.9	-0.6	149606.4	142260
47142.0	-3.0	7853.0	-21.3	105134.0	74042
47063.0	9.0	9216.0	-36.0	142550.0	154029
46834.8	-5.2	646.2	15.4	88189.0	228613
46774.1	20.3	4520.2	32.9	49931.2	170000
46516.7	4.7	931.5	-6.1	13168.0	50300
46487.4	9.2	266.7	-14.1	12831.4	21700
46295.6	19.6	828.7	1.4	27081.3	60000
45998.0	-1.8	7098.0	-17.3	92023.0	129200
45772.8	3.4	3150.9	23.4	36589.4	189168
45757.1	16.5	1150.3	4.3	23400.9	123517
45613.8	33.7	9074.3	7.8	762706.2	75109
45609.0	3.5	4174.0	8.2	24283.0	13100
45600.0	0.5	3614.0	21.2	37073.0	112000
45567.0	2.9	2097.0	34.3	33070.0	298099
45543.7	11.5	-186.6	-	52270.6	132146
45445.0		-1758.2	-	78408.9	147564
45246.6	2.3	5823.5	18.0	117836.7	113496
44730.7	2.9	2843.2	-18.5	37346.9	48936
44122.6	-4.8	6854.2	-17.8	1529835.6	68739
44100.5	-0.7	1070.5	-	42187.5	127470
43855.0	2.6	1215.0	3.1	32804.0	168000
43810.1	-13.8	2663.4	-	1021436.6	129021
43611.7	14.7	957.7	14.9	18655.0	17556
43514.2	0.1	788.0	-76.6	17105.9	126000
43464.0	2.9	70.0	366.7	23983.0	5300
43386.4	4.4	221.7	9.2	4880.0	4041

17-7　续表 5

排名 Rank		企业名称	Company Name	国家	Country
2014	2013				
251	222	富士通	Fujitsu	日本	Japan
252	239	丰益国际	Wilmar International	新加坡	Singapore
253	313	中国电力建设集团有限公司	Power China	中国	China
254	287	印度塔塔汽车公司	Tata Motors	印度	India
255	233	CHS公司	CHS	美国	U.S.
256	245	MS&AD保险集团控股有限公司	Ms&Ad Insurance Group Holdings	日本	Japan
257	452	美国航空	American Airlines Group	美国	U.S.
258	268	绿地控股集团有限公司	Greenland Holding Group	中国	China
259	241	默沙东	Merck	美国	U.S.
260	303	印度国家银行	State Bank of India	印度	India
261	289	迪奥	Christian Dior	法国	France
262	230	百思买	Best Buy	美国	U.S.
263	219	日本明治安田生命保险公司	Meiji Yasuda Life Insurance	日本	Japan
264	290	山西焦煤集团有限责任公司	Shanxi Coking Coal Group	中国	China
265	276	中国化工集团公司	Chemchina	中国	China
266	216	澳大利亚国民银行	National Australia Bank	澳大利亚	Australia
267	249	日本KDDI电信公司	Kddi	日本	Japan
268	258	沃尔沃汽车公司	Volvo	瑞典	Sweden
269	226	澳洲联邦银行	Commonwealth Bank of Australia	澳大利亚	Australia
270	267	中国建筑材料集团有限公司	China National Building Materials Group	中国	China
271	338	兴业银行	Industrial Bank	中国	China
272	401	中粮集团有限公司	Cofco	中国	China
273	299	达美航空	Delta Air Lines	美国	U.S.
274	308	江苏沙钢集团	Jiangsu Shagang Group	中国	China
275	283	霍尼韦尔国际公司	Honeywell International	美国	U.S.
276	357	中国医药集团	Sinopharm	中国	China
277	294	HCA公司	Hca Holdings	美国	U.S.
278	270	高盛	Goldman Sachs Group	美国	U.S.
279	280	特索罗石油公司	Tesoro	美国	U.S.
280	242	巴拉特石油公司	Bharat Petroleum	印度	India
281	330	中国民生银行	China Minsheng Banking Group	中国	China
282	277	怡和集团	Jardine Matheson	中国	China
283	244	伊维尔德罗拉公司	Iberdrola	西班牙	Spain
284	259	瑞士ABB集团	ABB	瑞士	Switzerland
285	275	汉莎集团	Lufthansa Group	德国	Germany
286	281	美国利宝互助保险集团	Liberty Mutual Insurance Group	美国	U.S.
287	367	加拿大乔治威斯顿公司	George Weston	加拿大	Canada
288	278	中国机械工业集团有限公司	Sinomach	中国	China
289	272	瑞士信贷	Credit Suisse Group	瑞士	Switzerland
290	261	东京海上日动火灾保险公司	Tokio Marine Holdings	日本	Japan
291	273	三菱电机股份有限公司	Mitsubishi Electric	日本	Japan
292	302	Talanx保险公司	Talanx	德国	Germany
293	269	电装公司	Denso	日本	Japan
294	291	美国联合大陆控股有限公司	United Continental Holdings	美国	U.S.
295	326	德国中央合作银行	Dz Bank	德国	Germany
296	383	上海浦东发展银行股份有限公司	Shanghai Pudong Development Bank	中国	China
297	324	美国纽约人寿保险公司	New York Life Insurance	美国	U.S.
298	425	加拿大鲍尔集团	Power Corp.of Canada	加拿大	Canada
299	296	加拿大皇家银行	Royal Bank of Canada	加拿大	Canada
300	306	甲骨文公司	Oracle	美国	U.S.

continued

营业额 Revenues		利润额 Profits		资产额（百万美元）Assets (mil.USD)	雇员人数（人）Employees (person)
百万美元 (mil.USD)	比上年增长% % Change from 2013	百万美元 (mil.USD)	比上年增长% % Change from 2013		
43231.3	-9.1	1273.5	12.7	27279.8	158846
43084.9	-2.3	1156.2	-12.3	43558.2	92000
43009.7	16.9	1071.8	28.7	66599.0	201066
42975.4	11.6	2287.2	-1.1	38138.0	75502
42664.0	-4.1	1081.4	9.0	15147.0	11824
42653.3	-2.1	1239.2	32.8	156681.3	38358
42650.0	59.5	2882.0	-	43771.0	113300
42515.1	3.7	904.0	-32.1	82037.2	32990
42237.0	-4.1	11920.0	170.7	98335.0	70000
42074.9	12.1	2779.1	18.6	431482.6	293459
42031.0	9.4	1993.1	5.0	83724.8	107012
41903.0	-7.3	1233.0	131.8	15256.0	125000
41836.4	-12.3	2413.9	0.5	305059.0	40793
41829.8	8.9	67.4	-9.8	39512.4	222137
41813.3	5.3	-185.9	-	43854.2	99247
41710.9	-13.9	4871.2	-10.0	772791.8	42853
41593.5	-3.8	3892.1	21.1	43785.9	28173
41230.1	-1.5	305.9	-44.4	48938.0	98697
40668.5	-11.6	7921.3	0.6	746863.3	44329
40644.4	-0.9	477.8	9.8	65591.8	176854
40594.7	16.6	7650.5	14.1	710251.3	50214
40524.5	31.8	123.7	197.3	70888.7	120674
40362.0	6.9	659.0	-93.7	54121.0	79655
40334.4	8.7	284.1	64.3	27094.9	40037
40306.0	3.2	4239.0	8.0	45451.0	127000
40105.7	20.5	439.0	27.7	32107.1	94743
40087.0	5.4	1875.0	20.5	31199.0	197000
40085.0	-1.9	8477.0	5.4	856240.0	34000
40052.0	2.2	843.0	104.6	16584.0	5641
40019.1	-9.0	786.0	21.5	13895.9	13570
39921.9	12.4	7229.8	5.1	647185.0	59659
39921.0	1.2	1710.0	9.2	66457.0	430000
39838.7	-8.5	3086.2	-9.6	113456.0	28021
39830.0	-4.8	2594.0	-6.9	44878.0	140400
39810.5	-0.1	73.0	-82.4	36871.1	118781
39796.0	1.7	1833.0	5.2	124304.0	50000
39769.0	22.0	114.1	-80.9	32010.2	195000
39722.5	0.8	-288.9	-215.8	40801.8	120771
39669.5	-2.1	2049.0	-18.4	927584.1	45800
39363.8	-5.3	2250.5	22.5	174211.2	33786
39318.8	-2.8	2134.6	39.3	33854.1	129249
39289.2	4.6	1020.1	0.8	178219.0	19819
39198.3	-4.1	2350.0	-15.1	44060.2	146714
38901.0	1.6	1132.0	98.2	37353.0	84000
38793.0	8.2	2294.9	47.9	487045.4	28012
38683.8	22.8	7632.3	14.7	676325.6	43654
38680.4	7.4	1602.0	20.8	249664.3	11563
38601.7	34.2	1201.6	20.3	326207.6	25500
38544.9	1.4	8261.1	1.1	834338.7	73498
38275.0	2.9	10955.0	0.3	90344.0	122000

17-7 续表 6

排名 Rank		企业名称	Company Name	国家	Country
2014	2013				
301	293	森宝利	J. Sainsbury	英国	Britain
302	260	GS加德士	Gs Caltex	韩国	Korea Rep.
303	255	苏格兰皇家银行集团	Royal Bank of Scotland Group	英国	Britain
304	327	渤海钢铁集团	Bohai Steel Group	中国	China
305	329	Alimentation Couche-Tard公司	Lenovo Group	加拿大	Canada
306	312	摩根士丹利	Morgan Stanley	美国	U.S.
307	231	日本出光兴产株式会社	Idemitsu Kosan	日本	Japan
308	274	瑞士联合银行	UBS	瑞士	Switzerland
309	265	英国葛兰素史克公司	Glaxosmithkline	英国	Britain
310	336	意大利邮政集团	Poste Italiane	意大利	Italy
311	346	泰森食品	Tyson Foods	美国	U.S.
312	218	巴西淡水河谷公司	Vale	巴西	Brazil
313	311	瑞士再保险股份有限公司	Swiss Re	瑞士	Switzenland
314	321	德国艾德卡公司	Edeka Zentrale	德国	Germany
315	304	冀中能源集团	Jizhong Energy Group	中国	China
316	300	台湾中油股份有限公司	CPC	中国台湾	TaiWan, China
317	282	森科能源公司	Suncor Energy	加拿大	Canada
318	337	麦格纳国际	Magna International	加拿大	Canada
319	355	日本三菱重工业股份有限公司	Mitsubishi Heavy Industries	日本	Japan
320	343	美国全国保险公司	Nationwide	美国	U.S.
321	314	中国航空油料集团公司	China National Aviation Fuel Group	中国	China
322	253	法国国营铁路公司	Sncf	法国	France
323	298	迪尔公司	Deere	美国	U.S.
324	320	杜邦公司	Dupont	美国	U.S.
325	333	美国运通公司	American Express	美国	U.S.
326	354	中国冶金科工集团有限公司	China Metallurgical Group	中国	China
327	284	印度斯坦石油公司	Hindustan Petroleum	印度	India
328	384	中国太平洋保险(集团)股份有限公司	China Pacific Insurance (Group)	中国	China
329	331	韩华集团	Hanwha	韩国	Korea, Rep.
330	288	西太平洋银行	Westpac Banking	澳大利亚	Australia
331	395	Achmea公司	Achmea	荷兰	Netherlands
332	340	韩国天然气公司	Korea Gas	韩国	Korea, Rep.
333	344	好事达	Allstate	美国	U.S.
334	292	佳能	Canon	日本	Japan
335	374	英国标准人寿保险公司	Standard Life	英国	Britain
336	363	和记黄埔有限公司	Hutchison Whampoa	中国	China
337	316	日本钢铁工程控股公司	Jfe Holdings	日本	Japan
338	371	信诺	Cigna	美国	U.S.
339	345	浙江物产集团	Zhejiang Materials Industry Group	中国	China
340	317	普利司通	Bridgestone	日本	Japan
341	369	大同煤矿集团有限责任公司	Datong Coal Mine Group	中国	China
342	349	中国华信能源有限公司	CEFC China Energy	中国	China
343	297	中国国电集团公司	China Guodian	中国	China
344	365	新兴际华集团	Xinxing Cathay International Group	中国	China
345	368	中国华电集团公司	China Huadian	中国	China
346	301	哥伦比亚国家石油公司	Ecopetrol	哥伦比亚	Colombia
347	388	现代摩比斯公司	Hyundai Mobis	韩国	Korea, Rep.
348	332	亿兹国际	Mondelez International	美国	U.S.
349	353	美国教师退休基金会	Tiaa-Cref	美国	U.S.
350	362	住友集团	Sumitomo	日本	Japan

continued

营业额 Revenues		利润额 Profits		资产额 (百万美元) Assets (mil.USD)	雇员人数 (人) Employees (person)
百万美元 (mil.USD)	比上年增长% % Change from 2013	百万美元 (mil.USD)	比上年增长% % Change from 2013		
38254.7	0.5	-267.1	-123.5	24546.5	107400
38235.6	-8.3	-642.2	-288.1	17676.2	4243
38054.2	-10.6	-4561.5	-	1638233.6	108700
37986.2	6.1	38.5	-40.1	45917.1	67151
37956.6	6.8	811.2	41.6	10545.0	80000
37953.0	3.0	3467.0	18.2	801510.0	55802
37926.5	-15.9	-1254.8	-446.3	22775.4	8829
37883.8	0.1	3942.9	8.2	1069536.9	60155
37871.5	-8.6	4536.8	-46.6	63378.5	97921
37822.4	8.5	281.2	-78.9	192328.3	143003
37580.0	9.0	864.0	11.1	23956.0	124000
37539.0	-21.9	657.0	12.5	116489.0	76531
37347.0	1.2	3500.0	-21.2	204461.0	12224
37337.7	3.1	329.0	37.5	7496.3	336100
37201.0	-0.5	-351.5	-	30614.4	147970
37000.0	-1.8	-1113.9	-1104.2	26383.1	14787
36664.8	-6.3	2444.0	-35.6	68794.6	13980
36641.0	5.2	1882.0	20.6	18139.0	131225
36309.0	8.6	1004.2	-37.3	46037.5	81845
36256.7	5.0	431.8	-45.8	182575.4	33672
36178.0	-1.5	94.2	-38.3	6242.5	11181
36138.7	-15.5	802.6	-	51055.1	245763
36066.9	-4.6	3161.7	-10.6	61336.4	59623
36046.0	-1.2	3625.0	-25.2	49876.0	63000
35999.0	3.1	5885.0	9.8	159103.0	54000
35807.5	6.3	280.6	-	54602.7	149987
35724.2	-8.3	245.1	37.2	13702.1	10634
35669.8	13.6	1793.2	19.1	132994.8	90829
35574.9	0.6	-346.2	-391.4	112542.5	34828
35549.9	-7.7	6955.8	2.8	674402.4	36373
35545.7	14.7	18.6	-96.0	112770.7	16556
35411.5	1.8	424.8	-	42558.7	3349
35239.0	2.1	2850.0	25.0	108533.0	39950
35215.0	-7.9	2407.3	1.9	37209.0	191889
35107.6	9.3	828.0	13.7	317429.1	8335
35097.1	6.2	8660.2	115.9	113928.4	280000
35019.7	-4.3	1267.5	24.0	38690.8	58856
34914.0	7.8	2102.0	42.4	55896.0	37200
34810.5	0.9	144.2	143.6	9955.1	17055
34711.5	-5.1	2840.0	37.1	33040.6	144632
34704.2	6.9	-452.4	-	35622.3	167030
34699.4	1.7	561.0	62.4	8392.3	21568
34627.4	-8.5	488.5	-14.5	126877.4	128299
34497.9	5.2	439.0	13.8	18943.4	67897
34487.7	6.0	1080.7	35.0	117112.0	110300
34438.9	-8.6	3752.5	-46.5	59865.8	11069
34366.9	10.0	3250.5	4.0	35588.6	22842
34244.0	-3.0	2184.0	-44.2	66815.0	104000
34230.3	1.2	966.7	-43.9	526048.4	12322
34218.2	3.3	-665.5	-129.9	75234.5	75448

17-7 续表 7

排名 Rank		企业名称	Company Name	国家	Country
2014	2013				
351	377	加拿大恩桥天然气公司	Enbridge	加拿大	Canada
352	243	国际资产控股公司	Intl Fcstone	美国	U.S.
353	323	波兰国营石油公司	Pkn Orlen Group	波兰	Poland
354	381	江西铜业集团公司	Jiangxi Copper	中国	China
355	375	和硕	Pegatron	中国台湾	TaiWan,China
356	356	万通互惠理财	Massachusetts Mutual Life Insurance	美国	U.S.
357	361	多伦多道明银行	Toronto-Dominion Bank	加拿大	Canada
358	372	潞安集团	Shanxi LuAn Mining Group	中国	China
359	319	意大利电信	Telecom Italia	意大利	Italy
360	379	DirecTV公司	Directv	美国	U.S.
361	334	三菱化学控股	Mitsubishi Chemical Holdings	日本	Japan
362	366	广州汽车工业集团	Guangzhou Automobile Industry Group	中国	China
363	335	爱立信	L.M. Ericsson	瑞典	Sweden
364	328	河南煤业化工集团有限责任公司	Henan Coal & Chemical	中国	China
365	351	法国航空－荷兰皇家航空集团	Air France-Klm Group	法国	France
366	382	中国电子信息产业集团有限公司	China Electronics	中国	China
367	387	施耐德电气	Schneider Electric	法国	France
368	352	澳新银行集团	Australia & New Zealand Banking Group	澳大利亚	Australia
369	412	哈里伯顿公司	Halliburton	美国	U.S.
370	360	西班牙天然气公司	Gas Natural Fenosa	西班牙	Spain
371	403	中国船舶重工集团公司	China Shipbuilding Industry	中国	China
372	342	住友生命保险公司	Sumitomo Life Insurance	日本	Japan
373	305	山东能源集团有限公司	Shandong Energy Group	中国	China
374	404	埃森哲	Accenture	爱尔兰	Ireland
375	318	二十一世纪福克斯	Twenty-First Century Fox	美国	U.S.
376	376	法国威立雅环境集团	Veolia Environnement	法国	France
377	399	3M公司	3m	美国	U.S.
378	380	墨西哥国家电力公司	Cfe	墨西哥	Mexico
379	386	山西晋城无烟煤矿业集团有限责任公司	Shanxi Jincheng Anthracite Coal Mining	中国	China
380	432	陕西延长石油(集团)有限责任公司	Shaanxi Yanchang Petroleum (Group)	中国	China
381	341	科奇集团	Koc Holding	土耳其	Turkey
382	309	山西煤炭运销集团有限公司	Shanxi Coal Transportation & Sales Group	中国	China
383	322	西尔斯控股	Sears Holdings	美国	U.S.
384	358	关西电力	Kansai Electric Power	日本	Japan
385	370	荷兰皇家飞利浦电子公司	Royal Philips Electronics	荷兰	Netherlands
386	389	通用动力	General Dynamics	美国	U.S.
387	444	费森尤斯集团	Fresenius	德国	Germany
388	418	大众超级市场公司	Publix Super Markets	美国	U.S.
389	409	广达电脑	Quanta Computer	中国台湾	TaiWan,China
390	398	中国有色矿业集团有限公司	China Nonferrous Metal Mining (Group)	中国	China
391	465	中国能源建设集团有限公司	China Energy Engineering Group	中国	China
392	396	中国大唐集团公司	China Datang	中国	China
393	385	台塑石化股份有限公司	Formosa Petrochemical	中国台湾	TaiWan,China
394	347	荷兰合作银行	Rabobank Group	荷兰	Netherlands
395	402	欧莱雅	L'Oréal	法国	France
396	406	日本NKSJ控股	Nksj Holdings	日本	Japan
397	423	米诺丝公司	Migros Group	瑞士	Switzenland
398	390	菲利普-莫里斯国际公司	Philip Morris International	美国	U.S.
399	415	曼弗雷集团	Mapfre Group	西班牙	Spain
400	394	开滦集团	Kailuan Group	中国	China

continued

营业额 Revenues		利润额 Profits		资产额 (百万美元) Assets (mil.USD)	雇员人数 (人) Employees (person)
百万美元 (mil.USD)	比上年增长% % Change from 2013	百万美元 (mil.USD)	比上年增长% % Change from 2013		
34088.6	6.6	1272.3	108.4	62910.8	8882
34063.3	-22.2	19.3	-	3039.7	1141
33866.4	-6.0	-1842.1	-3406.7	13160.5	20305
33778.2	6.8	52.8	-43.1	18148.8	27082
33652.5	5.2	483.7	50.3	14465.0	196251
33572.4	0.7	1326.9	586.1	253858.2	11418
33309.7	0.5	7134.4	11.0	838057.3	81137
33290.4	3.0	-149.0	-	27659.6	98110
33262.7	-8.9	1790.8	-	86571.1	82441
33260.0	4.7	2756.0	-3.6	25459.0	30925
33254.5	-4.8	553.5	72.0	36052.4	68263
33237.4	1.4	284.2	36.7	26277.1	63405
33220.8	-4.9	1685.6	-8.6	37519.7	118443
33163.7	-7.3	-419.8	-	44296.9	239625
33120.8	-2.8	-262.7	-	28106.5	94666
33084.9	5.0	228.7	-19.0	37768.7	125771
33082.3	5.8	2574.8	2.7	49797.9	167124
32905.0	-3.4	6689.0	7.4	675496.1	50328
32870.0	11.8	3500.0	64.7	32240.0	80000
32821.0	-1.0	1939.4	1.1	60892.9	21961
32732.6	7.4	1087.2	-6.1	66526.9	177106
32585.1	-5.7	1140.1	-6.9	229261.1	42115
32551.9	-12.9	-170.7	-176.5	36670.8	208829
31874.7	4.9	2941.5	-10.4	17930.5	305000
31867.0	-12.9	4514.0	-36.4	54793.0	27000
31831.8	3.8	326.5	-	42013.9	160180
31821.0	3.1	4956.0	6.4	31269.0	89800
31533.7	-0.4	-3519.3	-	79790.8	93942
31504.9	0.6	102.7	-39.4	33879.0	145646
31391.0	11.5	1085.3	-31.3	43077.7	141085
31376.6	-9.7	1239.2	-11.9	27358.0	85517
31317.8	-15.6	-2.3	-	36212.1	118171
31198.0	-13.8	-1682.0	-	13209.0	196000
30978.5	-6.7	-1349.5	-	64576.6	33539
30876.3	-4.8	550.5	-64.5	34303.7	113678
30852.0	-1.2	2533.0	7.5	35355.0	99500
30816.6	14.2	1415.4	5.5	48272.2	216275
30802.5	5.7	1735.3	4.9	15083.5	175000
30569.6	3.1	623.2	-0.6	19234.6	120370
30456.3	-1.4	-12.3	-	19363.9	46716
30322.1	17.7	389.0	51.7	36753.8	174755
30206.9	-2.5	11.7	-94.1	116112.7	100082
30132.8	-4.0	299.2	-66.9	14969.8	6507
29943.8	-12.8	822.4	-33.3	824060.5	48254
29889.4	-2.0	6513.5	65.9	38793.7	78611
29853.5	-0.6	493.6	12.0	85509.4	36086
29825.4	3.4	970.1	14.7	61740.5	74262
29767.0	-4.6	7493.0	-12.6	35187.0	82500
29733.0	1.6	1121.1	6.8	81345.3	37053
29727.3	-4.3	-478.2	-	11952.4	61539

17-7 续表 8

排名 Rank		企业名称	Company Name	国家	Country
2014	2013				
401	419	Coop集团	Coop Group	瑞士	Switzerland
402	348	首钢集团	Shougang Group	中国	China
403	393	中国电力投资集团公司	China Power Investment	中国	China
404	443	俄罗斯外贸银行	VTB Bank	俄罗斯	Russia
405	422	菲尼克斯医药公司	Phoenix Pharmahandel	德国	Germany
406	439	乌尼泊尔公司	Unipol	意大利	Italy
407	407	德尔海兹集团	Delhaize Group	比利时	Belgium
408	364	法国邮政	La Poste	法国	France
409	391	山西阳泉煤业(集团)有限责任公司	Yangquan Coal Industry Group	中国	China
410	436	TJX公司	Tjx	美国	U.S.
411	421	英国电信集团	BT Group	英国	Britain
412	416	日本瑞穗金融集团	Mizuho Financial Group	日本	Japan
413	325	法国维旺迪集团	Vivendi	法国	France
414	430	Ultrapar控股公司	Ultrapar Holdings	巴西	Brazil
415	408	时代华纳	Time Warner	美国	U.S.
416	-	陕西煤炭化工集团	Shaanxi Coal&Chemical Industry	中国	China
417	426	加拿大丰业银行	Bank Of Nova Scotia	加拿大	Canada
418	437	金巴斯集团	Compass Group	英国	Britain
419	428	日本中部电力	Chubu Electric Power	日本	Japan
420	-	中国光大集团	China Everbright Group	中国	China
421	434	梅西百货	Macy'S	美国	U.S.
422	429	达能	Danone	法国	France
423	-	仁宝电脑	Compal Electronics	中国台湾	Taiwan, China
424	440	巴登-符滕堡州能源公司	Energie Baden-Württemberg	德国	Germany
425	462	耐克	Nike	美国	U.S.
426	469	中国通用技术(集团)控股有限责任公司	China General Technology	中国	China
427	450	Tech Data公司	Tech Data	美国	U.S.
428	-	东燃通用石油公司	Tonengeneral Sekiyu	日本	Japan
429	449	马自达汽车株式会社	Mazda Motor	日本	Japan
430	474	安富利公司	Avnet	美国	U.S.
431	435	威廉莫里森超市连锁公司	Wm. Morrison Supermarkets	英国	Britain
432	451	中国远洋运输(集团)总公司	China Ocean Shipping	中国	China
433	446	西北互助人寿保险公司	Northwestern Mutual	美国	U.S.
434	433	麦当劳	Mcdonald's	美国	U.S.
435	479	美国埃克斯龙电力公司	Exelon	美国	U.S.
436	414	铃木汽车	Suzuki Motor	日本	Japan
437	-	中国航天科技集团公司	China Aerospace&Technology	中国	China
438	457	圣保罗旅行者保险公司	Travelers Cos.	美国	U.S.
439	427	韩国双龙石油化工	S-Oil	韩国	Korea, Rep.
440	413	英美资源集团	Anglo American	英国	Britain
441	460	三星C&T公司	SAMSUNG C&T	韩国	Korea, Rep.
442	431	爱信精机	Aisin Seiki	日本	Japan
443	484	国际航空集团	International Airlines Group	英国	Britain
444	405	日本电气公司	Nec	日本	Japan
445	464	乐天百货	Lotte Shopping	韩国	Korea, Rep.
446	461	德科集团	Adecco Group	瑞士	Netherlands
447	473	来德爱	Rite Aid	美国	U.S.
448	480	高通	Qualcomn	美国	U.S.
449	424	印度石油天然气公司	Oil & Natural Gas	印度	India
450	420	国际纸业	International Paper	美国	U.S.

continued

营业额 Revenues		利润额 Profits		资产额(百万美元) Assets (mil.USD)	雇员人数(人) Employees (person)
百万美元 (mil.USD)	比上年增长% % Change from 2013	百万美元 (mil.USD)	比上年增长% % Change from 2013		
29684.4	2.0	513.6	3.0	17556.9	66125
29668.9	-13.5	3.3	-	66709.3	139422
29584.7	-4.8	234.0	-49.8	109669.3	127611
29546.8	9.4	106.3	-96.7	203689.2	101072
29526.0	1.9	291.6	337.4	8709.7	24153
29520.2	7.9	255.1	-	107232.1	13563
29482.1	-1.1	118.1	-50.3	14672.7	114373
29339.9	-10.7	680.5	-18.2	273882.6	257890
29397.5	-5.8	-10.0	-	29470.1	155566
29078.4	6.0	2215.1	3.6	11128.4	198000
28928.8	-0.4	3435.3	7.2	40360.7	88500
28924.7	-1.0	5565.7	-19.0	1581892.7	54784
28923.7	-19.4	6293.1	141.0	43240.2	33558
28776.6	1.9	527.4	-7.1	7331.2	13973
28774.0	-3.4	3827.0	3.7	63259.0	25600
28665.6	16.9	-301.0	-	64803.5	136198
28606.6	0.3	6487.6	3.0	714686.4	86932
28247.7	3.1	1432.4	114.0	14093.0	514718
28227.8	-0.5	352.8	-	46968.3	30848
28155.3	19.7	1475.1	392.1	476719.4	54000
28105.0	0.6	1526.0	2.7	21461.0	166900
28048.1	-0.8	1484.4	-21.4	38411.4	99927
27909.1	19.6	232.1	179.3	11985.8	64473
27860.4	2.2	-597.9	-983.0	46354.6	18524
27799.0	7.6	2693.0	8.4	18594.0	56500
27670.9	7.7	475.7	6.5	21393.1	40450
27670.6	3.2	175.2	-2.6	6138.2	8900
27655.4	-0.4	-132.0	-156.2	11479.9	3512
27593.9	2.7	1444.4	6.6	20626.2	44035
27499.7	8.0	545.6	21.2	11255.5	19000
27483.5	-0.8	-1243.8	-	13772.3	85545
27483.0	2.5	541.6	-	57875.2	75675
27465.0	1.8	679.0	-15.3	229933.0	5187
27441.3	-2.4	4757.8	-14.8	34281.4	420000
27429.0	10.2	1623.0	-5.6	86814.0	28993
27426.2	-6.5	881.0	-17.9	27127.0	57409
27190.4	17.5	1431.6	5.6	53018.1	158067
27162.0	3.7	3692.0	0.5	103078.0	30200
27122.7	-4.7	-273.4	-203.3	9331.9	2796
27073.0	-7.7	-2513.0	-	66010.0	95000
27016.3	4.0	257.3	16.1	26847.9	8663
26957.8	-4.3	703.2	-21.8	24436.7	94748
26756.1	8.5	1302.7	704.3	28617.1	59484
26699.1	-12.1	521.2	54.7	21855.2	98882
26687.7	3.5	500.2	-30.6	36462.5	27880
26530.6	2.5	846.3	14.5	11421.7	31576
26528.4	3.9	2109.2	745.7	8863.3	69865
26487.0	6.5	7967.0	16.3	48574.0	31300
26311.4	-8.8	2998.1	-31.6	53962.3	33185
26221.0	-9.8	555.0	-60.2	28684.0	58000

17-7 续表 9

排名 Rank		企业名称	Company Name	国家	Country
2014	2013				
451	475	鞍钢集团公司	Ansteel Group	中国	China
452	494	富士重工	Fuji Heavy Industries	日本	Japan
453	459	伟创力	Flextronics International	新加坡	Singapore
454	411	Medipal控股公司	Medipal Holdings	日本	Japan
455	468	阿斯利康	Astrazeneca	英国	Britain
456	458	三星人寿保险	Samsung Life Insurance	韩国	Korea, Rep.
457	-	保利集团	China Poly Group	中国	China
458	448	米其林公司	Michelin	法国	France
459	467	西方石油公司	Occidental Petroleum	美国	U.S.
460	373	荷兰GasTerra能源公司	Gasterra	荷兰	Netherlands
461	471	住友电工	Sumitomo Electric Industries	日本	Japan
462	485	杜克能源	Duke Energy	美国	U.S.
463	463	喜力控股公司	Heineken Holding	荷兰	Netherlands
464	-	海航集团	Hna Group	中国	China
465	447	大和房建	Daiwa House Industry	日本	Japan
466	397	英国耆卫保险公司	Old Mutual	英国	Britain
467	-	友邦保险	Aia Group	中国	China
468	455	BAE系统公司	Bae Systems	英国	Britain
469	490	途易	Tui	德国	Germany
470	417	夏普	Sharp	日本	Japan
471	-	国泰人寿保险股份有限公司	Cathay Life Insurance	中国台湾	Taiwan, China
472	-	台湾半导体制造公司	Taiwan Semiconductor Manufacturing	中国台湾	Taiwan, China
473	481	乐金集团	LG Display	韩国	Korea, Rep.
474	-	绿色能源燃料公司	Greenergy Fuels Holdings	英国	Britain
475	497	老城堡集团	Crh	爱尔兰	Ireland
476	445	东日本旅客铁道株式会社	East Japan Railway	日本	Japan
477	466	浙江吉利控股集团	Zhejiang Geely Holding Group	中国	China
478	-	吉利德科学公司	Gilead Sciences	美国	U.S.
479	470	渣打集团	Standard Chartered Group	英国	Britain
480	477	印尼国家电力公司	Perusahaan Listrik Negara	印度尼西亚	Indonesia
481	453	澳大利亚电信	Telstra	澳大利亚	Australia
482	441	阿尔斯通	Alstom	法国	France
483	-	贝克休斯	Baker Hughes	美国	U.S.
484	482	艾默生电气	Emerson Electric	美国	U.S.
485	493	索迪斯	Sodexo	法国	France
486	-	英国国家电力供应公司	National Grid	英国	Britain
487	-	易安信	EMC	美国	U.S.
488	-	德国采埃孚集团	Zf Friedrichshafen	德国	Germany
489	378	德国巴登-符腾堡州银行	Landesbank Baden-Württemberg	德国	Germany
490	410	Onex公司	Onex	加拿大	Canada
491	454	瑞典大瀑布电力公司	Vattenfall	瑞典	Sweden
492	-	联合服务汽车协会	United Services Automobile Assn.	美国	U.S.
493	-	联合太平洋公司	Union Pacific	美国	U.S.
494	483	美国诺斯洛普格拉曼公司	Northrop Grumman	美国	U.S.
495	-	美铝公司	Alcoa	美国	U.S.
496	492	第一资本金融公司	Capital One Financial	美国	U.S.
497	488	AntarChile公司	AntarChile	智利	Chile
498	489	罗尔斯·罗伊斯公司	Rolls-Royce Holdings	英国	Britain
499	400	科斯莫石油	Cosmo Oil	日本	Japan
500	310	武汉钢铁集团	Wuhan Iron & Steel	中国	China

continued

营业额 Revenues		利润额 Profits		资产额 (百万美元) Assets (mil.USD)	雇员人数 (人) Employees (person)
百万美元 (mil.USD)	比上年增长% % Change from 2013	百万美元 (mil.USD)	比上年增长% % Change from 2013		
26122.9	3.9	-1297.7	-	51133.3	218900
26175.1	8.9	2381.8	15.5	18344.7	29774
26147.9	0.2	600.8	64.3	11665.6	150000
26129.6	-11.2	215.4	-15.3	12132.4	14637
26095.0	1.5	1233.0	-51.8	58595.0	57500
26048.4	-0.5	1270.3	52.6	195117.1	5481
26046.6	21.5	1020.5	-1.4	88798.9	61726
25937.6	-3.5	1367.7	-8.6	27130.1	106696
25898.0	0.6	616.0	-89.6	56259.0	11700
25868.4	-19.8	47.8	-0.1	4533.6	179
25674.0	0.1	1089.3	63.5	24399.8	240798
25673.0	4.4	1883.0	-29.3	120709.0	28344
25668.4	-0.5	1008.2	11.2	42141.6	76136
25646.4	36.4	206.9	26.4	79898.5	113089
25563.9	-5.2	1065.3	4.5	25194.0	34903
25479.2	-17.7	958.1	-13.1	222195.2	61583
25433.0	16.0	3450.0	22.3	166919.0	20000
25400.2	-3.6	1218.2	363.9	30851.3	76000
25385.9	4.7	142.0	2417.7	17716.6	77309
25341.5	-13.3	-2022.3	-1852.7	16316.5	49096
25322.8	12.9	1048.7	101.4	148900.7	31239
25173.5	25.1	8392.2	35.4	47305.5	43591
25126.3	1.7	858.8	120.6	20898.1	49421
25116.0	9.6	17.4	-7.3	2742.8	518
25087.3	4.8	772.0	-	26638.8	75706
25067.8	-7.1	1640.7	-17.8	63428.3	86986
24986.4	-3.0	275.5	133.2	20975.7	42968
24890.0	122.2	12101.0	293.6	34664.0	7000
24787.0	-3.5	2613.0	-36.1	725914.0	90940
24686.9	-1.4	989.0	-	48760.8	48068
24640.4	-7.5	3923.5	0.3	37142.6	31931
24564.9	-9.6	-906.1	-221.6	35688.4	90365
24551.0	9.8	1719.0	56.8	28827.0	62000
24537.0	-0.5	2147.0	7.1	24177.0	115100
24512.4	1.9	666.7	16.1	19070.1	419317
24458.9	4.0	3248.6	-17.4	81770.8	24274
24440.0	5.2	2714.0	-6.1	45885.0	70000
24428.0	9.3	859.6	48.2	16198.4	71402
24276.8	-23.7	575.7	26.4	322117.4	11117
24219.0	-18.3	-115.0	-	28936.0	192000
24180.8	-8.3	-1191.7	-	63449.2	30181
24032.7	14.6	3409.6	25.1	130253.2	27635
23988.0	9.2	5180.0	18.0	52716.0	47201
23979.0	-2.8	2069.0	6.0	26572.0	64300
23906.0	3.8	268.0	-	37399.0	59000
23877.0	-1.2	4428.0	6.5	308854.0	46000
23846.5	-2.1	509.2	11.0	22523.7	24031
23785.3	-1.9	113.6	-94.7	34649.2	54100
23734.6	-23.1	-707.0	-1728.9	11914.2	6359
23720.9	-35.8	54.5	347.2	34447.0	103594

主要统计指标解释

人文发展指数 是人类发展的一项综合指标，它测量了人类发展的三个方面的平均成就：寿命，教育程度以及体面的生活。人文发展指数是对这三个方面的指标标准化后的几何平均值。

期望受教育年限 是指在现有入学率保持不变的情况下适龄儿童预期获得的受教育年限。

平均受教育年限 是指25岁及以上人口已经获得的文化程度转换成理论教育年限的平均值。

KOF 全球化指数 包括经济，社会和政治三个方面的全球化，是 23 个具体指标标准化后的加权平均值。全球化被定义为突破国家的界限，融合国家的经济、文化、技术和管理，并产生相互依存的复杂关系的过程。经济全球化是指商品、资本和服务以及伴随着市场交流的信息与观念的长途流动；政治全球化是指政府政策的扩散；社会全球化是指思想、信息、图像和人的传播。

全球竞争力指数（GCI），通过测算一个国家的经济、社会、政治、文化教育等各方面情况来评价国家竞争力。全球竞争力的指标体系由三个层次构成：第一层次包括基本条件、效率增强及创新与成熟度三大板块；第二层次是 12 个竞争力“支柱”，包括制度、基础设施、宏观经济环境、健康与初等教育、高等教育与培训、商品市场效率、劳动力市场效率、金融市场发展、技术就绪度、市场规模、商业成熟度和创新等；第三层次是具体指标

ICT 发展指数（IDI） 是衡量和跟踪各国在迈向信息社会的过程中所取得总体进展的有用工具，是一项由涵盖 ICT 获取、使用和技能三个方面的 11 个指标组成的综合指数，旨在根据发达国家和发展中国家的情况来衡量长期以来 ICT 发展的水平和变化。ICT 发展指数包括的具体指标有：每百人固定电话用户数、每百人移动电话用户数、互联网用户的平均带宽、拥有计算机家庭所占百分比、接入互联网家庭所占百分比、使用互联网个人所占百分比、每百人固定宽带用户数、每百人移动宽带用户、成人识字率、中等教育和高等教育综合入学率。

幸福指数 是衡量一国幸福感的综合指标，由联合国可持续发展解决方案网络（SDSN）与哥伦比亚大学地球研究所自 2012 起开始计算和发布。幸福感调查以盖洛普全球民意调查为基础，通过人均 GDP、健康期望寿命、社会支持度、慷慨指数、自由度和贪污腐败程度六个方面作为评判基础和标准。幸福指数是对这六个方面的加权平均值，幸福指数在 0 和 10 之间，指数越大表明幸福程度越高，指数越小表明幸福程度越低。

全球创新指数（GII） 是通过对创新的制度与政策、人力资本与研究、基础设施、市场成熟度、企业成熟度、知识与技术产出以及创新产出等方面的综合评价来衡量一个国家的经济创新能力。

Explanatory Notes on Main Statistical Indicators

The Human Development Index (HDI) is a summary measure of human development. It measures the average achievements in a country in three basic dimensions of human development: a long and healthy life, access to knowledge and a decent standard of living. The HDI is the geometric mean of normalized indices measuring achievements in each dimension.

Expected years of schooling Number of years of schooling that a child of school entrance age can expect to receive if prevailing patterns of age-specific enrolment rates were to stay the same throughout the child's life.

Mean years of schooling Average number of years of education received by people ages 25 and older in their lifetime based on education attainment levels of the population converted into years of schooling based on theoretical durations of each level of education attended.

The KOF Index of Globalization covers the economic, social and political dimensions of globalization and is the weighted average value of standardized twenty-three indicators. Globalization is conceptualized as a process that erodes national boundaries, integrates national economies, cultures, technologies and governance and produces complex relations of mutual interdependence. economic globalization, characterized as long distance flows of goods, capital and services as well as information and perceptions that accompany market exchanges; political globalization, characterized by a diffusion of government policies; and social globalization, expressed as the spread of ideas, information, images and people

Global Competitiveness Index (GCI) assess national competitiveness by measuring a country's economic, social, political, cultural, educational and other aspects. GCI system consists of three layers: The first level includes three plates of Basic requirements, Efficiency enhancers and Innovation and sophistication factors; The second level is the competitiveness of 12 major "pillars", including Institutions, Infrastructure, Macroeconomic environment, Health and primary education, Higher education and training, Goods market efficiency, Labor market efficiency, Financial market development, Technological readiness, Market size, Business sophistication, and Innovation; The third level is the specific indicators.

The ICT Development Index (IDI) is a useful tool to benchmark and track the overall progress countries are making towards becoming information societies. The IDI is a composite index made up of 11 indicators covering ICT access, use and skills. It has been constructed to measure the level and evolution over time of ICT developments, taking into consideration the situations of both developed and developing countries. IDI includes the following indicators: Fixed-telephone subscriptions per 100 inhabitants, Mobile-cellular telephone subscriptions per 100 inhabitants, International Internet bandwidth (bit/s) per Internet user, Percentage of households with a computer, Percentage of households with Internet access at home, Percentage of individuals using the Internet, Fixed (wired)-broadband Internet subscriptions per 100 inhabitants, Active mobile-broadband subscriptions per 100 inhabitants, Adult literacy rate, Gross enrolment ratio of secondary and tertiary level.

Happiness Index is a summary measure the degree of happiness of a country. It is designed and published by UN Sustainable Development Solutions Network (SDSN) and the Earth Institute at Columbia University from 2012. The Happiness survey is based on the Gallup World Pull through six factors as the foundation and standard. The six factors are GDP per capita, healthy years of life expectancy, social support, generosity, perceived freedom to make life decisions, corruption in government and business. The Happiness Index is the weighted average of the above six factors, it is between 0-10. The bigger data shows the higher level happiness, the smaller shows the lower level happiness.

Global Innovation Index(GII) evaluates a country's economic innovation ability based on measuring innovation institutions, human capital and research, infrastructure, market sophistication, business sophistication, knowledge and technology outputs, and creative outputs.

附　　录

Appendix

附录1　主要国际组织及缩写

一、主要国际组织及其组成成员

经济合作与发展组织（经合组织，OECD），成员国有35个：澳大利亚、奥地利、比利时、加拿大、智利、捷克、丹麦、爱沙尼亚、芬兰、法国、德国、希腊、匈牙利、冰岛、爱尔兰、以色列、意大利、日本、韩国、拉脱维亚、卢森堡、墨西哥、荷兰、新西兰、挪威、波兰、葡萄牙、斯洛伐克、斯洛文尼亚、西班牙、瑞典、瑞士、土耳其、英国、美国。

欧洲联盟（欧盟，EU），成员国有28个：法国、德国、意大利、荷兰、比利时、卢森堡、丹麦、爱尔兰、英国、希腊、西班牙、葡萄牙、奥地利、芬兰、瑞典、塞浦路斯、捷克、爱沙尼亚、匈牙利、拉脱维亚、立陶宛、马耳他、波兰、斯洛伐克、斯洛文尼亚、保加利亚、罗马尼亚和克罗地亚。

欧洲货币联盟（欧元区，Euro Area），成员国有19个：德国、比利时、奥地利、荷兰、法国、意大利、西班牙、葡萄牙、卢森堡、爱尔兰、芬兰、希腊、斯洛文尼亚、塞浦路斯、马耳他、斯洛伐克、爱沙尼亚、拉脱维亚和立陶宛。

东南亚国家联盟（东盟，ASEAN），成员国有10个：菲律宾、马来西亚、泰国、新加坡、印度尼西亚、文莱（1984年）、越南（1995年）、缅甸（1997年）、老挝（1997年）和柬埔寨（1999年）。

北美自由贸易区（NAFTA）：成立于1994年1月1日，成员国有3个，加拿大、墨西哥和美国。

西方七国（G7）：包括美国、日本、英国、德国、法国、意大利和加拿大。

二、主要国家（地区）分类

按收入分组国家：按照世界银行2015年分组标准，高收入国家指按图表集法计算的人均国民总收入12476美元及以上的国家，中等偏上收入国家指人均国民总收入4036美元至12475美元的国家，中等偏下收入国家指人均国民总收入1026美元至4035美元的国家，低收入国家指人均国民总收入1025美元及以下的国家。

发达国家与发展中国家：联合国统计司对“发达国家”及“发展中国家”没有一个明确的划分标准。通常是把亚洲的日本、北美的加拿大和美国、大洋洲的澳大利亚和新西兰、欧洲（除前南斯拉夫、东欧、独联体外）都列入发达国家。在国际贸易统计中，南部非洲关税联盟和以色列被认为是发达地区和国家；前南斯拉夫为发展中国家，东欧国家和在欧洲的独联体国家既不是发达国家，也不是发展中国家。

国际货币基金组织指出“发达经济体”包括35个国家或地区，他们是：澳大利亚、奥地利、比利时、加拿大、塞浦路斯、捷克、丹麦、爱沙尼亚、芬兰、法国、德国、希腊、中国香港、冰岛、爱尔兰、以色列、意大利、日本、韩国、卢森堡、马耳他、荷兰、新西兰、挪威、葡萄牙、圣马力诺、新加坡、斯洛伐克、斯洛文尼亚、西班牙、瑞典、瑞士、中国台湾、英国及美国。其他为新兴市场及发展中经济体。

三、本年鉴中使用的缩写及含义如下：

sq.km（square kilometer）＝平方公里

ha（hectare）＝公顷

kwh（kilowatt-hour）＝千瓦时

g（gram）＝克

kg（kilogram）＝千克

Appendix1 International Organizations and Abbreviations

I.Some international organizations and the members included are as following,

Organization for Economic Co-operation and Development (OECD), has 35 members, i.e., Australia, Austria, Belgium, Canada, Chile, Czech, Denmark, Estonia, Finland, France, Germany, Greece, Hungary, Iceland, Ireland, Israel, Italy, Japan, Korea, Latvia, Luxembourg, Mexico, Netherlands, New Zealand, Norway, Poland, Portugal, Slovak, Slovenia, Spain, Sweden, Switzerland, Turkey, United Kingdom, United States.

European Union (EU), it expanded to 28 members, i.e., France, Germany, Italy, Netherlands, Belgium, Luxembourg, Denmark, Ireland, United Kingdom, Greece, Spain, Portugal, Austria, Finland, Sweden, Cyprus, the Czech Republic, Estonia, Hungary, Latvia, Lithuania, Malta, Poland, Slovakia and Slovenia, Bulgaria, Romania and Croatia.

European Monetary Union (Euro Area), it has 19 members and member countries are Germany, Belgium, Austria, Netherlands France, Italy, Spain, Portugal, Luxembourg, Ireland, Finland, Greece, Slovenia, Cyprus, Malta, Slovak, Estonia, Latvia and Lithuania.

Association of South East Asian Countries (ASEAN), it has 10 members, i.e., the Philippines, Malaysia, Thailand, Singapore, Indonesia, Brunei Darussalam (1984), Viet Nam (1995), Myanmar (1997), Lao People's Democratic Republic (1997) and Cambodia (1999).

North American Free Trade Area(NAFTA), was founded on January 1, 1994, with members unchanged hitherto, i.e., Canada, Mexico and the United States.

Group 7, includes the United States, Japan, the United Kingdom, Germany, France, Italy and Canada.

II. Countries (territory) groups and their meanings are as following,

Countries by Income Group According to the criteria by the World Bank, countries and territories (referred to as economies) are classified into high income (higher than $12476), higher middle income (between $4036 and $12475), lower middle income (between $1026 and $4035) and low income ($1025 and below) groups by their per capita GNI (calculated by Atlas method)in the year 2015.

Developed and Developing Countries There is no established convention for the designation of "developed" and "developing" countries or areas in the United Nations system. In common practice, Japan in Asia, Canada and the United States in northern America Australia and New Zealand in Oceania, and Europe are considered "developed" regions or areas. In international trade statistics, the Southern African Customs Union is also treated as a developed region and Israel as a developed country; countries emerging from the former Yugoslavia are treated as developing countries; and countries of eastern Europe and of the Commonwealth of Independent States in Europe are not included under either developed or developing regions.

Advanced economies in International Monetary Fund (IMF) are composed of 35 countries: Australia, Austria, Belgium, Canada, Cyprus, Czech Republic, Denmark, Estonia, Finland, France, Germany, Greece, Hong Kong SAR, Iceland, Ireland, Israel, Italy, Japan, Korea, Luxembourg, Malta, Netherlands, New Zealand, Norway, Portugal, San Marino, Singapore, Slovak Republic, Slovenia, Spain, Sweden, Switzerland, Taiwan Province of China, United Kingdom, and United States. Others are emerging market and developing economies.

III. The abbreviations used in this book and their meanings are as following,

Sq.km=square kilometer
ha = hectare
kwh = kilowatt-hour
g = gram
kg = kilogram
TJ = terojoule (10^{12} joule)
TCE = ton of standard coal equivalent
TOE = ton of standard oil equivalent
UNSD = Statistics Division of the United Nations
IMF = International Monetary Funds
FAO = Food and Agriculture Organization of the United Nations
UNCTAD = United Nations Conference on Trade and Development
UNDP = United Nations Development Program
ILO = International Labor Organization
WHO = World Health Organization